贵在创新
勇于实践

范立础
〇七.五.廿

## 京杭运河常州市区段改线项目——

龙城大桥

常金大桥

湖滨大桥

青洋大桥

武进大桥

新龙大桥

平陵大桥

阳湖大桥

东方大桥

钟楼大桥

京杭运河常州市区段改线工程建设丛书

# [第七册]

# 论文专集

● 本册主编　朱红亮

人民交通出版社

## 内 容 提 要

本文集汇编了京杭运河常州市区段改线工程的桥梁总体规划、桥型的比较与选择、多种桥型的设计与研究及其施工技术，包括龙城大桥、常金大桥、青洋大桥、新龙大桥、平陵大桥、阳湖大桥、东方大桥、湖滨大桥、武进大桥、钟楼大桥和天宁大桥等11座大桥设计、施工、监理、监控等方面的内容。

本书可作为有关桥梁工程技术人员设计、施工的参考书。


**图书在版编目(CIP)数据**

京杭运河常州市区段改线工程建设丛书. 第7册，论文专集/常州市京杭运河和312国道南移改建工程建设指挥部办公室编. —北京：人民交通出版社，2008. 1

ISBN 978-7-114-06940-6

Ⅰ. 京… Ⅱ. 常… Ⅲ. 大运河-航道工程-工程施工-常州市-文集 Ⅳ. U621-2

中国版本图书馆CIP数据核字(2007)第203592号

**书　　名**：京杭运河常州市区段改线工程建设丛书(第七册)论文专集
**著 作 者**：常州市京杭运河和312国道南移改建工程建设指挥部办公室编
　　　　**本册主编**：朱红亮
**责任编辑**：赵瑞琴
**出版发行**：人民交通出版社
**地　　址**：(100011)北京市朝阳区安定门外外馆斜街3号
**网　　址**：http://www.ccpress.com.cn
**销售电话**：(010)85285838，85285995
**总 经 销**：北京中交盛世书刊有限公司
**经　　销**：各地新华书店
**印　　刷**：北京市密东印刷有限公司
**开　　本**：880×1230　1/16
**印　　张**：21.25
**插　　页**：2
**字　　数**：642千
**版　　次**：2008年1月　第1版
**印　　次**：2008年1月　第1次印刷
**书　　号**：ISBN 978-7-114-06940-6
**定　　价**：68.00元

## 《京杭运河常州市区段改线工程建设丛书》

第一册　《建设管理》

第二册　《设计·科研》

第三册　《航道工程》

第四册　《桥梁工程》

第五册　《环境·景观》

第六册　《摄影专集》

第七册　《论文专集》

## 《京杭运河常州市区段改线工程建设丛书》
## 编　委　会

# 序

常州作为一座有2500多年文字记载历史的江南古城，自古以来就有“三吴襟带之邦、百越舟车之会”之称，公路四通八达，水网纵横交错，京杭运河作为水运黄金通道，水运功能十分明显。同时运河作为常州人民的“母亲河”，孕育了一代又一代的常州子民，也促成了常州城市依河而建、以水而兴的独特格局，和常州这座城市的发展息息相关、唇齿相依。

随着常州“两个率先”和“富民强市”战略进程的不断加快，经济社会发展对航运的需求越来越高。千年古运河虽在20世纪90年代经过一次全面整治，但是由于等级偏低，已不适应货运量迅猛增长和船舶大型化趋势，船舶堵航事件经常发生，严重影响了煤炭、建材等事关国计民生重要物资的运输畅通；另外，随着现代化城市建设进程的加快，亟需对运河进行南移改线，以拉开“一体两翼”现代化城市的发展框架。京杭运河拥堵情况，引起了党中央、国务院领导的高度重视。2004年1月，黄菊副总理在长江三角洲交通发展座谈会上作出要“加快高等级内河航道网建设，提高内河航道网等级，形成江、浙、沪畅通衔接的航道网”的重要指示。在国家高度重视水运事业发展的背景下，市委、市政府作出运河改线的重大决策，交通部门做了大量艰苦的前期工作，得到了交通部、省交通厅的关心支持，运河改线工程成功列入国家和江苏省交通“十一五”发展规划，并提前于2004年底开工建设。

运河改线工程全长26公里，自西向东穿越常州4个区、10个街道（乡镇），按三级航道标准建设，建设总投资接近30亿元。该项目不仅是京杭运河苏南段“四改三”工程的先导项目，也是常州交通建设史上单项投资最大的项目，并且与312国道改线工程同步建设，交通与水利统筹兼顾，在常州的建成区内实施，施工组织、资金筹集、征地拆迁、交通管制的任务十分之大，工程建设的难度前所未有。自工程建设以来，国家有关部委和省委、省政府以及省交通部门的领导多次亲临建设工地视察指导，对工程建设予以了充分肯定，并要求建设者高标准、严要求，将运河工程建设成为全国内河航道示范工程。对照这一要求，全体建设者长期奋战在工程建设一线，风餐雨露、披星戴月，全面加快工程建设进度，工程质量、施工安全、资金使用始终处于良好状态，未出现一起质量、安全事故，没有发生一起违法违纪事件，并且较原定计划提前一年建成通航，创下常州交通建设史上的新记录。

京杭运河常州市区段改建工程建设进展如此顺利，工程质量如此之优，安全生产和廉政自律如此之好，经验值得全面总结，运河改线工程有其三个方面的显著特点：首先，是建设标准高。在工程建设伊始，就确立了将运河改线段建设成为全国内河水运示范工程的目标。在高标准建设26公里的航道驳岸和11座大跨径桥梁的同时，规划建设全省领先的综合性船民服务区、航道监控与搜救中心以及两个年吞吐量达1200万吨的东、西港区，充分体现了现代化航道建设的水平；突出生态、环保、景观概念，对运河与312国道改线段的绿化工程进行整体设计，将17公里的运河和312国道共线段建设成为“一河、一路、三林带”的绿色交通走廊，体现“路、河、桥、林”相协调、工程建设与城市发展相统一，营造出新的城市“绿肺”，成为环境友好型交通的典范之作。其次，是综合效益好。针对江南地区寸土寸金的情况，建设单位通过创新理念，将运河开挖土方用于公路及其他社会项目建设，节约土地1.4万亩、资金10亿元，此举被专家誉为“常州模式”，并在全省予以推广。运河南移与太湖流域防洪工程——武宜运河共线实施8公里，又节约土地800多亩，取得了良好的经济效益。此外，运河工程的实施，不仅大大提升了水运主通道的通行能力，而且有利于区域性交通枢纽的加快建设，有利于拓展城市发展空间，有利于改善新老运河沿线环境，有利于加强古运河遗产保护和开发，有利于促进产业积聚和区域经济发展，综合效益十分明显。第三，是技术含量高。11座运河桥梁形式多样、结构新颖，采用了8种国内主流桥型，有的属国内首创首用，全面体现了全国内河航道示范工程的科技创新与科技进步。采用钢筋混凝土挡墙、浆砌块石和花岗岩砌筑等多种形式的直立式驳岸，有效解决了航道驳岸工程地质条件复杂、地基处理难度大的技术问题。新技术、新工艺在运河改线工程中的广泛应用，有力地提升了工程建设质量水平。运河改线工程有多项科研成果通过省级交通部门的验收，成为一项名副其实的创新工程、科技工程。

当前，正值我市加快建设综合运输体系，加快水运事业发展的关键时期。干线航道三级整治工程、录安洲港区开发即将全面掀起建设高潮，对运河改线段建设管理经验进行全面总结，将极大地丰富我市水运建设管理理论和实践内涵，为水运事业的发展提供成功的借鉴。运河改线工程管理经验作为一笔宝贵财富，对其进行大力宣传、广泛推广，必将促进我市交通基础设施基建项目管理水平的进一步提高，为交通服务常州率先基本实现现代化，发挥先导作用作出新的更大的贡献！

范燕青

二○○七年十二月

# 前言

京杭运河始凿于春秋时期，距今已2500年，它北起北京，南达杭州，全长1 794公里，流经六大省市，沟通五大水系、十八个都市，是世界上开凿最早、里程最长的人工运河，与万里长城齐名，同为中华民族古老文化的象征与瑰宝。

公元前495年春秋周敬王派吴王夫差主持开凿江南运河。自古以来，运河一直是江南地区和我市政治、经济、文化发展的摇篮，人们亲切地称它为“母亲河”。

运河常州段在隋、元、明代时期，曾经历三次变迁。新中国成立后，于20世纪50年代，就制订了京杭运河全线整治规划，我市运河南移方案因种种原因而一直未能确定实施。历经长期论证，本届政府果断决策，巧制“挖河填路”科学方案，深得部、省赞赏，常州运河南移方案终于拍板而定，运河航道史上的崭新篇章由此揭开。在上下各方鼎力支持下，新运河建设者们克难求进，顽强奋战，历时四年，拆迁房屋130万平方米，开、竣工航道26公里，新建驳岸48.6公里，挖运土方1 853万立方米，并建设了两岸绿化带、两大内河港池和我国首座运河服务区，特别是应用创新理念，设计、建造了11座各具特色的新颖桥梁，创造了运河上桥梁桥型较多、跨度较大(一跨均超100米)、技术较新、投资最巨、工期最紧的历史纪录。上海同济大学著名教授观后感叹：常州在新运河上建造了一座“现代桥梁博物馆”。

本集汇编了桥梁设计、科研、施工、监理等方面论文60篇。从文章中可以看出，建设者们在设计创新、科技创新、施工创新和监管创新方面付出了多么大的辛劳，为常州量身定做的一桥一景人文景观，谱写了常州桥梁史上宏伟灿烂的一页，并形成“一河、一路、两林带”的“绿色长廊”，成为常州独特的水陆交通景观带。一位国际权威人士说过：“一座优秀的建筑，就是一座纪念碑。”运河建设者为常州新运河上塑造了令常州人自豪的11座丰碑，可以说它将成为常州运河一块靓丽品牌。

本册论文专集的出版，是新运河建设者的心血和智慧的结晶。我们相信，它的面世将会给广大读者和同仁提供有益的启示和借鉴。但由于汇编时间较短，文字、内容难免有疏漏之处，敬请同行和读者予以指正。

**编　者**

**2007年12月25日**

# 目录

## 第一篇 工程设计



## 第二篇 工程研究

## 第三篇　施工技术

# 第一篇

# 工程设计

Gongcheng Sheji

# 抢抓机遇　精心组织　打造现代常州新运河

孙国建

（京杭运河常州市区段改线工程指挥部总指挥）

**摘　要**　本文论述了京杭运河常州市区段改线工程坚持理念创新、科学决策，以及理念新、标准高、技术含量高、生态环境美的运河工程建设的特点。

**关键词**　城市交通工程建设　理念　管理　技术创新

千年流淌的大运河是世代常州人休养生息的"母亲河"。千百年来，市民临水而居，商贾依桥而市，城市因河而兴，历代名人辈出。悠悠运河水像一条奔腾如斯的血脉，通江达海，滋养了"中吴要辅、八邑名都"，孕育了常州深厚的历史文化和富庶的江南水乡。"银带苏南行，经济随河飞"。在公路、铁路、航空等运输方式飞速发展的现代社会，京杭运河仍然是常州大地上生机勃勃的"黄金水道"。

## （一）

京杭运河常州段全长44.5km，在苏南运输大动脉中占有十分重要的中心地位。20世纪90年代，运河常州段全线按四级航道标准进行了全面整治。但是，随着社会经济的飞速发展，运河的货运量急剧增长，船舶大型化势头明显，800～1 000吨级的船舶大量进入设计通行能力仅为500吨级的四级航道，尤其是市区段的航道技术标准和桥梁技术指标明显偏低，拥堵时有发生。另一方面，市民对船舶航行带来的噪声和城区水域污染等也反响强烈。运河改线已势在必行。

2003年，国家及省、市确立了312国道改造、沪宁高速公路扩建和宁常高速公路兴建等一批交通重点项目，建设规模之大前所未有。这些工程需要大量路基土方，如果跟新运河的开挖结合起来实施，可节省土地1.4万亩，是一次土地资源综合利用的绝好机会！聪明的常州人及时拿出了运河土方与公路建设工程土方调配的最佳方案。特别是312国道工程，几乎可以"零运距"利用运河土方，效益令人称奇。这一方案赢得了交通部和江苏省政府及交通厅等有关方面的高度关注和大力支持。

交通部将工程列入"十一五"发展规划并提前实施，江苏省交通厅与常州市人民政府正式签署共建协议，常州市委、市政府紧紧抓住机遇，把全市各种积极力量、各类有效资源汇集到这个项目上来，迅速形成部、省、市联合共建的大好局面。2003年10月，工可报告通过审查并批复，2004年底工程初步设计获得批准；2005年6月，京杭运河常州段改线工程正式开工。

## （二）

常州运河改线工程全长26km，设计航道等级为三级，口宽90m，底宽60m，设计水深3.2m，需拆迁房屋120万$m^2$，迁移杆线2 495道，需开挖土方1 853万$m^3$，新(改)建桥梁11座，概算总投资29.97亿元。

常州市委、市政府从构建"一体两翼"城市框架的战略高度出发，要求运河项目科学设计、精心组织，建成充分展示现代常州新形象、特色鲜明、亮点突出的"城市名片"和"传世之作"。工程建设指挥部坚持理念创新、科学决策，使常州运河改线工程充分展现出四个方面的显著特点：

一是建设理念新。将运河土方开挖与公路建设项目有机结合，将新运河与太湖防洪工程——武宜运河共线实施8km，解决了压废与挖废的矛盾，节省了大量土地，体现了统筹兼顾、节约资源、科学发展的时代精神。

二是建设标准高。与苏南第一条高等级航道相配套，同步建设综合性航道服务区、航道监控与搜救中心，为船民提供现代化、人性化的生产、生活服务设施；同时兴建年吞吐量1 200万吨的东、西港区，打造全国内河航道示范工程新形象。

三是技术含量高。通过精心设计和技术创新，有效解决部分驳岸工程地质条件差、地基处理难度大的难题，科学选用多种形式的直立式驳岸，确保了工程质量和整体效果；11座运河桥梁形式多样、结构新颖，不仅广泛采用国内8种主流桥型，还在龙城大桥建设中首创新桥型，堪称“小型桥梁博物馆”。

四是生态环境美。对新运河与312国道的绿化工程进行整体设计，将17km的运河、国道共线段建成“一河、一路、三林带”的绿色交通走廊，营造大绿量的城市“绿肺”；桥梁布局呈现“一桥一景”特色，体现“路、河、桥、林”相协调，树立环境友好型水运示范工程新形象。

## （三）

除了4.5km的老河利用外，运河改线工程有21.5km为平地新开河，工程范围涉及4个区、10个街道、43个行政村，工程建设对城市格局以及地方道路、水系的影响巨大，工程在项目审批、土地征用、资金筹措等工作上的规格层次之高、协调层面之广、工作难度之大在常州交通工程史上也前所未有。为了促进工程顺利启动和快速推进，2003年11月，常州市委、市政府召开第一次领导小组会议，对工程建设中诸如组织机构、管理模式、资金筹集配套方案等重大事项逐一明确落实。指挥部办公室一成立，所有工作人员迅速进入工作状态，发扬“特别能吃苦，特别能战斗”的精神和热情，及时整理、报送各种审批资料。在项目设计过程中，指挥部组织市交通、规划、国土、建设、水利等部门和设计单位协同作战、集思广益，以最短的时间和最高效的工作，在航道走向、港口布局、桥梁选址、防洪控制、城市景观及功能配套建设等方面做了全方位的研究比选工作。在项目审批过程中，国家发改委、交通部、国土资源部和省发改委对包括港口岸线和用地预审在内的各项审批工作给予高度重视，各审批机构均做到了待审文件不过周、待批手续不过月，有力地促进了项目前期工作；在项目资金拨付上，交通部、省交通厅更是给予了鼎力支持，全面实行了按进度计量支付的原则，市交通产业集团积极加大资金筹集力度，有效地保障了项目的实施计划。指挥部按照缩短建设周期、提高工作效率的要求，将全部建设任务科学分解到每一个年度并有效掌控，实现了工程投资效益的最大化。

26km航道全线开挖，11座大型桥梁先后开工，场面壮观、气势恢弘，而多工种、多节点的平行施工、交叉作业，给工程现场管理带来众多的难题。面对这场错综复杂的特大战役，工程建设指挥部及办公室始终坚持精心组织、科学管理，确保时序进度。一方面狠抓队伍进场并督促施工、监理单位的人员、设备的履约配备，确保一线力量充足；一方面以桥梁工程为重点，狠抓关键线路、关键节点的有效突破，形成桥梁、驳岸、土方、绿化工程并进齐飞的建设场面；一方面坚持“安全第一、预防为主、强化监管”，杜绝重大安全责任事故与人身伤亡事故的发生，确保稳定有序，确保工地和谐；各级领导坚持靠前指挥，重点协调、处理不同项目、不同工序之间的施工矛盾，牢牢把握工程指挥的主动权，确保工程进度按计划顺利推进。

作为国家水运示范工程试点项目和长三角高等级航道网先导项目，工程建设指挥部坚持“百年大计、质量至上”，通过教育培训、管理创新等措施，确保工程质量处于受控状态，确保创新创优。一是严格市场准入，由纪检、监察、跟踪审计等部门强化对工程招投标工作的监管，择优选择国家级企业及省市优势企业担当工程建设的主力军；二是聘请桥梁设计大师金成棣教授进行桥梁选型把关，聘请范立础院士为首的国内高级专家组成技术专家组，为工程提供强大的技术支撑；三是大力开展技术创新，制定“一桥一补充标准”，实施龙城大桥模型试验，开展平陵大桥剪力钉群试验等技术攻关，8个科研项目已有两项通过鉴定，分别达到国际、国内领先水平；四是坚持以试验数据、监控数据评判工程质量，对所有桥梁施工进行全过程监控；五是强化对现场施工与监理工作的监管，坚持监理旁站制度，确保重点部位、关键工序、隐蔽工程、薄弱环节的施工质量达到优等标准；六是通过“监教并举、防微杜渐”，确保规范运作，确保廉洁工程。

经过广大建设者的共同努力，工程建设过程中的一个个难题已经化为无形，代之而起的是一条崭新的三级航道和11座气势雄伟的新运河大桥。1 800多万立方米的运河土方也已全部被综合利用，没有形成新的土地压废；规模浩大、长达四年的工程没有发生一起重大安全责任事故，没有发生一起人员死亡事故，创造了一个新的历史记录！交通部专家委员会主任凤懋润等了解了工程建设的情况后，对指挥部的管理工作给予高度评价，并建议申报国家级管理软科学奖。

## （四）

参与常州运河改线工程的每个人都清楚，运河工程能够有今天的成就，除了工程建设者的辛勤工作，还离不开交通部、省委、省政府、省交通厅和市委、市政府的高度关注，以及社会各界、全市人民的大力支持。中央政治局委员、中央书记处书记、中组部部长、原江苏省委书记李源潮，国家发改委副主任张茅、交通部副部长翁孟勇、徐祖远、黄先耀，原常务副省长蒋定之、副省长李全林、仇和等都曾亲临现场视察工程建设；省交通厅厅长潘永和及其他几位厅、局领导，常州市委书记范燕青、市长王伟成等市领导更是经常深入工程一线进行检查指导，帮助协调解决有关问题，这些给广大建设者增添了无穷的动力。我们无法忘记，工程沿线的地方党委、政府顾全大局，合力推进，为工程前期工作付出了很多努力和巨大代价；我们无法忘记，国土、规划、建设、公安、城管以及供电、电信等市各有关部门和单位对工程建设全力支持、通力配合；我们无法忘记，沿线广大人民群众对工程建设充分理解、积极支持，4 000多户动迁居民、500多家动迁企业，为保证这项“世纪工程”的顺利实施作出了突出贡献！

“事事当争第一流，耻为天下第二手”，这句激励了几代人的常州人文精神，在新运河工程建设中得到了进一步弘扬光大。一万多名建设者经过四年的艰苦奋战，使苏南地区第一条高等级、现代化的内河三级航道如期闪亮登场。大桥飞架、长龙卧波，一池碧水、两岸绿荫，如诗如画的新运河美景已经真实地呈现在人们眼前。

新的丰碑已经铸就，新的征程正在开启。我们坚信，常州新运河将顺着科学发展的大潮，流金淌银扬远帆，在全面建设小康社会的征途上再立新功，再创辉煌！

# 落实科学发展观　统筹交通工程建设

## ——运河土方综合利用报告

常　青　刘文荣

（常州市交通局）

**摘　要**　本文结合京杭运河改线中土方综合利用的调研报告，阐述了落实科学发展观，统筹交通工程建设的意义。

**关键词**　土方　综合利用

## 1　概述

京杭运河苏南段长208km，流经我省经济最活跃的镇江、常州、无锡和苏州四市，并与长江、苏申内外港线、长湖申线、锡溧漕河相通，是我国“一纵三横”水运主通道的重要组成部分，是仅次于长江的黄金水道，年货运量已超过10 000万吨，是沪宁铁路货运总量的3倍多。在江苏省乃至长江三角洲地区经济发展中具有重要的战略地位。

京杭运河常州段位于苏南运河中段，长44.5km，横贯常州市，与沪宁铁路、沪宁高速公路及312国道等交通要道并肩而行。运河上接丹金溧漕河，南侧通过武宜运河、扁担河等与太湖、滆湖相连，北侧有新孟河、德胜河、三山港等与长江沟通，下接锡溧漕河、锡澄运河等，处于江、河、湖连网畅通的江南水运网的中心地位。常州市区段西涵洞至三号桥长8.92km，1984～1988年先期按“全国内河通航试行标准”(63标准)四级航道进行整治，水深2.5m，底宽40m，口宽50m，桥梁通航净宽30m，净高6m。整治过程中，受两岸产业布局和城市建设的限制，仅在原航道基础上进行拓宽，未能像苏南运河其他段落那样按GBJ 139—90标准中四级航道尺度进行整治并预留三级规划控制。随着时间的推移，苏南运河货运量突飞猛进，常州市区段已逐步成为水运主通道功能进一步发挥的瓶颈，成为苏南运河航行条件最差的航段，对其进行整治势在必行。

2004年省发改委(苏发改交能发[2004]978号)批复了京杭运河常州市区段改线工程的初步设计。工程按《内河通航标准》(GBJ 129—90)三级航道的技术标准设计，水深及断面开挖等按四级航道标准实施。最大设计船型以1顶+2×1 000吨级顶推船队为主，航道弯曲半径不小于480m，三级航道水深3.2m，底宽60m，口宽90m，满足三线航行的需求。近期按四级航道开挖，水深2.5m，底宽45m。运河改线段航道走向在充分满足水运主通道航运功能的前提下，根据常州市建设特大城市的规划，结合312国道改造等综合交通走廊的布局以及水利防洪等设施的规划建设，尽量利用现有河道以减少投资。运河改线段总长26km，其中利用老河道4.2km，平地新开运河21.8km(与武宜河共线8.2km)，开挖土方共约1600万$m^3$。

## 2　课题背景

党的十六大和十六届五中全会提出：全面落实科学的发展观，建设和谐社会。公路建设项目需要大量的土方，苏南地区特别是苏锡常地区的土地资源十分紧缺，土源一直是公路建设项目的难点之一。2004年10月18日解放日报刊登了一篇《长三角土方告急》的文章，文章指出：长三角地价日日见涨，苏南地区、杭嘉湖地区更是寸土寸金。交通基础设施建设的加快，庞大的土方需求和极其珍贵的土地资源之间，产生了尖锐的矛盾。国土资源部门的一位同志说，土方紧缺，不仅仅导致建设成本大幅增加，而且给公路沿线耕地、环境带来巨大压力。规划设计部门在确定取土范围的时候，一方面力争建设成本最低，另一方面也力争使沿线的土地得到优化、合理利用，发挥出最大效益。但是两者之间经常无法兼顾，取土造成的耕地减少，绝大多数都是永久性的，复垦难以得到落实。京杭运河常州市区改线工程恰好为解决公路土源问题提供了一个良好的契机。近期常州市区境内有若干重点交通工程项目在建和拟建，包括京杭运河常州市区改线工程、G312 改扩建工程、沪宁高速公路扩建工程、常州西绕城高速公路等。这些公路项目的实施，将需要土方 1 000 万 $m^3$，如果采用传统的征地取土的办法，需要开挖取土坑 7 000 亩，将使数以千计的农民失去大片宝贵的良田；另一方面，运河开挖的 1 600 万 $m^3$ 土需要征用 6 000 亩的地作为弃土压废。从提高社会经济和交通基础设施项目综合效益、促进城市发展，特别是国土资源合理利用的角度出发，结合几项工程的同步实施，研究填挖土方的综合利用，既解决了土源紧缺的问题，又节约了宝贵的土地资源，实现了交通建设与社会发展的和谐统一。不仅可节约土地 13 000 亩，而且按照现有的市场最低价估算，节省费用超过 10 亿元。

## 3　土方综合利用

### 3.1　运河土方的供给

根据运河设计的航道走向，通过地质勘探和土样试验分析，15m 以上浅地层中主要存在的软土、软弱土有淤泥质亚黏土、淤泥及软亚黏土。根据静力触探锥尖阻力并结合探井等资料，航道沿线 0～6m 的土层划分为 A、B、C 三大类。A 类土：主要为表土、亚黏土，该类土为推荐用土，全线范围内普遍分布；B 类土：主要为淤泥质亚黏土、软亚黏土和亚砂土夹亚黏土，该类土为土源紧缺时经过适当处理后可作补用土；C 类土：主要是淤泥，该类土不可用作填料土。经初步测算，运河改线工程共计开挖土方约 1 600万 $m^3$，考虑施工时序和工程需要，依据工程地质勘察试验的结果，实际允许开挖土方约 1 000 万 $m^3$，在充分利用的情况下，实际可用于填筑路基土方约为 900 万 $m^3$。

### 3.2　公路工程土方需求

(1)G312 扩建工程

312 国道常州段扩建工程起自横洛公路无锡、常州交界处，起点桩号 K130＋774.386，止于常镇交界处，终点设计桩号 K171＋052.364(原 312 国道老桩号 K199＋052.364)，路线全长 40.278km，全线填方总数量为 240 万 $m^3$。常州段各段组成见表 1 所示。

**312 国道常州段各路段组成表**　　表 1

| 序　号 | 起 点 桩 号 | 路 线 名 称 | 设计长度(km) | 备　注 |
|---|---|---|---|---|
| 1 | K130＋774.386 | 横洛公路 | 3.81 | 已建成 |
| 2 | K134＋585.009 | 长虹路 | 8.527 | 已建成 |
| 3 | K143＋111.51 | 常州改线段 | 21.488 | 路基宽 45 米 |
| 4 | K164＋600 | 常州先导段 | 6.452 | 路基宽 26 米 |

(2)沪宁高速公路扩建

沪宁高速公路常州段扩建工程起于常州与无锡交界处的北绍村，终于常州与丹阳交界处的林场村，路线全长 42.664km，共需土方约 330 万 $m^3$，(表 2)。

(3)西绕城高速公路

该项目的工程可行性研究已通过审查，初步设计也已完成。起于沪宁高速公路汤庄东，向南与机场路交叉后，连续跨越京沪铁路和京杭运河，终点于鸣凰西接联三高速公路并向南与地方道路衔接，路线全长 28.0km。根据工可的路线及初步设计送审稿方案，土方需求量约为 553 万 $m^3$。

**沪宁高速公路土方需求表**($m^3$) 表 2

| 标段 | 起 讫 桩 号 | 路基土方 | 互通土方 | 服务区土方 | 新增互通土方(估) | 施工便道土方(估) |
|---|---|---|---|---|---|---|
| D1 | DK118+996.714～DK134+800 | 623 038 | 68 362 | 21 771 | 200 000 | 180 000 |
| D2 | DK134+800～DK148+500 | 628 590 | 180 266 | | 200 000 | 160 000 |
| D3 | DK148+500～DK161+859.51 | 731 435 | 133 057 | | | 160 000 |
| 小计 | | 1 983 063 | 381 685 | 21 771 | 400 000 | 500 000 |
| 全线共计 | | 3 286 519 | | | | |

**3.3 土方利用原则**

(1)“以供为主，供需结合”的原则。取土应以运河开挖的范围为前提条件，禁止超出范围取土，以免对航道护岸施工造成不利影响。同时，根据用土计划分片细化取土范围，提高其效率和可操作性。

(2)“分类使用，充分开发”的原则。根据道路路堤、路基等不同层次对土质的不同要求，分别取用相应的土方，道路不能利用的土方可考虑填筑周边废塘、洼地等，进行土地开发。

(3)“统筹安排，总体最优”的原则。运河改线段全长 26km，全线均为取土范围。需土公路项目或与运河并行，或临近运河西段或东段，运距各不相同，运土道路条件层次不齐，为力求总体效益最优，取土调配应统筹安排、统一管理、按计划进行。

(4)“分期实施，动态保护”的原则。因航道施工与各需土项目土方开挖不完全同步，土方开挖滞后于航道施工的，可将口门范围土方预留，土方开挖先于航道施工的，开挖范围应预留基坑保护、施工便道及围堰土方。开挖暴露时间较长的，应采取适当的保护措施，减少扬尘污染。

**3.4 取土段落划分**

运河及需土道路项目均为线状工程，土方开挖及填筑范围绵延数十公里之远，不同位置的土质状况，地形地物、开挖条件、运输道路、桥涵状况、运距等均千差万别，如何科学合理地利用土方，实现经济节约、综合开发的目的是一个系统性的问题。土方分段开挖，分别用于不同的公路项目及其中不同的段落是实现这一目的的最基本的思路。

京杭运河常州市区段改线工程是土方供应项目，改线段运河 26km 全线均为取土范围。首先根据不同位置的运输条件将全线划分为 4～5 个段落，按运输方便、运距较短、运费最省的原则，分别对不同时段开工的需土公路项目开放，取土位置相对集中，以免全线开挖且暴露过久对交通及环境等造成不利的影响。在此基础上，再根据土质情况、土方供需数量、运输路线、拆迁计划、取土区两侧交通联系现状等条件将各段落细分为 5～10 个取土区，在经济运距范围内采用统筹学与运筹学理论，经最优化分析，确定理论调配方案。最后再根据运输线路状况的变化、土方供需数量的实际状况以及需土项目的工程进展状况等进行动态的调整，综合考虑时间价值、环境影响等因素，力争综合效益最优，真正实现土方的综合利用和滚动开发。

(1)312 国道改建工程

312 国道改建工程基本与运河改线段并行，最近处相距仅约 40m 左右，312 国道西大桥以西路线基本与运河改线段走向垂直，采菱港以东 312 国道向南转折再向东，并行段以外距运河渐远。312 国道全部使用运河土方 240 万 $m^3$，与运河并行段利用运河土方的效益最好。

(2)沪宁高速公路扩建工程

沪宁高速公路常州段位于市区以北，东西向穿过市区北部，与京杭运河基本平行，最近处距京杭运河约 4km。沪宁高速公路扩容工程沿线土地较为紧张，沿线布置取土坑余地较小。但是，沪宁高速公路扩容工程利用运河开挖土方需穿越城区，且跨越现运河和沪宁铁路，运距较远，运输较为不便，环境影响相对较大，土方利用效益相对较低。实际利用运河土方约 80 万 $m^3$。

(3)西绕城高速公路

西绕城公路自常州市西侧邹区镇附近绕城而过，与运河改线段、312 国道改造工程西段基本平行，距离改线段运河约 1～2km。向南与武宜运河并行，自滆湖东侧与联三线相交。常州西北绕城公路可充分利用运河改线段西段土方，土方不足时还可部分利用武宜运河开挖的土方，土方综合利用效益较明显。

## 4 效益评估

从各项目本身出发，单独考察各项目进行土方综合利用的财务效益，总体上可分为运河和公路两大块，基本思路是进行有无对比。对于公路项目，以不利用运河土方为基础条件，分析各项目取土的费用(包括取土坑征地、拆迁，以及土方施工费用)，然后再分析综合利用运河土方的情况下，各项目的取土费用(不含取土坑征地拆迁)，两者进行对比，从而得出各项目的直接财务效益(见表 3)。对于运河项目，同样以不进行土方综合利用为基础条件，分析土方施工费用(包括征地、拆迁，以及挖土、运土和弃土等费用)，然后分析在进行土方综合利用的情况下的土方施工费用(不含挖土、运土和弃土费用)，对比后即可得出运河项目的直接财务效益。

**直接财务效益计算结果表** 表 3

| 序号 | 项 目 名 称 | 取土费用(万元) | | 效益(万元) | 备注 |
|---|---|---|---|---|---|
| | | 不利用运河土方 | 利用运河土方 | | |
| 1 | 京杭运河改线工程 | 44 903 | 29 877 | 15 026 | |
| 2 | G312 扩建工程 | 2 759 | 1 028 | 1 730 | |
| 3 | 沪宁高速公路扩建工程 | 720 | 1 493 | −773 | |
| 4 | 常州西绕城高速公路 | 7 624 | 6 206 | 1 418 | |
| 合计 | | 56 006 | 38 604 | 17 401 | |

国民经济效益分析从国民经济角度，按照土地的影子价格对各项目的土方综合经济效益进行分析，以考察土方综合利用的总体国民经济效益。基本的思路仍采用有无对比法。计算表明，运河土方综合利用所产生的国民经济效益是十分显著的(见表 4)。

**国民经济效益计算结果表** 表 4

| 序号 | 项 目 名 称 | 取土费用(万元) | | 效益(万元) | 备注 |
|---|---|---|---|---|---|
| | | 不利用运河土方 | 利用运河土方 | | |
| 1 | 京杭运河改线工程 | 78 310 | 29 877 | 48 433 | |
| 2 | G312 扩建工程 | 19 522 | 857 | 18 665 | |
| 3 | 沪宁高速公路扩建工程 | 2 752 | 2 326 | 426 | |
| 4 | 常州西绕城高速公路 | 25 580 | 5 583 | 19 997 | |
| 合计 | | 126 164 | 38 643 | 87 521 | |

## 5 结语

土方综合利用研究涉及多个工程项目，而各项目的建设时序不同，施工单位既有路上的也有水上的，因此具体的土方取用过程控制是十分复杂和关键的。同时在施工过程中，还可能遇到各种情况，必须在工程实施过程中不断调整、完善。

# 运河改建桥梁桥型比较与选择

刘文荣[1]　朱红亮[2]　郝峻峰[3]

（1.常州市交通局；2.常州市航道管理处；3.同济大学建筑设计研究院）

**摘　要**　常州市京杭运河市区段改建工程航道全长约 26km，沿线涉及新改建桥梁 11 座，这一系列桥梁是常州市区的南大门，桥梁的建设极大地改善了常州南部地区的交通状况，加速了常州构建苏南现代特色城市的步伐。重点介绍桥型的选择与优化，桥型与周边规划的结合，变截面预应力混凝土连续梁施工技术的改进。

**关键词**　桥型　比较　施工方式改进

## 1　概况及建设条件

常州是“中国城市综合实力 50 强”和“中国城市投资环境 40 优”城市之一，并被确定为国家第一批可持续发展和全国环模试点城市。

随着城市经济的发展和生态城市的逐步实施，常州市的城市面貌有了很大的改观，京杭运河作为主要水路运输通道，其在常州市的地理位置不协调性逐渐显现，运河两侧的城市布局基本形成，改建及拓宽的实施难度很大。为了改善京杭运河的通行条件，促进常州市经济社会的发展，结合常州市的城市交通网的建设，决定实施京杭运河及 312 国道的改线工程。

京杭运河常州市区改线段西起京杭运河德胜河口连江上塘村，经 312 国道、小徐家村、下乘桥。雕庄村，东至戚电厂对岸德横塔村入老运河，航道改造总里程 26.086km，航道永久性建筑按三级航道标准建设。航道近期底宽、水深按 IV 级航道标准实施，其中航道底宽 45m，口宽＞90m，最小水深约 2.5m。改建新建桥梁处航道的净空要求，航道最高水位为 3.7～4.10m，通航净高 $H\geqslant7.0$m，净宽 $B\geqslant70$m，桥梁主跨按一跨过河的要求建设。

312 国道常州段是常州市通向南京上海方向的一条东西交通要道，为了减少穿越运河的道路与 312 国道交错增加立交工程量，将 312 国道局部改道，依托运河而建，同时运河另一岸将规划新建滨河大道，它是常州市南部城区一条东西向主要干道，二线将与京杭运河并列，形成独有的景观；跨二线及大运河现有道路八条，规划道路七条，需新建桥梁 15 座，11 座桥梁均需近期在运河开挖前建设。

根据常州市市委与市政府的要求，其中常金线大桥，清凉路大桥两座桥梁需重点突出，设计成常州市标志性建筑，不仅要满足交通功能的要求，同时要反映常州市古城新貌，在全面建设小康社会的奔腾洪流中奋发向上，与时俱进的苏南模式，统筹人与自然的和谐发展，通过运河桥的建设要充分洋溢时代精神。通过桥梁造型充分体现常州市龙城文化的内涵，继承发展的城市精神。

本区浅层地下水与地表水由密切的水利联系，地下水位一般距地表 2～3m。

常州地区大地构造为扬子准地台，地质构造隶属于我国东部新华夏系第二个隆起带，区内主要发育有：东西向构造、华夏式构造、新华夏系构造等，各类构造体系间相互干扰。切割，呈现复杂的联合、复合现象，而新华夏系为本区域的主要构造骨架。

常州地区新构造运动以大面积的升降运动为主，运河沿线级其附近没有深大断裂级活动性断裂存在，且各种断裂都隐伏于第四系地层之下，地表无出露，故断裂对运河建筑物一般没有影响。

土层分为第四系全新统（$Q_4$）、第四系上更新统（$Q_3$）、第四系中更新统（$Q_2$）为主，主要为黏土、亚黏土、粉质黏土及砂质粉土为主。

常州市多年平均气温15.5℃,一月平均气温2.4℃,七月平均气温28.2℃,极端最低气温−15.5℃,极端最高气温为39.4℃。多年平均降水量1 071.5mm,年平均降水日(降水量大于等于1mm)127.5天。全年12月降水最少,平均33.9mm;6、7月为梅雨季节,降水量为全年的1/3。多年平均风速为3.0m/s,常风向为ESE向,频率为13%,强风向为ESE,多年瞬时最大风速为24m/s,大风日数(风力大于7级)平均6天/年,最多为19日/年。多年平均雾日为29.9天,年最多为56天,年最少为17天。

## 2 桥型选择的原则与方法

### 2.1 选择原则

(1)讲究实事求是的精神,从实际出发。运河桥梁的规模与景观应该是京杭运河工程的组成部分,应与其和谐协调建设,既要发挥交通功能,也要讲究景观效应。同时结合地区的条件,合理的选择桥梁的造型,让桥梁的结构与周围环境和谐统一。

(2)符合美学、力学和经济的要求,不宜不讲功能,一味追求景观。桥梁结构的选择主要的依据为桥梁的合理受力性、美观性、经济性的统一,不能偏废任何一方面,对于特定地点的桥梁,可以考虑景观效应多一些,但是其他两方面也要兼顾。

(3)桥梁造型要达到常州市传统文化与新兴科学建设技术相结合。桥梁的建设应当反映一个地区的一个时代的发展,同时也要表达这个地区人文历史的发展,与当地的人文精神与历史风格相协调。

(4)造型艺术与力学平衡相统一;传统工艺与先进技术相融合。桥梁的建设首先要选取合理的受力体系和受力方式,同时利用既有的建设技术,并对其进行发展。

(5)桥梁功能与环境相协调,建桥工艺是国内相对较为成熟的工艺。环境的协调对桥梁的美学及景观影响很大,与环境的协调是美观的最终要求,不能建设成一座突兀、荒诞的建筑怪物。同时力求成熟的建设工艺可以达到顺利的建设目的。

(6)建筑材料应选用慎重,在城区的外围多采用养护维修工作量小的材料,城区为了桥型的轻型化,可以采用部分的钢结构。桥梁的长期使用性能取决于桥梁使用的材料,针对不同的养护条件,采用不同的材料。

(7)同时造价适中,控制在计划投资范围之内。造价的控制是建设的基础。

### 2.2 选择方法

选择京杭运河常州市区段改建工程的桥梁结构方案经历了一个较长的时间段,采用了中标单位方案推荐、全国广泛征集设计方案、专家组对方案总体评述三个主要的过程和方法。

中标单位在中标后对近期建设的11座桥梁进行了大量的方案设计,提供了很多很好的方案,同时进行了详细的方案设计,基本确定了可以使用的桥梁结构类型。

为了丰富桥梁设计方案,又开展了全国的设计方案征集工作,十余家全国设计单位参加了桥型方案的设计,提出了很多很有新意的设计方案。

结合中标单位的推荐形式及全国方案征集的结果,聘请全国知名桥梁专家组成专家组,对全部方案进行遴选,提出了专家咨询报告。

综合上述的方法,经过近一年多的时间,按照上述的选择原则,确定了11座桥梁的设计方案。

## 3 主要桥梁结构方案的比选

### 3.1 预应力混凝土连续箱梁桥

该类桥梁线条流畅,桥面上空旷,但建筑高度高。参考美国桥涵设计规范,箱形连续梁与跨度的关系为:

$h_{min} \geqslant 0.041$,即1/25,1为连续梁中跨跨径

变截面$h$按平均值计算,例如:1=120m,跨中梁高:$h_{min}=2.5$m,即$h=1/481$,支点梁高$h_{max}=$

7.633m，即 $h=1/16.91$，$h=(1/48+1/16.9)/21=0.041$。

假设纵坡 $i=3.0\%$，$T=150\text{m}$，$E=2.25\text{m}$，$R=10\,000\text{m}$，通航净空宽度 70m，高度 7m，最高通航水位 4.10m。则跨中桥面高程等于：

$$\Delta h=250+0.06+0.04+\left[225\times\left(\frac{35}{150}\right)^2+7.633-25\right]\times\left(\frac{35}{60}\right)^2=4.388\text{m}$$

$$4.10+4.388+7.0=15.488$$

跨中还会因为梁底曲线，高程造成偏高，在此达到了 1.888m，增加引桥长度为 2×63m＝126m，因此，运河城市桥梁采用连续梁一般情况下是不经济的。

但该桥型结构目前是国内中等跨度桥梁的主力桥型，由于其建设技术简单，造价相对经济，维护使用成本低，在景观要求不是非常高的地区可以使用。同时，预应力混凝土连续梁由于刚度大，对于大交通量，尤其重载交通较多的城市主干路或省道上使用效果很好，所以在整个运河桥梁的主要交通性道路上，我们选择了三座桥梁采用连续梁结构。

为了改善预应力混凝土连续梁的腹板受力，我们也对预应力连续梁采用了一点的变化措施，比较了各种设计方法，设计中采用了 3 种不同的腹板构造及预应力布置形式。第一种采用钢-混凝土结合梁的形式，采用钢结构代替箱梁的腹板及底板。第二种采用传统的成熟的竖向预应力钢筋的形式。第三种采用腹板下弯预应力钢束的形式。

### 3.2 小跨度斜拉桥

预应力混凝土斜拉桥一般经济跨径为 $L_{\min}\geqslant 200\text{m}$，因此，如果采用双塔斜拉桥方案，由于跨运河桥梁跨径在 120m 左右，它是不经济的，如果采取双塔斜拉桥方案，我们认为是不可取的。单塔斜拉桥理论跨径在 200m 以上，是可取的，像跨越运河的桥梁，采用单塔的方案，桥梁外观表现宏伟氛围，作为标志性建筑，是一种比较可取的方案。而且合理的选择受力体系，其造价比一般桥梁不会有很多的增加。另外，新建 312 国道沿运河而建，两者中心间距 100m 左右，因此，采用单塔斜拉桥方案，可以在主塔附近布置竖曲线最高点，从而降低桥梁总长度。最终 2 个桥位选择了斜拉桥的方案。

### 3.3 拱梁组合体系

拱梁组合体系从 20 世纪 80 年代以系杆拱结构为代表开始了大规模的发展，近 30 年来建成了大量的拱梁组合体系的结构。由于这种结构受力较为合理，跨越能力较大，施工快捷，同时造型多变，在60～200m 跨度已成为一种主要的桥梁结构。近几年随着结构分析的能力的加强，更多造型和更多结构变化的拱梁组合体系开始出现。

拱梁组合结构主要利用拱结构很大的轴向荷载承担能力和强大的预应力系杆系统组成联合受力体系，系梁主要承担局部荷载的弯矩。由于弯曲荷载的量级很小，充分发挥了材料的拉压性能，所以桥梁结构材料的用量很低。

运河桥梁的跨度为 100～120m，同时现场的条件允许“先架桥后开河”的施工方法，为拱梁结构体系的施工提供了更多便利的施工条件。

我们在运河改建的桥梁中，选择了 4 个桥位桥梁采用了拱梁组合体系。

### 3.4 各桥位桥型选择结果（表 1）

**最终主桥桥型及技术参数一览表** 表 1

| 桥　　名 | 桥 型 方 案 | 宽度(m) | 跨径组合(m) |
|---|---|---|---|
| 平陵大桥 | 钢-混凝土叠合连续梁 | 33.5 | 71+110+71 |
| 常金大桥 | 双索面无背索斜拉桥 | 37.5 | 60+120+30 |
| 钟楼大桥 | 双索面独塔斜拉桥 | 40 | 30+46+108 |
| 湖滨大桥 | 预应力混凝土连续梁 | 27 | 70+110+70 |
| 新龙大桥 | 中承式钢桁架拱 | 36 | 30+100+30 |

续上表

| 桥　　名 | 桥 型 方 案 | 宽度(m) | 跨径组合(m) |
|---|---|---|---|
| 武进大桥 | 预应力混凝土连续梁 | 36 | 72+110+72 |
| 龙城大桥 | 拱门独塔自锚式悬索桥 | 40 | 72+114 |
| 阳湖大桥 | 单拱肋拱梁组合体系 | 36 | 35+108+35 |
| 青洋大桥 | 连续梁-拱组合体系 | 38 | 50+120+50 |
| 天宁大桥 | 预应力混凝土连续梁 | 36 | 72+120+72 |
| 东方大桥 | 中承式提篮拱梁组合结构 | 30 | 35+120+35 |

注:桥型效果图见书中彩色插页(天宁大桥与武进大桥桥型相近)

## 4　预应力混凝土梁施工方案的选择与比较

预应力混凝土连续梁按常规的考虑采用的施工技术为节段挂篮现浇或节段悬臂拼装。

节段悬臂拼装对于本工程桥梁来说,由于各座桥梁独立性比较强,且只能选用变截面预应力混凝土连续连,故节段预制量和预制难度很大,而且桥位处的运输等条件皆不良。故节段预制拼装在该工程中不予采用。

挂篮节段现浇是最常规的预应力混凝土连续梁最常规的施工技术,方法非常成熟,但本工程采用预应力混凝土连续梁结构的桥位均处在目前交通状况非常繁忙的路段,施工的快速性必须考虑,交通干扰或分流的时间越短越好,所以我们对节段挂篮施工进行了改进。

最后采用的施工方案为大节段支架现浇施工。

大节段现浇施工首先能够利用河道后开的有力条件,利用目前场地进行支架搭设,可以省去全桥的挂篮的加工制作;其次,将常规的挂篮施工的3～4m的施工节段改为10～15m的施工节段,大大缩短了施工的时间。

## 5　结语

### 5.1　合理的桥型选择

整个运河改建的桥梁工程中,我们对桥梁工程中桥型的选择经历了1年多时间,仔细认真的对每个桥位及桥型进行了研究和必选,确定了经济合理的方案,这为我们能够在短短3年时间内基本完成桥梁建设提供了必须的前提。

### 5.2　注重功能与景观的结合

运河桥梁作为常州城市改建的一部分,我们在解决交通功能的前提下,突出了城市桥梁的景观设计要求,把11座桥梁做成常州市的精品工程,使其能够反应新世纪常州的新风貌。

### 5.3　精心设计与精心管理

再好的设计方案也必须经过精心的设计才能转化为设计蓝图。对建设节段的进行管理也是保证我们建设精品工程目标实现的主要方法。通过设计单位、施工单位、建立单位及管理单位的共同努力,常州运河改建桥梁已陆续通车运营。以上的一点经验供大家参考。

## 参考文献

[1] 金成棣.预应力混凝土梁拱组合桥梁——设计研究与实践[M].北京:人民交通出版社,2001.

[2] 范立础.预应力混凝土连续梁桥[M].北京:人民交通出版社,2001.

[3] 陈艾荣,盛勇,钱锋.现代桥梁技术丛书——桥梁造型[M].北京:人民交通出版社,2005.

# 京杭运河常州市区段改线工程桥梁总体设计

虞国俊[1]　王立新[2]　刘九生[2]　韩大章[2]　郝峻峰[3]

（1.常州市航道管理处；2.江苏省交通规划设计院有限公司；3.同济大学建筑设计研究院）

**摘　要**　京杭运河常州市区段改线工程 11 座新建、改建桥梁主孔跨径均在 100m 以上，桥梁建设标准高、规模大，桥型方案新颖、美观，各具特色。本文主要介绍了项目建设条件、特点、总体设计原则和桥梁方案等，可为以后航道改扩建桥梁设计提供参考。

**关键词**　京杭运河　桥梁　设计

## 1　工程概况

京杭运河是我国水运主通道的重要组成部分。“八五”和“九五”期间苏南运河按四级航道标准整治三级规划控制的要求进行了大规模整治，除常州市区段外，其他航段已达到了四级航道标准。随着腹地经济的不断发展，苏南运河货运快速增长和船舶大型化的趋势十分显著，由于常州市区段航道没有达到四级航道标准，船舶航行不畅和堵挡现象时有发生，在一定程度上制约了运河水运能力和效益的发挥。同时，由于受西岸产业布局和城市发展的限制，整治难度较大，在经济上是不合理的，因此为适应货运不断增长和船舶大型化发展需要，进一步发展京杭运河水运主通航的作用，促进长江三角洲及长江流域地区的社会经济发展，同时为改善常州市区段运河沿线环境，推进特大城市建设进程，促进常州市社会进步和经济发展，结合常州市建设和相关公路、水利工程建设的需要，实施京杭运河常州市区段改线工程。

京杭运河常州市区段改线工程西起德胜河口对岸，经小徐家村、叶家村、夏乘桥、雕庄村、东至戚电厂对岸的横塔村入老运河，航道总里程约 25.9km。航道永久性建筑物按三级标准建设，航道底宽水深按四级航道标准实施，其中航道底宽为 45m，口宽≥90.0m，最小水深为 2.5m，改建、新建桥梁 11 座，通航净高≥7.0m，净宽≥70.0m。

京杭运河常州市区段改线工程现阶段改建、新建桥梁 11 座，分别为 312 国道西大桥、常金线大桥、龙江路大桥、湖滨路大桥、长江路大桥、兰陵路大桥、清凉路大桥、丽华南路大桥、青洋路大桥、312 国道东大桥、采菱路大桥。各桥概况见表 1。

桥梁概况表　　表 1

| 序号 | 桥　名 | 设计航道驳岸间净距（m） | 与航道交叉角度（°） | 航道与 312 国道中心距（m） | 与 312 国道夹角（°） | 道路规划等级 | 桥面宽度（m） | 桥位位置 | 备　注 |
|---|---|---|---|---|---|---|---|---|---|
| 1 | 312 国道西大桥 | 90 | 96.2 | — | — | 主干道 | 主桥：33.5<br>引桥：24 | 老 312 国道（施河桥） | 武进区、钟楼区 |
| 2 | 常金线大桥 | 90 | 99.5 | 100 | 99.7 | 主干道 | 主桥：37.5<br>引桥：24 | 常金线（340 省道） | 武进区、钟楼区 |
| 3 | 龙江路大桥 | 90 | 90 | 100 | 90 | 快速路 | 主桥：40<br>引桥：26 | 龙江路 | 武进区、钟楼区 |

续上表

| 序号 | 桥名 | 设计航道驳岸间净距（m） | 与航道交叉角度（°） | 航道与312国道中心距（m） | 与312国道夹角（°） | 道路规划等级 | 桥面宽度（m） | 桥位位置 | 备注 |
|---|---|---|---|---|---|---|---|---|---|
| 4 | 湖滨路大桥 | 90 | 72.5 | 101.9 | 72.8 | 主干道 | 主桥:27<br>引桥:16 | 湖滨路(吴家桥) | 武进区、钟楼区 |
| 5 | 长江路大桥 | 90 | 90 | 106.46 | 87.1 | 主干道 | 主桥:36<br>引桥:24 | 长江路 | 武进区、钟楼区 |
| 6 | 兰陵路大桥 | 90 | 82.8 | 101 | 82.8 | 主干道 | 主桥:31<br>引桥:27.5 | 兰陵路(武宜路) | 武进区、天宁区 |
| 7 | 清凉路大桥 | 90 | 82 | 102 | 83 | 主干道 | 主桥:40<br>引桥:30.5 | 清凉路 | 武进区、天宁区 |
| 8 | 丽华南路大桥 | 90 | 98.065 | 113.96 | 99.657 | 主干道 | 主桥:36.5<br>引桥:27 | 丽华南路(夏乘桥) | 武进区、天宁区 |
| 9 | 青洋路大桥 | 90 | 87.2 | 310 | 112.9 | 快速路 | 主桥:38.5<br>引桥:38.5 | 青洋路 | 武进区、戚墅堰区、天宁区 |
| 10 | 312国道东大桥 | 90 | 63.2 | — | — | 主干道 | 主桥:35<br>引桥:26.5 | 老312国道 | 武进区、戚墅堰区、天宁区 |
| 11 | 采菱路大桥 | 90 | 76.6 | — | — | 主干道 | 主桥:35.8<br>引桥:23 | 采菱路 | 武进区、戚墅堰区、天宁区 |

注:桥名见书后“对照表”。

## 2 建设条件

### 2.1 地形、地貌

苏南运河常州段航道位于长江以南，与沪宁铁路紧密相临，航道流经区域为长江广阔的冲湖积平原，地貌上属长江三角洲之边缘相。区内地形平坦，地势由西北向东南缓倾，地面高程一般在4～6m。

### 2.2 气象

常州市多年平均气温15.5℃，一月份最冷，平均气温仅2.4℃，七月份最热，平均气温28.2℃，极端最低气温－15.5℃，极端最高气温为39.4℃。

多年平均降水量1071.5mm，年平均降水日(降水量等于或大于0.1mm)127.5天。全年12月份降水量最少，平均仅33.9mm；六、七两月为“梅雨”季节，降水量占全年的1/3。

多年平均风速为3.0m/s；常风向为ESE向，频率为13%，强风向为ESE，多年瞬时最大风速24m/s，大风日数(风力≥7级)平均6天，年最多19天。

多年平均雾日为29.9天，年最多雾日为56天，年最少雾日为17天。

### 2.3 地质

常州地区大地构造单元为扬子准地台。地质构造隶属我国东部新华夏系第二个隆起带，区内主要发育有:东西向构造、华夏式构造、新华夏系构造等。各类构造体系之间相互干扰、切割，呈现着复杂的联合、复合现象，而新华夏系构造体系则是本区主要的构造骨架。

据资料查明，常州地区新构造运动以大面积的升降运动为主，运河沿线及其附近无深大断裂及活动性断裂存在，且各种断裂都隐伏于第四系地层之下，地表无出露，故断裂对运河航道、桥梁一般无影响。

由于第四纪以来长江流经本区，并且多次泛滥，加上新构造运动以下降为主，使之接受了厚为120m以上的第四系松散沉积物。本区域土层主要是第四系全新统 $Q_4$ 和上更新统 $Q_3$ 的冲湖积相沉积的地层，$Q_4$ 地层主要表现为灰色、灰黄色的亚黏土、黏土、灰色淤泥质亚黏土（主要分布在河谷及老河道低洼地段）、亚黏土混粉砂及粉砂等，$Q_3$ 地层在西段主要表现为中密状态的粉砂，东段主要表现为灰黄、灰绿色亚黏土夹砂礓。

本区浅层地下水与地表水系有密切的水力联系，地下水位一般距地表 2～3m。

### 2.4 地震

根据《中国地震动参数区划图》(GB 18306—2001)，工程区域地震动峰值加速度为 0.10g，相当于地震基本烈度 VII 度。

## 3 总体设计

### 3.1 总体设计原则

(1)紧紧围绕常州市建设特大型城市这一战略目标，依据常州市城市总体规划布局和常州市域公路网规划，服从社会经济发展的总要求和总目标。

(2)协调好需要和可能的关系，桥梁建设规划既要充分考虑社会经济发展的需求，又要充分考虑建设的人力、物力和财力的可能性，实事求是地进行规划。

(3)桥梁规划按照“统筹规划、合理布局、远近结合、分期实施”的原则，有计划、有步骤地组织实施。

(4)桥梁规划要遵循国家的法规、规范和制度等。

(5)改建、新建桥梁按照“拆一赔一”的原则进行补助，超宽部分所需经费由地方承担，桥头接线、线外工程、征地拆迁等费用由地方承担。

(6)跨河(运河)桥梁设计必须做到满足水上交通的安全畅通，陆上交通满足所在路段或城镇的需要，经济合理，发展有余地。

(7)桥位

①相邻跨河桥梁的距离，跨河桥梁离支河口、离管道、离港区长度应符合有关规范、标准规定。

②桥位一般宜选择在航道顺直、地质良好的地段，桥梁纵轴线尽可能与航道中心线正交，以缩短通航孔跨径，降低工程造价；如不能正交时，偏角不大于 5°；超过 5°时，可考虑采用斜桥正做或扩大通航孔跨径等方案。

③尽量减少对城镇街区的破坏，对景观的破坏；减少街坊的动迁量；减少压废原有道路路面范围。

④结合城市总体规划进行综合考虑，选定桥位。

(8)桥跨布置

跨河桥梁主桥孔布设一般情况下一孔过河，在主航道水域内不设桥墩，通航孔主墩设在直立式驳岸或半直立式驳岸墙后面。

(9)桥型

借鉴苏南运河、锡溧漕河、长湖申线、芜申线等航道整治改建桥梁的经验，综合安全、适用、经济、美观及技术难易等因素考虑桥型方案，除根据各桥的位置、功能、造价、景观需要独立考虑单座桥梁的方案外，还要围绕常州市特大型城市发展规划，从全线航道桥梁的全局出发总体布置桥型，主线桥型不光有点的深化，还要有面的结合，使全线桥梁不过于单一化，力争将运河桥梁建成常州市的景观工程、标志性工程。

桥型结构力求简洁明快，线形流畅，同时亦考虑与所在地的景观协调，使全线桥梁的桥型不过于单调，特别对在位于进出城市及特殊位置的桥梁，布设一些合理的新颖桥型。在满足通航要求下，使桥面高程和桥孔的布设合理，配以适度的引道接到老路或地面，做到经济合理。桥型结构应考虑航道改线工程先建桥后开河的特点，优先考虑采用有支架施工或少支墩有支架施工工艺。

### 3.2 桥梁设计标准

本项目 11 座桥梁主要技术标准如下。

道路等级：见表 1。

荷载标准：公路-I 级，人群荷载 3.5kN/m$^2$。

设计速度：见表 1。

桥面坡度：纵坡不大于 3.5%，横坡 2%。

地震：地震动峰值加速度为 0.10g，相当于地震基本烈度 VII 度。

通航净空：航道通航净空：70.0m×7.0m。

312 国道净空：2×11.75m×5m。

设计洪水频率：1/100。

桥梁宽度：见表 1。

### 3.3 改建、新建桥梁特点

(1)京杭运河常州市区段改线工程航道位于常州市区，11 座新建、改建桥梁均分布城区，所在道路为城市快速路或城市主干道，因此均属于城市桥梁，桥梁建成后将成为航道的景观点、标志性建筑，常州市的"城市名片"，是城市发展活力的象征。

(2)主桥桥面由快车道、非机动车道(慢车道、人行道)及分隔带组成，除湖滨路快车道净宽 15.0m 以外，其他均在 22m 以上，所有桥梁主孔跨径均在 100m 以上，桥梁建设标准高，规模大，并且 312 国道上西大桥和东大桥是出入常州前往南京、无锡方向的重要干道，也是常州市对外的主要窗口道路。

(3)京杭运河常州市区段改线工程，除湖滨路、丽华南路利用大通河(VII 级航道)，有通航要求外，其他均为新开河道，断路建桥或跨越无通航要求的小河、沟渠，先建桥，后开挖河道，旱地建桥，可采用有支架或少支墩有支架的桥梁施工艺，施工难度较小。

(4)除 312 国道西大桥、青洋路大桥、312 国道东大桥、采菱路大桥外，其他桥梁桥位处航道中心线与 312 国道中心线距离在 100m 左右，桥梁不仅跨越航道，而且需跨越 312 国道新线。

### 3.4 京杭运河常州市区段现有桥型分析

京杭运河常州段全长 44.49km，现共建有桥梁 20 座。主要桥型有斜拉桁架(广化桥：主跨布置 17.5m+54m+17.5m，中跨为钢结构梁，边跨为预应力混凝土箱梁)；三肋系杆拱(怀德桥：主跨 50m 左右，由三片拱肋组成每片拱肋由 4 根钢管构成)；独塔斜拉桥(五置大桥桥长 96.5m，主跨布置为 52.1m，77 式塔扁形双索面，上部结构为半悬浮体系)；系杆拱桥(戚墅堰大桥：主跨 54m，双肋钢筋混凝土系杆拱)；预应力混凝土连续梁(同济立交、朝阳桥)；钢筋混凝土桁架拱(政成桥：主孔跨径 50m)；钢桁架混凝土连续叠合梁(马公桥)等。

### 3.5 主桥桥型方案的选择

京杭运河常州市区段改线工程航道位于常州市区，围绕常州市特大型城市发展规划，将运河建设成常州市的水景风光带，桥梁则似一颗颗镶刻在城市风光带上的珍珠，因此在桥型方案的选择上，力争将桥梁建成运河的景观点、标志性建筑。根据这一建设构想，2003 年 6 月 30 日，常州市交通局组织召开京杭运河常州市区段改线工程桥梁研讨会，常州市委、市政府对该工程也给予了高度的重视，提出将这项工程做成常州市的"城市名片、传世之作"的要求。桥型方案选择时，在满足安全、适用及功能的条件下，景观和经济也是重要的原则。本项目桥梁跨径均在 100m 以上，桥梁规模大，数量多，工程总费用相对较多，兼美观与经济选择桥型方案，点面结合，对重点道路、重点桥位处的桥梁构思与环境相融合的方案，对一般路段可根据各自特点，尽量避免但也不排斥与已建桥梁型式相似的方案。

结合安全、适用、经济、美观的要求，主桥方案比选主要考虑如下。

(1)梁式桥

梁式桥外形简洁、线形流畅，施工技术成熟、行车舒适，但由于其建筑高度大，一般总桥长较系杆拱方案约增加 100～200m，工程总体造价略高，且仅适用于桥梁与航道正交或接近正交的情况，梁式桥主要有连续梁、连续刚构、V 形刚构等桥型(图 1、图 2)。由于主桥跨度大，墩身高度相对较低，柔度不够，连续刚构和V形刚构温度应力控制困难，因此在本项目方案中只考虑连续梁方案(图1)。本项目湖滨路大桥、兰陵路大桥、312国道东大桥、312国道西大桥采用了连续梁方案。

(2)拱式体系

拱式体系是一种古老的结构形式(图3)，拱以承受压力为主，对基础有水平推力，拱桥体系变化较多，立面上有上承式，中承式、下承式，断面上有平行肋拱、提篮拱拱肋，材料有混凝土，钢管、钢桁架，截面形式也有较多变化，同时由于拱桥是古老的桥型，经过适当处理，可与特定桥位处景观相协调。鉴于通航净空等限制，上承式拱桥工程规模大，一般不予考虑，本项目桥梁方案主要考虑中承式和下承式系杆拱。

图1 预应力连续梁

图2 V形刚构

系杆拱是苏南运河等航道网上使用最频繁、最常见的桥型，虽然施工工序繁多，节点处理复杂，但她具有建筑高度低、施工技术成熟、造价经济的优点，并能体现江南水乡特色，仍是航道上的优选桥型之一。方案中从地形条件、地理位置等方面考虑，尽量避免京杭运河常州市区段桥型的雷同，在结构材料选择中，不拘泥于常规的混凝土结构，考虑选择简洁明快的钢桁架、钢管混凝土、钢管劲性骨架等材料，在拱肋、承式结构、风撑等细部结构方面进行独特构思，可引伸出结构体系相似、外观结构富于变化的单肋、双肋、三肋、四肋及平行肋、提篮式等造型各异的拱桥。

图3 常州丽华大桥效果图

(3)斜拉体系

斜拉桥外形简洁，高耸有气势，充分体现现代气息，其建筑高度低，但综合造价略高，一般适用于大跨径、桥面宽的桥梁。针对本工程的特点，在航道改线工程中结合旱地建桥，施工控制、施工难度相对较低的优点，在景观要求高的桥梁上选用了该方案，并对斜拉桥的塔型、塔的数量、斜拉索等予以变化，主要选择的斜拉体系桥型有独塔单索面、独塔双索面、斜独塔双索面、矮塔双索面斜拉桥、无背索斜拉桥。本项目常金线大桥(图5)、龙江路大桥(图4)采用了斜拉桥方案。

(4)悬索体系

悬索桥是古典自然的桥型，跨越能力大，桥型美观自然。对本项目而言宜采用自锚式体系，悬索锚固在主梁梁端(边跨)，再通过边孔压载，平衡悬索桥边孔不平衡力，受力合理，建筑高度低，外形新颖，但此类桥梁造价高，经济性明显较差，技术难度大，施工要求严，可作为景观桥选用。

(5)组合体系

组合体系是对以上几种基本结构体系进行有机结合，可以建造出形式更为新颖、受力更加合理的桥梁，可以达到降低梁高、降低工程造价的目的，通过合理的结构设计将经济和美观统一起来，实现功能、经济、美观、安全的有机结合。组合体系桥梁一般建筑造型优美，将不同结构体系组合在一起，发挥各自的特点，又相互补充。组合体系桥梁在景观桥梁中应用最广，往往成为一个地方的标志性建筑。也有的设计者为追求结构造型，利用组合体系桥梁，从结构受力上来说不一定合理，经济上造价也偏高，但可设计成造型独特的景观桥梁。

图4 龙江路大桥效果图

图5 常金线大桥效果图

组合体系桥梁有拱梁组合体系桥梁、斜拉桥与拱桥组合体系桥梁、悬索斜拉组合体系桥梁、钢桁架拱组合体系桥梁等很多，但实际应用最广泛的还是拱梁组合体系桥梁。本项目清凉路大桥(图6)采用了悬索斜拉组合体系。

拱梁组合体系结构一般指拱和梁同时承受荷载的桥梁结构，有的以拱为主，有的以梁为主，将拱、梁两种结构体系的特点互相补充，建筑高度低，引桥短，特别是拱肋采用钢管混凝土结构，桥型美观，适合城市桥梁景观，实际应用非常广泛。本项目丽华南路大桥、青洋路大桥(图7)、采菱路大桥采用了拱梁组合体系。

图6 清凉路大桥效果图

## 3.6 引桥方案的选择

本项目除属城市桥梁范畴外的另一特点是，桥梁不仅跨越运河，大部分桥梁均需跨越312国道、规划运北路或与之毗邻，因此引桥结构形式也是桥梁设计中需考虑的因素。

312国道路基标准横断面组成为：0.75m(土路肩)＋5.0m(慢车道)＋1.5m(侧分带)＋11.75m(快车道)＋8.0m(中分带)＋11.75m(快车道)＋1.5m(侧分带)＋5.0m(慢车道)＋0.75m(土路肩)。根据312国道标准断面，考虑在312国道中分带设墩，引桥采用跨径30m左右的现浇预应力混凝土连续箱梁或先简支后连续部分预应力混凝土组合箱梁。根据主桥桥型及所处的地理位置选择，结合312国道新线和京杭运河的景观要求，箱梁断面形式选择线形流畅的鱼腹式箱梁、与大悬臂相匹配的斜腹式箱梁、直腹式箱梁以及造价经济、外观稍逊的组合箱梁进行方案比选，墩柱配以轻型薄壁墩、方柱式墩及圆柱墩。

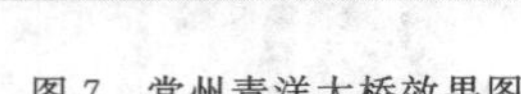

图7　常州青洋大桥效果图

图8　常州长江路大桥效果图

由于桥头纵坡较大，接线道路较长且填土较高，为保证行人及行车安全。在两侧桥头设人行道栏杆，同时设置桥梁铭牌等交通标牌，引导交通。

## 4　桥梁方案

结合安全、适用、经济、美观的要求，原初步设计桥梁上部结构以采用下承式结构体系为主，11座桥梁共设计了26个方案，19种不同桥型，主要桥型有连续梁桥、单肋、双肋、三肋、四肋及平行肋、提篮式等拱桥、独塔单索面、独塔双索面、斜独塔双索面、矮塔双索面斜拉桥、桁架梁、拱梁组合体系、斜拉桁架、独片拱、板拉桥等。

后根据常州市委、市政府对京杭运河桥梁景观建设方面的要求，常州市京杭运河和312国道南移改建工程建设指挥部在原初步设计文件的基础上，组织开展了两座桥梁的方案征集、咨询单位咨询、专家会讨论等，最后经常州市京杭运河和312国道南移改建工程建设领导小组研究，最终确定了每座桥主桥的桥型方案，引桥采用30m左右的现浇预应力混凝土连续箱梁或先简支后连续部分预应力混凝土组合箱梁。详见表2。

**京杭运河常州市区段改线工程新建桥梁最终桥型方案表**　　表2

| 序号 | 桥　名 | 主桥孔跨布置(m) | 桥长(m) | 主桥桥型 | 引桥桥型 |
|---|---|---|---|---|---|
| 1 | 312国道西大桥 | 71+110+71 | 552 | 钢混凝土叠合连续梁桥 | 现浇PC连续梁 |
| 2 | 常金线大桥 | 60+120+30 | 510 | 双索面无背索独塔斜拉桥 | 现浇PC连续梁 |
| 3 | 龙江路大桥 | 34+46+108 | 488 | 独塔双索面斜拉桥 | 现浇PC连续梁 |
| 4 | 湖滨路大桥 | 30+70+110+70+30 | 820 | 五跨变截面连续梁桥 | 现浇PC连续梁 |
| 5 | 长江路大桥 | 30.7+100+30.7 | 667 | 中承式钢桁架拱桥 | 现浇PC连续梁 |
| 6 | 兰陵路大桥 | 72+110+72 | 614 | 三跨变截面连续梁桥 | 现浇PC连续梁 |
| 7 | 清京路大桥 | 76+110 | 749.5 | 拱门独塔自锚式悬索桥 | 现浇PC连续梁 |
| 8 | 丽华南路大桥 | 35+108+35 | 622.76 | V腿单肋系杆拱桥 | 现浇PC连续梁 |
| 9 | 青洋路大桥 | 50+120+50 | 716.4 | 下承式三跨梁拱组合桥 | 现浇PC连续梁 |
| 10 | 312国道东大桥 | 72+120+72 | 624 | 三跨变截面连续梁桥 | 现浇PC连续梁 |
| 11 | 采菱路大桥 | 30+120+30 | 420 | 中承式提篮系杆拱 | 部分PC组合箱梁 |

## 5　结语

京杭运河常州市区段改线工程11座新建、改建桥梁均属于城市桥梁，主孔跨径均在100m以上，桥梁建设标准高、规模大，桥型方案新颖、美观，各具特色。桥梁建成后将成为京杭运河常州市区段的景观点、标志性建筑，常州市的“城市名片”。京杭运河常州市区段改线工程桥梁建设对以后我省乃至全国航道改扩建工程具有很好的借鉴作用。

# 常州京杭运河新龙大桥设计

马　恒[1]　王立新[2]　吴建忠[2]　曹学勇[2]

（1.常州市航道管理处；2.江苏省交通规划设计院有限公司）

**摘　要**　新龙大桥是京杭运河常州市区段改线工程中的一座大桥，主桥采用30.7m＋100m＋30.7m三跨中承式连续钢桁架拱桥，这种桥型目前在公路桥梁中很少采用。本文着重对新龙大桥主桥从设计、结构分析、施工方案、经济性等方面进行了介绍，认为该种桥型造型美观、经济性较好。

**关键词**　中承式连续钢桁架拱桥　设计　结构分析

## 1　工程概况

新龙大桥是京杭运河常州市区段改线工程11座跨运河大桥中的一座，桥位位于武进市陈家村与夏南村之间，主要跨越京杭运河、312国道，建成后北接长江路，南跨新312国道连接武进区淹城路及淹城风景区。桥梁与京杭运河航道正交，与312国道交角87.1°，最高通航水位▽3.95m（国家85高程），航道与312国道距离106.455m。新龙大桥把现代钢桥技术与江南水乡特色的拱桥融为一体，是新运河上用"钢筋铁骨"打造的一座景观桥梁。

图1　新龙大桥效果图

桥梁主要技术标准如下。

（1）道路等级：城市主干道。

（2）荷载标准：公路-I级，人群荷载3.5kN/m²。

（3）设计速度：60km/h。

（4）桥梁宽度：主桥及跨越312国道部分引桥宽度：36m；其余引桥宽度：24m。

（5）桥梁跨过运河及312国道后，设置9m宽的桥下辅道及6m宽人行梯道。

（6）净空：京杭运河：70m×7m；312国道：43.5m×5m。

（7）地震烈度：工程区域地震动峰值加速度为0.10g，相当于地震基本烈度VII度，桥梁按提高一度即VIII度设防。

（8）桥面坡度：纵坡不大于3%，横坡2%。

（9）台后填土高度：不大于4.5m。

## 2　设计要点

### 2.1　总体布置

常州京杭运河改建河道拓宽为90m，其通航净空要求为70m×7m，桥轴线与新建运河呈90°夹角，考虑景观及航运影响，新龙大桥主桥采用主跨100m一跨跨越运河，由于312国道的影响，主桥边跨采用30m。武进侧引桥分两跨跨越312国道，在312国道中央分隔带设置桥墩，常州侧主桥边跨跨越规划中的运河北路。全桥孔跨布置为：主桥为30.56m＋100m＋30.56m三跨中承式连续钢桁架拱桥，武进侧引桥为6×30m＋30m＋25.755m＝235.76m、常州侧引桥为5×30m＋4×30m＝270m的双幅斜腹板预应力混凝土现浇连续箱梁，全桥桥长为667.16m。

主桥横向布置为：1.5m（人行道）＋3m（非机动车道）＋2m（分隔带）＋23m（快车道）＋2m（分隔带）＋3m（非机动车道）＋1.5m（人行道）＝36m。

引桥横向布置为：0.5m（护栏）＋23m（快车道）＋0.5m（护栏）＝24m。

桥下辅道横向布置：7m（机非混行道）＋2m（人行道）＝9m；跨运河及312国道桥梁两端共设4个6m宽人行梯道。

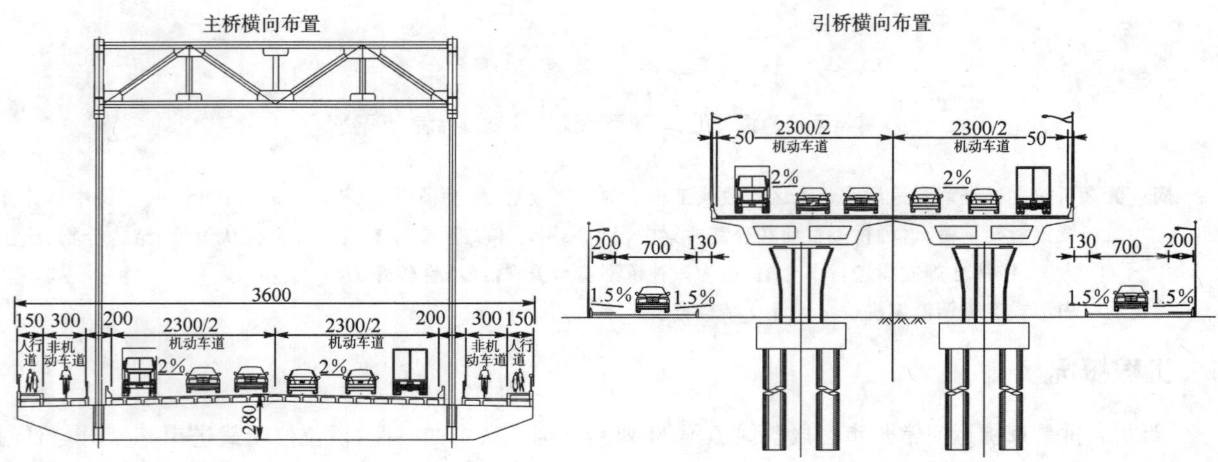


图2　主引桥横向布置（尺寸单位：cm）

桥面铺装采用10cm沥青混凝土，全桥设6道伸缩缝，桥台搭板长度为8.0m，台后各设120m挡墙防护。

## 2.2　主桥设计

（1）主梁结构

本桥主桥为30.56m＋100m＋30.56m三跨连续钢桁拱桥，钢梁全长161.12m。两侧边跨为平弦桁架，中跨为刚性拱柔性梁的钢桁架拱，边跨主桁采用华伦式桁架，主桁桁高9.5m，桁宽25m，节间长度5m，中间支点处设加劲弦，加劲腿高6m，加劲弦与钢桁拱拱肋下弦连为一体，中跨钢桁架拱拱肋采用变高度柏式桁架，中间支点处桁高17.2m，跨中拱肋桁高3m，拱顶至桥面高度20m，矢高27.5m，矢跨比3.64。拱肋桁架上下弦拱轴线分别采用不同的圆曲线，上弦拱轴线与边跨平弦轴线采用圆曲线匀顺过渡，两拱脚之间设钢系杆，以承受拱肋产生的巨大水平力，同时作为公路行车系。拱肋与系杆之间采用工字形吊杆连接，吊杆最大长度20m。主桥立面图见图3。

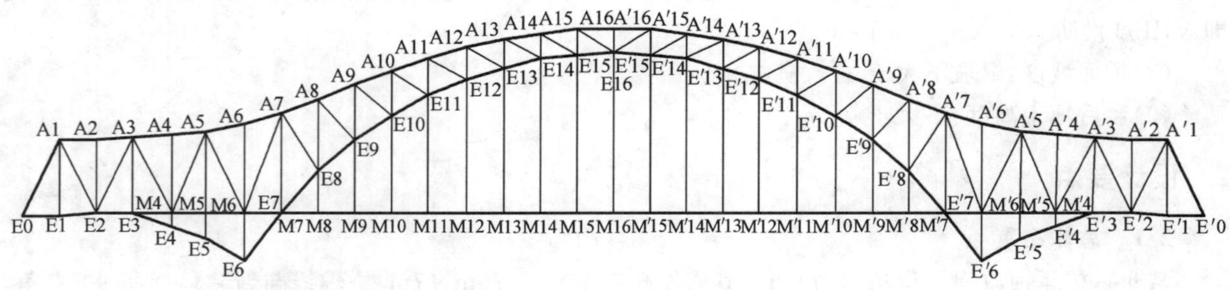


图3　主桥立面图

钢桁梁采用拼装式节点，钢梁支座采用铸钢球型滑板式支座。

本桥在$R$＝5000m竖曲线上，为尽量适应竖曲线要求，将E0和E′0较M6和M′6降低391mm，形成边孔约130/00下坡并在横梁高度上进行了调整。

(2)主桁杆件截面

加劲弦、拱肋下弦、平弦上下弦杆、中弦和拱肋上弦采用焊接箱形截面，截面高 620～780mm，外宽 600mm，板厚 12～50mm。

腹杆采用“H”形截面，截面高 240～560mm，外宽 600mm，板厚 12～28mm。

系杆采用焊接箱形截面，截面高 620mm，外宽 600mm，板厚 20～24mm，杆件最大板件厚度 50mm，最大长度 20m，最大安装吊重 6.5t。

(3)桥面系

桥面系采用横梁体系，为适应桥面纵向竖曲线和横向路面坡度要求，横梁高度 2.25～2.5m，长 24.4m，最大吊装重量 17.3t，上铺 500mm 厚钢筋混凝土板，横梁顶面设剪力钉，桥面板与横梁通过现浇混凝土湿接缝连成整体。

(4)起顶点布置

端支点处，端起重横梁设两个起顶点。中间支点处在节点两侧各设 1 个起顶点。

(5)平纵联

行车系下平联为交叉形设置，杆件采用焊接“工”字形构件，截面高 485mm，宽 440mm，横梁作为下平联撑杆。平联部分上平联为交叉形设置，杆件采用焊接工字形构件，截面高 480mm，宽 440mm，平联撑杆截面高 480mm，宽 400～440mm，拱肋和加劲弦平联为交叉形设置，杆件采用焊接工字形构件，截面高 490mm，宽 440mm，由于相邻节间存在一定的夹角，平联撑杆采用异形格构式杆件。

(6)桥门架与横联

全桥共设置三处桥门架：端桥门架、中间桥门架和拱肋下弦桥门架，均采用桁架式结构，杆件翼缘宽度 400mm，高度 400mm。加劲弦在支点处设有横联，由 1.34m 高板梁和两根 440mm×480mm 工字形截面斜撑组成。

(7)吊杆

全桥共设吊杆 34 根，吊杆长度 4～19.12m，均采用焊接“H”形截面，截面高度 600mm，翼缘宽度 320mm。腹板开设长圆孔。

(8)结构竖向刚度和上拱度的设置

主桁预拱度按照(恒载+1/2 活载)挠度曲线值反向设置，边跨平弦部分不设置上拱度，中跨桁拱部分设置上拱度，采用缩短吊杆的方法设置预拱度。

(9)高强度螺栓联结

高强度螺栓材料采用 35VB；规格 M24，$\phi$26 孔，10.9S；设计有效预拉力 240kN，设计抗滑系数 $F \geqslant 0.45$。

螺栓联结部分摩擦面喷防滑涂料，出厂摩擦系数不小于 0.55。

(10)下部结构

主墩基础采用分离式桥墩 4 根 $\phi$1.5m 钻孔桩，矩形承台，承台厚 2.5m。

过渡墩采用两个分离的桥墩，每个墩基础武进侧为 4 根 $\phi$1.5m 钻孔桩，常州侧为 2 根 $\phi$1.2m 钻孔桩(主引桥分离)。

**2.3 引桥**

引桥上部采用 30m 跨径的预应力混凝土连续箱梁，左右分幅，道路中心线处设 2cm 纵缝，混凝土桥面垫层将其连续。跨 312 国道每幅箱梁顶宽 18m，底板 9m，梁高 1.7m，为单箱双室斜腹板截面；其他每幅箱梁顶宽 12m，底板 7m，梁高 1.7m，为单箱双室斜腹板截面。

引桥桥墩采用分幅布置，每个桥墩外型呈“Y”墩，与梁体衔接，采用 2 根 $\phi$1.5m 钻孔桩。

桥台采用分幅布置，每个台采用 4 根 $\phi$1.2m 钻孔桩。

### 2.4 主要施工方案和工序

新龙大桥由于先造桥、后开河,因此主桥采用杆件运输到工地现场,由地面吊机吊装,在满铺膺架上安装。主桥施工工序如下:

(1)基础及下部结构施工完成后搭设支架。

(2)进行钢桁梁边跨及中跨系杆纵横梁下平联拼装。

(3)搭设支架进行桁架拱的拼装并在拱的中部合拢。

(4)安装吊杆并上、下端联结后,拆除支架。

(5)进行桥面板安装和湿接缝施工,最后进行桥面工程施工。

引桥 30m 跨连续梁采用支架逐孔现浇施工,跨 312 国道连续梁采用满布支架整体现浇施工。

## 3 主桥结构分析

### 3.1 整体计算模型

整体结构分析程序采用 MIDAS/Civil 6.7。

主桥加劲弦、拱肋上下弦、平弦上下弦、中弦及系杆均采用焊接箱形断面,其余腹杆、上下平联、吊杆及桥门架均采用"工"字形焊接截面,各截面均按实输入,计算模型桁架杆件均采用梁单元,模拟了由于杆件自重和横向联系结构造成的杆件二次力。所有杆件自重以程序自动计入,节点板及部分加劲重量以节点质量输入,整体结构分析模型见图 4。

图 4 有限元模型

### 3.2 强度校核

(1)规范的取用

《公路桥涵设计通用规范》(JTG D60—2004)、《公路钢筋混凝土及预应力混凝土设计规范》(JTG D62—2004)和《钢结构设计规范》(GB 50017—2003)采用了全概率水准的极限强度设计方法,而《公路桥涵钢结构及木结构设计规范》(JTJ 025—86)采用的是容许应力设计方法,《铁路桥梁钢结构设计规范》(TB 10002.2—99)采用的是容许应力设计方法,由于《公路桥涵钢结构及木结构设计规范》(JTJ 025—86)与《公路桥涵设计通用规范》(JTG D60—2004)存在设计方法的差异,故结构计算采用两种方法进行,一种为基于全概率水准的极限强度设计方法,这种方法主要遵循《公路桥涵设计通用规范》(JTG D60—2004)和《钢结构设计规范》(GB 50017—2003)进行校核,另一种是容许应力设计方法,这种方法参考《公路桥涵钢结构及木结构设计规范》(JTJ 025—86)进行校核。

(2)二次应力的问题

在桁架桥中,由于节点板的存在使得节点变成了刚性连接,杆件的自重、节点的偏心、横向结构的弯曲及桁架杆件的弯曲变形均会引起二次应力,在实际设计中,对二次应力的处理,各国规范的规定各不相同,下面列出各规范对二次应力的相关规定:

①《公路桥涵钢结构及木结构设计规范》(JTJ 025—86)

规定当杆件高度与节点中距之比超过 1/10 时,应计算由于节点刚性引起的二次应力,如荷载组合为组合 I,杆件的容许应力提高 20%,荷载为组合 II~IV 时,提高 40%。

②《铁路桥梁钢结构设计规范》(TB 10002.2—99)

规定主桁杆件截面高度与节长之比在连续桁梁中大于 1/15,简支桁梁中大于 1/10 时,应计算由于节点刚性引起的二次应力,且在荷载组合,即主力+次应力+制动力(或风力或摇摆力)时,容许应力提高系数取 1.45。

③美国公路桥梁设计规范(AASHTO)(1994)

规定杆件的恒载弯矩所产生的应力应予考虑,由连接或工作弦的偏心所产生的应力也应予考虑,杆件平行于畸变平面的宽度小于其长度的1/10时可不考虑由于桁架畸变或横梁挠度所引起的次应力。

④欧洲规范3:钢结构设计(ENV 1993—2:1997)(第二部分:钢桥)

规定在承载能力极限状态的验算中,二次弯矩可不考虑,但在疲劳验算中要考虑二次应力。

鉴于我国规范关于二次应力的规定都是基于容许应力设计方法,故在计算二次应力和一次应力的组合应力时,取用容许应力法进行检算,应力提高系数按《公路桥涵钢结构及木结构设计规范》(JTJ 025—86)取用。

(3)全概率水准的极限强度设计法(不计杆件的二次应力)

所取用的荷载取用《公路桥涵设计通用规范》(JTGD 60—2004)的荷载定义和荷载组合方法,利用本方法对杆件一次应力进行了计算,材料的强度设计值取用《钢结构设计规范》(GB 50017—2003)的材料强度设计值。

### 3.3 位移计算

恒载作用下桥面系跨中位移为16.2cm;汽车荷载作用下桥面系向下最大位移为4cm。

### 3.4 结构屈曲稳定分析

共求解了200阶屈曲特征值,皆为杆件的局部屈曲,未出现桥梁的整体失稳。第一阶失稳模态如图5所示,屈曲特征值为13.14。

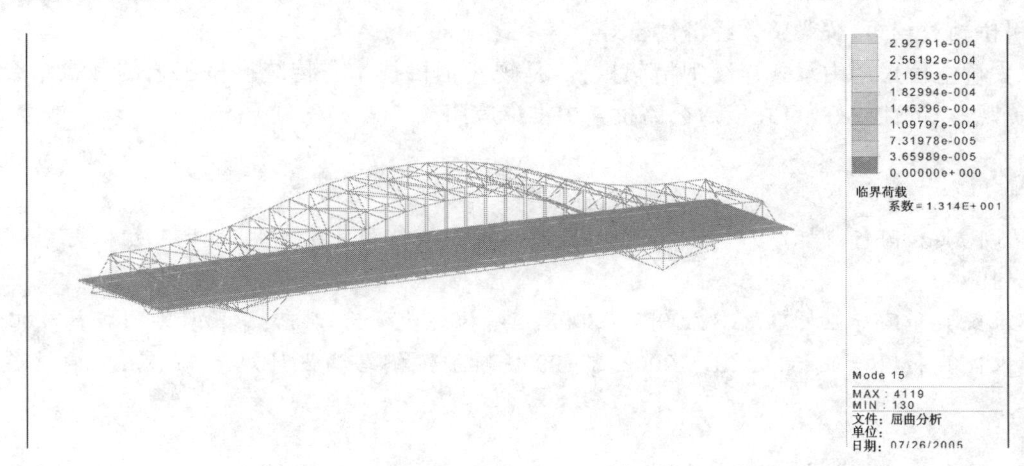


图5 第一阶失稳模态图

### 3.5 风致振动疲劳分析

在钢桁架桥中,对于长细比较大的腹杆,常常在风速较小的情况下,引起垂直于风向的弯曲振动,这种振动的产生,是由于杆件两侧交替周期性的发生卡门涡流,使杆件受到垂直于风向的空气压力的反复作用,当风速在某个范围内,则产生频率几乎不变的弯曲振动现象,当这种弯曲振动引起的应力超过连接节点的疲劳极限时,可在杆件连接节点处产生疲劳裂纹,发生疲劳破坏。

对于本桥来说,吊杆及边跨腹杆长细比较大,最大的是中间吊杆,$L/H$达到57($H$为截面高度,$L$为杆长),故进行了风致涡振疲劳的计算。

### 3.6 杆件疲劳校核

由强度检算的结果可知,主桁各杆件所受力较大,应力幅也较大,横向联系结构应力水平都比较低,故选择主桁杆件进行疲劳校核,校核分别按两种规范:《公路桥涵钢结构及木结构设计规范》(JTJ 025—86)和《钢结构设计规范》(GB 50017—2003)给出计算结果,在计算杆件应力过程中,考虑了杆件两方向的弯矩对应力的影响作用,即考虑了二次应力的影响。

### 3.7 节点板分析

对于节点板的验算,主要有三部分内容:

(1)节点板的撕裂强度验算。

(2)节点板水平和竖直截面上的剪应力和法向应力验算。

(3)节点板的局部稳定验算。

## 4 结语

(1)京杭运河常州市区段改线工程为运河改线项目,可先建桥、再开河,为新龙大桥主桥施工创造了陆地施工条件,方便了施工。

(2)考虑到钢桁架拱桥杆件长短不一,差异较大,由于节点板的存在使得节点变成了刚性联结,杆件的自重、节点的偏心、横向结构的弯曲及桁架杆件的弯曲变形均会引起二次应力,因此计算过程中应计二次应力影响。

(3)中承式连续钢桁架拱桥桥型美观,但设计比较复杂,钢桁架杆件种类多,对施工提出了比较高的要求,尤其是钢桁架加工制作精度要求高,因此钢桁架加工制作最好委托有钢桁架桥梁加工制作经验的厂家,以免在工地安装过程中出现问题。

(4)新龙大桥主桥采用的三跨中承式连续钢桁架拱桥建安费 6738 元/$m^2$,经测算,造价低于同跨度的无背索斜拉桥、独塔双索面斜拉桥、钢混凝土叠合连续梁桥、自锚式悬索桥等结构,而且桥面以下建筑高度低,引桥相对较短,桥梁整体经济性较好。

新龙大桥主桥采用中承式连续钢桁架拱桥,是现代钢桥技术与传统拱桥工艺的有机结合,结构轻盈,造型美观,经济性较好,可在以后公路桥梁中推广应用。

### 参考文献

[1] 中华人民共和国行业标准. JTJ 025—1986. 公路桥涵钢结构及木结构设计规范. 北京:人民交通出版社,1986.

[2] 中华人民共和国行业标准. GB 50017—2003 钢结构设计规范. 北京:中国计划出版社,2003.

[3] 中华人民共和国行业标准. TB 10002. 2—99 铁路桥梁钢结构设计规范. 北京:中国铁道出版社,1999.

# 常州平陵大桥大跨径钢混组合连续梁桥设计

周 青 李 正 韩大章

（江苏省交通规划设计院有限公司）

**摘 要** 常州平陵大桥是目前国内最大跨径的钢混组合连续梁桥，主桥跨径布置为71m＋110m＋71m。钢混组合结构充分发挥了钢和混凝土各自的材料特性，相比混凝土梁桥降低了桥梁建筑高度，施工快速简便，结构安全可靠，具有广阔的运用前景。文章主要针对大跨径带来的结构特点，介绍设计中采用的新的设计方法和计算手段。

**关键词** 钢混组合 预应力混凝土桥面板 钢梁 分段浇筑 桥面板预留孔 剪力钉群

## 1 工程概况

京杭运河常州市区段改线工程西起德胜河口对岸，径小徐家村，叶家村、夏乘桥、雕庄村、东至戚电厂对岸的横塔村入老运河，航道永久性建筑物按三级标准建设。航道上改建、新建桥梁多座，通航净高≥7.0m，净宽≥70.0m，邹区大桥为其中一座桥梁。

平陵大桥是目前国内最大跨径的钢混组合连续梁桥，主桥跨径布置71m＋110m＋71m＝252m，在原312国道北侧217m左右（沿航道中心线）跨越京杭运河。桥梁西侧通过G312互通接312国道改线段，东侧接线道路利用棕榈路连接到原312国道上。桥型布置参见图1。

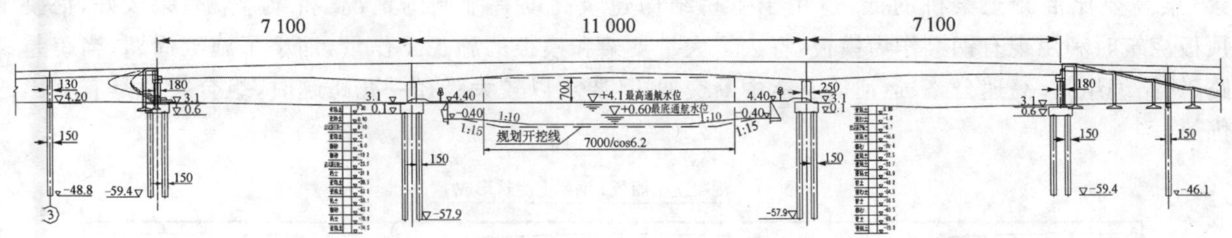


图1 桥型布置图（尺寸单位：cm）

## 2 桥址自然概况

### 2.1 气象

1）气温：常州市多年平均气温15.5℃，一月份平均气温仅2.4℃，七月份平均气温28.2℃，极端最低气温－15.5℃，极端最高气温为39.4℃。

2）降水：多年平均降水量1071.5mm，全年12月份降水量最少；六、七两月降水量占全年的1/3。

3）风：多年平均风速为3.0m/s；强风向为ESE，多年瞬时最大风速24m/s，大风日数（风力≥7级）平均6天，年最多19天。

### 2.2 地质、水文

1）桥址所在区属太湖湖沼平原区太湖水网平原工程地质亚区，区内地势总体宽广平坦。

2）桥址区第4-1层，5-1层硬～可塑状态（亚）黏土，土层厚度大，分布稳定，土质良好，可根据桥梁承载力要求选作桩基持力层。

3)线路所经区域抗震设防烈度为7度，设计基本地震加速值0.10g。

4)该区地下水一般无色透明、无味、无嗅，属淡水。无论地表水还是地下水对钢筋混凝土不具有腐蚀性。

## 3 设计技术标准

桥梁主要技术标准如下。

1)道路等级：城市主干道。

2)荷载标准：公路Ⅰ级，人群荷载3.5kN/m$^2$。

3)计算行车速度：60km/h。

4)主桥桥梁宽度：1.75m(人行道)+3m(非机动车道)+0.5m(护栏)+23m(机动车道)+0.5m(护栏)+3m(非机动车道)+1.75m(人行道)=33.5m。

5)通航净空：京杭运河70m×7m；最高通航水位4.10m，最低通航水位0.60m。

6)地震烈度：工程区域地震动峰值加速度为0.10g，相当于地震基本烈度VII度。

7)桥面坡度：在南京侧(西侧)纵坡不大于4.0%，在常州市区侧(东侧)纵坡不大于3.5%，横坡2%。

## 4 主桥上部结构设计

### 4.1 组合连续梁桥优势

钢—混组合连续梁桥，是由钢材及混凝土通过黏结、机械咬合或连接件相互结合，形成更加合理的构件或连续结构体系，这种结构形式充分发挥了钢和混凝土各自的材料特性，达到增大结构刚度和提高极限承载能力的目的。

组合连续梁桥相比混凝土梁桥虽然造价稍高，但在某些特定场地条件下仍具有良好的运用前景：梁高要比混凝土梁桥的低，适用于主桥结构建筑高度有限制的情况，桥梁景观效果较好；混凝土顶板浇筑时利用现有钢梁作为模板，省去了大量支架和模板的施工工作量，缩小了施工周期；当跨越铁路、铁路编组站、高速公路、运河等不能中断交通，且要求以较大跨径一孔跨越时，组合梁桥具有突出的优势。

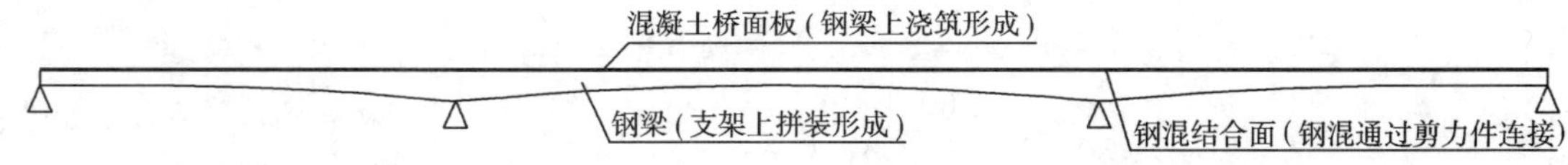


图2 组合连续梁桥结构组成示意

### 4.2 大跨径组合连续梁桥设计构思

钢—混组合连续梁设计时，钢和混凝土一般通过剪力件进行连接，钢梁在下，混凝土顶板在上，混凝土顶板浇筑时利用现有钢梁作为模板直接浇筑。施工时钢梁和混凝土桥面板自重完全由钢梁承受，充分发挥了钢梁承载力高的特点；而二期恒载、活载、温度、支座沉降等作用由钢混组合截面承担，充分发挥了组合连续梁活载刚度较好、截面强度较高的特点。

组合连续梁中钢梁部分具有较强的抗拉、抗压能力，而混凝土顶板抗拉性能远不如抗压性能。当桥梁跨径增大时，二期恒载、活载等作用在连续梁中支座处的负弯距效应变得显著，为防止负弯距区域混凝土顶板开裂，确保混凝土顶板的耐久性，防止雨水从顶板裂缝渗入钢梁，混凝土负弯距区段必须施加纵桥向预应力。

在施加预应力做法上，国内常见的方法有：①钢梁上整体浇筑桥面板，浇筑完对桥面板张拉预应力钢束；②通过钢梁预弯对桥面板施加预应力。但这两种方法在本项目中存在一定的局限性，不能采用。

由于本项目主跨跨径较大，桥面板中需设置较多的纵向预应力钢束来抵抗活载效应；且对全截面施加预应力，由于钢梁与桥面板已形成黏结，预应力不能有效的施加于桥面板，相当部分预应力被钢梁承担，势必造成桥面板钢索大量增加、桥面板布束困难、影响混凝土浇筑质量。由于本项目主跨跨径较大，为达到混凝土预压效果，对钢梁预弯将产生很大的竖向变形，主桥线形不易控制，同样不能采用。

针对跨径增大带来的上述问题，设计时采用了新的预应力设计方法：采用剪力钉群方案，把几个剪力钉以较小的距离集中设置以形成群体，再以较大的距离把剪力钉群沿纵桥向设置在钢梁翼缘长度方向上，浇筑桥面板混凝土时，剪力钉群处预留孔洞，进行桥面板预应力钢束张拉，施加完全桥预应力后再用无收缩砂浆填充剪力钉群处的预留孔，使钢梁和混凝土桥面板共同发挥作用。

此种预应力设计方法的优点：张拉时钢-混间处于无黏结状态，预应力完全由混凝土承担，减少了预应力筋用量，节约了布索空间；由于孔洞不是立即填充，释放掉了混凝土收缩、徐变的早期效应，降低了收缩徐变对混凝土桥面板的产生拉应力的不利影响。

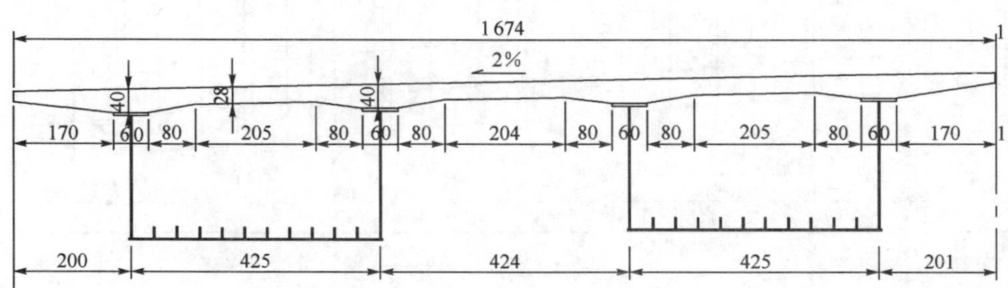


图 3　主梁标准横断面（尺寸单位：cm）

### 4.3　主桥上部结构构造

主桥采用 71m＋110m＋71m＝252m 三跨变截面连续钢混组合梁，左右分幅，主桥桥梁总宽33.5m。

主桥箱梁由预应力钢筋混凝土桥面板与钢梁组合而成。箱梁跨中高度为 2.6m，墩顶高 5.2m，梁高按二次抛物线变化。

钢梁为变高度 U 形断面，采用双箱单室，单个钢箱宽 4.25m，箱间间距 4.24m，桥面设 2％的单向横坡，通过内外侧腹板高度来调整，箱梁底板在横桥向保持水平。

钢梁顶板宽 600mm，厚度为 25mm。

钢梁底板宽 4 350mm，厚度根据受力区域不同，分别为 30mm 和 40mm，其加劲肋也根据受力区域不同而采用不同形式，在墩顶两侧各 23.5m 的长度范围内，采用 Π 形式，高 270mm，厚 20mm，其他区域为扁钢加劲肋，高 250～200mm，厚 20～12mm。

腹板厚 20mm，主墩顶梁段加厚到 24mm，为提高其整体和局部稳定性，设置一定数量的水平、竖向加劲肋。腹板竖向加劲间距约 1000mm，腹板水平加劲间距约 900mm；为了增大桥梁的横向刚度，在箱梁内沿桥纵向每隔 3～4m 设一实板式横隔板，每隔 10～14m 在 2 片箱梁中间设一横梁，将两箱梁连成空间结构，以避免偏载造成钢梁和混凝土桥面板受力不利。

本桥每片钢梁共分 16 个梁段，梁段长分 16m、15m、15.5m、15.42m 共 4 种，最大梁段重 109.9t，全桥共 4237.5t，采用工厂制造，运至现场拼装成整体。

混凝土桥面板顶板宽 16.74m，厚 18～40cm，悬臂长 2m，采用 C50 无收缩混凝土。纵向预应力采用 9 $\Phi^{j}$15.24 规格的钢绞线束，悬臂部分局部采用 5 $\Phi^{j}$15.24 规格的钢绞线束以方便在桥面板中锚固。预应力管道均采用镀锌波纹管成形。

在钢梁和混凝土桥面板共同作用的情况下，对负弯矩区混凝土桥面板施加预应力，一部分预应力会作用到钢梁上，使预应力不能有效地施加到桥面板上。为解决这个问题，设计中采用了剪力钉群方案。本桥预留孔的尺寸为 430mm×420mm，预留孔在钢梁长度方向上的距离为 1m。剪力钉采用 $\phi$22 圆头焊钉，长 220mm。每个剪力钉群用 20 根焊钉按 4 行 5 列排立，受力方向上间距为 110mm，横方向上间距为 80mm。砂浆的强度为混凝土强度的 1.3 倍。

全桥剪力钉均为工厂焊接，平面误差控制在±3mm 以内，剪力钉的检验、焊接工艺、焊接质量检验及生产焊接控制均应满足有关规范的要求。

钢梁顺桥向处于竖曲线上，故顶板与底板由于竖曲线半径不同而发生长度的差异，在拼接缝下缘处调整，以适应弧长的差异。

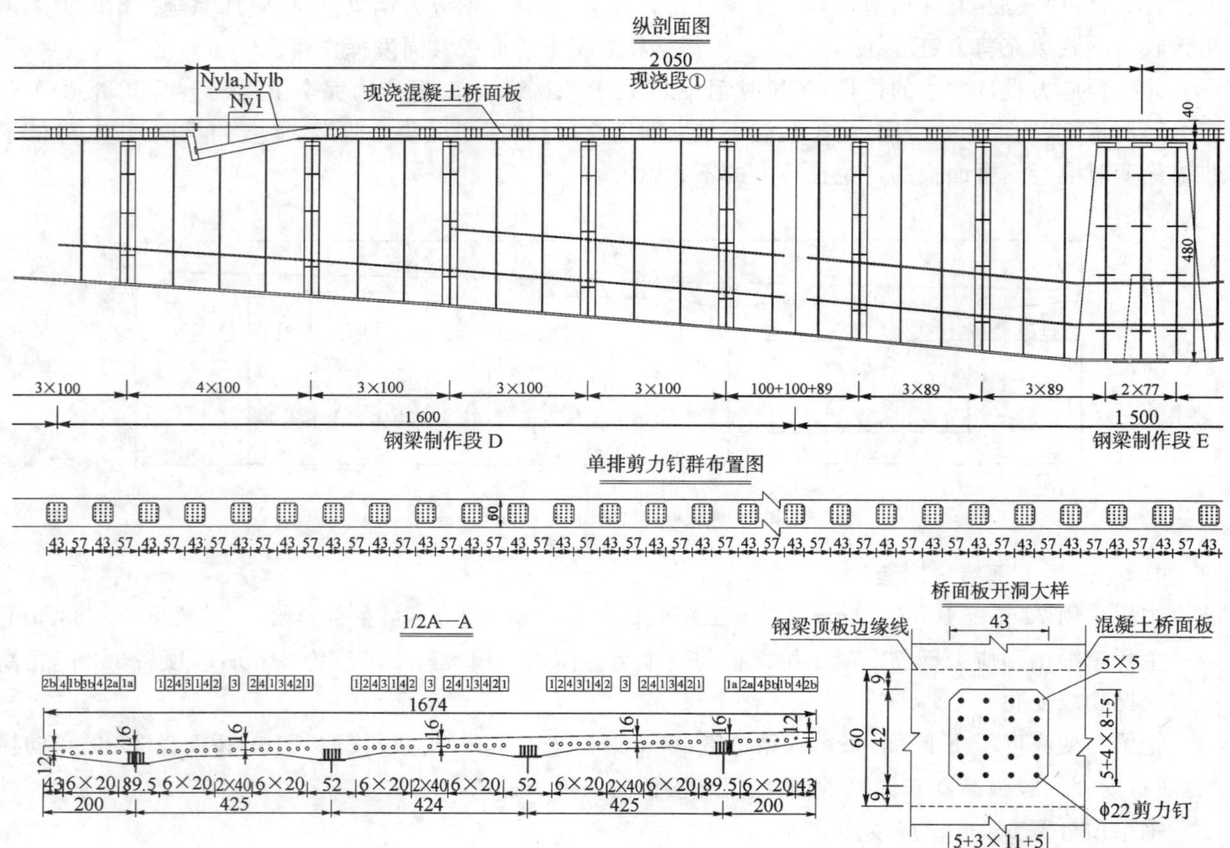


图 4　桥面板纵向预应力钢束与剪力钉群布置(尺寸单位：cm)

### 4.4　主桥施工方案

通过选择合适的施工方案，可调节桥面板、钢梁各自承担恒载的比例。如钢梁和桥面板恒载完全由组合截面承担，则中支座处恒载负弯距较大，桥面板预应力钢束用量加大，而钢梁应力水平较低，没有充分发挥钢梁效率；如钢梁和桥面板恒载完全由钢梁承担则钢梁恒载应力较大，用钢量势必增加。设计时在充分考虑钢和混凝土各自材料性能特点的基础上，提出如下设计方案：钢梁自重由钢梁自身承受，桥面板自重由组合截面承受，使用阶段则全截面共同发挥作用。因此，设计了以下施工方案：

1)搭设施工临时支架。

2)吊装钢梁节段；组拼完成后，落下临时支墩墩顶千斤顶，钢梁自重由钢梁承受；用垫块在临时支墩墩顶顶紧梁底。

3)分块浇筑桥面板混凝土现浇段，剪力钉处预留孔洞，张拉预应力钢束。

4)浇筑剪力钉处桥面板预留孔内混凝土，使桥面板与钢梁共同受力，浇筑顺序与分块浇筑混凝土桥面板相同。

5)拆除施工支架；桥面系及附属工程施工。

## 5 主桥结构分析模型处理

为准确模拟施工过程，计算出桥面板和钢梁在各阶段的受力状况，设计时把桥面板和钢梁离散成不同的单元，桥面板和钢梁之间采用钢臂连接。

桥面板浇筑、张拉的时候，钢臂单元采用竖向支承单元替代，纵向可以滑动；当桥面板预留孔填充完成、桥面板和钢梁共同作用时，拆除支承单元、钢臂单元开始工作，模拟剪力钉群的作用。

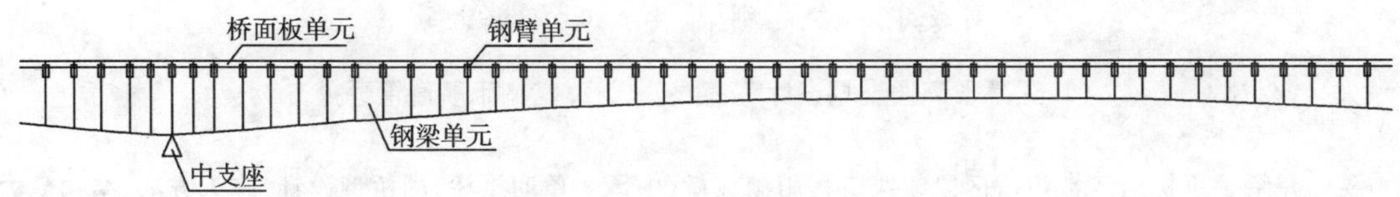


图5 结构分析模型示意

## 6 桥面板不同预应力施加方法比较

方法一：采用本项目设计方案，计算时偏安全认为混凝徐变全部在钢混组合后发生。

方法二：浇筑时剪力钉群处桥面板不预留孔洞，桥面板整块浇筑，其余施工方法同方法一。

由表1可知，在相同的预应力钢束用量情况下，采用剪力钉群方案，有效的对桥面板施加了预应力，提高了混凝土桥面板的抗裂、耐久性能。方法二在活载、温度等作用下，混凝土桥面板将开裂。

**桥面板不同预应力施加方法比较**（＋为压、－为拉） 表1

| 施工方案 | 施工完成恒载应力 | | | | 徐变完成恒载应力 | | | |
|---|---|---|---|---|---|---|---|---|
| | 中支座处桥面板 | | 中支座处钢梁 | | 中支座处桥面板 | | 中支座处钢梁 | |
| | 上缘（MPa） | 下缘（MPa） | 上缘（MPa） | 下缘（MPa） | 上缘（MPa） | 下缘（MPa） | 上缘（MPa） | 下缘（MPa） |
| 方法一 | 7.4 | 9.0 | －144.9 | 123.6 | 3.2 | 3.4 | －120.9 | 144.6 |
| 方法二 | 1.4 | 2.3 | －62.2 | 135.8 | －0.6 | －0.3 | －56.8 | 148.3 |

## 7 剪力钉群受力机理试验

剪力钉采用群布置，群内剪力钉间距小于常规设计值，理论上剪力钉之间会产生相互影响，使得剪力钉群的抗剪能力和变形刚度与所有单个剪力钉性能的总和有所差别。项目设计同时，开展了专门的剪力钉群受力机理试验。试验结果表明：当采用设计间距时，剪力钉群的极限承载力与所有单个剪力钉极限承载力的总和相差不大，变形刚度稍低于所有单个剪力钉的总和刚度，剪力钉群效应不显著。

## 8 结语

大跨径钢-混组合连续梁桥桥面板和钢梁各自承担的荷载比例与施工方法有关，设计时应选择合适的施工方案。采用剪力钉群方案，有效的对混凝土桥面板施加了预应力，减少了预应力钢束用量，节省了布束空间，保证了混凝土浇筑质量，提高了桥面板抗裂能力，特别适用于大跨径钢-混组合连续梁桥的设计。

### 参考文献

[1] 赵鸿铁.钢与混凝土组合结构.北京：科学出版社.2001.

[2] 王勖成.有限元法基本原理与数值方法.北京：清华大学出版社.1997.

[3] 中国钢结构协会.建筑钢结构施工手册.北京：中国计划出版社.2002.

# 阳湖大桥设计简介

刘成才[1] 饶志刚[2] 李 正[1] 韩大章[1]

(1.江苏省交通规划设计院有限公司;2.常州市航道管理处)

**摘 要** 介绍了京杭运河常州市区段改线工程阳湖大桥(中承式单肋拱桥)的桥型设计、施工方法、结构受力分析。

**关键词** 阳湖大桥 中承式单肋拱桥 稳定性

主桥为下承式V腿单肋系杆拱,主桥跨径组合位为:35m+108m+35m,下部V腿高9m,上部采用单肋钢拱,双排吊杆,一孔跨越运河,拱轴线为二次抛物线,矢高为21m,矢跨比为1∶4.29;拱肋截面为2m×2m的箱形截面,拱趾约8m长范围填充混凝土。

## 1 结构设计

### 1.1 总体布置

阳湖大桥是京杭运河常州市区段改线工程中的一座大桥。常州运河改建河道拓宽为90m,其通航净空要求为70m×7m。阳湖大桥桥轴线与新建运河呈98.065°夹角,考虑景观及航运影响,主桥采用主跨108m斜桥正做一跨跨越运河,由于312国道的影响,主桥边跨采用35m。

全桥布跨为:主桥为35m+108m+35m=178mV腿单肋系杆拱。

武进侧引桥为4×30m+29m+25.763m=174.763m双幅斜腹板预应力混凝土现浇连续箱梁。常州侧引桥为6×30m=180m。桥桥长为532.763m。

桥型布置如图1所示。

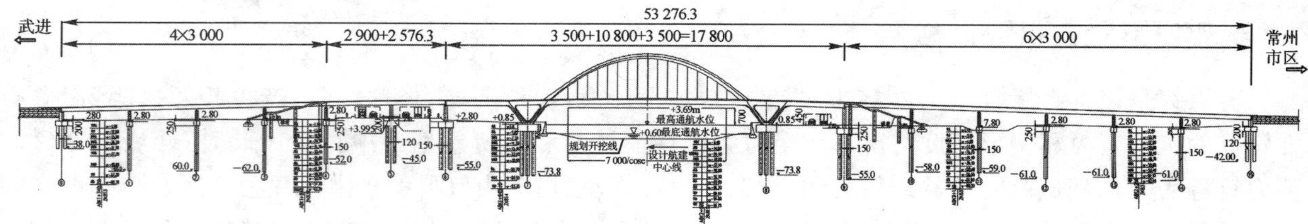


图1 桥型布置

主桥横向布置为:1.75m(人行道)+3m(非机动车道)+0.5m(护栏)+11.5m(快车道)+3m(分隔带)+11.5m(快车道)+0.5m(护栏)+3m(非机动车道)+1.75m(人行道)=36.5m。如图2所示。

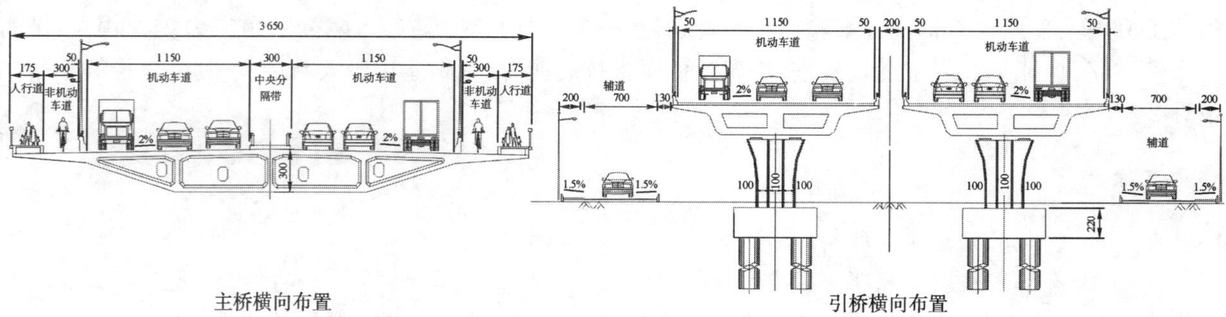


图2 桥梁横断面布置

### 1.2 主桥设计

(1)主梁结构

边跨主梁为单箱四室等高截面，顶板宽 36m，设双向 2% 横坡，底板宽 16m，梁高 3.0m。V 腿高 9m，截面为 2m×16m 矩形截面。边跨主梁靠中跨侧设牛腿与中跨相连，中跨主梁采用单箱双室截面，主梁外形与边跨一致，主梁每隔 4.5m 设一横梁，横梁宽为 0.3～0.8m。

(2)拱肋

拱肋为钢结构箱形构件，线形为二次抛物线，矢高 21m，跨度 90m，矢跨比 1/4.29。拱肋截面为 2m×2m 的箱形截面，拱趾约 8m 长范围填充混凝土，拱肋壁板拱顶厚 24mm。拱底厚 32mm。

(3)吊杆

吊杆在每个吊点处采用双吊杆形式，横向间距 0.8m，顺桥向间距 4.5m，全桥共 17 对。吊杆采用 OVM91 ϕj7 高强平行钢丝成品索。

(4)系杆

系杆采用 OVM 可换式钢绞线成品索(27-ϕj15.24)，穿过中跨箱梁，锚固于两边跨拱趾处主梁箱内混凝土横梁上。

(5)下部结构

主墩基础采用 20 根 ϕ1.5m 钻孔桩，矩形承台，承台厚 3.5m。

过渡墩采用两个分离的桥墩，每个墩基础武进侧为 4 根 ϕ1.5m 钻孔桩，常州侧为 4 根 ϕ1.2m 钻孔桩。

### 1.3 桥面系

全桥梁上设 6cm 现浇 C40 混凝土调平层，主、引桥行车道桥面铺装采用 10cm 沥青混凝土，主桥非机动车道桥面铺装采用 8cm 沥青混凝土，主桥人行道铺设地砖。C40 混凝土调平层内设直径 5mm 的钢筋焊网。

全桥共设 7 道伸缩缝。

### 1.4 主要施工方案和工序

主桥基础采用回旋钻机进行钻孔施工，现浇基础和 V 腿。主拱肋主梁均采用落地支架施工。主桥主要施工顺序如下：

施工主墩基础及主桥过渡墩→落地支架现浇 V 腿和边跨梁段，并张拉预应力。→落地支架浇注中跨混凝土梁段，并张拉预应力。→在现浇梁面上搭设支架，拼装拱肋。→拱肋线型调整符合设计后，合拢拱肋，并对系杆进行初张拉。→安装吊杆，利用千斤顶分批分阶段张拉吊杆及系杆。→吊杆张拉到设计值后，拆除支架。→进行桥面施工，调整索力，成桥。

引桥 30m 跨连续梁采用支架逐孔现浇施工，跨 312 国道连续梁采用满布支架整体现浇施工。

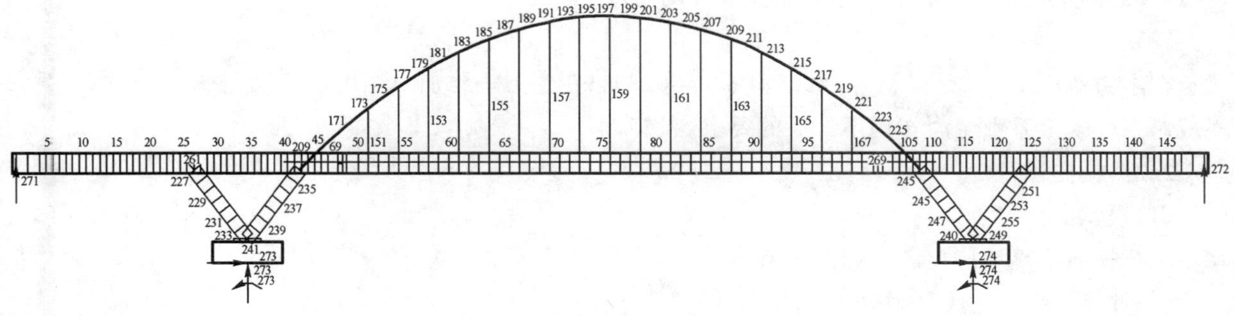

图 3 主桥纵向计算结构离散图

## 2 主桥结构分析

主桥上部结构分析采用桥梁博士程序进行计算。分别包括成桥状态下恒载、活载、预应力、混凝土收缩徐变、温度变化等荷载作用的计算。计算中按有关规范规定对各种荷载进行不同的荷载组合，对结构的强度、刚度和应力做了验算。

主桥上部结构施工阶段计算，按照施工顺序及工艺，对每一施工过程用桥梁博士程序分别对各梁段施工过程中的内力、应力、挠度进行了计算和验算。

下部结构的分析计算，按群桩对下部结构进行分析计算。桩基承载力按摩擦桩进行计算。

### 2.1 纵向计算

(1)模型简介

结构单元划分：

桥面元：150个(梁体单元)，索元：18个(其中吊杆17个，系杆1个)，塔元：90个(拱肋元57个，V腿元32个)。

特殊元：12个，边跨主梁与拱肋(刚结)，拱肋与V腿(刚结)，边中跨主梁之间牛腿(只传竖向力)。

支承元：271～274正式支座为双向受力支座，275～423临时支座为单向受压支座(膺架施工)。

(2)计算结果

①主梁

V腿上方3m范围内箱梁上缘出现0.3MPa(主力)、0.8MPa(主+附)拉应力外，其余部位均为压应力。

②拱肋

主力组合下，拱肋应力均在190MPa以下；主力+附加力组合下，拱肋应力均在210MPa以下，满足《桥规》。

③V腿

因为V腿预应力钢绞线为曲线布置及预应力粗钢筋交叉布置，考虑到预应力钢筋从锚固点到整个截面均匀受力需要一定的长度，验算时不考虑预应力钢筋的有利作用，偏于安全计仅考虑普通钢筋作用。

V腿普通钢筋采用2$\phi$28@10布置，代入混凝土偏心受压构件验算专用程序，$\sigma_h=3.3$MPa，$\sigma_g=-137.7$MPa，$\delta_f=0.12$mm，可满足规范要求。

计入预应力效应，V腿预应力达B类部分预应力混凝土构件。

④吊杆

在主力+附加力作用下，吊杆应力$[\sigma_{max}]=575.9<0.4R_{yb}=668$MPa。疲劳应力幅$\Delta\sigma_{max}=72.1$MPa，满足规范对吊杆安全系数至少2.5的要求。

⑤系杆

在主力作用下，$[\sigma_{max}]/R_{yb}=732.9/1\,670=0.394$；在主力+附加力作用下，$[\sigma_{max}]/R_{yb}=0.42$。满足规范对系杆安全系数主力作用下2.5的要求。

### 2.2 横向计算

(1)模型简介

主桥横向计算结构离散图如图4所示。

(2)计算结果

悬臂板根部下缘出现较大1.5MPa拉应力，其余部位均为压应力。

### 2.3 扭转计算分析

对主跨的81m长的主梁进行结构的静力扭转计算分析。计算表明主梁扭转角满足有关规范的要求。

## 3 稳定性分析

本桥成桥状态的动力特性采用SuperSAP空间分析程序进行计算。计算分析结果表明，主桥的成桥状态稳定安全系数K大于11。主桥的成桥状态有足够的稳定性。

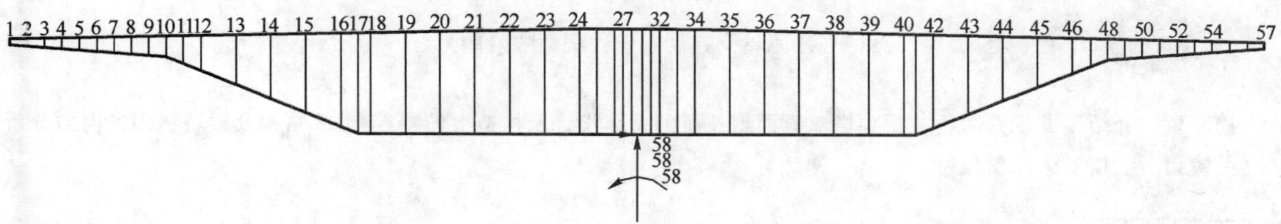


图4 主桥横向计算结构离散图

## 4 结语

阳湖大桥主桥采用的V腿单肋系杆拱造型优美、受力合理，结构简洁，建设与施工的难度不大。本桥型方案在100m左右跨径的桥型中有较强的竞争力。

### 参考文献

[1] 中华人民共和国行业标准.JTG D62—2004 公路钢筋混凝土及预应力混凝土桥涵设计规范.北京：人民交通出版社，2004.

[2] 陈宝春编著.钢管混凝土拱桥设计与施工手册.北京：人民交通出版社，1999.

[3] 范立础.桥梁工程.北京：人民交通出版社，1996.

# 龙江路大桥主桥独塔双索面斜拉桥设计

徐瑞丰　李　正　韩大章

（江苏省交通规划设计院有限公司）

**摘　要**　介绍了龙江路大桥主桥独塔双索面斜拉桥的总体设计及构造上的特点、上部结构及索塔锚固区内力分析。

**关键词**　独塔双索面斜拉桥

## 1　工程概况

龙江路大桥是京杭运河常州市区段改线工程中的一座桥梁，位于常州市西林镇吴宝村附近，主要跨越京杭运河，两侧接常州市规划道路，道路等级为城市快速路。大桥与改线的京杭运河正交，桥位处航道中心与312国道中心距离为100m，桥梁与312国道也正交，交叉桩号分别为航道YK9＋830，312国道K157＋610.621。

## 2　主要技术标准

道路等级：城市快速路。

设计荷载：公路—I级，人群荷载3.5kN/m²。

计算行车速度：80km/h。

主桥宽度：40m。

净空：航道通航净空：70.0m×7.0m。

地震烈度：区域内地震动峰值加速度为0.10g，相当于地震基本烈度VII度。

## 3　总体设计

（1）主桥结构形式为：塔梁固结的独塔双索面斜拉桥，计算跨径为107.25m ＋46m＋34 m，边跨设辅助墩（图1）。

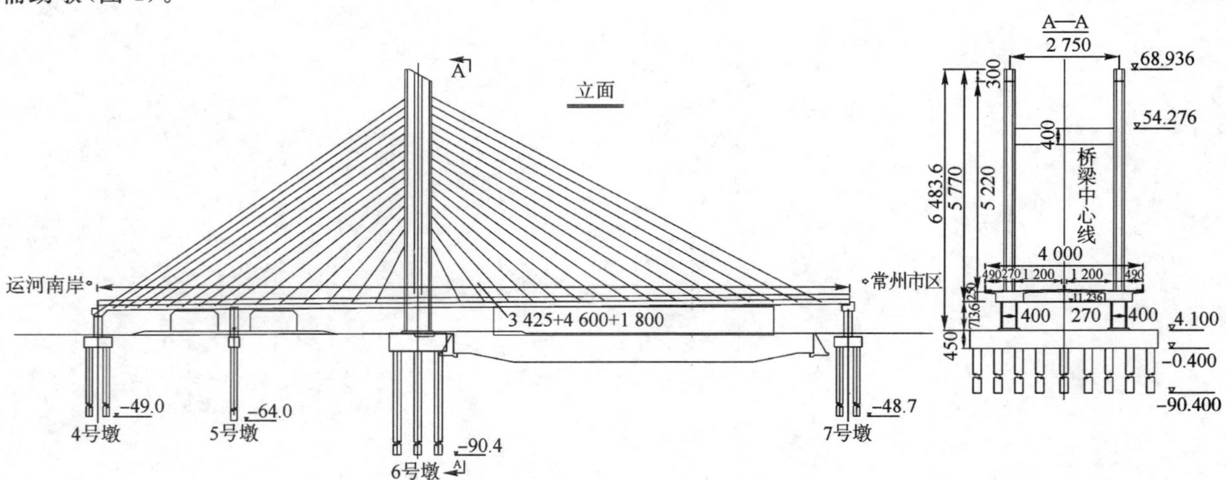


图1　主桥桥跨布置及主塔立面图

(2)斜拉桥桥宽:主桥宽40m,按双向六车道布置,快车道24m,两侧人行道及非机动车道各4.75m,桥塔及保护区各2.85m,中央分隔带宽0.8m。

(3)大桥主跨位于竖曲线内,考虑到非机动车通行,纵坡坡度取3.5%,竖曲线半径为$R=4\,500$m。

## 4 主桥结构设计

### 4.1 主梁

桥梁标准断面:采用预应力混凝土边箱梁结构,两个边箱梁为单箱双室结构,顶面全宽40m,顶面双向2%横坡,梁高2.5~2.9m。边箱梁的底板宽7m,顶板厚30cm,底板厚32cm,边腹板厚40cm,中腹板厚100cm;两个箱梁的中心线距为27.5m。箱梁外侧悬臂翼板宽2.75m,悬臂板外端厚20cm,悬臂根部厚50cm(图2)。

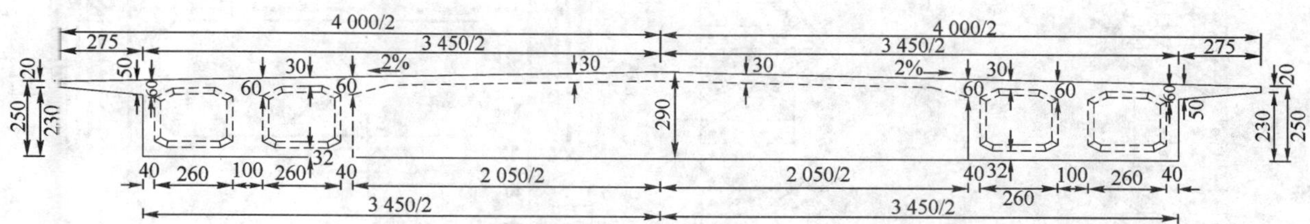


图2 主梁标准横断面(尺寸单位:cm)

边跨配重段:(梁端部往辅助墩方向41m范围内)箱室内用混凝土实体块进行压重。

箱梁采用C50混凝土。主梁箱梁纵向预应力钢筋为钢绞线钢束,有15—12以及15—16两种类型。

横梁:顺桥向根据拉索间距设置横梁,在桥面中心线处横梁梁高为2.9m,横梁标准腹板宽40cm,在边跨配重段,横梁宽1.2m。横梁内布置预应力钢绞线,采用C50混凝土。

### 4.2 主塔

主塔采用混凝土结构,横桥向两侧塔柱的轴线间距为27.5m,承台面以上高64.836m,在桥面以上高55.2m。下塔柱采用尺寸为6.8m×4.0m的实心矩形断面,上塔柱采用尺寸为6.8m×2.7m的空心矩形断面,塔壁厚度在斜拉索前侧为1.20m,侧面为0.6m,与上横梁连接处局部加厚到0.8m。

索塔上横梁为空心矩形断面,顶标高为54.276m,为预应力混凝土结构,高4m,宽5.6m,腹板壁厚0.6m,顶底板壁厚0.6m,设2道壁厚0.6m的竖向隔板。横梁内布置纵向预应力,预应力锚固点均设在塔柱外侧,采用深埋锚工艺。上横梁底面设通气孔。

主塔与主梁固结。为便于通行和维护,上塔柱在桥面处均设有进出索塔的人孔,上塔柱内设有爬梯。

### 4.3 斜拉索锚固区

斜拉索在索塔上的锚固区域受力大,且应力集中,是索塔关键受力部位之一。斜拉索与索塔的锚固构造常用的主要有钢锚箱锚固和平面预应力锚固等方式。考虑到钢锚箱方案的费用较高、后期养护难度大等原因,本桥拟采用平面预应力的锚固方式。环向预应力方案在预应力锚固方案中是最常见的,如南京二桥、润扬长江大桥北汊桥等。但是根据本桥锚固区塔柱的断面尺寸,布置环向预应力所需要的最小平弯半径无法满足要求,同时由于钢束均较短,若采用普通夹片锚具则锚具损失较大,因此本桥最后采用抗拉强度标准值$f_{pk}=930$MPa、直径$d=32$mm的精轧螺纹钢筋(JL930)作为斜拉索锚固结构,在上塔柱中采用直束的井字型布置,以预应力粗钢筋产生的外力来平衡拉索索力产生于塔壁内的内力,这种预应力方式在PC箱梁的腹板竖向预应力上大量采用。锚具采用JLM型,单根钢筋张拉力为673kN,采用一端张拉、一端锚固的张拉形式。张拉端和固定端在两侧交替布置，如图 3 所示。

**4.4 斜拉索**

采用 OVM250 拉索体系，钢绞线拉索环氧喷涂(单根带有无粘结护套)。

斜拉索的张拉端设在塔上，固定端设在梁上。每侧主塔设 16 对拉索，全桥共计 32 对拉索。

**4.5 下部结构**

主墩承台厚度为 4.5m，平面尺寸为 47.35m×14.1m，下设 27$\phi$2.0m 的钻孔灌注桩，按照摩擦桩设计。

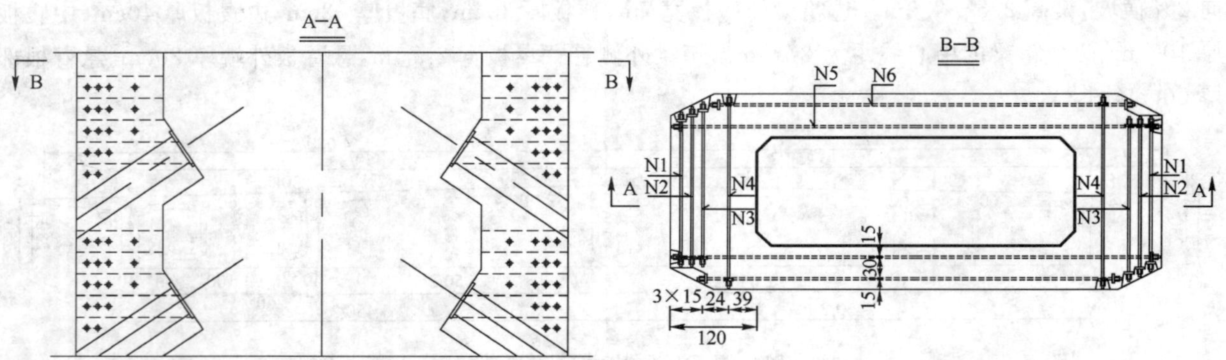


图 3 预应力粗钢筋布置方案(尺寸单位：cm)

## 5 结构分析与计算

### 5.1 主桥总体计算模型

上部结构计算采用平面杆系程序，静力分析计算了恒载、活载、混凝土收缩徐变、预应力、各种温度变化、汽车制动力、支点沉降以及施工荷载等，结构离散图如图 4 所示。结构体系温度按±20℃、索、梁、塔温差按±10℃、塔左右侧温差按±5℃、主梁内温度梯度效应按照《公路桥涵设计通用规范》(JTJ D60—2004)取用。

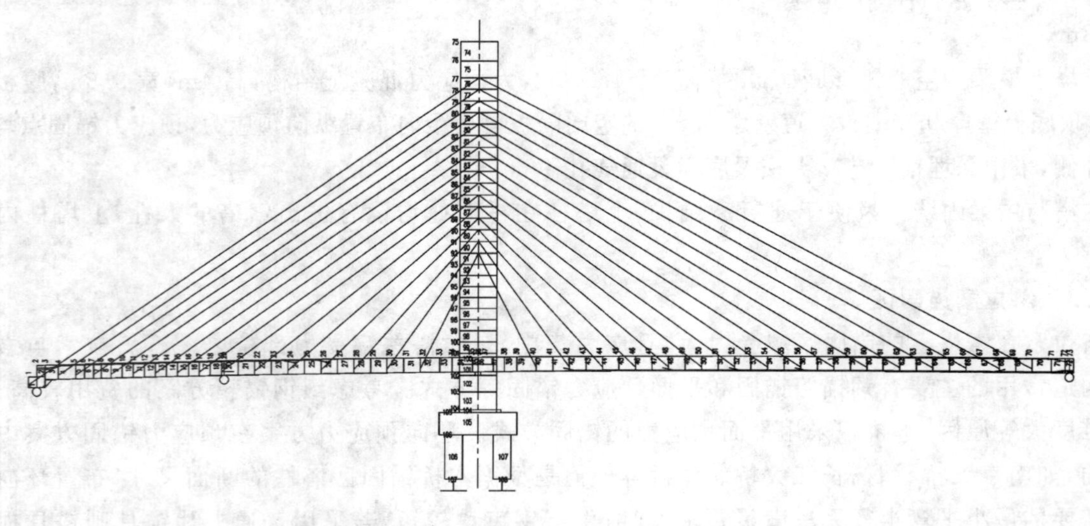

图 4 结构离散图

(1)主梁强度及应力验算

对各工况进行了承载能力极限状态验算，正截面和斜截面抗裂验算、施工阶段短暂状况验算，计算结果表明各种荷载组合情况下控制截面的强度、应力以及各施工阶段应力情况均较好。

(2)结构刚度分析

根据静力计算结果,本桥在荷载作用下的位移值如下表所示,结构刚度较好。

| 项　目 | 荷　载 | 部　位 | 位移方向 | 位移值(m) | $\delta/L(H)$计算值 |
|---|---|---|---|---|---|
| 竖向刚度 | 汽车荷载 | 塔顶 | 水平 | 0.0125 | 1/4 197 |
| | | 主跨跨中 | 竖向 | 0.034 | 1/2 890 |

(3)斜拉索内力及应力

主要组合下斜拉索最大索力为 15 083.70kN,最小 6 920.90kN;斜拉索恒载最大应力为 757.42MPa,主要组合下最大应力为 802.77MPa;最大应力幅值为 52.69MPa。因本桥斜拉索应力幅很小,考虑适当减小斜拉索安全系数,各斜拉索的安全系数均大于 2.3,应力幅度均较小,满足设计要求。

**5.2　锚固区结构分析**

索塔锚固区混凝土处于三向受力状态,因此必须建立三维空间有限元模型进行计算,由于建立全模型单元太多计算困难,因此在桥塔上取四个节段进行分析,包含四对索。有限元模型如图 5 所示:

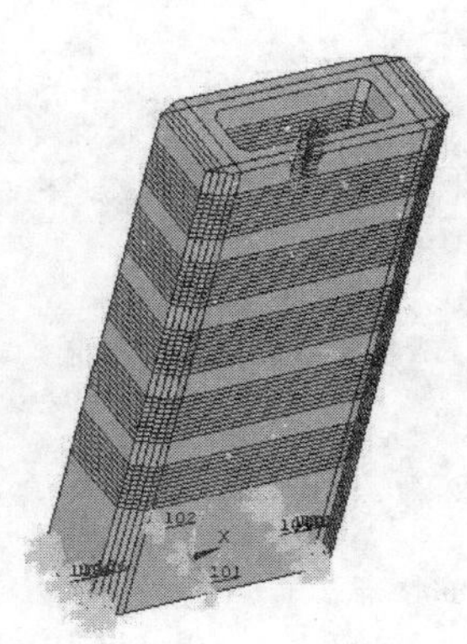

图 5　有限元模型

将索力化为均布力加在锚块上,预应力粗钢筋采用抗弯刚度极小的梁单元来模拟,粗钢筋的材料特性、截面面积均按实际输入,用梁单元的降温来模拟预应力效应。根据各根粗钢筋不同位置处的有效预应力,按公式 $\sigma=E\times\alpha\times\Delta t$计算各根粗钢筋各分段需要降低的温度值。

由于在模型底部刚性约束附近会产生很大范围的应力集中区域,因此计算结果取用模型中段的数值。计算考虑了 3 种工况:

①仅作用预应力,可以得到张拉阶段应力分布,保证施工时结构安全。

②索力和预应力共同作用时,得到运营状态下锚固区最不利条件下的应力状态。

③预应力混凝土裂缝产生的原因之一是预应力失效,保证索塔有一定数值的预应力储备是完全有必要的。考虑到施工中的不确定因素导致预应力部分失效的问题,本桥还对了预应力失效 50%的情况做了分析。

索塔在斜拉索索力和预应力同时作用时的应力分布如图 6 所示。从图中可以发现索塔的顺桥向外表面产生了 2.4MPa 的压应力,而横桥向的外表面产生了 4.3MPa 的压应力。

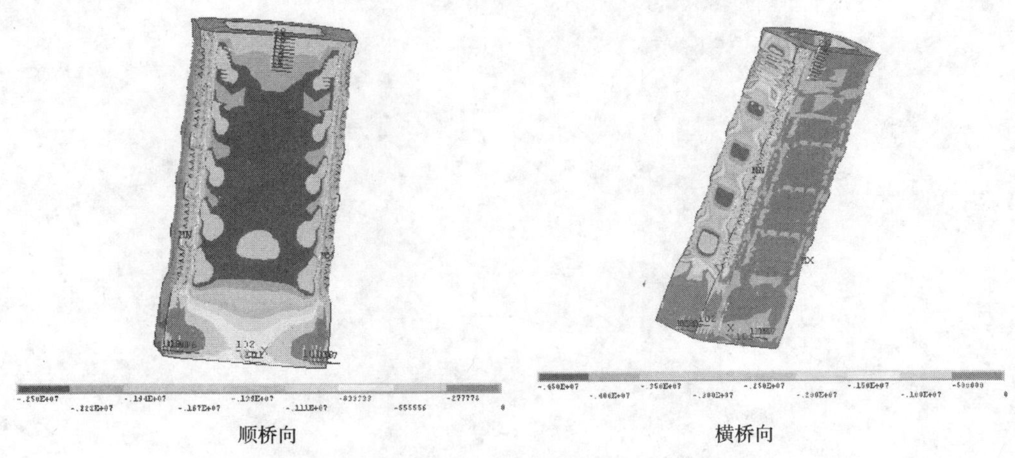

顺桥向　　横桥向

图 6　索力和预应力共同作用时(运营状态)索塔应力分布

从上述计算结果可以看出本桥锚固区施加的预应力大小是合适的。

## 6 结语

早期的斜拉桥，一般都采取两个对称的桥塔，随着桥梁技术的不断进步，对独塔斜拉桥的研究逐步深入，独塔斜拉桥外形优美，经济性良好以及在技术性上的优点逐渐被认识，因此在没有大江大河的城市里，这种独塔斜拉桥的前景还是相当广泛的。

### 参考文献

[1] 刘士林等. 斜拉桥. 北京：人民交通出版社，2002.
[2] 王伯惠. 斜拉桥结构发展和中国经验. 北京：人民交通出版社，2003.

# 吴家大桥主桥设计

曹　丹　朱琴忠

（江苏省交通规划设计院有限公司）

**摘　要**　吴家大桥主桥为30m＋57m＋110m＋57m＋30m五跨变截面连续箱梁。本文对吴家大桥主桥的设计特点、箱梁构造、结构分析、预应力布置及施工方案等作了简要介绍。

**关键词**　变截面连续梁　结构设计　结构分析　悬臂施工

## 1　概述

吴家大桥是京杭运河常州市区段改线工程11座跨运河大桥中的其中一座，位于常州市武进区牛塘镇，主要跨越京杭运河、312国道及运河北路。

根据苏南运河航道整治要求，改建后的京杭运河航道等级为Ⅲ级，航道改建后口宽90m，本桥采用一跨过河，大桥与航道中心线交角为83.8度，主桥采用30m＋57m＋110m＋57m＋30m五跨变截面连续箱梁(图1)，悬臂浇筑施工，引桥采用30m跨支架现浇连续箱梁，全桥长764m。

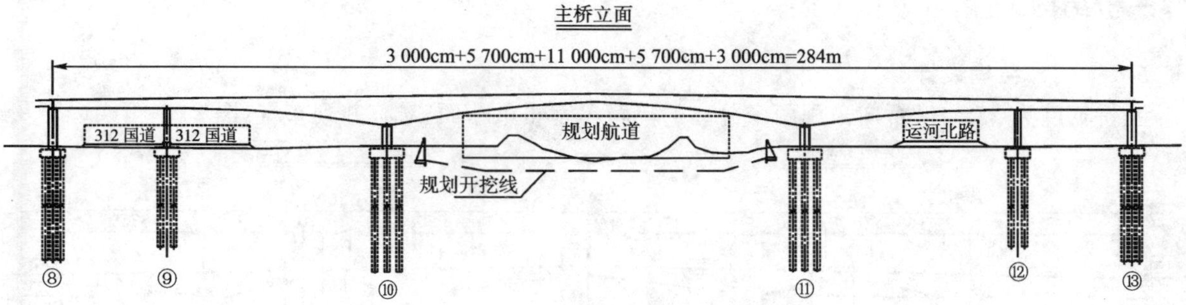

图1　主桥立面图

主桥采用双幅布置，单幅桥宽13.5m，横向布置为：2.5m(人行道)＋3m(非机动车道)＋0.5m(防撞护栏)＋15m(快车道)＋0.5m(防撞护栏)＋3m(非机动车道)＋2.5m(人行道)＝27m；引桥单幅桥布置，桥宽为16m，横向布置为：0.5m(防撞护栏)＋15m(快车道)＋0.5m(防撞护栏)＝16m，桥头路桥分界高4.2m，全桥设6道伸缩缝，桥面横坡双向2.0%，主、引桥均设10cm沥青混凝土桥面铺装，6cm混凝土调平层，桥台搭板长度为8.0m，台后挡墙防护。

## 2　建设条件

### 2.1　气象

常州市多年平均气温15.5℃，一月份最冷，平均气温仅2.4℃，七月份最热，平均气温28.2℃，极端最低气温－15.5℃，极端最高气温为39.4℃；多年平均降水量1 071.5mm；多年平均风速为3.0m/s，瞬时最大风速24m/s。

### 2.2　工程地质、地震

桥址区工程影响深度内为第四系地层，地层分布稳定，上更新统出露近地表，不良地质不发育，工程地质条件较好。地质组成主要有杂填土、淤泥、亚黏土、亚砂土、粉砂、细砂、黏土等，工程性质良好。

根据《中国地震动参数区划图》(GB 18036—2001)，桥位区域地设计基本地震加速值为0.10g。

### 2.3 不良地质现象

桥位区砂土判断不液化，不良地质主要体现为有部分软土。桥址区分布有1—2层淤泥，仅于9号墩处有揭示，其分布范围小，厚度小，流塑状态，高压缩性。该层应为人工填土或淤积所成，必要时可作挖除处理。

## 3 技术标准

(1)道路等级：城市主干道。

(2)荷载标准：公路—I级。

(3)人群荷载3.5kN/m$^2$。

(4)设计速度：60km/h。

(5)净空：航道通航净空：70.0m×7.0m；312国道净空：2×11.75m×5m。

(6)地震：工程区域地震动峰值加速度为0.10g。

## 4 方案选择

本桥在初步设计阶段前后共进行了多个桥位方案的比选，在选定的桥位基础上，从技术、施工、经济、环境等因素对V腿单肋系杆拱、下承式双肋混凝土系杆拱、独塔单索面混合梁斜拉及预应力混凝土连续梁四个主桥方案进行综合比较，最终确定采用预应力混凝土连续梁方案。

## 5 主桥结构设计

### 5.1 上部结构设计

主桥宽度为27m，横桥向采用两个分离的单箱单室箱梁断面，对称并列布置(图2)。箱梁边跨及跨

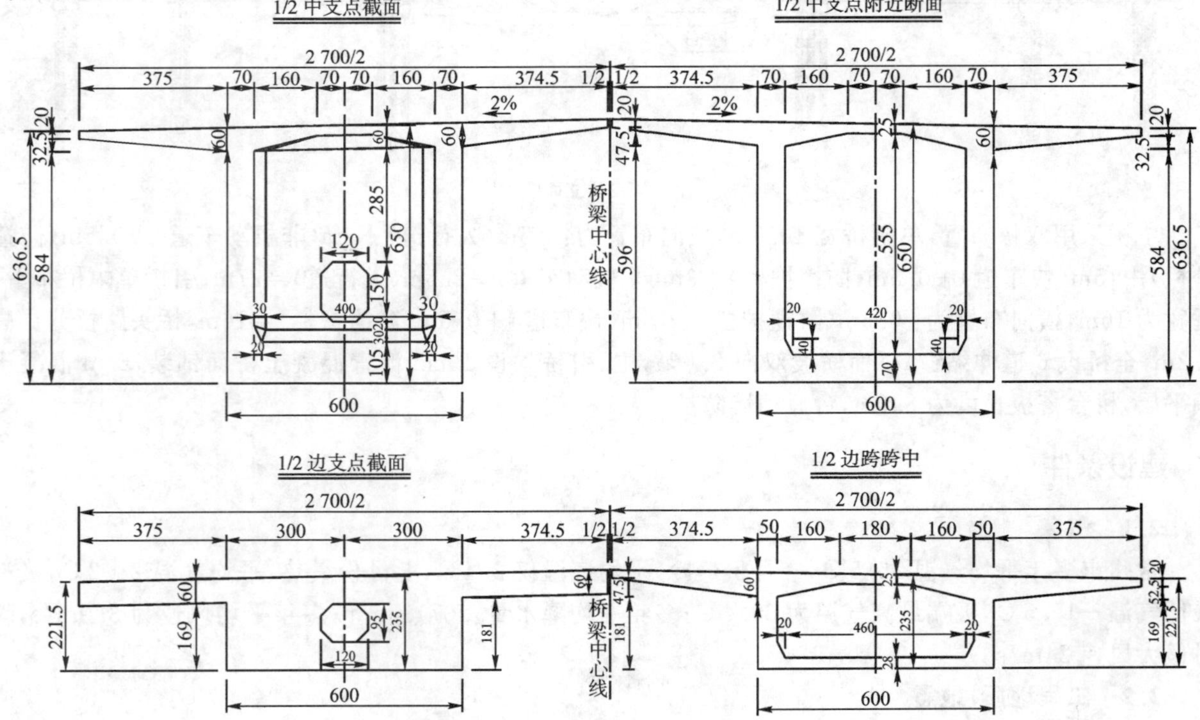


图2 主桥箱梁横断面图(尺寸单位：cm)

中梁高 2.35m,支点梁高 6.5m。梁体采用直腹板,桥面 2%横坡利用腹板高度调整形成。箱梁顶板宽 13.5m,底板宽 6m,悬臂长度为 3.75m。箱梁顶板厚度为 25cm,在墩顶位置加厚为 60cm。底板变厚度,边跨及跨中为 25cm,主孔墩顶位置处为 70cm,边孔墩顶位置处为 40cm,腹板亦为变厚度,跨中腹板厚 50cm,墩顶及附近腹板加厚至 70cm;横隔板沿梁全长共设置 6 道,边孔墩顶横隔板厚度为 1.5m,主孔墩顶横隔板厚度为 3.0m。

梁段的划分主要考虑以下因素:

(1)考虑到施工单位的不确定,因此挂篮承重能力应采用一般水平;

(2)梁段的划分节段数直接影响到结构预应力配束计算,在不影响工期的前提下,可以适当增加梁段数,以降低纵向预应力的配束难度和施工难度,避免大吨位预应力张拉端局部应力集中的同时可以使全桥梁体的受力更加合理。主桥主孔和次边孔采用悬臂挂篮施工,悬臂施工共分 14 个节段。各节段长度分别为:0 号节段 12m,1 号~4 号节段为 3m,5 号~13 号节段长度分别为 4m,中跨合拢段长度为 2m,边跨 30m 及次边跨直线段 3m 均为现浇段(图 3)。

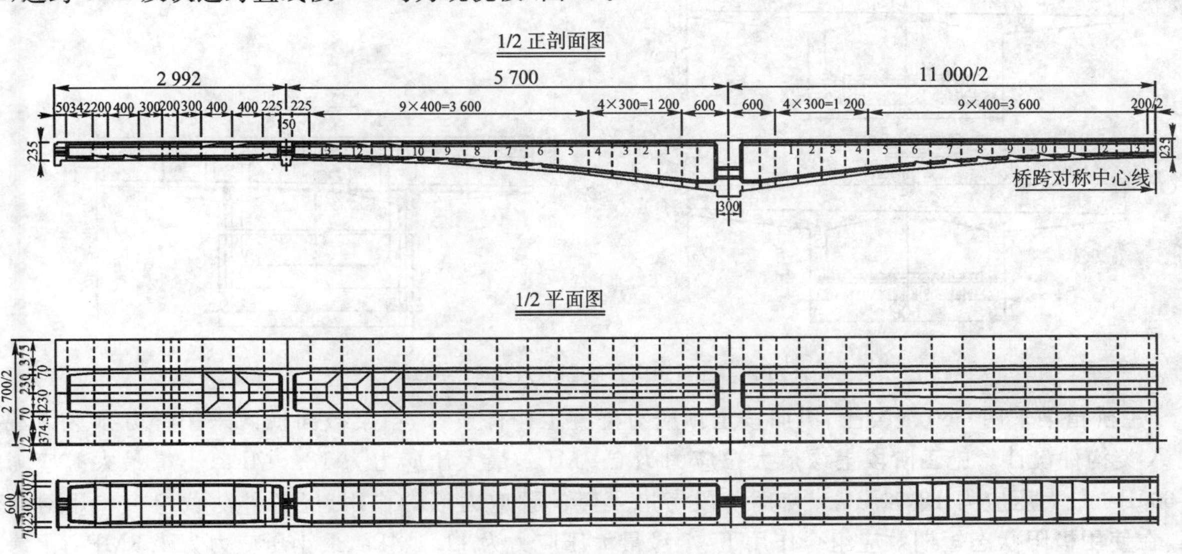


图 3 主桥箱梁构造图(尺寸单位:cm)

### 5.2 下部结构设计

主墩采用薄壁墩,宽度为 3m,厚度 3m,矩形承台,承台尺寸为:10m×9m×3m,下设 8$\phi$1.5m 的钻孔灌注桩,按照摩擦桩设计,桩长 85m。

过渡墩采用门架式双薄壁墩,盖梁高 1.8m,宽 2.2m,壁厚 2.2m,呈哑铃形断面,承台厚度为 2.5m,单个承台平面尺寸为 9.5m×6.5m,,下设 5$\phi$1.5m 的钻孔灌注桩,按照摩擦桩设计,桩长 72m。

### 5.3 上部结构分析及预应力钢束布置

结构分析的目的是为了合理配束,在用束经济的情况下使结构受力合理、安全。

主桥上部结构静力分析采用中铁大桥院的 SCDS2004 结构分析软件计算,对施工阶段、使用阶段进行了结构计算;考虑了恒载、活载、混凝土收缩徐变(按新规范附录规定方法计算)、不均匀沉降(边墩 0.5cm,主墩 1.5cm)、温度(体系升温 19℃,降温 18℃,温差按 JTG D60—2004 第 4.3.10 条取用)等作用力的影响。并采用 MIDAS 程序进行验算复核。

施工阶段内力分析采用施工平衡束理论,以各截面上下缘应力及位移作为控制进行设计,使用阶段满足使用极限状态下承载力的要求,应力满足现行规范的规定。

主桥箱梁采用纵、横、竖三向预应力体系(图 4)。纵向预应力钢束在最大负弯矩区设置 30 束 19$\Phi^s$15.2 和 24 束 16$\Phi^s$15.2 钢绞线,中跨最大正弯矩区设置 22 束 19$\Phi^s$15.2 钢绞线,边支点负弯矩区设置 14 束 19$\Phi^s$15.2 和 9 束 16$\Phi^s$15.2 钢绞线,预应力钢绞线标准抗拉强度 1 860MPa,$E_p$=1.95×

105MPa，松弛率0.3%，张拉控制应力为$\sigma_{con}=1\,395$MPa。竖向预应力筋采用$\Phi^{L}32$高强度精轧螺纹钢筋，其标准强度为930MPa，锚下张拉控制力为673kN。箱梁顶板横向预应力采用$3\Phi^{s}15.2$钢绞线，钢绞线抗拉标准强度1 860MPa，锚下张拉控制力为570.3kN。箱梁横隔板预应力采用$5\Phi^{s}15.2$钢绞线，锚下张拉控制力为976kN。

本桥经过跨径比选、细部构造尺寸优化及预应力钢束的反复调试，使全桥在施工阶段、使用阶段箱梁截面上、下缘应力均能满足现行规范要求。

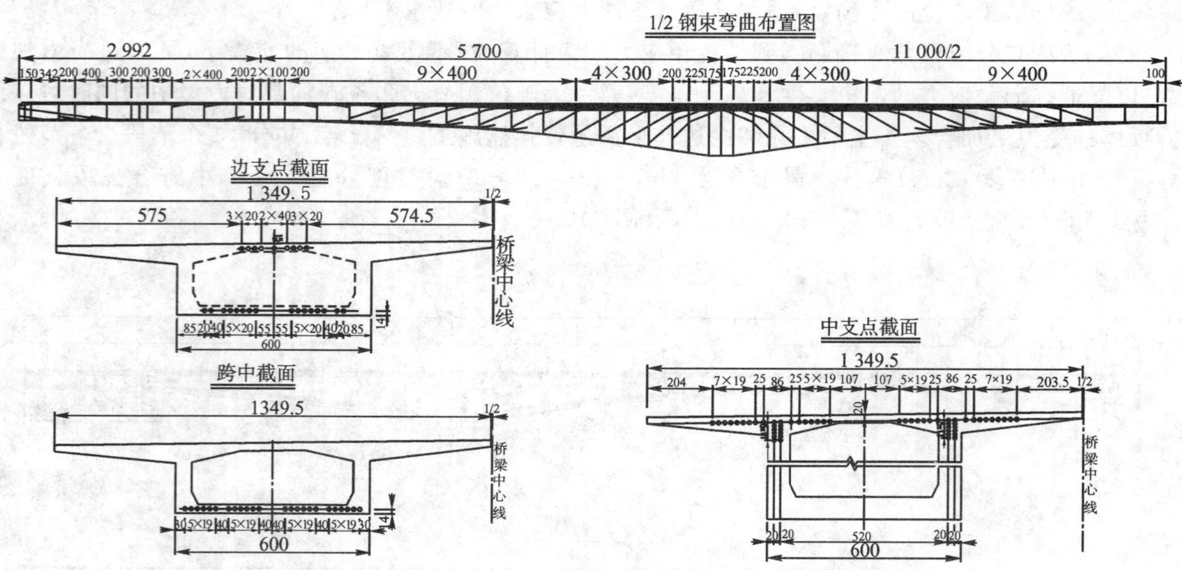


图4 主桥预应力布置图(尺寸单位:cm)

主桥箱梁采用C60混凝土，纵向按全预应力混凝土构件设计，箱梁截面横向采用部分预应力混凝土A类构件设计。施工阶段上缘最大拉应力为0.7MPa，最大压应力为18.5MPa；下缘最大拉应力为0.6MPa，最大压应力12.7MPa。使用阶段考虑了竖向预应力筋的作用，经各种荷载组合作用对比表明，在使用极限状态短期效应组合作用下：上缘最大压应力为11.1MPa，最小压应力为1.3MPa；下缘最大压应力为10.5MPa，最小压应力为1.0MPa；上、下缘最大主拉应力均为0.02MPa。在荷载标准值组合作用下，箱梁上缘最大压应力为13.7MPa，下缘最大压应力18.5MPa。

在进行主桥下部结构内力分析时，除考虑上部结构各工况外，还考虑制动力、支座摩阻力、地震力等。根据计算，下部结构地震力不控制设计，但设计中还应采取适当的抗震措施，如设置防震挡块等。

## 6 施工方案和施工控制

施工方案、施工步骤决定计算步骤，施工步骤的划分是本桥结构分析的关键因素。本桥主桥主孔和次边孔预应力混凝土连续梁采用悬臂挂篮施工，边跨等高梁采用满布支架施工。主要步骤(图5)为：

(1)完成8号～13号墩基础及墩身施工。安装主墩墩旁托架，并进行预压，以尽量消除非弹性变形。

(2)在墩旁托架上架设箱梁0号节段模板，绑扎箱梁钢筋，安装箱梁预应力管道，浇筑混凝土，张拉各向预应力筋后拆除模板，将梁支于临时支承上，安装悬臂施工挂篮。进行浇筑1号块件的准备工作，搭设边跨现浇段支架并进行预压。

(3)悬臂浇筑1号块，张拉预应力钢束，以此类推依次浇筑2号到13号节段。在进行13号节段施工同时进行次边跨直线段及30m边跨箱梁的施工。

(4)同时浇筑9号、12号墩顶梁端块合拢段混凝土，待强度达到90%以上时，释放边跨直线段纵向水平约束，安装并对称张拉纵、横、竖三向预应力筋。

(5)拆除墩顶梁端块和边跨施工膺架,梁端落在正式支座上。安装中跨合拢段支架,安装合拢段支承钢管,张拉纵向临时钢束,立模,绑扎钢筋,安装预应力管道。

(6)浇筑中跨合拢段混凝土,待强度达到100%后,拆除主墩临时支撑,梁落在正式支座上。拆除中跨合拢段支架后依次张拉合拢段纵向、竖向、横向预应力束(筋),同时将临时钢束张拉到正式钢束张拉力。

(7)进行桥面施工,主桥施工完毕。

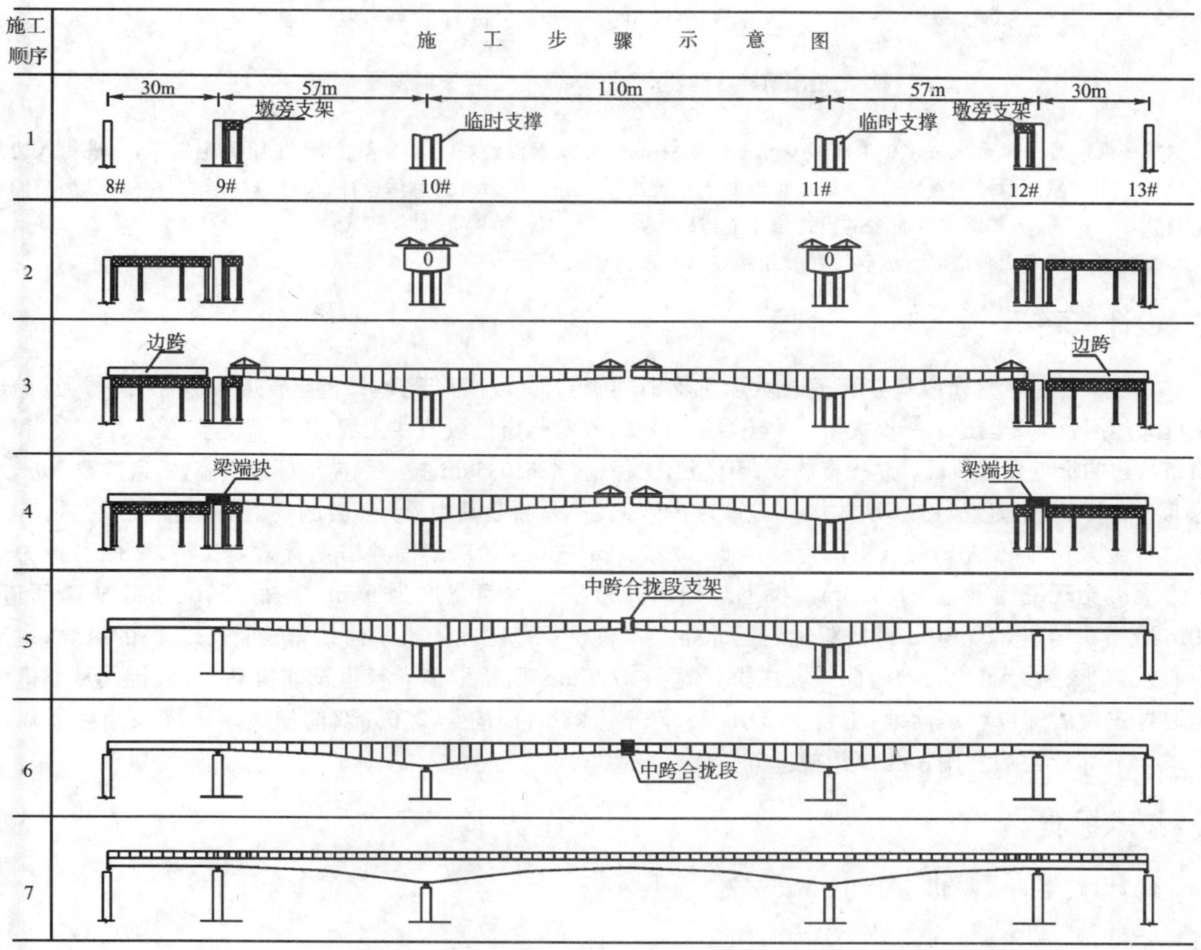


图5 主桥施工步骤示意图

合拢时一定要考虑温度因素,合拢施工应选在日气温变化较小的日期进行,浇筑合拢段混凝土宜选在气温最低的凌晨,以减少箱梁因日照温差产生的影响。

## 7 结语

本文对吴家大桥的主桥设计进行了简要介绍。吴家大桥的设计在经过了多次的桥位、桥型方案的比选后完成了初步设计及施工图设计。设计过程中对结构的细部尺寸的拟定及预应力配束进行深入比较,才能达到安全可靠、经济实用的要求。

目前,吴家大桥已顺利施工完毕,建成后的吴家大桥外观简洁、线形流畅,成为常州市京杭运河上一道美丽的风景。

# 常州常金大桥总体结构设计

季小明[1]　吴建东[2]　吴俊锋[2]

（1.常州市航道管理处；2.江苏省科佳工程设计有限公司）

**摘　要**　常州常金大桥主桥为跨径 60m＋120m＋30m 的双索面独塔无背索斜拉桥，主梁为钢箱梁，主塔为八边形截面薄壁钢箱结构，主塔内填混凝土作为配重。介绍了该桥的总体设计，包括结构形式、桥跨布置、断面形式、下部结构及引桥的设计施工要点。

**关键词**　双索面独塔无背索斜拉桥　结构设计　设计要点

## 1　设计概要

常金大桥位于常州市东岱镇，京杭大运河及 312 国道常州段南移至此，该桥是省道 340（常州～金坛）跨越京杭大运河及 312 国道的一座大桥。本项目属京杭运河常州市区段改线工程，该工程是交通部、江苏省和常州市共建的重点交通项目。总投资约 31.5 亿元，工程全长 26.086km，按三级航道标准实施，航道口宽 90m，水深 3.2m，共需开挖土方 1800 万立方米，新改建桥梁 11 座，本桥是其中最为重要的景观桥梁之一。

常金大桥全长约 510m，主桥为跨径 60m＋120m＋30m 的双索面独塔无背索斜拉桥，两侧引桥为预应力混凝土现浇箱梁，共计 300m。桥下规划新开京杭大运河宽度为 90m，主桥 120m 主跨横跨河道，60m 跨横跨国道 312，30m 跨横跨规划运北路。本桥桥梁范围内不设平曲线，桥面设 3.5％的纵坡，主跨中心设有半径为 4 600m 的竖曲线。主桥桥宽为 37.5m。引桥取消人行道及非机动车道，行人及非机动车通过主桥后即以梯道落地，引桥宽 24m，行车道宽 23m，横向设 2.0％双向横坡。索塔采用独塔双柱形式。下部结构均采用钻孔灌注桩基础。

## 2　技术标准

（1）道路等级　城市主干道

（2）桥梁宽度

主桥 37.5m：1.75m（人行道）＋3m（非机动车道）＋2.5m（机非分隔带）＋0.5m（路缘带）＋10.75m（车行道）＋0.5m（双黄线）＋10.75m（车行道）＋0.5m（路缘带）＋2.5m（机非分隔带）＋3m（非机动车道）＋1.75m（人行道）

引桥 24m：0.5m（防撞墙）＋0.5m（路缘带）＋10.75m（车行道）＋0.5m（双黄线）＋10.75m（车行道）＋0.5m（路缘带）＋0.5m（防撞墙）

结合地方实际，车道采用两大四小双向 6 车道，大车道宽 3.75m，小车道宽 3.5m

（3）设计荷载　城市—A 级，人群荷载按《城市桥梁荷载设计准则》规定取值

（4）计算行车速度　60km/h

（5）通航净空

京杭运河：70m×7m

312 国道：2×11.75m×5m

（6）通航水位　4.11m

（7）设计洪水频率　100 年一遇

(8)地震烈度　本地区地震基本烈度为7度。

(9)桥面横坡　2.0%双向坡

(10)桥面铺装

主桥:5cm沥青混凝土+8cmC30钢纤维混凝土

引桥:5cm沥青混凝土+6cmC40水泥混凝土

## 3　桥位区自然条件

### 3.1　地形地貌

本项目区域属长江三角洲太湖冲积平原,位于苏南地区中部,地处长江三角洲城镇密集带,南靠宜兴市和浙江省,东临太湖,北枕长江,西毗矛山丘陵,东连苏杭平原,中贯京杭大运河。区内地势低平开阔,沿线河、塘、圩田密布,为典型的水网地区。常州市境内地势西南略高,东北略低,高低相差2m左右,地面高程一般3.0~5.5m,地表水系发达。全市平原面积占71.8%,水域面积占16.7%。

### 3.2　地质

施工图设计共布置技术孔8个,勘探孔深40~100m。根据地质报告表明表层为杂填土,为软塑亚黏土混大量砖石,不均质;中部土层以黏土和亚黏土为主,$[\sigma_0]=120\sim300$kPa,$\tau_i=20\sim75$kPa;底层为粉砂,$[\sigma_0]=200$kPa,$\tau_i=55$kPa。本设计主墩桩基持力层设置在亚黏土上,$[\sigma_0]=300$kPa,$\tau_i=75$kPa。

### 3.3　水文

京杭运河最高通航水位为4.11m(黄海高程)。

## 4　主要设计要点

### 4.1　桥梁布置

从西向东布置为一联(4×30m)预应力混凝土连续箱梁+(60m+120m+30m)双索面独塔无背索斜拉桥+两联(3×30m+3×30m)预应力混凝土连续箱梁,桥梁全长510m。桥梁与京杭大运河交角99.5°,与312交角99.6°。主桥布置如图1所示。

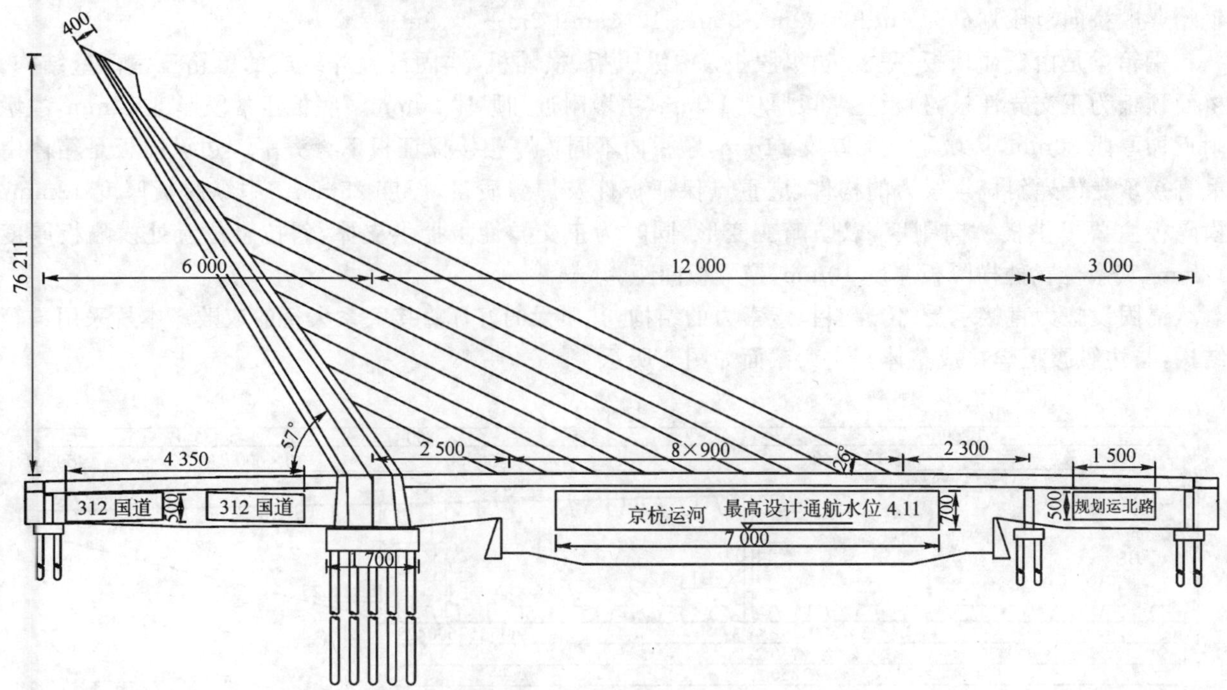


图1　主桥总体布置图(尺寸单位:cm)

**4.2 主塔**

(1)主塔塔身

主塔为两个八边形截面的薄壁空心钢主塔,主塔内灌注C30微膨胀混凝土作为配重以平衡主梁自重、二期恒载和车辆荷载。主塔桥面以上的垂直高度为76.211m,与水平面的夹角为57°,主塔斜长90.927m。主塔中轴线宽度为2.25m,两边倒角为0.3m×1.5m,主塔与主梁形心相交处主塔正截面高度为10m,主塔顶正截面高度为4m。

考虑到景观的要求主塔横桥向向内倾斜2°,塔顶设置钢横梁,截面宽度同主塔横梁位置处侧面钢板宽度(不包括倒角部分),截面高度为3.6~5.4m,钢横梁底面以圆弧线相连。主塔截面如图2所示。

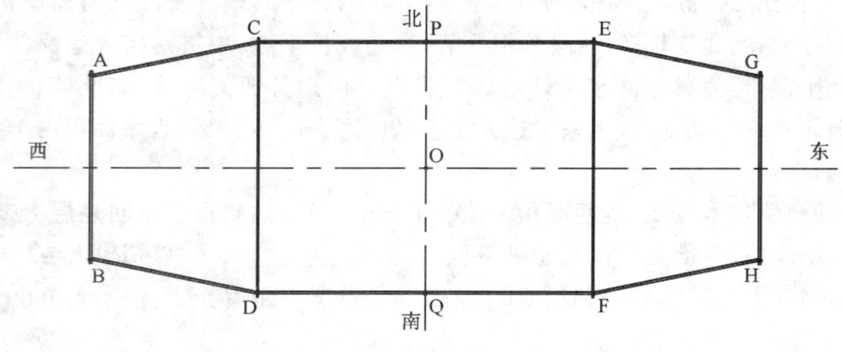


图2 主塔截面图

(2)主塔基础

主塔基础采用直径为1.5m的钻孔灌注桩,为摩擦桩,桩长为86m。主塔承台相互独立,承台平面尺寸为17m×11m,承台厚度为4m,每个承台下设13根桩基。本主桥采用墩塔梁三者固结,恒载下基础有较大的弯矩,故基础设计时墩中心偏离承台中心0.5m,以减少基础弯矩对桩基的不利影响。

**4.3 主梁**

主梁采用钢箱梁,钢箱梁顶板宽37.5m,底板宽26.45m,梁中心高2.2m,桥面横坡为2%双向坡,钢箱梁顺桥向节段划分为4m+5×9m+22m+12×9m+2m+3×9m+2m。

钢箱梁是由桥面顶板、底板、边纵腹板 、中纵腹板、横隔板、锚固设施等组成的单箱三室薄壁结构。桥面顶板为正交异性板,顶板正常段厚度14mm,主墩附近加厚段20mm。底板正常段厚度12mm,主墩附近加厚段20mm,边墩附近加厚段14mm,顺桥向不同板厚相接保证板下缘齐平。边纵腹板是箱体中最直接承受传递斜拉索索力的构件,应重点保证板件及焊缝质量,厚度25mm。中纵腹板厚度12mm。横隔板主要提供横桥向刚度,以防畸变变形,同时为正交异性板提供支撑,斜拉索位置处横隔板厚度12mm,其余位置处横隔板厚度10mm,横隔板间距为3m。

锚固设施为直接承受、传递斜拉索索力的结构,其质量的好坏直接关系大桥的成败。本桥采用锚箱结构,与边纵腹板焊接成整体。主梁截面如图3所示。

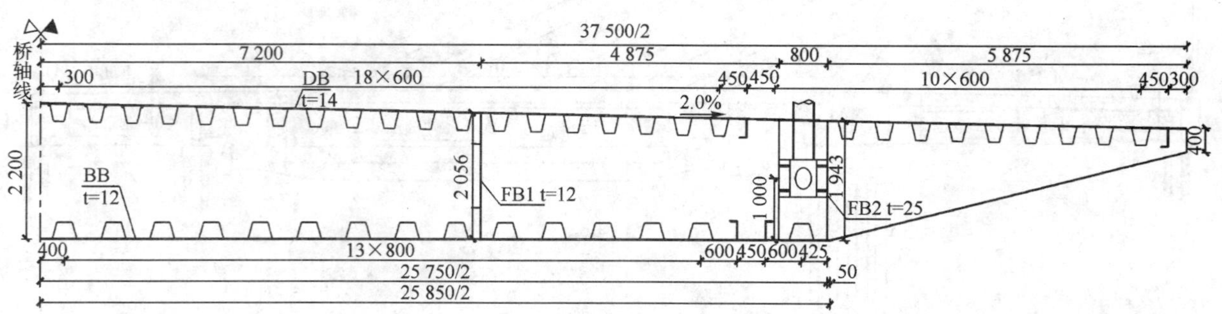


图3 1/2主梁截面图(尺寸单位:cm)

钢桥顺桥向处于竖曲线上，故顶板与底板由于竖曲线半径不同而发生长度的差异，在梁段制造时不予考虑，而在拼接缝上下缘处调整，以适应弧长的差异。

**4.4 斜拉索**

本桥为双索面独塔无背索斜拉桥，斜拉索采用竖琴形布置，拉索水平夹角 26°，主跨梁上索距为 9.0m，共 9 对，背跨无斜拉索。本桥斜拉索采用 43 束 ϕ15.2 环氧涂层钢铰线和 OVM250 钢铰线群锚锚具组成的 OVM250 拉索体系。钢铰线拉索采用四层防护体系：第一层为钢绞线外喷涂环氧涂层，第二层为无黏结筋专用油脂，第三层为热挤单层 HDPE 护套，第四层为整体索外包 HDPE 护套。

## 5 主桥施工

本桥位处河道为新开河道，河道在桥梁架设完成之后开挖，因此主桥施工采用支架施工方法，降低了设计及施工难度。施工时先架设完钢箱梁，再吊装主塔和张拉斜拉索。其中吊装主塔和张拉斜拉索的顺序为吊装两节主塔，灌注塔内混凝土，张拉一对斜拉索；再吊装两节主塔，灌注塔内混凝土，张拉一对斜拉索，重复以上过程直至主桥结构安装完毕。

## 6 结构计算

全桥采用桥梁博士 3.0 进行整体结构计算。本桥设计考虑结构强度时，塔内混凝土仅作为配重考虑，用以平衡梁的重量；但计算结构的刚度时，考虑塔结构为钢－混凝土组合截面。

**6.1 全桥结构离散**

桥梁纵向计算选取桥梁一半作结构分析，梁、墩、塔结构分别离散成 65、2、23 个杆系单元，9 根拉索为 9 个束单元，结构离散图见图 4 所示。

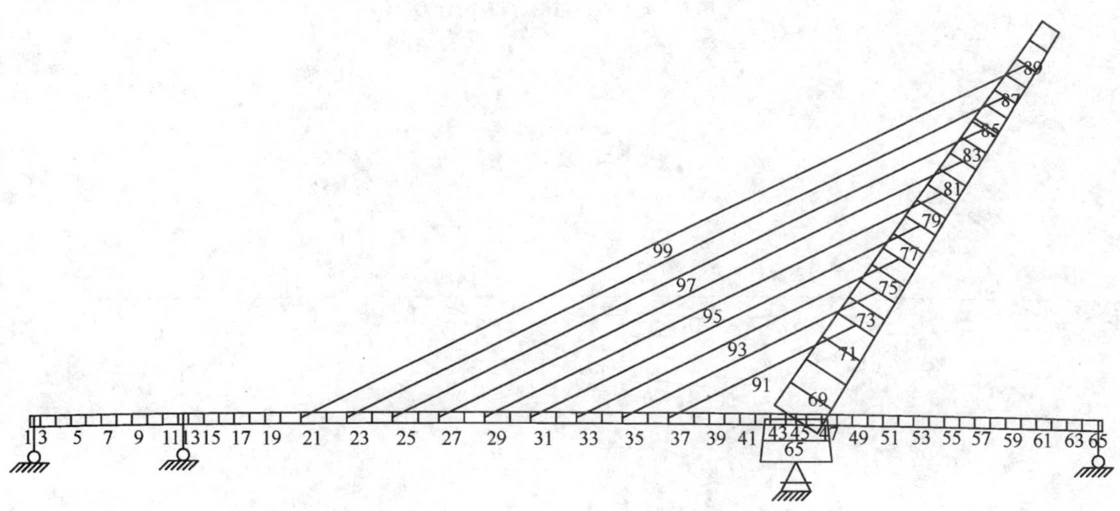


图 4 结构离散图

**6.2 计算荷载**

(1)竖向荷载：恒载、公路－I 级、人群荷载及满布人群荷载 $3kN/m^2$。

(2)基本风压：按《全国各气象台站的基本风速和基本风压值表》查得常州地区的 100 年一遇的基本风压值为 45($0.01kN/m^2$)。

(3)制动力：600kN。

(4)温度荷载：体系升温 25℃，体系降温 25℃，主梁顶底板温差 10℃，主塔左右侧温差 10℃。

(5)支座不均匀沉降：4 号、6 号墩沉降 2cm；5 号、7 号墩沉降 2cm。

(6)斜拉索初始张拉力：2600kN。

## 6.3 主要计算结果

(1)梁内力(弯矩)包络图

梁内力(弯矩)包络图见图5、图6。

(2)塔根部截面应力表(表1)

**塔梁墩固结位置塔截面应力**(MPa) 表1

| | 塔截面前缘(120m跨侧) | | 塔截面后缘(60m跨侧) | |
|---|---|---|---|---|
| | 最大应力 | 最小应力 | 最大应力 | 最小应力 |
| 正常使用组合 I | 36 | −3 | 122 | 89 |
| 正常使用组合 II | 38 | −7 | 126 | 87 |

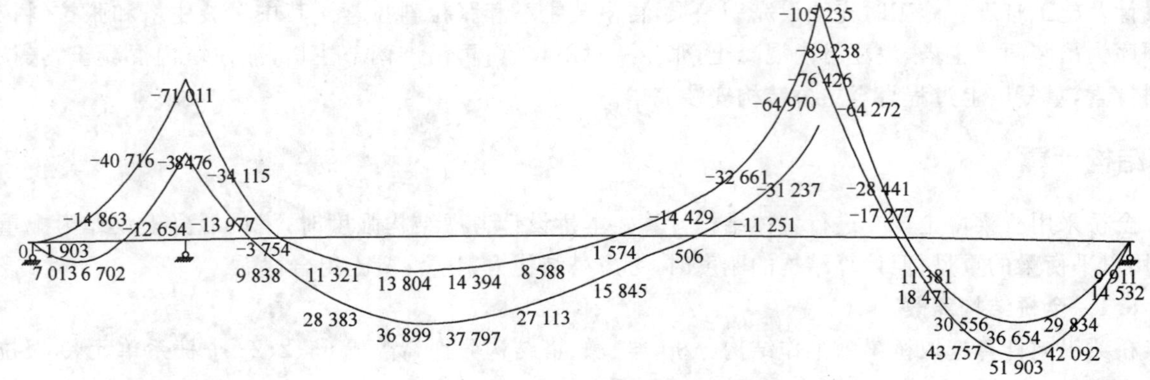


图5 梁弯矩包络图(荷载组合 I)

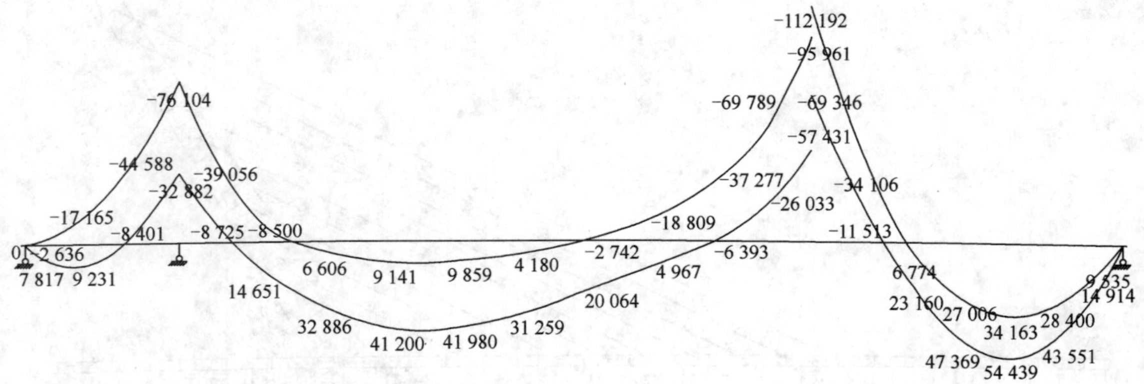


图6 梁弯矩包络图(荷载组合 II)

(3)索内力表(表2)

**索内力表** 表2

| 索力 | 成桥索力(kN) | 正常使用组合 I | | 正常使用组合 II | |
|---|---|---|---|---|---|
| | | 最大 | 最小 | 最大 | 最小 |
| S1(短) | 3 013 | 3 480 | 3 007 | 3 496 | 2 993 |
| S2 | 3 038 | 3 586 | 3 030 | 3 601 | 3 017 |
| S3 | 3 058 | 3 630 | 3 048 | 3 645 | 3 037 |
| S4 | 3 034 | 3 577 | 3 023 | 3 594 | 3 013 |
| S5 | 2 978 | 3 448 | 2 966 | 3 467 | 2 956 |

续上表

| 索　　力 | 成桥索力(kN) | 正常使用组合 I | | 正常使用组合 II | |
|---|---|---|---|---|---|
| | | 最大 | 最小 | 最大 | 最小 |
| S6 | 2 897 | 3 264 | 2 885 | 3 286 | 2 875 |
| S7 | 2 780 | 3 018 | 2 769 | 3 044 | 2 760 |
| S8 | 2 665 | 2 771 | 2 648 | 2 800 | 2 638 |
| S9(长) | 2 513 | 2 536 | 2 426 | 2 568 | 2 417 |

## 7 结语

常州常金大桥为国内最大的钢主梁钢主塔双索面独塔无背索斜拉桥，由于主塔无背索，桥梁的主跨恒载及活载须通过后倾主塔的重力来平衡，设计时需同时控制主塔的应力和变形，设计和施工的难度都较大。本工程于 2005 年 3 月动工，2006 年 12 月 29 日通过交工验收，现已投入使用。本工程总造价为 1.3 亿元。

### 参考文献

[1] 周孟波.斜拉桥手册[M].北京：人民交通出版社，2004.
[2] 王伯惠.斜拉桥结构发展和中国经验[M].北京：人民交通出版社，2003.
[3] 李国豪.桥梁结构稳定和振动[M].北京：中国铁道出版社，1992.
[4] 项海帆.高等桥梁结构理论[M].北京：人民交通出版社，2001.

# 龙城大桥主桥设计与结构分析

郝峻峰　徐海军　林　英

（同济大学建筑设计研究院）

**摘　要**　龙城大桥是京杭运河改建工程中的重点工程，主桥采用拱形塔门悬索斜拉组合结构体系，主跨采用自锚式悬索结构，一侧边跨采用了斜拉结构，另一侧边跨采用了辅助连续梁结构。龙城大桥包含了很多特殊结构的设计，其桥塔、缆索体系都有特殊的要求。本文对主桥设计和结构分析进行了介绍。

**关键词**　自锚式悬索桥　拱形桥塔　组合体系　设计　结构分析

## 1　工程概况

为了改善京杭运河的通行条件，促进常州市经济社会的发展，结合常州市的城市交通网的建设，决定实施京杭运河及 312 国道的改线工程。改线后的京杭运河及 312 国道自东向西穿过常州市区，因此需要在新开挖的运河上建造桥梁以沟通南北向交通，龙城大桥是新建的 11 座桥梁之一，它位于常州市武进区胡塘镇常武路上，整个项目包括跨运河的大桥一座和两侧引桥。

由于该桥位于常州新城区，对景观设计要求很高，经过方案比较，最终主桥采用了自锚式拱形塔悬索斜拉组合结构。京杭运河规划河口宽度为 90m，桥梁采用一跨过河的形式，同时考虑桥墩的放置，主跨采用 114m，为了满足桥梁结构要求，边跨分别采用 72m（斜拉索侧）和 30m（连续辅助跨侧），因此主桥跨径组合为：72m＋114m＋30m，桥梁建筑效果图见图 1，总体布置图见图 2。本工程已于 2006 年 4 月开工，计划于 2007 年 10 月完工。

图 1　龙城大桥建筑效果图

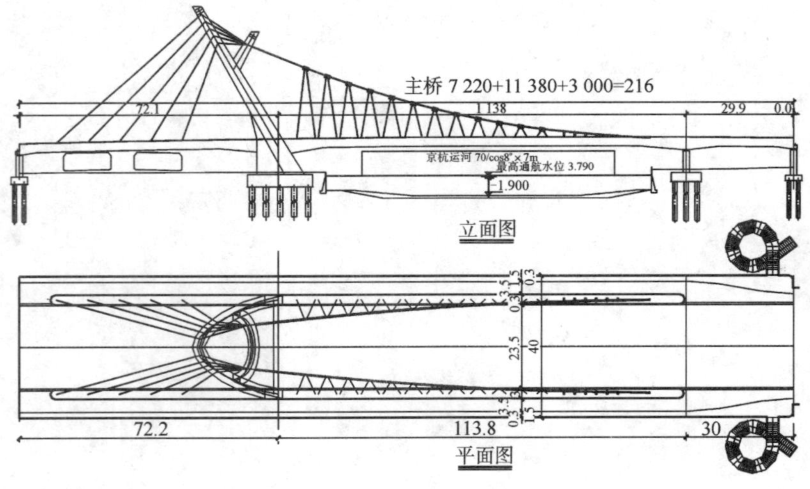


图 2　主桥总体布置图（尺寸单位：m）

主桥采取三跨自锚式悬索斜拉协作体系，吊杆为斜向交叉吊杆。中跨采用悬索结构，主缆锚固于纵梁主跨支撑处，另一端经过散束支塔分散后锚固于主塔。主塔采用拱形结构，宽度与高度沿高度方向变化，主梁采用箱形结构，主跨跨中部分采用混凝土－钢叠合梁，其余部分采用预应力混凝土箱梁。主塔边跨设置5根斜拉背索，用以平衡主缆的拉力。该桥造型独特，具有很好的景观效应。

主桥横断面布置图见图3。

## 2 主要技术标准

(1) 计算行车速度：80km/h；

(2)设计荷载：公路－I级，人群荷载按《公路工程技术标准》取用；

(3) 地震烈度：基本烈度VII度，工程区域地震动峰值加速度为0.10g。

(4) 通航等级及净空要求：京杭运河为三级航道，通航净空70m×7m；

(5) 设计洪水频率：1/100。

(6) 桥梁宽度：0.25m(栏杆)＋5.00m(人行、非机动车混行车道)＋3.00m(布索区)＋23.50m(车行道)＋3.00m(布索区)＋5.00m(人行、非机动车混行车道)＋0.25m(栏杆)＝40.00m。

(7) 主桥最大纵坡：2.5％。

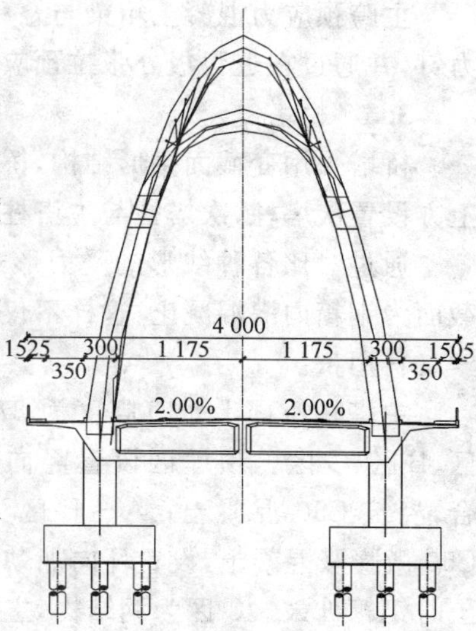

图3 主桥支点横断面(尺寸单位：cm)

## 3 主要结构设计

### 3.1 跨径布置

方案设计采用了72m＋114m两跨布置，结构分析表明主跨跨中刚度偏低，变形过大，这主要由于主跨悬索体系实际上为标准悬索体系的一半，跨中近边墩处的主缆已经接近水平，缆索体系不能增加此处的结构刚度。技术设计提出在主缆锚固侧增加一个30m的短跨，使得主桥纵梁由原来的两跨连续梁转变为三跨连续梁，跨径分布为(72＋114＋30)m＝216m。以此增加主梁的整体刚度。此外，这一改变还可以改善各桥墩的反力分配，使得下部结构设计更加合理。

### 3.2 主梁

主梁分为混预应力混凝土梁和钢－混凝土叠合梁两部分。其中主跨的87m部分为钢－混叠合梁，其余部分的129m为预应力混凝土梁。

(1)叠合梁

方案设计采用了分离式双边箱＋横梁的断面形式(图4)，技术设计阶段经过优化采用封闭箱形的断面形式(图5)，通过无顶板的钢箱截面与混凝土顶板共同形成闭合箱形截面，梁高为250cm，钢结构部分腹板厚度14～16mm，底板厚度16～24mm，顶板厚度22mm，箱梁底板采用U形肋加劲，顶板和腹板采用纵肋加劲。通过修改断面，降低了原结构的腹板和底板厚度，在钢材用量基本维持不变的条件提高了箱梁纵向抗弯和抗扭刚度。

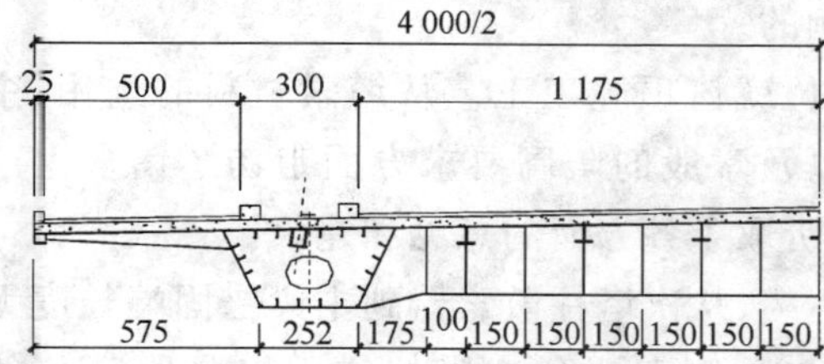

图4 方案设计1/2叠合梁横断面图(尺寸单位：cm)

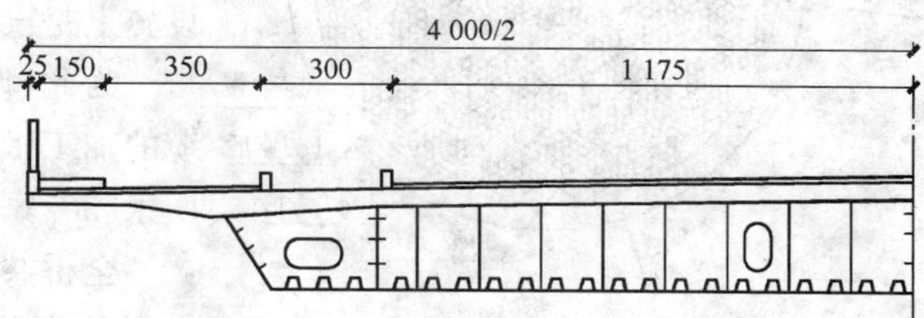

图5 技术设计1/2叠合梁横断面图(尺寸单位：cm)

(2)混凝土梁

主梁混凝土箱梁梁高为在主塔墩处截面高度为3.50m,另一侧主墩截面高度为3.00m,其余段为2.50m;箱梁由5道腹板组成,两侧边腹板为斜腹板,中间腹板均为直腹板。预应力混凝土梁段腹板厚度均为50～70cm,结合梁段边腹板16mm,中腹板均为14mm;箱梁桥面板厚度为25cm。

预应力混凝土段横梁间距按照斜拉索及支撑要求进行布置。

主跨预应力混凝土箱梁与叠和梁锚接段为全截面充填混凝土,在结合梁锚接段端钢板表面设置剪力钉,并通过在近腹板处张拉预应力精轧螺纹钢筋,确保叠和梁与混凝土梁传力连续。

**3.3　桥塔**

桥塔采用变截面拱形结构,桥塔顺桥向边跨倾斜30°,同时为了结构造型和散索构造需要,在主塔上方设置次塔柱,次塔柱与主塔柱交角为60°。主塔柱为桥梁主要受力构件。

通过对比各种线形的受力形式,最终确定采用 $m=3$ 的悬链线;同时对桥塔截面进行了研究,确定截面为钢箱内灌混凝土,这样不仅可以改善截面受力,还可以作为配重降低边跨斜拉索力从而降低斜拉索材料用量。

主塔在桥面上垂直高度为37m,竖向分为预埋区、A区、B区、C区。预埋区设置竖向“I”字钢与混凝土梁结合,浇筑C50混凝土;A～B区为钢-混凝土结构,内灌C50微膨胀混凝土,设置环向加劲肋用于以避免泵送混凝土时钢箱外鼓。C区为钢结构,主要提供主缆及斜拉索的锚固。

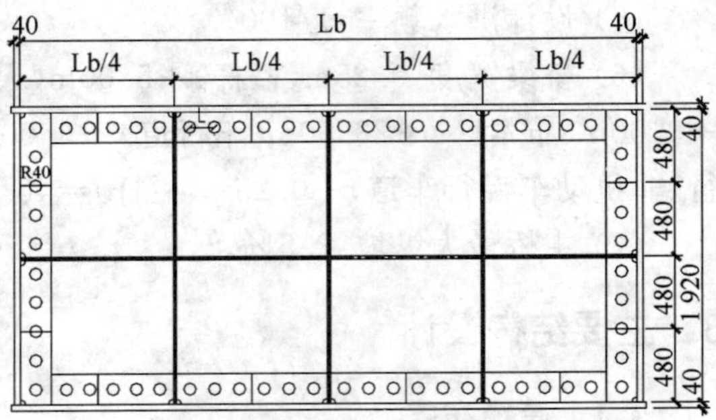

图6　主塔横断面图(尺寸单位:cm)

主塔顺桥向为变截面矩形结构,截面宽度为4.983～2.527m,横桥向为等截面,截面宽度为2m。主塔钢板厚度为40mm。

次塔也为变截面矩形结构,顺桥向截面宽度为3.525～2.214m,横桥向截面宽度为2m。次塔钢板厚度为25mm。

下塔柱为竖向变截面混凝土箱形截面。通过局部挖空使得下塔柱的形心基本保持竖直,目的是降低上部结构对基础产生的附加水平力。

**3.4　主缆**

本桥缆索体系十分独特,国内外前没有此类桥型实施的先例。桥面系以上部分的桥塔和缆索体系呈空间曲线布置,吊杆在顺桥向和横桥向均呈倾斜布置,主缆在空中散成7股,与此相关的散索器和索夹构造国内厂家都没有现成的产品可供选择,需要作专题研究与开发。对散索器的研究,主要内容是在次塔柱主缆由一根缆索散成七根缆索的特定情况下的散索器。龙城大桥在次塔柱的散索器要求由两个功能部分组成,即散索套与散索定型器。主缆索股在散索套内发散,按照设计要求的发散角度在散索定型器内定位后,将发散成的数根缆索在主塔柱上进行锚固。这种施工工艺在目前的桥梁建设史上是没有先例的。

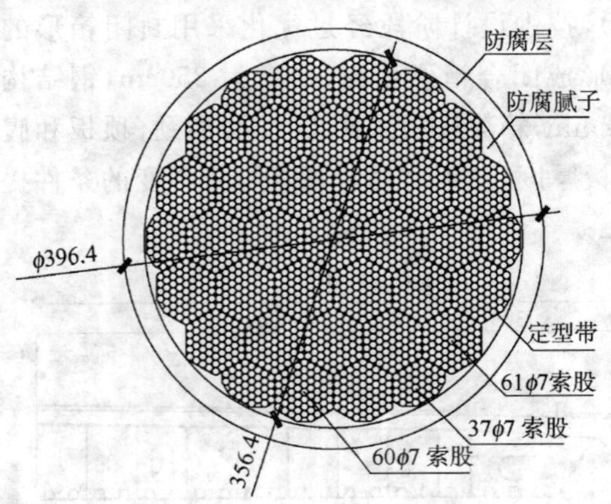

图7　平行钢丝主缆断面图(尺寸单位:mm)

为此,设计单位就该项施工工艺从缆索材料的选用、主缆的加工工艺上以及索股的防腐要求方面走访了诸多生产厂家和专家,广泛听取了各方面的意见和建议。

全桥共两根主缆,从次塔柱散索器到主梁锚固端长度无应力长度约为129m,散索器到主塔柱锚固点的距离从约8.5m变化到16m,钢丝长度从137.5m到145m之间变化。

目前,缆索体系桥梁最常用的材料为平行钢丝和钢铰线。若本桥采用平行钢丝方案,按照初步设计文件提出的方案,主缆由 37 股平行钢丝索股组成,索股有三种规格即直径为 7 的 61 丝、60 丝与 37 丝,共 2105 根 $\phi7$ 的钢丝,组成的主缆载面图如下,按 18%的空隙率,主缆截面直径约为 355mm,考虑外包 PE 户套后直径约 395mm。

按这种常规的规格进行排列的主缆若发散根数过少,会造成一个索股中的钢丝会有两种不同角度方向的定位,受力也会不均匀。同时也带来了索股的下料长度控制困难,如何保证每根钢丝墩头后受力的均匀也是一个比较困难问题。由于多股索股合锚于一个锚头,因此施工时需对索股锚头进行临时锚固,待所有索股架设完成后才能进行制锚。为了解决以上问题,将主缆分成七股基本可以解决以上的问题。每根索股为 $\phi7$ 的 301 丝,共 2107 根,这种方式既能保证主缆能够挤压成圆形(孔隙率 50%),同时经过散索器能够自然散成 7 股锚固在塔柱上,散索器构造也相对简单,仅需制造一个"喇叭口"状的散索套(类似于索夹),一头与主缆夹紧,使主缆不能发生滑移,另一头缆索按照需要的角度散出后锚固于主塔上。

按照这种方式,主缆在主梁一侧的锚固也散成 7 股进行锚固,这样每根索股的长度是确定的,钢丝的下料长度也是确定的,同时较小的锚具也给施工带来方便。最长一根索股的重量约为 13.2tonf,可以逐股架设后即刻进行锚固,不必进行临时锚固。

若主缆采用钢绞线方案,由 511 根直径为 16.4mm 的环氧喷涂钢绞线组成,组成的主缆截面图如下,主缆载面直径大约为 370mm。

散索器的结构图如下,实际上由两个部分组成,即散索套与二次散索定型器两部分,索股在散索套内开始发散,并在二次散索定型器内定向,并进行二次散索。二次散索定型器及散索套承受的由于主缆的发散产生的沿主缆方向的分力由散索套承担,由散索套与主缆之间的静摩擦力相平衡。

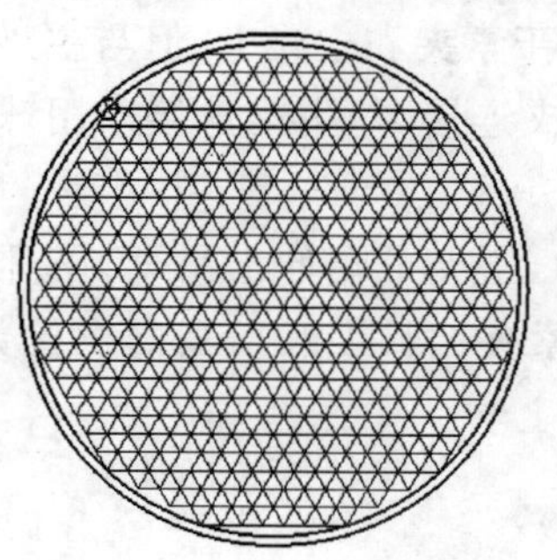

图 8 钢绞线方案主缆横断面

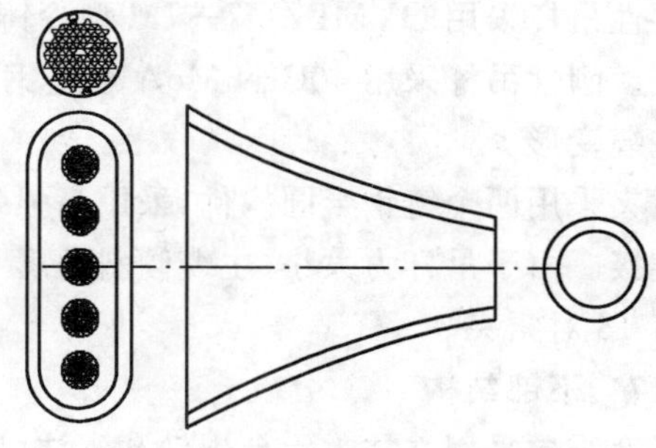

图 9 钢绞线方案散索套方案示意图

索股在散索套内发散,在散索定型器内定向。采用钢铰线方案,施工工艺相对来说难度较小,张拉工艺简单,可单根进行张拉预紧。对张拉机具吨位要求较小。由于可以单根张拉,克服了平行钢丝作为主缆索长难以控制的困难,使主缆在主塔上锚固变得便利,可保证施工质量。

但由于主缆空隙大,使得索夹与主缆之间的抗滑力小于索夹与平行钢丝主缆之间的抗滑力。

就工程实践来看,主缆采用钢铰线国内仅有在黄山世纪观光桥上使用过。国外在 20 世纪 60 年代在一些大跨度桥梁上有过成功的例子,如丹麦的小贝尔特桥和法国的坦卡维尔桥。

施工工艺方面,从国内外已建悬索桥来看,采用平行钢丝的悬索桥占多数,近年来修建的大跨度悬索桥基本上都采用了平行钢丝,这种常规的主缆索股制作工艺成熟,主缆的架设有许多成功的经验可以借鉴。

主缆在经过散索器后散成 7 股,会偏转一定的角度(<20°),造成弧线内侧钢丝受力减小,而外侧钢丝受力增大,使得索股内钢丝受力不均匀。为了解决这个问题,可以采用两种方法解决,第一种采用常规的悬索桥处理方法主缆索股采用六边形布置,在次塔柱散索点和主梁散索鞍之间采用完全平行钢丝通过(主缆由于垂度引起的内外侧钢丝应力差可以忽略),在散索器散索以后的索股允许其绕轴心发生

4°以内的扭转，让索股内钢丝“自由”进行调节，这样可以确保钢丝受力均匀。这种方案的缺点是需要在现场进行防腐操作，且散索后的索股防腐问题比较难以解决。第二种采用斜拉桥拉索的处理方法将每根索股在工厂中直接挤压成圆形，并外包防腐护套，架设主缆时让索股沿着全部长度进行自由扭转。这种方法的优点是现场操作少，防腐问题可以很好解决；缺点是主缆的孔隙率较大，在索夹位置的抗滑问题需要进行处理。

缆索的防腐方面，平行钢丝方案采用镀锌钢丝。为了进一步增强保护，在主缆的圆形截面压紧后，完整的主缆再用锌粉涂料处理，在包裹之前采用退火的软钢丝缠绕，表面用油漆涂装，采用了这些方法可以建立双重防腐保护，实事证明是有效的。钢绞线方案主缆采用 $\phi$16.4mm 的环氧喷涂钢绞线，对于每一根钢绞线而言，只要涂层不损坏，都具有较强的防腐能力。钢绞线自身的防腐能力要优于镀锌钢丝。对于本桥主缆而言，由于其在次塔柱要散成数根缆索，破坏这种双重保护的连续性，特别是散索器分缆一侧角度向上倾斜，更增加了防腐控制的困难。经过对这个问题仔细研究及对目前的防腐技术的分析，最后找到了一种便携式注塑机，可以将缆索及散索套密闭，很好的解决了这个问题。

经过技术及经济等一系列的比选，最后确定本桥采用平行钢丝的方案。

### 3.5 斜拉索

斜拉索为带 PE 的平行钢丝成品索，在主塔上与主缆交叉锚固，另一端锚于预应力混凝土梁。

主缆及斜拉索均采用冷铸锚锚固体系。主缆在主塔上的锚头需另设球垫铰以便施工中缆索角度调整。主缆通过吊杆张拉，斜拉索在预应力混凝土梁上进行张拉。

### 3.6 吊杆及索夹

吊杆分为柔性吊杆和刚性吊杆两种，柔性吊杆为斜吊杆，刚性吊杆为竖直吊杆。全桥共 48 根柔性吊杆，12 根刚性吊杆。

柔性吊杆采用 OVMLZM7－73I 型冷铸锚式成品吊杆，锚固于索夹和主梁上，但与主梁连接需另设球垫铰。刚性吊杆采用 40CrNiMoA 合金钢，与主缆连接采用索夹连接，与主梁连接采用球垫铰连接以适应主缆变形。

索夹采用两个铸钢半圆构件，采用高强螺栓对接(左右对接)，索夹下端伸出吊耳，吊耳与吊杆采用销接连接。由于吊杆力大小、主缆倾斜角度和吊杆角度的不同，索夹的长度和所需的螺栓数量不同，全桥共有 18 对索夹。

### 3.7 下部结构

下部结构采用立柱＋承台＋钻孔灌注桩的常规结构。

## 4 结构分析

### 4.1 总体考虑和计算模型

主桥结构分析分为整体结构计算和局部构件计算。本文主要介绍整体结构分析的主要结果。

桥梁整体结构计算采用空间杆系模型，图 10 为结构离散模型。

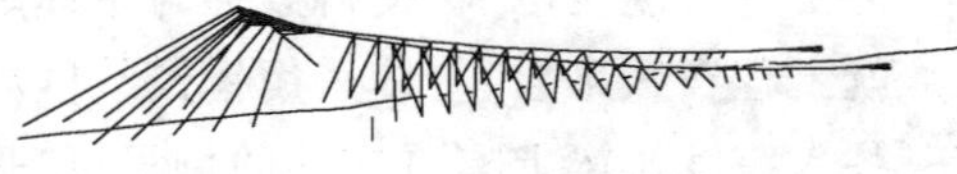

图 10 整体结构计算模型

缆索结构的一个重要特征是在索力施加过程中存在明显的大位移小应变的几何非线性特征，因此有限元计算程序必须要考虑缆索体系的这种特征，在发生变形之后的位置上建立平衡方程。此外缆索力的施加不是一次完成，必须要将每一个施工阶段进行累加，在进行累加时需要将混凝土的收缩徐变等材料非线性进行考虑，因此采用的计算程序除了能够进行一般的几何非线性分析，还要能将每个阶段发生徐变收缩之后的影响进行累加计算。本桥计算采用的是 MIDAS/Civil。

### 4.2 计算参数

桥塔、主梁等刚性构件采用空间梁单元，主缆、吊杆和斜拉索等柔性构件采用索单元。

结构所使用到的材料，如混凝土、钢材等的特性值参考现行设计规范和生产厂家的技术资料。

外部边界条件为主墩塔梁固结，其余墩设支座。内部边界条件包括缆索与脊骨梁的刚臂连接等。

计算考虑作用包括恒荷载(包括附属结构荷载)、徐变和收缩荷载、预应力、缆索张拉力、活荷载、温度荷载和支座不均匀沉降等。

**4.3 主缆张拉力的确定**

一般悬索桥设计目标是使得主梁在恒载状态下弯矩为零，而由主缆承担全部荷载。主梁设计主要保证活载作用下有足够刚度，在大跨度时还要满足抗风稳定方面的要求。对于自锚式悬索桥，控制主梁设计的主要是锚固在主梁上的主缆传递来的巨大轴力。

对于本桥，虽然主跨跨径为114m，实际由于桥塔向边跨倾斜，主缆实际跨度达到138m，加上为半跨自锚结构，因此若要达到恒载状态下由主缆承担全部荷载，则每根主缆力将达到80 000kN。由于本桥不是像一般自锚式悬索桥将主缆锚固于主梁，而是在一侧锚固于桥塔，此轴力对于拱形塔柱来说将带来巨大的设计困难。因此，提出有主缆和主梁共同承担恒载的组合结构设计理念。

通过比较，最终确定35%的恒载由主梁承担，65%的荷载有主缆承担。按照恒载集度，折算到每根吊杆的竖向力为850kN，最终按上述分配原则确定吊杆竖向设计力为550kN，由此恒载下主缆力约为52 000kN。

**4.4 初始平衡状态分析**

在确定了主缆张力之后，需要寻找成桥时的缆索的线形，这就是悬索桥的初始平衡状态分析。由于本桥的特殊性，无法通过解析方法求解建立初始平衡状态，必须要在解析解的基础上进行有限元迭代分析，利用程序提供的悬索桥分析工具，求解得到成桥缆索线形和索长$L$，最后可以确定缆索的无应力索长$L_u$。

**4.5 主要计算结果**

4.5.1 上部结构恒载反力(见表1)

表1

| 位　置 | 竖向反力(kN) | 顺桥向弯矩(kN·m) | 位　置 | 竖向反力(kN) | 顺桥向弯矩(kN·m) |
|---|---|---|---|---|---|
| 72m跨边墩 | 4 940 | / | 30跨边墩 | 655 | / |
| 主墩塔底 | 81 890 | 77 489 | 合计 | 228 010 | 154 978 |
| 主跨中墩 | 58 635 | / | | | |

注：主墩塔底指每个下塔柱的值，主墩共两个下塔柱。

4.5.2 变形

主缆从挂索时的自平衡状态下的悬链线到达到设计力后将会发生明显的变形，与一般竖直索面的悬索桥不同，本桥除了有竖向的挠度之外，在横桥向也将发生明显的变形。主要构件的变形列于表2。

表2

| 位　置 | 变形方向 | 值(cm) | 位　置 | 变形方向 | 值(cm) |
|---|---|---|---|---|---|
| 主缆跨中 | 竖向，向下 | 143.4 | 中跨主梁跨中 | 竖向，向下 | 5.0 |
| | 横桥向，向外侧 | 159.2 | 桥塔 | 顺桥向，向主跨侧 | 1.6 |

4.5.3 叠合梁恒载内力和应力分布

叠合梁的内力结算结果见表3，轴力以受压为正，弯矩以下缘受拉为正，剪力以顺时针为正。

表3

| 项　目 | 值(kN,kN·m) | 项　目 | 值(kN,kN·m) |
|---|---|---|---|
| 跨中轴力 | 94 890 | 近支点最大负弯矩 | −94 000 |
| 近支点轴力 | 18 190 | 近支点最大剪力 | 11 240 |
| 跨中最大正弯矩 | 44 290 | | |

叠合梁在恒载作用下，跨中钢结构下缘受拉，由于主缆力给主梁施加了一个很大的压力，因此拉应力值较低，不超过10MPa，强度不控制设计，主要由刚度控制。主缆施加的压力对于负弯矩区的钢结构受力不利，此处的底板厚度得到了加强，下缘压应力达到114MPa，此外还配置了纵向和横向加劲以确保满足稳定计算要求。

叠合梁的混凝土桥面板通过焊钉于钢结构连接，其跨中最大压应力为8.69MPa。在近支点附近负弯矩区通过配置纵向预应力消除此处的拉应力。

4.5.4 桥塔内力和应力分布

桥塔不仅要承担缆索锚固传递来的轴向压力，还有两侧不完全一致的锚固引起的顺桥向弯矩以及缆索与塔柱不在一个平面内引起的横桥向弯矩(即桥塔面内弯矩)。由于设计的特殊性，主缆散索后的索股数量明显少于一般的悬索桥，使得单根索股索力相当大，最大超过了9 000kN，增加桥塔设计的难度。为此，通过调整边跨斜拉索索力来降低桥塔顺桥向弯矩，通过优化桥塔平面内形状来降低横桥向面内弯矩。桥塔在恒载下主要内力分布见表4：

表4

| 位　置 | N(kN) | My(kN·m) | Mz(kN·m) | 位　置 | N(kN) | My(kN·m) | Mz(kN·m) |
|---|---|---|---|---|---|---|---|
| 塔底 | −60738 | −17995 | 85881 | 塔顶 | −1358 | −341 | 24778 |
| B,C段过渡位置 | −56388 | 8625 | −19958 | | | | |

对应的四个角点应力分布见表5，其中塔底钢—混凝土组合截面应力指钢结构部分。

(单位：MPa)　表5

| 位　置 | 1 号 点 | 2 号 点 | 3 号 点 | 4 号 点 |
|---|---|---|---|---|
| 塔底 | 89 | −131 | −155 | 64 |
| B,C段过渡位置 | −147 | −59 | −30 | −118 |
| 塔顶 | 60 | −63 | −64 | 58 |

## 5 结语

龙城大桥主桥采用自锚式拱形塔悬索斜拉组合结构，造型独特，具有很好的景观效应。本文详细介绍了龙城大桥主桥各主要构件，其中：

(1)主桥主梁经过优化设计采用封闭箱形断面形式，较分离式箱形结构在钢材用量基本不变的条件下，大大提高了主梁抗弯刚度与抗扭刚度。

(2)主桥主缆体系为国内外首创，结合国内外成功经验及技术资料，经过多方比较论证，确定采用7股301丝$\phi$7的平行钢丝束的方案。该方案在主缆孔隙率、钢丝下料、散索器构造、工程经验及防腐等方面都优于其他方案。

本文还介绍了龙城大桥主桥MIDAS空间整体结构分析的主要计算参数及分析结果，结果表明：龙城大桥主桥结构受力合理，设计安全可靠，满足经济适用的要求。

### 参考文献

[1] 张哲. 混凝土自锚式悬索桥. 北京：人民交通出版社.

[2] 尼尔斯J.吉姆辛(丹麦). 缆索支承桥梁. 北京：人民交通出版社.

# 青洋大桥主桥设计与结构分析

郝峻峰　徐海军　张哲元

（同济大学建筑设计研究院）

**摘　要**　青洋大桥是京杭运河改建工程中的重点工程，主桥为下承式连续拱梁组合体系结构，采用单拱肋和人字型吊杆并将人行及非机动车道设置在桥梁中央是本桥设计的一大特色。本文对主桥设计和结构分析进行了介绍。

**关键词**　拱梁组合体系　设计　结构分析

## 1　工程概况

为了改善京杭运河的通行条件，促进常州市经济社会的发展，结合常州市的城市交通网的建设，决定实施京杭运河及 312 国道的改线工程。改线后的京杭运河及 312 国道自东向西穿过常州市区，因此需要在新开挖的运河上建造桥梁以沟通南北向交通，青洋大桥是新建的 11 座桥梁之一，它位于常州市武进区中村浜廖家桥西北 200m 处，整个项目包括跨运河的大桥一座和与 312 国道互通立交一座。

由于该桥位于常州新城区，对景观设计有一定要求，且需降低造价，最终主桥采用了下承式连续拱梁组合体系结构。京杭运河规划河口宽度为 90m，桥梁采用一跨过河的形式，同时考虑桥墩的放置，主跨采用 120m，为了满足桥梁结构要求，边跨采用 50m，因此主桥跨径组合位为：50m＋120m＋50m，总体布置图见图 1。本工程已于 2005 年 8 月开工，计划于 2006 年 10 月完工。

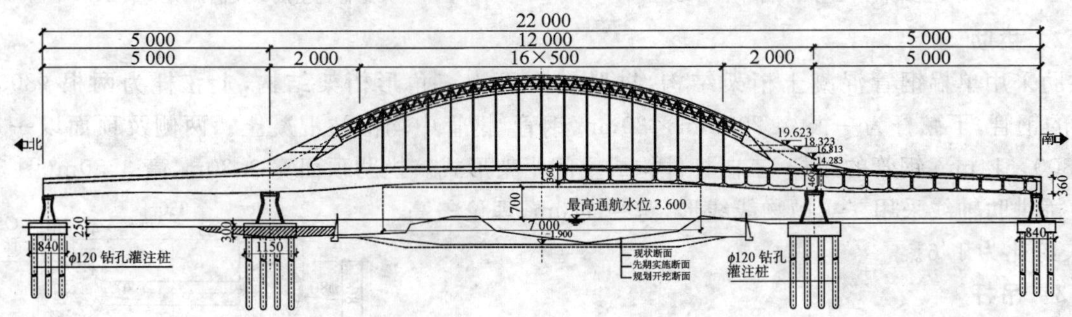


图 1　主桥总体布置图（尺寸单位：cm）

主桥设计的一个重要特点是将人行道和非机动车道布置在桥梁中央，同时设计高程比车行道高出 1m，使得行人通过时安全舒适，而机动车道由于无上部结构遮挡，行车视野开阔。

从结构角度分析，人行道布置在中间，自然可以采用倾斜吊杆，不仅造型富于变化，且人字形的吊杆解决了单榀拱肋面外稳定不足的问题。主桥横断面布置图见图 2。

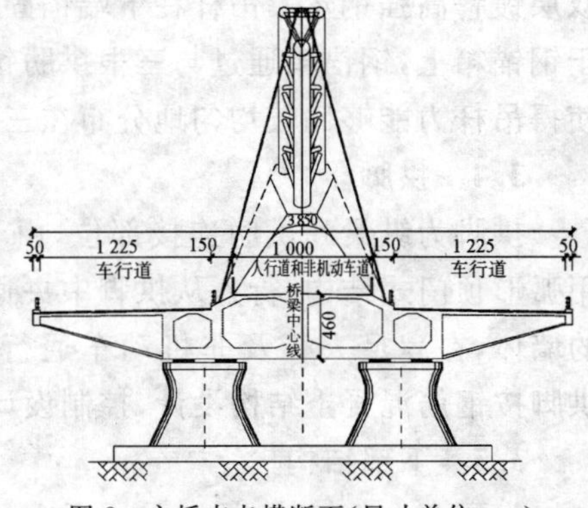


图 2　主桥支点横断面（尺寸单位：cm）

## 2　主要技术指标

（1）计算行车速度：80km/h；

（2）设计荷载：公路－Ⅰ级，人群荷载按《公路工程技术标准》

(JTG B01—2003)第6.0.8条取用；

(3) 地震烈度：基本烈度VII度，工程区域地震动峰值加速度为0.10g。

(4) 通航等级及净空要求：京杭运河为三级航道通航净空70m×7m；

(5) 设计洪水频率：1/100。

(6) 桥梁宽度：0.50m(栏杆)+12.25m(车行道)+0.50m(栏杆)+1.00m(拱肋)+10.00m(人行道及非机动车道)+1.00m(拱肋)+0.50m(栏杆)+12.25m(车行道)+0.50m(栏杆)=38.50m。

(7) 主桥最大纵坡：2.5%。

## 3 主要结构设计

### 3.1 主梁

主梁采用预应力混凝土多边形箱梁结构，每隔5m设置一道横梁，形成梁格受力体系。桥梁纵向为3跨变截面连续梁，跨中梁高为3.60m，支点处梁高为4.60m，采用直线+圆弧线进行过渡。

箱梁横断面(图3)为单箱四室结构，两侧设置大悬臂翼板，由于造型需要，中间两个箱体的梁高比两侧箱体梁高1m。箱梁顶板宽38.50m，底板宽20.00m，两侧悬臂宽各宽9.25m。箱梁顶板厚25cm，腹板厚50～80cm，底板厚30～80cm。悬臂端部设一根小纵梁。悬臂底板为造型要求在每个横梁之间按椭圆形局部挖空，通过照明设计，夜晚呈现独特的景观效果(图4)。

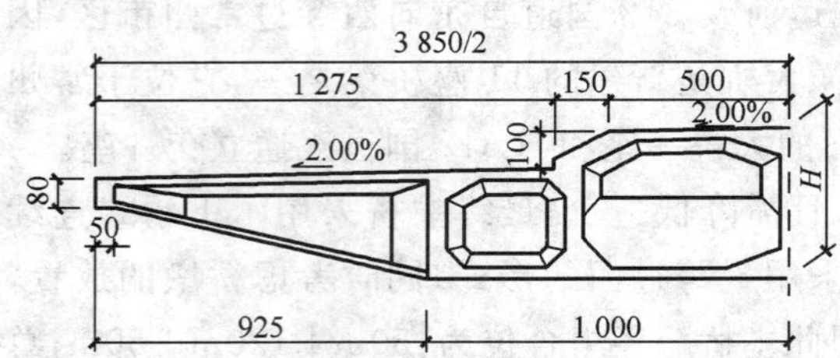


图3 1/2主梁横断面图(尺寸单位：cm)

图4 大悬臂挖空底板夜间照明效果(尺寸单位：cm)

### 3.2 拱肋

拱肋采用单榀钢管混凝土桁架结构，拱肋横断面为三角形桁架结构，上弦杆为两根$\phi$800mm×30mm的钢管，下弦杆为一根$\phi$1 200mm×30mm钢管，钢管中均灌注混凝土。两侧及顶面以一定方式设置$\phi$300×14mm钢管的腹杆，三向杆件构成空间桁架形式。拱肋顶面宽3.30m，高3.50m(图5)。

主桥拱肋轴线采用二次抛物线线形，跨径120m，理论矢高20m，矢跨比为1/6。

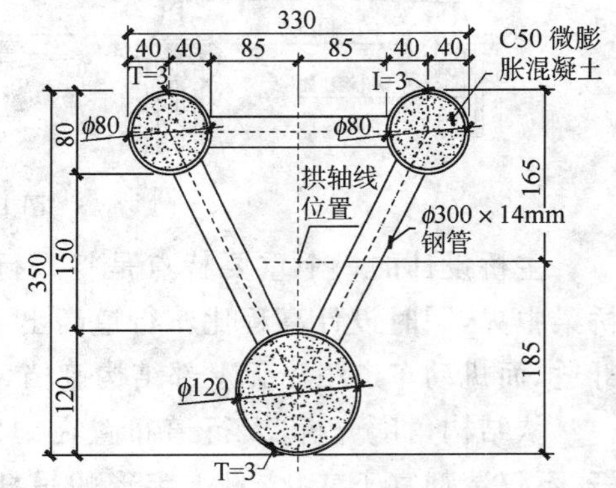


图5 拱肋横断面图(尺寸单位：cm)

### 3.3 吊杆

吊杆采用高强钢丝成品吊杆，每根吊杆采用91根$\phi$7mm双层镀锌高强钢丝。吊杆在下端锚固于横梁底部，在上端锚固于钢锚箱上，钢锚箱通过与三根拱肋钢管连接的工字梁和钢管使得吊杆力能够比较均匀地分布在三根拱肋钢管上。

### 3.4 拱脚

拱脚为纵梁和拱肋连接部位，由于结构布置需要，拱脚采用弧形顶门式结构，行人从拱脚中央通过。拱脚两侧为变厚度的墙体，在满足人行及非机动车通行的净空后，合并为一体。拱脚按钢筋混凝土结构设计，控制设计为全断面受压结构，每个拱脚的混凝土用量为136m$^3$。

### 3.5 下部结构

为配合上部结构，桥墩采用了空间弧面造型，按钢筋混凝土结构设计。桩基采用的是多排钻孔灌注桩，桩径 120cm。

## 4 结构分析

### 4.1 计算模型

本桥桥梁在整体结构计算时分别采用了平面杆系模型和空间杆系模型，采用空间模型是因为本桥拱肋采用的桁架结构，吊杆为倾斜布置，且主梁为梁格体系，通过空间模型可以清楚的了解拱肋每根弦杆和主梁每道腹板的受力情况。此外对拱脚大体积混凝土结构通过建立局部实体单元模型，研究其应力分布特点。

### 4.2 梁拱刚度分配

对于连续拱肋组合体系结构，其设计关键是确定纵梁和拱肋之间的刚度比（$E_{梁}\ I_{梁}/E_{拱}\ I_{拱}$），首先采用“桥梁博士分析系统”建立平面杆系计算模型，通过反复试算确定最优刚度比，以在满足结构安全和功能要求下，节约材料用量。本桥梁拱刚度比见表 1。

**梁拱刚度比例** 表 1

| | | $I(m^4)$ | $E(kN/m^2)$ | $EI(kN\cdot m^2)$ | 主梁/拱肋 |
|---|---|---|---|---|---|
| 主梁支点 | | 88.33 | 3.45*E*+07 | 3.05*E*+09 | 16.1 |
| 主梁跨中 | | 34.64 | 3.45*E*+07 | 1.19*E*+09 | 6.3 |
| 拱肋 | 钢管 | 0.42 | 2.05*E*+08 | 1.90*E*+08 | |
| | 混凝土 | 3.00 | 3.45*E*+07 | | |

$1/80 < E_{梁}\ I_{梁}/E_{拱}\ I_{拱} < 80$，属于刚梁刚拱，虽然主梁弯矩分布仍然呈现三跨连续梁的形式，但主跨拱肋的存在使得内力值大幅度降低，同时缩短了边跨的跨度（$L_{边}/L_{中}=0.42$）。表 2 对比了不设拱肋与设拱肋的弯矩值。

**有/无拱肋主梁弯矩对比（单位：10kN·m）** 表 2

| | 跨中 | 支点 | 跨中+支点 | 跨中 | 支点 | 跨中+支点 | |
|---|---|---|---|---|---|---|---|
| 有拱肋 | 19 535 | 53 886 | 73 421 | 有/无 | 0.33 | 0.45 | 0.41 |
| 无拱肋 | 59 611 | 120 851 | 180 462 | | | | |

### 4.3 主梁各腹部受力分析

主梁采用大悬臂梁格体系，纵向有 5 道腹板，受力实际存在差异，平面计算模型不能反映这种差异。采用空间计算模型在每道腹板处建立单元，按照文献[1]箱梁梁格分析方法，划分网格并计算各腹板纵梁的截面特性（弯曲、扭转和剪切刚度）。按照从梁中心向外侧对腹板依次编号为①、②和③号腹板。

各腹板恒载弯矩分配见表 3，由于①、②号腹板比③号高 1m，弯矩分配占主要部分，①号和两道②号腹板合计占全部弯矩的 80%左右，在截面配束设计时应进行考虑。

**各腹板弯矩对比（单位：10kN·m）** 表 3

| 腹板编号 | 支　点 | | 跨　中 | |
|---|---|---|---|---|
| | *My* | 所占比例 | *My* | 所占比例 |
| ① | 18 382 | 28% | 7 242 | 37% |
| ② | 16 359 | 25% | 4 480 | 23% |
| ③ | 6 938 | 11% | 1 621 | 8% |

### 4.4 拱肋承载力和稳定计算

目前钢管混凝土构件计算理论还处于研究完善阶段，交通行业还没有相应的设计规范可供设计参照。本次设计采用的是中国工程技术标准化协会标准《钢管混凝土结构设计与施工规程》(CECS 28：90)，按照极限状态理论验算拱肋的承载力，拱肋的作用效应和组合则按照《公路桥涵设计通用规范》(JTG D60—2004)第 4.1.6 条进行，并考虑了结构重要性系数 1.1。

按照规范，本桥拱肋属于“格构柱”，按要求分别对桁架拱肋的各弦杆和整体进行偏心受压构件进行了计算。

单榀拱肋由于没有风撑等横向连接构件，其面外稳定问题突出。本桥拱肋的稳定性通过以下三个方面得到保证：

(1)桁架式拱肋能够使得较小的钢管直径取得较大的横向刚度；

(2)拱肋与主梁固结，通过箱梁的抗扭刚度提高拱肋的稳定；

(3)本桥特殊的人字型吊杆设计，增大了拱肋的稳定。

采用空间模型进行了线形屈曲计算，前 5 阶临界荷载系数列于表 4，失稳模态均为面外，一阶临界荷载系数>8，满足工程设计要求。同时表 4 对比给出了将人字型吊杆改为竖直吊杆后的临界荷载系数。可见，人字型吊杆对于提高拱肋稳定性的作用是比较显著的。

**临界荷载系数** 表 4

| 模态号 | 临界荷载系数 | 临界荷载系数(改为竖直吊杆) | 模态号 | 临界荷载系数 | 临界荷载系数(改为竖直吊杆) |
|---|---|---|---|---|---|
| 1 | 8.15 | 4.83 | 4 | 16.91 | 9.49 |
| 2 | 10.31 | 5.51 | 5 | 21.80 | 12.10 |
| 3 | 14.38 | 8.65 | | | |

### 4.5 拱脚应力分析

拱脚与主梁刚性连接，拱脚尺寸相对较大，在主墩处形成一个刚性区域，此范围内结构受力复杂。拱脚区域受主拱肋传递了轴力，同时又收到主墩处负弯矩的影响。设计时在拱脚充分配置了普通钢筋，以保证拱脚具备足够的承载力。此外，采用实体单元建立了全桥结构模型，以了解拱脚的受力规律。

计算得到拱脚第一主应力(主拉应力)和第三主应力(主压应力)分布如图 6、图 7 所示。

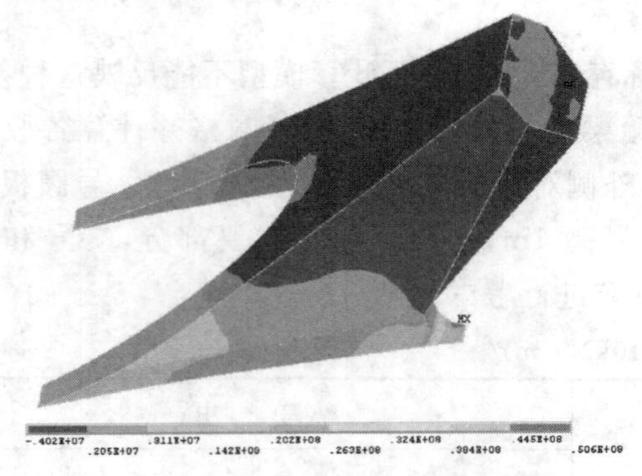

图 6 拱脚主拉应云图

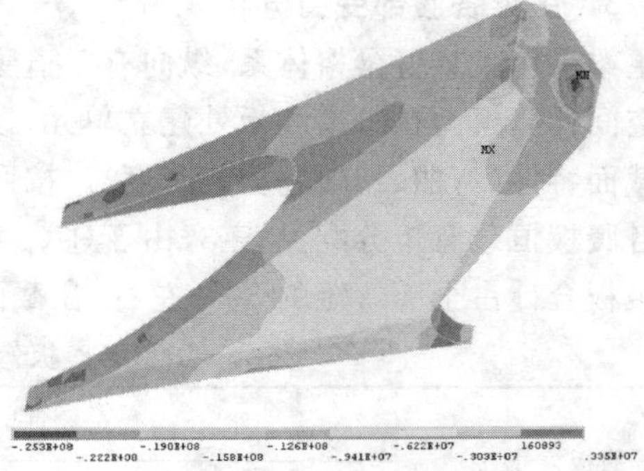

图 7 拱脚主压应云图

可以看到，在拱肋巨大轴力作用下，主拱肋基本处于受压状态，应力主要分布在 3～9MPa。在拱背近梁一侧出现了一定拉应力，在 1.5MPa 左右。设计根据此计算结果在拱背处配置了一定的预应力钢绞线。经过验算其拉应力消失。

## 5 结语

(1)梁拱组合体系桥梁设计关键是选择梁拱之间合理的刚度比,以在满足结构安全和使用功能的前提下,优化设计,节约工程造价。

(2)对于类似本桥的宽桥多室箱形截面,不同腹板见的受力差异在设计时应给予重视。

(3)由于本桥将人行道和非机动车道布置在桥中央,很自然地选择了人字型吊杆,而它对于提高拱肋的稳定性作用明显。

**参考文献**

[1] 戴公连,李德建.桥梁结构空间分析设计方法与应用.北京:人民交通出版社.
[2] 陈宝春.钢管混凝土拱桥设计与施工.北京:人民交通出版社,1999.

# 无背索斜拉桥塔梁墩固结设计

朱红亮[1] 吴建东[2] 吴俊锋[2]

（1.常州市航道管理处；2.江苏省科佳工程设计有限公司）

**摘　要**　常州东岱大桥主桥为跨径 60m＋120m＋30m 的双索面独塔无背索斜拉桥，主梁与主塔均为钢结构。介绍了该桥的塔梁墩固结设计及需要注意的焊缝疲劳问题和钢板层状撕裂问题。

**关键词**　双索面独塔无背索斜拉桥　塔梁墩固结设计　焊缝疲劳　层状撕裂

## 1　引言

双索面独塔无背索斜拉桥是近年来新出现的桥型。该桥型新颖，气势雄伟，造型能很好的诠释“发展就是硬道理”的精髓。它一经推出就受到广大城市建设者的青睐。

无背索斜拉桥的塔梁墩固结处受力复杂，是该桥型设计的一个关键点，本文结合常州东岱大桥工程，分析了塔梁墩固结处的连接方式和应力大小，其结果对同类工程具有一定的参考价值。

## 2　工程概况

常州东岱大桥主桥为跨径 60m＋120m＋30m 的双索面独塔无背索斜拉桥，主桥布置如图 1 所示。

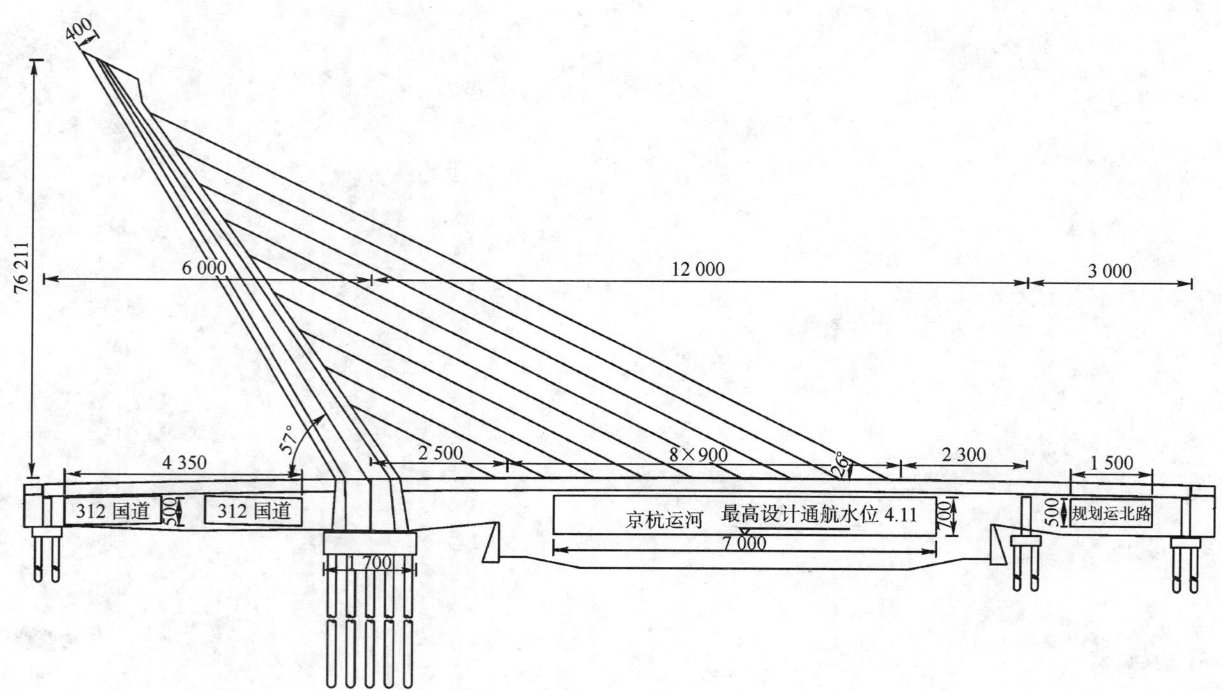


图 1　主桥总体布置图(尺寸单位:cm)

主塔为两个八边形截面的薄壁空心钢主塔，主塔内灌注 C30 微膨胀混凝土作为配重以平衡主梁自重、二期恒载和车辆荷载。主塔桥面以上的垂直高度为 76.211m，与水平面的夹角为 57°，主塔斜长

90.927m。主塔中轴线宽度为2.25m，两边倒角为0.3m×1.5m，主塔与主梁形心相交处主塔正截面高度为10m，主塔顶正截面高度为4m。考虑到景观的要求主塔横桥向向内倾斜2°，塔顶设置钢横梁。主塔截面如图2所示。

主塔基础采用直径为1.5m的钻孔灌注桩，为摩擦桩，桩长为86m。主塔承台相互独立，承台平面尺寸为17m×11m，承台厚度为4m，每个承台下设13根桩基。

主梁采用钢箱梁，钢箱梁顶板宽37.5m，底板宽26.45m，梁中心高2.2m，桥面横坡为2%双向坡。主梁截面如图3所示。

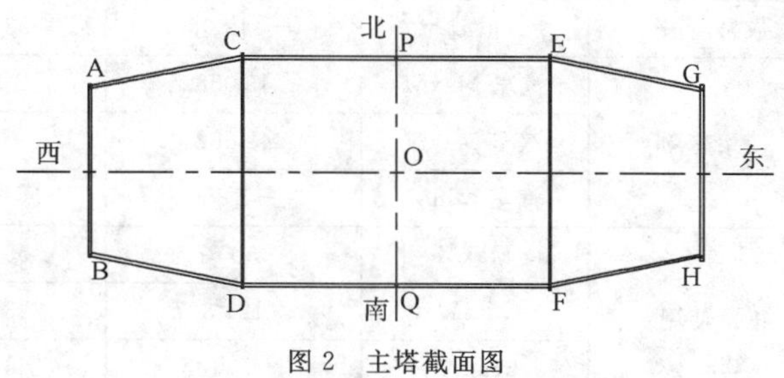

图2 主塔截面图

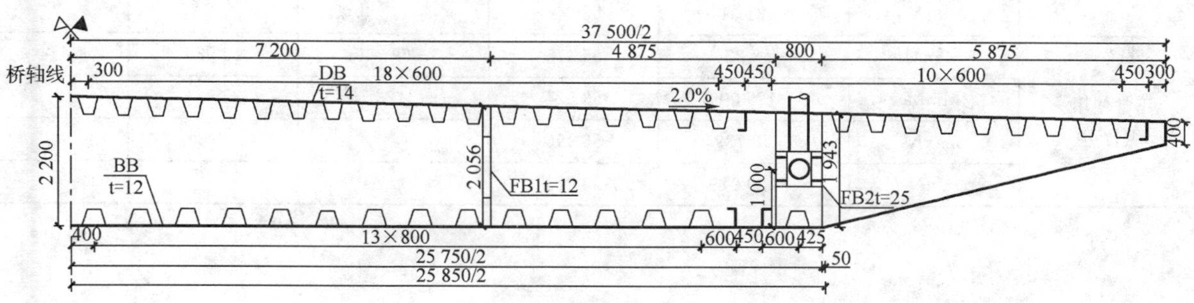

图3 1/2主梁截面图(尺寸单位:mm)

本桥为双索面独塔无背索斜拉桥，斜拉索采用竖琴形布置，拉索水平夹角26°，主跨梁上索距为9.0m，共9对，背跨无斜拉索。本桥斜拉索采用43束$\phi^j$15.2环氧涂层钢绞线和OVM250钢绞线群锚锚具组成的OVM250拉索体系。

## 3 塔梁墩固结设计要点

本桥塔梁墩采用固结设计，塔梁墩的固结设计在构造上可采取两种方式：梁连续，塔和墩固结在梁上；塔和墩连续，梁开孔固结在塔和墩上。下面就此两种形式进行设计对比。

### 3.1 全桥结构离散

全桥采用桥梁博士3.0进行整体结构计算，桥梁纵向计算选取桥梁一半作结构分析，梁、墩、塔结构分别离散成65、2、23个杆系单元，9根拉索为9个索单元，塔内混凝土仅作为配重考虑，用以平衡梁的重量。结构离散图见图4所示。

### 3.2 计算荷载

(1)竖向荷载：恒载、公路—I级、人群荷载及满布人群荷载3kN/m²。

(2)基本风压：按《全国各气象台站的基本风速和基本风压值表》查得常州地区的100年一遇的基本风压值为45(0.01kN/m²)。

(3)制动力：600kN。

(4)温度荷载：体系升温25℃，体系降温25℃，主梁顶底板温差10℃，主塔左右侧温差10℃。

(5)支座不均匀沉降：4号、6号墩沉降2cm；5号、7号墩沉降2cm。

(6)斜拉索初始张拉力：2600kN。

### 3.3 塔、墩、梁固结部分的内力、应力

塔梁墩固结位置截面内力，见表1；塔梁墩固结位置塔截面应力、墩截面应力、梁截面应力，见表2、表3、表4。

**塔梁墩固结位置截面内力** 表 1

| | | 塔梁固结位置塔截面 | | 塔梁固结位置梁截面 | | 塔顶位移 |
|---|---|---|---|---|---|---|
| | | 弯矩(kN·m) | 轴力(kn) | 弯矩(kN·m) | 轴力(kn) | cm |
| 成桥阶段 | 恒载 | −119 060 | 53 716 | 23 431 | 23 431 | 5.7 |
| 使用单项 | 汽车 Max*M* | 49 058 | 1 913 | | | |
| | 汽车 Max*N* | 48 562 | 1 934 | | | |
| | 汽车 Min*M* | −1 859 | −58 | −30 897 | 1 745 | |
| 正常使用组合 I | Max*M* | −50 670 | 56 392 | −76 450 | 23 357 | 4.9 |
| | Min*M* | −121 307 | 53 646 | −105 258 | 26 008 | 11.8 |
| | max*N* | −51 185 | 56 414 | | | |
| | min*N* | −121 317 | 53 646 | | | |
| 正常使用组合 II | Max*M* | −48 224 | 56 475 | −69 369 | 23 528 | 4.4 |
| | Min*M* | −129 009 | 53 524 | −112 216 | 25 921 | 12.0 |
| | max*N* | −48 739 | 56 496 | | | |
| | min*N* | −129 019 | 53 523 | | | |

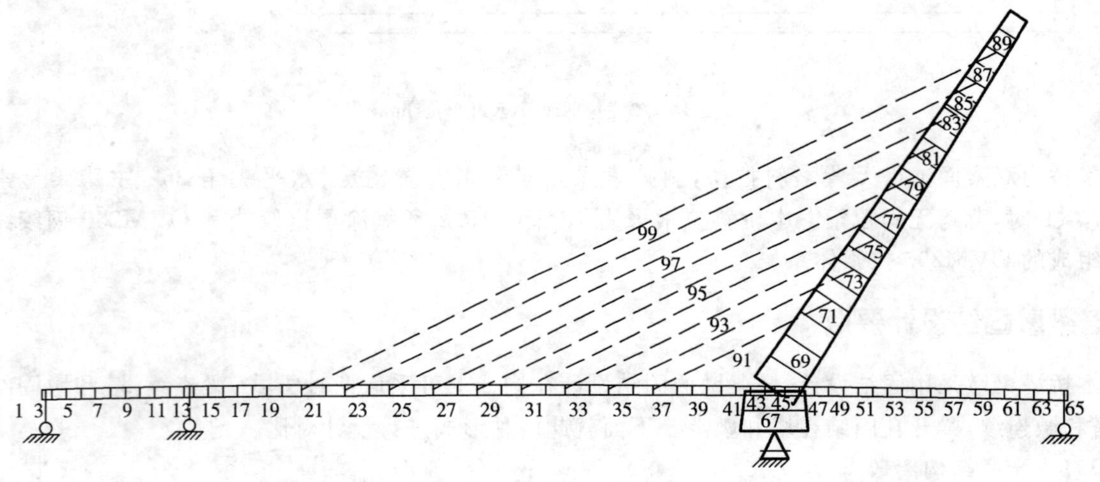


图 4 结构离散图

**塔梁墩固结位置塔截面应力**(MPa) 表 2

| | 塔截面前缘(120m 跨侧) | | 塔截面后缘(60m 跨侧) | |
|---|---|---|---|---|
| | 最大应力 | 最小应力 | 最大应力 | 最小应力 |
| 正常使用组合 I | 36 | −3 | 122 | 89 |
| 正常使用组合 II | 38 | −7 | 126 | 87 |

**塔梁墩固结位置墩截面应力**(MPa) 表 3

| | 墩截面前缘(120m 跨侧) | | 墩截面下缘(60m 跨侧) | |
|---|---|---|---|---|
| | 最大应力 | 最小应力 | 最大应力 | 最小应力 |
| 正常使用组合 I | 59 | −11 | 161 | 96 |
| 正常使用组合 II | 62 | −16 | 166 | 75 |

塔梁墩固结位置梁截面应力(MPa) 表4

| | 梁截面上缘 | | 梁截面下缘 | |
|---|---|---|---|---|
| | 最大应力 | 最小应力 | 最大应力 | 最小应力 |
| 正常使用组合Ⅰ | −72 | −99 | 135 | 98 |
| 正常使用组合Ⅱ | −55 | −117 | 143 | 90 |

## 3.4 塔梁墩固结设计

3.4.1 固结方式选用

1)梁连续方式

梁连续固结方案,见图5。

这种构造的优点:

(1)保证主梁的连续性,无论从纵向或是横向都是直接传力的,尤其在塔根部分,由于塔内倾2°,此时横向力就可由梁来承受,从而省掉两个分离承台之间的连系梁。

(2)因为梁是连续的,减小了梁的工作挠度,也减小了索力,进而减小塔的变形,改善桥面平整度。

(3)塔、墩与梁的连接采用T形、十字形焊接,施工较方便。

这种构造的缺点:

塔、墩与梁固结处T形连接焊缝存在拉、压循环作用,存在疲劳问题。

2)塔连续方式

塔连续固结方案,见图6。

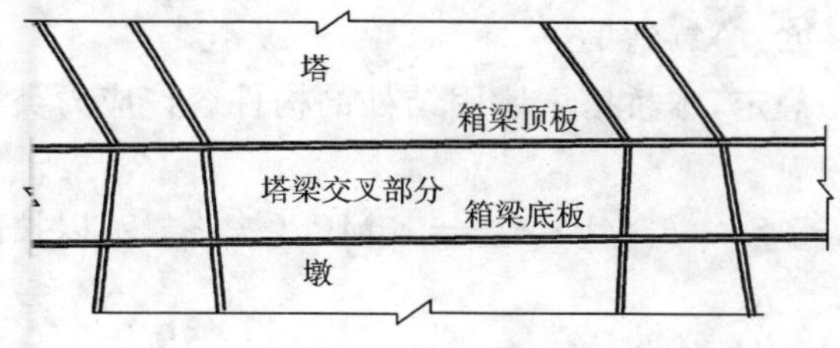

图5 梁连续固结方案示意图

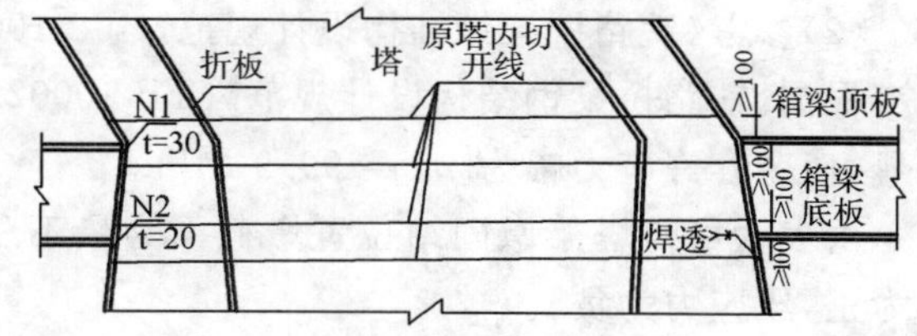

图6 塔连续固结方案处理示意图

这种构造的优点:

(1)保证塔和墩的连续性,竖向传力较直接。

(2)避免塔和墩的T形和十字形焊缝,可不考虑疲劳问题。

这种构造的缺点:

(1)塔、墩转折点处和梁的连接需进行构造处理,否则存在焊缝重叠问题,塔或墩的钢板需进行弯折已避免三点重合,需大型弯折机,施工难度大。

(2)塔与梁焊接处,对于塔的竖板处层状撕裂问题突出,尤其是在塔的前后两端,从数值看梁面板处的最大拉应力要比塔根部大16倍。

(3)塔做成整体,则梁塔固结只能依靠纵向一半的塔身与梁上、下板相焊,固结效果差。

综上所述,本桥塔梁墩的固结形式采用梁连续的方式。

3.4.2 应引起重视的两个重要问题

1)焊缝疲劳断裂问题

塔梁墩固结处的焊缝属T形连接,需验算焊缝的疲劳强度。疲劳断裂是金属结构失效的一种主要形式,但疲劳需要多次加载,且疲劳裂缝的扩展是缓慢的,有时需要长达数年时间。疲劳一般从应力集中处开始,而焊接结构的疲劳又往往是从焊接接头处产生。影响焊接接头疲劳强度的因素有:

①应力集中的影响。

②近缝区金属性能变化的影响。

③残余应力的影响。

④缺陷的影响。

提高焊接接头疲劳强度的措施：

①降低应力集中。

②调整残余应力场。

③改善材料的机械性能。

④特殊保护措施。

上述措施中降低应力集中可通过焊缝的处理加以保证，如对丁字和十字接头，提高疲劳强度的根本措施是开坡口焊接和加工焊缝过渡区使之圆滑过渡，以此降低应力集中并消除残余应力的不利影响，在设计中也是这么做的。而其他措施则需要加强材料进货质量控制，如③。加强施工中对材料的保管，如④。

梁连续方式的焊缝疲劳强度验算：

(1)《公路桥涵钢结构及木结构设计规范》(JTJ 025—86)验算结果

根据《公路桥涵钢结构及木结构设计规范》(JTJ 025—86)规定，本桥塔梁墩固结处的构件容许应力类别为D，容许应力公式为：

$$[\sigma_n] = 145/(0.6 - \rho)$$

式中：$\rho = |\sigma|_{min}/|\sigma|_{max}$(同号应力为正，异号应力为负)。

由表3可得塔梁墩固结位置墩截面为最不利截面，$\sigma_{min} = -16\text{MPa}$，$\sigma_{max} = 62\text{MPa}$。

可得该处 $\rho = -0.258$，$[\sigma_n] = 169.0\text{MPa}$。

该处截面应力 $\sigma_{min} = -16\text{MPa}(\sigma_{max} = 62\text{MPa}) < [\sigma_n] = 169.0\text{MPa}$。该截面疲劳强度安全。

(2)参考《铁路桥梁钢结构设计规范》(TB 10002.2—99)验算结果

根据《铁路桥梁钢结构设计规范》(TB 10002.2—99)规定，本桥塔梁墩固结处的构件容许应力类别为Ⅶ，疲劳容许应力幅为$[\sigma_0] = 99.9\ \text{MPa}$。

由表3可得塔梁墩固结位置墩截面为最不利截面，$\sigma_{min} = -62\text{MPa}$，$\sigma_{max} = 16\text{MPa}$(铁路规范以拉应力为正，压应力为负)。

$\rho = \sigma_{min}/\sigma_{max} = -3.875 < -1$，该构件为以压为主的拉-压构件。

疲劳检算公式为：$\sigma_{max} = 19.0\ \text{MPa} \leqslant [\sigma_0] = 36.3\ \text{MPa}$，该截面疲劳强度安全。

2)T形、十字形接头层状撕裂问题

塔梁墩固结处的焊缝属T形连接，在丁字、十字和隅角接头中通常发生层状撕裂，其主要原因是钢材中含有一定微量的非金属夹杂物，特别是硫化物，轧制钢材时这些夹杂物受到延压，呈片状分布在平行于钢板表面的板材中，焊接时焊缝金属由液相冷却而凝结成固相，伴随着发生收缩，当收缩力顺板厚方向，其拉应力达到一定程度后，使夹杂物与基体金属沿弱结合面脱开而产生开裂，为层状撕裂。焊接接头不同设计形式对层状撕裂有一定的影响，一般来说，惯通板比不惯通板好，沿惯通板受力比沿中断板受力好。在本桥塔梁墩固结处，梁的顶板是拉弯构件，塔墩是压弯构件，因而应以梁的钢板惯通为好。在焊接工艺设计中采用小线能量焊接，低强度焊道打底，焊前预热等措施可改善层状撕裂的问题。

选用Z向钢当然是有效的办法之一，但从经济性看，Z向钢比普通钢贵很多，盲目地选用会增大桥梁建设的投资，一般当顺板厚方向作用拉应力时，特别是外荷载引起的拉应力循环作用时，有必要考虑采用Z向钢。而本桥塔、梁无此拉力的反复作用，故没有必要。

3.4.3 梁连续方式的塔梁墩固结优化设计

为防止由于制作安装产生的不利影响，加强塔墩的连续，对梁连续方式的塔梁墩固结方案进行了优化设计：在塔梁墩固结处，塔壁上增设连续加劲板，塔范围内主梁顶底板增设剪力钉，塔范围内主梁顶底板开孔处增设钢筋。这样既保证梁的连续，也在一定程度上保证塔墩的连续。具体加强方案见图7。

## 4 结语

常州东岱大桥为国内最大的钢主梁钢主塔双索面独塔无背索斜拉桥，由于主塔无背索，桥梁的主跨恒载及活载须通过后倾主塔的重力来平衡，设计时需同时控制主塔的应力和变形，设计和施工的难度都较大。本工程于 2005 年 3 月动工，2006 年 12 月通过交工验收，现已正式交付使用。本工程总造价为 1.3 亿元。

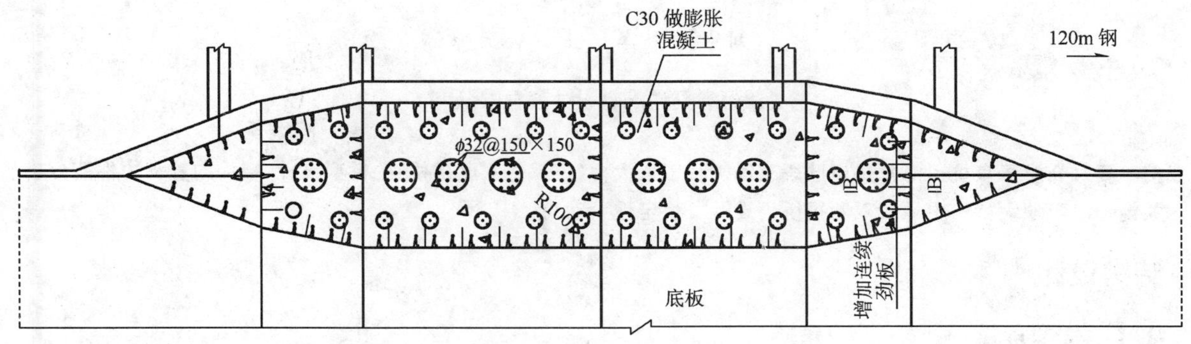


B—B加劲立面

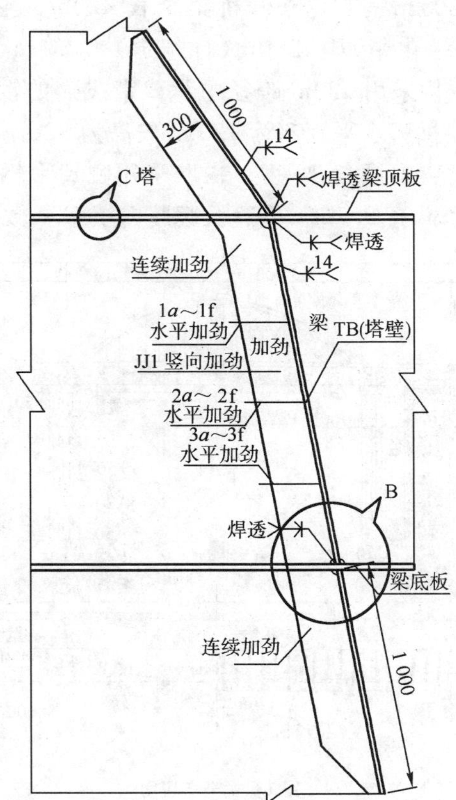


图 7 塔梁墩固结截面加强方案图

### 参考文献

[1] 周孟波.斜拉桥手册[M].北京:人民交通出版社,2004.

[2] 李国豪.桥梁结构稳定和振动[M].北京:中国铁道出版社,1992.

[3] 项海帆.高等桥梁结构理论[M].北京:人民交通出版社,2001.

# 丁堰大桥设计简介

刘成才　李　正　韩大章

（江苏省交通规划设计院有限公司）

**摘　要**　介绍了京杭运河常州市区段改线工程丁堰大桥（中承式双肋拱桥）的桥型设计，结构的静动力性能分析。

**关键词**　丁堰大桥　中承式双肋拱桥　设计　稳定性　动力

## 1　结构设计

### 1.1　总体布置

丁堰大桥是京杭运河常州市区段改线工程中的一座大桥，主要跨越京杭运河。丁堰大桥桥跨布置（图 1）：4×30m＋（30＋120＋30）m＋4×30m，桥梁全长 420m。主桥横向布置为：1.2m（人行道）＋3.0m（非机动车道）＋2.7m（绿化带）＋22.0m（行车道）＋2.7m（绿化带）＋3.0m（非机动车道）＋1.2m（人行道）m＝35.8m。主桥采用 120m 跨径中承式带飞燕的钢管混凝土提篮拱桥，一孔跨越运河，拱轴线为悬链线，理论拱轴线拱脚水平距离为 120m，矢高为 32m，矢跨比为 1∶3.75；拱脚横向间距为 29.4m，主拱内倾角 14 度，飞燕内倾角 18 度。拱肋采用哑铃形钢管混凝土结构，单肢拱肋为直径 1.1m 的钢管，哑铃形截面宽 1.1m，高 2.5m。钢管及腹腔内填 C50 微膨胀混凝土。

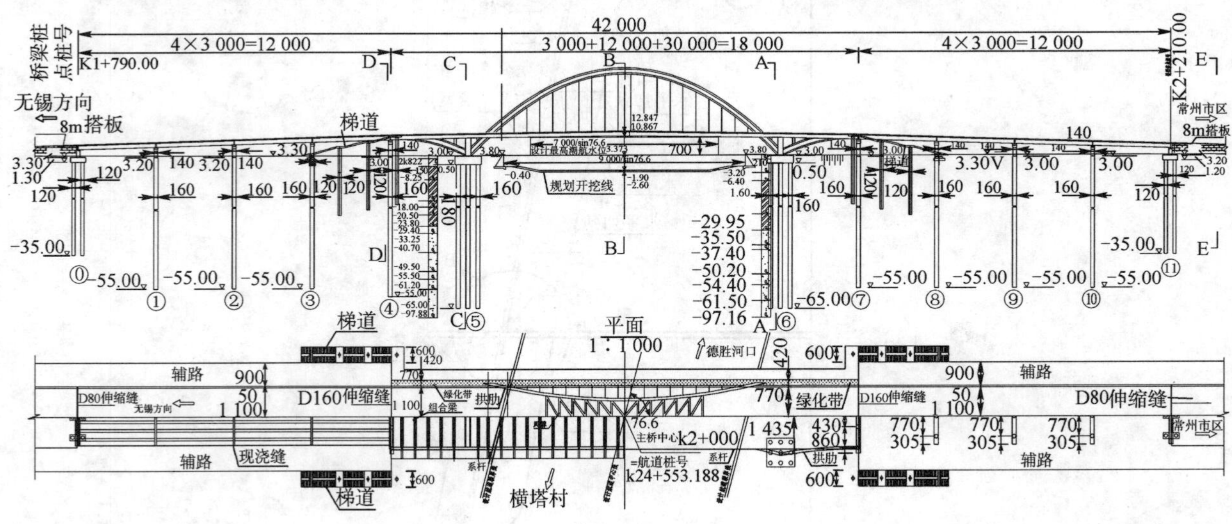


图 1　桥型布置图

### 1.2　主桥

（1）拱座

拱座采用钢筋混凝土结构，首先实现拱圈的临时铰接，封铰时通过焊接主拱钢管、绑扎钢筋、现浇混凝土实现拱圈的固结。

（2）基础

主墩采用群桩基础，每条拱肋对应的单个主墩基础承台平面尺寸为 11.2m×11.2m，厚度为 3m，单个主墩基础采用 9 根直径 1.6m 的钻孔桩，桩基按摩擦桩设计。

两承台之间设两根横梁，横梁断面尺寸为 2.5m×1m。

(3)飞燕

本桥边跨设飞燕以提供系杆的张拉构造，边跨跨度 30m，飞燕计算跨度 $L=60$m，矢高 $f=$ 7.2684m，矢跨比 0.1211，飞燕内倾角 18 度，飞燕采用二次抛物线线形。

飞燕拱圈靠近主跨部分拱肋采用哑铃形钢管混凝土结构，单肢拱肋为直径 1.1m 厚度为 20mm 的钢管，哑铃形截面宽 1.1m，高 2.5m。钢管及腹腔内填 C50 微膨胀混凝土。拱肋主要采用 Q345qC，钢板厚 20mm。飞燕拱圈靠近过渡墩部分采用混凝土结构，并且与边跨主梁形成一个整体。

飞燕端部横梁下设置 2 个盆式橡胶支座，支撑在过渡墩盖梁上。

(4)主拱圈

主拱拱圈共划分为 13 个拱段，采用钢管混凝土结构。

拱轴线形为二次抛物线，理论拱轴线拱脚水平距离为 $L=120$m，矢高为 32m，矢跨比为 1∶3.75；拱脚横向间距为 29.4m，主拱内倾角 14 度。

采用哑铃形钢管混凝土结构，单肢拱肋为直径 1.1m、厚度为 20mm 的钢管，哑铃形截面宽 1.1m，高 2.5m。钢管及腹腔内填 C50 微膨胀混凝土。拱肋主要采用 Q345qC，钢板厚 20mm，拱肋采用热弯工艺成形。

各拱段之间采用全焊式连接方式，拱段连接前先采用 M42 40Cr 螺杆粗定位后，用 M24 螺栓进行精定位。

(5)风撑

主跨拱圈设置了 8 道风撑，风撑采用钢管桁架结构，与拱圈固结。

风撑钢管规格分别为 $\phi$800×20mm、$\phi$760×20mm、$\phi$840×20mm、$\phi$600×16mm、$\phi$568×16mm、$\phi$632×16mm。

(6)吊杆和吊具

主桥标准吊杆间距取 5m，分 I、II 型两种吊杆。I 型吊杆采用 7-127 异型成品索，II 型吊杆采用 40Cr40Cr 棒为主的双向铰连接构造。

吊杆的一端锚固在主拱拱圈上，另一端锚固在主梁上。锚固构件均采用 40CrNiMoA 制成。吊杆均为可更换吊杆。

(7)拱上立柱

全桥共设置了 6 对拱上立柱，拱上立柱采用钢管混凝土结构，钢管直径 100cm，壁厚 20mm，内部填充 C50 微膨胀混凝土。

立柱 1 钢管一端预埋在拱座上，另一端设支座支撑于主梁下。立柱 2、3 钢管一端通过加劲焊接在拱圈上，另一端设支座支撑于主梁下。

(8)肋间横梁

主拱肋间横梁采用钢管，焊接在两拱圈之间。

(9)主梁

主桥主梁采用现浇整体梁，两侧为箱形断面，中间为隔梁构造。主梁共划分为 8 种节段，为 A1～A5 及 B、C、D 段。主梁悬臂为 2.4m，两侧箱底宽均为 3.5m，主梁中心梁高 1.8m，顶板厚 25cm。主梁间横隔板标准间距为 5m，中间厚度为 40cm，两侧锚固断面厚度为 100cm。

### 1.3 桥面系

全桥梁上设 6cm 现浇 C40 混凝土调平层，桥面铺装采用 10cm 沥青混凝土。C40 混凝土内设直径 5mm 的冷轧带肋钢筋焊网。

全桥共设 4 道伸缩缝，在两侧主引桥过渡墩处各设一道 D-160 型钢制伸缩缝；在引桥桥台处梁端各设一道 D-80 型钢制伸缩缝。

主桥区段道路两侧各设 1.2m 人行道。主、引桥区段每 30m，两侧各设置 1 个灯栏。

## 2 主桥结构分析

### 2.1 总体考虑

主桥结构分析采用空间梁单元体系(图 2)，包括了主桥全部上部结构以及下部结构的承台和系梁。共划分节点 454 个，单元 756 个。

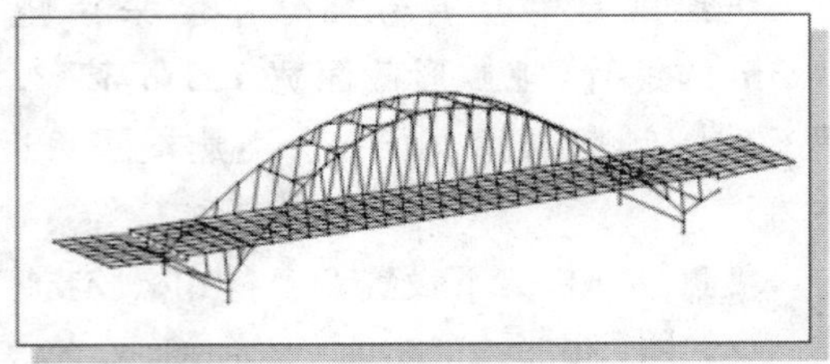

图 2 空间梁单元离散图

(1)几何模型

吊杆为桁架单元，余均为空间梁单元。

几何模型可分为主拱肋、飞燕、风撑、纵梁、横梁、吊杆、立柱、肋间联系、承台和系梁。

主拱肋和飞燕均为钢管混凝土结构，在一般计算中按换算截面计算，在施工阶段分析时其分为钢管和核心混凝土分别计算截面特性，再按相应施工阶段组合。

(2)边界条件

墩承台底节点按照“弹性支承”模拟，不考虑竖向位移的影响，按“$m$ 法”计算弹簧刚度。

肋间横梁和立柱上所设的支座，根据支座约束方向进行了相应处理。

(3)作用和作用效应组合

根据《公路桥涵设计通用规范》(JTG D60—2004)取用。

汽车荷载：公路—I 级。

地震作用按照《公路工程抗震设计规范》：基本烈度为 7 度区，按提高一级设防。

(4)施工阶段模拟

全桥结构分析共划分了 29 个施工阶段。

(5)结构分析

考虑徐变收缩的施工和成桥阶段静力分析，施工和成桥阶段稳定分析，特征值分析和地震反应谱分析。

### 2.2 主桥承载能力极限状态验算

(1)主拱肋和飞燕

按照《钢管混凝土结构设计与施工规程》规定进行计算，分析了拱脚和拱顶起第二道风撑附近弯矩拐点两个截面，主拱肋和飞燕钢管混凝土截面承载力满足设计要求(图 3、图 4)。

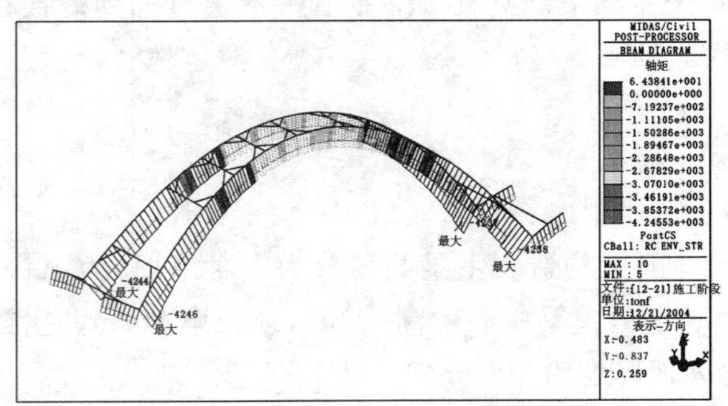


图 3 拱圈轴力图

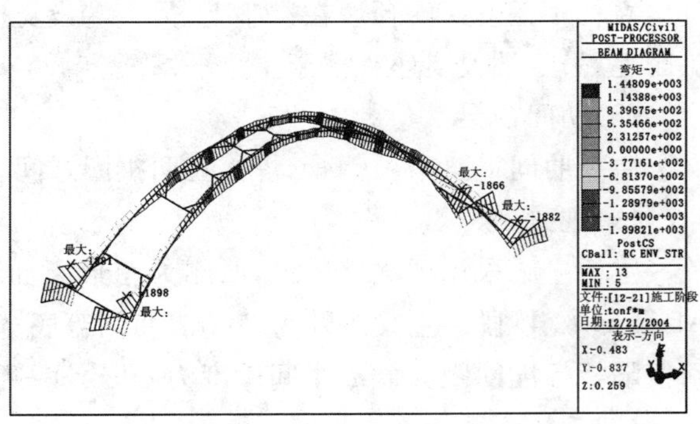


图 4 拱圈弯矩图

(2)风撑和肋间横梁

风撑和肋间横梁为圆钢管,属于拉弯或压弯构件,按容许应力对承载力进行计算,最大组合应力都远小于其容许应力值,满足规范要求。

(3)纵梁

对于中承式拱梁组合体系,剪力不控制纵梁承载力设计,而纵梁从受力方式看其受力特性属于拉弯构件,根据新规范,考虑了预应力次内力的影响。对C梁段负弯矩和D梁段正弯矩验算表明纵梁承载力满足设计规范要求。

**横梁**

跨中正弯矩和箱梁边箱负弯矩验算表明横梁承载力满足设计规范要求。

**立柱**

最大轴力角度看,最不利荷载工况是由恒载和汽车荷载引起的;从最大弯矩角度看,最不利荷载工况是由横桥向地震荷载引起,两种工况验算都表明立柱具有足够的承载力,满足规范要求。

(4)吊杆

I型吊杆(钢绞线)最大应力502MPa;II型吊杆最大应力为160MPa。

**2.3 主桥正常使用极限状态验算**

(1)纵梁应力和裂缝验算

按照施工流程图,在主梁合拢前纵梁中张拉的预应力每侧各22 000kN,合拢后再各张拉4 000kN,合拢前预应力与纵梁之间没有联系,则实际施加在每根纵梁上的预应力为4 000kN。

主梁最大组合应力(Max):2.42MPa

主梁最小组合应力(Min):-2.5MPa

(2)主拱肋应力验算

对主拱肋正常使用状态下的钢管和混凝土应力分布进行了计算,计算进行了两个位置,分别是拱脚(此处钢管厚度$t=25$mm)和拱顶附近弯矩极值点位置(此处钢管厚度$t=20$mm)进行了验算。钢管最大压应力145MPa,最大拉应力20.4MPa。

**2.4 下部结构受力分析**

(1)承台

根据新的设计规范按照“撑杆—系杆体系”计算了撑杆的抗压承载力和系杆的抗拉承载力,结果表明承台抗弯承载力满足规范要求。

(2)系梁

主墩在两个承台之间设置一道系梁,由于主拱肋为提篮式,拱平面内倾14°,主拱肋中的轴力必然在承台引起向外侧的水平分力。这一水平分力由桩基和连接两个承台的系梁承担,其分配比例与桩基水平抗推刚度和系梁轴向刚度有关。

系梁中承受的轴力约为7 000kN,系梁为两个各宽2.5m、高1m的矩形构件,配筋按构造钢筋。

## 3 主拱肋稳定计算

**1.1 成桥阶段稳定计算**

按照引桥主拱肋轴向压力最不利荷载进行稳定计算,拱肋失稳以面外失稳为主,一阶面外失稳临界荷载系数为8.154在第6阶出现一阶面内失稳,临界荷载系数为25.802,表明这种提篮式加K字风撑的结构具有足够的稳定性。

**1.2 施工阶段稳定计算**

“施工阶段四”主拱肋架设钢管,然后封铰灌注钢管中混凝土,由于此时混凝土只作为荷载而不能提供刚度,因此有可能出现拱肋失稳现象。因此本阶段施工时要做好防护措施。

## 4 主桥振动特性分析

桥梁结构的自振特性是桥梁结构的固有特性，它是对桥梁结构进行抗动荷载（地震、风振以及车振）分析的基础。

中承式拱梁组合体系的总体刚度很大程度上依赖与拱和梁的共同作用，拱和梁自身的刚度及其连接方式是结构刚度的主要控制因素（表1）。

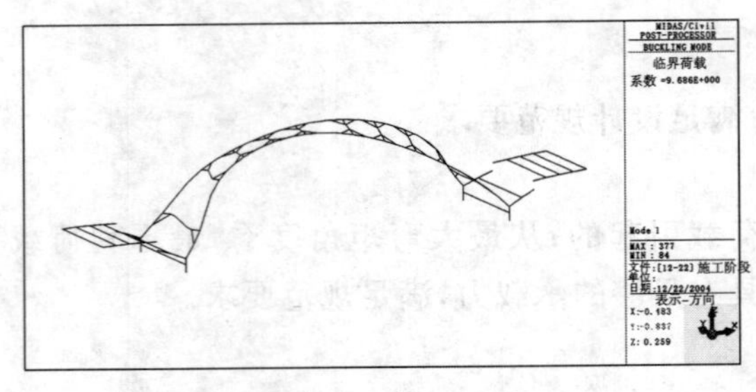

图 5

表 1

| 模态 | 频率 | 周期 | 振型特征描述 |
| --- | --- | --- | --- |
| 1 | 0.791122 | 1.264027 | 拱对称平弯 |
| 2 | 0.930397 | 1.07481 | 反对称竖弯 |
| 3 | 1.093916 | 0.914147 | 反对称扭转 |
| 4 | 1.102078 | 0.907377 | 拱对称平弯 |
| 5 | 1.375403 | 0.72706 | 拱反对称平弯 |

## 5 结语

丁堰大桥采用的中承式钢管混凝土提篮拱桥，结构整体稳定性较好，空间线形比较美观，只是注意结构的施工及控制有一定的难度。

### 参考文献

[1] 中华人民共和国交通部. JTG D62—2004 公路钢筋混凝土及预应力混凝土桥涵设计规范. 北京：人民交通出版社，2004.

[2] 陈宝春编著. 钢管混凝土拱桥设计与施工手册. 北京：人民交通出版社，1999.

# 大跨径变截面连续梁大节段支架现浇桥梁设计

杨 扬 袁 平

（常州市交通规划设计院）

**摘 要** 本文介绍了与传统的大跨径变截面连续梁施工工艺有较大区别的大节段支架现浇施工方式，对桥梁成桥状态的受力状态影响分析。并以常州市天宁大桥为实例，通过计算分析与挂篮悬臂浇筑、一般节段支架浇筑进行对比。

**关键词** 变截面连续梁 大节段 支架现浇 受力分析 挠度

## 1 概述

大跨度预应力混凝土连续梁桥具有结构刚度大、变形小、动力特性好、伸缩缝少及行车舒适等优点，并且由于施工工艺成熟，在国内得以广泛运用。本文结合常州市天宁大桥实际施工情况，简单分析了与传统的挂篮悬浇、支架现浇不同的大节段支架现浇施工工艺对结构的影响。

## 2 桥型结构

### 2.1 总体布置

常州市天宁大桥主桥为预应力混凝土变截面连续箱梁桥，全桥宽 34m，分两幅错墩布置，左幅跨径为 74m＋120m＋70m，右幅跨径为 70m＋120m＋74m，采用单箱双室截面（图 1、图 2）。

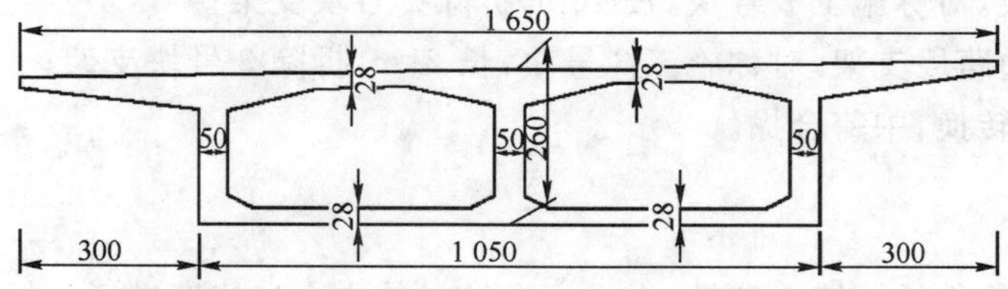


图 1 跨中截面（尺寸单位：cm）

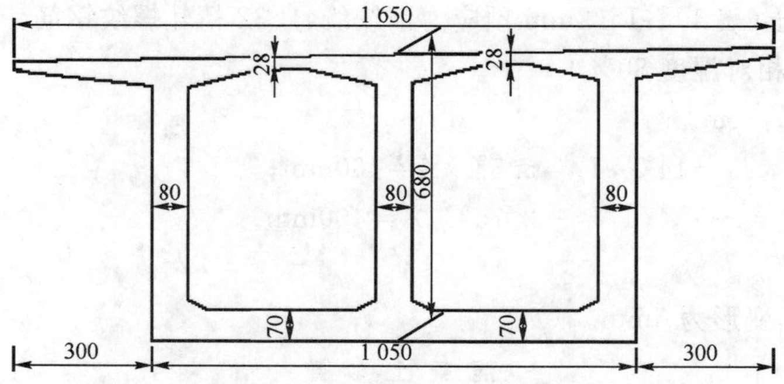


图 2 支点截面（尺寸单位：cm）

### 2.2 设计特点

由于工期限制，采用传统的挂篮悬臂浇筑施工，无法保障大桥如期完工，结合先修桥后挖河的现场条件，设计组认为该桥具备支架浇筑的条件，故放弃施工周期较长的挂篮悬臂浇筑的施工工艺，采用支架现浇的施工方法。常用的支架现浇节段长度与挂篮悬臂浇筑相似，一般为3～5m，其受力特点和施工控制要点也类似，施工周期同样也较长。因此本项目在详细计算和论证的基础上，采用超过12m的大节段支架现浇的施工方法。

2.2.1　施工方案一（图3）

（1）支架浇筑墩顶0号块，长18m；

（2）搭设1号块支架，对称施工1号块，长13m，拆除1号块支架；

（3）依次搭设2、3号块支架，依次对称施工2、3号块，每块长12m，依次拆除2、3号块支架；

（4）搭设4号块和边跨段支架，对称施工4号块，长13m，拆除3号块支架；

（5）边跨合拢，体系转换，中跨合拢。

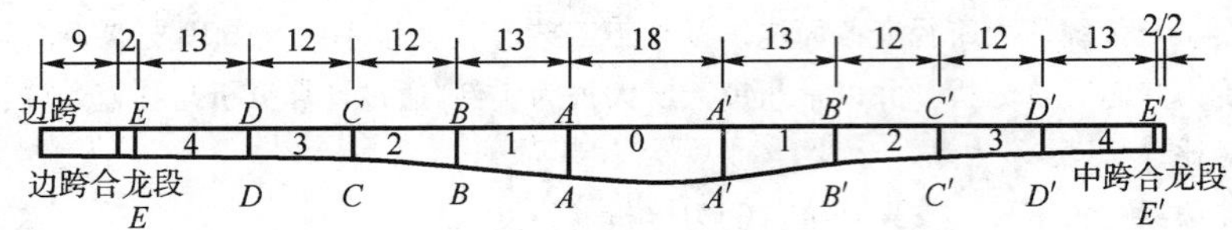


图3　结构分段示意图一

2.2.2　施工方案二（图4）

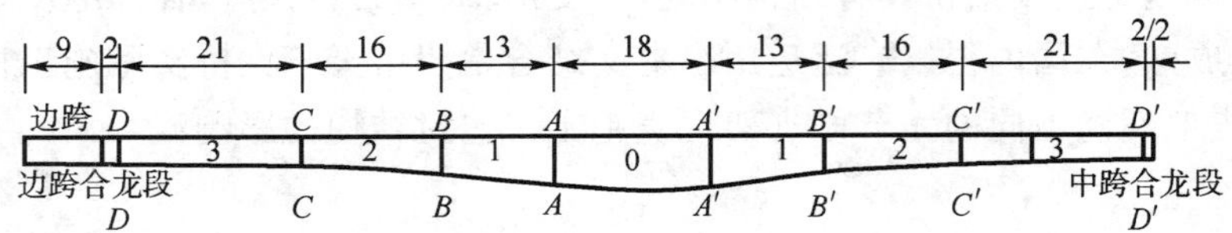


图4　结构分段示意图二

（1）支架浇筑墩顶0号块，长18m，同方案一；

（2）搭设1号块支架，对称施工1号块，长13m，拆除1号块支架，同方案一；

（3）搭设2号块支架，对称施工2号块，长16m，拆除2号块支架；

（4）搭设3号块和边跨段支架，对称施工3号块，长21m，拆除3号块支架；

（5）边跨合拢，体系转换，中跨合拢。

## 3　计算分析

本桥采用平面杆系软件桥梁博士建模，本文主要针对其应力和挠度进行分析。

计算参数：

（1）材料：C60混凝土（表1）、$\phi$15.2mm预应力钢绞线、JL32精轧螺纹钢筋。

（2）设计环境：I类，相对湿度80%。

（3）墩台不均匀沉降：2cm。

（4）竖向日照正温差：$T_1=14℃$，$T_2=5.5℃$，$A=400mm$；

竖向日照负温差：$T_1=-7℃$，$T_2=-2.75℃$，$A=400mm$。

（5）整体升降温：25℃。

（6）钢筋回缩和锚具变形为6mm。

**混凝土参数**　　表1

| 强度等级 | 抗压强度设计值 $f_{cd}$（N/mm²） | 抗拉强度设计值 $f_{td}$（N/mm²） | 抗压强度标准值 $f_{ck}$（N/mm²） | 抗拉强度标准值 $f_{tk}$（N/mm²） | 线膨胀系数 $\alpha$（$\times10^{-5}$） | 重度 $\gamma$（kN/m³） | 抗压弹性模量 $E_c$（$\times10^4$MPa） |
|---|---|---|---|---|---|---|---|
| C60 | 26.5 | 1.96 | 38.5 | 2.85 | 1.0 | 26.0 | 3.60 |

### 3.1 施工方案一计算分析

3.1.1 应力分析

按《公路钢筋混凝土及预应力混凝土桥涵设计规》(JTGD 62—2004),正常使用极限状态短期效应荷载组合下,结构上缘最小正应力为 0.531MPa,结构下最小正应力为 1.64MPa,最大主拉应力为 1.07MPa。在正常使用极限状态荷载标准组合下,结构上缘最大正应力为 18.46MPa,结构下缘最大正应力为 14.38MPa,结构最大主压应力为 18.5MPa。均能满足规范要求(图 5)。

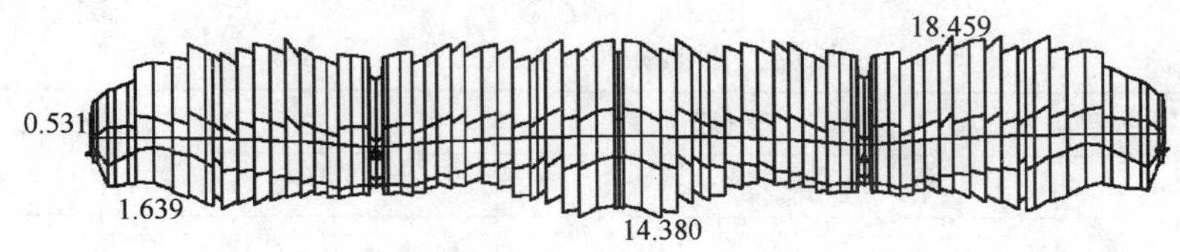


图 5 正常使用极限状态应力包络图(单位:MPa)

3.1.2 挠度分析

结构挠度分析包括施工阶段挠度和使用阶段挠度(表 2)。

**施工阶段节点最大挠度表** 表 2

| 节　点 | $A$ | $A'$ | $B$ | $B'$ | $C$ | $C'$ | $D$ | $D'$ | $E$ | $E'$ |
|---|---|---|---|---|---|---|---|---|---|---|
| 挠度(mm) | 0.67 | 0.67 | 7.2 | 7.2 | 18.2 | 18.2 | 9.2 | 9.2 | −46.4 | −46.4 |

(向上为正,向下为负)

使用阶段最大挠度为跨中断面,最大下挠为 104mm。按《公路钢筋混凝土及预应力混凝土桥涵设计规》(JTG D62—2004)第 6.5.3 条,满足规范要求。

### 3.2 施工方案二计算分析

3.2.1 应力分析

按《公路钢筋混凝土及预应力混凝土桥涵设计规》(JTG D62—2004),正常使用极限状态短期效应组合下,结构上缘最小正应力为 0.717MPa,结构下最小正应力为 1.02MPa,最大主拉应力为 1.0MPa。在正常使用极限状态荷载标准组合下,结构上缘最大正应力为 17.84MPa,结构下缘最大正应力为 15.69MPa,结构最大主压应力为 18.4MPa(图 6)。

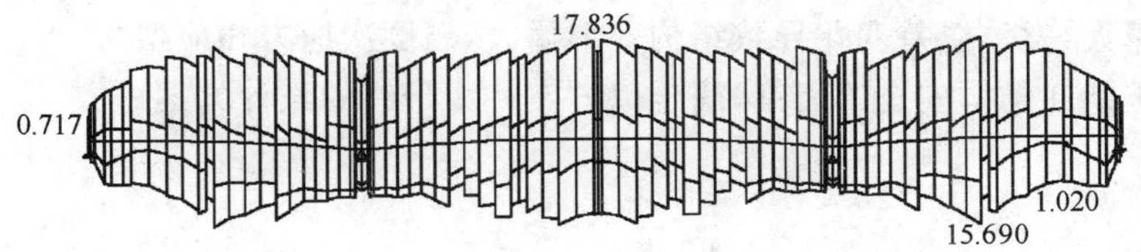


图 6 正常使用极限状态应力包络图(单位:MPa)

全预应力混凝土分段浇筑构件在作用短期效应组合下,正截面抗裂验算中,应满足:

$$\sigma_{st} - 0.80\sigma_{pc} \leqslant 0$$

斜截面抗裂验算应满足:

$$\sigma_{tp} \leqslant 0.4 f_{tk}$$

故两种施工方案均能满足规范要求。

3.2.2 挠度分析

结构挠度分析包括施工阶段挠度和使用阶段挠度(表 3)。

施工阶段节点最大挠度表 表3

| 节　点 | $A$ | $A'$ | $B$ | $B'$ | $C$ | $C'$ | $D$ | $D'$ |
|---|---|---|---|---|---|---|---|---|
| 挠度(mm) | 1.1 | 1.1 | 8.0 | 8.0 | 17.6 | 17.6 | −53.4 | −53.4 |

(向上为正,向下为负)

使用阶段最大挠度为跨中断面,最大下挠为148mm,亦能满足规范要求。

### 3.3 分析比较

#### 3.3.1 应力比较

应力比较表(单位:MPa) 表4

| 项　目 | 最大正应力 | 最小正应力 | 最大主压应力 | 最大主拉应力 |
|---|---|---|---|---|
| 方案一 | 18.46 | 0.531 | 18.5 | 1.07 |
| 方案二 | 17.84 | 0.717 | 18.4 | 1.0 |

由表4可以看出,两种施工方案对结构使用状态下的应力影响不大。其原因是预应力配束可根据施工和使用状态实际调整,因此方案一和方案二的设计有效预应力束用量差别不大,均为246t左右,但局部配束有所差别,主要反应在顶板束上面。施工阶段应力均能满足要求。

#### 3.3.2 挠度比较

大跨度连续梁施工中,挠度的控制是非常重要的。挠度过大,会增大预拱度。当预拱度设置过大,会影响成桥状态与桥梁设计线形偏差过大,从而增大截面上缘压应力和截面下缘的拉应力。同时由于桥梁长细比的影响,施工控制线性亦会影响到箱梁扭转应力和畸变应力,从而增大桥梁的安全隐患。

两种方案合拢前最大下挠分别为46.4mm和53.4mm,均可满足施工控制要求。

使用状态下,桥梁跨中下挠分别为104mm和148mm。由此可见,在大节段支架现浇的条件下,节段长度主要影响了使用状态下的跨中挠度。节段越小,越有利于成桥使用状态。施工方案二的跨中下挠过大,已接近规范要求的极限值。

#### 3.3.3 其他因素

确定单次施工节段长度,不仅要考虑钢束张拉、应力和挠度的因素,还需考虑水化热和温度变化对结构的影响。

施工节段长度越大,单次浇筑混凝土块的体积也越大,因此混凝土水化热的影响也越大,导致结构内部次应力增大,不利于安全。

施工节段长度越大,整体温差变化导致结构变形增大,温度次应力相应增大。

综合考虑施工工期和结构安全等因素,确定以方案一为最终的设计方案。

## 4 结语

大跨径变截面连续梁的施工工艺对成桥状态的影响较大,设计和施工均较成熟的挂篮悬臂浇注和小节段支架现浇为该种桥型的最佳设计方案。若由于实际条件的限制,可采取增大支架现浇一次浇注的节段长度,且最大长度不宜大于12m。

**参考文献**

[1] 交通部.(JTG D60—2004)公路桥涵设计通用规范.北京:人民交通出版社,2004.

[2] 交通部.(JTG D62—2004)公路钢筋混凝土及预应力混凝土桥涵设计规范.北京:人民交通出版社,2004.

[3] 范立础.桥梁工程.北京:人民交通出版社,2005.

[4] 施颖.大跨度预应力混凝土变截面连续箱梁桥设计,桥梁建设,2003.4.

# 第二篇

# 工程研究

*Gongcheng Yanjiu*

# 龙城大桥钢结构焊缝无损检测方法的研究与应用

常　青[1]　朱红亮[2]　李洪刚[3]　白福清[3]　蒋旭伟[3]

（1.常州市交通局；2.常州市航道管理处；3.常州市恒泰钢结构检测咨询有限公司）

**摘　要**　本文针对龙城大桥钢结构的具体结构形式，找出钢结构的关键和重要焊缝，并对关键、重要焊缝的探伤方法进行分析、研究，同时，介绍了相应的探伤方法和实际探伤过程中的质量控制方法。

**关键词**　龙城大桥　焊缝　探伤方法　研究　应用　质量控制

## 1　工程概况

龙城大桥为跨越改线后，京杭运河及312国道的独立大桥工程位于常州市武进区湖塘镇常武路常武桥附近。桥型方案为自锚式斜拉悬索组合体系，该桥型方案美观，结构独特，技术含量相对较高。主桥主梁为箱形结构，中跨87m范围内为结合梁，结合梁钢结构部分采用Q345qD钢材。主桥箱梁横截面由5道腹板组成，两侧边腹板（厚16mm）为斜腹板，中间腹板（厚14mm）均为直腹板。结合梁桥面板与钢梁顶板之间用剪力钉连接，钢梁顶板设置于腹板上（厚22mm，宽70mm），结合梁底板厚度为16～24mm。主塔为变截面拱形钢结构，桥塔顺桥向向边跨倾斜30°，在主塔上方设置次塔柱，次塔柱与主塔柱交角为60°，柱塔为桥梁主要受力构件。主塔在桥面上垂直高度为37m，竖向分为预埋段、A段、B段、C段。其中A、B段为钢—混凝土结构，钢材采用Q345qD。C段为钢结构，主要提供主缆及斜拉索的锚固，钢材采用Q420qD。主塔为顺桥向变截面，横桥向等截面的矩形结构。次塔也为顺桥向变截面，横桥向等截面的矩形结构。

## 2　焊缝无损检测的主要范围

按设计图纸规定的要求，龙城大桥主要各部位需要检测的焊缝如下：

### 2.1　结合梁

1）结合梁的每一个“U”形肋R处目视检查，发现疑问时进行磁粉检测。

2）结合梁的每一块底板、斜底板，两端1m范围内，底板和U形肋的角焊缝进行磁粉检测。

3）每一段结合梁的底板、斜底板的纵向组装对接焊缝的超声波检测。

4）每一段结合梁的顶板、底板、腹板的对接焊缝的射线检测。

5）每一段结合梁的顶板、腹板、横隔板等各个板块的拼接对接焊缝的进行超声波检测。

6）每一段结合梁的纵腹板和底板、横隔板和底板、横隔板和纵腹板之间的角焊缝磁粉检测。

7）每一段结合梁的环向对接焊缝的超声波检测。其中，底板部分的横向焊缝为平板不等厚对接焊缝，该焊缝为横向受拉的重要焊缝，而且由于该焊缝的结构形式特殊，所以超声波检测难度也比较大，本文将重点研究。

8）结合梁的段与段组装焊接时，底板对接焊缝的“T”字位置和“十”位置进行的X射线拍片。

9）每一段结合梁的纵腹板与底板、横隔板与底板局部范围内的坡口角焊缝进行的超声波检测。

10）施工中焊缝组装用的所有固定马板焊缝位置处要求按总量的25％进行的磁粉检测。

### 2.2　钢塔

1）钢锚箱全熔透T形角焊缝的超声波检测和磁粉检测，由于该类焊缝在钢塔结构中所处的位置比较特殊，在实际的焊接加工中，焊接位置和焊接工艺条件受到一定的限制，焊接非常困难，焊缝质量保证难度较大。而且，该焊缝的受力非常大，焊缝的质量要求高。因此，对焊缝进行正确有效的超声波探伤，不仅难度大，而且必须高度重视。

2)钢塔外壁板的对接焊缝超声波检测。

3)钢塔外壁板之间的全熔透T形角焊缝的超声波检测，该焊缝为钢塔的主要焊缝和关键受力焊缝，由于在钢塔的C塔段，钢材为Q420qD，此类钢材在桥梁钢结构中应用较少，焊接技术难度大，焊缝质量的控制及有效正确的超声波探伤是非常重要的。

4)每一个节段之间的小节段环向对接焊缝的超声波检测。

5)每一个塔节段的纵向加劲板与外壁板的角焊缝的磁粉检测。

6)各个塔节段之间，包含主塔和次塔的环向对接焊缝的超声波检测。

7)塔节段和预埋段的现场焊接的对接焊缝的超声波检测。

## 3 关键、重要焊缝的超声波检测方法研究

由结合梁、主塔以及钢锚箱的结构可以看出：龙城大桥钢结构的关键焊缝和重要焊缝的形式主要为T形熔透角焊缝和不等厚度对接熔透焊缝，而这两类焊缝也是超声波检测中的难点。由于T形熔透角焊缝和不等厚度对接熔透焊缝难以采用常规检测工艺方法进行检测，检测工艺正确与否、检测人员经验水平的高低，直接关系到此二类焊缝及大桥整体焊接质量。因此，如何控制T形熔透角焊缝和不等厚度对接熔透焊缝的检测质量是非常重要的。

### 3.1 全熔透T形角焊缝的超声波检测

1)T形焊缝的一般坡口形式及缺陷分析

T形焊缝的坡口形式如图1所示。

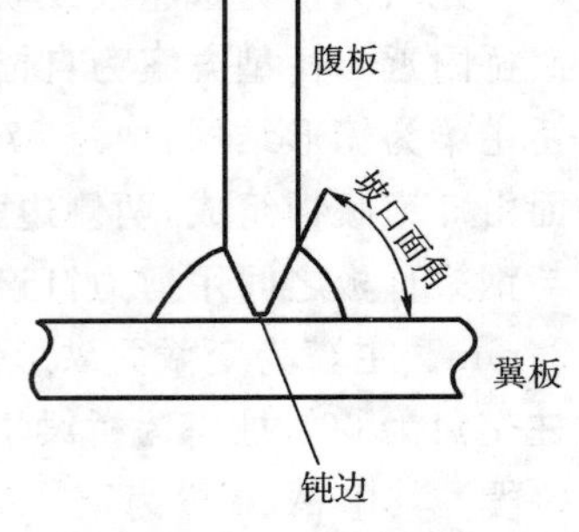

图1 T形焊缝坡口结构图

焊缝的坡口面角一般为45°。焊接过程中，应先从坡口的一侧施焊数层，再从另一侧清根后施焊。为便于清根，腹板的钝边不宜过宽，或不留钝边。当腹板厚度较大(超过25mm)时，为防止焊接变形，一般在清根后从焊缝两边同时施焊。

T形角焊缝可能产生的缺陷有如下几种：

a)未熔合。受焊接位置影响，焊条或焊丝对腹板侧坡口面施焊时存在一定的困难，所以T形焊缝的未熔合一般产生于腹板侧的坡口面，翼板侧坡口面出现未熔合的几率较小。

b)未焊透。未焊透常常出现在钝边位置，当钝边过宽或清根不到位，该位置不容易焊透。

c)夹渣。夹渣最容易在钝边位置产生，因清根不干净造成，有时与未焊透很难区分。其他位置夹渣因焊接电流和速度有关，当某位置因焊剂残渣来不及上浮焊接金属已凝固时易产生夹渣，可以出现在焊缝内部任何位置。

d)气孔。这是一种受焊材、保护气体或外界气流影响而产生的缺陷，可出现在焊缝的任何位置。

e)母材裂纹。母材选择不当、焊接工艺参数不正确很可能造成母材拉裂，翼板侧的拉裂属层状撕裂，裂纹方向与板材表面平行(见图2)；腹板侧裂纹方向与坡口面平行(见图3)。

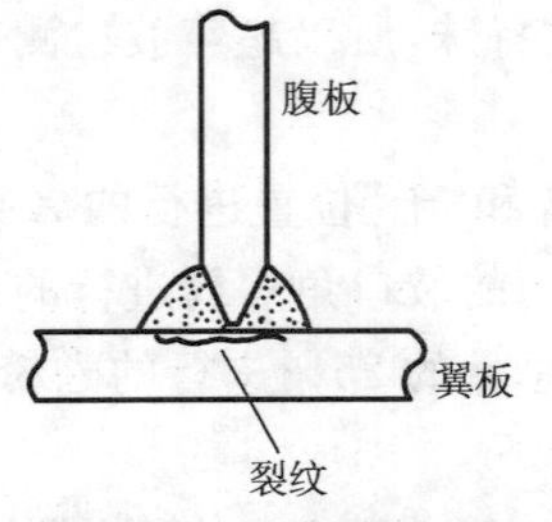

图2 翼板侧母材层状撕裂裂纹形式

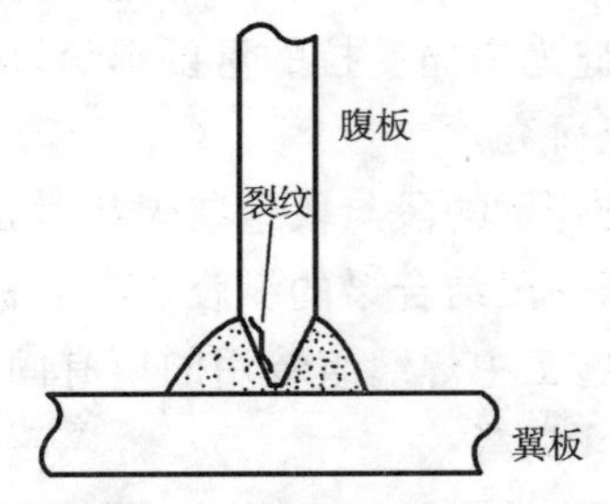

图3 腹板侧母材裂纹形式

焊接裂纹。焊接起弧或收弧处、腹板热影响区当拘束应力过大时容易产生焊接裂纹。

2)超声波检测工艺方法要点

为保证T形角焊缝各类内部缺陷的检出，应选择合理的检测工艺，其中探测面和探头的选择是制定超声波检测工艺的要点。

a)气孔、夹渣、未焊透、腹板侧未熔合类缺陷的探测

气孔、夹渣、未焊透、腹板侧未熔合类缺陷，应选择K2斜探头从腹板侧双面进行检测，当受探测面限制，只有一个探测面可以利用时，在腹板侧单面利用一次和二次反射波也可以达到检测的目的，探头的布置见图4。

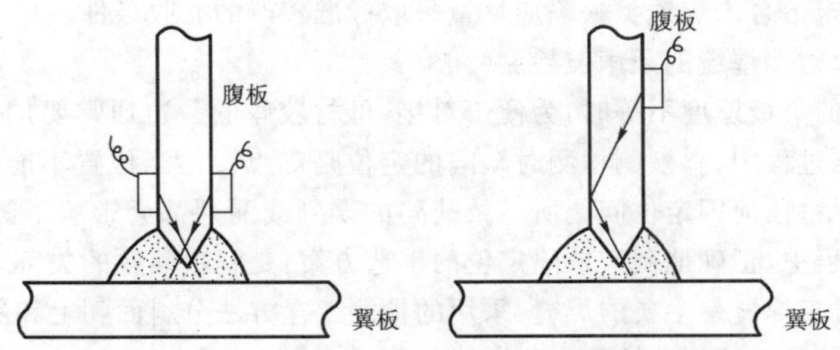


图4 气孔、夹渣、未焊透、腹板侧未熔合类缺陷探测方式

需要指出的是，探测钝边位置清根不干净造成的细小的断续的夹渣类缺陷，K2探头对此类缺陷不敏感，需要采用K1斜探头在翼板侧探测(见图5)。一般情况下，因此类缺陷危害性较小，同时当腹板厚度较大时，缺陷的返修会对焊缝力学性能造成负面影响，所以除非有特殊要求，当采用图4的方法探测出钝边处夹渣不超标时，一般不对图5探测方法探出的细小夹渣过多地进行返修。

b)母材裂纹类缺陷的探测

翼板侧层状撕裂的探测：采用直或双晶探头在翼板侧检测，探头的放置见图6。

应当注意的是，直探头除了侧翼板侧母材层状撕裂外，还用于探测未焊透及翼板侧熔合面的未熔合。

腹板侧母材裂纹的探测：采用K1斜探头检测，探头的放置见图7中的位置“1”、“2”、“3”。

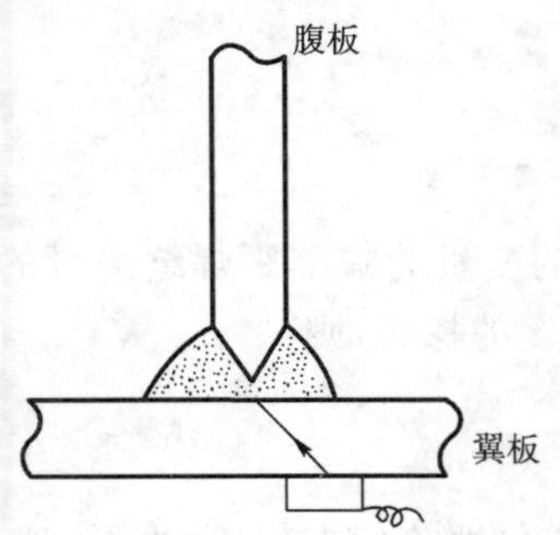


图5 钝边处细小夹渣的探测方法

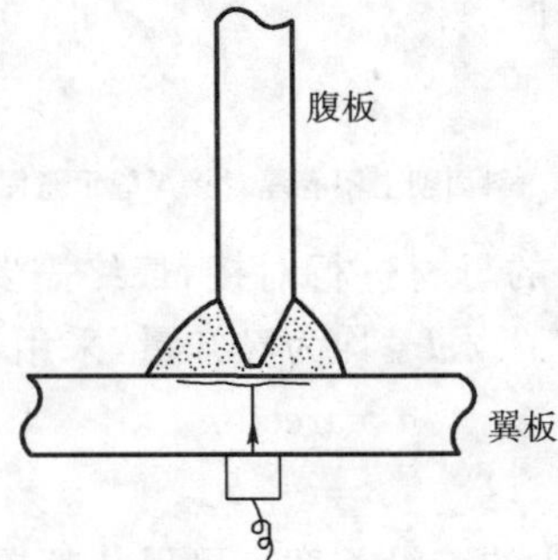


图6 翼板侧母材层状撕裂的探测

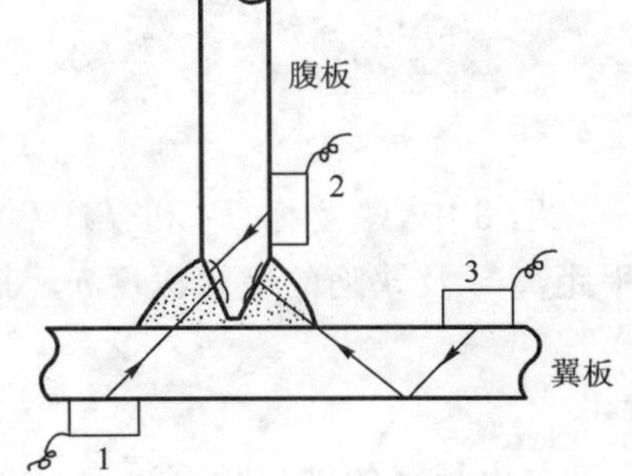


图7 腹板侧母材裂纹的探测
1~3探头放置的位置

图7中三种探测面可任选一种，当选择位置“1”和“3”时，需要在腹板两侧对称的位置分两次探测，选择位置“2”时，可在腹板两面探测或在单面分别采用一次和二次反射波探测。

c)焊接裂纹的探测

焊接裂纹一般产生于焊缝表面，采用超声波检测时，由于易与焊缝表面形状反射波混淆，一般不以超声波检测手段进行判断，这类缺陷采用表面检测方法具有很高的检测灵敏度，对于桥梁钢结构T形角焊缝，磁粉检测方法是探测焊接裂纹的最有效的措施。

3)探测结果分析及缺陷的处理

T形焊缝超声波检测的目的,主要是通过对内部缺陷的检测,控制焊缝内部质量,同时对焊接工艺执行情况进行检验,保证焊接工艺执行偏差能及时发现并纠正,最终保证焊缝的质量。但是对于任何的焊接结构,都不可能是没有缺陷的,尤其是焊接过程中产生的内部缺陷。检测过程中,缺陷控制得过严或过松都不利于确保焊缝的质量:过松造成焊缝强度不够,影响钢结构安全;过严一方面使焊缝达到合格的标准非常困难,另一方面,焊缝过多的返修易使焊缝韧性降低,各项力学性能指标达不到要求。T形全熔透焊缝是龙城大桥钢结构中的重要焊缝,应采用正确的检测工艺及合理的缺陷控制来保证该类焊缝焊接质量。一般来说,检测过程中,应根据标准的规定,对于气孔、夹渣类缺陷,应尽量采取标准较宽的验收条件,裂纹、未熔合未焊透类缺陷应尽量采取标准较严的验收条件。

**3.2　平板不等厚对接焊缝的超声波检测**

当对接焊缝两侧的平板厚度不等时,为便于对接,母材较厚的一边通常要加工成楔形(坡度一般为1∶7)。此类焊缝检测过程中,斜楔侧检测时缺陷的定位是难点。而当位置不能判断时,就无法进一步对缺陷进行定性及定量;任何因定位问题所导致缺陷的误判或漏判都会影响不等厚对接焊缝的质量控制。检测工艺制定过程中,正确地制定缺陷定位的工艺方案,是解决问题的关键。龙城大桥钢箱梁纵向对接焊缝中,不等厚对接焊缝是主要的焊缝,采用的检测工艺方法分斜面朝上和斜面朝下两种形式。

1)斜面朝上的不等厚对接焊缝缺陷定位方法

斜探头摆放于斜面上,该焊缝的结构如图8所示。一次波检测时,探测范围比平面检测时小,深度和水平的确定可以参照斜面作为参考平面,一般不会造成过大的误差;二次波检测是该焊缝主要扫查方式。下面对二次波检测时的定位进行分析计算。

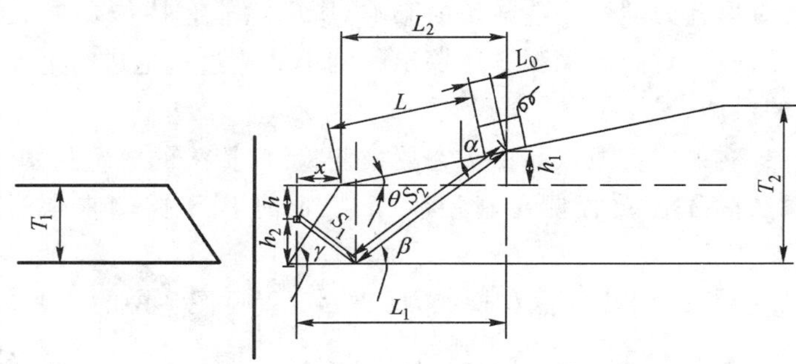


图8　斜面朝上不等厚对接焊缝示意图

图8中,厚度为$T_1$和$T_2(T_2>T_1)$的母材进行对接,最终需要确定的变量为缺陷距焊缝边缘的水平距离$x$及缺陷的埋藏深度$h$。其中,$\alpha$、$\theta$、$\gamma$、$L_0$均为已知量,采用$k$值为$k$的探头,则

$$\alpha=\operatorname{arccot}k$$

$$\beta=\alpha+\theta$$

$\gamma$由焊缝的坡口角度决定,$L_0$指探头的前沿长度。可以从超探仪上读出缺陷的声程,设为$S$,则:

$$S=S_1+S_2$$

$$h_1=(L+L_0)\sin\theta$$

$$S_2=(h+T_1)/\sin\beta$$

$$S_1=S-S_2$$

$$h=T_1-h_2$$

$$h_2/(h_1+T_1)=S_1/S_2$$

则:

$$h_2=(L+L_0)\sin\theta\cdot\sin\beta$$

$$L_1 = S \cdot \cos\beta$$

$$L_2 = (L + L_0)\cos\theta$$

所以，可以得出缺陷距焊缝边缘的距离为：

$$x = L_1 - L_2 = S \cdot \cos(\alpha + \theta) - (L + L_0)\cos\theta \quad (1)$$

缺陷的埋藏深度为：

$$h = T_1 - (L + L_0) \cdot \sin\theta \cdot \sin(\alpha + \theta) \quad (2)$$

公式(1)中，$S$ 为可读变量，$L$ 为可测变量，在检测过程中，当在超声仪上有反射信号出现时，即可读出声程 $S$，再量出探头前沿距焊缝边沿的距离 $L$，就可以判断缺陷的位置($x$、$h$)。

然而，需要指出的是仅有以上数据并不足以判断该反射是否是真正的缺陷，因为 $L$ 始终在变化，只有当它在一定的范围内变化时，反射的信号才是焊缝范围内产生的，否则便是其他杂波信号或伪缺陷信号。当一种焊缝的形式确定及选择的探头折射角及前沿长度确定后，$L$ 的范围也已确定了。这里有几种情况：

首先，当探头向前推至接近焊缝边缘利用一次波检测，则缺陷的埋藏深度为：

$$h = T_1 + (L + L_0) \cdot \sin\theta - S \cdot \sin(\alpha + \theta)$$

缺陷距焊缝边缘的距离 $x$ 公式(1)仍然适用($L$ 最小值应大于或等于 0，因为桥梁钢结构焊缝中 $\gamma$ 角一般会大于 45 度)。

公式(2)只适用于二次波检测。

其次，当探头远离焊缝一定的距离后，便无法探测到焊缝内的缺陷了，此时的 $L$ 应不能超过其最大值，当 $h=0$ 且 $x=0$ 时，$L$ 达最大值，则：

$$L \leqslant T_1 / \sin\theta \cdot \sin(\alpha + \theta)$$

2)斜面朝下的不等厚对接焊缝缺陷定位方法

斜探头摆放于平面上，该结构焊缝结构图如图 9 所示。当用一次波检测时，缺陷的定位与等厚平板对接焊缝检测相同；采用二次反射检测时，缺陷定位的计算方式如下：

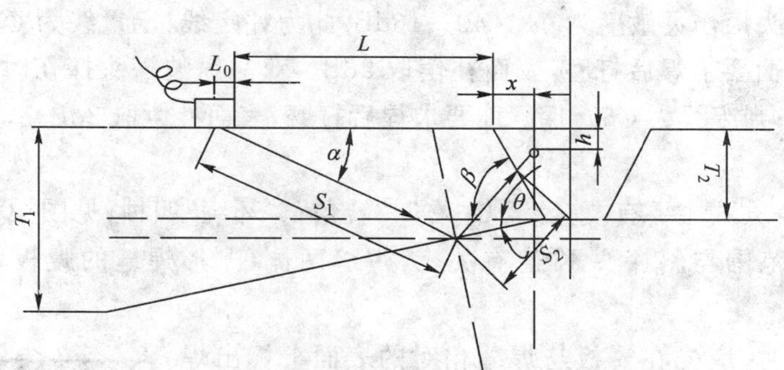


图 9 斜面朝上不等厚对接焊缝示意图

图 9 中，厚度为 $T_1$ 和 $T_2$($T_1 > T_2$)的母材进行对接，最终需要确定的变量为缺陷距焊缝边缘的水平距离 $x$ 及缺陷的埋藏深度 $h$。其中，$\alpha$、$\theta$、$\beta$、$L_0$ 均为已知量，采用 $k$ 值为 $k$ 的探头，则

$$\alpha = \text{arccot}k$$

$\beta$ 由焊缝的坡口角度决定，$L_0$ 指探头的前沿长度。可以从超探仪上读出缺陷的声程，设为 $S$，则：

$$S = S_1 + S_2$$

$$S_1 \cdot \sin\alpha - T_2 = S_2 \cdot \cos(\alpha + \theta) \cdot \sin\theta$$

通过换算可以得出，缺陷距焊缝边缘的距离为：

$$x = S_2 \cdot \cos(\alpha + 2\theta) + S_1 \cdot \cos\alpha - (L + L_0) \quad (3)$$

缺陷的埋藏深度为：

$$h=S_1\cdot\sin\alpha-S_2\cdot\sin(\alpha+2\theta) \quad (4)$$

公式(3)中，$S_1$、$S_2$ 可通过读出的 $S$ 求出，$L$ 为可测变量。在检测过程中，当在超声仪上有反射信号出现时，即可读出声程 $S$，再量出探头前沿距焊缝边沿的距离 $L$，就可以判断缺陷的位置($x$、$h$)。

探头移动的过程中，在 $S\leqslant S_1$ 时，反射信号为一次射波信号，探头逐渐后移的过程中，移动到一定的程度，二次反射波将移出焊缝的范围，此时无法探测到焊缝内的缺陷，所以测量到的 $L$ 值有一个最大值，即：

$$L\leqslant S_2\cdot\cos(\alpha+2\theta)+S_1\cdot\cos\alpha-L_0$$

以上两种计算方法基本上解决了不等厚对接焊缝的缺陷定位问题。对于现场操作，将已知范围的 $L$ 值以 1mm 为级差，每一级差内再求出 $S$ 的范围，将对应的 $S$ 范围值以 1 或 2mm 为级差，求出对应的 $x$ 和 $h$，列出对应表格，供检测人员现场检测查阅使用。为了进一步提高定位的精度，通常应根据现场焊缝的实际结构和尺寸制作实物对比试块，以便根据试块上的孔深对表格中的数据进行验证。

## 4 关键、重要焊缝的超声波检测方法简介

对于龙城大桥 T 形角接、不等厚对接全熔透角焊缝的超声波检测，检测标准为《GB/T 11345—89 钢焊缝手工超声波探伤方法和探伤结果分级》。主要工艺过程如下：

### 4.1 T 形角焊缝的超声波探伤

1)探头的选择

当腹板厚度不大于 20mm 时，选择 4P8×12K2.5 和 2.5P13×13K1 两种探头，在腹板单面进行超声波探伤检查。

当腹板厚度大于 20mm 时，选择 2.5P13×13K2 和 2.5P13×13K1 两种探头，在腹板单面或双面进行超声波探伤检查。翼板上采用 2.5P14ZFG20 双晶纵波探头探测，对于吊耳等位置的焊缝，还需要增加 2.5P13×13K1 斜探头在翼板上扫查。

2)探伤灵敏度的确定

龙城大桥焊缝斜探头探伤灵敏度为 $\Phi3\times40-16$dB；此为评定线；定量线为 $\Phi3\times40-10$dB；判废线为 $\Phi3\times40-4$dB。探测面要求焊后打磨，表面补偿取 2dB。双晶纵波探头探伤时探伤灵敏度为 $\Phi2$，此为评定线；定量线为 $\Phi3$；判废线为 $\Phi6$。探测面要求焊后打磨，表面补偿取 2dB。

3)探伤扫查

斜探头探伤时，扫查方式主要有“前后”、“左右”、“转角”、“环绕”四种，见图 10。探头沿焊缝纵向作锯齿形扫查，探头移动范围与斜探头 K 值有关，为焊缝两侧(T 形焊缝的腹板单侧)2K 乘以板厚的范围。

双晶纵波探头探伤时，应先在翼板与焊缝相对的表面上标出焊缝范围(探头放置见图 10)，探头在此范围内作锯齿型移动。翼板侧采用 K1 斜探头探伤时，探头放置位置见图 7，在焊缝两边相对的位置，探头移动范围为 1.5K 乘以板厚的范围。

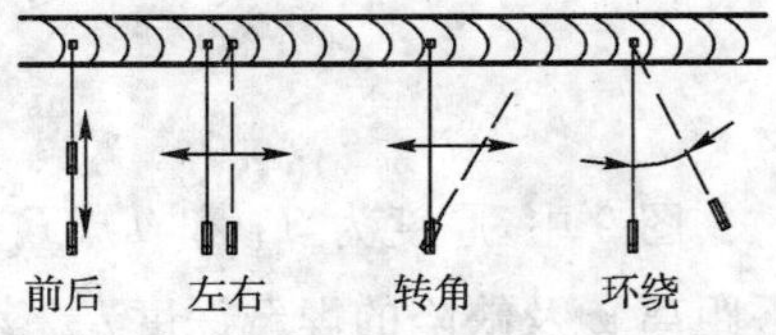


图 10 斜探头探伤扫查方式

4)结果的评定和记录

根据《GB/T 11345—89》的规定对缺陷进行评定，当量超过判废线的缺陷直接判为不合格，位于判废线和定量线之间的缺陷在测长后综合判断其是否合格；当缺陷不超过定量线时，应对缺陷的性质作出判断，如果探伤人员确定该缺陷为裂纹类缺陷时，应判废。

所有缺陷应在记录本上作好探伤记录，对于判废的缺陷，应在焊缝上缺陷产生的位置用记号笔作出标记，同时注明缺陷的水平位置、深度及长度，便于进行返修。

5)返修后的复探

缺陷经返修后应进行复探。复探的方法原则上要求与愿探伤方法一致，同时探测范围应在返修位

置向两端各延伸至少 8 倍腹板厚度的范围。

**4.2 不等厚对接焊缝的超声波探伤**

1)探头的选择

当腹板厚度不大于 20mm 时,选择 4P8×12K2.5 探头在焊缝单面双侧进行超声波探伤检查。

当腹板厚度大于 20mm 时,选择 2.5P13×13K2 探头在焊缝单面双侧进行超声波探伤检查。

2)探伤灵敏度的确定

龙城大桥所有对接焊缝均采用斜探头探伤,探伤灵敏度确定及薄板侧探头移动范围与 T 形角焊缝腹板侧探伤方式相同,对于厚板侧斜楔上探伤时,探头的移动范围根据本文第三部分所列出“$L$”的限定公式计算。

3)探伤扫查

扫查方式与 T 形角焊缝腹板侧探伤扫查方式相同。

4)结果的评定和记录

根据《GB/T 11345—89》的规定对缺陷进行评定,当量超过判废线的缺陷直接判为不合格,位于判废线和定量线之间的缺陷在测长后综合判断其是否合格。当缺陷不超过定量线时,应对缺陷的性质作出判断,如果探伤人员确定该缺陷为裂纹类缺陷时,应判废。

所有缺陷应在记录本上作好探伤记录,对于判废的缺陷,应在焊缝上缺陷产生的位置用记号笔作出标记,同时注明缺陷的水平位置、深度及长度,便于进行返修。

5)返修后的复探

缺陷经返修后应进行复探。复探的方法,原则上要求与愿探伤方法一致,同时探测范围应在返修位置向两端各延伸至少 8 倍板厚的范围。

## 5 无损检测过程中的质量控制及管理

质量管理和控制是保证无损检测工作质量的重要环节。龙城大桥钢结构焊缝的无损检测抽检工作具备完善的质量管理体系,在整个桥梁钢结构的加工过程中,我们对无损检测的工作质量进行严格的控制和管理。

(1)建立相应的组织机构,对组织机构中的每一位人员的能力和资质都进行认真的审定;明确每一个人的分工和其相应的职责范围,提出每一个人工作质量要求。

(2)配备足够的设备仪器,检查设备仪器的检定有效性和状态的完好性;对设备在现场使用应建立相应的管理考核制度。

(3)对所有无损检测人员进行理论和实际操作培训;组织所有无损检测人员,认真学习和消化施工设计图纸,了解和掌握检测过程中必须执行的规范标准,并根据实际的焊缝结构形式,和现场实际焊接工艺,制作焊缝模拟试块,利用焊缝模拟试块进行焊缝检测的操作培训,在理论和实际操作考试都合格的情况下,再安排上岗检测。

(4)根据施工图纸设计和现场的焊接工艺以及现场的检测条件,编制针对性非常强的焊缝无损检测工艺文件。

(5)建立各项管理考核制度,例如:检测数据的公证性保证制度、检测质量保证制度(重复和监督探伤、探头的使用)、检测进度保证制度、现场服务管理制度、检测设备器材管理制度、检测安全和环境管理制度、检测记录填写和保存管理制度、人员劳动纪律管理制度。

# 龙城大桥施工主缆线形监控研究

虞国俊[1] 邹存俊[2] 陈万春[2] 梁 鹏[2] 徐 岳[2]

(1.常州市航道管理处;2.长安大学)

**摘 要** 本文以常州市龙城大桥为例,建立空间有限元模型分析了自锚式悬索与斜拉组合结构体系桥梁主缆线形变化规律,并对整个施工过程中主缆线形进行实时监控、实测数据与理论值进行对比。结果表明,采用的计算模型准确,索缆张拉方案合理,主缆线形流畅。

**关键词** 自锚式悬索与斜拉组合结构体系 张拉方案 主缆线形

## 1 引言

悬索桥的主缆作为主要承重构一般都锚固在锚碇上,锚碇成为一般悬索桥的重要组成部分。自锚式悬索桥的特点是主缆直接锚固在加劲梁上,从而取消了锚碇。自锚式悬索与斜拉组合结构体系桥梁是一种新型结构体系桥梁,其主塔一侧采用自锚式悬索结构,另一侧采用斜拉结构。这种类型桥梁的主缆一端锚固于纵梁端部,另一端锚固于主塔。龙城大桥(见图 1)根据当地城市特点及地形条件,采用自锚式悬索与斜拉组合结构体系桥,也是国内首座该类型桥梁。龙城大桥主桥跨径组合为:72m(斜拉结构)+114m(自锚式悬索结构)+30m(辅助连续梁结构),主桥桥梁全长为 216m,桥面宽度为 40m。主塔采用拱形结构,与主梁成 60°交角,主缆由 7 根次缆组成,采用 $\phi7\times397$ 成品钢丝索,主缆在次塔柱位置通过散索套分散成 7 束次缆锚固于主塔;斜拉索为 $\phi7\times253$ 成品钢丝索;普通吊杆采用 $\phi7\times73$ 钢丝;刚性吊杆全桥共 12 根(6 对),采用 $\phi113$ 的 40CrNiMoA 合金钢。

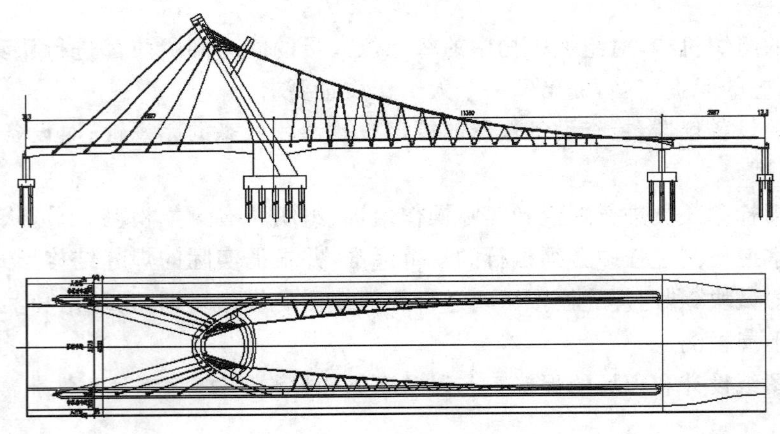

图 1 龙城大桥结构示意图

主缆是自锚式悬索与斜拉组合结构体系桥的主要承重构件之一,主缆通过自身弹性变形和几何形状的改变来影响体系平衡,表现出大位移非线性的力学特征。龙城大桥主缆为空间曲线,几何非线性效应更为明显。主缆线形直接影响桥梁的受力性能和美观性,对于城市景观桥梁,对主缆线形的控制就显得尤为重要,因此,有必要在整个桥梁施工过程中对主缆线形的变化规律进行监测监控,为施工提供技术保证。本文针对自锚式悬索与斜拉组合结构体系桥主缆的受力的几何非线性特点,建立全桥计算模型,并与实际监控结果进行对比分析,得到整个施工过程中主缆线形变化规律。

## 2 计算模型

结构分析时采用了大型通用结构分析程序 midas，其中考虑几何非线性的影响。主梁、桥塔等刚性构件以成桥理论竖曲线为基线进行结构离散，主缆以模型实测得到的初始安装线形位置模拟，建立全桥有限元离散模型（图 2），采用的是空间杆系结构。计算中对主缆、斜拉索和斜吊杆采用只受拉力的索单元，主梁和主塔采用梁空间单元，下塔柱采用空间梁单元。全桥模型共有节点 398 个，单元 340 个。

图 2 计算模型

## 3 索缆体系张拉方案

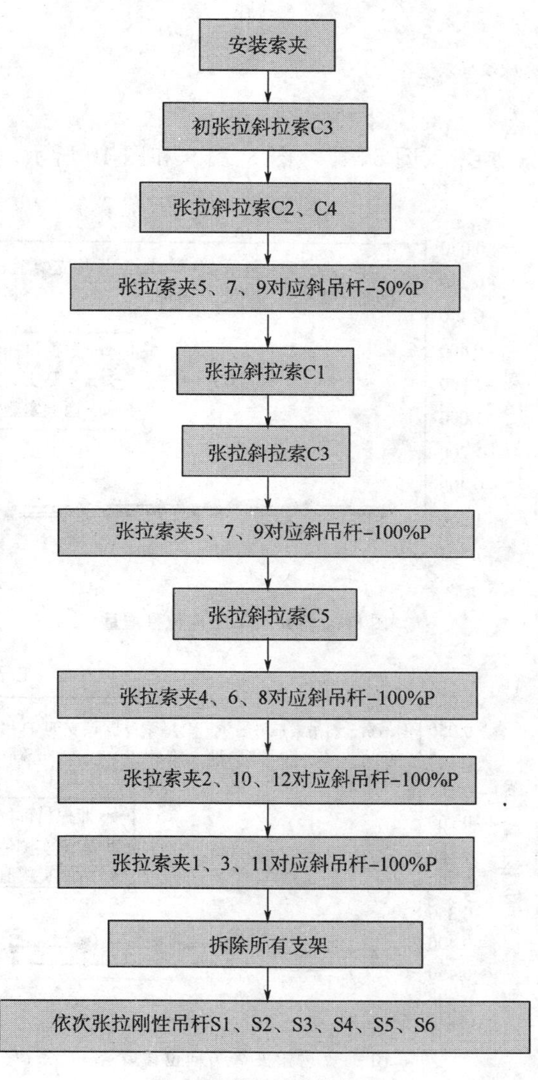


图 3 索缆体系张拉方案

通过大量分析计算，与建设方、设计方、施工方、监理方的沟通协商，结合现场施工、设备情况，确定了斜拉索、斜吊索、直吊杆张拉方案（见图 3 和图 4）。

## 4 主缆线形施工监控

### 4.1 目的

龙城大桥为典型的空间结构。尤其在施工阶段，其主缆线形呈严重的非线性变化。主缆线形关系到桥梁结构的受力及外观。主缆线形测点设在各个索夹上，采用全战仪监测其空间三维变形。

### 4.2 测点布置

主缆线形测点设在柔性吊杆对应的索夹上，具体位置见图 4，由于施工过程中在主梁上搭设支架故采用在各索夹测点上安装棱镜，利用全战仪监测其空间三维变形，支架拆除后在原索夹测点位置安装反光膜进行后续观测。

### 4.3 测量方法

采用测角和测距标称精度为 $\pm 2''$ 和 $\pm(2+2\times10^{-6})$ mm/km 的全站仪及其配套棱镜，按极坐标方法测量，以埋设在桥轴线方向的两个测站（一个为测站，另一个为后视方向点）为基准点，定期向埋设在主塔顶的监测点进行检测。测量精度在顺桥向达到 ±2mm，横桥向达到 ±10mm。施测时，注意气象修正和棱镜的倾角、指向。

### 4.4 测量频率

在每次斜吊杆张拉完成及支架落架后对主缆线形进行测量。龙城大桥需要对吊杆进行多次张拉，理论值与实测值的对比，作为参数估计、状态预测和调整的重要依据之一。

## 5 主缆线形结果分析

由于实际施工中工况比较多，主缆测点也比较多，测量数据量大，文章选取典型性主缆线形测点（索夹5、索夹7）及典型性工况主梁落架后主缆线形进行分析。本文中 $X$ 指顺桥方向，$Y$ 指横桥向方向，$Z$ 指竖直方向，为便于分析本文主要分析主缆在整个施工过程中的位移增量。

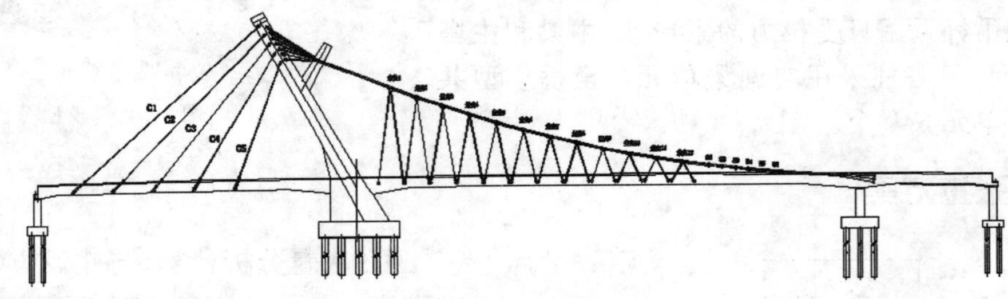

图4 索夹及斜拉索名称编号示意图

### 5.1 典型性主缆测点在各工况下位移结果分析

5号索夹和7号索夹在各个工况下的位移变化曲线如图5、图6、图7、图8、图9和图10所示。

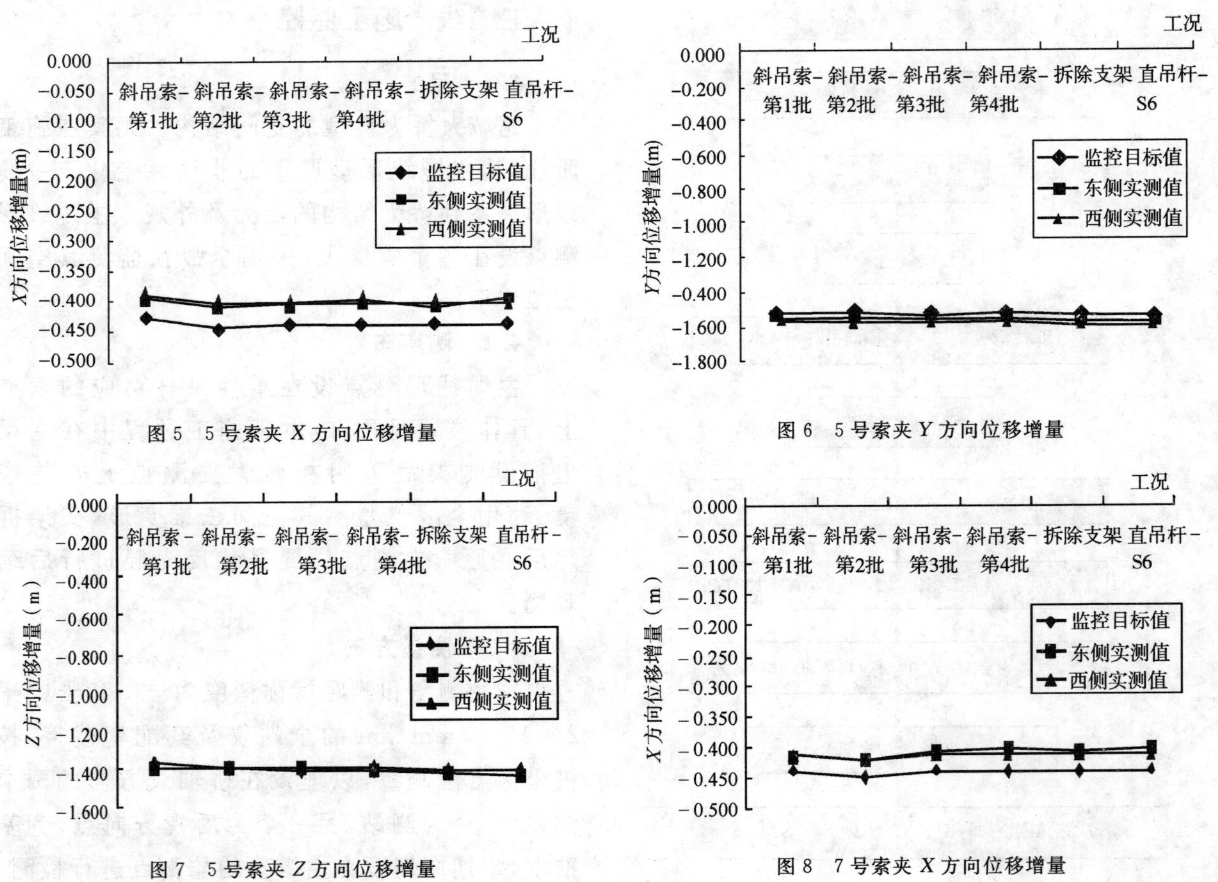


图5 5号索夹 $X$ 方向位移增量

图6 5号索夹 $Y$ 方向位移增量

图7 5号索夹 $Z$ 方向位移增量

图8 7号索夹 $X$ 方向位移增量

由图5、图6、图7、图8、图9和图10可以看出：

(1)在各工况下，5号索夹和7号索夹东西两侧实测位移值变化规律与监控目标值基本一致，实测位移值与监控目标值吻合较好。其中 $Y$ 方向位移二者偏差最大仅为2.5%，$Z$ 方向最大偏差也不超过3.5%，$X$ 方向最大偏差为8.9%，这主要是由于 $X$ 方向位移量本身比较小引起。

(2)各工况下，东西两侧实测位移值基本吻合，主缆对称性较好。

**5.2 典型性工况（主梁落架后）主缆线形结果分析**

主梁落架后主缆各测点位移变化曲线如图11、图12和图13所示。

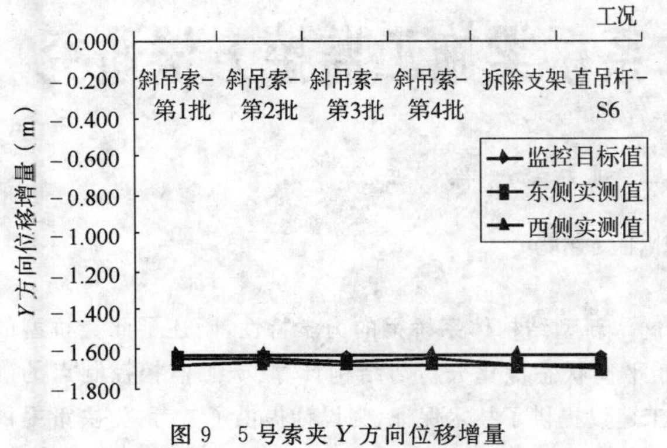


图9 5号索夹Y方向位移增量

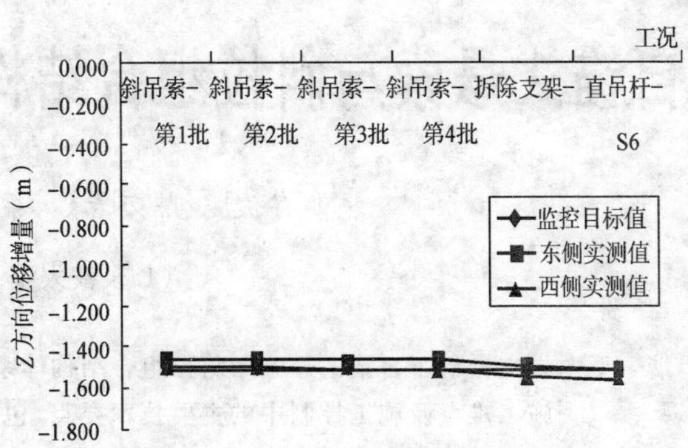


图10 7号索夹Z方向位移增量

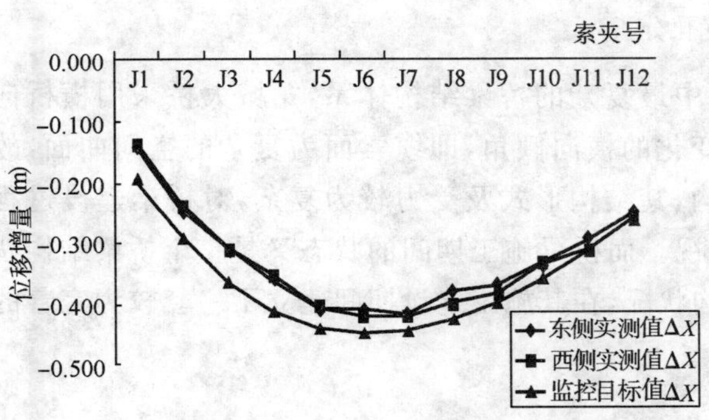


图11 主梁落架后主缆X方向位移

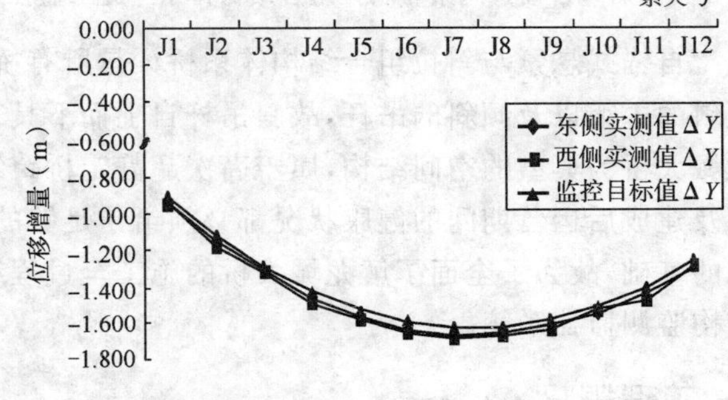


图12 主梁落架后主缆Y方向位移

由图11、图12和图13可知：

(1)主梁落架后，X、Y和Z三个方向主缆测点实测值与监控目标值变化规律一致。实测值与监控目标值吻合较好，其中，Y和Z方向二者基本一致，最大偏差不超过4.8%，X方向实测值与监控目标值存在一定的偏差，主要是由于X方向位移量本身比较小。

(2)东西两侧实测值非常接近，说明主缆线形对称性较好。

(3)主缆线形流畅，没有明显的突变现象。

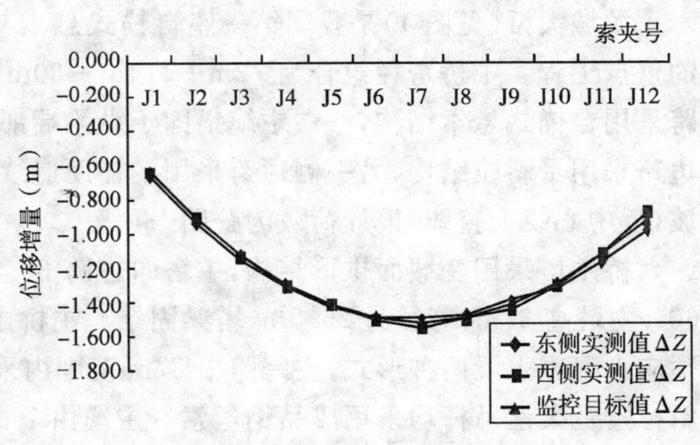


图13 主梁落架后主缆Z方向位移

## 6 结论

龙城大桥作为自锚式悬索与斜拉组合结构体系桥梁这一新型结构桥梁的代表，在施工阶段，其主缆线形呈严重的非线性变化。研究表明，龙城大桥采用的计算模型正确，张拉方案合理，通过对主缆线形的施工监控，明确了主缆线形变化规律，确保结构受力的合理性，为施工提供技术支持，为设计提供参考。

**参考文献**


[1] 京杭运河常州市区段改线工程施工图设计（共三册），第二册—桥梁工程，第七分册—龙城大桥（一）上（主桥总体、主梁和桥塔）[R].同济大学建筑设计研究院.2006-8.

[2] 狄谨，武隽.自锚式悬索桥主缆线形计算方法[J].交通运输工程学报，2004，4(3)：38-43.

# 自锚式悬索与斜拉组合结构体系桥梁施工监控方法研究

邹存俊[1]　陈万春[1]　梁　鹏[1]　刘文荣[2]　徐　岳[1]

（1.长安大学；2.常州市交通局）

**摘　要**　本文分析了自锚式悬索与斜拉组合结构体系桥梁这一新型结构体系桥梁的力学特性，阐述了此类桥型的施工难点及施工控制中的主要技术要点，包括初始平衡状态优化分析与结构计算、施工监控控制点的确定、控制测量方法和技术等，为今后同类桥梁的施工建设提供了技术保证，为设计提供了参考，为决策提供依据。

**关键词**　自锚式悬索与斜拉组合结构体系　施工监控　优化分析

自锚式悬索与斜拉组合结构体系桥梁是所有桥型中最复杂的桥梁结构体系，龙城大桥采用横桥向倾斜的主缆以及倾斜的吊杆，故斜吊杆自上而下具有变化的横向倾角，即缆索面为复杂的空间曲面，故龙城大桥为典型的空间结构，属于高次超静定桥跨结构，其结构形式及受力较为复杂，对桥梁建设过程中及建成后运营期间的健康状况都必须给予足够的重视。而桥梁施工期间的状态又是整个桥梁结构状态的基础，故为了全面了解龙城大桥的施工全过程结构状况，在其施工建设期间建立了一套较为完善的结构监测监控系统。

## 1　工程概况

龙城大桥（见图1）是我国第一座自锚式悬索与斜拉组合结构体系桥梁，也是京杭运河改建工程中的重点工程。主桥跨径组合为72m＋114m＋30m，主桥采用拱形塔门悬索斜拉组合结构体系，其中主跨采用自锚式悬索结构，一端主缆锚固于纵梁端部，另一端经过次塔后散成7根次缆锚固于主塔；一侧边跨采用了斜拉结构，另一侧边跨采用了辅助连续梁结构。主桥桥面宽40.0m，桥面设双向2.0%的横坡，桥中心线为直线，设计荷载为公路—I级[1]。

桥主塔采用变截面拱形结构，主塔向边跨30°倾斜，主塔上方设置次塔柱，次塔柱与主塔柱交角为60°，主塔高37m，跨径为26.5m，塔梁固结。主桥主梁采用箱形结构，沿纵桥向分为混凝土-钢结合梁和预应力混凝土梁两种形式，主跨跨中87m范围内采用结合梁形式；其余为预应力混凝土梁形式。主缆、斜拉索及柔性吊杆均采用成品钢丝索。主缆由7根次缆组成，采用$\phi 7\times 397$成品钢丝索，主缆在次塔柱位置通过散索套分散成7束次缆锚固于主塔；在主跨梁端，主缆通过散束套，仍分成7束锚固在主梁上。斜拉索为$\phi 7\times 253$成品钢丝索，采用双层PE防护。普通吊杆全桥共48根（24对），采用$\phi 7\times 73$钢丝；刚性吊杆全桥共12根（6对），采用$\phi 113$的40CrNiMoA合金钢。恒载由主缆、吊索、斜拉索及主梁承受，部分恒载通过吊索传至主缆。

## 2　自锚式悬索与斜拉组合结构体系桥梁特点分析

自锚式悬索与斜拉组合结构体系桥梁（图1）有如下特点：

①主缆是悬索区的主要承重结构，是几何可变体，主要承受张力。主缆可通过自身弹性变形和几何形状的改变来影响体系平衡，表现出大位移非线性的力学特征，这是其区别于其他桥梁结构的重要特征之一；

②斜拉索对主梁提供竖向支承力和水平分力。拉索应力基本上是沿索长不变的,能充分利用材料,斜拉索对斜拉区段内的主梁起弹性支承的作用;

③主塔通过其一侧的斜拉索力来平衡其另一侧的主缆力,这也是其区别于其他桥梁结构的重要特征之一。在恒载作用下,以轴向受压为主;在活载作用下,以压弯为主,呈梁-柱构件特征;

④吊杆是将悬索区段的主梁自重、外荷载传递到主缆的传力构件,是联系主梁和主缆的纽带,承受轴向拉力。吊杆内恒载初始张力的大小,既决定了主缆在成桥状态的真实索形,也决定了主梁的恒载弯矩;

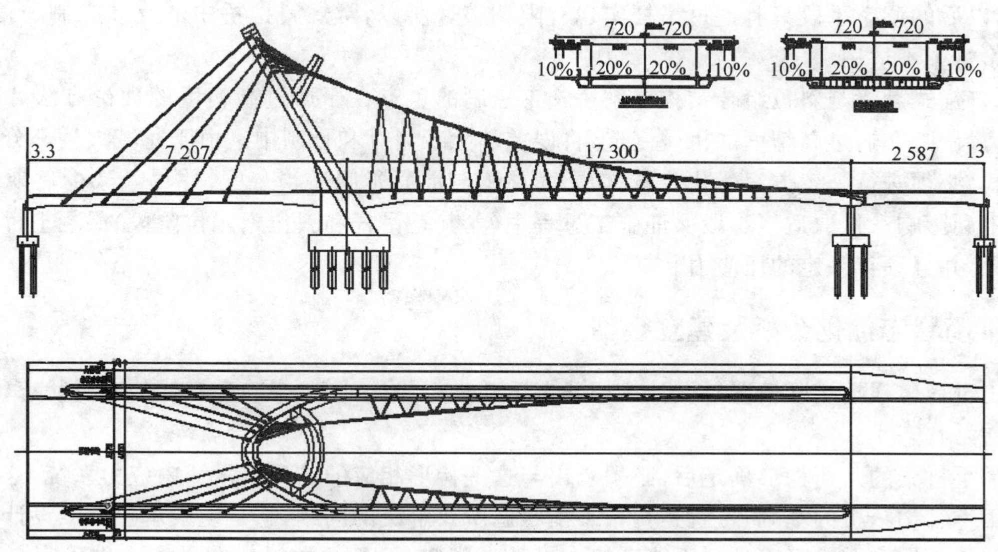


图1 龙城大桥结构示意图

⑤主梁是保证车辆行驶、提供结构刚度的二次结构,主要承受弯曲内力和轴向力。

⑥在外形结构上,取消了普通悬索桥大体积锚锭混凝土,节省了占地面积;

⑦在施工步骤上,不同于普通悬索桥先施工主缆,后进行梁体的安装或浇筑,自锚式悬索与斜拉组合结构体系桥梁由于主缆锚固在主梁一侧,故先进行主梁的施工,再安装主缆。

⑧在施工监测监控上,自锚式悬索与斜拉组合结构体系桥梁要求精度较其他悬索桥高,钢梁拼装、主缆安装调整、索夹和吊杆的安装调整、索塔的变形等都应在监控之下,使桥梁时刻处在良好的施工控制状态和操作状态。

总之,自锚式悬索与斜拉组合结构体系桥梁且结构形式优美,外观错落有致,充分地利用了斜拉桥和自锚式悬索桥的自身特点,是城市景观桥梁设计方案的理想选择。

## 3 桥梁施工监控

施工监控过程是一个"施工→量测→识别→预测→调整"的循环过程,如图2。桥梁施工监控包含施工监测和施工控制两大部分。施工监测是为施工监控提供必要的反映施工实际情况的数据和技术信息,如已施工结构的几何、应力、索力和温度监测;施工控制是根据监测结果与理论值的对比,通过最优估计、实时仿真分析、状态预测、理想状态修正、状态调整等理论和方法,对已建结构加以调整,对未建结构加以预测,以使结构最终达到理想线形和内力状态。从信息论的观点来看,桥梁施工监控

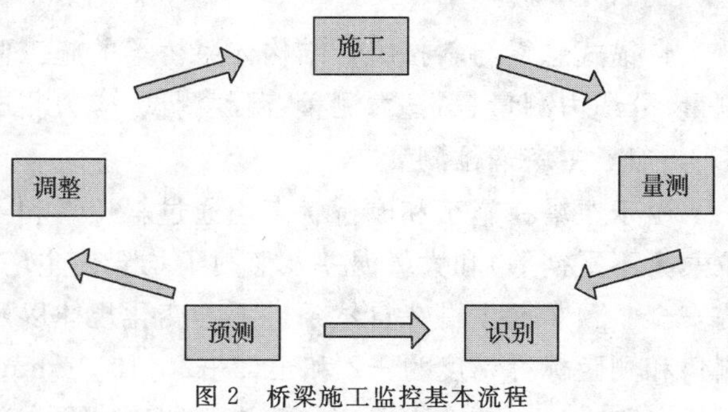


图2 桥梁施工监控基本流程

过程是一个信息采集、信息分析和信息反馈的过程。信息采集即施工监测系统，信息分析、反馈即施工控制系统。

自锚式柔性悬索与斜拉组合结构体系桥的主缆一端锚固主梁梁上，主缆水平力与主梁水平力平衡；另一端锚固在主塔锚箱上，通过斜拉索来平衡水平分力，通过主塔将竖向分力传递给基础。如主缆张拉力或斜拉索张拉立过大则容易引主塔偏位超限，造成主塔弯曲拉应力过大，形成施工过程的不安全。

另外自锚式悬索与斜拉组合结构体系桥梁主缆索股长度调整量很小，且主缆一旦架设完毕，就几乎无法调整，以后的调整手段只有通过吊杆实现有限调整。所以，常规斜拉桥中的反馈控制、自适应控制方法在悬索桥中不适用。

因此，自锚式悬索与斜拉组合结构体系桥施工控制的重点在于通过高精度的理论方法计算出各构件的无应力尺寸，在通过高精度的机械制造，将误差消除于计算和预制中。由于龙城大桥部分主梁采用组合梁形式，必须进行施工方案优化分析，使内力在钢与混凝土间适当分配，并尽量减少后期混凝土收缩徐变的不利影响。采取适当手段保证施工过程中(尤其是吊杆和斜拉索张拉阶段)混凝土桥面板的拉应力不超限，并且预存一定的压应力。

## 4 初始平衡状态优化分析及建立模型

在施工过程应根据实际情况对设计成桥状态重新进行优化计算，来确定最优的成桥状态，以此作为监控计算初始状态[2]。

缆索承重桥梁的几何构形确定后，必须求出与这一构形相应的结构自平衡内应力系统，这是进行使用荷载作用下结构分析的基础，这就是初始平衡状态所要解决的问题，它是缆索承重桥梁设计中的关键问题之一。悬索桥主缆的竖直坐标不能直接由设计者指定，而必须根据力的平衡条件确定。而主缆竖直坐标直接影响到吊杆的下料长度。

初始平衡状态分析是力的平衡分析的逆问题，即在满足一定拓扑和几何初始形态的前提下，寻找满足平衡条件的受力合理并尽可能理想的结构形态。而传统的结构分析是是求符合变形协调条件的平衡，所要解决的是在荷载作用下的结构变形和内力问题。

龙城大桥是悬索与斜拉的组合自锚结构，还存在斜拉桥部分的索力优化问题。在加上采用横桥向倾斜的主缆以及顺、横桥向倾斜的吊杆，大大增加了确定初始平衡状态的难度。

施工控制参数包括：构件自重、施工荷载 $P$、结构温度 $\Delta t$ 和施工周期 $T$；节段立模(或拼装)时的标高、吊杆力值、斜拉索力、主缆力及张拉顺序和塔顶位移；节段施工完毕的标高、吊杆力值、斜拉索力、主缆力及张拉顺序和塔顶偏位，中间调索时的标高、吊杆力值、斜拉索力、主缆力及张拉顺序和塔顶偏位。采用空间有限元分析法，即主梁采用脊骨梁模拟，主缆、斜拉索及吊杆采用只受拉索单元，主塔为梁单元，建立全桥空间计算模型，进行非线性结构分析。

## 5 施工监控实施

自锚式悬索与斜拉组合结构体系桥梁的施工监控内容有：索塔偏位、梁体线形、索缆线形、斜拉索力测量、分缆力测量、吊杆力测量、温度测试、应力测试等。

### 5.1 主塔偏位测量

由于主塔在施工和成桥状态均通过斜拉索和主缆承担相当部分的荷载，在不平衡荷载(主缆力与斜拉索力不平衡等)和大气温差及照射下均会使主塔产生不同程度的变形，为了不影响索力调整，保证结构安全。须掌握主塔在自然条件下的变化规律以及在索力影响下偏离位置的程度。主塔塔偏测量采用测角和测距标称精度为 $\pm 2''$ 和 $\pm(2+2\times10^{-6})$mm/km 的全站仪及其配套棱镜，按极坐标方法测量，对顺桥向和横桥向两个方向变位值进行测量。两个测站(一个为测站，另一个为后视方向点)布置在桥轴线方向,也可随测试阶段作相应的适时调整。

**5.2 索缆线形测量**

龙城大桥为典型的空间结构。尤其在施工阶段,其主缆线形呈严重的非线性变化。主缆线形关系到桥梁结构的受力及外观。主缆线形测点设在各个索夹上,采用全战仪监测其空间三维变形。

**5.3 主梁线形测量**

主梁线形监测包括高程监测、中线监测和横向变形监测。高程测量是重点,每个工况都将引起主梁高程的变化,这种挠度变形是否与理论计算值相吻合,是桥梁施工监测的主要内容之一。斜拉索及主梁三向预应力张拉、温度、风等因素可能引起主梁在横桥向产生位移,导致平面合龙困难,因此主梁中线监测也是桥梁施工监测的内容之一。

由于开口钢箱梁拼装时极易造成梁体产生倾斜、扭曲、偏离轴心位置,为保证梁预拱度符合设计要求,保证中跨跨中合龙,必须控制主梁中线测量和高程测量。中线控制是将全站仪安置在桥梁轴线和主纵梁轴线测点上,以桥轴线上某一点为后视点,采用极坐标法测量其空间坐标。高程控制采用水准测量法,测出每一片钢箱梁的安装的标高,与设计值比较并调整至误差范围内为止。

**5.4 索力测量**

索力的准确与否直接关系到主梁线形、主缆线形,乃至施工安全。因此,在施工中必须确保索力测试结果正确可靠。索力测量主要是提供各测试阶段的索力值以及关键索力随温度变化的曲线。然后根据上部结构施工工况对吊索在不同工况下的索力进行调整。索力测量包括:分缆力测量、斜拉索力测量和斜吊杆力测量。

分缆力测量主要通过安装在各分缆锚杯处的穿心式传感器进行测量。

吊杆力测量主要通过安装在各吊杆锚杯处的穿心式传感器进行测量。

斜拉索力测量主要索力动测仪进行测量,该仪器是一种便携式振动信号单通道检测分析的智能仪器。

**5.5 温度测量**

温度影响可分为两部分:

(1)体系温差,即桥梁随环境温度均匀升降。体系温差容易测量,对结构影响较小,且可以通过理论分析较为准确地预测。

(2)日照温差,包括箱梁上下缘温差、主塔左右两侧温差、主缆与梁塔间温差以及斜拉索与梁塔间的温差。

日照温差对结构的受力和变形有很大影响,且很难通过理论分析预测。在桥梁施工监控过程中,对日照温差最好采取回避的方式,即关键工况(如立模和斜拉索张拉等)尽量在清晨日出前完成,此时桥梁处于均匀温度场;对其他工况施工,考虑到工期等原因无法回避温度影响时,则以理论分析修正其影响为主。故需要对主梁、主塔、斜拉索进行温度监测,以获得实际的温度分布模式,为理论分析提供依据。

龙城大桥施工监控选用的应力传感器带有测温功能,每次量测应力时,自动读取温度。

**5.6 应力测量**

应力监控是桥梁施工监控的基本内容之一,它直接关系到结构的安全,是结构安全的预警系统。通过应力理论值与实测值的对比,也是参数估计、状态预测和调整的重要依据之一。

应力测点布置方法是:

(1)通过施工模拟计算,得到施工全过程的应力包络图,从而明确最危险的位置,这是选择应力测试断面的基础;

(2)力求顺桥向、横桥向对称布置,以增加结果的可靠性和可比性;

(3)截面的选取应该避开圣维南区。

## 6 结语

自锚式悬索与斜拉组合结构体系桥造型独具匠心，线形优美大方，作为城市桥梁既实现了桥梁本身的使用功能，又体现了桥梁的美观和后期社会效益。作为一种新型结构体系桥梁国内尚属首次建设，国外该类型桥梁也很少见，无经验可循，因此，进行施工监控研究为此类桥梁的建设施工提供了技术上的保证，为设计提供参考，为管理和决策提供依据。

**参考文献**

[1] 京杭运河常州市区段改线工程施工图设计(共三册)，第二册—桥梁工程，第七分册—龙城大桥(一)上(主桥总体、主梁和桥塔)[R]. 同济大学建筑设计研究院. 2006-8.

[2] 梁智垚，田瑞忠，陈士通. 自锚式悬索桥施工监控研究[J]. 城市道路与防洪，2005，3(2)：84-87.

# 大跨径钢—混凝土连续组合梁桥施工关键技术探讨与实践

曹树强[1]　季小明[2]

(1. 中铁十九局二公司　2. 常州市航道管理处)

**摘　要**　本文探讨了跨径为 71m＋110m＋71m 三跨预应力钢—混组合连续箱梁在施工过程中的关键性技术：钢梁除锈和防腐工艺、临时柔性支墩架梁工艺、桥面板施工工艺、长束预应力筋施工工艺。此桥的桥型跨度为目前国内同类桥型之首。

**关键词**　钢—混组合连续梁　施工　关键技术

## 1　引言

钢—混组合结构最早出现于 20 世纪 20 年代，最早是出于结构防火性能考虑，采用钢外包混凝土的结构形式。随着各国学者研究的逐步深入，对钢—混组合结构的认识也趋于成熟。20 世纪 70 年代，世界各产钢大国都纷纷制定相应的设计技术规范、规程。

我国对钢—混组合结构的研究起步于 20 世纪 50 年代，相对较晚。但随着我国国民经济的增长，交通事业的蓬勃发展，对组合结构的研究也不断加深，同时在许多实际工程中也得到应用和发展。本文将针对江苏常州市运河改造工程——312 国道邹区大桥的施工作一些探讨和分析。

## 2　工程背景

京杭运河是常州市区段改线工程——312 国道邹区大桥位于原 312 国道北侧 217m 左右跨越京杭运河，桥梁与航道中心的交叉桩号为 K3＋807.12，桥梁与航道夹角 96.2°，起讫桩号为 K1＋344.66～ K2＋456.78，全长 552m，其中主桥 252m。主桥上部结构采用 71m＋110m＋71m 三跨变截面钢—混凝土组合连续梁，左右分幅，采用双箱单室截面，单个箱梁宽 25m，钢箱梁净间距 4.24m，钢梁顶板翼缘宽 0.6m，厚 0.025m，底板宽 4.35m，主跨跨中高度为 2.6m，墩顶高 5.2m，梁高按照二次抛物线变化。

主桥下部结构，主墩采用拱门形，单个墩柱宽 2.6m，厚 5.2m，外侧设 5cm×5cm 的倾角，主墩承台厚度为 3m，平面尺寸为 15m×6.5m；过渡墩采用双柱式桥墩，平面尺寸为 11.3m×6.5m，呈哑铃形。主墩采用 8 根直径 1.5m 的钻孔灌注桩基础，过渡墩桩基为 4 根直径 1.5m，皆为摩擦桩。图 1 为主桥立面布置图，图 2 为箱梁组合截面布置图。

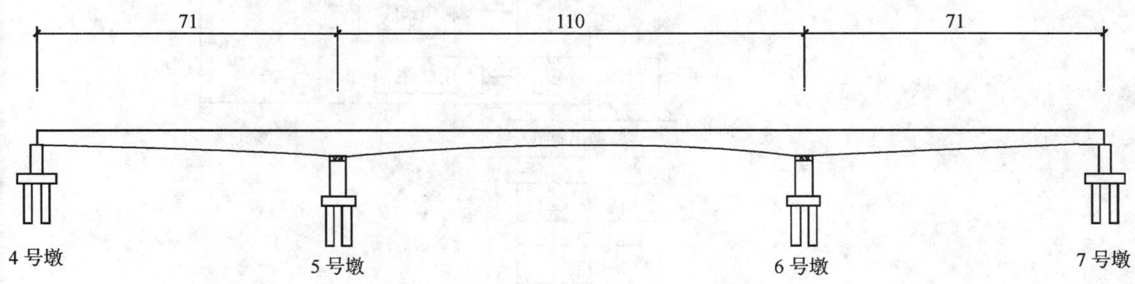


图 1　结构总体布置图(尺寸单位：m)

## 3 施工关键性技术

### 3.1 施工组织流程

施工组织流程,见图3。

### 3.2 钢梁的除锈和防腐工艺

钢梁的制作按照以下流程操作:

钢板进场复检→钢板预处理→计算机放样→零件下料→单元制作→箱体制作→预拼装→下胎→涂装→运输→吊装→合拢→附件焊接→作补涂装及整体涂装→验收

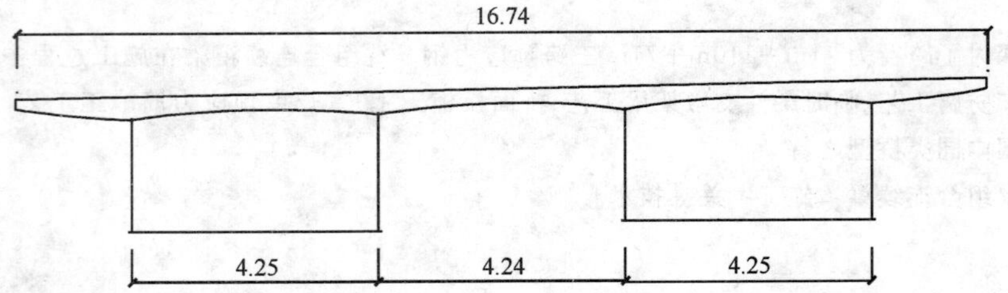


图2 组合箱梁截面布置图(尺寸单位:m)

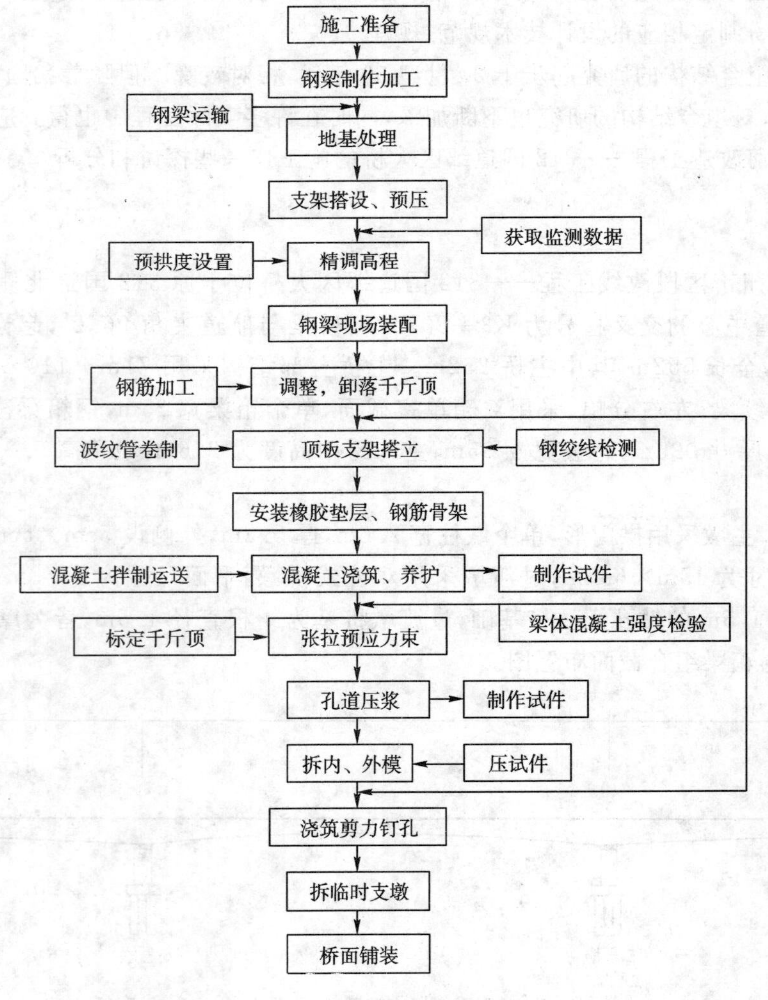


图3 施工组织流程图

近年来，钢梁的锈蚀成为防碍组合结构桥梁发展的主要原因，如何使钢材与混凝土一样能够持久耐用是一个值得关注的课题，因此，钢梁的除锈及防腐在施工阶段就显得尤为突出。

根据施工图要求，制定邹区大桥防腐方案如下：制作前将钢板表面油污、氧化皮、铁锈及其他杂物清除干净，矫正钢板变形后，再对钢板进行表面预处理（对钢板进行抛丸除锈、除尘，喷涂车间底漆），烘干后，对钢板的材质、炉批号进行移植。钢板预处理采用喷砂（砂子必须清洁、干燥）除锈处理达到GB8923 标准中的 Sa2.5 级后，喷涂无机硅酸锌车间底漆 20μm。

钢板预处理后，钢结构表面防腐分两部分完成，第一部分是在节段制作报检合格后，做下列防腐施工：

(1)钢结构外表面喷砂、喷涂底漆、中间漆和第一道面漆，高强度螺栓接触面喷涂 HES-2 新型防滑防锈涂料。

(2)内表面喷砂、喷涂底漆、中间漆和面漆。防腐时需焊接的接头部位需预留 50～100mm 不做任何涂料，并用胶带纸粘贴保护。钢结构内、外表面采用喷砂（砂子必须清洁、干燥）除锈处理，达到 GB 8923 标准中的 Sa2.5 级，粗糙度应达到 40～70μm。防腐配套如表 1 所列。

防腐涂料　表1

| 部　位 | 涂料名称 | 干膜厚度(μm) | 备　注 |
|---|---|---|---|
| 外表面(含桥面板上翼缘表面) | 无机富锌底漆 | 80 | |
| | 环氧云铁中间漆 | 100 | |
| | 聚氨酯面漆 | 50 | |
| | 聚氨酯面漆 | 50 | 现场施工 |
| 内表面 | 无机富锌底漆 | 80 | |
| | 环氧(云铁)厚浆漆 | 150 | |
| | 环氧面漆 | 50 | |

第二部分是现场吊装完成后的防腐施工，主要有下列项目：

(1)全桥整体焊缝及漆膜破损部位的修补。

(2)喷涂第二道面漆。

### 3.3　临时支墩施工方案及架梁施工工艺

由于钢梁结构形式采用变截面开口箱梁、结构跨度较大、现场地理较好、便于设置临时支墩、无需跨越交通或者河流等条件的影响。不适合采用顶推施工。因此该桥采用了临时支墩架设法(图 4)。

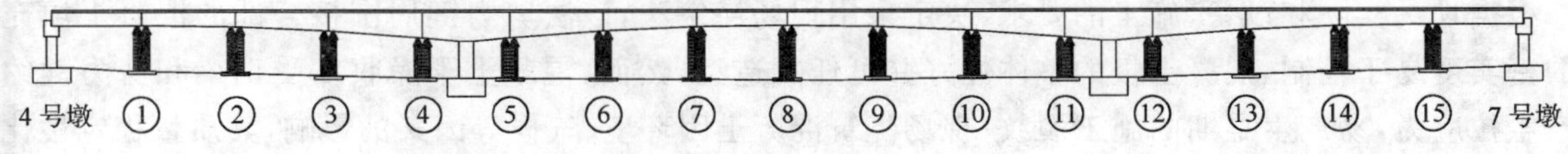


图 4　临时支墩布置

邹区大桥柔性临时支墩从下至上分为基础、支架、支撑及调节系统三部分。

根据地基概况除⑨外，其余均采用混凝土扩大基础，⑨号基础为钢管桩，采用 ZD90 型振动锤锤入下沉。根据支墩受力特点，支墩在架设一片钢梁时，基础一侧受力，需对基础进行抗倾覆稳定性验算以及抗滑动稳定性验算。临时支墩通过反复设计、计算、优化，放弃原来的贝雷梁方案，最终创造大吨位(最大梁断达 109.9t)钢梁架设柔性 WDJ 碗扣式支架施工的新型工艺。

整套架梁设备由移梁系统、支架系统两大部分组成。每座支墩上均设置支梁系统，待桥面板浇筑完成后拆除；移梁系统承担钢梁的临时升降，纵、横向位移的任务，待钢梁安装到设计位置并节段焊接完成后立即拆除。钢梁运输到工地后，利用履带吊机吊装钢梁节段到临时支墩上，此时钢梁由支梁系统上的砂箱承重，利用移梁设备中的千斤顶将钢梁顶起脱离砂筒，并顶至设计高程。为了精确定位钢梁，经多方面的资料查找和反复实验，并参考造船厂的移动设备，最后自创了顶推法微调移梁系统，利用滑移系统调整钢梁中心位置到设计位置，将钢梁与砂箱间的空隙塞满钢板或钢楔，使其顶紧钢梁，卸下千斤顶使钢梁由砂筒承重，一片钢梁架设完毕。

其中，顶推法微调移梁系统在国内尚属首创，钢梁施工流程及钢梁位移微调系统见图 5。

### 3.4 桥面板及桥面施工

混凝土板的施工对组合梁桥的承载能力和耐久性具有重要影响，而且，混凝土质量和在接合部的填充密实度对钢—混接合部剪力键的工作性能起着重要作用。为此，近年来各国研究开发了许多混凝土板的施工方法。对混凝土板施工方法的要求主要是：

①避免产生早期的施工裂纹，减少干燥收缩和徐变的影响，便于快速施工；

②调整应力。按照混凝土板的成型场所，其施工可分为现场浇筑法和预制混凝土板法。

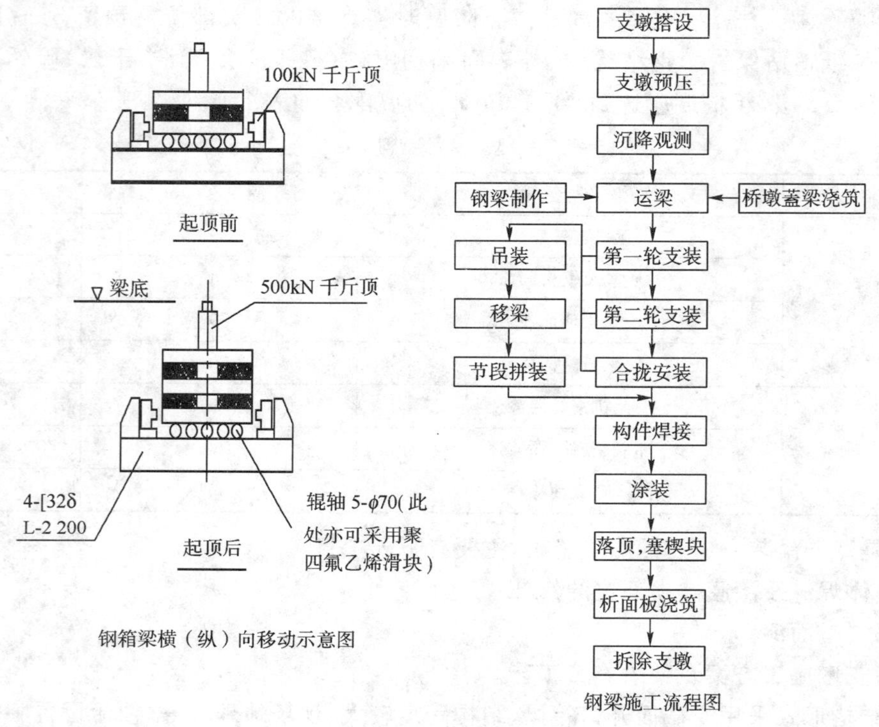


图 5 钢梁施工流程图及钢梁位移微调系统

根据现场实际和设备、施工的要求，决定采用现场浇筑法，该法剪力键周围接合部的混凝土填充振捣的密实度易于控制，混凝土板的整体性好并可任意造型，然而，混凝土干燥收缩受钢梁和剪力键约束而产生拉应力，易产生早期的施工裂纹；现场浇筑混凝土因环境、气候等因素的影响，其质量稳定性比厂制化预制混凝土板差。为此，一方面，施工时，在钢梁上翼缘上铺装一层 1cm 的氯丁橡胶，使现浇桥面板的收缩、徐变自由发生，防止由于钢梁的约束作用而对混凝土桥面板产生不利的拉应力，另一方面，为了减少分段浇筑桥面板接缝处收缩、徐变而产生的拉应力，加强桥面板的整体性能，混凝土浇筑时加入部分膨胀剂，预先施加 0.2～0.7MPa 的压应力，以抵消部分收缩、徐变的影响。

### 3.5 桥面板长束预应力筋施工

在大跨度的预应力组合桥梁的施工中，超长预应力钢束施工的两道工艺—穿束和压浆较难得到控制。长孔道穿束困难的问题严重制约了工程进度，且极易造成堵孔而进行孔道“开刀”给工程质量造成一定的影响；由于机械设备的限制，长孔压浆的密实度也很难得到控制。本桥最长束为 253.840m，其长度在国内也属罕见。

为解决上述难题，经过施工技术人员的精心研究，创造性地制定出“接力穿束，分段压浆”的技术措施。根据桥面板的施工顺序—从5号和6号主墩墩顶开始向两端分段延伸浇筑，待浇筑至主跨跨中时，钢绞线的长度就开始达到212.096m，穿束和压浆开始面临困难，此时采用先穿法施工预应力钢绞线，从桥梁一端将钢绞线穿至主跨跨中位置，然后再从主跨跨中位置开始“接力穿束”将钢绞线穿至桥梁另一端；穿束完成后进行跨中桥面板合龙浇筑工作；待混凝土强度达到100%后开始双控张拉工作；灌浆前在预应力孔道主跨跨中位置设置隔离仓，导出两根气管，将压浆长度减少一半，开始“分段压浆”工作，完成跨中合龙段桥面板施工；最后按照同样方法浇筑桥梁两端部剩余桥面板。

## 4 结语

通过对目前国内最大跨度连续组合梁桥施工过程中钢梁防腐除锈、桥面板施工、预应力长束施工工艺的实践介绍。为组合梁桥的设计提供一些安全、经济、合理现场经验，也为开发预应力组合梁桥施工新工艺提供一个可供参考的平台。使得预应力组合梁桥的设计、施工更加成熟、完善。

**参考文献**

[1] 白玲，史永吉. 组合梁桥的实施. 桥梁建设，2004年第六期.
[2] Jean-Marie CREMER Case Studies In Composite Bridges[A] Construction and Eurocode 4, IABSE Short Course[C]. Brussels: 1990. Volume. 61. 165-186.
[3] 刘玉擎. 组合结构桥梁. 北京：人民交通出版社，2005.

# 无背索斜拉桥空间静力及动力特性分析

吴建东　吴俊锋

（江苏省科佳工程设计有限公司）

**摘　要**　常州常金大桥主桥为跨径 60m+120m+30m 的双索面独塔无背索斜拉桥，主梁为钢箱梁，主塔为八边形截面薄壁钢箱结构，主塔内填混凝土作为配重。本文主要对本桥梁主桥进行空间结构静力及动力特性分析。

**关键词**　无背索　斜拉桥　空间　动力特性

## 1　概述

常金大桥是常州京杭运河南移项目上的 11 座桥梁之一，是一座重要的景观性桥梁。主桥为 60m+120m+30m=210m 的双索面独塔无背索斜拉桥。桥梁为双向六车道，两侧设有非机动车道和人行道，主桥宽度 37.5m。桥梁设计荷载为城—A 级，计算行车速度 60km/h。桥梁总体立面见图 1。

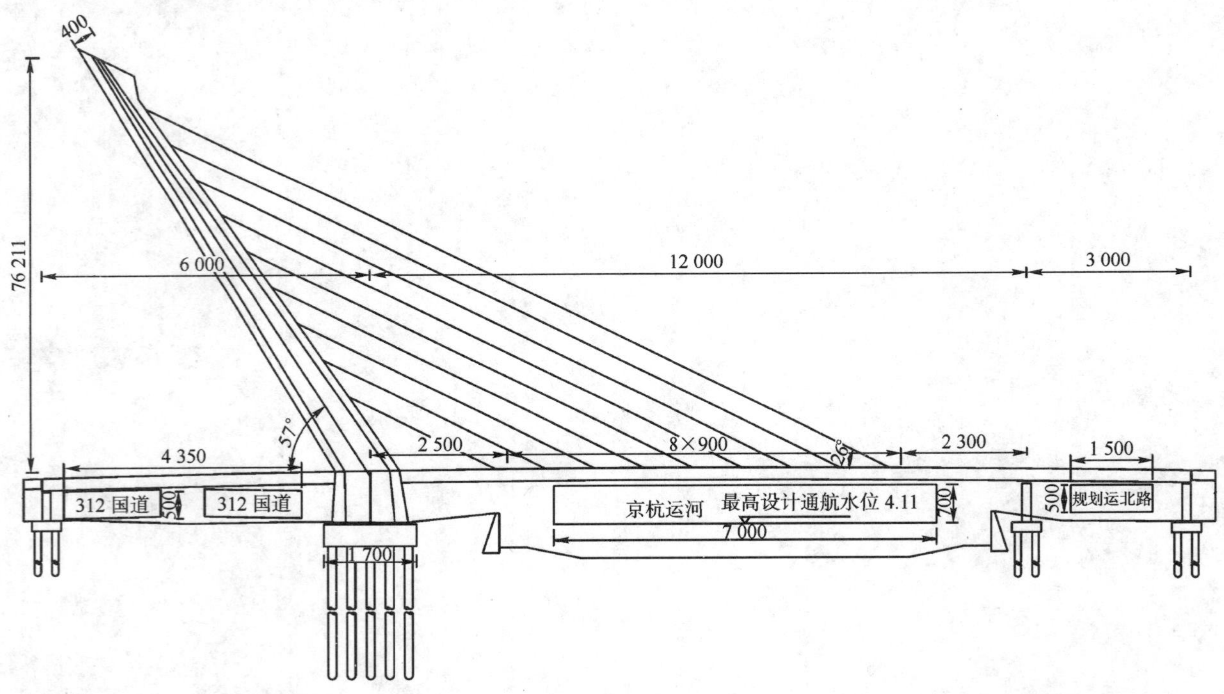


图 1　桥梁总体立面图（尺寸单位：cm）

## 2　大桥结构特点及施工要点

（1）结构特点

对于无背索斜塔斜拉桥，塔的自重设计是关键问题之一，为了确保索塔处于良好的受力状态，我们按照以下原则确定塔的自重：即当梁上作用全部恒载和一半活载时，塔处于轴心受压状态，如图 2 中的基本几何关系，可建立如下平衡方程：

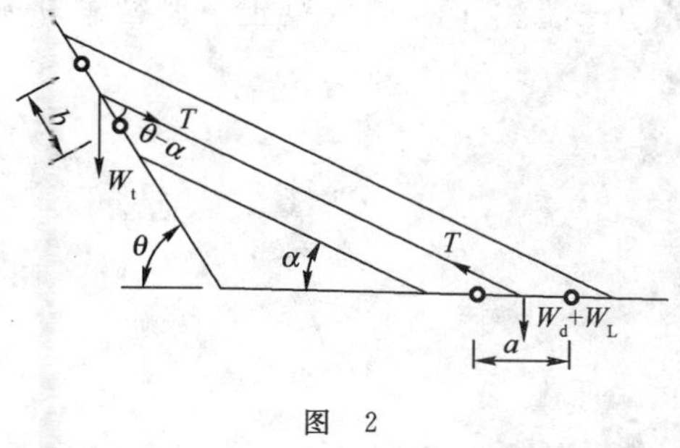


图 2

$$b=(\sin\alpha/\sin(\theta-\alpha))\times a$$

$$W_t=(\tan\theta/\tan\alpha-1)(W_d+W_L/2)=C(W_d+W_L/2)$$

式中 $a,b$——梁上及塔上索跨；

$\alpha,\theta$——索和塔的水平倾角；

$W_d,W_L$——节段长 $a$ 的主梁恒载和活载；

$W_t$——节段长 $b$ 的塔身重力。

本桥梁 $\theta=57°,\alpha=26°,C=2.16$。由以上公式容易得出：

由塔、梁、索组成的整体结构是由塔的自重来提供索对梁的向上支撑力，梁恒载越大，需要的塔自重也越大，因此本桥设计时主梁采用自重较小的钢箱梁结构。另外，考虑到塔是倾斜的，假如设计成混凝土塔，采用爬模或滑模施工均不方便，而如采用支架施工则支架过于庞大，因此本桥梁设计采用八边形钢箱结构，内填 C30 微膨胀混凝土，计算结构内力时混凝土仅作为配重，计算位移时则考虑钢与混凝土组合截面刚度，与实际使用较为接近。

(2)主要结构尺寸

主梁采用正交异性板钢箱结构，钢箱梁顶板宽 37.5m，底板宽 26.45m，梁中心高 2.2m，桥面横坡为 2%双向坡箱梁宽度。箱梁标准横断面如图 3。

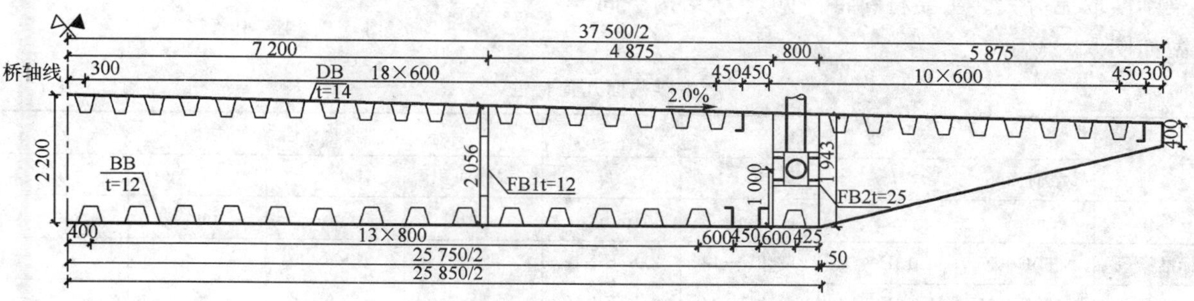


图 3 1/2 箱梁标准横断面(尺寸单位：cm)

塔采用八边形结构，塔根部截面高 10m，宽 2.25m；塔顶截面高度 4.0m，宽 2.25m，塔壁内设置加劲肋和隔板，基本塔截面如图 4。拉索采用 43 股环氧喷涂钢铰线，配套采用 OVM250 钢铰线拉索群锚锚具。

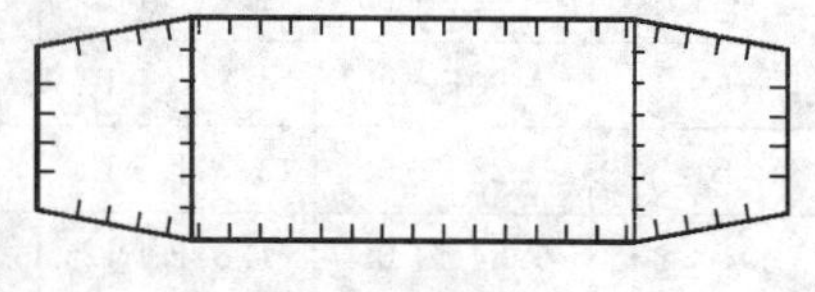

图 4 塔标准断面

(3)施工要点及主要施工过程

本桥梁有一较好的桥梁施工优势，就是先造桥后开挖运河，因此可以先用少支架架设主梁，然后施工主塔，同时挂索张拉，使得塔的重力与梁平衡。根据施工单位的施工能力，塔采用分节段吊装施工。桥梁主要施工顺序如下：

①下部结构施工。

②少支架架设主梁。

③塔索安装：

安装 T1，T2 节段塔，灌注 T1，T2 内混凝土→少支架 SZJ 法安装 T3，T4 节段塔，灌注 T3，T4 内混凝土→少支架 SZJ 法安装 T5 节段塔→安装临时横梁 1→穿索 1→灌注 T5 内混凝土→张拉索 1→活动工作平台 WGP 法安装 T6 节段塔→穿索 2→灌注 T6 内混凝土→张拉索 2→活动工作平台 WGP 法安装 T7 节段塔→安装临时横梁 2→穿索 3→灌注 T7 内混凝土→张拉索 3→活动工作平台 WGP 法安装 T8 节段塔→穿索 4→灌注 T8 内混凝土→张拉索 4→活动工作平台 WGP 法安装 T9 节段塔→穿索 5→灌注 T9 内混凝土→张拉索 5→活动工作平台 WGP 法安装 T10 节段塔→穿索 6→灌注 T10 内混凝土→张拉索 6→活动工作平台 WGP 法安装 T11 节段塔→横梁(永久)→在 5 号墩位置加压重 100t→穿索 7→灌注 T11 内混凝土→张拉索 7→活动工作平台 WGP 法安装 T12 节段塔→穿索 8→灌注 T12 内混凝土→张拉索 8→活动工作平台 WGP 法安装 T13 节段塔→穿索 9→灌注 T13 内混凝土→张拉索 9→拆除活动工作平台、安装拆除临时横梁 1、2。

④浇筑桥面混凝土铺装，去除 5 号墩位置临时压重。

⑤局部调整索力。

⑥浇筑桥面沥青铺装、安装人行道栏杆等。

⑦桥梁运营。

## 3 空间有限元模型的建立

根据以上的结构及主要施工过程，结构离散成 203 个空间梁单元和 18 根索单元，分 20 个施工阶段。各主要杆件截面特性见表 1，其中梁(0 号段)为塔梁墩固结段梁截面，D1、D2 为墩两个单元，A1～A9 为塔一节段的 9 个单元，B1～B8 为塔二节段的 8 个单元，C1～C6 为塔三节段的 6 个单元，整个塔为变截面。主梁采用单梁模拟，左右对称的两斜拉索与主梁、支座与主梁、塔柱与主梁间设置虚拟横梁，横梁刚度取无穷大。主要材料特性见表 2，结构空间模型如图 5。

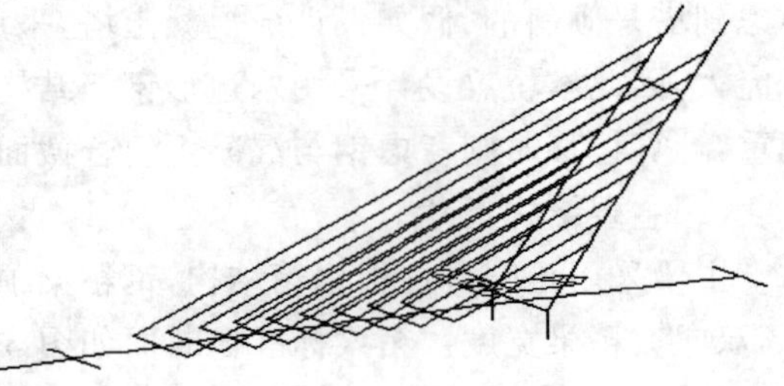

图 5 结构空间模型

**主要截面几何特性** 表 1

| 构件 | 仅考虑钢截面 | | | | 考虑组合截面(塔墩) | | | |
|---|---|---|---|---|---|---|---|---|
| | 截面面积 | $I_{yy}$ | $I_{zz}$ | $J$ | 截面面积 | $I_{yy}$ | $I_{zz}$ | $J$ |
| 单位 | $mm^2$ | $mm^4$ | $mm^4$ | $mm^4$ | $mm^2$ | $mm^4$ | $mm^4$ | $mm^4$ |
| 标准梁段 | 1.50E+06 | 1.13E+12 | 1.48E+14 | 2.67E+12 | | | | |
| 0 号梁段 | 1.85E+06 | 1.50E+12 | 1.73E+14 | 3.75E+12 | | | | |
| D1 | 1.10E+06 | 2.10E+13 | 3.19E+12 | 6.67E+12 | 4.34E+06 | 6.58E+13 | 6.77E+12 | 1.75E+13 |
| D2 | 9.79E+05 | 1.63E+13 | 1.88E+12 | 4.12E+12 | 3.84E+06 | 5.08E+13 | 3.98E+12 | 1.08E+13 |
| A1 | 9.72E+05 | 1.01E+13 | 9.21E+11 | 2.34E+12 | 3.78E+06 | 3.12E+13 | 1.94E+12 | 6.12E+12 |
| A9 | 7.90E+05 | 4.79E+12 | 7.01E+11 | 1.65E+12 | 3.36E+06 | 1.52E+13 | 1.65E+12 | 5.19E+12 |
| B1 | 6.23E+05 | 3.71E+12 | 5.29E+11 | 1.18E+12 | 2.62E+06 | 1.17E+13 | 1.24E+12 | 3.70E+12 |
| B8 | 5.24E+05 | 1.84E+12 | 4.12E+11 | 8.49E+11 | 2.22E+06 | 5.91E+12 | 9.85E+11 | 2.84E+12 |
| C1 | 4.59E+05 | 1.48E+12 | 3.65E+11 | 7.14E+11 | 1.92E+06 | 4.70E+12 | 8.69E+11 | 2.37E+12 |
| C6 | 3.81E+05 | 7.36E+11 | 2.72E+11 | 4.86E+11 | 2.45E+06 | 3.79E+12 | 9.50E+11 | 2.45E+12 |
| 斜拉索 | 6.02E+03 | 0 | 0 | 0 | | | | |

说明：1. 由于篇幅关系，A2～A8，B2～B7，C1～C5 变截面单元截面刚度未列出。

2. 塔组合刚度的计算：

根据 $EA=E_cA_c+E_sA_s$，将混凝土截面等效为钢截面：$A=E_cA_c/E_s+A_s$

$EI=E_cI_c+E_sI_s$ $EI=E_cI_c/E_s+I_s$

**主要材料特性** 表 2

| 材料 | 部位 | 弹性模量 | 泊松比 | 重度 |
|---|---|---|---|---|
| | | $N/m^2$ | | $kg/m^3$ |
| Q345 | 塔、梁 | 2.05E+11 | 0.333 | 7 850 |
| 钢绞线 | 斜拉索 | 1.95E+11 | 0.333 | 7 850 |
| C30 混凝土 | 塔内填料 | 3.0E+10 | 0.2 | 2 400 |

## 4 主要静力计算结果

经空间有限元模型分析，主要恒载、活载内力如图 6～图 9，斜拉索轴力见表 3，各关键点位移值见表 4。

斜拉索索力(kN) 表 3

| 拉索轴力 | 成桥索力 | 活载 max | 活载 min | 组合 max | 组合 min |
|---|---|---|---|---|---|
| S1(内侧) | 2957 | 259 | −4 | 3911 | 3542.8 |
| S2 | 3001 | 283 | −5 | 3997.4 | 3594.2 |
| S3 | 3004 | 284 | −7 | 4002.4 | 3595 |
| S4 | 2947 | 266 | −8 | 3908.8 | 3525.2 |
| S5 | 2870 | 231 | −9 | 3767.4 | 3431.4 |
| S6 | 2758 | 183 | −9 | 3565.8 | 3297 |
| S7 | 2615 | 127 | −9 | 3315.8 | 3125.4 |
| S8 | 2490 | 69 | −8 | 3084.6 | 2976.8 |
| S9(外侧) | 2107 | 24 | −43 | 2562 | 2468.2 |

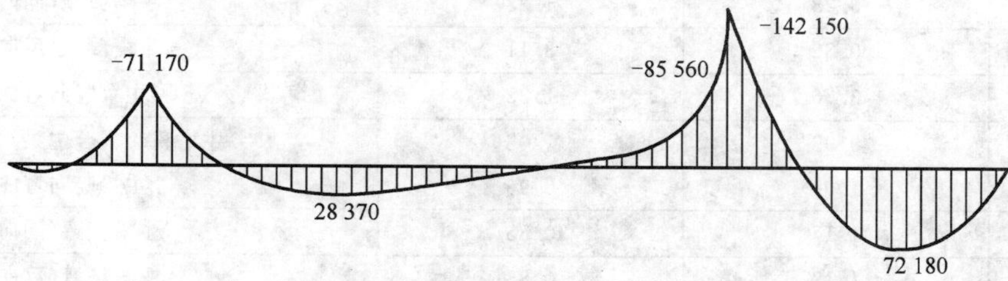


图 6 主梁恒载弯矩图(kN·m)

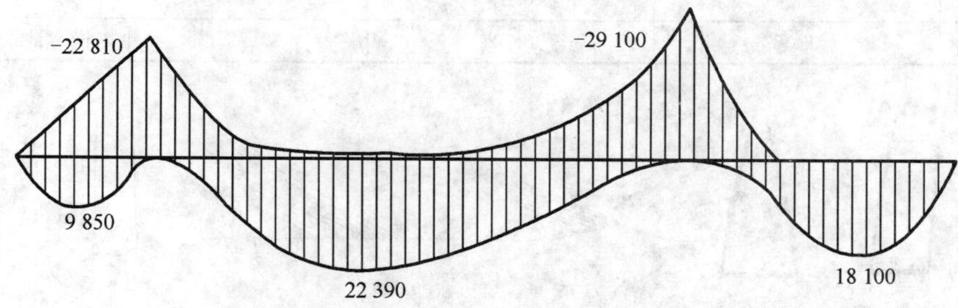


图 7 主梁活载弯矩包络图(kN·m)

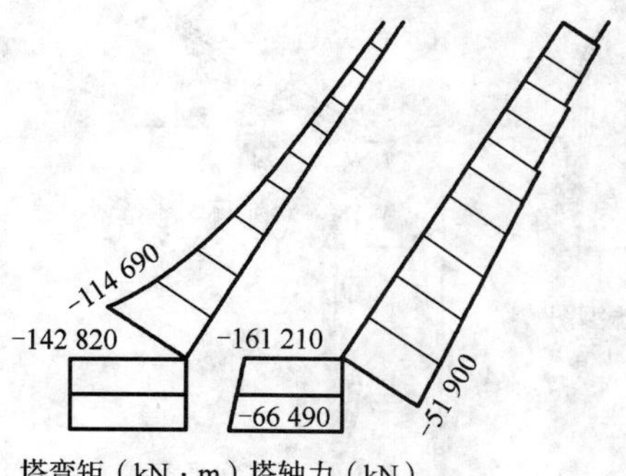


图 8 塔恒载内力图

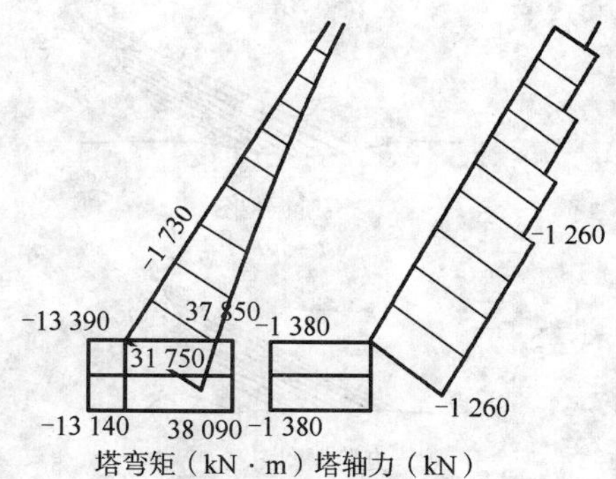


图 9 塔活载内力包络图

控制点位移值(mm) 表4

| | 塔顶(水平) | 塔顶(竖向) | 主跨跨中(竖向) | 60m跨跨中(竖向) |
|---|---|---|---|---|
| 恒载 | 25(往主跨) | 11 | −90 | −78 |
| 活载 | 15(往主跨) | −1 | −55 | −17 |

## 5 动力特性分析

动力特性分析是研究斜拉桥动力行为的基础,其自振特性决定其动力反应的特性,分析斜拉桥自振特性意义重大。由于空间斜拉桥的存在,斜拉桥的侧向弯曲和扭转强烈的耦合在一起,其结果是几乎不存在单纯的扭转振型,而只有侧向弯曲为主兼有扭转的振型,或者以扭转为主兼有侧向弯曲的振型,因此对斜拉桥的动力分析必须采用三维空间模型。

用模态分析可确定结构的固有频率(自振频率)和振型。固有频率和振型是结构动力计算中的重要参数。桥梁的自振特性反应了桥梁结构自身固有的动力性态。本桥采用子空间法进行模态分析。

全桥空间模型前十阶自振频率及振型见表5及图10。

前十阶振型表 表5

| 序号 | 自振频率(Hz) | 周期(s) | 主要振型说明 |
|---|---|---|---|
| 1 | 0.23 | 4.28 | 主塔侧倾(同向) |
| 2 | 0.32 | 3.11 | 主塔侧倾(反向) |
| 3 | 0.76 | 1.32 | 主梁竖向弯曲 |
| 4 | 0.93 | 1.08 | 主塔扭转耦合主梁同向扭转 |
| 5 | 1.04 | 0.96 | 主梁竖向弯曲 |
| 6 | 1.17 | 0.85 | 主塔横弯(同向) |
| 7 | 1.17 | 0.85 | 主塔横弯(反向) |
| 8 | 1.87 | 0.53 | 主梁梁竖向弯曲 |
| 9 | 2.04 | 0.49 | 60m跨梁竖弯 |
| 10 | 3.08 | 0.32 | 主塔横弯曲 |

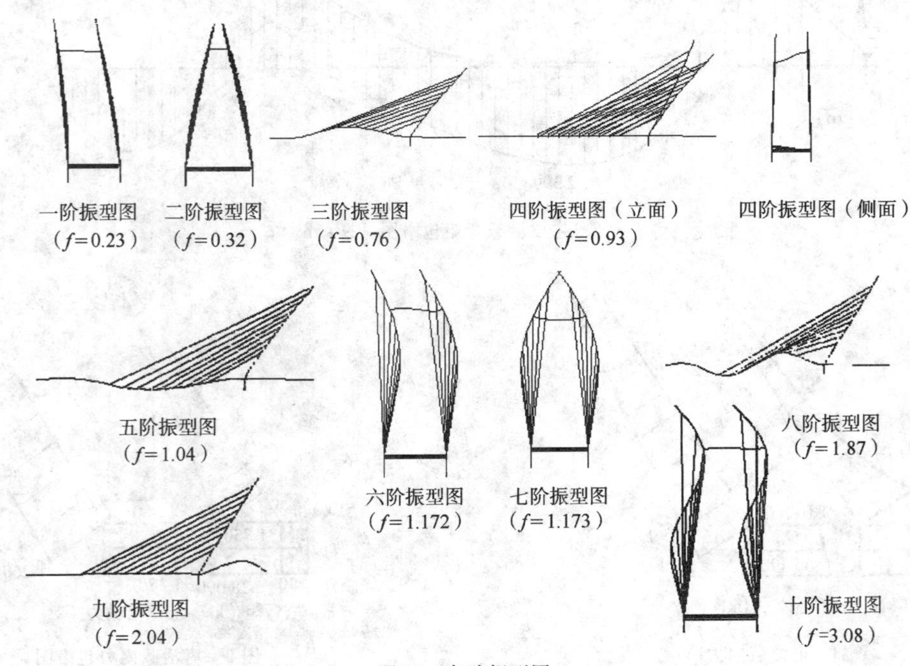


图10 各阶振型图

从常金大桥前十阶振型图及自振频率分析可以看出:无背索斜塔斜拉桥不同于一般的斜拉桥,它的基频比其他斜拉桥要大得多,主要是因为这类桥型靠斜塔的重力平衡主梁的重力下挠,它的梁高与跨度比相对来说比较大,所以刚度大,其基频大,周期小。第1阶振型表现为斜塔横向面外的振动,说明斜塔刚度比主梁的弱;面外和面内振动频率分别为4.28Hz和3.11Hz,因为该斜塔斜拉桥主梁的横截面要比常规斜拉桥大,而且主梁的高跨比较大,因此该桥面外的稳定性强于面内稳定性;第4阶出现了斜塔的扭转,第6、7阶又出现了斜塔的侧弯,说明斜塔塔柱刚度比较小,其中塔的扭转振型对斜拉桥的颤振影响较大,在进行抗震分析时要充分考虑这部分的影响;在前十阶主要振型中,没出现主梁的扭转振型,说明主梁结构的扭转刚度较大,与截面为单箱三室全闭口截面,具有较大的扭转刚度相符。

## 6 结语

通过对常州常金大桥空间有限元分析,得出如下一些结果:

(1)由于梁的自重主要靠塔的自重来平衡,而不同于普通斜拉桥可以增大索的拉力来支撑梁,所以无背索斜拉桥的跨径不能太大,否则主塔过于庞大,另外,对于无背索斜拉桥,主梁一般采用钢结构或者钢混凝土组合梁,使得梁自重较小。

(2)无背索斜塔斜拉桥不同于一般的斜拉桥,它的基频比其他斜拉桥要大得多,主要是由该桥型决定的。因为这类桥型靠斜塔的重力并通过合理索力平衡主梁的重力下挠,达到力的平衡,因此结构不能太柔,梁高与跨度比比较大,所以刚度大,基频也大。第一阶振型表现为斜塔横向面外的振动,说明斜塔刚度比主梁弱。

### 参考文献

[1] 周孟波.斜拉桥手册[M].北京:人民交通出版社,2004.

[2] 王伯惠.斜拉桥结构发展和中国经验[M].北京:人民交通出版社,2003.

[3] 李国豪.桥梁结构稳定和振动[M].北京:中国铁道出版社,1992.

[4] 项海帆.高等桥梁结构理论[M].北京:人民交通出版社,2001.

# 新龙大桥钢桁拱公路桥制造工艺探讨

邵联银　刘郴承

（江苏育通交通工程咨询监理有限责任公司）

**摘　要**　作者通过新龙大桥钢结构制作实践，较详细地阐述了钢桁拱制作工艺。

**关键词**　钢桁拱　数控切割　组装　埋弧焊　数控钻孔　试装

京杭运河常州市区段改线工程 JHCZQ-5 标新龙大桥为钢桁拱结构式公路桥，于 2006 年 2 月至 5 月在中铁山桥集团进行工厂制造，我们对该桥钢结构的加工制作进行了全过程监理，这是我们多年公路工程监理以来新开拓的钢结构工程领域，填补了以往的空白。由于钢结构制造安装涉及的面比较广，现主要就该桥的钢结构工厂制造工艺进行论述，作为我们对钢结构加工制作的一点收获与体会，有必要加以总结，对今后我公司的桥梁钢结构工程监理将起到一定的指导作用与参考价值。

## 1　工程概况

常州市新龙大桥正桥钢梁为 30.56m＋100m＋30.56m 三跨连续钢桁拱桥，钢梁全长 161.12m，两侧边跨为平弦桁梁，中跨为刚性拱柔性梁的钢桁拱桥（图 1）。

图　1

边跨主桁桁式采用有竖杆的三角形桁式，主桁桁高 9.5m，桁宽 25m，节间长度 5m：中间支点处设加劲弦，加劲腿高 6m，加劲腿的设置增加了支点处主梁桁高，以改善结构受力条件。同时与钢桁拱拱肋下弦匀顺过渡连为一体：中跨钢桁拱桥拱肋采用变高度 N 形桁架，中间支点处桁高 17.2m（包括加劲腿高度），跨中拱肋桁高 3m，拱顶至桥面高度 20m。矢高 27.5m（拱肋桁架中心距），矢跨比 3.64，拱肋桁架上下弦拱轴线分别采用不同的圆曲线，上弦拱轴线与边跨平弦轴线采用圆曲线匀顺过渡。两拱脚之间设钢系杆，以承受拱肋产生的巨大水平力，同时作为公路行车系。拱肋与系杆之间采用吊杆连接，吊杆最大长度 20m。全桥总重 1 930t，采用 Q345qD 材料，技术条件符合《桥梁用结构钢》GB/T 714—2000 要求。

## 2　主要制造工艺

### 2.1　下料及加工

（1）板件下料前须赶平，以消除钢板的轧制变形和内应力，从而减少制造中的变形，保证板件平面度。

（2）作样和号料应根据施工图和工艺文件进行，并按要求留出加工余量及焊接收缩量。样板、样杆必须写明零件号、材质、规格、数量等。

(3)所有零部件优先采用精密切割(数控、自动、半自动),手工气割及剪切仅适用于工艺特定及切割后仍需加工的零部件。

(4)零件应磨去边缘的飞刺、挂渣,使断面光滑匀顺。非焊接边缘均做磨倒角处理,倒角半径为1～2mm。

(5)为验证程序的正确性,对于批量采用数控切割下料的首件必需经严格检验合格后,方可继续下料。

**2.2 零件矫正**

(1)下料后,板件要进行赶平处理,平面度每米控制在1mm以内,窄长板件进行调直处理,长度≤8m的板条直度控制在3mm内,长度>8m的板条直度控制在4mm内。

(2)零件矫正宜采用冷矫,矫正后的钢材表面不应有明显的凹痕或损伤。

(3)热矫正,加热温度控制在600～800℃,严禁过烧;热矫后的零件应缓慢冷却,降至室温前,不得锤击钢材。

**2.3 组装**

1)一般要求

(1)组装前应熟悉施工图纸和工艺文件,核对编号与图纸无误方可组装。

(2)组装前必须彻底清除浮锈和油污。

(3)采用自动焊的焊缝端部焊接引板,引板的材质及坡口与正式焊件相同。

(4)组装胎架每次组装前均进行复检,确认合格方可继续使用。

(5)组装合格后的杆件,应在规定部位打上编号钢印。

2)针对不同的杆件确定相应的定位基准,对于采用先孔法的杆件,组装时必须以孔定位。

**2.4 焊接**

1)焊接工艺评定

在杆件制造前,根据焊缝的接头形式、板厚、材质编制焊接工艺评定任务书,进行焊接工艺评定试验,并整理焊接工艺评定报告,根据评定结果编制焊接工艺。

2)一般要求

(1)焊工须经相应的考试,取得资格证书方可上岗,焊工必须持证上岗,并按规定进行与其等级相应的焊接工作,严禁无证上岗。

(2)焊接作业应在室内进行,保证环境温度5℃以上,相对湿度80%以下。主要杆件在组装后24h内焊接。

(3)焊接材料由专用仓库储存,按规定烘干、登记领用。烘干后的焊条应放在专用保温桶备用;焊剂中的脏物,焊丝上的油锈等必须清除干净,$CO_2$气体纯度应大于99.5%。

(4)焊接人员须严格执行焊接工艺规程,不得随意变更焊接规范参数。主要焊缝焊后按规定进行焊接记录。

(5)焊接设备应处于完好状态,电流表和电压表应通过计量检定。

3)焊前准备

(1)核对焊接部件,熟悉有关图纸和工艺文件。

(2)检查并确认使用的设备工作状态正常,仪表工具良好、齐全。

(3)清除待焊区铁锈、油污、水分等有害物。对工艺要求预热焊接的杆件进行预热,预热范围对焊缝两侧50～80mm,预热温度满足工艺要求。

4)定位焊

(1)定位焊前应按图纸及工艺方案检查焊件的几何尺寸、坡口尺寸、焊缝间隙、焊接部位的清理情况,如不合格不得定位焊。

(2)定位焊不得有裂纹、夹渣、焊瘤、焊偏、弧坑未填满等缺陷,咬边深度不得大于0.5mm。

5)焊接过程

(1)埋弧自动焊、半自动焊焊接的部位应焊引弧板及引出板,引板的材质、坡口要与杆件相同,引板的长度应在80mm以上。

(2)埋弧自动焊回收焊剂距离应不小于1m,埋弧半自动焊回收焊剂距离应不小于0.5m,焊后应待焊缝稍冷却后再敲去熔渣。

(3)埋弧自动焊施焊时不应断弧,如果出现断弧则必须将停弧处刨成1:5斜坡再继续搭接50mm施焊,焊后将搭接部分修磨匀顺。

(4)焊接时须按焊接工艺中规定的焊接位置、焊接顺序及焊接方向施焊,有磨光顶紧要求的肋板,应从顶紧端开始向另一端施焊。

(5)施焊期间,多层焊的每一道焊后,必须将所有熔渣清除干净,将焊缝及附近母材清扫干净,再焊下一道。

(6)焊后引板焰切切掉,不得锤击。

6)焊缝检验

(1)焊缝外观检查:所有焊缝均匀在全长范围内进行外观检查,焊缝不得有裂纹、夹渣、未熔合、未填满弧坑和焊瘤等缺陷,并符合焊缝外观质量标准规定。

(2)焊缝内部质量无损检验:经外面检验合格后,焊缝方能进行无损检验,焊缝无损检验必须在焊接24h后进行。

(3)焊接产品试板要进行接头拉伸、接头弯曲、焊缝金属冲击试验,以此检验焊接工艺的执行情况,监控实际生产中的焊接质量。

**2.5 杆件矫正**

(1)冷矫时应缓慢加力,室温不宜低于50℃,冷矫总变形量不得大于2%。

(2)热矫的加热温度控制在600~800℃,不宜在同一部位多次重复加热。

**2.6 制孔**

(1)所有节点板均采用平板数控钻床钻孔,拼接板采用平板数控或样板钻孔。

(2)杆件的螺栓孔采用龙门数控钻床钻制,确保钻制精度。

(3)每批杆件的首件钻孔必须经专检人员检查,确认孔径及孔距均符合设计要求后方可继续进行。

(4)螺栓孔应成正圆柱形,孔壁表面粗糙度$R_a \leqslant 25\mu m$,孔缘无损伤不平,无刺屑。

(5)螺栓孔距偏差应符合标准的规定。

**2.7 厂内试拼装**

(1)检验合格的杆件涂装前进行预拼装,以检验钢梁的制造质量,确保工地一次安装合格。

(2)主桁、桥面系、平联、横联、桥门等分别进行试拼装,控制钢梁的几何尺寸及栓孔重合率等。

(3)试装在测平的台凳上进行,杆件处于自由状态。台凳支点处有基础构造,避免局部沉降影响试装。

(4)钢梁杆件摆放拼装后用水平仪对钢梁拼装平面进行测平,并用顶镐对超差点进行微调。

(5)试装时各孔群所用冲钉数量不少于栓孔总数的10%,螺栓不少于栓孔总数的20%,螺栓拧紧后使板层密贴。

(6)钢梁拼装完并调整好后,逐一检查钢梁拱度、几何尺寸、全长直线度、栓孔重合率等规定项点,并做好试装纪录。

(7)钢梁试装主要尺寸应符合标准的规定。

**2.8 涂装**

1)表面处理

(1)成品杆件表面采用磨料(铜矿砂、钢砂、钢丸)喷砂或抛丸除锈处理,表面清洁度等级应达到《涂装前钢材表面锈浊等级和除锈等级》(GB 8923—88)标准规定的 Sa3 级，粗糙度达到 $R_z=40\sim70\mu m$。

(2)表面喷砂或抛丸处理后，清洁度及粗糙度合格后进行表面涂装。

2)高强度螺栓栓合面抛丸或喷砂除锈后喷涂无机富锌防锈防滑涂料，出厂时的抗滑移系数保证不小于 0.55，现场安装时不低于 0.45。为避免运输过程中划伤，出厂前对栓合面进行包装防护。

3)涂装要求与检测

(1)涂装采用无气喷涂技术，确保涂层质量。栓孔处涂层采取防护措施，保证栓接面不受污染。

(2)对于边角、孔隙等部位先进行预涂，较小表面采用刷涂法进行涂装。

(3)涂装作业严格按涂装施工工艺和涂料说明书的要求进行。

(4)涂层检测的主要指标为外观质量、厚度和附着力。漆膜外观，采用目视法检查。外观应颜色均匀，无漏涂、无流挂、无起泡等缺陷。漆膜厚度要求采用 85—15 规则，附着力采用划格法进行检验，应达到 1 级以上。

(5)涂装检测工具保证都在检定周期内。

(6)钢梁制造完成后，对高强度螺栓栓合面进行包装，避免受潮划伤，并按设计图编号，结合工厂施工图进行杆号喷涂标识，标识位置放在钢梁腹板非连接部位且醒目位置。

**参考文献**

[1] 京杭运河常州市区段改线工程施工图设计第二册桥梁工程第五册淹城大桥(一).

[2] 中华人民共和国标准. TB 10212—98 铁路钢桥制造规范.

[3] 中华人民共和国标准. JTJ 041—2000 公路桥涵施工技术规范.

[4] 中华人民共和国标准. GB 50205—2001 钢结构工程施工质量验收规范.

[5] 中华人民共和国标准. JTG F80/1—2004 公路工程质量检验评定标准(桥梁).

[6] 中华人民共和国标准. YB(T)10—81 桥用低合金高强度结构钢.

[7] 中华人民共和国标准. TB/T 1527—1995. 铁路钢桥保护涂装.

# 平陵大桥钢—混凝土组合梁施工挠度分析

陈经伟

（同济大学桥梁工程系）

**摘　要**　介绍了平陵大桥钢—混凝土组合连续梁的设计施工特点和施工过程，在不考虑滑移状态下进行模型计算，对主梁两次落架挠度的理论计算和实际测量进行对比分析。

**关键词**　钢—混凝土组合连续梁　落架挠度　分析

## 1　工程概况

312 国道改线段、原 312 国道和常州市西绕城公路交汇于常州市武进区平陵镇施桥村，常州市西绕城公路在此设置 G312 互通。平陵大桥在原 312 国道北侧 217m 左右（沿航道中心线）跨越京杭运河，桥梁与航道中心的交叉桩号为 K3＋807.12，桥梁与航道夹角 96.2°（航道前进方向右侧的角度）。桥梁西侧通过 G312 互通接 312 国道改线段；东侧接棕榈路，通过运东路连接到原 312 国道上。

平陵大桥主桥采用（71m＋110m＋71m）三跨变截面连续钢—混凝土组合梁，桥面宽度 33.5m。主跨箱梁由预应力钢筋混凝土桥面板与钢梁组合而成，箱梁跨中高度为 2.6m，墩顶处高 5.2m，梁高按照二次抛物线变化。钢梁为变高度 U 形断面，采用双箱单室，桥面设 2％的单向横坡，通过内外侧腹板高度来调整，箱梁底板在横桥向保持水平。钢梁顶板宽 600mm，厚度为 25mm。钢梁底板宽 4 350mm，厚度根据受力区域不同，分别为 30mm 和 40mm（钢板在箱梁外侧对齐），其加劲肋也根据受力区域不同而采取不同形式，在墩顶两侧各 23.5m 的长度范围内，采用 Ⅱ 形式，其他区域为扁钢加劲肋。在箱梁纵向每隔 3～4m 设置一实板式横隔板，每隔 10～14m 在 2 片箱梁中间设一横梁，将两箱梁连成空间结构，以避免偏载造成钢梁和混凝土桥面板受力不利。桥面板采用 C50 无收缩预应力钢筋混凝土。图 1 为主桥立面图。

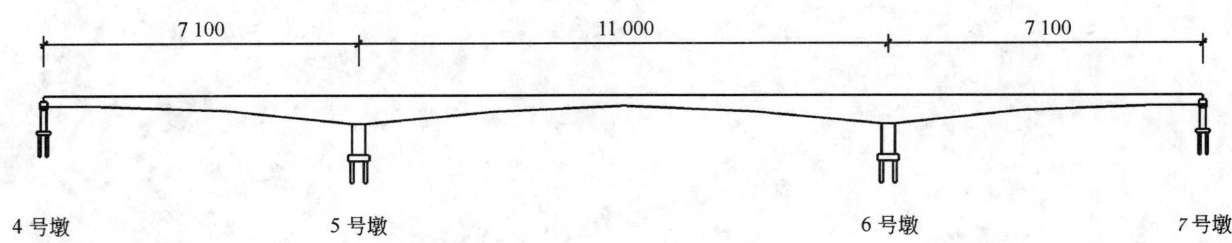


图 1　平陵大桥主桥立面图（尺寸单位：cm）

该桥的新颖之处：

（1）采用 110m 跨径钢混组合梁，跨度为国内之首，设计、施工都具有一定的难度性。

（2）设计上采用面板内有黏结预应力技术，且钢绞线通长束 253m，施工存在穿束、张拉和注浆的施工困难。

（3）通过施工过程中的体系转换调整结构内力分布。

（4）钢箱梁桥面板混凝土和钢箱梁结合处的剪力钉群预留孔处填充料无收缩 C65 砂浆，国内没有使用过如此高强度等级的无收缩砂浆，配合比属科研项目。

(5)此桥设计为在翼板上每间隔1m布置20根剪力钉群。剪力钉群受力要求,无相关数据可供参考,剪力钉群的抗剪力能力属科研项目。

## 2 施工监控中不确定因素

该桥的施工流程如下:

(1)架设临时支墩;

(2)吊装焊接钢箱梁;

(3)卸去千斤顶、钢梁第一次落架;

(4)回顶千斤顶;

(5)浇筑第一批混凝土到龄期后张拉第一批预应力;

(6)浇筑第二批混凝土到龄期后张拉第二批预应力;

(7)浇筑第三批混凝土到龄期后张拉第三批预应力;

(8)浇筑第四批混凝土到龄期后张拉第四批预应力;

(9)浇筑剪力钉预留孔、到龄期后拆除所有支墩;

(10)完成桥面铺装及附属设施。

(JTJ 023—85)规范规定短期荷载作用下受弯构件的刚度对于全预应力混凝土构件采用0.85$E_h$,其中$E_h$为混凝土的割线弹性模量,$I$为构件换算截面惯性矩。此规定的实质即对于全预应力混凝土构件在短期荷载作用下受弯构件混凝土的弹性模量采用0.85$E$。由于混凝土弹性模量的取值大小对于结构的计算分析有非常重要的作用,而施工现场混凝土弹性模量试验要做到试块的受力与真实构件的受力相一致,这实质上有很大的困难,从而一般导致试验得到的混凝土弹性模量数值偏大。

构件实际尺寸与其设计理论值可能因模板放样误差、混凝土浇筑引起的模板走样以及横向坡度的控制等产生一定的偏差,而这种偏差将导致结构截面的几何特征、恒载与理论计算值存在偏差。因而,一般要求在节段施工完成后进行截面尺寸校核以便修正结构截面几何特征。

施工过程中由于各种机械设备、材料等一些临时荷载的存在,而这些在设计计算时是无法知道的,必须根据现场实际情况考虑。因此,现场施工监控计算时将这些临时荷载按照实际工况加载,其加载时间、加载位置尽量和施工顺序做到一致。

由于混凝土桥面板纵向预应力的张拉采用两端同时张拉程序,实际的操作过程要做到两端同步张拉是极其困难的,所以,实测的预应力钢束引伸量通常与设计理论值有较大的出入。因此,必须确保预应力张拉的同步到位,并改进预应力的张拉工艺。

预应力管道的摩阻系数以及预应力管道的定位直接影响预应力损失,对于钢—混凝土连续组合梁来说,其负弯矩区混凝土桥面板的应力控制极其重要,该桥设计采用张拉预应力方案,且最大张拉长度达到252m。因此,预应力实际的损失大小必然影响到负弯矩区桥面板的应力状态。

混凝土收缩徐变的影响因素较多,故在建立结构模型时应把一些确定性的因素估计正确,如加载时间、临时荷载、永久荷载等。然后可以根据节段混凝土浇筑后养护期控制点高程变化获得其实际的影响。特别值得一提的是,由于该桥为钢—混凝土组合梁,成桥后,收缩徐变必然导致内力的重新分配问题。同时引起结构挠度的变化。

## 3 基础资料的试验

### 3.1 主桥桥面板试件弹模试验

如前所述,材料的弹性模量直接关系到结构的刚度。因此,计算时需根据现场试验数据取值,表1列出了桥面板混凝土强度和弹性模量的试验值。

桥面板混凝土强度和弹性模量试验值(MPa) 表1

| 桩 号 | 28d强度 | 28d弹性模量($\times10^4$) | 强度平均值 | 弹性模量平均值($\times10^4$) |
|---|---|---|---|---|
| K1+924.5~K1+965.5 | 40.3 | 3.8 | 46.73 | 3.73 |
| | 48.7 | 3.6 | | |
| | 51.2 | 3.8 | | |
| K2+011.5~K2+034.5 | 46.9 | 3.6 | 48.87 | 3.73 |
| | 50.3 | 3.8 | | |
| | 49.4 | 3.8 | | |
| K2+075.5~K2+088.5 | 47.8 | 3.5 | 49.80 | 3.50 |
| | 50.2 | 3.5 | | |
| | 51.4 | 3.5 | | |
| K1+911.5~K1+924.5 | 51.2 | 3.7 | 50.13 | 3.63 |
| | 47.5 | 3.7 | | |
| | 51.7 | 3.5 | | |
| K1+965.5~K1+988.5 | 47.6 | 3.5 | 49.00 | 3.60 |
| | 49.1 | 3.6 | | |
| | 50.3 | 3.7 | | |
| K2+088.5~K2+104.5 | 45.7 | 3.7 | 48.67 | 3.60 |
| | 49.2 | 3.5 | | |
| | 51.1 | 3.6 | | |
| K1+895.5~K1+911.5 | 53.8 | 3.6 | 52.80 | 3.63 |
| | 51.7 | 3.6 | | |
| | 52.9 | 3.7 | | |
| K1+988.5~K2+011.5 | 53.3 | 3.7 | 53.00 | 3.60 |
| | 52.1 | 3.6 | | |
| | 53.6 | 3.5 | | |
| K2+034.5~K2+075.5 | 54.1 | 3.5 | 53.00 | 3.50 |
| | 53.9 | 3.5 | | |
| | 51.0 | 3.5 | | |
| K1+874.5~K1+895.5 | 54.4 | 3.5 | 52.70 | 3.53 |
| | 50.9 | 3.5 | | |
| | 52.8 | 3.6 | | |
| K2+104.5~K2+126.0 | 54.4 | 3.6 | 53.67 | 3.60 |
| | 53.0 | 3.6 | | |
| | 53.6 | 3.6 | | |

从上面试验数据可以看出28d的混凝土强度基本在40.3~54.4MPa之间,弹性模量基本在$3.5\times10^4$~$3.8\times10^4$MPa之间,与规范值稍有差别,计算时计入其影响,按照实际试验结果参照取值。

### 3.2 剪力钉孔砂浆试件强度试验

平陵大桥用科研项目组推荐的自密实砂浆配比进行了2批验证试验。试件规格为:40mm×40mm×160mm。其中第一批的试验中,对新拌砂浆的流动度进行了测定,结果26cm,完全达到了自密实(自流平）砂浆对流动度的要求。强度和尺寸试验的结果见两批试验(表2、表3、表4)。

第一批验证试验的抗压强度

表2

| 组号 | 时间(d) | 最大承载力(kN) | 强度值(MPa) | 强度平均值(MPa) |
|---|---|---|---|---|
| 1 | 7 | 146.6 | 91.6 | 89.7 |
| | | 144.8 | 90.5 | |
| | | 139.3 | 87.1 | |
| 2 | 14d水养+28d空气养 | 199.46 | 124.7 | 124.2 |
| | | 195.06 | 121.9 | |
| | | 201.5 | 125.9 | |
| 3 | 28 | 176.91 | 110.6 | 112.9 |
| | | 176.48 | 110.3 | |
| | | 188.38 | 117.7 | |

第一批第二组试样的尺寸随时间的变化

表3

| 试验编号 | 1d/mm | 14d/mm | 42d/mm | 42d尺寸变化率(%) |
|---|---|---|---|---|
| 1 | 159.37 | 159.51 | 159.39 | 0.013 |
| 2 | 159.52 | 159.7 | 159.61 | 0.056 |
| 3 | 159.54 | 159.71 | 159.57 | 0.019 |
| 平均 | | | | 0.029 |

第二批试验抗压强度

表4

| 组号 | 时间(d) | 最大承载力(kN) | 强度值(MPa) | 强度平均值(MPa) |
|---|---|---|---|---|
| 1 | 3 | 92.1 | 57.6 | 57.8 |
| | | 89.9 | 56.2 | |
| | | 95.4 | 59.6 | |
| 2 | 7 | 108.5 | 67.8 | 76.8 |
| | | 126.5 | 79.1 | |
| | | 133.8 | 83.6 | |
| 3 | 28 | 183.5 | 114.7 | 109.5 |
| | | 167.1 | 104.4 | |
| | | 182.5 | 114.1 | |
| | | 174.6 | 109.1 | |
| | | 165.8 | 103.6 | |
| | | 177.7 | 111.0 | |

由两批试验结果可以看到，砂浆 28d 的强度都超过了 100MPa，同时，砂浆对时间地点不是特别敏感，能够适应现场施工的需要。因此，不再另外考虑剪力钉孔处局部砂浆强度，而将其和其他混凝土视为一体，计算时统一按照 C50 混凝土考虑。

## 4　落架挠度对比分析

全桥采取两次完成落架，第一次落架时，结构为纯钢结构，第二次落架前，结构开始转换为组合结构，计算时采用平截面假定，不考虑钢与混凝土之间的滑移。

### 4.1　钢梁第一次落架

钢梁隔板以及横梁全部吊装、焊接完成后进行钢梁的第一次落架工作，根据现场资料，调整结构计算参数后，同时记入施工时各种临时荷载的影响，计算主梁的第一次、第二次的挠度，并进行误差分析(表 5)。

**左幅左侧钢箱梁第一次落架挠度分析表　单位(mm)**　　表 5

| 支墩编号 | 实际落架挠度 | | | 计 算 值 | 误 差 |
|---|---|---|---|---|---|
| | 测点 1 | 测点 2 | 平均值 | | |
| 起点 | −1 | 3 | 0 | 0.8 | −0.8 |
| 1 号支墩 | −12 | −19 | −15 | −22.3 | 7.3 |
| 2 号支墩 | −11 | −17 | −14 | −16.8 | 2.8 |
| 3 号支墩 | 6 | 4 | 5 | 4.3 | 0.7 |
| 4 号支墩 | 7 | 8 | 7.5 | 8.4 | −0.9 |
| 5 号支墩 | −8 | −8 | −8 | −13 | 5 |
| 6 号支墩 | −43 | −44 | −43.5 | −56.7 | 13.2 |
| 7 号支墩 | −101 | −99 | −100 | −108 | 8 |
| 8 号支墩 | −127 | −125 | −126 | −131 | 5 |
| 9 号支墩 | −103 | −102 | −102.5 | −108 | 6.5 |
| 10 号支墩 | −54 | −55 | −54.5 | −56.6 | 2.1 |
| 11 号支墩 | −11 | −13 | −12 | −13 | 1 |
| 12 号支墩 | 7 | 7 | 7 | 8.3 | −1.3 |
| 13 号支墩 | 3 | 5 | 4 | 4.2 | −0.2 |
| 14 号支墩 | −19 | −13 | −16 | −17 | 1 |
| 15 号支墩 | −26 | −20 | −23 | −22.4 | −1.4 |
| 终点 | −1 | 0 | −0.5 | 0.8 | −1.3 |

钢结构受力明确，理论计算和实际测量的结果基本一致，误差极小。

### 4.2　主梁第二次落架

第一次落架后用砂桶和砌块垫实钢梁和临时支墩之间的缝隙，然后按照顺序浇筑桥面板混凝土，每浇筑完成一段后，待混凝土达到龄期，立即进行预应力钢绞线的张拉，之后再接着浇筑下一段混凝土桥面板，如此循环，全部浇筑、张拉完成后，开始灌注剪力钉孔处砂浆，待砂浆强度达到设计要求后，全部拆除临时支墩，钢梁第二次落架，分析表见表6。

钢箱梁第二次落架挠度分析表　单位(mm)　表6

| 计算模型节点 | 第二次落架挠度实测值 | 第二次落架挠度计算值 | 第二次落架挠度误差值 |
|---|---|---|---|
| 17 | 76.5 | 52.7 | 23.8 |
| 33 | 85 | 63.2 | 21.8 |
| 49 | 76.5 | 40.6 | 35.9 |
| 65 | 20 | 12.5 | 7.5 |
| 79 | 10.5 | 1.5 | 9 |
| 95 | 35.5 | 22.1 | 13.4 |
| 111 | 42 | 50 | −8 |
| 127 | 46 | 63 | −17 |
| 143 | 35.5 | 52 | −16.5 |
| 159 | 20 | 26.3 | −6.3 |
| 175 | 10.5 | 4 | 6.5 |
| 189 | 19 | 0.7 | 18.3 |
| 205 | 38.5 | 21 | 17.5 |
| 221 | 64.5 | 47.8 | 16.7 |
| 237 | 61 | 44.1 | 16.9 |

第二次落架时，结构已经形成组合截面，且只在剪力定孔处结合(其他位置铺设一层1cm的橡胶垫层)。计算时不考虑钢—混凝土之间的滑移效应，采用平截面假定弹性理论，从上述的计算结果来看，理论计算和实测数据相比，基本呈跨中计算挠度偏大、边跨计算挠度偏小的趋势，但总体上来说基本吻合，误差较小。

## 5　结语

该桥巧妙地利用橡胶垫层和剪力钉群钉技术，钢梁分两次完成落架工作，钢梁先承担自重第一次落架，形成组合截面后完成地二次落架。根据试验数值合理地取用结构参数，并结合现场实际加载情况，按照施工流程计算。总体上来说，该桥按照平截面假定理论计算的落架挠度理论值和实际测量值比较接近。

**参考文献**

[1] 石雪飞，项海帆. 斜拉桥施工控制方法的分类分析. 同济大学学报 2001 Vol. 29 No. 1 P. 55-59.

[2] 石雪飞. 斜拉桥结构参数估计及施工控制系统[D]. 1999.

# 东方大桥施工监控关键技术研究

严圣友　章世祥　王立新　罗传兵

（江苏省交通规划设计院有限公司）

**摘　要**　东方大桥主桥是一主跨120m的中承式钢管混凝土提篮拱桥，本文主要分析研究了该桥施工监控过程中一些关键技术问题：预拱度设置、拱肋内混凝土的灌注顺序、索力误差调整，为该类桥梁的施工监控提供参考。

**关键词**　钢管混凝土　提篮拱桥　预拱度　索力

## 引言

连续梁拱组合体系桥梁兼顾拱桥和梁桥的特点，施工工艺比较复杂，特别对于主拱采用钢管混凝土结构的连续梁拱组合体系桥梁。连续梁拱组合体系桥梁与其他自架设体系桥梁，如斜拉桥不同，结构的线形和应力不能在成桥后再作调整，也不能像连续梁桥或连续刚构桥，节段高程在浇筑阶段可做调整。连续梁拱组合体系桥梁在整个施工过程中拱轴线调整是非常有限的。而不同的施工方法、材料性能、施工(加载)程序又直接影响成桥后的线形和受力，同时施工现状与设计的假定总存在差异，必须在施工中采集必要的数据，通过计算、识别、过滤，给予调整，确保桥梁在成桥后的结构受力和线形满足设计要求。

东方大桥是京杭运河常州市区段改线工程中的一座大桥，主桥采用中承式连续梁拱组合体系，拱肋采用提篮式钢管混凝土结构。施工中先采用竖向转体施工的方法架设空钢管，灌注钢管混凝土，满堂支架现浇系梁，张拉部分预应力钢束，再张拉吊杆，最后拆除系梁满堂支架，张拉系梁中剩余的预应力钢束，桥面系施工。东方大桥主桥的施工复杂性带来施工监控的难度，本文主要对东方大桥施工监控中的几个关键性技术问题进行分析研究，为该类桥梁的施工监控提供参考。

## 1　工程概况

东方大桥主桥采用连续梁拱组合体系，为120m跨径中承式带飞燕的钢管混凝土提篮拱桥，一孔跨越京杭运河(图1)。拱轴线为二次抛物线，理论拱轴线拱脚水平距离为120m，矢高为32m，矢跨比为1∶3.75；拱脚横向间距为29.4m，主拱内倾角14度，飞燕内倾角18度。拱肋采用哑铃型钢管混凝土结构，单肢拱肋为直径1.1m的钢管，哑铃型截面宽1.1m，高2.5m。钢管及腹腔内内填C50微膨胀混凝土。拱肋钢管采用Q345qC。系梁采用刚性结构，一侧内置8根15-22的预应力束，预应力管道埋设于主梁中使其成为整体。主梁采用整体式现浇预应力混凝土梁，为双箱格梁系构造。主梁梁高为1.8m。横梁间距为5m，宽40cm。吊杆采用5-241异型成品索。

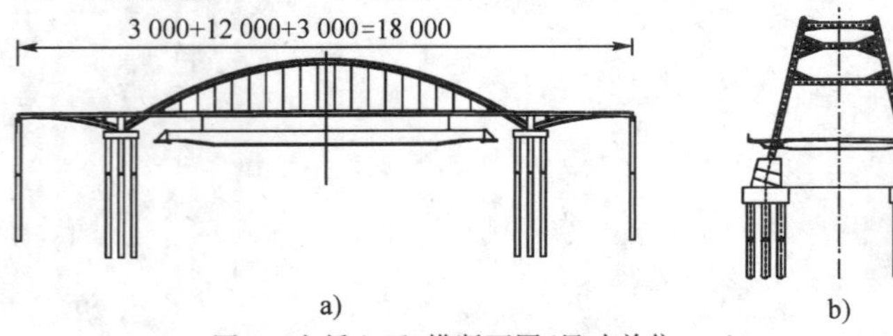


图1　主桥立面、横断面图(尺寸单位：cm)
a)主桥立面图；b)主桥横断面图

## 2 施工仿真计算

结构计算软件采用 MIDAS/Civil V6.7.0。

东方大桥主桥拱肋采用哑铃型钢管混凝土的结构类型，目前对于钢管混凝土的模拟计算一般采用换算截面法，即将钢管混凝土根据刚度等效的原则换算为钢或混凝土，以换算为混凝土为例公式如下：

$$A=A_c+nA_s$$

$$I=I_c+nI_s$$

$$n=\frac{E_s}{E_c}$$

$$\gamma=\frac{\gamma_c\cdot A_c+\gamma_s\cdot A_s}{A}$$

式中，$A$、$I$、$\gamma$ 分别为钢管混凝土组合材料全部等效为混凝土后的面积、惯性矩以及重度；$A_c$、$I_c$、$E_c$ 分别为混凝土的面积、惯性矩以及弹性模量；$A_s$、$I_s$、$E_s$ 分别为钢管的面积、惯性矩以及弹性模量。

然而，在施工过程中，钢管混凝土拱肋是按照先形成空钢管骨架——灌注下弦管内的混凝土——灌注上弦管内的混凝土——灌注腹腔内混凝土的顺序形成的，显然用上述换算截面的方法很难模拟钢管混凝土逐步生成的过程。

根据东方大桥主桥结构以及施工的特点，施工过程的仿真计算建立两个模型(如图 2～图 4 所示)：一、单独模拟拱肋形成的过程，首先是转体施工空钢管，接着是灌注下弦管内的混凝土，然后灌注上弦管内的混凝土，最后灌注腹腔内的混凝土；二、根据施工过程建立全桥的模型，模型中钢管混凝土拱肋一次性生成，采用换算截面法模拟；将模型一的结果叠加到模型二即得真实的结果。

模型一：

(1)转体施工拱肋空钢管

(2)成拱后灌注混凝土

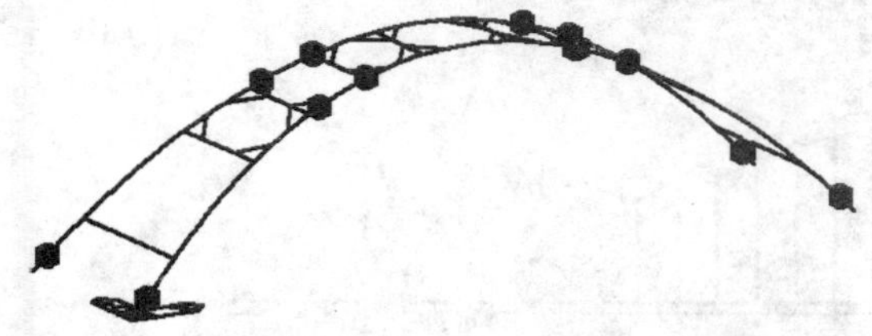

图 2 转体施工空钢管模型图

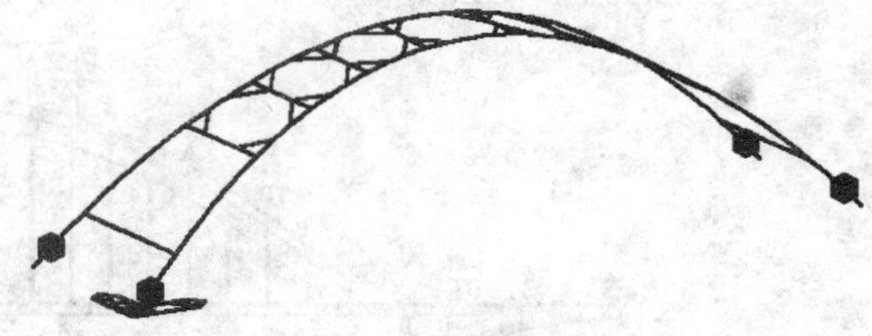

图 3 成拱后灌注混凝土模型图

模型二：

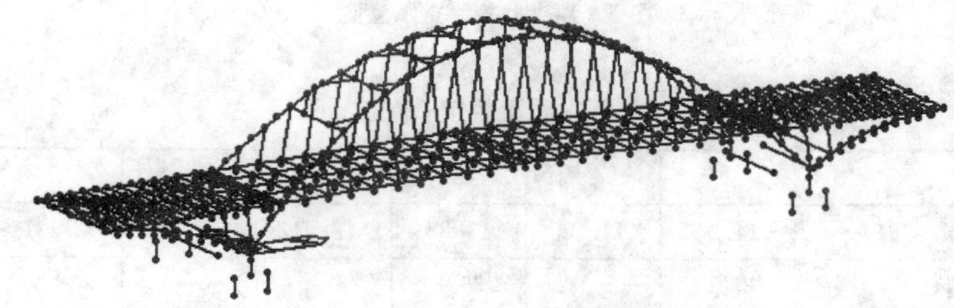

图 4 全桥模型图

## 3 预拱度设置

### 3.1 预拱度设置依据

现行桥梁规范中对预拱度的设置有以下几点：

(1)《公路圬工桥涵设计规范》(JTG D61—2005)第 5.3.1 条 拱桥应设置施工预拱度。预拱度应根据施工条件,按主拱圈的弹性与非弹性下沉、拱架的弹性与非弹性下沉、墩台位移、温度变化及混凝土收缩和徐变等因素产生的挠度曲线反向设置。

(2)《公路钢筋混凝土及预应力混凝土桥涵设计规范》(JTG D62—2004)第6.5.5条

①钢筋混凝土受弯构件

a.当由荷载短期效应组合并考虑荷载长期效应影响产生的长期挠度不超过计算跨径的1/1 600时,可不设预拱度;

b.当不符合上述规定时应设预拱度,且其值应按结构自重和1/2可变荷载频遇值计算的长期挠度值之和采用。

②预应力混凝土受弯构件

a.当预加应力产生的长期反拱值大于按荷载短期效应组合计算的长期挠度时,可不设预拱度;

b.当预加应力的长期反拱值小于按荷载短期效应组合计算的长期挠度时应设预拱度,其值应按该项荷载的挠度值与预加应力长期反拱值之差采用。

### 3.2 东方大桥预拱度设置原则

东方大桥为钢管混凝土连续梁拱组合体系桥梁,现行规范中没有针对该类桥梁的预拱度设置的规定,根据东方大桥的设计特点,作如下考虑:

(1)参照《公路圬工桥涵设计规范》(JTG D61—2005),设置预拱度,预拱度按最后一个施工阶段计算的挠度曲线,反向设置;

(2)参照《公路钢筋混凝土及预应力混凝土桥涵设计规范》(JTG D62—2004)中的钢筋混凝土受弯构件,荷载短期效应组合并考虑荷载长期效应影响产生的长期挠度为54mm,小于75mm(跨径的1/1 600),故不需要设置预拱度。

综合以上几种情况,对东方大桥设置预拱度,预拱度按最后一个施工阶段计算的挠度曲线反向设置。

### 3.3 东方大桥预拱度设置计算

东方大桥的预拱度设置值见表1、表2,预拱度控制点示意图见图5。

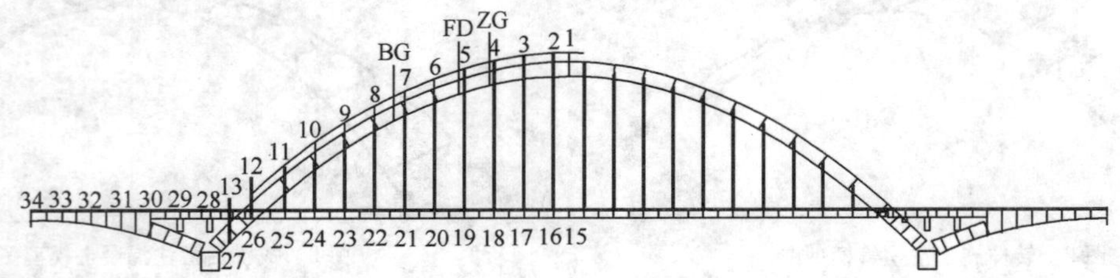


注:图中ZG表示中间大段搁置点,FD表示大段分段点,BG表示边大段搁置点。

图5 预拱度控制点示意图

东方大桥拱肋预拱度(单位:mm) 表1

| 控制点 | 1 | 2 | 3 | 4 | ZG | 5 | FD | 6 |
|---|---|---|---|---|---|---|---|---|
| 转体中的变形值 | 14.24 | 14.20 | 13.83 | 12.91 | 12.60 | 11.31 | 10.44 | 12.09 |
| 预拱度 | 35.5 | 35.4 | 35.8 | 37.4 | — | 38.7 | — | 39.1 |
| 支点抬高后的相对变形值 | 2.93 | 2.89 | 2.52 | 1.60 | 1.29 | 0.00 | 0.00 | 3.05 |
| 一次落架变形值 | 1.24 | 1.3 | 1.72 | 2.38 | 2.54 | 3.18 | 3.27 | 3.9 |
| 预拱度修正值 | 1.69 | 1.59 | 0.80 | −0.78 | −1.25 | −3.18 | −3.27 | −0.85 |
| 控制点 | 7 | BG | 8 | 9 | 10 | 11 | 12 | 13 |
| 预拱度 | 38.9 | — | 36.6 | 31.9 | 26 | 18.4 | 9.8 | 3.6 |
| 转体中的变形值 | 13.10 | 13.19 | 13.07 | 12.06 | 10.12 | 7.35 | 3.83 | 0.00 |

续上表

| 控 制 点 | 1 | 2 | 3 | 4 | ZG | 5 | FD | 6 |
|---|---|---|---|---|---|---|---|---|
| 支点抬高后的相对变形值 | 5.36 | 5.91 | 6.62 | 6.91 | 6.26 | 4.79 | 2.57 | 0.00 |
| 一次落架变形值 | 4.46 | 4.57 | 4.65 | 4.45 | 3.87 | 2.93 | 1.56 | 0 |
| 预拱度修正值 | 0.90 | 1.34 | 1.97 | 2.46 | 2.39 | 1.86 | 1.01 | 0.00 |

东方大桥主梁预拱度(单位:mm) 表 2

| 控制点 | 15 | 16 | 17 | 18 | 19 | 20 | 21 | 22 | 23 | 24 |
|---|---|---|---|---|---|---|---|---|---|---|
| 预拱度 | 11.86 | 11.84 | 11.74 | 11.64 | 11.60 | 11.69 | 11.71 | 11.32 | 10.30 | 8.68 |
| 控制点 | 25 | 26 | 27 | 28 | 29 | 30 | 31 | 32 | 33 | 34 |
| 预拱度 | 6.84 | 5.07 | 4.47 | 4.53 | 4.98 | 3.78 | 2.54 | 1.80 | 1.40 | 0 |

## 4 拱肋内混凝土的灌注顺序

### 4.1 拱肋内混凝土灌注的原则

拱肋内混凝土灌注应确保结构安全,同时变形不能超过规范允许值。

### 4.2 东方大桥拱肋内混凝土灌注过程中的监测监控

(1)东方大桥拱肋内混凝土的灌注顺序

起初,施工单位制订的灌注方案是:先浇注下弦,次上弦,再浇腹箱混凝土。可实际在灌注过程中,由于种种原因,先灌注了北侧拱下弦管的混凝土。后来,通过监测监控并结合理论分析,确定了如下的灌注方案:北侧拱下弦管混凝土、南侧拱下弦管混凝土、南侧管上弦管、北侧管下弦管、腹腔内混凝土,由于实施了有效的监测监控,拱肋内混凝土灌注结束后,应力和变形的要求均满足规范要求。

(2)东方大桥拱肋内混凝土灌注过程中的监测监控

东方大桥是提篮拱桥,灌注混凝土过程中不对称灌注对变形的响应较为明显,如果不采取有效的控制,将会造成残余变形,表 3 列出各工况下变形的监测结果,由表 3 可以看出,通过采取合理的顺序进行灌注,最终拱肋的横向偏位值控制在 5mm 之内,远小于规范允许值 22mm。

东方大桥主拱肋灌注混凝土过程中横向偏位结果 表 3

| 测 点 位 置 | 横向偏位(mm) | | | | |
|---|---|---|---|---|---|
| | 灌注北侧拱下弦管后 | 灌注南侧拱下弦管后 | 灌注南侧拱上弦管后 | 灌注北侧拱上弦管后 | 灌注腹腔内混凝土后 |
| 常州侧南拱四分点 | 36 | 6 | −24 | −1 | 5 |
| 常州侧北拱四分点 | 36 | 7 | −24 | 2 | 3 |
| 南侧跨中 | 36 | 8 | −24 | −1 | — |
| 北侧跨中 | 34 | 5 | −22 | — | 2 |
| 武进侧南拱四分点 | 37 | 8 | −20 | 0 | 5 |
| 武进侧北拱四分点 | 31 | 1 | −29 | 4 | 3 |

注:向南偏为正,向北偏为负。

## 5 索力误差调整

东方大桥为中承式钢管混凝土提篮拱桥,吊杆采用 5-241 成品索。施工过程中由于施工支架、浇筑混凝土方量误差等因素的影响,很有可能会造成吊杆索力实测值和理论值误差较大。个别吊杆索力误差较大,对桥梁整体受力以及吊杆本身的受力都会产生不利影响,因此应对误差较大的吊杆索力进行调整,确保最终成桥后吊杆索力实测值和设计成桥索力值相吻合。

东方大桥在吊杆索力的张拉结束后出现索力实测值和理论值误差较大的情况，本文主要以此工况为例来阐述如何进行索力误差调整。

吊杆全部张拉结束后的索力结果图 6。从图 6 可以看出，吊杆索力实测值和理论值误差较大，有近 10 根吊杆的误差大于 20%。

吊杆索力的调整较为复杂，“牵一发而动全身”，调整其中的某一根吊杆，其他吊杆的索力值都会发生或大或小的变化，另外，调索过程中还要确保结构的安全。在综合各方面的因素后，决定将所有吊杆的索力实测值和理论值的误差调整控制到 20%以内，采取表 4 中所示的调索方式，表中详细给出了调索顺序和吊杆索力调整值。

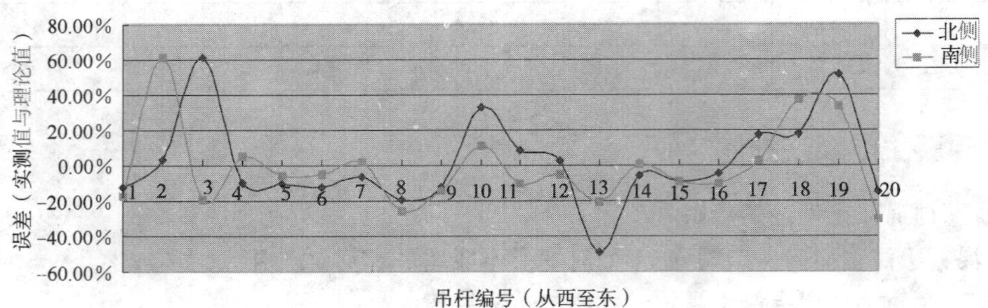


图 6 施工单位初调索后实测值与理论值误差示意图

**吊杆索力调整方式** 表 4

| 吊杆方位 | 常州北侧 | | | | | | | | | |
|---|---|---|---|---|---|---|---|---|---|---|
| 调索顺序 | | | 5 | | | | | | | 1 |
| 索力调整目标值(t) | | | 99 | | | | | | | 106 |
| 吊杆编号 | 10 | 9 | 8 | 7 | 6 | 5 | 4 | 3 | 2 | 1 |
| 索力调整目标值(t) | | 122 | | | | | | 95 | | |
| 调索顺序 | | 7 | | | | | | 3 | | |
| 吊杆方位 | 常州南侧 | | | | | | | | | |
| 吊杆方位 | 武进北侧 | | | | | | | | | |
| 调索顺序 | | | 2 | | | | 6 | 11 | 9 | |
| 索力调整目标值(t) | | | 95 | | | | 93 | 99 | 117 | |
| 吊杆编号 | 1 | 2 | 3 | 4 | 5 | 6 | 7 | 8 | 9 | 10 |
| 索力调整目标值(t) | | | | | | | | 95 | 122 | 115 |
| 调索顺序 | | | | | | | | 4 | 8 | 10 |
| 吊杆方位 | 武进南侧 | | | | | | | | | |

按照表 4 所述进行吊杆索力调整后，索力结果见图 7，由图 7 可以看出，索力调整达到了预期目的。

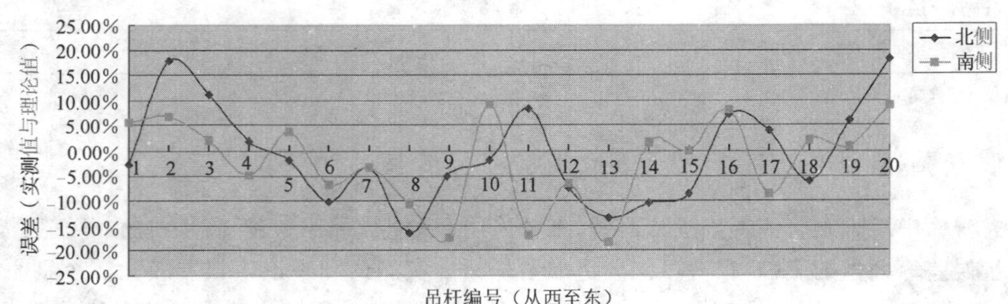


图 7 吊杆实测值和理论值的误差示意图

## 6 结语

(1)钢管混凝土拱桥的预拱度设置可以参照现行规范进行;

(2)拱肋内灌注混凝土主要是要确保结构安全、线形合理,在此前提条件下混凝土的灌注顺序可以做适当的调整;

(3)吊杆索力误差调整要兼顾其他吊杆的索力,同时还要确保结构的安全。

**参考文献**

[1] 陈宝春.钢管混凝土拱桥设计与施工[M].北京:人民交通出版社,1999.

[2] 向中富.桥梁施工控制技术[M].北京:人民交通出版社,2001.

[3] 游兴富.王村大桥预拱度的设置[J].长沙:湖南交通科技,2002.

# 钟楼大桥承台大体积混凝土温控

王进军　王小军

（中交二航局第三工程有限公司）

**摘　要**　根据工程实际情况，为防止有害温度裂缝的产生，对钟楼大桥大体积承台进行温度控制，为类似工程提供参考。

**关键词**　大体积　温控　裂缝　承台

## 1　工程概况

钟楼大桥位于我国江苏省常州市西林镇吴宝村附近，两侧连接常州市规划公路，属京杭运河常州市区段改线工程。钟楼大桥为梁塔固结的独塔双索面斜拉桥，设计跨径为 108m＋80m，边跨设辅助墩。引桥采用 30m 跨径预应力混凝土连续箱梁，全桥长约 480m。其索塔承台基础为 27 根直径 $\phi$2m 钻孔灌注桩；主塔承台为实体钢筋混凝土长方体构造，结构尺寸为 47.35m×14.1m×4.5m，承台采用 C30 混凝土，桩基础采用 C25 水下混凝土，承台垫层采用 C15 混凝土；承台之上为棱台形 C50 塔座，厚 0.5m，斜面倒角 0.5m×0.5m，底面尺寸 5m×7.8m。

承台为大体积混凝土结构。由于水泥水化过程中产生的水化热，使浇筑后初期混凝土内部温度急剧上升，引起混凝土膨胀变形，而此时混凝土的弹性模量很小，因此，升温引起受基础约束的膨胀变形产生的压应力很小。随着温度逐渐降低混凝土产生收缩变形，但此时混凝土弹性模量较大，降温引起的变形受基础约束会产生相当大的拉应力，当拉应力超过混凝土的抗拉强度时，就会产生温度裂缝，对混凝土结构产生不同程度的危害。此外，在混凝土内部温度较高时，外部环境温度较低或气温骤降期间，内表温差过大在混凝土表面也会产生较大的拉应力而出现表面裂缝。

项目部针对钟楼大桥大桥承台的特点，制定了合理的分层分块及冷却水管设计方案，并采用自行开发的《大体积混凝土施工期温度场及仿真应力场分析程序包》对混凝土内部温度场及仿真应力场进行了计算，拟定出现场温控方案。承台竖向分为左右幅各 2 层，浇筑厚度为 2.5m、2.0m，中间设置 3m 宽后浇段，具体分层见图 1。

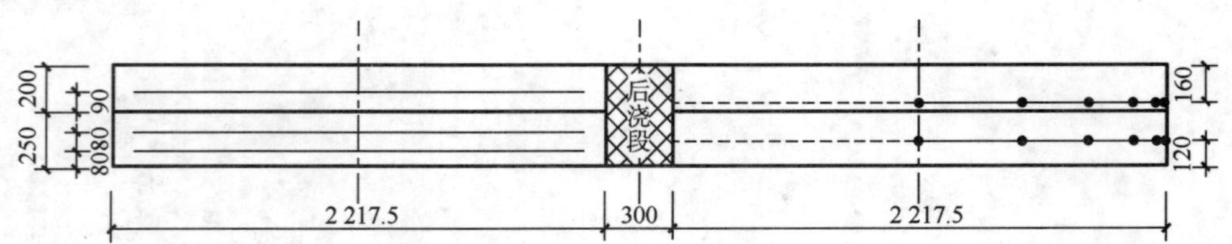


图 1　承台分层立面图（尺寸单位：cm）

## 2　混凝土原材料、配合比

### 2.1　混凝土原材料选择

C30 混凝土水泥选用江苏联合 P. S42.5 矿渣硅酸盐水泥。

粉煤灰采用镇江科电 II 级粉煤灰。

细集料采用江西赣江砂，细度模数 2.6 左右。

粗集料采用江苏宜兴碎石，粒径 5～25mm(80%)，5～16mm(20%)。

外加剂选用南京友西 UC-IV 缓凝高效减水剂。

拌和用水为深层地下水。

### 2.2 配合比

承台混凝土施工配合比见表 1。

**承台混凝土施工配合比** 表 1

| 混凝土强度等级 | 水泥 (kg/m³) | 粉煤灰 (kg/m³) | 砂 (kg/m³) | 石 (kg/m³) | 水 (kg/m³) | 外加剂 (kg/m³) |
|---|---|---|---|---|---|---|
| C30 | 248 | 106 | 763 | 1 097 | 163 | 4.60 |

### 2.3 承台混凝土性能参数表

C30 承台混凝土性能，见表 2、表 3、表 4。

**承台混凝土性能** 表 2

| 项　目 | 抗压强度 | | 缓凝时间 | 坍落度 |
|---|---|---|---|---|
| | 7 天 | 28 天 | | |
| C30 混凝土 | 29.7MPa | 42.1MPa | 15 小时 | 16±2cm |

**承台混凝土劈裂抗拉强度(MPa)** 表 3

| 龄期(d) | 3 | 7 | 28 | 60 |
|---|---|---|---|---|
| C30 混凝土 | 1.68 | 2.55 | 2.98 | 3.15 |

**混凝土弹性模量取值(×10⁴)MPa** 表 4

| 龄期 | 3d | 7d | 28d | 60d |
|---|---|---|---|---|
| C30 混凝土 | 2.05 | 2.99 | 3.38 | 3.46 |

## 3 温控标准及温控措施

### 3.1 温控标准

混凝土温度控制的原则

(1)尽量降低混凝土温升、延缓最高温度出现时间。

(2)控制降温速率。

(3)降低混凝土内部和表面之间、新老混凝土之间的温差以及控制混凝土表面和气温的温差。温度控制的具体实施办法需根据气温、混凝土内部温度、结构尺寸、约束情况、混凝土配合比等具体条件制定。

根据温控仿真计算成果及规范要求，提出承台不出现有害温度裂缝的温控标准：

(1)3 月份浇筑温度≤18℃，4 月份浇筑温度≤20℃。

(2)最大水化热温升 C30 混凝土≤28℃。

(3)C30 混凝土内表温差控制在≤20℃。

(4)混凝土表面养护水温度与混凝土表面温度之差≤15℃。

(5)混凝土降温速率不超过 2.0℃/d。

### 3.2 现场温控措施

大体积混凝土温控是对混凝土质量的全面控制，为达到温控标准的要求，我们根据承台现场施工情况，采取了一系列温控措施进行有效监控，包括混凝土原材料选择、配合比设计、混凝土拌和、运输、浇筑、振捣到通水、养护、保温每一施工环节。

1)混凝土配合比优化设计及原材料选择

为使大体积混凝土具有良好的抗侵蚀性、体积稳定性和抗裂性能,优化混凝土原材料及性能:

(1)承台混凝土水泥选用矿渣硅酸盐水泥。该类型水泥具有水化热低、后期强度增长高的特点,有利于大体积混凝土温控。

(2)选用坚固耐久、级配、粒形良好的洁净集料。

(3)为减少混凝土单位用水量,降低混凝土水泥水化热,在实验论证的基础上,采用了镇江科电II级粉煤灰,大大节约胶凝材料用量。

(4)外加剂优选。通过对比试验,选用南京友 UC-IV 缓凝高效减水剂,该减水剂减水率高,能有效降低每方混凝土水泥用量,从而降低混凝土的水化热温升。使用缓凝减水剂能大大延缓水泥水化热温峰出现的时间,对控制混凝土早期裂缝有重要意义。

(5)配合比优化。在保证混凝土施工性能的前提下采取以下措施:

①降低混凝土的单位用水量;

②进一步提高粉煤灰掺量,从而降低混凝土中的水泥用量,承台 C30 混凝土粉煤灰掺量为 30%;

③调整混凝土砂率。

2)混凝土浇筑温度的控制

降低混凝土的浇筑温度对控制混凝土裂缝非常重要。相同混凝土,入模温度高的温峰值要比入模温度低的大许多。混凝土的入模温度视气温而调整。若浇筑温度不在控制要求内,则采取相应措施:

(1)水泥使用前应充分冷却,确保施工时水泥温度≤50℃。

(2)用水喷淋集料,从而降低集料温度。

(3)浇筑混凝土避开每日最高温,尽量采用夜间浇筑。

(4)当气温高于入仓温度时,应加快运输和入仓速度,减少混凝土在运输和浇筑过程中的温度回升,混凝土输送管外用草袋遮阳,并经常洒水。

3)冷却水管的埋设及控制

(1)水管位置

根据混凝土内部温度场布设冷却水管,承台混凝土两层共布设 3 层冷却水管。冷却水管均为 $\phi$32mm 的电焊钢管,其水平间距为 1.0m,每根冷却水管最大长度 150～200m,冷却水管进出水口集中布置,利于统一管理。

(2)冷却水管使用及其控制

①冷却水管使用前应进行压水试验,防止管道漏水、阻水。

②混凝土浇筑到各层冷却水管高程后开始通水,各层混凝土峰值过后,降温速率超过 2℃/d 时停止通水。为防止上层混凝土浇筑后下层混凝土温度的回升,在测量下层混凝土断面平均温度有明显回升时,下层混凝土开始二次通水冷却。

③为确保大体积混凝土内部均匀冷却,冷却水通水流量应达到 32～40L/min,应控制冷却水流向,使冷却水从混凝土高温区域流向低温区域。

④夏季进水温度不超过 25℃,为保证冷却水的初期降温效果,项目部派专人按温控指令进行现场调控。

4)内表温差控制

对于大体积混凝土,由于水化放热会使温度持续升高,在升温的一段时间内应加强散热。当混凝土处于降温阶段则要保温覆盖以减小内表温差。

承台混凝土拆模后应立即保温,侧面采用宽幅土工布围实,外包彩条布,混凝土上表面覆盖两层麻袋。混凝土在降温阶段如气温较低或突遇寒潮,加强对等混凝土表面的保温养护。混凝土的拆模时间根据混凝土的温度和内外温差以及当日气温情况做相应调整,以免突然接触空气时降温过快而开裂。

气温较低时段应尽量延长拆模时间，且拆模时间应选择一天中温度较高时段。

5)养护

混凝土养护包括湿度和温度两个方面。结构表层混凝土的抗裂性和耐久性在很大程度上取决于施工养护过程中的温度和湿度养护。因为水泥只有水化到一定程度才能形成有利于混凝土强度和耐久性的微结构。目前工程界普遍存在的问题是湿养护不足，对混凝土质量影响很大。湿养护时间从混凝土浇筑完毕至下层混凝土浇筑。

本工程采用冷却水管出水养护，既达到保温、保湿养护的效果，又可以减少水资源的浪费。夏季或气温较高时，混凝土表面加强湿养护，防止混凝土出现干缩裂缝。

## 4 现场施工情况

按照温控方案要求，承台分左右幅、上下两层四次浇筑，预先在仓里布设好冷却水管和测温元件，在混凝土浇筑之前由温控方和施工单位组织专人检查落实。

每层浇筑前在距所浇混凝土顶面 30cm 处，在竖向钢筋上用钢筋连成纵横网片，上铺木跳板作施工平台，混凝土搅拌站集中生产，采用混凝土罐车运输至拖泵泵送，插入式振捣棒振捣。混凝土按一定厚度(30cm)、顺序分层浇筑。为防止混凝土表面出现明显的分层线，须保证在下层混凝土初凝前浇筑上层混凝土。针对现场下料高度近 2.8m，在仓面布设若干溜管下料，以减小冲击避免混凝土产生离析。

每次浇筑前冷却水管试通水检查流量是否达到温控要求，水管接头不漏水；混凝土浇筑至覆盖水管即开始通冷却水，根据测温数据控制通水时间，一般在温峰过后 2～4 天停冷却水。上层混凝土浇筑时，下层混凝土进行二次通水。上层混凝土浇筑初凝后，采用洒水保湿养护。

## 5 监测实施方案及仪器设备

### 5.1 监测实施方案

混凝土内部温度监测工作流程见图 2。

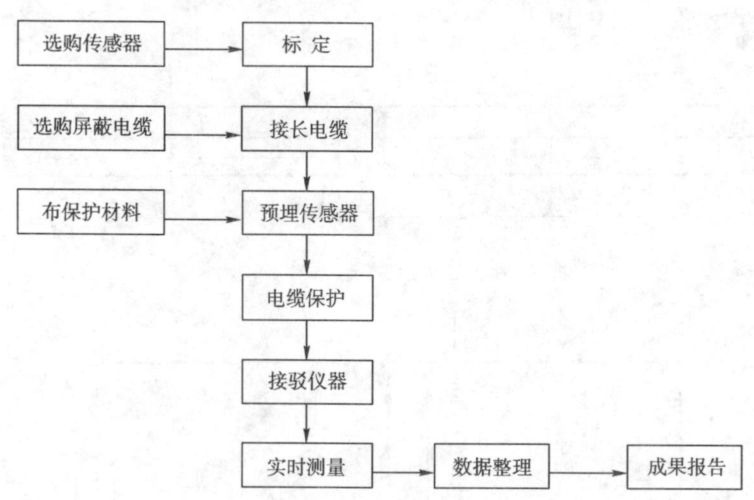


图 2 混凝土内部温度监测流程

在混凝土浇筑前完成传感器的选购及铺设工作，并将屏蔽信号线连接到测试棚，传感器测头采用角钢保护；各项测试工作在混凝土浇筑后立即进行，连续不断。混凝土的温度测试，峰值出现以前每 2h 监测一次，峰值出现后每 4h 监测一次，持续 5 天，然后转入每天测 2 次，直到温度变化基本稳定。

### 5.2 仪器设备

温度传感器为 PN 结温度传感器，温度检测仪采用 WJY-100 型数字多路巡回检测控制仪。

(1)温度传感器的主要技术性能

测温范围:－50℃～＋150℃。

工作误差:±0.5℃。

分辨率:0.1℃。

平均灵敏度:－2.1mV/℃。

(2)温度检测仪的主要技术性能

测温范围:－50℃～150℃。

工作误差:±1℃。

分辨率:0.1℃。

巡检点数:128点。

显示方式:LCD(240×128)。

功耗:20W。

外形尺寸:360m×176m×280m。

重量:≤3kg。

(3)额定工作条件

环境温度:－20℃～60℃

相对湿度:<80%

电源电压:220V±10%,频率:50Hz±5%

经数个大型工程应用证明,以上检测仪器及元器件性能稳定、可靠,完全能满足工程需要。

## 6 温度监测成果及分析

### 6.1 测温元件布置

根据结构的对称性和温度变化的一般规律,在承台左幅共布设测温点20个,以左幅的温控数据指导右幅施工,测点布设示意如图3、图4。

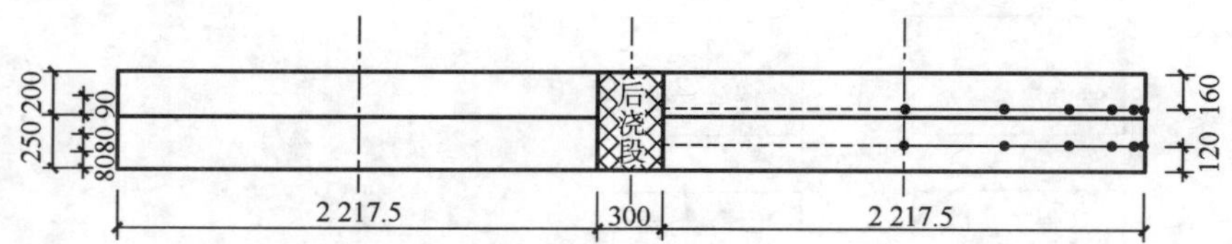


图3 承台测点立面布置图(尺寸单位:cm)

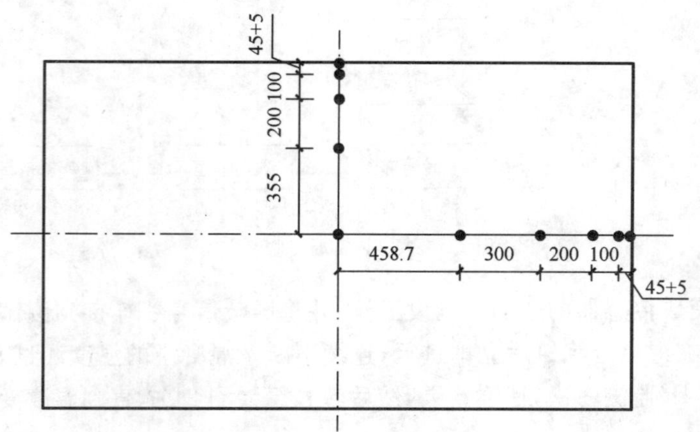


图4 承台第一、二层测点平面布置图(尺寸单位:cm)

### 6.2 监测成果及结果分析

1)承台左幅监测成果

测点数据见表5、表6。

承台左幅混凝土内部最高温度及最大内表温差 表5

| 测点区域 | 区域最高温度(℃) | 最高温度出现时间(h) | 区域最高断面平均温度(℃) | 最高断面温度出现时间(h) | 区域最大内表温差(℃) | 入仓温度(℃) |
|---|---|---|---|---|---|---|
| 第一层测点 | 42.6 | 68 | 40.4 | 60 | 16.3 | 16.7 |
| 第二层测点 | 49.1 | 90 | 44.2 | 96 | 19.1 | 21.1 |

注:最高温度出现时间从各次浇筑开盘时间起算。

承台各层浇筑时间、方量 表6

| 承台 | 左幅第一层 | 左幅第二层 | 右幅第一层 | 右幅第二层 |
|---|---|---|---|---|
| 开盘时间 | 06/3/23 | 06/4/1 | 06/3/25 | 06/4/2 |
| 混凝土方量($m^3$) | 776 | 629 | 757 | 652 |

从测温结果来看,承台左幅混凝土最高温度为42.6℃和49.1℃,最大水化热温升为27.0℃,符合<28℃的要求;各层最大内表温差16.3~19.1℃,低于温控标准的最大内表温差20℃,控制效果良好。

左幅承台各层断面均温、表面温度比较结果见图5~图6。

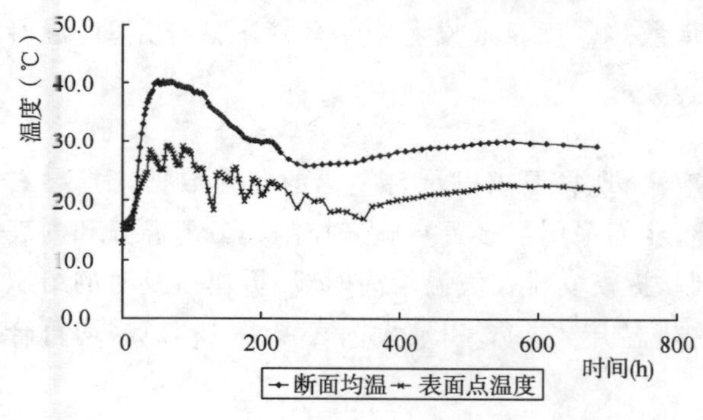


图5 承台第一层断面均温与表面温度比较

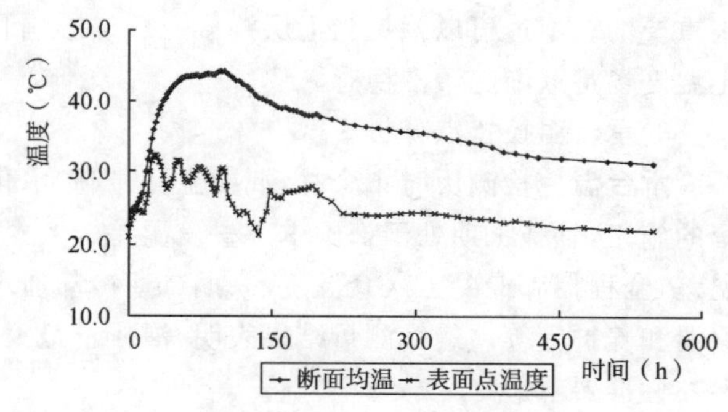


图6 承台第二层断面均温与表面温度比较

承台左幅各层内表温差-时间过程线见图7~图8。

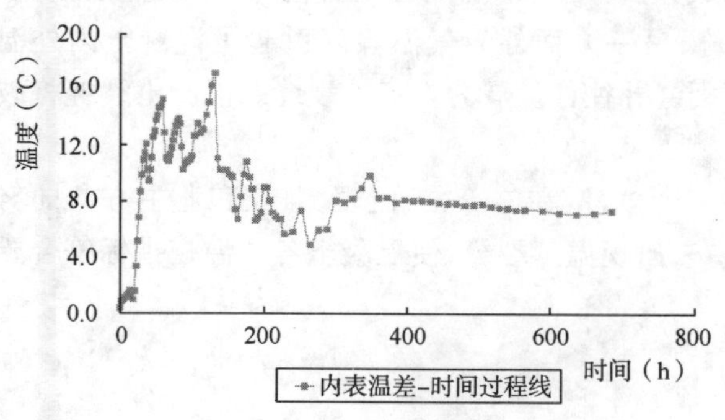


图7 基础第一层内表温差-时间过程图

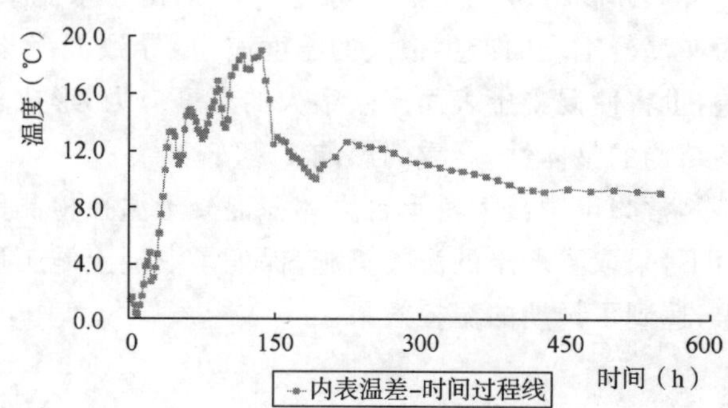


图8 基础第二层内表温差-时间过程图

2)结果分析

(1)承台左幅混凝土内部各层测点区断面平均温度及表面温度变化规律

从图5~图6中能看出,承台混凝土第一层至第二层测点区断面平均温度随时间的变化规律基本一致。温度曲线从左至右第一段是升温段,由于水化放热会使温度持续升高,一般3~4天内即达到峰值,持续4~8小时后温度开始下降。曲线第二段是强制降温段,在冷却水管的持续作用下,混凝土温度快速下降，这段时间混凝土降温速率约为2.0℃/d。曲线第三段是自然降温段，曲线平缓下降趋向水平，表明该时间段混凝土降温平缓，达到准稳定态。此外，受上层混凝土放热影响，下层混凝土温度会有一定程度的回升。从图5中240h后的曲线能明显看出温度回升的趋势。图6则是平缓的全降温过程，是因为第二层顶面为永久面。混凝土第一层至第二层表面测点温度曲线规律也呈现出一定的一致性。混凝土表面温度在浇筑后经历一个升温期后在冷却水管的作用下开始降温，直至与气温接近。由于测温期间气温变化及昼夜温差大，所以混凝土表面温度受影响较大，表现在图中的曲线呈波浪形，但总体来说混凝土的温度是逐渐降低的。从图中可以看到，混凝土断面平均温度和混凝土表面温度均逐渐缩小，温度场趋于均匀，温度梯度减小，有利于防止温度裂缝的产生。

(2)承台左幅混凝土内表温差变化规律

从图7～图8可以看出，承台混凝土第一层至第二层测点区域内表温差随时间变化规律有如下特点：曲线从左至右第一段内表温差随时间推移增长较快，在150h左右到达最大值；然后在冷却水管对混凝土内部的降温作用下内表温差缓慢地下降。但随着上层混凝土的浇筑下层混凝土内部温度反弹及气温对表面温度的影响，第二段内表温差呈现出较小幅度的增大，随后逐渐下降。虽然混凝土内部温度在缓慢下降，但气温持续较低对表面温度影响较大，导致内表温差波动较大。3月29日气温骤降，表面温度下降快，第一层内表温差反弹至16.3℃。另外，昼夜温度也对内表温差有明显影响。一般来说，白天内表温差要小于晚上内表温差，从图中的曲线的波浪线能看出这一点。夜晚表面温度下降快，内表温差增大；白天表面温度反弹，内表温差降低。由此可见混凝土表面的保温措施对控制昼夜内表温差变化是很重要的。不过可以预见当上层混凝土放热影响和环境散热作用相抵或者弱于环境散热作用时，混凝土温度场将逐渐趋于准稳态。

3)承台温控特点分析

承台温控检测历时1个月，混凝土标号高，水化反应快，现场要求以承台左幅的监控数据来指导右幅的施工，且施工期处于梅雨季节昼夜温差较大。对此，我们采用了多重措施来控制其最高温升和内表温差，全程控制混凝土入仓温度，一期二期冷却通水控制，拆模安排在气温较高时段，拆模后及时的组织保温和养护等等。最终测量结果表明，混凝土最大水化热温升27.0℃和最大内表温差19.1℃，均符合温控标准要求。

## 7 温控效果评价

大体积混凝土在施工期间，一方面由于水泥水化热引起混凝土的前期温度升高，产生各种温差，从而在混凝土表面产生很大的温度应力，导致混凝土裂缝；另一方面外界气温骤降引起了混凝土内外温差，也将使混凝土表面产生很大的温度应力，形成表面裂缝并往往发展为贯穿性裂缝。混凝土裂缝将破坏结构的整体性，严重的影响工程安全。

常州市钟楼大桥承台大体积混凝土温控检测历时1个多月，在施工方、监理、监控和业主方共同努力下，采取了严格的温控措施，保证了混凝土施工质量，未出现温度裂缝，使混凝土各项温控指标符合要求，达到了预期的温控效果。

# 预应力粗钢筋在斜拉索锚固中的应用

徐瑞丰　李　正　韩大章

（江苏省交通规划设计院有限公司）

**摘　要**　斜拉索的拉索锚固，是将一个拉索的局部集中力安全、均匀地传递到塔柱的重要受力构造。本文通过龙江路大桥索塔锚固区的设计，介绍了预应力粗钢筋在斜拉索锚固中的应用。

**关键词**　索塔锚固区　预应力粗钢筋

## 1　龙江路大桥概况

龙江路大桥是京杭运河常州市区段改线工程中的一座桥梁，位于常州市西林镇吴宝村附近，主要跨越京杭运河，两侧接常州市规划道路，道路等级为城市快速路。主桥结构形式为：塔墩梁固结的独塔双索面斜拉桥，计算跨径为 107.25m ＋46m＋34m，边跨设辅助墩（图 1）。龙江路大桥主塔采用混凝土结构，横桥向两侧塔柱的轴线间距为 27.5m，承台面以上高 64.836m，在桥面以上高 55.2m。下塔柱采用尺寸为 6.8m×4.0m 的实心矩形断面，上塔柱采用尺寸为 6.8m×2.7m 的空心矩形断面，塔壁厚度在斜拉索前侧为 1.20m，侧面为 0.6m，与上横梁连接处局部加厚到 0.8m。

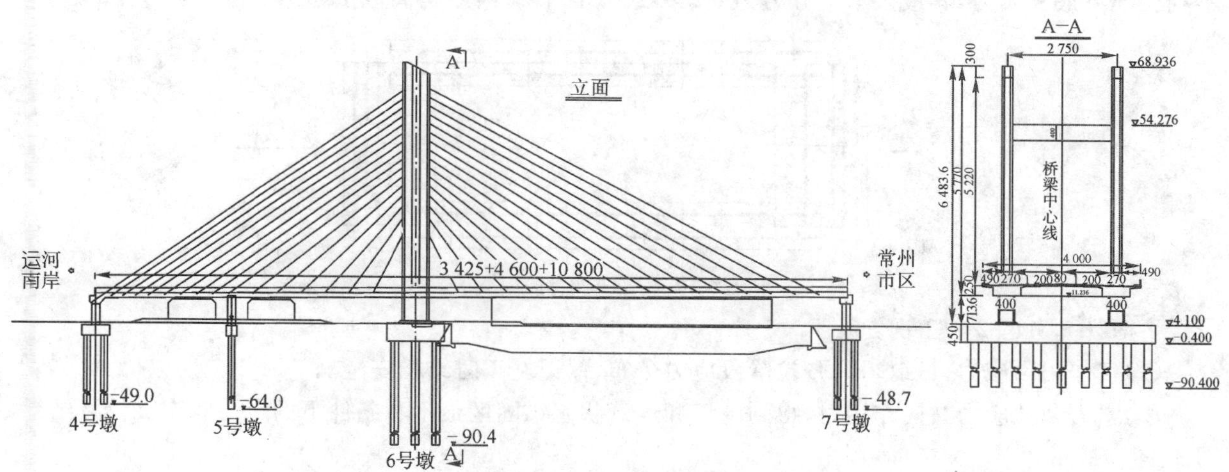


图 1　主桥桥跨布置及主塔立面图（尺寸单位：mm，高程单位：m）

## 2　锚固区结构设计构思

斜拉索在索塔上的锚固区域受力大，且应力集中，是索塔关键受力部位之一。斜拉索与索塔的锚固构造常用的主要有钢锚箱锚固和平面预应力锚固等方式。钢锚箱锚固方式的力学原理是塔柱两侧拉索的水平力大部分通过锚箱两侧竖直钢板来平衡，部分水平力由塔柱承受，拉索竖向分力通过锚箱两侧竖直钢板的剪力键传递到塔柱混凝土中，而平面预应力锚固方式为斜拉索锚固集中力直接传递到塔壁上，其水平分力由预应力来承受。考虑到钢锚箱方案费用较高、后期养护难度大等原因，本桥拟采用平面预应力的锚固方式。

环向预应力方案在预应力锚固方案中是最常见的，如南京二桥、润扬长江大桥北汊桥等。但是根据本桥锚固区塔柱的断面尺寸，布置环向预应力所需要的最小平弯半径无法满足要求，同时由于钢束均较短，若采用普通夹片锚具则锚具损失较大，因此本桥最后采用抗拉强度标准值 $f_{pk}=930\text{MPa}$、直径 $d=32\text{mm}$ 的精轧螺纹钢筋(JL930)作为斜拉索锚固结构，在上塔柱中采用直束的井字型布置，以预应力粗钢筋产生的外力来平衡拉索索力产生于塔壁内的内力，这种预应力方式在PC箱梁的腹板竖向预应力上大量采用。锚具采用JLM型，单根钢筋张拉力为673kN，采用一端张拉、一端锚固的张拉形式。张拉端和固定端在两侧交替布置，如图2所示。

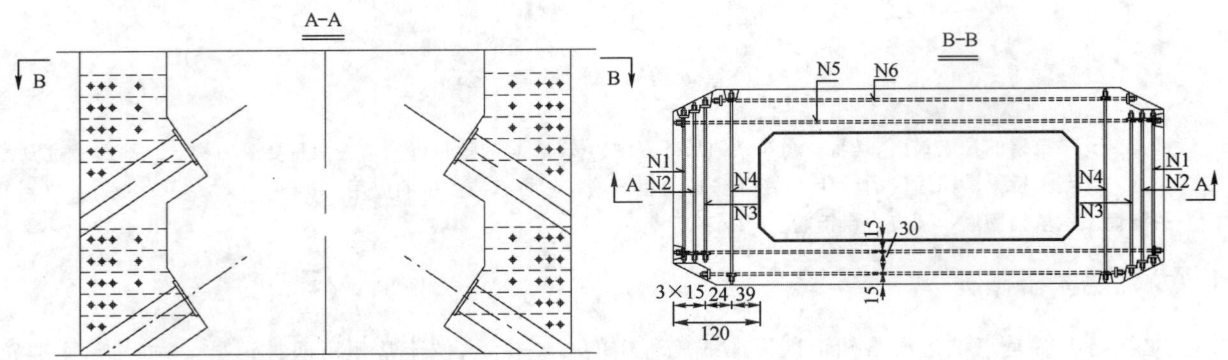

图2　预应力粗钢筋布置方案(尺寸单位:mm)

## 3　锚固区结构分析

### 3.1　平面杆件计算

平面计算时，取斜拉索水平分力最大的一个节段进行分析，节段高度取为2.1m。斜拉索取成桥最不利工况下最大索力，其最大水平分力为6 250kN/索。计算时结构离散图如图3所示：

图3　结构离散图

平面计算考虑2种工况：

(1)仅作用预应力，可以得到张拉阶段应力分布，保证施工时结构安全。

(2)索力和预应力共同作用时，得到施工和运营状态锚固区最不利条件下的应力状态。计算结果如图4、图5所示。

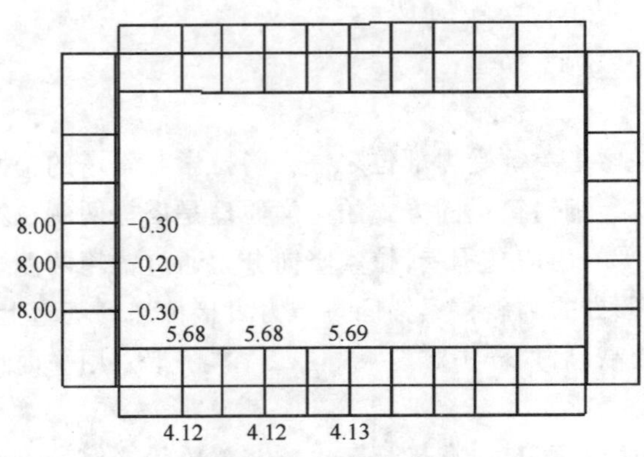

图4　仅作用预应力时索塔应力(单位:MPa)

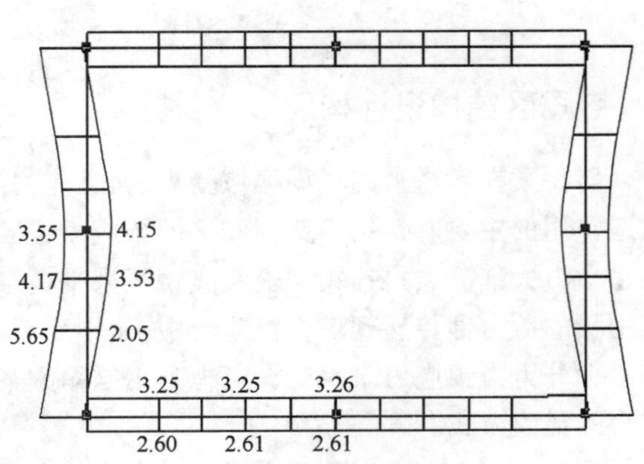

图5　索力和预应力共同作用时索塔应力(运营状态)(单位:MPa)

由平面分析可知，索塔锚固区在施工及运营状态下均满足规范要求，在运营状态下有 2.6MPa 的压应力储备。预应力混凝土裂缝产生的原因之一是预应力失效，保证索塔有一定数值的预应力储备是完全有必要的。考虑到施工中的不确定因素导致预应力部分失效的问题，本桥对预应力失效 50％的情况做了分析，由图 6 可知索塔锚固区仍然未出现拉应力。

### 3.2 空间计算

索塔锚固区混凝土处于三向受力状态，因此必须建立三维空间有限元模型进行计算，由于建立全模型因单元太多计算困难，因此在桥塔上取四个节段进行分析，包含四对索。有限元模型如图 7 所示。

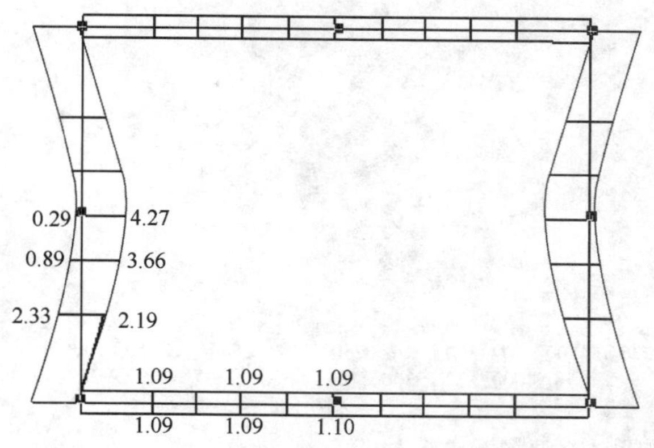


图 6 预应力失效 50％时索塔应力分布(单位：MPa)

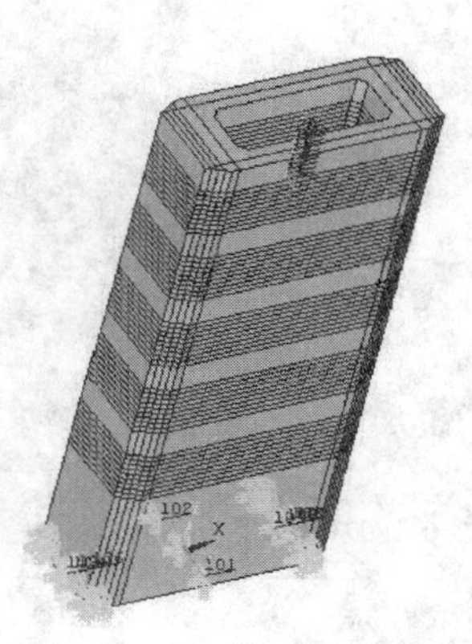

图 7 有限元模型

将索力化为均布力加在锚块上，预应力粗钢筋采用抗弯刚度极小的梁单元来模拟，粗钢筋的材料特性、截面面积均按实际输入，用梁单元的降温来模拟预应力效应。根据各根粗钢筋不同位置处的有效预应力，按公式 $\sigma=E\times\alpha\times\Delta t$ 计算各根粗钢筋各分段需要降低的温度值。

由于在模型底部刚性约束附近会产生很大范围的应力集中区域，因此计算结果取用模型中段的数值。

(1)索塔仅作用预应力时的计算结果

索塔应力分布如图 8 所示。从图中可以发现索塔的顺桥向外表面产生了 3.6MPa 的压应力，而横桥向的外表面产生了 7.9 MPa 的压应力。

图 8 仅作用预应力时索塔应力分布

(2)索塔在斜拉索索力和预应力同时作用时的计算结果

索塔应力分布如图 9 所示。从图中可以发现索塔的顺桥向外表面产生了 2.4MPa 的压应力，而横桥向的外表面产生了 4.3 MPa 的压应力。

从上述计算结果可以看出，平面分析和空间分析的结果差别不大，且都能满足规范要求，因此本桥锚固区施加的预应力大小是合适的。

## 4　施工技术要点

上塔柱斜拉索锚固区预应力精轧螺纹钢筋张拉控制应力为 $0.9f_{pk}=0.9\times930=837\text{MPa}$，张拉力为673kN，采用一端张拉、一端锚固的张拉形式。预应力粗钢筋管道采用 $\phi_{外}=60\text{mm}$、壁厚2.5mm的高频焊管，焊管材质为Q235；同一层预应力粗钢筋按先塔壁内侧后塔壁外侧的原则依次对称张拉。

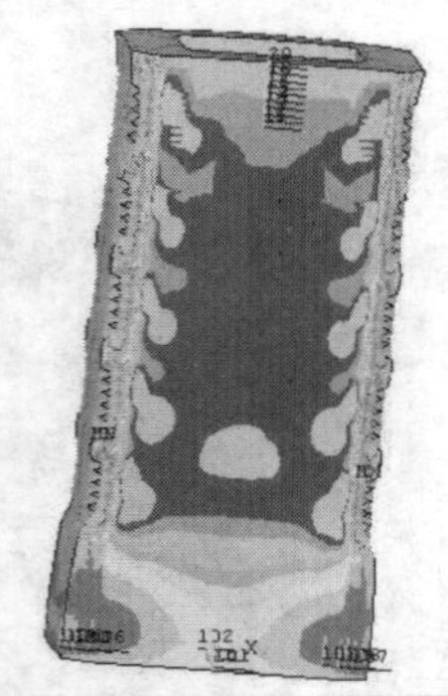

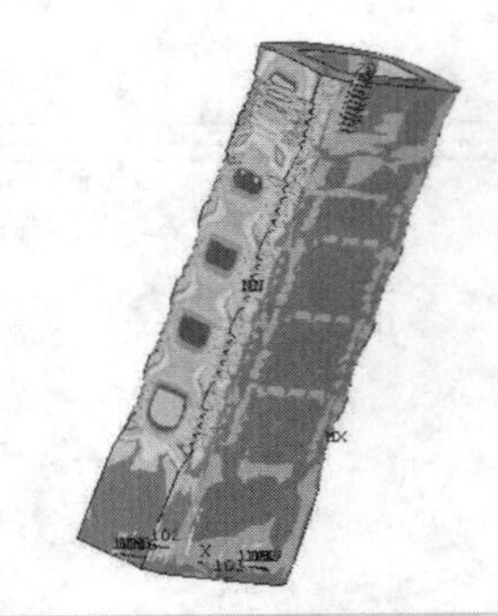

-250Σ+07　-194Σ+07　-139Σ+07　-833 333　-277 776
-222Σ+07　-167Σ+07　-111Σ+07　-555 556
顺桥向

-450Σ+07　-350Σ+07　-250Σ+07　-150Σ+07　-500 000
-400Σ+07　-300Σ+07　-260Σ+07　-100Σ+07
横桥向

图9　索力和预应力共同作用时(运营状态)索塔应力分布

为保证预应力的有效值，建议采用自带液压旋锚(扳手)功能的整体化张拉千斤顶，避免不可靠的人工紧锚。同时对精轧螺纹钢筋采用复拉工艺是必要的，因为预应力粗钢筋长度较短，相应的伸长值也较短，在锁紧锚固螺母时会因为偏心等因素造成伸长量的微量回缩，此值与本来就比较小的理论伸长值相比所占比例会很大。如不采用复拉工艺可能会造成预应损失值过大。复拉即在第一次张拉完成后，先不卸千斤顶，停3～5min后再重复一次上述过程。张拉完成后可使用手持砂轮锯切割锚具外露粗钢筋，切割时应留有不小于钢筋外径的外露端头。

## 5　结语

斜拉索的拉索锚固，是将一个拉索的局部集中力安全、均匀地传递到塔柱的重要受力构造。拉索锚固区的构造与拉索的形式、拉索的根数和形状、塔形及拉索的牵引和张拉等多种因素有关，故应从设计、施工、养护维修等各个方面综合考虑拉索锚固段的合理构造。本桥采用沿塔壁布置预应力粗钢筋作为斜拉桥索塔锚固区拉索锚固的方式主要有以下几个方面的优点：

(1)锚固可靠，由于采用精轧螺纹锚具，与普通夹片锚比较，不存在锚具失效问题。

(2)预应力粗钢筋的刚性比钢绞线好，容易穿束及定位；而且用中心孔千斤顶张拉，钢筋无弯折部分，所以摩擦损失小。

(3)预应力粗钢筋直径32mm，在灌浆后不容易锈蚀，在一定程度上可以当作普通钢筋使用，提高结构的耐久性。

(4)张拉吨位小，操作简单，施工时预留槽口尺寸小，对索塔滑模施工影响不大。

### 参考文献

[1] 刘士林等. 斜拉桥. 北京：人民交通出版社，2002.

[2] 刘效尧，朱新实. 预应力技术及材料设备. 北京：人民交通出版社，2000.

# C50 自密实微膨胀高性能混凝土的制备技术

吴开云[1]　庞超明[2]

（1.江阴大桥工程有限公司；2.东南大学材料科学与工程系）

**摘　要**　本文通过配合比的设计和优选，对 C50 自密实微膨胀高性能混凝土的原材料、配合比设计、混凝土的性能及其工程应用进行了试验研究，配制出满足设计要求的掺粉煤灰的高性能混凝土，并对所配制混凝土的性能进行了研究，为实际工程解决了钢管拱结构所需要的超缓凝保塑、自密实微膨胀的高性能混凝土的难题。

**关键词**　自密实　微膨胀　混凝土　制备

## 1　引言

自密实微膨胀混凝土大多用于钢管混凝土中，因为普通的混凝土总是存在一定的收缩。混凝土的收缩主要包括化学减缩，自身收缩，干燥收缩，碳化收缩等；混凝土的收缩在有约束的情况下，可能会引起混凝土的开裂，从而导致结构的破坏。钢管混凝土是在圆形的钢管内填入混凝土形成的一种轻质、高强，介于钢结构和钢筋混凝土结构之间的一种新型结构材料。其特点是：借助内填的混凝土增强钢管承受荷载时管壁的稳定性；借助钢管对核心混凝土的套箍（约束）作用，使核心混凝土处于三向受力状态，从而使核心混凝土延缓了受压时的纵向开裂，工作性能发生了质的变化（由脆性破坏转变为塑性破坏）。它不但提高了承载力，而且增大了极限压缩应变，钢管与混凝土相互弥补了彼此的弱点，充分发挥了彼此的长处[1]。对于钢管混凝土，一方面要求从配合比上有效的减小混凝土的收缩，减少混凝土的开裂；另一方面，钢管混凝土难以浇注，一般采用泵送顶升法进行施工，采用自密实混凝土，除满足混凝土的力学性能外，还要求混凝土具有良好的工作性，即大流动性、不离析、不泌水，且具有良好的泵送性能。自密实混凝土用于难以浇注甚至无法浇注的部位，可避免出现因振捣不足而造成的空洞、蜂窝、麻面等质量缺陷。

根据设计和施工要求，京杭运河常州市区改线工程东方大桥设计要求采用的 C50 自密实微膨胀混凝土，本课题对 C50 自密实微膨胀混凝土进行了配合比设计和性能研究。其设计指标如下：设计强度 50MPa，7d 达 80%，$f_{cu28}\geqslant 60$MPa；混凝土坍落度 $T=200\sim250$mm，1h 坍损$\leqslant 20\%$，扩展度$\geqslant 500$mm，$T_{5h}\geqslant 160$mm，泌水率小，和易性好，满足可泵性和自密实要求。混凝土具有为膨胀或无收缩性能，14d 限制膨胀率$\geqslant 1.5\times10^{-4}$。

## 2　原材料与试验方法

原材料对混凝土性能的影响是十分巨大的，对原材料的进行质量检测和进行品种的优选也是十分必要的。高性能混凝土对于原材料具有更高的要求，一般需选用 42.5 级及其以上的水泥，具有较低的需水性，还应考虑与所有高效减水剂的相容性，以硅酸盐水泥和普通硅酸盐水泥为好。掺用矿物细掺料的目的是调节混凝土的施工性能、提高混凝土的耐久性，降低混凝土的温升，所以所用粉煤灰至少应为Ⅰ级灰，具有低需水量、高活性，不仅可以起到提高混凝土的后期强度和耐久性的作用，还可以起到矿物减水的作用。集料的粒形、尺寸和级配对自密实混凝土拌和物的施工性，尤其是对拌和物的间隙通过性影响很大，所以集料应具有良好的级配，由于砂率大，砂子宜选用中粗砂。应严格控制砂的饱和吸水率和的杂质含量。外加剂应使用缓凝高效减水剂，该外加剂应有优质的流化性能，保持拌和物流动性的性能、合适的凝结时间与泌水率、良好的泵送性；对硬化混凝土力学性质、干缩和徐变无坏影响、耐久性好[2]。

### 2.1 原材料

(1)水泥(代号 C)：江苏盘固牌 P·II52.5R，安定性合格，3d、28d 抗压强度分别为 31.3MPa、58.9MPa。

(2)砂(代号 S)：江西赣江江砂，$M_x=2.5$，II 区级配，中砂，$\rho_s=2.64\text{g/cm}^3$，$\rho_{os}=1\,490\text{kg/m}^3$。

(3)石(代号 G)：石灰岩碎石，按石子大：小=4：1 配成 5～31.5mm 连续级配，$\rho_g=2.70\ \text{g/cm}^3$，$\rho_{og}=1\,520\text{kg/m}^3$。

(4)粉煤灰(代号 FA)：镇江谏壁电厂产 I 级灰，其需水量比 81%，烧失量 3.25%，细度为 3.32%。

(5)膨胀型减水剂(代号 A)：江苏博特公司产 JM-SCC 缓凝高效减水剂，掺量 12%，其减水率 21.6%，3d、7d、28d 抗压强度比分别为 160%、164%、155%，含气量为 2%。

### 2.2 试验方法

混凝土配合比设计参照《普通混凝土配合比设计规程》JGJ 55—2000、《混凝土外加剂应用技术规范》GBJ 119—88 进行；混凝土工作性和力学性能依据《普通混凝土力学性能试验方法》JGJ 50081—2002 进行；混凝土限制膨胀率依据 GBJ 119—88 进行。

## 3 试验结果和讨论

根据自密实微膨胀混凝土配合比设计要求，为了保证耐久性，用水量应控制在 170kg/cm³ 范围之内，水胶比不宜太高，一般不宜大于 0.4。自密实混凝土的配合比应满足拌和物高施工性能的要求，因此，与相同强度等级的普通混凝土相比，有较大的浆集比，即较小的集料用量，胶凝材料总量一般要超过 500kg/m³；砂率较大，即粗集料用量较小，砂率最大可达 50%左右；使用高效减水剂，由于胶凝材料用量大，必须掺用大量矿物细掺料，细掺料总掺量一般大于胶凝材料总量的 30%。本课题在优选原材料的基础上对粉煤灰掺量为 14%的粉煤灰高性能混凝土配合比进行了初步设计，并试配调整得到的混凝土配合把列于表 1 中。

**C50 自密实微膨胀混凝土配合比**(kg/m³)　　表 1

| 组别 | C | FA | A | S | G | W | W/B | Sp(%) |
|---|---|---|---|---|---|---|---|---|
| P36 | 363 | 69 | 59 | 705 | 1 103 | 160 | 0.33 | 39 |
| P31 | 387 | 73 | 63 | 695 | 1 086 | 162 | 0.31 | 39 |
| WPZ | 414 | 78 | 67 | 682 | 10 671 | 166 | 0.29 | 39 |

C50 高性能混凝土工作性按表 1 的配合比制备，测得其混凝土性能的结果列于表 2 中。

**C50 自密实微膨胀混凝土新拌性能**　　表 2

| 组别 | 坍落度 $T$ (mm) | 扩展度 $D$ (mm) | 泌水率 (%) | 抗压强度(MPa) | | | 抗折强度 (MPa) | 轴心抗压强度(MPa) | 劈拉强度 (MPa) | 弹性模量 (GPa) |
|---|---|---|---|---|---|---|---|---|---|---|
| | | | | 3d | 7d | 28d | | | | |
| P36 | 240 | 500 | 0 | 34.7 | — | 63.4 | 7.15 | 52.4 | 3.85 | 34.8 |
| P31 | 245 | 550 | 0 | 45.7 | — | 67.8 | 7.05 | 61.4 | 4.49 | 43.4 |
| WPZ | 250 | 620 | 0 | — | — | 64.6 | — | — | — | — |

试验结果表明，本项目配制的 C50 高性能混凝土保水性好，无泌水，坍落度满足了泵送施工的要求。掺 15%的 I 级粉煤灰，$W/B$ 应小于 0.33 时，$W/B$ 为 0.31 时，C50 自密实微膨胀高性能混凝土配制强度满足设计要求，抗压、抗折、劈裂抗拉强度及抗压弹性模量均较好。

根据初次试配结果，对上述配合比进行了优化和再次试配，并推荐给施工现场，优化后的 C50 自密实微膨胀钢管拱混凝土配合比为水泥：粉煤灰：砂：石子：水：JM-SCC＝387：73：695：1 086：162：63，其中水胶比为 0.31，砂率为 39％。测得混凝土性能分别列于表 3 和表 4 中。

**C50 自密实微膨胀混凝土新拌混凝土性能** 表 3

| 坍落度 $T_0$ (mm) | 扩展度 $D_0$ (mm) | $T_{2h}$ (mm) | $D_{2h}$ (mm) | $T_{4h}$ (mm) | $D_{4h}$ (mm) | $T_{5.5h}$ (mm) | $D_{5.5h}$ (mm) | 含气量 (%) | 凝结时间(h-min) | | 抗压强度(MPa) | | 弹性模量 (GPa) | 轴压强度 (MPa) |
|---|---|---|---|---|---|---|---|---|---|---|---|---|---|---|
| | | | | | | | | | 初凝 | 终凝 | 7d | 28d | | |
| 250 | 600 | 215 | 410 | 185 | 310 | 185 | 290 | 1.6 | 19h0min | 22h10min | 45.7 | 67.8 | 43.4 | 61.4 |

**C50 自密实微膨胀混凝土水中限制膨胀率**（$\times 10^{-4}$） 表 4

| 龄期 | 1d | 7d | 7d | 14d 水中＋14d 空气中 | 28d 水中＋28d 空气中 |
|---|---|---|---|---|---|
| P31 | 0.740 | 2.478 | 2.478 | 0.740 | 0.180 |

试验结果表明：上述配合比工作性良好，无泌水，初始坍落度达 250mm，扩展度达 600mm，5.5h 后的坍落度保留值依然达 185mm，扩展度为 290mm，且缓凝时间较长，其泵送性能良好。7d、28d 抗压强度分别达到 45.7、67.8MPa，并且所配制的混凝土具有较高的弹性模量。通常，由于粗集料用量小，粉体材料用量大，自密实混凝土的干燥收缩会大些，容易产生有害裂缝。本项目配制的混凝土水中 14d 限制膨胀率达 $2.72\times 10^{-4}$，具有较高的限制膨胀率。从混凝土的动弹性模量的发展规律图 1 也可以看出，该混凝土具有较好的强度发展规律较好。

施工现场对提供的 C50 免振自密实混凝土配合比进行了试配。配制的 C50 自密实微膨胀混凝土与表 3 和表 4 相近，初时坍落度为 220mm，扩展度为 600mm，2.5h 坍落度为 205mm，扩展度为 510mm，4h 坍落度为 190mm，扩展度为 467mm，28d 抗压强度达 58.8MPa，抗压弹性模量为 41.2GPa，工作性和力学性能良好。

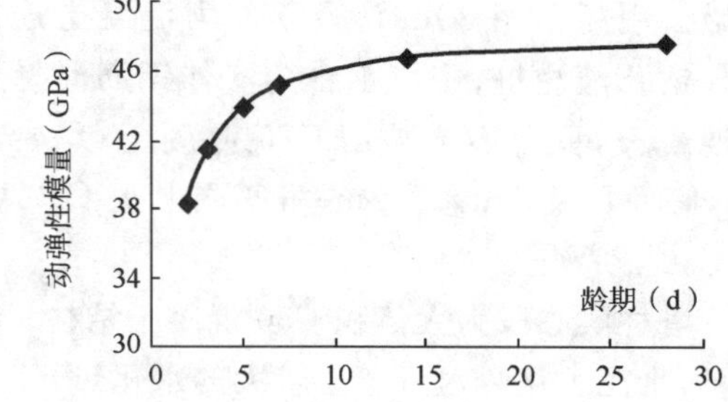

图 1 C50 自密实微膨胀混凝土的动弹性模量随龄期变化

## 4 结语

通过研究表明，本课题配制的 C50 自密实微膨胀混凝土具有较好的工作性和力学性能。

(1)混凝土的原材料和配合比对自密实微膨胀混凝土的影响巨大，故在配制前应对原材料进行检测和优选，相对普通混凝土，混凝土的配合比的技术更加重要。

(2)所配制的混凝土的泵送性能和工作性能优异，且具有良好的力学性能。混凝土的 14d 限制膨胀率达到 $2.72\times 10^{-4}$，其微膨胀或无收缩性能良好，所配制的混凝土各项性能均满足施工设计要求。

**参考文献**


[1] 吴玉英. 钢管拱混凝土的施工钢管拱混凝土的施工钢管拱混凝土的施工. 青海科技，2002 No.2.

[2] 廉慧珍，张青，张耀凯. 国内外自密实高性能混凝土研究及应用现状. 施工技术，1999 年 5 月第 28 卷，第 5 期.

# 钟楼大桥高强度等级混凝土温控分析

王进军

（中交二航局第三工程有限公司）

**摘　要**　高强度等级混凝土比一般混凝土更容易产生有害裂缝，必须进行有效的防范措施，通过对钟楼大桥的有效实施，给其他的桥梁提供借鉴。

**关键词**　温控　温度　裂缝　高强度等级混凝土

## 1　工程概况

钟楼大桥位于我国江苏省常州市西林镇吴宝村附近，两侧连接常州市规划公路，属京杭运河常州市区段改线工程。钟楼大桥为梁塔固结的独塔双索面斜拉桥，设计跨径为108m＋80m，边跨设辅助墩。引桥采用30m跨径预应力混凝土连续箱梁，全桥长约480m。其索塔承台基础为27根直径ϕ2m钻孔灌注桩；主塔承台为实体钢筋混凝土长方体构造，承台采用C30混凝土，桩基础采用C25水下混凝土，承台垫层采用C15混凝土；承台之上为棱台形C50塔座，厚0.5m，斜面倒角0.5m×0.5m，底面尺寸5m×7.8m；塔座之上为C50塔柱实心段，高6.636m，底面尺寸4m×6.8m，实心段采用C50混凝土。

塔柱实心段为大体积C50混凝土结构。由于C50混凝土配合比水泥用量高，未掺加粉煤灰等外掺和料，水泥水化急速且产生较大的水化热，使浇筑后初期混凝土内部温度急剧上升，引起混凝土膨胀变形，而此时混凝土的弹性模量很小，因此，升温引起受基础约束的膨胀变形产生的压应力很小。随着温度逐渐降低混凝土产生收缩变形，但此时混凝土弹性模量较大，降温引起的变形受基础约束会产生相当大的拉应力，当拉应力超过混凝土的抗拉强度时，就会产生温度裂缝，对混凝土结构产生不同程度的危害。此外，在混凝土内部温度较高时，外部环境温度较低或气温骤降期间，内表温差过大在混凝土表面也会产生较大的拉应力而出现表面裂缝。且此塔柱结构尺寸较薄，早期混凝土自收缩及干缩与温度应力叠加，开裂的危险性较高。

整个下塔柱分两层进行施工，单个塔柱分层如图1所示。

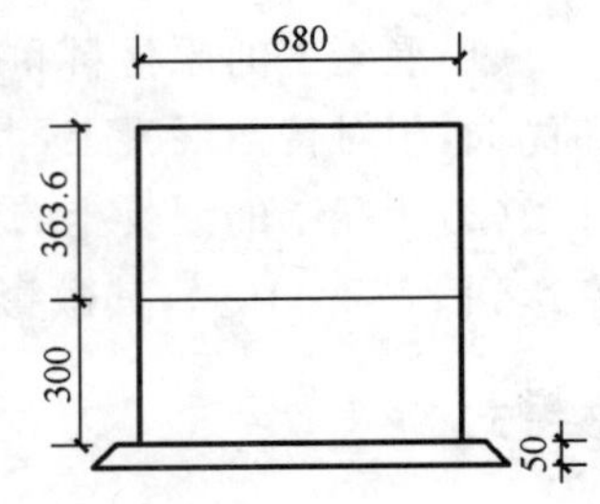


图1　塔柱实心段分层示意图（尺寸单位：cm）

## 2　混凝土原材料、配合比

### 2.1　混凝土原材料选择

C50混凝土水泥选用江苏联合P.S42.5矿渣硅酸盐水泥。

细集料采用江西赣江砂，细度模数2.6左右。

粗集料采用江苏宜兴碎石，粒径5～25mm(80％)，5～16mm(20％)。

外加剂选用上海华登HP400型缓凝高效减水剂。

拌和用水为深层地下水。

### 2.2　配合比

塔柱混凝土施工配合比见表1。

塔柱混凝土施工配合比　　表1

| 混凝土强度等级 | 水泥 (kg/m³) | 砂 (kg/m³) | 石 (kg/m³) | 水 (kg/m³) | 外加剂 (kg/m³) |
|---|---|---|---|---|---|
| C50 | 463 | 748 | 1 034 | 155 | 4.63 |

### 2.3　塔柱混凝土性能参数表

C50 塔柱混凝土性能，见表2、表3、表4。

塔柱混凝土性能　　表2

| 项　目 | 抗压强度 | | 缓凝时间 | 坍落度 |
|---|---|---|---|---|
| | 7d | 28d | | |
| C50 混凝土 | 57.8MPa | 68.1MPa | 15h | 20cm±2cm |

塔柱混凝土劈裂抗拉强度(MPa)　　表3

| 龄期(d) | 3 | 7 | 28 | 60 |
|---|---|---|---|---|
| C50 混凝土 | 2.37 | 3.45 | 3.88 | 4.03 |

混凝土弹性模量取值($\times 10^4$ MPa)　　表4

| 龄期 | 3d | 7d | 28d | 60d |
|---|---|---|---|---|
| C50 混凝土 | 2.64 | 3.85 | 4.33 | 4.51 |

## 3　温度应力场分析

塔柱实心段大体积混凝土温度场及温度应力场的计算利用《大体积混凝土施工期温度场与仿真应力场分析程序包》进行，其有限元剖分示意图见图2。

### 3.1　温度场的主要特征值

各层混凝土峰值温度在54.16℃左右，在2d左右出现，各层最高温度见表5，温度场特征图见图3。

塔柱实心段混凝土内部最高温度　　表5

| 最高温度 | 第一层 | 第二层 |
|---|---|---|
| 温度值/℃ | 52.66 | 54.16 |

图2　塔柱实心段1/4有限元网格剖分图

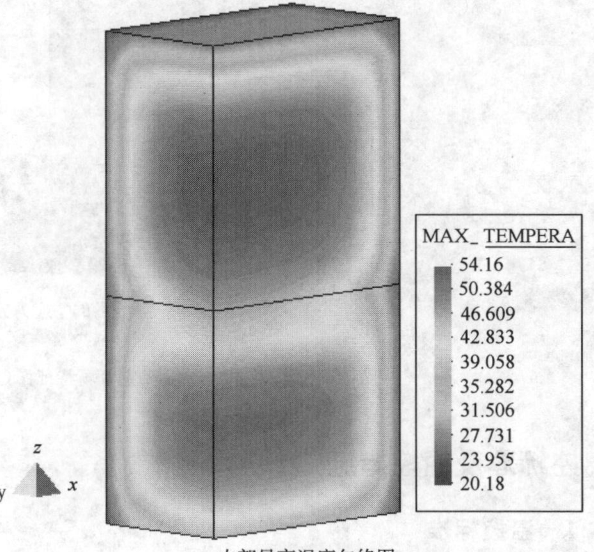


图3　温度场特征图(单位:℃)

### 3.2 温度应力场的主要特征值

混凝土内部温度应力呈现出四周边缘应力大，中心应力小的特征。根据计算结果，塔柱实心段第一层混凝土由于受到承台混凝土的约束，温度应力较第二层大，在靠近塔座根部约1.0m以下的地方温度应力最大(表6)。塔柱实心段分两次浇筑，混凝土抗裂安全系数均大于1.3，严格按照温控方案控制施工，尤其注意早期措施，可保证塔柱实心段混凝土不会产生有害温度裂缝。

塔柱实心段混凝土最大温度主拉应力(MPa) 表6

| 龄期(d) | 7 | 14 | 28 | 60 |
|---|---|---|---|---|
| 第一层 | 0.43 | 1.16 | 1.28 | 1.46 |
| 第二层 | 0.34 | 0.29 | 0.36 | 0.44 |

温度应力场特征图见图4。

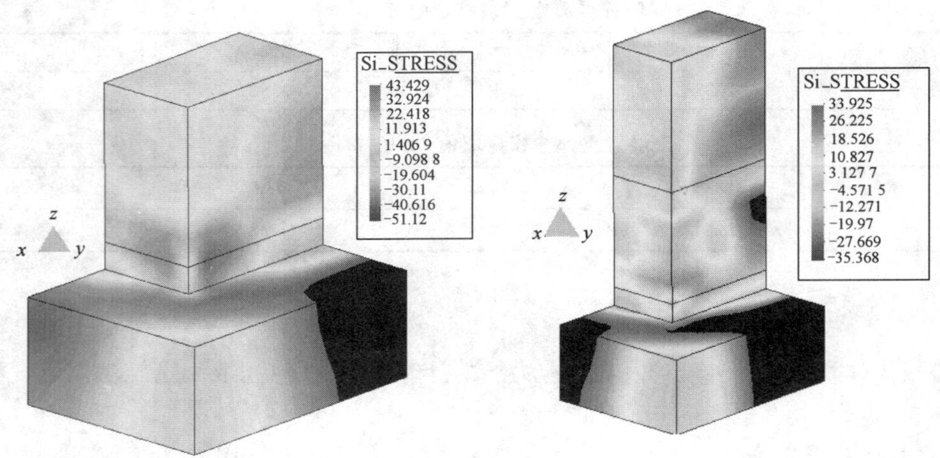


第一层塔柱实心段7d应力分布　　第二层塔柱实心段7d应力分布

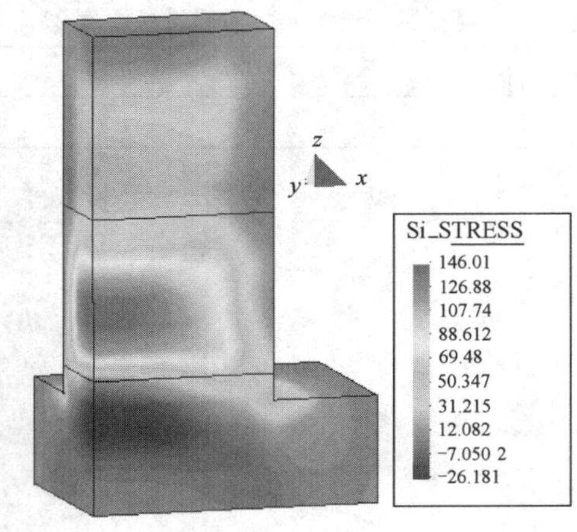


施工60d后的主应力分布

图4　温度应力场特征图(单位：0.01MPa)

## 4　温控标准及温控措施

### 4.1　温控标准

(1)混凝土温度控制的原则：

①尽量降低混凝土温升、延缓最高温度出现时间；

②控制降温速率；

③降低混凝土内部和表面之间、新老混凝土之间的温差以及控制混凝土表面和气温的温差。温度控制的具体实施办法需根据气温、混凝土内部温度、结构尺寸、约束情况、混凝土配合比等具体条件制定。

(2)根据温控仿真计算成果及规范要求，提出塔柱实心段不出现有害温度裂缝的温控标准：

①四月份入模温度不超过 20℃；

②最大水化热温升 C50 混凝土≤57℃；

③C50 混凝土内表温差控制在≤20℃；

④混凝土表面养护水温度与混凝土表面温度之差≤15℃；

⑤混凝土降温速率不超过 2.0℃/d。

**4.2　现场温控措施**

大体积混凝土温控是对混凝土质量的全面控制，为达到温控标准的要求，我们根据塔柱现场施工情况，采取了一系列温控措施进行有效监控，包括混凝土原材料选择、配合比设计、混凝土拌和、运输、浇筑、振捣到通水、养护、保温每一施工环节。具体温控措施如下：

(1)合理选择混凝土原材料。为使大体积混凝土具有良好的抗侵蚀性、体积稳定性和抗裂性能，选用级配合格、粒形良好的洁净集料；尽量降低拌和水用量，选用性能优良的缓凝高效减水剂；选用低水化热和含碱量低的水泥，避免使用早强水泥和高 $C_3A$ 含量的水泥。

(2)优化混凝土配合比，降低水泥用量，控制混凝土最大温升。混凝土应具有良好的黏聚性，不离析、不泌水，初始坍落度控制在 16～20cm，初凝时间大于 10h。

(3)严格控制混凝土的浇筑温度。根据气温变化，控制混凝土最高浇筑温度。

(4)各层混凝土浇筑间歇期控制在 5～7d，最长不超过 10d，做到薄层、短间歇、连续施工。

(5)混凝土按规定厚度、顺序和方向分层浇筑。在下层混凝土初凝前浇完上层混凝土，混凝土分层布料厚度不超过 30mm。严格按照规范要求进行各层间和各块间水平和垂直施工缝处理。

(6)根据混凝土内部温度场布设冷却水管，单个塔柱实心段混凝土中布设 9 层冷却水管(水管布置图见图 5)。冷却水管均为 $\phi$32mm 的电焊钢管，其水平间距为 0.6m，每根冷却水管最大长度 150～200m，冷却水管进出水口集中布置，利于统一管理。

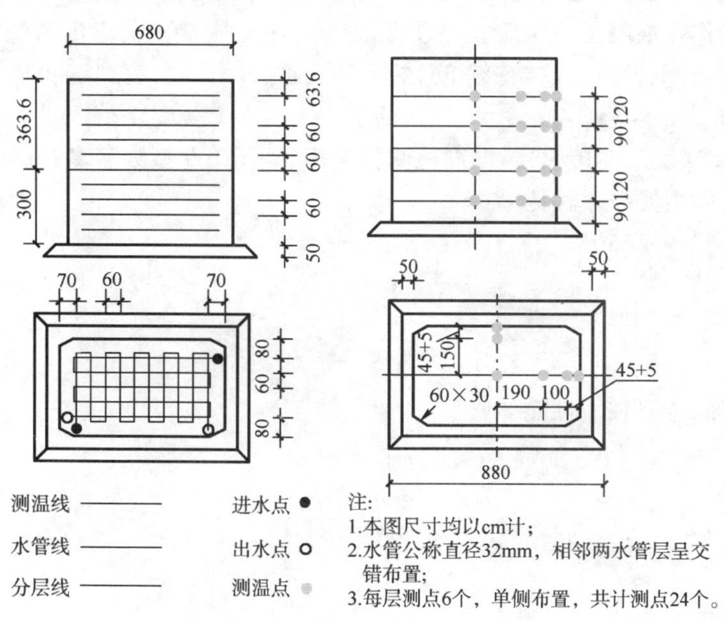


图 5　下塔柱冷却水管布置图

(7)结构表层混凝土的抗裂性和耐久性在很大程度上取决于施工养护中的温度和湿度。因为水泥只有水化到一定程度才能形成有利于混凝土强度和耐久性的微观结构。环境温度不低于5℃时,应在混凝土表面洒水保湿养护。本工程采用冷却水管出水养护,既达到保温、保湿养护的效果,又可以减少水资源的浪费。夏季或气温较高时,混凝土表面加强湿养护,防止混凝土出现干缩裂缝。

(8)C50混凝土温升高,施工期间气温较低,且昼夜温差较大。在特定的情况下延后拆模,且拆模应在白天温度最高时进行,拆模后及时采用塑料薄膜润湿包裹保温,外包土工布防风,严禁混凝土裸露过夜。

## 5 监测实施方案及仪器设备

### 5.1 监测实施方案

混凝土内部温度监测工作流程如图6。

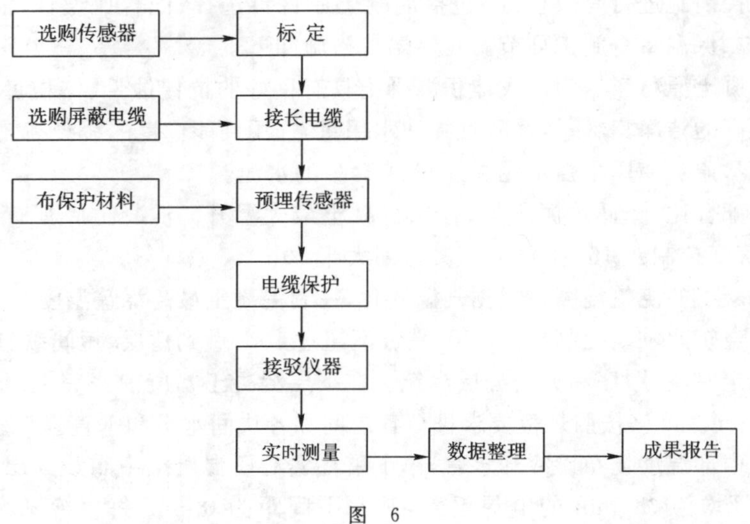


图 6

在混凝土浇筑前完成传感器的选购及铺设工作,并将屏蔽信号线连接到测量间,传感器测头采用角钢保护;各项测试工作在混凝土浇筑后立即进行,连续不断。混凝土的温度测试,峰值出现以前每2h监测一次,峰值出现后每4h监测一次,持续5d,然后转入每天测2次,直到温度变化基本稳定。

### 5.2 仪器设备

温度传感器为PN结温度传感器,温度检测仪采用WJY-100型数字多路巡回检测控制仪。

(1)温度传感器的主要技术性能

测温范围:-50℃~+150℃

工作误差:±0.5℃

分辨率:0.1℃

平均灵敏度:-2.1mv/℃

(2)温度检测仪的主要技术性能

技术参数:

测温范围:-50℃~150℃

工作误差:±1℃

分辨率:0.1℃

巡检点数:128点

显示方式:LCD(240×128)

功耗:20W

外形尺寸：360×176×280

重量：≤3kg

额定工作条件：

环境温度：－20℃～60℃

相对湿度：<80％

电源电压：220V±10％，频率：50Hz±5％

经数个大型工程应用证明，以上检测仪器及元器件性能稳定、可靠，完全能满足工程需要。

### 5.3 现场施工情况

按照温控方案要求，塔柱实心段分左右幅、上下两层共四次浇筑。预先在仓面布设好冷却水管和测温元件，在混凝土浇筑之前由温控方和施工单位组织专人检查落实。

每层浇筑前在距所浇混凝土顶面30cm处，在竖向钢筋上用钢筋连成纵横网片，上铺木跳板作施工平台，混凝土搅拌站集中生产，采用混凝土罐车运输至拖泵泵送入仓，插入式振捣棒振捣。混凝土按一定厚度(30cm)、顺序分层浇筑。为防止混凝土表面出现明显的分层线，须保证在下层混凝土初凝前浇筑上层混凝土。针对现场下料高度近3.3m，在仓面布设若干溜管下料，以减小冲击避免混凝土产生离析。

每次浇筑前冷却水管试通水检查流量是否达到温控要求，水管接头不漏水；混凝土浇筑后覆盖水管即开始通冷却水，根据测温数据控制通水时间，一般在温峰过后2～4d停冷却水。上层混凝土浇筑时，下层混凝土进行二次通水。上层混凝土浇筑初凝后，采用洒水保湿养护。

## 6 温度监测成果及分析

### 6.1 测温元件布置

根据结构的对称性和温度变化的一般规律，在塔柱实心段右幅共布设测温点四层24个，以右幅的温控数据指导左幅施工。测点布设如图7、图8。

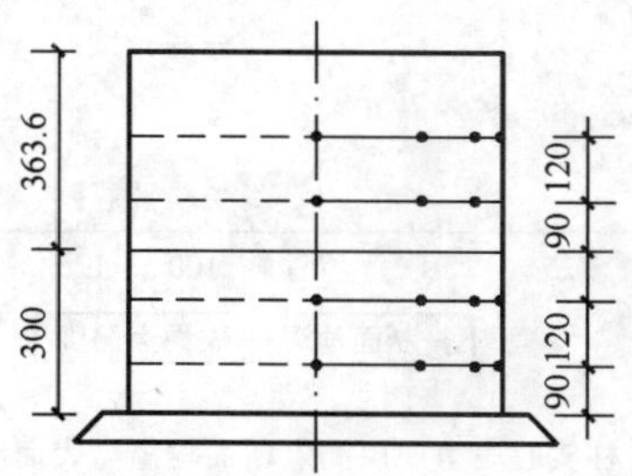


图7 塔柱测点布置立面图(尺寸单位：cm)

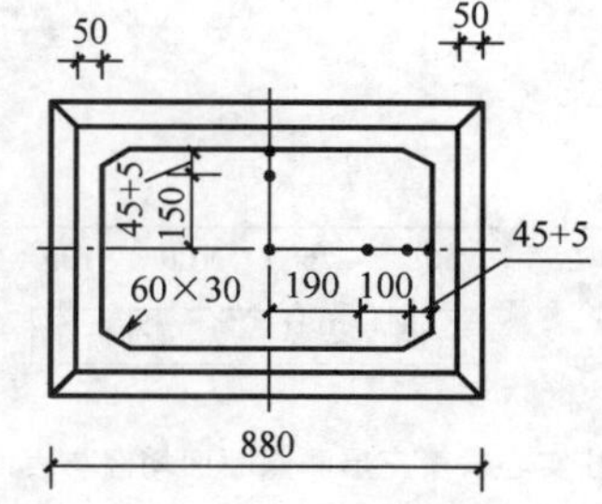


图8 塔柱第一、二层测点布置平面图(尺寸单位：cm)

### 6.2 监测成果及结果分析

1)塔柱实心段右幅监测成果

塔柱实心段右幅混凝土内部最高温度及最大内表温差　　表7

| 测点区域 | 区域最高温度(℃) | 最高温度出现时间(h) | 区域最高断面平均温度(℃) | 最高断面温度出现时间(h) | 区域最大内表温差(℃) | 入仓温度(℃) |
|---|---|---|---|---|---|---|
| 第一层测点 | 78.0 | 24 | 74.7 | 24 | 26.8 | 27.9 |
| 第二层测点 | 78.4 | 28 | 63.7 | 28 | 17.2 | 27.9 |
| 第三层测点 | 72.3 | 32 | 69.1 | 32 | 14.9 | 23.5 |
| 第四层测点 | 72.7 | 34 | 70.1 | 34 | 14.7 | 23.5 |

注：最高温度出现时间从各次浇筑开盘时间起算。

从测温结果来看，承台右幅混凝土最高温度为 72.3～78.4℃（表 7），各层最大水化热温升为 50.5℃，最大内表温差 14.7～26.8℃。

塔柱实心段各层浇筑时间、方量见表 8。

塔柱实心段各层浇筑时间、方量　　表 8

| 塔柱 | 右幅第一层 | 右幅第二层 | 左幅第一层 | 左幅第二层 |
|---|---|---|---|---|
| 开盘时间 | 06/4/18 | 06/4/24 | 06/4/19 | 06/4/25 |
| 混凝土方量($m^3$) | 81 | 97 | 81 | 97 |

右幅塔柱各层断面均温、表面温度比较结果见图 9～图 12。

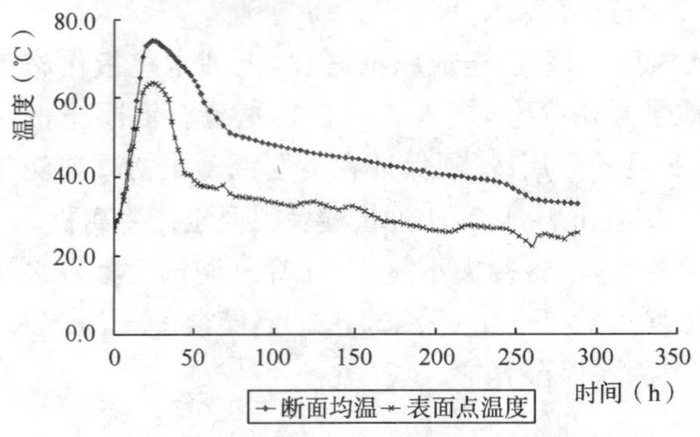


图 9　塔柱实心段第一层测点断面均温与表面温度比较

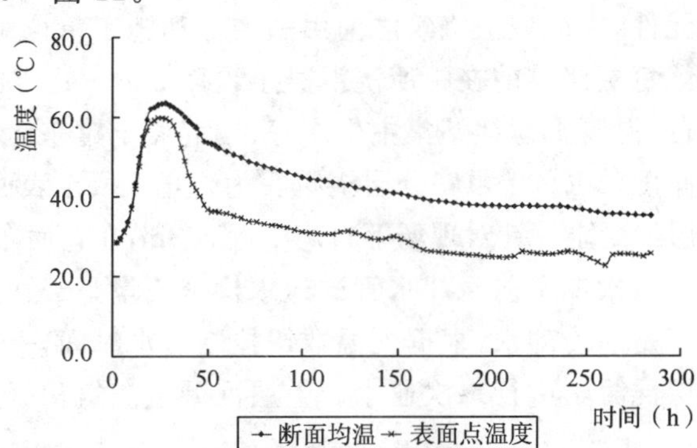


图 10　塔柱实心段第二层测点断面均温与表面温度比较

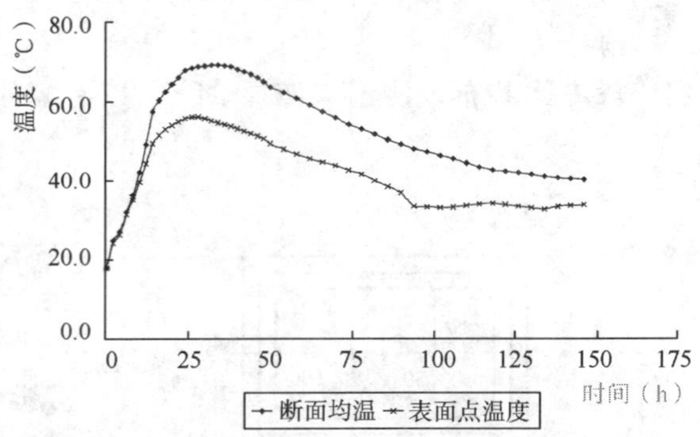


图 11　塔柱实心段第三层测点断面均温与表面温度比较

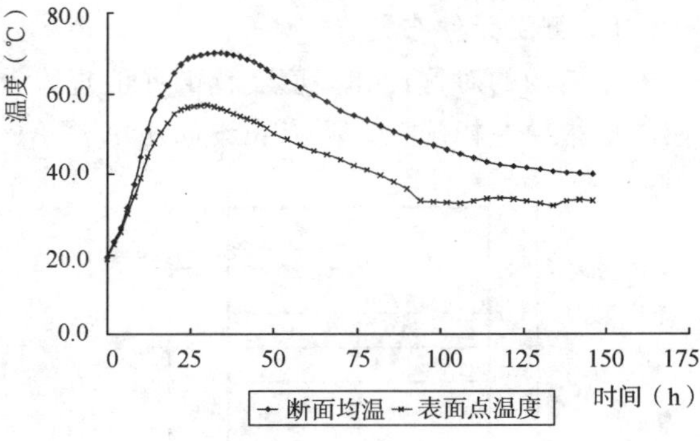


图 12　塔柱实心段第四层测点断面均温与表面温度比较

右幅塔柱实心段各层内表温差-时间过程线见图 13～图 16。

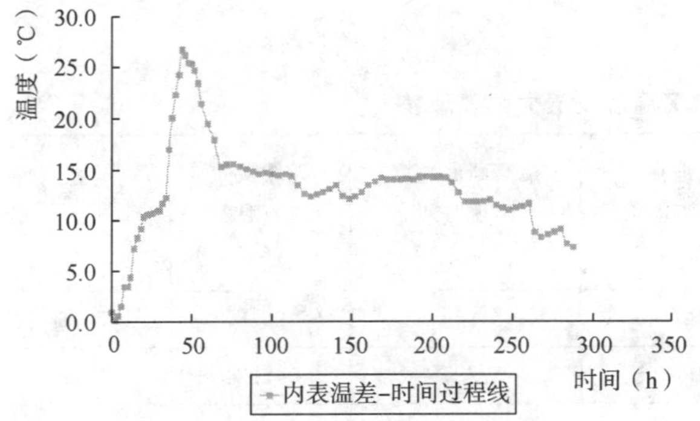


图 13　塔柱实心段第一层测点内表温差-时间过程图

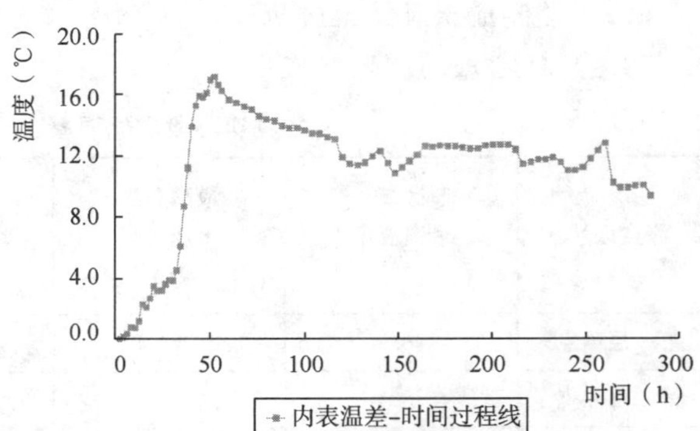


图 14　塔柱实心段第二层测点内表温差-时间过程图

2)结果分析

(1)塔柱右幅混凝土内部各层测点区断面平均温度及表面温度变化规律

从图 8～图 11 中能看出,塔柱实心段混凝土第一层测点区至第四层测点区断面平均温度随时间的变化规律基本一致。温度曲线从左至右第一段是升温段,由于水化放热会使温度急剧升高,在 1～1.5d 内即达到峰值,持续 4～8h 后温度开始下降。从第 40～100h 为曲线第二段强制降温段,在冷却水管的持续作用下,混凝土温度快速下降,第一、二层测点降温曲线较陡,第三、四层测点降温较为平缓,这段时间混凝土降温速率平均约为 5.0℃/d。曲线第三段是自然降温段,曲线平缓下降趋向水平,表明该时间段混凝土降温平缓,达到准稳定态。由于结构较薄,自然散热较快,浇筑上层混凝土后第一、二层测点温度没有明显的反弹趋势。混凝土第一至四层测点表面点温度曲线规律也呈现出一定的一致性。混凝土表面温度在浇筑后经历一个升温期,而后在表面散热作用下表面开始降温。早期混凝土内部温度较高,与环境温差大,表面降温速率较快,特别表现在第一、二层测点区域由于在第 32h 左右拆模,高温的混凝土表面和外界冷空气接触,表面温度急剧降低,后期通过包裹塑料薄膜和围盖土工布的保温措施后表面温度下降比较平缓,但总体来说混凝土的表面温度是逐渐降低的,直至接近环境温度。且从图中可以看到,混凝土断面平均温度和混凝土表面温度均逐渐减小,温度场趋于均匀,温度梯度减小。同时由温差引起的表面拉应力逐渐减小,由基础约束引起的内部拉应力逐渐增大。

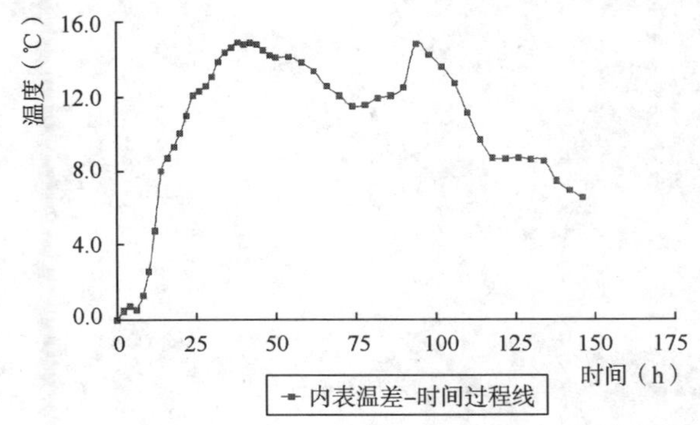


图 15 塔柱实心段第三层测点内表温差-时间过程线

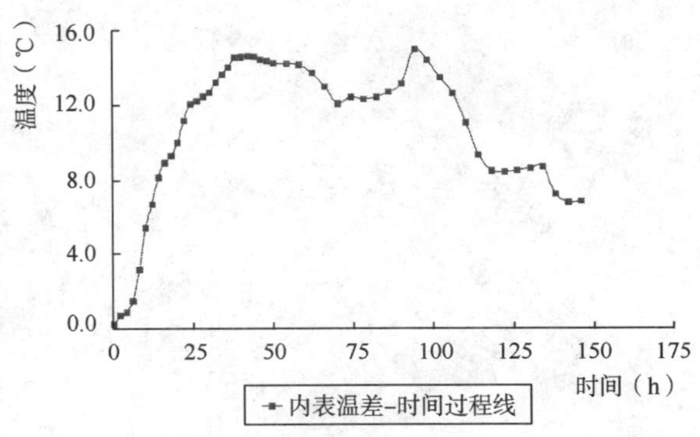


图 16 塔柱实心段第四层测点内表温差-时间过程线

(2)塔柱实心段右幅混凝土内表温差变化规律

从图 13～图 16 可以看出,塔柱混凝土第一至四层测点区域内表温差随时间变化规律有如下特点:内表温差曲线从左至右先上升到最大温差时刻,然后平缓地下降。第一、二层测点内表温差曲线从左至右第一段内表温差随时间推移增长较快,在 23h 拆模时急剧上升,在 45h 左右到达最大值 26.8℃,然后在外界气温影响和冷却水管对混凝土内部的强制降温作用下内表温差迅速下降;第三段由于混凝土内部温度和表面温度缓慢地降低,内表温差曲线也表现出平缓的下降态势,最终的趋势是内表温差为零。第三、四层测点内表温差曲线和第一、二层测点内表温差曲线发展情况稍有不同。第三、四层测点内表温差在 50h 左右达到峰值,然后平缓地下降;由于在第 86h 左右拆模,拆模后混凝土表面和空气直接接触,表面温度下降较快,曲线第三段表现为内表温差反弹,但仍然在控制范围之内;通过及时地组织对混凝土表面包裹保温材料和对混凝土冷却通水降低内部温度,内表温差开始缓慢下降,最终的趋势是内表温差为零。

3)塔柱实心段温控特点分析

塔柱实心段温控检测历时半个多月,混凝土强度等级高,胶凝材料(水泥)用量高(未掺粉煤灰),浇筑后混凝土内部温度上升快,降温速率以及内表温差控制难度大。针对这些不利条件,我们采用了多重措施来控制其最高温升和内表温差,全程控制混凝土入仓温度,加大升温期冷却通水流量和控制降温期通水流量,延后拆模并把拆模安排在白天气温较高时段,并在拆模后及时的组织保温和养护。

## 7 温控效果评价

大体积混凝土在施工期间，一方面由于水泥水化热引起混凝土内部温度升高，产生各种温差，从而在混凝土表面产生很大的温度应力，导致混凝土表面裂缝；另一方面外界气温骤降引起了混凝土内外温差，也将使混凝土表面产生很大的温度应力，形成表面裂缝并往往发展为贯穿性裂缝，影响结构的整体性。在桥梁工程中，由于水泥强度等级高，水化热大，出现表面裂缝的现象仍然很普遍。

常州市钟楼大桥塔柱实心段大体积混凝土温控检测历时近 1 个月，在施工方、监理、监控和业主方共同努力下，采取了严格的温控措施，取得了相当成效。现场监控工作中对塔柱实心段混凝土进行检查，塔柱未出现有害温度裂缝。

总体来讲，在多方努力下，常州市龙江路大桥塔柱实心段大体积混凝土温控是成功的。

# 交通建设工程安全监理工作初探

吴建军

（江苏交通工程咨询监理有限公司）

**摘　要**　交通建设工程的安全生产工作事关人民群众的生命财产安全，事关改革发展和社会稳定大局。安全监理是安全生产工作的重要方面，本文结合京杭运河常州市区段改线工程4、6、8标的监理工作对如何做好安全监理工作，从施工准备阶段、施工阶段的安全监理工作做了详细的阐述。

**关键词**　安全　监理

安全生产越来越引起人们的重视，被提到重要日程上来和质量放到了同等重要的地位，而交通建设工程的安全生产工作事关人民群众的生命财产安全，事关改革发展和社会稳定大局。因此搞好交通建设工程安全生产是全面建设小康社会，是实施可持续发展的组成部分，是企业生存和发展的基本要求。安全监理工作是工程建设安全生产管理工作的重要环节。由于我国安全生产管理基础薄弱，保证体系和机制不健全等原因，施工安全生产工作形势依然严峻，任务依然繁重，压力依然很大，这对于安全监理工作也提出了更高的要求。

京杭运河常州市区段改线工程是江苏省常州市共建的重点交通基础设施项目，运河改线全长26.1km，建设跨运河的11座桥梁。JHCZQJ-4、6、8标监理组承担4、6、8标三个施工标三座桥的监理任务，在该监理项目中全面实施安全监理工作。通过两年多的努力，没有出现伤亡事故，实现了安全目标，安全监理工作受到上级部门好评。现将本项目安全监理工作的做法与大家探讨，以期得到大家的指导和帮助。

## 1　施工准备阶段安全监理工作

### 1.1　建立监理组安全保证体系

(1)建立安全监理的网络、机构，明确责任，其组织机构一般如图1所示。

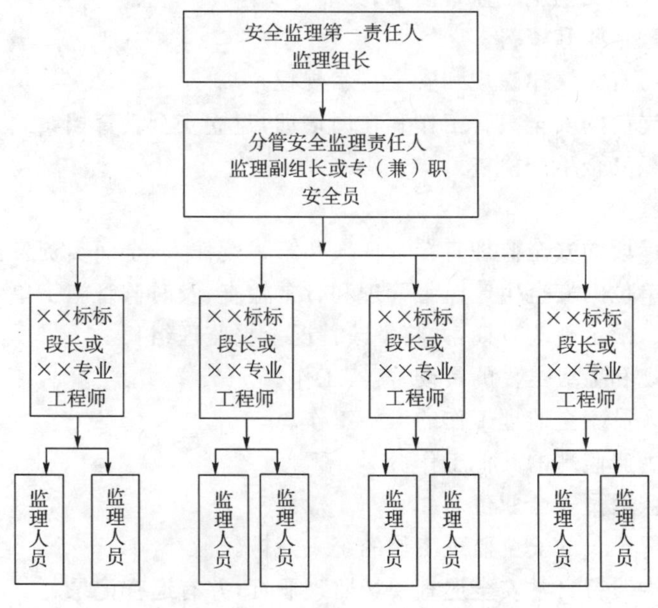


图　1

(2)建立健全实用的安全监理规章制度，主要规章、制度如下。

①安全会议制度：规定会议形式、时间、参加人员、会议内容等。

②安全教育、培训制度：规定教育、培训的形式、时间、参培人员、培训内容等，以提高监理人员的安全意识及业务水平，善于发现问题和解决问题。

③监理组安全检查制度：规定了安全检查的形式、时间、参加人员、检查内容、检查结果的处理，下发单位，形成完整的检查制度体系。

④安全技术措施(方案)审查制度：规定了审查范围、审查流程、审查责任人、审查责任人签认负责制。

⑤监理组内部安全保卫制度：规定了监理组内部防火、防盗以及交通安全的各项规定等。

⑥安全报告制度：规定下级监理人员向上级监理人员汇报安全监理工作的时间和形式等，做到安全监理工作及时交流和反馈。

(3)建立安全监理责任制和内部考核办法。

明确监理组长、副组长、专(兼)职安全员、标段长、专业工程师和监理员的职责，按各自的职责规定考核办法。其职责一般如下。

**监理组长、副组长职责**

①监理组长全面负责监理组的安全监理事务，确保安全监理目标的实现；组织编制工程项目安全监理大纲。

②认真贯彻执行安全生产方面的法律法规和方针政策，坚持“安全第一，预防为主”的方针。

③制订安全生产责任制度和各项安全监理制度，建立安全监理网络，保证安全监理网络的正常运行，并定期进行修正和补充。

④组织安全监理物资配备和到位。

⑤组织对监理职责范围内各施工单位的安全生产检查和监督。

⑥建立监理组内部安全监理责任考核奖惩制度，落实安全责任。

⑦定期召开安全工作会议，研究解决安全监理中的问题。

⑧积极组织监理人员参加各种安全会议及培训教育。

**专(兼)职安全员职责**

①及时传达并贯彻上级有关安全生产和文明施工的精神。

②定期组织安全生产和文明施工监管活动。

③建立健全安全监理台账和资料。

④组织监理人员学习有关法律法规和安全技术规程。

⑤做好监理人员上岗前的安全教育工作和在岗培训，建立安全教育档案。

⑥协助监理组长组织安全生产检查。

**标段长安全监理职责**

①各标段长为所属标段的安全监理直接责任人和第一责任人，全面负责各标段安全监理工作。

②负责对下属施工单位的安全生产监督管理和日常检查，及时监管施工单位排查事故隐患，发整改通知书，落实整改责任人，限定整改日期，并将整改情况上报监理组长。

③负责相关法律法规和上级文件的贯彻、落实工作。

④负责对标段监理人员安全监理工作的考核工作。

⑤负责本标段安全生产监理的其他工作。

**专业监理工程师及监理员安全职责**

①服从监理组及各标段长的安全监理工作的统一安排。

②按照安全监理大纲履行日常安全巡查现场监理职责，并有巡查记录。

③参加安全生产培训及文件的学习，提高安全监理水平。

④认真贯彻落实上级的其他安全监理工作要求。

⑤对发现的施工单位不安全行为、事故隐患，按有关监理程序规定处置。

**1.2** 制订项目安全监理大纲或计划，作为开展安全监理工作的指导性文件。

**1.3** 建立本项目安全监理台账，主要有安全会议台账、安全教育培训台账、安全检查台账。

**1.4** 核查施工单位的安全生产资质、施工许可证及项目部安全生产管理人员资质证书。

**1.5** 检查施工单位办公、生活区的选址符合安全性要求，职工的膳食、饮水、休息场所应当符合卫生标准。督促总承包单位和分包单位落实安全生产责任制。

**1.6** 核查项目部安全保证体系建立情况，如没有建立健全或不实用将要求调整，则不得开工。应建立的体系及制度如下。

(1)项目部的安全组织管理体系，管理体系各成员的素质和业务水平应能否满足工作需要。

(2)安全生产责任制度：

①部门安全生产职责；

②岗位安全职责；

③安全生产责任考核奖惩制度。

(3)安全生产管理制度：

①安全会议制度；

②安全教育、培训制度(活动、教育、培训)；

③安全检查制度；

④危险源监控和事故隐患整改管理制度；

⑤安全技术方案审查及交底制度；

⑥机械设备管理制度；

⑦事故报告和处理制度；

⑧施工作业现场安全管理制度(高空、夜间、水上和用电作业等)；

⑨危险作业审批制度；

⑩消防制度。

(4)操作规程：

①各类机械设备操作规程；

②各工种操作规程。

(5)安全生产管理台账：

①安全管理基本情况台账；

②安全会议台账；

③安全检查台账；

④安全奖惩台账；

⑤安全教育培训台账；

⑥事故登记台账；

⑦特殊工种、特种设备登记台账；

⑧危险源点监控台账。

(6)安全生产资料：

①安全技术交底书；

②危险作业审批表；

③事故隐患整改和反馈记录；

④重大设备验收记录；

⑤安全技术方案和专项施工方案；

⑥安全检查整改通知单；

⑦事故快速报告记录；

⑧各种应急预案。

从上述可以看出，做好施工准备阶段的安全监理工作，为施工阶段做好安全监理工作打下了坚实的基础，所以认为做好本阶段的工作非常重要。可以这么说，做好上述工作，安全监理工作成功了一半。

## 2 施工过程中的安全监理工作

工程施工阶段的安全监理工作是整个工程监理工作的重中之重，做好工程施工阶段的安全监理工作是整个安全监理工作的核心内容。工程施工阶段的安全监理工作实际上就是施工准备阶段建立的监理组自身安全保证体系的有效运转和督促承包人安全保证体系的有效运转，在运转中不断的加以完善。

施工阶段的安全监理工作从形式上大致分为两种：①以监理人员开展日常安全巡查为主；②以监理组开展集中的定期和不定期检查为辅。从内容上也可分为两种：①基础安全监理：指对施工组织设计中的安全方案、专项安全方案和安全生产责任制、规章制度的落实、特种作业人员的持证上岗、是否为施工现场从事危险作业人员办理意外伤害保险、安全费用是否正常投入用于安全措施的落实和安全生产条件的改善等，有关方面的基础台账等内容的审核把关。②现场安全监理：指采取旁站、平行检验、巡查等方式，对施工现场及作业过程中专项方案是否落实、机具设备是否完好、证件是否齐全、设备安置是否合理、安全标志是否合理有效、《特种设备安全监察条例》规定的施工起重机械是否经有相应资质的检验检测机构监督检验合格、安全技术交底是否执行，作业人员是否严格执行安全施工操作规程和安全防范措施是否到位，消防安全措施是否落实以及是否存在重大隐患等进行监理。具体按表1内容进行检查。

表1

| 检查类别序号 | 检查类别 | 检查项目序号 | 检 查 项 目 | 检查详情 |
|---|---|---|---|---|
| 一 | 安全生产保证体系 | 1 | 建立健全安全生产责任制 | |
| | | 2 | 建立符合项目工程特点的安全生产管理制度、操作规程 | |
| | | 3 | 有健全的项目安全管理组织机构，配备符合需要的专职安全管理人员 | |
| 二 | 人员考核与持证情况 | 4 | 项目负责人、专职安全员、特种作业人员做到持证上岗 | |
| 三 | 安全管理活动 | 5 | 制订安全管理目标、工作计划，并层层分解 | |
| | | 6 | 有健全的施工安全日志、台账、会议记录，安全管理资料完整 | |
| | | 7 | 按照国家法规和现场制订的各种安全管理制度开展日常安全检查，有整改、奖惩记录 | |
| 四 | 安全技术管理 | 8 | 施工组织设计中有单独的安全保证措施。危险性较大的分部分项工程编制专项保证方案，并经项目负责人、监理单位审批 | |
| | | 9 | 对施工现场重大危险源进行分析，并根据工程进展情况进行有效监控和安全保障 | |
| | | 10 | 认真进行层层安全技术交底，履行签字手续，并保存书面记录 | |
| 五 | 安全培训教育 | 11 | 项目经理部能及时组织学习、贯彻国家、建设单位有关安全工作要求 | |
| | | 12 | 对转岗、新进场、复工工人进行专业技能、安全培训 | |

续上表

| 检查类别序号 | 检查类别 | 检查项目序号 | 检 查 项 目 | 检查详情 |
|---|---|---|---|---|
| 六 | 安全经费使用及保险办理 | 13 | 有符合生产需要的安全经费施工计划、使用记录 | |
| | | 14 | 为现场从事危险作业人员办理人身意外伤害保险 | |
| 七 | 施工环境 | 15 | 安全宣传气氛浓厚，各种警示牌、指示牌、公告牌和各种禁止标志按要求设置 | |
| | | 16 | 生活区、办公区、施工区分开设置，生活区食堂、宿舍、厕所按要求设置，环境整洁。各类施工设备、器具和物品要求堆放整齐 | |
| | | 17 | 施工便道、便桥保证正常使用，施工通道和应急救生通道保持通畅。泥浆池、取土坑、基坑、挖孔桩洞等设置有效的防护措施。休工、工序交叉及转换期间有可靠的安全措施 | |
| 八 | 施工机具 | 18 | 场内机械均应有检测合格记录、标示。起重机械、垂直升降机械、锅炉等压力容器必须经法定检验检测机构检验后方可使用，并将检验合格证明放置明显位置。大型支架、模板搭设方案须经过专项审查，使用前须经过专项验收 | |
| | | 19 | 电器设备必须接零(地)，有防雨罩、漏电保护措施 | |
| | | 20 | 各种施工机具应保持良好工作状态，不得使用国家明令禁止使用或淘汰的工法和机具 | |
| 九 | 临时用电 | 21 | 编制临时用电方案，并经项目负责人审批 | |
| | | 22 | 施工用电做到三级配电两级保护、一机一闸一触一保，配电房应有可靠的防水、防雷、防潮、防小动物和绝缘措施 | |
| | | 23 | 电线架设、配电设置符合要求，严禁私拉乱接、铜丝代替保险丝 | |
| 十 | 现场作业 | 24 | 现场每位施工人员配戴安全帽及防护用品，知晓各自所从事工种的操作规程 | |
| | | 25 | 路基、路面、桥隧等专业施工应符合有关安全技术规程要求 | |
| | | 26 | 高空作业和跨越铁路、公路、航道等桥梁施工临边应设置有效的防护措施，施工人员按要求佩戴安全带 | |
| | | 27 | 水上大型构筑物作业人员应穿救生衣，配备救生器材 | |
| | | 28 | 夏季高温、汛期、冬季等特殊季节施工，夜间施工，边通车边施工等作业应有可靠的保障措施 | |
| 十一 | 消防安全 | 29 | 油库、发电机房、配电房、木工间、仓库、宿舍区等重点防火部位要落实责任人，要有可靠的安全保障措施，消防器材按要求配备、放置并保持完好状态 | |
| 十二 | 应急救援 | 30 | 应对施工区域可能发生的自然灾害和其他灾害，施工过程中危险性较大的分部分项工程、工艺、工序进行认真的分析，编制有针对性的应急救援方案并落实相关人员、器材、设备，根据实际情况进行救援演练 | |

监理组开展以旬或月为单位的集中安全监理检查制度，并积极配合和参加建设单位组织的定期安全检查，对被查单位签发安全检查意见书或安全检查通报，集中的安全监理检查要形成台账和书面汇报材料，发现严重问题要及时下发安全隐患整改通知单，并要求承包人限期整改，书面回复备案，并及时组织复查，复查合格签认；

监理人员开展日常监理巡查必须做好相应的监理记录(或监理日记),发现问题必须立即按以下不同情况进行处理:对存在一般安全问题的,可口头要求施工单位现场进行整改,并作好记录,或采用现场指令和工地指示的形式下发;对存在安全隐患的,下发安全隐患整改通知单要求施工单位整改,并进行复查;对存在严重安全隐患的,下发停工指令要求施工单位整改,上报有关部门备案,复查合格签发复工指令。现场无法处理的要及时向上级监理人员汇报,问题严重的向建设单位直至交通主管部门汇报备案,必要时下发停工指令。

监理组认真落实安全技术方案审查制度,要审查施工组织设计中的安全方案和专项安全方案是否符合工程建设强制性标准及相应的安全方面的规定,对不符合要求的坚决不予开工;审查必须严格仔细,审查人员签署相应审查意见并签名。

实施以月度为单位的安全监理汇总上报制度。监理工程师、标段长对本月内日常安全监理的情况汇总、分析后上报监理组。监理组进行汇总并写入监理月报报建设单位。

认真落实施工准备阶段建立安全监理的其他各项规章制度,经常性召开安全会议分析安全形式研究部署安全措施和组织安全教育培训,及时传达并贯彻上级有关安全生产和文明施工的精神,定期组织安全生产和文明施工监管活动的教育;组织监理人员学习有关安全法律法规和施工安全检查内容和安全技术规程,提高安全监理业务水平,使他们能善于发现问题和正确解决问题,做好监理人员上岗前的安全教育工作,并将落实情况作好台账登记。标段长及监理组长定期对监理人员的日常监理工作和台账进行检查和评价,作为监理组内部考核的依据。

以上是京杭运河常州市区段改线工程桥梁工程4、6、8标监理组实施安全监理工作内容和方法的总结。坚持在安全监理工作中从源头抓起、从细节抓起,不放过每个环节,将安全工作落到实处,才能有效防范发生生产事故的可能性,实现安全生产的目标。

## 3 结语

安全责任重于泰山,安全工作关系到社会稳定和人民的生命和财产安全,做好安全工作需要每个人的努力。安全监理工作贯穿于整个施工过程中,这就要求我们对施工过程中的每个阶段、每个环节加强管理和控制,时刻绷紧安全生产这根弦,加强安全意识的培养,将安全隐患尽可能的扼杀在萌芽之中,真正做到了防患于未然。

**参考文献**

[1] 交通建设工程施工安全监理规范.常州市交通局2005年5月.

# 浅谈拱梁组合体系桥梁在京杭运河工程上的应用

饶志刚　朱红亮

（常州市航道管理处）

**摘　要**　常州市京杭运河改建工程中新建有11座大跨度桥梁（跨经约120m），其中拱梁组合体系桥梁以其结构的可靠性、造型的美观性和经济上的合理性在11座桥梁中具有较大的竞争优势，有阳湖大桥、青洋大桥和东方大桥三座桥梁为拱梁组合体系桥梁。该三座桥梁在设计、施工建设上各有特色，本文对三座桥的特点进行对比分析介绍。

**关键词**　拱梁组合体系　工程　应用

## 1　工程概况

京杭运河改线工程是将原横穿常州市区的运河段向南改移，规划河口宽度为90m，改线后的京杭运河自东向西穿过常州市区南部，因此需要在新开挖的运河上建造桥梁以沟通南北向交通，阳湖大桥、青洋大桥和东方大桥是新建的11座桥梁中的三座。

由于新建的11座桥梁均在市区，对桥梁建筑高度和建筑景观均有较高的要求，而这正是拱梁组合体系桥梁的优势。同时这三座桥梁均为系杆拱桥，在地处江南软土地基地理位置的常州，具有较大的竞争优势。

### 1.1　桥型简介

阳湖大桥——采用下承式V腿单肋系杆拱，主桥跨径组合位为：35m＋108m＋35m，下部V腿高9m，上部采用单肋钢拱，双排吊杆，阳湖大桥形式见图1。

青洋大桥——采用下承式人字形吊杆单肋系杆拱，主桥跨径组合位为：50m＋120m＋50m，青洋大桥形式见图2。

东方大桥——采用中承式双肋提篮系杆拱，主桥跨径组合位为：30m＋120m＋30m，东方大桥形式见图3。

图1　阳湖大桥实景图

图2　青洋大桥实景图

图3　东方大桥实景图

### 1.2　主要技术指标

计算行车速度：80km/h；

设计荷载：公路－Ⅰ级，人群荷载按《公路工程技术标准》（JTGB 01—2003）第6.0.8条取用；

地震烈度：基本烈度Ⅶ度，工程区域地震动峰值加速度为0.10g。

通航等级及净空要求：京杭运河为三级喊道通航净空70m×7m；

设计洪水频率：1/100。

主桥最大纵坡：2.5％。

## 2 主要结构技术特点对比分析

### 2.1 主墩（主桥下部结构）

三座桥梁主墩结构形式及主要技术指标见表1。

表1

| 桥 名 | 主 墩 形 式 | 主要技术指标 |
|---|---|---|
| 阳湖大桥 | V形墩，墩顶与边跨主梁刚性固结 | V形墩高10m，宽16m，截面为2×16m矩形，墩身内部夹角76.8°，C50钢筋混凝土，局部设置预应力钢绞线和精轧螺纹钢 |
| 青洋大桥 | 束腰空间弧面椭圆立柱，墩顶设支座 | 主墩立柱高6.5m，椭圆柱直径8～4m，C30钢筋混凝土 |
| 东方大桥 | 多面体拱座＋过渡墩，墩顶设支座 | 为8m×6m×5.5m的不规则多面体，C50钢筋混凝土，顶部及两侧飞燕和拱肋设有三个钢管立柱，上设支座 |

阳湖大桥采用大型V腿作主墩，桥下视线通透，充分衬托出主桥的气势。但大体积V腿混凝土侧压力较大，同时支架要承受对应上部边跨箱梁及预埋拱脚荷载，对支架要求比较高；另外内部结构复杂，钢筋、预应力管道交错，钢筋、预应力管道定位及模板支立困难，混凝土浇注困难。实际施工中：采用“贝雷梁、钢支墩组拼支架法”施工；墩身底部和上部圆弧部分采用定型钢模板，中间直线段采用涂塑板；混凝土分两次浇注，并在墩身底部设两层冷却管解决混凝土水化热问题。为控制混凝土侧压力，在支架搭设完成，并且模板安装后对应贝雷梁支架，在V形墩内部设五组（每组6根）直径为$\phi$32精轧螺纹钢作为水平拉杆，重点解决V形墩向外的张力，采用混凝土对称浇注，抵消两侧对称侧压力。

东方大桥的拱座为高强度等级混凝土，体积较大，混凝土水化热较大；底部与承台接触面积较大，当施工时与承台混凝土龄期差较大时，极易产生混凝土初期的收缩裂缝。实际施工中：在每个拱座混凝土内设两层冷却管解决混凝土水化热问题，加快拱座施工进度以缩短与承台混凝土龄期差。拱座在工程初期仍出现了一些混凝土收缩裂缝，但到工程后期混凝土裂缝基本自然愈合。

青洋大桥的主墩结构相对简单，对模板有一定的要求。实际施工中采用定型钢模板。

### 2.2 主梁

三座桥梁主梁结构形式及主要技术指标见表2。

表2

| 桥 名 | 主 梁 形 式 | 主要技术指标 |
|---|---|---|
| 阳湖大桥 | 中跨主梁采用单箱双室斜腹板截面，边跨主梁为单箱四室等高截面，主梁外形一致，边跨主梁靠中跨侧设牛腿与中跨相连 | 主梁顶板宽36m，底板宽16m，梁高3.0m，悬臂为4.75m。主梁每隔4.5m设一横梁，横梁宽为0.3～0.8m |
| 青洋大桥 | 主梁纵向为3跨变截面连续梁，横向为格构式单箱四室箱梁结构 | 主梁每隔5m设置一道横梁，跨中梁高为3.60m，支点处梁高为4.60m，采用直线＋圆弧线进行过渡。中间两个箱体的梁高比两侧箱体梁高1m。箱梁顶板宽38.5m，底板宽20m，两侧悬臂宽9.25m。箱梁顶板厚25cm，腹板厚50～80cm，底板厚30～80cm |
| 东方大桥 | 主梁两侧为箱形断面，中间为隔梁构造，整体现浇 | 主梁中心梁高1.8m，顶板厚25cm。主梁悬臂为2.4m，两侧箱底宽均为3.5m，主梁间横隔板间距5m，中间厚度为40cm，两侧锚固断面厚度为1m |

阳湖大桥主梁为等截面斜腹板箱梁，其中边跨主梁与V腿刚性固结，中跨主梁通过牛腿搁置在边跨主梁上，部分荷载通过吊杆由拱肋承担，中跨主梁受力简洁，但边跨主梁受力较复杂，V腿上部主梁上缘易出现局部拉应力，这点在后期桥梁动载试验中也得到了应证。设计施工流程采用落地支架现浇，然后在主梁上组拼拱肋。实际施工中：现场地理位置显示，主梁位于一通航老河道上，河床淤质土较厚，对于约5 000m³混凝土的主梁现浇施工来说(同时还需考虑后期荷载)，水中支架的可靠性是重点。实际施工中采用：钻孔灌注桩基础、钢管支墩＋型钢、贝类梁的形式搭设水中支架，并对支架进行等载预压。

青洋大桥主梁采用预应力混凝土多边形箱梁结构，每隔5m设置一道横梁，形成大悬臂梁格受力体系。墩顶主梁与上部拱脚混凝土固接，主梁总长220m，分七个节段满堂支架现浇(节段长度20～48m)，并在边跨与中跨主梁之间设有2m后浇段，减少混凝土收缩和工后混凝土徐变对梁体的不利影响；由于梁体格构较多，现场施工时应严格控制箱室内部尺寸，防止混凝土超方；同时主梁分为七个节段施工以后，如何保证183m长的通长束后穿的贯通有一定的难度，现场施工中：采用塑料波纹管防止“漏浆串管”的风险，采用“接力穿束、分段压浆”的工艺，解决了孔道预留、穿束、张拉和压浆等难题。主梁的另外一大特色是外形处理的效果较好：梁底纵向曲线采用直线＋圆弧线进行过渡，形成鱼腹线性；主梁悬臂端部设一根小纵梁。悬臂底板为造型要求在每个横梁之间按椭圆形局部挖空，通过照明设计，夜晚呈现独特的景观效果。

东方大桥中跨主梁横断面两侧为小箱室，中间为隔梁构造，边跨主梁端部与飞燕靠近过渡墩部分固结形成一个整体。结构较轻巧。横隔梁为预应力钢筋混凝土，以满足吊杆拉力要求；主梁最大的特点：中跨和边跨主梁之间在拱座顶部设有后浇合龙段，按照设计施工流程图，在主梁合龙前纵梁中张拉的预应力每侧各2 200kN，合龙后再各张拉4 000kN，合龙前预应力与纵梁之间没有联系，张拉的2 200kN力完全通过飞燕传递到拱座，用于平衡拱肋的水平推力，而实际施加在每根纵梁上的预应力为4 000kN。因此在实际施工中，应充分重视中跨主梁在合龙及4 000kN力张拉前的受力状况，防止出现梁底横向裂缝。

### 2.3 拱肋和吊杆

三座桥梁拱肋和吊杆构造形式及主要技术指标见表3。

表3

| 桥 名 | 拱肋和吊杆形式 | 主要技术指标 |
|---|---|---|
| 阳湖大桥 | 独肋拱，钢结构箱形构件，平行双吊杆形式 | 拱肋为2m×2m的箱形截面，二次抛物线线形，矢高21m，跨度90m，矢跨比1/4.29。拱趾约8m长范围填充混凝土，拱肋壁板拱顶厚24mm。拱底厚32mm。吊杆采用OVM91$\phi$7高强平行钢丝成品索，每个吊点处采用双吊杆形式，横向间距0.8m，顺桥向间距4.5m，全桥共17对 |
| 青洋大桥 | 独肋拱，钢管混凝土桁架结构，横断面为三角形桁架结构，热弯工艺成形，内填C50微膨混凝土，人字型的吊杆 | 拱肋为二次抛物线线形，跨径120m，理论矢高20m，矢跨比为1/6。三角形桁架中上弦杆为两根$\phi$800mm×30mm的钢管，下弦杆为一根$\phi$1 200mm×30mm钢管。两侧及顶面以一定方式设置$\phi$300mm×14mm钢管的腹杆。拱肋顶面宽3.30m，高3.50m。吊杆采用91根$\phi$7mm双层镀锌高强钢丝，全桥共17对 |
| 东方大桥 | 提篮拱，主拱圈为哑铃型钢管混凝土结构，设8道风撑和1道肋间横梁，风撑采用钢管桁架结构，与拱圈固结。拱肋热弯工艺成形 | 拱轴线形为二次抛物线，跨经120m，矢高32m，矢跨比为1/3.75；拱脚横向间距为29.4m，主拱内倾角14度。单肢拱肋为$\phi$1 100mm×20mm的钢管，哑铃形截面宽1.1m，高2.5m。钢管及腹腔内填C50微膨胀混凝土。拱肋主要采用Q345qC，吊杆采用7-127异型成品索，全桥共20对 |

阳湖大桥和青洋大桥设计施工方法均为“先梁后拱”，相应的主梁都设计成较强大，而拱肋设计较轻巧；东方大桥的设计施工方法均为“先拱后梁”，相应的拱肋设计成较强大，而主梁设计较轻巧。

阳湖大桥拱肋为钢结构箱形构件，线形为二次抛物线，“以折代曲”的施工工艺对拱肋曲线外观有一定的影响；拱肋设有预埋段，在边跨主梁与V腿交叉处埋入主梁内，在实际施工中，应精确控制预埋段的空间角度，确保拱肋的线性外观流畅；设计中，在预埋段设有剪力钉以加强拱肋钢构件与梁体混凝土的联结，优化局部受力状况，同时在拱脚处8m范围内填C50微膨胀混凝土作为过渡段，满足拱肋应力的合理传递，减少拱脚混凝土裂缝的出现。

吊杆形式相对简单明了。

青洋大桥拱肋采用单榀钢管混凝土桁架结构，拱肋横断面为三角形桁架结构，拱肋轴线采用二次抛物线线形。拱肋钢管采用中频弯管工艺成型，由于钢管较厚，对弯管工艺有较高的要求，重点应适当加大中频加热的范围，采用较大的弯管工张半径；由于吊杆锚箱设在空间桁架杆件上，各个锚箱的位置和角度参数都不相同，因此构件的放样和制作精度尤为重要。

拱肋设有预埋段，埋入拱脚混凝土内，拱脚在墩顶主梁上，与主梁固结，预埋段底部设有连接钢筋以加强拱肋钢构件与混凝土的联结，同时在拱脚混凝土顶部设有20mm厚钢封板，优化拱脚部位的受力状况。拱肋预埋段顶部设有临时铰，用于调整拱肋大节段拼装时的线性。

拱肋钢结构采用的是小节段现场组拼、大节段少支架现场安装施工方式。由于造型需要，中间两个箱体的梁高比两侧箱体梁高1m，拱肋投影下主梁顶面只能搭设安装支架，无足够面积进行小节段组拼。在实际施工中：在主梁桥面上设置两组龙门吊，龙门吊下一侧箱体梁顶设置胎架；钢管拱肋在工厂分九小段加工成半成品运抵主梁桥面，采用龙门吊卸车，使拱肋置于桥面胎架上，组装成三大段后再采用龙门吊分别进行吊装。

由于本桥人行道布置在中间，自然可以采用倾斜吊杆，不仅造型富于变化，且人字型的吊杆解决了单榀拱肋面外稳定不足的问题。

东方大桥钢管拱肋是三座桥中较强大的构件。哑铃型钢管混凝土结构，主跨拱圈设置8道风撑，并与拱圈固结；纵梁下面的主拱肋间设钢管横梁，并焊接在拱肋之间。拱肋内倾14°，有效提高桥梁整体的稳定性。

为加强钢管内壁与C50微膨胀混凝土的联结，在钢管内壁设置U形钢筋。

由于拱肋矢高达32m，微膨胀混凝土顶升时，拱肋内侧向压力较大，极易造成2cm厚的拱肋腹腔缀板鼓凸，因此在缀板内设置了双排钢筋作为拉杆，取得了较好的效果。

拱肋设有预埋段，埋入拱座混凝土内，预埋段底部设有联结钢筋以加强拱肋钢构件与混凝土的联结，优化局部受力状况。

由于拱肋构件体形较大，重量600余吨，安装工艺要重点考虑。现场施工中采用了大节段少支架的安装方式：主肋钢管在工厂制作成小段，运至现场平地胎架上进行带风撑大节段拼装(两边一中、三大节段)，同时安装跨中提升门架、拱座悬吊支架及提升设备。就绪后通过门架提升拱肋节段，并放置在门架临时支点上，通过支点处的千斤顶调整拱肋线形，临时固定拱肋。两侧就位后，同时提升跨中合龙段拱肋，在适宜的合龙温度下，进行拱圈合龙。由于单个大节段安装重量相对较重，门架结构的安全系数要求较高，应有充足的准备。

设计中，在拱脚处设置有结构临时铰，但由于拱肋内倾14°，两侧边拱肋节段提升转体时，拱脚端不在一条转轴线上，无法利用临时铰转动，为解决此问题，实际施工中采用“四点吊装法”方案，设置四个吊点将边拱节段抬吊水平提升到转动支座位置，进行竖向转体至设计高度后，拱座处通过悬吊机构安装就位。

**2.4 拱脚**

三座桥梁拱脚结构形式及主要技术指标如下(见表4)。

表 4

| 桥　名 | 拱脚形式 | 主要技术指标 |
| --- | --- | --- |
| 阳湖大桥 | 拱脚与主梁合为一体：沿拱轴线在边跨主梁与V腿交叉处，此处主梁设有一强大的横梁，用于锚固系杆钢绞线 | 横梁由多个小箱室构成的格构体，锚固部位厚7.95m实体混凝土，系杆采用OVM可换式钢绞线成品索(27-$\phi$15.24)，全桥共12束 |
| 青洋大桥 | 拱脚在墩顶主梁上与梁体固结，拱脚采用弧形顶门式结构，行人从拱脚中央通过。水平系杆设置在主梁固接区端部 | 拱脚按钢筋混凝土结构设计，控制设计为全断面受压结构，每个拱脚的混凝土用量为136$m^3$。拱脚高约10m，宽约12m。水平系杆为4排66束钢绞线，锚固于主梁顶板上 |
| 东方大桥 | 拱脚处设拱座，采用钢筋混凝土结构，首先拱圈实现临时铰接，落拱后封铰，实现拱座与拱圈的固结。由于主梁设后浇段，在边跨设飞燕以提供系杆的张拉构造 | 拱座为8m×6m×5.5m的不规则多面体，C50钢筋混凝土。飞燕拱圈靠近主跨部分拱肋采用哑铃型钢管混凝土结构，截面构造形式同主拱圈；飞燕计算跨度$L=60$m，矢高$f=7.2684$m，矢跨比0.1211，内倾角18°，采用二次抛物线线形。飞燕拱圈靠近过渡墩部分采用混凝土结构，并且与边跨主梁形成一个整体。系杆为12束钢绞线锚固于主梁端部 |

拱脚是拱梁组合体系桥梁中重要构件之一，形式变化也较多，在本工程，拱脚形式的差异主要体现在拱脚构造形式和平衡拱脚水平推力的方式上面。

阳湖大桥为下承式拱桥，拱脚处是拱肋、主梁和V腿三者刚性固结处，此处受力较复杂，也没有明确的拱脚构造，更多的是通过和V腿固结处的共同受力，来满足拱脚的功能需要。在固结处主梁内，设有一强大的横梁，用于将拱脚水平系杆钢绞线锚固于横梁上，以平衡主拱水平推力，方式简单明了。

青洋大桥拱脚为主桥纵梁和拱肋连接部位，在墩顶主梁上与梁体固结。由于结构布置需要，拱脚采用弧形顶门式结构，行人从拱脚中央通过。拱脚两侧为变厚度的墙体，在满足人行及非机动车通行的净空后，合并为一体，形式特异、新颖，是本桥的一大亮点，但拱脚与主梁刚性连接，拱脚尺寸相对较大，在主墩处形成一个刚性区域，拱脚区域受主拱肋传递的轴力，同时又受到主墩处负弯矩的影响，造成此范围为结构受力复杂。设计上拱脚为钢筋混凝土结构，但拱脚脊背上、顶门混凝土实体部分易出现拉应力，因此前者增设有钢绞线，后者增设有横向精轧螺纹钢，满足拱脚全断面受压控制要求。

在实际施工中，拱脚的弧形顶门式结构也带来不小的麻烦。拱脚模板采用全钢结构模板组拼而成，较高的精度保证了较好的混凝土外观质量；由于拱脚高约10m，拱脚脊背面处无法立模，混凝土浇筑时要严格控制入模速度，防止拱脚脊背侧外面鼓胀。

由于拱脚尺寸相对较大，纵桥向与主梁的固结段较长(约22m)，有多种因素易造成拱脚混凝土出现裂缝：拱脚与纵梁混凝土的龄期差过大，造成早期收缩裂缝；受拱轴向压力影响，局部(特别是拱脚跟部)易出现平行于拱轴线的裂缝；主桥纵梁线形的正常变化，拱脚混凝土都必须通过纵向的变形来适应，极易造成拱脚与纵梁刚性固结处的小尺寸截面部位出现拉裂。

拱桥系杆为设置在主梁与拱脚固接区前端顶板内，通过主梁顶板钢筋混凝土的共同受力来抵消拱脚传递的轴向力。该处混凝土受力复杂，为此，成桥后笔者曾到主梁箱室内调查，箱室内壁混凝土状况良好，说明构造设计成功。

东方大桥拱脚部位设钢筋混凝土拱座，待拱肋与拱座的临时铰接后，通过封铰钢筋混凝土拱肋实现拱圈的固结。

本桥在边跨设置飞燕，通过张拉系杆，将水平张拉力传递到拱座处，以平衡拱脚水平推力，飞燕采用钢结构拱圈，靠近过渡墩部分采用混凝土结构，并且与边跨主梁形成一个整体，形式美观、设计巧妙。但两侧飞燕在传递水平力时，构件受力状况受各种因素的影响易偏离理论计算值：飞燕钢拱圈的线形和标高；飞燕根部埋入拱座的位置及端部入主梁端部位置的准确性；由于二期恒载、吊杆张拉等对主梁线形的影响进而对飞燕传递受力的影响。

### 2.5 稳定性评价

在钢管混凝土拱梁组合体系桥梁方面，同济大学金成棣教授[1]、福州大学陈宝春教授[2]都有经典论述，桥梁的稳定性问题都有较多的内容涉及。在此基础上，结合笔者经历过的这三座桥梁，谈谈个人的体会。

稳定性较好的桥梁，自振频率较低。许多桥梁的垮塌，都不是在极限荷载下发生，而是在相对较大的荷载冲击下，引起桥梁结构共振，使桥梁结构本身产生巨大的次应力而瞬间崩溃。结构物自振频率与刚度有关，刚度越大，自振频率越低。

阳湖大桥和青洋大桥主梁均采用箱形结构，截面尺寸较大，刚度较大，拱肋与主梁固结，通过箱梁的抗扭刚度提高拱肋的稳定，因此桥梁的自振频率较低，其中阳湖大桥主梁采用分段设计，拱肋与边跨主梁和V腿刚性固接，提高桥梁的整体刚度；青洋大桥采用特殊的人字型吊杆设计，通过吊杆的非保向力，提高了拱肋的稳定性；东方大桥拱肋单侧拱圈内倾14°，拱脚横向间距达29.4m，吊杆斜度较大，虽然主梁截面尺寸较小，但桥面板与横梁固接，为吊杆提供充分的非保向力，同时拱圈之间设8道风撑和1道肋间横梁，风撑采用钢管桁架结构，与拱圈固结，形成钢管混凝土提篮式结构，有效提高了桥梁整体的稳定性。

## 3 经济分析评价

三座桥梁主要材料消耗及经济指标见表5。

表5

| 桥名 | 桩基工程量(m) | 下部结构混凝土($m^3$) | 下部结构钢筋(t) | 主梁混凝土($m^3$) | 主梁钢筋(t) | 钢绞线(t) | 钢结构重量(t) | 吊杆钢丝重量(t) | 主桥投影面积($m^2$) | 造价(万元) |
|---|---|---|---|---|---|---|---|---|---|---|
| 阳湖大桥 | 3 680*$\phi$1.2 | C30/2221，C40/223 | 134 | C50/5578 | 1 210 | 210 | 351 | 22 | 6 497 | 2 223 |
| 青洋大桥 | 5 520*$\phi$1.5 | C30/3 753 | 434 | C50/8605 | 1062 | 428 | 320 | 19 | 8 470 | 3 065 |
| 东方大桥 | 2 756*$\phi$1.6 | C30/1 689，C50/732 | 226 | C50/4883 | 1 252 | 131 | 622 | 20 | 6 444 | 2 536 |

注：各计算单价为：钢筋5 030元/t，钢绞线11 850元/t，钢结构11 523元/t，C50混凝土741元/$m^3$，C40混凝土496元/$m^3$，C30混凝土466元/$m^3$，吊杆钢丝(含锚头)35 068元/t，$\phi$1.2桩基783元/m，$\phi$1.5桩基1 010元/m，$\phi$1.6桩基1 291元/m。

通过各项指标的对比看出：

(1)青洋大桥总体造价较高(3 065万元)，原因主要是主梁混凝土和普通钢筋用量较多，以及桩基础规模较大。这也是为了满足弧形顶门式拱脚结构造型的需要，形成“人在桥中走、车在两边行”的独特景观。

(2)东方大桥每平方米造价较高(3 935元/$m^2$)，原因主要是主桥拱肋钢结构用量较大。

(3)东方大桥主桥主梁混凝土含“筋”量较高(256kg/$m^3$)，原因主要是主桥梁体混凝土采用了较少的预应力，梁体横向预应力主要布置在横梁上，纵向预应力是借用纵向系杆的最后一次张拉施加的，主梁悬臂翼板也按照普通混凝土设计。

## 4 综合评价

拱梁组合体系桥梁的优势在于：主桥建筑高度较小，降低了工程总造价；桥梁建筑造型简洁美观；其中系杆拱桥水平推力的自我平衡，能较好地适应沿海地区软土地基情况。

阳湖大桥较好地体现了拱桥的经济性，桥型简洁美观，桥面上行车视线开阔；在桥梁构造上：通过拱肋与主梁、主梁与Ⅴ腿的刚性固接，增强了桥梁整体的稳定性；中跨主梁通过拱肋吊杆的支点反力，与牛腿一起，共同形成多支点超静定简支梁，受力结构简单明了。主桥Ⅴ腿施工有一定难度，其他构造施工快捷。

青洋大桥主桥设置系杆的梁体较高(用作人行道)，两侧行车面较低，是降低主桥建筑高度的典型案例；梁体外形设计成鱼腹脊骨形式，造型美观，内部为格构梁体，可有效增强梁体抗弯、抗扭能力，增加桥梁整体的稳定性；桥面上拱脚设计成弧形顶门式结构，行人从拱脚中央通过，形式新颖独特；钢管混凝土桁架结构拱肋配人字形吊杆设计，可看成在主梁上施加了体外预应力索，有效改善了主梁纵向弯矩分布。主桥梁体施工有一定难度，其他构造施工快捷。

东方大桥相对与前两座桥，偏向于“强拱弱梁”。隔梁＋小箱室构造有效降低了建筑高度，强大的拱肋带有多道风撑，即保证了桥梁的整体稳定性，又具备美观的造型；全桥纵梁通过拱肋吊杆的支点反力，与拱座支点一起，共同形成多支点超静定简支梁，受力结构简单明了。主桥拱肋施工有一定难度，预应力施工流程较多，其他构造施工快捷。

## 5 结语

本文在三座桥梁工程实践的基础上，对拱梁组合体系桥梁的桥型设计及各重要构造部位的实施建设过程进行对比分析，对桥梁的经济性和稳定性作出个人评价，可供进行此类桥梁建设过程中参考。

**参考文献**

[1] 成棣.预应力混凝土拱梁组合桥梁:设计研究与实践[M].北京:人民交通出版社,2001.
[2] 陈宝春.钢管混凝土拱桥设计与施工[M].北京:人民交通出版社,1999.

# 大体积混凝土温度监测与裂缝控制

王飞球[1]　饶志钢[2]

（1.中铁二十四局集团有限公司路桥分公司；2.常州市航道管理处）

**摘　要**　对青洋大桥主承台大体积混凝土温度监测结果进行了分析，并介绍了裂缝控制技术，监测结果真实地反映了大体积混凝土的变化规律。

**关键词**　大体积混凝土　温度监测　裂缝控制

## 1　工程概述

青洋大桥工程主要包括跨越京杭运河大桥、312 国道与青洋路立交一座。主桥采用连续拱梁组合体系，主桥跨径组成为 50m＋120m＋50m。主桥每个墩柱设置两个分离式立柱，立柱横断面为椭圆形。主承台为 C30 钢筋混凝土结构，结构形式为矩形，厚度 3m，长 27m，宽 11.5m，设计方量为 932$m^3$，属于大体积混凝土施工，承台混凝土浇筑一次完成。

大体积混凝土结构在施工过程中，由于混凝土的水化作用，承台内部温度变化经历温升期、降温期和稳定期三个阶段，与此同时混凝土的体积亦随之伸缩。若混凝土的体积变化受到约束，就会产生温度应力。如果该应力超过其抗裂应力，混凝土就会裂开，因此，必须对大体积段采取温控防裂措施。

## 2　温度监测

### 2.1　温度变化规律

温度监测时间为 2005 年 12 月 29 日～2006 年 1 月 6 日，所有的测量数据很有规律性，较真实地反映了大体积混凝温度的变化规律，测点重点布置在承台中心及离外侧表面 5cm 处。浇筑层中心温度，表面温度及环境温度的数据见表 1。由表可知：

（1）由于水泥水化热的影响，浇筑中心温度急剧上升，到 48h 左右达到峰值；

（2）中心温度达到峰值后开始下降；

（3）混凝土表面温度在 48～72h 区段，由于水泥水化热影响与环境温度变化不一致，尤其在中心温度峰值附近，表面温度远高于环境温度。其他区段与环境温度变化规律基本一致，略高于环境温度。

**温度记录表**　　表 1

| 指　标　值 | 0h | 24h | 48h | 72h | 96h | 118h | 180h |
|---|---|---|---|---|---|---|---|
| 浇筑层中心温度(℃) | 6.5 | 35.1 | 44.8 | 41.1 | 37.4 | 32.1 | 24.8 |
| 表面温度(℃) | 6.3 | 7.1 | 15.6 | 13.4 | 9.8 | 9.6 | 8.8 |
| 环境温度(℃) | 6.3 | 6.8 | 7.4 | 7.3 | 8.2 | 9.1 | 8.7 |

### 2.2　特征温度

从温控的观点来看，我们对以下三个特征温度感兴趣：

（1）混凝土入模温度；

（2）混凝土内最高温度；

（3）最终稳定温度。最终稳定温度取决于当地的气候条件和结构形式，一般很难采用人工方法控制。在工程上，采取措施后，可以控制混凝土入模温度和最高温度，以避免有害裂缝产生。特征温度值见表 2。

特 征 温 度 值　　表 2

| 入模温度(℃) | 最高温度(℃) | 最高温升(℃) | 温升历时(h) |
|---|---|---|---|
| 7.4 | 44.8 | 37.4 | 48 |

根据实测数据，最高温度小于 55℃，符合规范要求。最高温升的大小主要取决于以下两个因素：

(1)浇筑厚度；

(2)水泥水化热，尤其水泥水化热是混凝土温升的最根本、最直接的原因。

## 3　裂缝控制的施工技术措施

### 3.1　温差与温控效果

在大体积混凝土施工中，水泥用量大，水泥水化所释放的水化热会产生较大的温度变化，引起较大的温差，温差是引起温度应力的主要因素，在工程上一般将温差作为控制温应力、防止温度裂缝的标准。

(1) 基础温差

基础温差指混凝土平均最高温度与最终稳定温度之差，最终稳定温度取决于当地的气候条件和结构形式，这里取桥位处年平均气温 17.8℃作为承台混凝土最终稳定温度。基础温差小于 25℃，见表 3。

温 差 情 况 表　　表 3

| 基础温差(℃) | 最大内外温差(℃) | 最大内外温差历时(h) |
|---|---|---|
| 15.5 | 21.9 | 48 |

(2)内外温差

内外温差指混凝土内部平均最高温度与表面温度之差。承台内外温差小于 25℃。

### 3.2　裂缝控制综合措施

(1)降低水化热引起的升温

水泥水化热主要来自水泥矿物组合中的 $C_3S$ 和 $C_3A$。要降低水化热，应优先考虑采用 $C_3S$ 和 $C_3A$ 含量较低的水泥。青洋路大桥选用了京阳 42.5 级低热水泥。

降低水化热要减少混凝土配合比中水泥的用量，采用“双掺”技术，即既掺粉煤灰又掺减水剂。同时，利用掺粉煤灰的混凝土后期强度仍有增长的现象，适当延长混凝土设计龄期，减少水泥用量。

(2)加快混凝土内热量散失

为加快混凝土内热量的散失速度，主要采用通水冷却。承台在每 1m 高度上设置散热管道，散热管采用外径 8cm 钢管，管道横向间距 1m，成回字形，每个主墩设置两层(具体形式见图 1)。在混凝土浇筑后进行一期通水，使混凝土内部最高温度不超过 55℃，内外温差不超过 25℃。在全部浇筑完成后，进行二期冷却逐渐交替进行使混凝土冷却至最终稳定温度。总通水时间不少于 7 天，且入口和出水温差不超过 5℃时可以停止通水。通水流量一般控制在 18L/min，实际水流量和水温应根据冷却水进口和出口的温差监测情况及时调整。通水结束后，散热管灌浆，灌注方式同预应力管道。冷却管安装时用钢筋骨架和支撑架固定牢靠，防止混凝土浇注过程中发生变形。

同时为了更加有效的散热，在混凝土浇筑过程中采用平面分块，竖向分层的浇筑办法，由于混凝土浇筑采用泵送混凝土，混凝土的摊铺厚度不大于 60cm，但层间的间隔时间应尽量缩短，必须在下层混凝土初凝之前，将其上层混凝土浇筑完毕，层间最长的时间间隔不大于混凝土的初凝时间。在浇注中严禁集中卸料浇筑，防止局部混凝土产生过高的温度。

(3)表面养护

12月份温度低，混凝土表面覆盖麻袋和土工布保暖养生，侧面采用彩条布包围，以控制内位温差。在白天温度较高时，混凝土表面蓄水养生(在麻袋和土工布上洒水)，这样即可以控制混凝土表面温度与内部温度或气温的温差，防止混凝土开裂，同时可以有效的防止混凝土表面发生龟裂。

(4)加强施工管理

为防止裂缝产生，除了严格控制混凝土的温差外，还需要加强施工管理，提高施工质量。显然，在混凝土浇筑过程中，强度是不均匀的，裂缝总是从强度最低的薄弱处开始。裂缝的出现与混凝土的不均匀性有直接关系。当混凝土的质量控制不严，强度离差系数大时，裂缝就多。反之，则少。同时在混凝土浇筑进度安排上，尽量做到层薄、短间歇、均匀上升和加强养护。

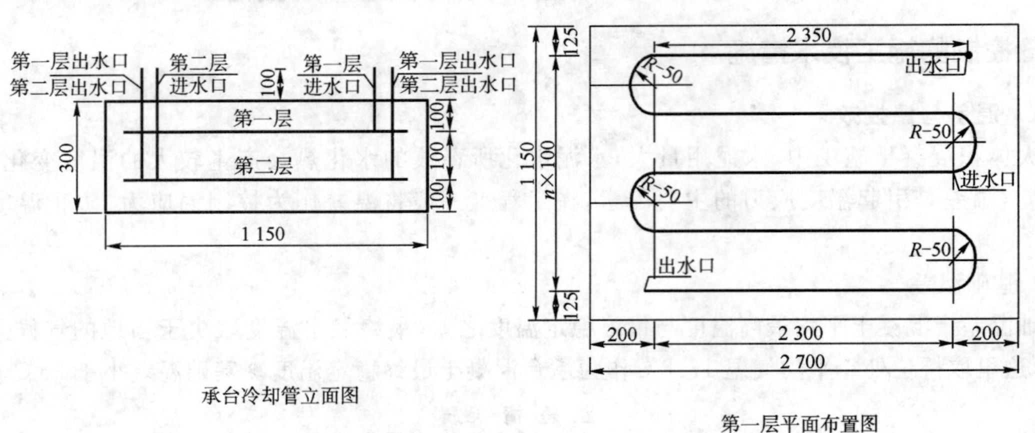


注：

1. 本图尺寸以厘米计。
2. 冷却管采用外径80mm、壁厚2.5mm的钢管，如图所示，承台每层冷却管有一个进水口，两个出水口。本图进出水口仅为示意。
3. 承台冷却管的平面布置在图中仅示第一层，第二层在第一层基础上旋转180°。

图1　主承台冷却管构造图(尺寸单位：cm)

## 4　结语

青洋大桥的主承台混凝土施工，在设计、监测、监理、实验、施工各部门的紧密协作下，取得了较好的温控效果。在具体施工过程中也积累了不少施工经验，掌握了大量温控观测数据，对其他类使工程有一定的参考价值和知道意义。具体归纳为以下三点。

(1)主承台混凝土温度监测结果真实地反映了大体积混凝土的温度特征和变化规律，可供类似工程参考。

(2)“双掺”技术使混凝土的性能得到了改善，易于浇筑，模板易充实，故内在质量和外观质量都可得到保证，而且节约水泥，经济效益显著。

(3)大体积混凝土的施工受到多种因素的影响，除了要有较好的温控措施外，还应对施工进行严密组织，严格管理，以提高混凝土的施工质量。

### 参考文献


[1] 刘吉士等编著. 桥梁施工百问. 北京：人民交通出版社，2003.

[2] 朱伯芳. 大体积混凝土温度应力与温度控制. 北京：中国电力出版社，1999.

# 大节段支架施工桥梁裂缝的预防和控制

毛军喜

（中交三航局第三工程有限公司）

**摘　要**　本文结合JHCZQ-6标武进大桥施工，为防止产生施工裂缝，采取的一些针对性预防和控制措施

**关键词**　大节段　支架施工　施工裂缝　分析控制

## 1　引言

随着我国交通工程建设的发展，大跨径预应力混凝土连续箱梁的应用越来越广泛，常见的施工工艺包括悬臂浇筑、悬拼和满堂支架施工等。大节段支架法施工是悬臂浇筑和满堂支架施工的有机结合，也是比较新颖的施工工艺和工法，对于工期比较紧、先成桥后开河的项目比较适用，但如何有效防治施工裂缝等质量通病，也面临着新的挑战。

武进大桥主桥为左右幅单箱预应力连续箱梁桥，跨径布置为72m＋110m＋72m，单幅底板宽8m，顶板宽16m，直腹板结构，底板呈抛物线状上拱，桥面设置3％纵坡和2％横坡。单幅共分为7个施工节段，0号块长22m，分2次浇筑成型，其他施工块段长10.5～11m，均一次浇筑成型。

## 2　常见的裂缝种类及产生的原因

混凝土表面裂缝产生的原因比较复杂，是多种因素互相作用的结果，但每一道裂缝均有其产生的一种或多种主要原因，在施工阶段容易产生裂缝的主要原因可分为以下几种类型。

### 2.1　荷载引起的裂缝

(1)未按照设计和规范要求设置结构钢筋规格、数量、间距和保护层，特别是在张拉锚固部位、支座部位等；

(2)施工时块件顶部随意增加或改变施工荷载，导致块件内部出现裂缝；

(3)局部应力集中的地方，如竖向预应力筋开口处、工作人孔处，张拉后，很容易沿着洞角的某一角度产生裂缝。

### 2.2　温度变化引起的裂缝

温度变化是产生表面裂缝的主要原因之一，混凝土具有热胀冷缩的性质，当外部环境或结构内部温度发生变化时，混凝土将发生变形，若变形遭到约束，则会产生结构内应力，当应力超过混凝土抗拉强度时即产生温度裂缝。在施工阶段引起内外温度变化的主要因素是混凝土凝固过程中产生的水化热、骤然降温及昼夜的较大温差。

有关研究表明，在大体积混凝土凝固过程中混凝土内部会产生60℃以上的温度，施工期间环境温度的变化大、保温措施不到位，则导致混凝土内外温差梯度和附加应力过大。

### 2.3　混凝土收缩引起的裂缝

混凝土因收缩所引起的裂缝比较常见，在混凝土收缩种类中，塑性收缩和缩水收缩（干缩）是发生混凝土收缩变形的主要原因。

塑性收缩发生在施工过程中，混凝土浇筑后约4～5h，此时水泥水化反应激烈，出现泌水和水分急

剧蒸发，混凝土失水收缩，同时集料因自重下沉，因此时混凝土尚未硬化，称为塑性收缩。在集料下沉过程中若遇到钢筋阻挡，便形成沿钢筋方向的裂缝。如箱梁腹板与顶、底板交接处，因硬化前沉实不均匀，发生顺腹板方向表面裂缝。在顶板的顶面，这种裂缝最常见。

混凝土结硬以后，随着表层水分逐步蒸发，混凝土体积减小，称为缩水收缩（干缩）。因混凝土表层水分损失快，内部损失慢，因此产生表面收缩大、内部收缩小的不均匀收缩，表面收缩变形受到内部混凝土的约束，导致表面混凝土承受拉力，当表面混凝土承受的拉力超过其抗拉强度时，便产生干缩裂缝。

### 2.4 支架模板变形引起的裂缝

由于支架竖向不均匀沉降或水平方向位移，使结构中产生附加应力，超出混凝土的抗拉强度而导致结构开裂。

(1)支架竖向支撑及横向固定不牢、预压时间和预压荷载不足，在混凝土浇筑过程中，支架发生不均匀沉降或水平位移，则混凝土在强度形成过程中会出现裂缝。

(2)模板支撑不牢固或对拉螺杆强度不足，在混凝土浇筑过程中出现胀模等现象，导致混凝土出现裂缝。

(3)没有按照由远及近的原则进行浇筑，以至发生支架不均匀沉降和变形，导致混凝土开裂。

### 2.5 施工工艺质量引起的裂缝

施工质量的控制，是确保混凝土质量合格的重要保证，严格按照国家有关规范、技术标准进行施工，是保证结构安全耐用的前提和基础。导致裂缝的常见工艺质量问题如下。

(1)混凝土保护层过大，或乱踩已绑扎的上层钢筋，使承受负弯矩的受力筋保护层加厚，导致构件的有效高度减小，形成与受力钢筋垂直方向的裂缝。

(2)混凝土拌和料计量、坍落度控制偏差、振捣不密实、不均匀等混凝土施工质量问题，是产生缩性、干缩以及其他裂缝的根源之一。

(3)集料、水泥和外加剂碱含量检测和控制不好，造成混凝土碱活性反应，混凝土局部膨胀开裂、钢筋外露锈蚀，钢筋锈蚀膨胀，进一步造成混凝土开裂。

(4)混凝土分层或分段浇筑时，接头部位处理不好，易在新旧混凝土和施工缝之间出现收缩裂缝；相对于先浇段，没有按照由远及近的施工顺序进行后浇段浇注容易在新老块段结合处产生裂缝。

(5)张拉预应力不足或预应力损失过大，造成正截面垂直裂缝；预应力过大，导致混凝土压应力储备超过规范要求或没有按设计和规范要求设置顶、底板上下层拉结钢筋，降低了整体受力效果，导致混凝土崩裂、开裂脱落等。

(6)合龙段两侧支架对梁底的摩阻力过大，限制梁体的变形，以至混凝土内部产生过大的拉应力，产生结构裂缝；临时固定和约束装置是否及时拆除则易产生次应力从而导致裂缝产生。

## 3 采取的预防和控制措施

### 3.1 荷载引起的裂缝控制措施

针对荷载引起的裂缝，所采取的措施主要是对应力集中部位的施工予以高度重视。0 号块支座部位钢筋网片的层数及层距必须严格按设计要求进行检查和控制，因该处钢筋较密，振捣难度较大，在混凝土浇筑过程中，要适当的加大混凝土的坍落度，提高混凝土的和易性，安排专人负责振捣及检查，确保混凝土密实。

对于竖向、横向预应力筋的张拉槽口，应严格按设计要求布设螺旋筋和其他防崩钢筋；工作孔尽可能设置成圆孔，同时尽可能远离张拉锚固区、预应力管道曲线拐点，四周应按规范设置构造钢筋，以防止混凝土在槽口倒角度处产生裂缝。

在混凝土强度形成过程中，严格控制块件顶部的施工荷载，在预应力张拉和压浆前，禁止在块件顶面堆放钢筋、模板等材料和设备，张拉后，为防止不平衡偏载，同样应严格控制施工荷载的布置，尤其是成捆的钢绞线、批量的半成品钢筋，是比较常见的集中施工荷载。

**3.2 温度变化引起的裂缝控制措施**

为了有效防止水泥水化热、日照等温度变化引起的裂缝，采取的预防和控制措施如下：

在墩顶横隔梁内设置冷却水管，埋设时，每层水管的垂直进、出水口互相错开，间距 1.5m×1.5m 且出水口有调节流量的水阀和测温设备。冷却水管安装时，要用钢筋骨架固定牢靠，并做通水试验。每层循环水管被混凝土覆盖并振捣完毕，即可在该层水管内通水。循环冷却水的流量可控制在 1.2～1.5 $m^3/h$，通过控制流量大小，调节进出水口的温差，使进、出水的温差不大于 6℃。

在横隔梁预留通道孔附近，严格按照设计和规范要求设置道周边加强钢筋，同时采用定型高强度水泥砂浆垫块加密布置，确保横向构造筋和箍筋的保护层。

根据浇筑阶段环境温度变化情况，采取不同的混凝土养生措施，非冬季施工采用全覆盖潮湿养护，冬季施工采用全覆盖保温、保湿养护，必要时采用蒸汽养护，养护时间不得少于规范要求。

在合龙段合龙前 48h，间隔 3h 观测一次桥梁轴线、高程和桥梁伸缩变化，确定变化最小时段，在该时段进行劲性骨架连接和合龙段混凝土浇筑。

**3.3 混凝土收缩引起的裂缝控制措施**

在腹板与顶板交界处容易出现混凝土塑性收缩产生的裂缝，这对于大于 5m 高的块件在施工时尤其需要注意。一方面为减小混凝土塑性收缩，施工时应控制水灰比，降低混凝土坍落度，避免过长时间的搅拌，分层下灰并不宜太快，振捣要密实；另一方面浇筑到顶板时先浇筑顶板外侧，最后浇筑与腹板的接触面，给腹板混凝土一个收缩的时间，同时加强翼、腹板结合处的振捣。

混凝土的缩水收缩产生的裂缝控制措施主要是拆模后混凝土表面的养护，若养护不当或不及时，表面失水，产生收缩裂缝，在养生期内必须要采取有效措施确保混凝土表面湿润，本项目采用土工布覆盖、安排专人用喷雾器和花洒对覆盖后的混凝土进行保湿养护，有效的防止了混凝土的干缩裂缝，但在土工布搭接不好的地方有轻微的干缩裂缝，所以，对于高强度等级混凝土的及时覆盖和保湿是控制表面干缩裂缝的决定因素。

**3.4 支架模板变形引起的裂缝控制措施**

支架法施工中，支架的弹性和非弹性变形、地基的不均匀沉降，是产生附加应力和结构裂缝的关键因素之一。所以，需对支架的变形和稳定进行详细的分析和计算，通过超载预压以消除非弹性变形，并测出弹性变形值。由于本项目支架均处于老的沥青路面上，局部薄弱的地段进行掺灰、碾压和混凝土覆盖处理，基础承载条件比较好。经过不少于 7 天 120％超载预压，连续 3 天变形沉降小于 2mm 的情况下，进行卸载和支架紧固复位等下道工序施工，并按照规范要求进行纵横向稳定性加固。

因梁体腹板较高，需对模板支撑需作详细验算，防止模板变形。在浇筑底板混凝土时，采取先浇注一定高度腹板，再浇筑底板和剩余腹板的顺序。为防止从底板大面积的向上翻混凝土，可适当降低底板混凝土的坍落度，同时可采用压仓板进行防护。在底腹板接口段混凝土稳定后，二次浇注底板时，不得对底板倒角处再进行振捣，以防止该处混凝土坍塌、出现空洞及裂缝。

**3.5 其他施工工艺质量引起的裂缝控制措施**

针对可能引起施工裂缝的工艺因素，制订合理的工艺保障措施和预控方案，具体如下。

(1) 在底、腹板外侧面采用高强度塑料垫块或定型等强度等级砂浆垫块，并合理分布，确保钢筋保护层符合设计和规范要求，同时对外观质量没有影响；顶底板二层钢筋间距和保护层偏差是导致施工裂缝多种因素的根源，适当增加投入，采用合理分布定位钢筋的办法，较好的控制了保护层偏差。

(2) 加强原材料的质量检测、定期检定计量器具、严格按照施工配合比和相关的规范要求进行混凝土拌制是保障混凝土施工质量的前提，做好混凝土下灰、振捣、养护等工序质量的技术交底和过程质量的监督和检查。

(3)水泥、集料和外加剂的常规检测必须包括碱含量，同时需检测集料硫酸盐、氧化镁和生石灰等含量，是防治混凝土结构癌症——集料膨胀裂缝最为有效的手段。

(4) 为保障新老混凝土结合面质量，对高强度等级混凝土大面积人工凿毛工作量大，效率低下，质量难以保障，如果在结合面的模板上涂刷特别配置的长效缓凝剂，延缓结合面混凝土的凝固时间可达24h以上，在达到拆模强度后，尽快拆模并凿毛，能大大提高凿毛工效和质量，提高结合效果和增强抵抗干缩裂缝的能力，但凿毛后的结合面必须按照常规进行冲洗干净。对于水平接缝处新混凝土浇筑前，在凿毛、清洁后的结合面处按规范要求设置10mm厚同强度等级水泥砂浆，增强结合效果。

(5) 除严格按规范要求进行预应力施工的各项工艺控制外，由于钢绞线弹性模量对预应力伸长值影响很大，采用实测弹性模量计算和控制伸长值是防止预应力超张或不足的关键环节。对于竖向(精轧螺纹钢)预应力的张拉，现场采用分批张拉、二次检查补足应力的办法进行预应力控制，防止应力损失或偏差过大，从而有效防止腹板正截面裂缝。严格检查控制二层钢筋网片的保护层、波纹管位置、拉结筋的数量、规格、位置是保障顶、底板整体受力的关键；结合预应力施加控制，是预防混凝土崩裂、脱落最简单的途径之一。

(6) 为减少大跨度、大节段现浇结构的施工支架和模板对梁底的摩阻影响，不宜采用满堂支架。本项目施工在结合多位专家意见的基础上，将满堂支架改位局部支架，即在本节段预应力张拉和灌浆完成后，即拆除前一节段的支架，尽可能减少支架和底模板的对混凝土收缩和变形的约束，但在临时固结支墩设计时，应考虑当前节段支架失效与施工荷载组合下的最不利工况。

导致施工裂缝的施工工艺问题很多，除上述部分内容外，临时固结体系的解除、预应力管道荷锚固位置偏差、齿块和锚口位置钢筋设置、工作孔布置和加强等，或是多种原因的组合，都可能导致施工裂缝的产生。严格按照设计文件和现行规范的要求进行施工工艺的质量控制，在施工工艺的层面上能有效防止施工裂缝的产生。

## 4 结语

结构裂缝的预防控制是在理论和实践相结合的基础上不断改进和提高的过程，对于常见的裂缝质量通病，施工控制是关键，在新工艺和新技术条件下，结构裂缝的防治需要专家、设计科研人员、施工技术人员通力合作，本项目主桥施工在上述单位和人员的指导、帮助下，施工裂缝得到了较好的预防和控制，希望能为类似项目的建设提供一些借鉴。

**参考文献**

[1] 杨文渊，徐犇. 桥梁施工工程师手册. 北京：人民交通出版社.

[2] 交通部标准. JTJ 041—2000 公路桥涵施工技术规范. 北京：人民交通出版社，2000.

[3] 王凡，桥梁预应力混凝土施工技术及标准规范实施手册. 长春：吉林电子出版社.

[4] 张继尧，王昌将. 悬臂浇筑预应力混凝土连续梁桥. 北京：人民交通出版社.

# 常州湖滨大桥真空辅助压浆施工质量控制研究

吴建军

（江苏交通工程咨询监理有限公司）

**摘　要**　真空压浆是后张预应力混凝土结构施工中的一项新技术。京杭运河常州市区段改线工程湖滨大桥箱梁采用塑料波纹管真空压浆，本文主要结合常州湖滨大桥工程实例来研究讨论真空压浆的施工工艺及质量控制要点。

**关键词**　真空压浆　施工工艺　质量控制

## 1　工程概况

京杭运河常州市区段改线工程是江苏省、常州市共建的重点交通基础设施项目，运河改线全长26.1km，建跨运河11座桥梁，湖滨大桥属于其中的一座，其主桥采用30m+57m+110m+57m+30m五跨一联预应力混凝土变高度连续梁，引桥采用30m跨预应力混凝土连续箱梁，全桥跨径组成为：3×30m+5×30m+(30m+57m+110m+57m+30m)+2×(4×30m)=764m。主桥采用双幅布置，单幅桥宽13.5m，引桥单幅桥布置，桥宽为16m。桥梁除布置纵向预应力束外，在桥面板内设有横向预应力束，钢绞线采用ϕ15.24，强度1 860MPa，预应力管道均采用塑料波纹管成孔，纵、横向预应力管道均采用真空辅助压浆。

## 2　真空压浆的必要性

后张预应力构件孔道压浆的目的是：①防止预应力筋被锈蚀，增强预应力构件使用的耐久性；②填充预应力筋的孔道，使预应力筋与混凝土黏结成整体，传递预应力并防止预应力筋松弛。因此要求孔道压浆一定要饱满，凝固后的水泥浆致密、收缩小(甚至不收缩)，并满足一定的强度要求。

普通压力压浆质量控制难度大，存在浆体收缩大、管道不饱满等现象，主要是由于水泥浆质量不稳定、封锚不密实而导致漏浆等原因造成的，要保证或提高普通压力压浆的质量，从技术措施上必须改善水泥浆的性能，如减小水灰比、添加外加剂等；从工艺措施上尽量做好管道的密封工作，排除浆体内混杂的空气，增加浆体密实度。

真空辅助压浆正是针对解决以上问题应运而生的。真空辅助压浆首先是用真空泵抽出孔道内的空气，要求孔内形成0.08MPa以上的负压，这要求封锚必须严密。真空辅助压浆是边抽真空边压浆，孔道内始终保持0.08MPa的负压，既利于排出浆体内混合的空气，利于浆体致密，又相当于给浆体施加了一个拉力，这样可以大大降低压浆机的负荷，减小压浆难度。从另一个角度说，就是可进一步减小水泥浆的水灰比，提高浆体的密实性和强度，减少浆体的收缩。

## 3 施工工艺

### 3.1　工作原理及其技术要求

①工作原理：首先在预留孔道的一端采用真空泵抽吸孔道中的空气，使得孔道内达到－0.08MPa以上的真空度；然后在孔道的另一端再用压浆泵以0.7MPa的正压力将水泥浆压入孔道，以提高孔道灌浆的饱满度、密实度。

②技术要求：整个预留孔道及孔道的两端必须密封，且孔道内应保持洁净；预留孔道用的管材必须

具有一定的强度，必须与混凝土可靠黏结，防止在孔道抽空过程中，管壁瘪凹；孔道内的真空度宜控制在－0.08MPa左右。

**3.2 对管道的要求**

真空辅助压浆要求波纹管具有：足够的刚度、安装定位牢固、接头牢固密封、线形平顺、进浆口、排气口顺畅。

为保证管道内形成0.08MPa以上的负压，要求管道端头必须密封严实。湖滨大桥现浇箱梁张拉端采用小石子混凝土进行封锚。钢绞线张拉后，让钢绞线仅突出锚具约5cm，其余部分用手提砂轮机切除。封锚时，先清理并用水泥浆湿润，然后立模浇注混凝土，保证封锚混凝土覆盖预应力筋大于5cm，强度达到10MPa后方能进行压浆。

**3.3 对浆体的性能要求**

后张法预应力孔道压浆用水泥浆应满足以下要求：①水泥浆本身对预应力筋和孔道壁无腐蚀作用；②水泥浆必须具备一定的强度和黏结强度，满足预应力筋和混凝土构件之间的有效应力传递，保证结构的整体性；③水泥浆在灌浆之后泌水率低且不离析；④水泥浆具有良好的流动性并且浆体稠度符合规范要求；⑤水泥浆具备一定的膨胀性能，以抵消水泥浆硬化过程中的收缩；对水浆体具体技术指标的要求如下：

(1)水灰比：0.4～0.45，掺入适量的减水剂时，水灰比可减小到0.35；

(2)泌水性：泌水率最大不得超过3%，拌和后3小时泌水率宜控制在2%，泌水应在24h内重新被浆吸回；

(3)初凝时间：3～4h；

(4)稠度：水泥浆的稠度14～18s；

(5)强度：符合设计要求；

(6)膨胀率：通过试验可掺入适量膨胀剂，但其自由膨胀率应小于10%。

**3.4 对具体材料的要求**

(1)水泥：采用普通硅酸盐水泥，强度等级按设计要求；水泥正式进场前必须做灌浆水泥的试配性试验。

(2)水：水中硫酸盐含量不能大于0.1%，氯盐含量不能大于0.5%，水中不能含有糖分或悬浮有机质。

(3)外加剂：采用优质的浆体外加剂。

常州湖滨大桥按上述要求采用宁国水泥厂海螺P.O52.5R水泥，淮南市中凯合成材料有限公司生产的NF-1H0缓凝高效减水剂和UEA膨胀剂，饮用水。经试配M50、M60水泥浆配比和各项指标见表1。

表1

| W/C | 水泥(kg) | 膨胀剂(kg) | 水(kg) | 减水剂(kg) | 稠度(s) | 泌水率(%) | 膨胀率(%) | $R7$(MPa) | $R28$(MPa) | 备注 |
|---|---|---|---|---|---|---|---|---|---|---|
| 0.36 | 1 316 | 146 | 527 | 14.6 | 17 | 1.1 | 2.9 | 44.2 | 64.9 | M50 |
| 0.33 | 1 379 | 153 | 506 | 15.3 | 15 | 0.9 | 3.1 | 50.5 | 69.9 | M60 |

**3.5 真空辅助灌浆工艺的施工设备**

压浆设备包括：强制式水泥拌浆机1台、压浆泵、计量设备、储浆桶、过滤器、高压橡胶管、连接头、控制阀。真空辅助设备包括：真空泵、压力表、控制盘、压力瓶、高强透明胶管数米、气密阀等。

**3.6 真空压浆施工工艺的工艺流程**

(1)准备阶段

常州湖滨大桥预应力波纹管端头采用混凝土封锚，具体要求①封锚时采用符合设计强度(主桥C60，引桥C50)要求的混凝土材料；②封锚时保证混凝土浇捣密实，以防灌浆抽真空时漏气或漏浆；③混凝土封堵后需在48h后方可进行真空压浆。

(2)真空辅助压浆

①孔道的清洁处理：压浆前，首先对孔道清洁处理，常州湖滨大桥采用对预应力筋和管道无腐蚀作用的中性洗涤剂用水稀释后进行冲洗，冲洗后用空压机将孔道内的所有积水吹出。

②水泥浆制备：真空压浆工艺中，水泥净浆的质量是压浆质量控制的关键，要求浆体硬化后收缩小、致密且强度满足要求。采取的主要措施是尽可能降低浆体的水灰比，并通过掺加一定比例的减水剂来增加浆体的流动度，通过掺加膨胀剂来弥补浆体硬化时产生的收缩。将拌浆斗用水湿润，倒净剩水，先加入定量的水再倒入混合料；然后开动拌浆机搅拌，待混合料搅拌均匀后(约 3～5min)，通过滤网，将水泥浆缓缓倒进储浆罐。储浆罐的储浆容量必须大于一条管道所需的水泥浆的体积，保证压浆连续进行。同时检查水泥浆的稠度，稠度应控制在 14～18s。

③试抽真空：将机具连接好，关闭进浆阀，打开排气阀、抽真空阀，拧开进循环水口、开动抽真空泵，抽除预留孔道中的空气，观察压力表的读数，要求压力表读数能够达到－0.08MPa 以上的负压并能够保持稳定，否则应重新检查各处封口是否密封，再试抽真空。

④启动压浆泵并压出残存在压浆机及喉管内的水分、气泡，同时检查所排出的水泥浆的稠度，稠度应控制在 14～18s，暂停压浆泵并将压浆喉管通过快换接头接到锚垫板的压浆快换接头上。

⑤保持真空泵开启状态，使孔道内压力维持在－0.08MPa 左右的负压，开启压浆端阀门并将已搅拌好的水泥浆向孔道内灌注。

⑥当水泥浆排进负压容器后，立即关闭连接通往压容器的阀门，同时开启通往废浆桶的阀门，关闭真空泵。

⑦继续压浆，直至现场看到抽真空端的透明胶管内有水泥浆流出时，继续压浆至浆体连续喷出且稠度与压入水泥浆相当时，关闭排浆阀并继续压浆加压至 0.7MPa 左右，持压 2min，关闭进浆阀。持压过程中，可排出残余的空气及泌水，保证管道内浆体饱满。

⑧清理保养工作：每根管道压浆完毕后，都必须用水冲净滤清器、真空泵及透明胶管，以保证下根管道压浆正常。当天压浆完成后，将所有沾有水泥浆的机具及构件冲洗干净。

湖滨大桥按上述批准的配比和工艺压浆，自 2006 年 5 月开始，2006 年 11 月结束，期间温度均不低于 5℃的规范要求，按规范气温高于 35℃时在夜间压浆。

## 4 质量控制要点

4.1 严格控制水泥浆的质量。通过掺入适量的外加剂(膨胀减水)来降低水灰比、减少浆体收缩，保证管道饱满，并使浆体硬化后致密，提高浆体强度。通过压浆前的配比试验和过程中的配料控制来实现。值得一提的是，通过湖滨大桥的实践，我们发现拌浆机的性能对水泥浆的质量影响较大，同样水灰比的水泥浆其拌浆机的转速越快拌出的浆的稠度越大，也就是用高速的拌浆机可拌出较小的水灰比的符合稠度要求的水泥浆，也就从一定程度上保证了水泥浆的质量。

4.2 做好管道的密封措施。如管道密封不好管道内形成不了真空，就等同于普通压力压浆。真空度必须控制在－0.08MPa 左右。在压浆过程中，水泥浆的稠度控制在保证可压入的情况下尽可能大。

4.3 必须在压浆完成后加压持荷 2min 以上。在持压过程中，从低到高逐一打开排气管，可排出各波纹管管顶可能残留的空气及浆体泌出的水，保证管道内浆体饱满。

## 5 结语

真空压浆是后张法预应力混凝土构件施工中的一项新技术，近几年在桥梁施工中的应用日趋增多，真空压浆可以弥补普通压力压浆的缺点，更有效地保证预应力混凝土构件安全性和耐久性，通过在常州湖滨大桥现浇箱梁中的应用，能容易在孔道内形成 0.08MPa 的负压，能将稠度为 14～18s 的水泥浆顺利压入孔道内，使孔道内浆体饱满、密实(通过剥开抽查部分管道证实)，且经试压浆体试件的强度均达设计强度以上。由此说明真空辅助压浆在预应力混凝土构件施工中是值得推广的。

**参考文献**

[1] 中华人民共和国标准. JTJ 014—2004 公路桥涵施工规范实施手册. 北京：人民交通出版社，2004.

# 武进大桥采用大截段支架现浇方案分析

张文立[1]　吴建军[2]

（1.常州市航道管理处；2.江苏交通工程咨询监理有限公司）

**摘　要**　本文结合大截段支架现浇变截面连续箱梁，在京杭运河常州市区段改线工程桥梁工程 JHCZQ—6 标武进大桥中的实践，通过与挂篮悬浇就施工工艺、工期、成本方面的比较分析，明确了该方案的特点。

**关键词**　悬浇　大截段支架现浇　比较　分析

## 1　工程概况

JHCZQ—6 标武进大桥，为跨越改线后的京杭运河及 312 国道的独立大桥工程。该桥位于常州市武进区武宜路武进电大附近，采用先建桥后开河，直接在老武宜路上建桥。主桥采用全预应力变截面混凝土连续梁，跨径布置为 72m＋110m＋72m，其中南边跨跨越 312 国道，北边跨跨越规划的运北路。主桥上部箱梁采用上、下行独立的两个单箱单室断面，C60 混凝土现浇，直腹板形式，单箱顶面宽 16m，单箱底宽 8m，两侧挑臂长 4m；变截面箱梁高度及厚度按二次抛物线变化，桥面 2％的横坡由箱梁内外腹板高度来调整，箱梁在横桥向底板保持水平；单箱中心梁高连续墩处为 6.3m，跨中及梁端段为 2.75m；顶板厚 28cm，底板厚度自跨中至连续墩从 28cm 渐变 80cm，腹板宽自跨中至连续墩支座从 60cm 渐变为 100cm。箱梁支座处设置横梁，其中端横梁厚 1.5m，中横梁厚 2.5m。本桥主墩处原地面到梁底的高度为 4.8m，跨中梁底到地面的高度为 8.5m，两过渡墩处梁底到地面的高度为 6.3m。

该桥原设计主桥采用挂篮悬浇，其块段布置为 12m 的 0 号块、2×3m 的（1 号—2 号）块、5×3.5m 的（3 号—7 号）块、3×4m 的（8 号—10 号）块、3×4.5m 的（11 号—13 号）块、2m 的 14 号块（边跨合龙段）、15.92m 的 15 号块（边跨直线段）、2m 的 14 号块（中跨合龙段）。后由于前期工作及交通分流的原因使该桥开工时间延后，为了按期完成任务，同时考虑到在老路上建桥，提出了改为大截段支架现浇的施工工艺，修改后块段布置为 22m 的 XJ0 段、10.5m 的 XJ1 段、10.5m 的 XJ2 段、10.5m 的 XJ3 段、11m 的 XJ4 段、15.38m 的 XJ5 段（边跨直线段）、3m 的边跨合龙段和中跨合龙段。

## 2　适用性

### 2.1 悬浇

变截面连续箱梁在跨越河道、峡谷或繁忙通行的道路时一般采用悬浇法施工。

### 2.2　大截段支架现浇

变截面连续箱梁在有条件时，也可采用支架法施工。

## 3　施工工艺和质量控制方面比较分析

### 3.1　挂篮悬浇

施工 N 号节段时，将挂篮悬挂于（N－1）号节段上，利用挂篮伸出 N 号块前挑形成前横梁，并后挂于（N－1）号块形成后横梁，前、后横梁连成的平面组成 N 号块的底模板。同理形成两边的侧模和翼缘板模板，在已形成的模板上绑扎钢筋，安装预应力管道，并支立芯模后浇筑混凝土，待达到一定强度后张拉预应力筋并压浆就完成挂篮悬浇 N 号段的施工，依次类推，挂篮前移至（N＋1）号节段施工。

悬臂施工其受力基本状况为以支墩为中心的“T”两端平衡受力，所以对控制平衡对称施工非常重要，同时为防止出现两侧不对称施工而形成的不平衡力矩，一定要做好墩顶固结，一般还在0号块两侧加设临时支撑，以防倾覆。悬臂施工“T”形两端为自由状态，可自由变形，不会在梁内产生内应力。

悬浇需在挂篮前移过程中注意安全，无论什么状态下均要注意后锚牢固性和强度，以防挂篮倾覆。悬浇混凝土浇筑时需注意对挂篮压重边卸载边浇筑或自外向内浇筑混凝土以防挂篮下挠而造成节段界面上缘开裂。

悬浇施工应结合各种因素准确计算出立模高程以控制梁底线形，由于大跨径桥梁节段较多，做好节段接合外观质量控制和梁底线形控制环节多。悬浇施工应做好挂篮的预压，以检验挂篮的稳定性并做好变形观测，以确定挂篮的弹性变形，并消除非弹性变形。

### 3.2 大截段支架现浇

其施工方法同普通支架现浇，不同的方面为其立杆密度按荷载计算有所增加。设计方面如前概况所述基本将悬浇的三个节段合并为一个截段故称为大截段。按设计规定的施工顺序为：浇筑N节段的混凝土并张拉预应力钢束，后拆除(N－1)节段的支架。

大截段支架现浇与悬浇相比，其施工方法相对简单。所不同之处在于支架现浇“T”两端为非自由状态，施工过程中在温度、自重等作用下会产生内应力，处理不好会对施工质量造成一定的影响为了减少影响，需采取措施减少内应力或设计时充分考虑使内应力对其不构成影响。对减少内应力的措施认为如果设计考虑满足“T”形两侧悬臂要求，则在张拉完后尽可能多地拆除支架以使支架尽可能小地约束梁体变形，使其基本能自由变形也就减少了内应力。

大截段支架现浇，由于节段少，且在支架上浇筑，能很好的控制梁底线形和节段结合处的外观质量和大面的外观质量。

大截段支架现浇，由于将原悬浇的三个节段合并为一个节段，原悬浇端部无法张拉，为了满足原悬臂端部应力要求改至腹板底部开设齿槽张拉，其与悬浇工艺相比多出部分齿槽，影响箱梁整体性，需设法将齿槽封堵好，以不影响箱梁整体美。

大截段支架现浇，由于为在支架上浇筑混凝土，故可不必“T”形两端平衡对称浇筑混凝土，可先行浇筑“T”的一端，再浇另一端。同时支架弹性变形较小并基本一致也就不必考虑浇筑顺序，由内向外和由外向内均可。

显而易见，支架现浇与悬臂挂篮浇筑相比施工安全性大大提高。

大截段支架现浇在搭支架前应认真做好地基处理，并严格做到100%荷载预压甚至超荷载预压，以检验支架的稳定性，消除非弹性变形测出弹性变形。

大截段支架现浇在解除墩顶固结将梁落在支座上以前，应拆除全部支架，以防落梁变形的内应力对梁造成损坏。

## 4 工期比较分析

### 4.1 采用挂篮悬浇工期计算

一般情况，0号块施工时间按40天计，每个悬浇块段的施工时间按12天计，边跨合龙段按15天计，中跨合龙段按10天计，边跨直线段与悬浇块同时完工，则其单幅上部施工的工期为：

40＋12×13＋15＋10＝221天

### 4.2 采用大截段支架现浇工期计算

按实际施工情况，XJ0号段按50天计，XJ1号～XJ4号段平均每段20天计，XJ5号段与XJ4号段同步完成，边跨合龙段亦按15天计，中跨合龙段亦按10天计，则其单幅上部施工的总工期为：

50＋4×20＋15＋10＝155天

比挂篮悬臂施工减少工期：221－155＝66天

节约工期 66÷221×100％＝33％

## 5 工程成本比较分析

本文不考虑设计变更前后工程量的变化，以两种工艺工程量相同分别计算其施工成本。为使计算出的施工成本具有可比性，挂篮和支架均按租赁计，并按双幅同时施工计。按实际情况，混凝土的供应价格和浇筑费用以及钢筋的供应价格和加工费用两种工艺基本相同，故仅需对两种不同工艺挂篮模板费用和支架模板费用等计算比较。

### 5.1 采用挂篮悬浇施工成本计算

0 号块和边跨直线段支架模板费用：参考其他项目施工情况，经计算需租用支架 50t×150 元/t/月×3 月×4＝90 000 元，竹胶板用量外模为 18×(8＋2.5×2＋2×4)＝378m$^2$×70 元/m$^2$×4＝105 840 元，芯模为 16×12＝192m$^2$×4×70 元/m$^2$＝53760 元，木方约需 15m$^3$×4＝60m$^3$×1 300 元/m$^3$＝78 000 元。

租用 4 套挂篮，每套挂篮每月租金按市场价为 4 万元，则挂篮的租金为 4 万元×4 套×6 月＝96 万元。

挂篮底模费用：采用钢板底模其钢板用量为 5×8×0.005×7850×8＝12 560kg×5 元/kg＝62 800 元，再加上底模板下底托费用：纵梁 22 号槽钢组拼 13×2×8×28.45＝5 917.6kg

纵梁上用 12 号的工字钢为横梁为 18×8×14.2＝2 044.8kg

其费用为(5917.6＋2 044.8)×5＝39 812 元

侧模费用：参考其他项目使用情况，每块侧模按 2t 计，则全桥用侧模的费用为 2×16×5 500＝176 000 元。

以上合计：156.62 万元

### 5.2 采用大截段支架现浇工艺成本计算

按设计的施工顺序，为保证连续施工，按 XJ0-XJ2 段的支架和模板配制，按实际情况经计算：

需租用支架 980t×150 元/月/t×4 月＝58.8 万元，木方需用约 350m$^3$×1300 元/m$^3$＝45.5 万元，模板约需用 3 900 张×150 元/张＝58.5 万元。

预压费用经测算需比挂篮施工增加约 5 万元。

人工费用支架现浇施工比挂篮每日的用工量大，但其工期短，故经测算两种方案人工费基本一致。

施工机具使用费两方案基本一致。

本项目由于在老路上建桥，基本未对地基处理，节省了该部分费用。

以上合计：167.8 万元

## 6 结语

常州武进大桥采用大截段支架现浇成功实施，本文在对此方案的总结的基础上通过与挂篮悬浇方案的比较分析，明确了其特点，希望对其他项目有一定的参考意义。

# 第三篇

# 施工技术

*Shigong Jishu*

# 青洋大桥双向预应力弧形门式分叉结构多边形拱脚施工技术

马　恒

（常州市航道管理处）

## 1　拱脚概述

常州市京杭运河南移改建工程青洋大桥采用下承式连续拱梁组合体系结构，本工程连接纵梁与拱肋的部位为拱脚，拱脚采用分叉式结构，行人从拱脚中央通过。两侧为变厚的墙体，在满足人行及非机动车道通行的净空后，合并为一体，为了增加桥梁的美观，拱脚设计为多边形，为施工带来了很大的难度。拱脚顶宽为3.7m，底宽为1.2m，高为9.076m。采用C50混凝土，方量为644m$^3$。

拱脚各断面的形状如图1。

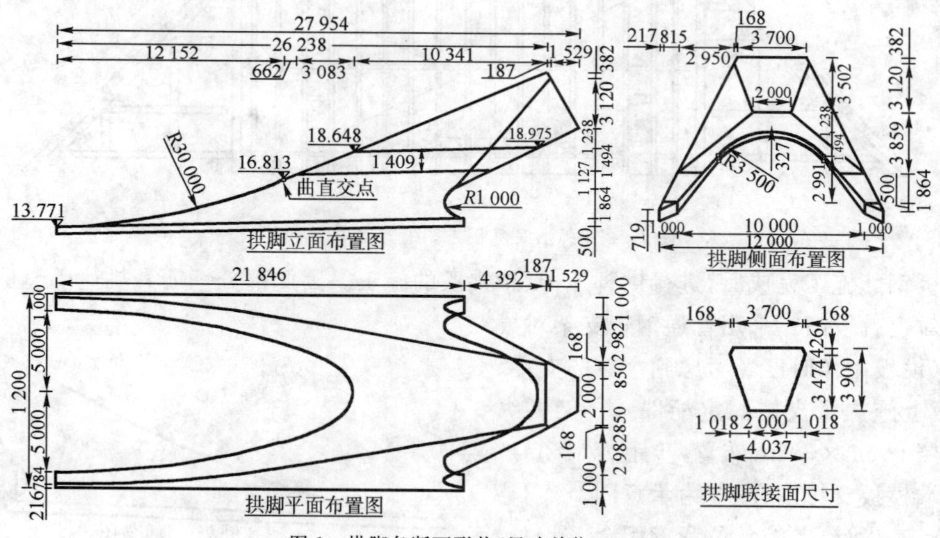


图1　拱脚各断面形状（尺寸单位：mm）

## 2　施工的难点

（1）拱脚为分叉式结构，内侧为圆弧形拱门，外侧为多边形，刚柔相济，和谐美观，但为我们施工增加了很大的难度，尤其是模板的加工制作；

（2）拱脚为全桥受力最复杂的部位，施工过程中要全面考虑拱脚的各个工况下的受力情况，确保结构的安全是拱脚施工的重中之重；

（3）拱脚为大体积混凝土，如何控制混凝土的干缩和温度产生的裂缝，保证结构的耐久性；

（4）确保钢管拱肋预埋的位置及角度的准确性，防止在混凝土浇注过程中拱肋预埋件发生位移也是全桥成败的关键；

(5)拱脚钢筋密集,而且每根钢筋的长度都不一样,还有拱背纵向和横向预应力,对于全桥受力最复杂的拱脚来说,施工质量极为重要。

## 3 针对性措施

### 3.1 采用大型钢模板来保证混凝土的外观质量

拱脚模板采用大型钢模板,CAD 制图,专业工厂一次性制作而成,根据拱脚形状的特殊性以及一次性浇筑混凝土时所需配合安装操作的简易性,模板采用分节段制作拼装。

模板制作以拼装的密贴、不错缝、施工简易、拼装好后容易固定为目的。同时须保证从人行梯道侧上桥时,拱脚顶面的美观度。

模板支立前对箱梁顶面进行凿毛,并将浮碴等清理干净;第一步是将弧形底板按位置、高程进行固定,其弧形底板在已浇筑好的箱梁顶面拼装。排架采用普通钢管支架,支架顺桥向排距为 60cm,横桥向排距为 30cm。纵向方木采用 15cm×15cm;为使排架受力均匀作用于梁体的顶板上,排架的底部采用 2cm 厚的钢板对力进行传递扩散。并且在支架布置范围内的箱室内部另外布设 60cm×60cm 的排架。在模板的顶部进行钢筋的绑扎和焊接施工。

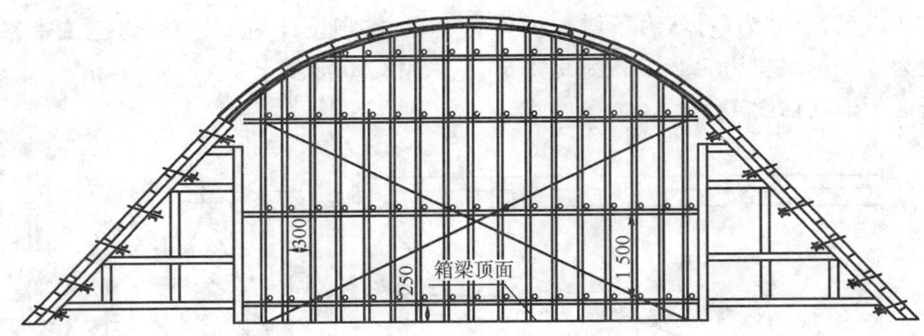


图 2 拱脚弧形底模板支撑图(尺寸单位:mm)

弧形底板钢筋施工完成后,进行拱脚外伸、悬挑段的施工。因此部分钢筋悬挑达 7m,所以对模板的支撑要求相对也就较高。采用普通钢管支架对模板进行支撑(模板制作时已经考虑到今后的支撑、固定,在模板上施焊了支撑固定配件),排架的纵横间距均按照 60cm×30cm 布置,步距为 1.2m)。

拱脚前端模板支撑图,图 3 为示意图。

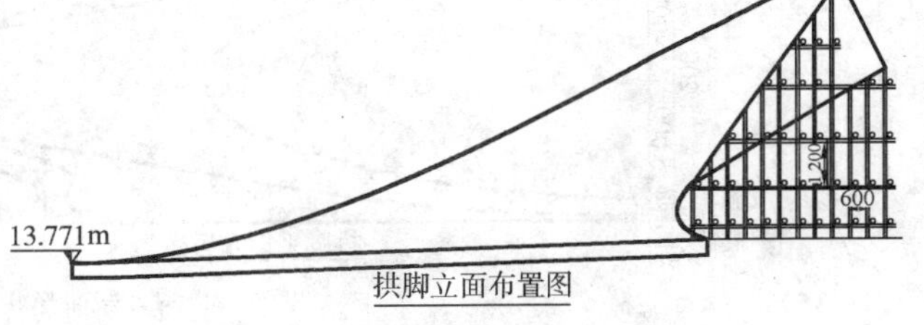


图 3 拱脚前端模板支撑图

### 3.2 施工、设计、监控单位紧密配合

为了保证拱脚在施工过程中各个工况下的受力情况的稳定,以及与设计时所建模型的受力分析尽量相同,确保结构的安全;所以我们在拱脚的混凝土浇筑完成后、拆模后、三角形拱肋调装焊接完毕后、拱肋混凝土顶升完成后、吊杆的安装张拉完成后等各个工况下(另外在结构施工完成后,各个工况下监控单位均在关键部位设置了应力、应变片),施工单位将采集到的数据,积极与监控单位配合,加强理论科学的研究,将施工完成后的第一手资料进行及时的分析,并且与设计单位及时沟通,保证结构的安全。

工况图:

1)拱脚顶点变形(见图 4)

(1)主梁预应力张拉完成,拆除拱脚支架:0.01m。

(2)架设拱肋并泵送完成混凝土:0.011m。

(3)张拉完成吊杆:0.007m。

2)拱脚的实体应力分析。

拱脚在结构上是连接钢管拱肋和主梁的重要构件,由拱肋传递来的轴力和主梁支点巨大负弯矩使得拱脚附近受力极其复杂,本次分析专门使用Ansys对拱脚处的应力分布进行了分析。

结构模型和恒载按拱脚的间距为10m,且没有计入钢筋和预应力,对于活载(汽车荷载和人群)是按照MIDAS影响线分析中拱脚最大轴力活载加载位置布置的,即在两个主墩之间的主跨布置车道荷载,在跨中布置集中荷载。

拱脚应力值范围为:第一主应力(−4.02~50.6MPa);第三主应力(−25.3~3.35MPa)。但拉应力最大值集中在拱脚与桥面板相接触部分。对于第一主应力,拱角上半部的最大主拉应力出现在拱脚门型挖空部分上缘,最大值为6.87MPa。主压应力最大值(−25.3MPa)出现在拱肋与拱角相接部位,属局部应力,对于其他部分则最大值为11.0MPa,小于混凝土抗压强度。

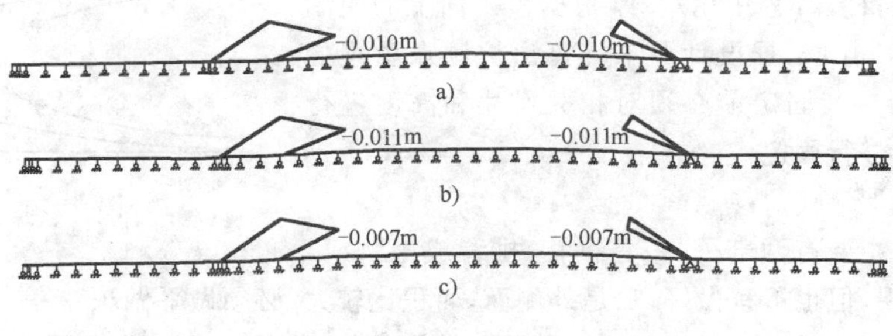


图 4

### 3.3 控制裂缝的措施

在施工方面也是个重大难点,由于拱脚是青洋大桥最大的亮点,所以对混凝土的浇筑质量要求非常高,难度也非常的大;由于拱脚形状特殊,钢筋用量非常的大,在钢筋的连接方面改为机械连接,减小在同一截面上的面积。为了保证混凝土的密实性,对混凝土的级配要求高,尤其是粗集料的级配,我们重新制订配比,减小集料的直径,采用微膨胀混凝土来减少和消除混凝土表面以及拱脚底部与箱梁接茬处因龄期差而产生的收缩裂纹。拱脚高度大是应力比较集中的部位,混凝土采用一次浇筑完成。拱脚在立体线形上比较新颖、独特。

### 3.4 拱背处拉应力的消除

拱脚与主梁钢性连接,在主墩处形成一个钢性区域,此范围内结构受力复杂。拱脚区域受拱肋传递了轴力,同时又受到主墩处负弯矩的影响。同时在拱背近梁处出现了一定拉应力,在6.87MPa左右,设计在此处分配了四束钢绞线。

为了防止拱背分叉处的开裂,设计在拱脚上部进一步增加了44对精轧螺纹钢,以防止拱背在分叉处的开裂问题。精轧螺纹钢的张拉如下:

选用精扎螺纹钢的原材,按规范要求进行检测,合格后方可使用。其下料长度、标准强度 $R_y$ = 930MPa,弹性模量 $E_y = 2.0 \times 105$MPa均按设计要求。

## 4 拱脚线形预控

由于拱脚在主桥结构中的重要性和关键性,因此拱脚的各项工作必须严格要求,保证施工质量。

拱脚的测量控制工作,将根据施工方案中的作业顺序,分批进行测量和控制,主要有:拱脚钢筋预埋→拱脚底模线形→拱脚底模顶高程→拱肋预埋段→拱脚外侧线形等。

### 4.1 拱脚预埋钢筋的定位

第一阶段,为了准确预埋拱脚钢筋,将拱脚下部的内边线及外边线上的点用全站仪布置在底板及顶板上,来控制钢筋的预埋位置。

第二阶段，主要是控制模板斜面的倾斜角度，以保证混凝土的线形。拱脚倾斜面的控制，采用自制木质的三角靠尺及钢卷尺来检查角度、斜长和高度等。

拱脚钢筋的预埋应准确控制好拱脚在顶板内的预埋钢筋，在浇筑主梁的顶板混凝土浇筑前，将拱脚下端的内边线和外边线用全站仪测量放样，作好红色标记，以便于在放置预埋筋时，将钢筋控制的红色标记范围内，可以有效的保证预埋位置和防止钢筋保护层的问题。

**4.2 从模板的支立上来保证**

拱脚的背面从线形上看是个抛物线，设计图纸上提供了详细的数据，在不同里程段给出了相应的高度值。

在对该数据复核无误后，用水准仪进行测量，并在相应位置做好标记，以便控制拱脚背面的线形。

拱脚的线形控制，可根据钢模外边线和轴线作为控制线，在控制线上设控制点(见图 5 中的星状点)，用全站仪将点位设置在投影面上，并在混凝土面上做好标记点，然后在模板拼装过程中用垂球，根据投影面上的控制点进行调整和控制，同时根据设计要求计算出控制点里程处模板的相应高程，在拼装固定前必须对相关尺寸和高度进行复核，检查无误后再进行固定。

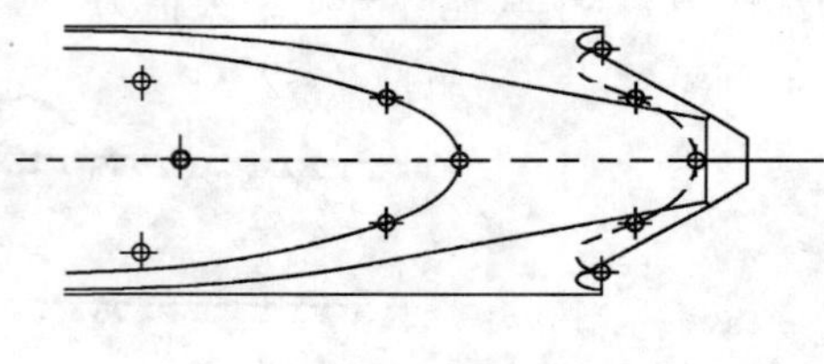

图 5

(1)拱脚外侧线形

拱脚外侧线形，主要有两部分，一是拱背，拱背成抛物线，从外观上看比较美观，但也不宜做好；二是外侧面，面积比较大，必须做平做顺。

拱脚的背面线形是个抛物线，根据设计图纸上的相关数据，用水准仪进行测量，并在相应位置做好标记，以便控制拱脚背面的线形。拱脚外侧面成倾斜状，用检查角度、斜长和高度等数据来控制。

(2)拱脚悬臂段沉降观测

由于拱脚混凝土成悬臂状，在未安装拱肋受力前受自重压力比较大，容易在拱背出现裂缝和少量的沉降，为了掌握第一手数据，应在拱脚悬臂段的下端设置沉降观测点。

观测点沿中线布置，间距 2m，用水平仪每日观测一次。

**4.3 控制拱肋预埋件准确位置的措施及测量定位方法**

该拱肋的预埋段长度为 1.0m，悬臂段长度约为 1.0m，预埋段的重量约为 5.7t。拱肋预埋段的定位对今后整个拱肋的就位角度、外观线形及受力状态起着非常重要的作用。根据实际情况，采取了以下方法和措施。

(1)拱肋外露悬臂段拱脚部分的固定

a.浇筑主纵梁顶板施工时，需预埋钢板，作为拱脚拼装定位支撑脚部的连接点。

b.为了更好的对预埋段进行固定，在拱脚连接段搭设支撑、固定平台，一为更好的固定拱肋预埋段；二为今后拱肋吊装时的调整、焊接平台，以此来保证位置的准确性。

支撑、固定平台采用 609 管撑与 300 槽钢相结合的方法。横桥向采用双排中心间距为 5.50m，纵桥向设置为三排，前端为 3m，后端为 3.5m。

另外，在拱脚的端部面板上与拱肋钢管连接部位有一厚度为 2.5cm 的钢板，在拱脚模板加工时，六点进行加厚处理，与面板相焊，形成一个固定的平面几何状态。

(2)拱脚内预埋段部分的固定

根据设计图纸，首先拱肋在工厂加工的同时就将内部的预埋段组合成整体空间体系。并将拱脚内钢管的内壁与外壁钢筋焊接于其中，如此可通过钢筋与钢筋间的连接固定预埋段。同时为了更好的对预埋段进行固定，采用[12 槽钢对其进行三向固定，确保几何位置的定位准确。

(3)通过精确的测量来保证预埋段的精确

根据实际情况采取以下方法及措施：

由于该部位定位在桥面上空，因此首先搭设相应高度的脚手和工作平台。

定位的第一步是根据设计图纸要求，将预埋段（约 2m 长）在水平面上的轴线投影位置确定（用全站仪按坐标放样，见图 6），并在先前搭设的工作平台上做好标记，至少 3 个点。

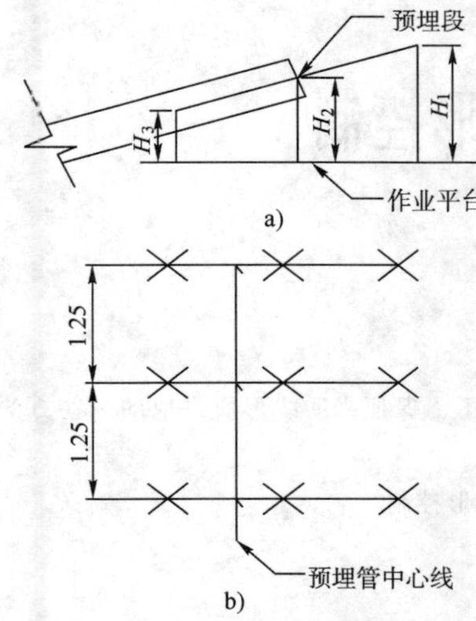

图 6　侧面定位示意图

然后将做好标记位置处的水平标高测量并记录好，并换算成桥面绝对标高值，同时计算出预埋段两端的设计高程，这样可以在初步定位时，利用两值的高差进行校核，避免总是拿水平仪进行测量，以提高作业效率，也便于下一步的精确定位。

最后借用起吊设备，利用吊垂线和垂直距离测量的方法相结合，将预埋段定位。在固定的过程中，为了防止预埋构件前后滑动，在其腹下焊接上铁钩，铁钩的位置安照预埋段的就位里程设置。

在就位固定前，必须对其就位高程、轴线、倾斜度进行复核无误后，再进行固定，固定方式主要采用焊接，并用铁葫芦、钢管等构件将其与拱脚钢筋及 609 管柱连接牢固，见图 7。

在混凝土浇筑之前，再次对预埋段的定位数据进行复核，在满足规范要求的条件下才进行混凝土浇筑，并且在混凝土浇筑过程中对预埋段进行观测，防止由于混凝土浇捣时产生的浮力影响预埋件的定位精度，同时也可以及时发现，及时处理。最终拆模后，并对预埋段进行了成品测量验收，其高程、轴线均满足规范要求。

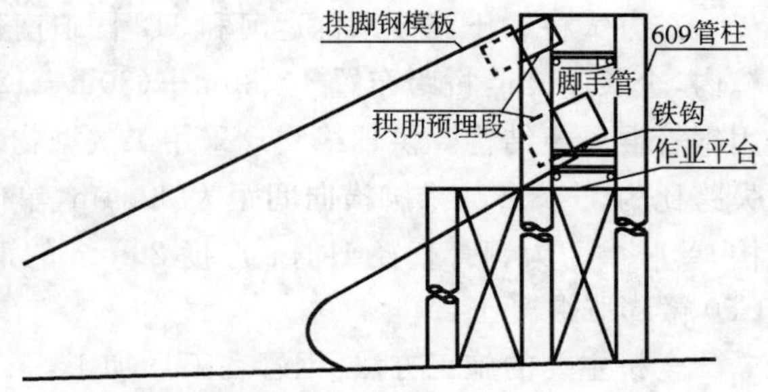

图 7　拱肋预埋段定位示意图

## 5　实施效果

青洋路大桥是不规则形状、大体积结构（拱脚）的施工。在设计、监测、监理、实验、施工各部门的紧密协作下，从各个方面取得了较好的效果，掌握了不少实践有效的成功经验，对其他类使工程有一定的参考价值和知道意义。具体归纳为以下五点：

（1）选择有相当施工经验和资质的外委加工单位，对工程重点部位整体外观至关重要。

（2）将施工现场所采集到的数据，及时与设计、监控单位沟通配合，加强理论科学的研究；将施工完成后的第一手资料进行及时的分析、反馈，在应用于各个工况状态下，从而保证结构的安全。

（3）从原材料、配合比、浇筑、养护等方面严格控制，有效的消除了大体积混凝土裂缝的产生。

（4）拱肋预埋段，在结构上属于小型结构，但在整个工程中也占主导地位，因为其本身造型的特殊性（倒三角形空间桁架体系），前后拱肋预埋段存在着一个空间扭转，严重制约着拱肋安装的轴线偏差与受力。因此通过严格的测量控制，严密的施工组织管理，成功的将预埋段准确预埋到位。

（5）通过认真的分析研究，将施工经验与设计单位及时沟通，将某个施工环节上可能存在的问题及时消灭在萌芽中，体现了认真分析、对待问题的重要性。

## 6　结语

从以上几个方面进行控制以后，确保了不规则形状大体积结构（拱脚）整体结构质量优良，为青洋大桥的建成通车添上了完美的一笔。

# 东方大桥拱桥拱肋安装的线形控制

顾爱雯

（江阴大桥工程有限公司）

**摘　要**　本文结合东方大桥钢管拱肋工厂加工到现场安装的实际情况，述说了为保证拱肋线形所采取的一些方法和措施。

**关键词**　东方大桥　精度估算　测量点　竖向转体　双肋整体悬拼合龙　线形控制

## 1　工程概况

东方大桥属于江苏京杭运河和312国道南移改建工程常州市区段JHCZQ-11标。该桥位于常州市境内，全长420m，桥跨布置4×30m+(30m+120m+30m)+4×30m。主拱拱圈共划分为7个拱段，采用钢管混凝土结构。拱轴线线形采用二次抛物线，理论拱轴线拱脚水平距离为$L=120$m，失高为32m，失跨比为1∶3.75；拱脚横向间距为29.4m，单侧主拱内倾14度。主拱拱肋采用哑铃型钢管混凝土结构，单肢拱肋为钢管直径1.1m、厚度20mm的钢管；哑铃型截面宽1.1m，高2.5m。钢管及腹腔内充填C50微膨胀混凝土。

全桥主要的施工方法：钢管在工厂加工，采用2m的短钢管以直代曲焊接而成。该工程为先造桥，后挖河，桥下为地面，这为拱肋的安装提供了便利的条件。由于种种原因，拱肋的安装方案最后确定为：采用门架，边侧竖向转体，最后双肋整体悬拼合龙。安装示意图见图1。

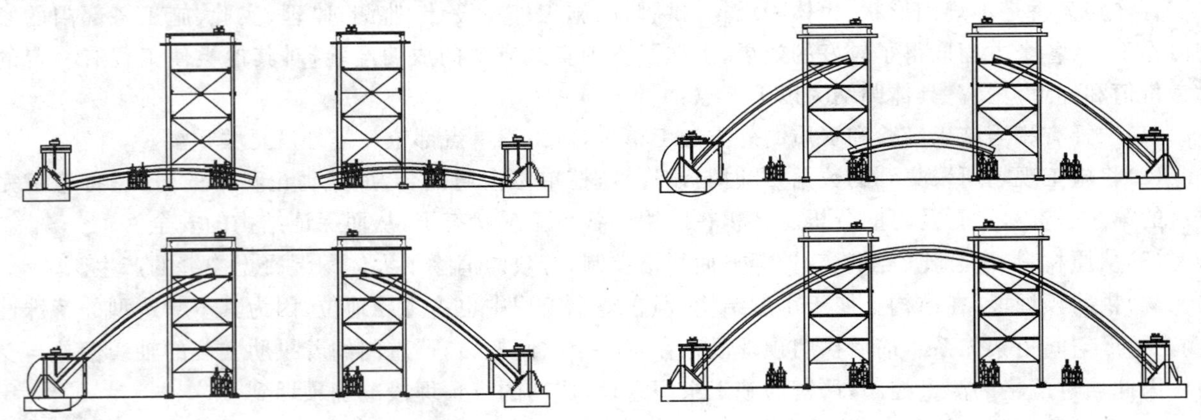

图1　安装示意图

## 2　线形控制基本概况

东方大桥钢管拱肋安装，由于钢管长途运输，易变形，竖向转体，拱肋受自身重量影响，扰度大，最后空中立体对接，这给测量线形控制加大了难度。为了保证全桥拱轴线，钢管拱肋从制作到安装到合龙都进行了严格的控制，在测量上采取了有效的得力的措施，全桥竣工后，拱轴线完全符合设计要求。

## 3 施工控制工艺

(1)钢管拱加工

为了保证加工质量，该桥的钢管选择在工厂加工。加工时按照 1∶1 拱轴线放大样，由于钢材的热膨胀系数较大，该桥又是在夏天高温季节加工，考虑了温度修正；在制作的过程中，焊接作业量较大，还考虑了焊接变形。全桥拱肋加工完成后，在厂内进行了试拼，合格后才运至工地，保证了加工精度。

(2)拱肋高程施工放样的精度估算及改进

受现场条件的制约，拱肋的高程只能用全站仪来测设。三角高程测量是全站仪测设高程的主要技术方法，不但简单、方便、劳动量小，而且通过采用一定的技术方法，消除一些误差的影响，在特定的条件下，可以达到国家二、三等水准的精度水平。但拱肋的现场安装，施工的条件，进度等都不能满足全站仪的一些要求，测设精度也难以保证。这里，我们根据全站仪三角高程单向观测法的高程计算公式和误差传播定律，导出高差中误差计算公式。结合东方大桥现场条件，影响精度的因素包括：测量竖直角的误差、测量距离的误差、大气折光系数误差、地球曲率、量取仪器高、棱镜高的误差。东方大桥安装现场为地位，不是水面，而且高度未超过 50m，所以对大气折光系数可以忽略不计。而地球曲率、量取仪器、棱镜高的误差，则根据一定的方法有效地减小、甚至避免了这几个误差。当然测量竖直角、距离的误差是不可避免的，只能通过多测回取平均数减少误差。下面就详细介绍一下减小、甚至避免地球曲率、量取仪器高、棱镜高的误差的这个方法。

常规方法：设 1 和 2 分别为测站和测点 ，$D$ 为 1 和 2 之间平距，$a$ 为全站仪照准棱镜中心竖直角，$i$ 为仪器高，$v$ 为棱镜高，$R$ 为地球曲率半径，$c$ 为地球曲率改正数，则 1 和 2 两点间的观测高差 $h$ 为：

$$h=D\tan a+c+i-v=D\tan a=D_2/2R+i-v$$

由上式不难看出，地球曲率对测量高差的影响随距离的平方成正比，随距离的增大，其影响迅速增大。

改进方法：将全站仪架设在和 1、2 两点等距离的位置，分别测 1、2 两点的竖直角 $a$、$b$，和平距 $D_1$、$D_2$，1、2 两点用同一棱镜观测。则 1 和 2 两点间的观测高差 $h$ 为：

$$h=(D_2\tan a+c_2+i-v)-(D_1\tan b+c_1+i-v)$$

由于仪器和 1、2 两点等距，不难看出上式中 $c_1=c_2$，最后上式可以简化成：

$$h=D_2\tan a-D_1\tan b$$

从而有效的避免了地球曲率、量取仪器高、棱镜高带来的误差。

(3)布置观测墩

用固定的观测墩架设仪器代替常规使用的三角架架设仪器，可以有效地避免架设仪器带来的对中误差。

(4)拱肋测量点的布设

拱肋测量点的布设是整个钢管拱肋安装的关键。测量点的布设是在拱肋预拼时根据地样，找出其在拱肋的位置，然后用钢锥打点。测量点布设的具体位置见图 2、图 3。

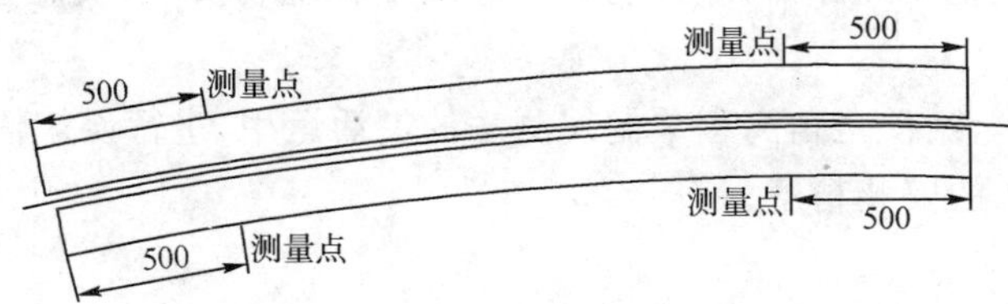


图 2　纵向测量点位置(尺寸单位:mm)

每节段拱肋布设 4 个测量点，测量点位于拱肋上下弦管的径向线上，离管口位置 50cm。对于每节段钢管拱肋而言，测量点布设位置越靠近管口，现场定位该段拱肋的精度就越高，但是拱肋的管口也是最容易出现变形失圆的地方，所以，测量点的布设离管口一定的距离，既保证了安装拱肋的精度，又减小了由于管口变形失圆带来的较大误差。

在工厂预拼时，在每两相邻拱肋节段离管口 10cm 位置做好如图 2 所示 1、2、3、4 处做好记号，并用卷尺量取相邻拱肋对应两点的沿拱肋线的长度（1、4 处为弧长，2、3 处为直线），做好记录。拱肋现场每安装完一节段，通过量取 1、2、3、4 处相邻拱肋的距离，并和厂内预拼时量取的数据做比较，如一致，说明拱肋安装无误；如不一致，则需查找原因，解决问题。此法简单、有效，可以快速地检验拱肋安装的准确与否，值得推广。

(5)竖向转体扰度的影响

边侧拱肋竖向转体时，相邻拱肋、风撑都已安装焊接完毕。边侧拱肋长度较长，竖向转体，拱肋中部下扰，这对后面的合龙带来了较大影响，如不考虑扰度，甚至会出现合龙困难，而且影响到整个拱肋的线形能否符合设计以及规范要求。解决方法：由专业钢结构工程师计算出边侧拱肋转体的扰度，在安装边侧拱肋时加设预拱，有效地避免了边侧拱肋竖向转体扰度带来的影响。中间合龙段由于长度较短，计算出的扰度很小，故可忽略不计。

(6)温度的影响

由于拱肋现场安装正值夏天高温，温度对钢管拱轴线影响较大。拱肋的精确定位选择在早晨和傍晚温度变化较小的时候进行；完全保证钢管拱肋合龙的温度与设计要求相同，即 20℃。

(7)多人复核制

每一节段拱肋安装完毕，采用多人复核，取平均值，以减小人为视觉带来的误差。

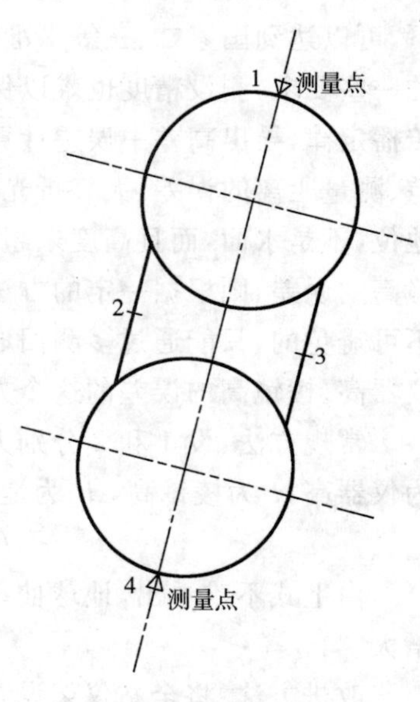

图 3　横截面测量点位置

## 4　整体效果

本桥钢管拱安装结束后，经实测，拱肋轴线偏位最大处为 17mm，小于《公路桥涵施工技术规范》$L/6000$，$L=120$m，即 20mm；拱圈高程也满足《公路桥涵施工技术规范》的要求。

## 5　结语

东方大桥在特定的环境下，采取了得力措施，确保了拱轴线满足要求，主要采取了以下几项措施：

(1)优化施工方案，确保方案的科学合理。针对该桥的实际情况，对全桥施工方案反复论证，将钢管拱肋单拱合龙，改为双拱肋整体悬拼合龙，先在近地面将两肋连成整体，然后吊装，将空中焊接横联作业转化为地面作业。将原先的 7 个节段的空中定位，减少到 3 个大段的空中定位，有效的减小了全站仪竖直角对整个拱肋安装带来误差。

(2)加强过程控制，从整体到碎部，从拱肋的工厂加工到现场安装，实施全过程控制，确保拱肋的线形达到设计要求。

(3)从测量上控制。全站仪三角高程单向观测法的灵活运用，进行误差估算；观测墩的设置；多人多时段观测有效保证了拱肋的安装精度。

# 东方大桥中承式提篮拱拱圈安装施工技术

朱红亮[1]　葛绍群[2]

(1.常州市航道管理处;2.江阴大桥工程有限公司)

**摘　要**　东方大桥主桥为钢管混凝土中承式提篮拱桥,主跨120m,两侧飞燕各30m,桥宽35.8m。本文介绍了该桥拱桥提升安装的设计技术特点,施工所采用的工艺以及实施效果。

**关键词**　拱桥　飞燕　门架　提升

## 1　概况

京杭运河常州市区改线工程JHCZQ-11标东方大桥全长420m,桥面宽35.8m,主桥为30m+120m+30m钢管混凝土中承式提篮拱,主拱拱肋采用哑铃型钢管混凝土结构,拱肋由直径为1.1m,厚度为20mm的上下钢管和腹板构成哑铃型截面,拱肋高2.5m,两拱肋之间设有钢管风撑横向联系,钢管及腹腔内填充C50微膨胀混凝土,拱肋主要采用20mmQ345qC钢板。

拱轴线形采用二次抛物线,理论拱轴线拱脚水平距离为$L=120$m,矢高为32m,矢跨比为1∶3.75;拱脚横向间距为29.4m,单侧主拱圈内倾14°。

引桥采用跨径30m的部分预应力混凝土组合箱梁,先简支后连续。桥跨布置:4×30m+(30m+120m+30m)+4×30m,桥梁全长420m。该桥位于$R=3\ 000$m的竖曲线上,两边设3.0%的纵坡。主桥横向布置为:1.2m(人行道)+3.0m(非机动车道)+2.7m(绿化带)+22.0m(行车道)+2.7m(绿化带)+3.0m(非机动车道)+1.2m(人行道)=35.8m;引桥横向布置为:(0.5+22.0+0.5)m(行车道)=23m。

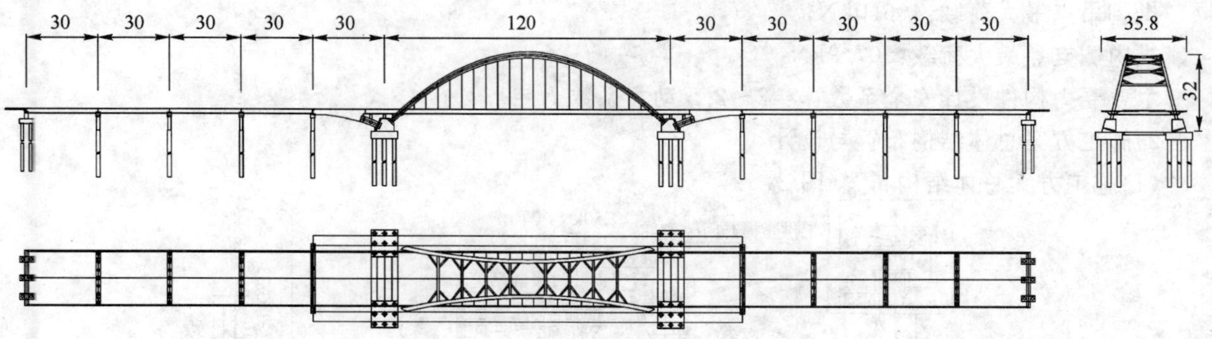


图1　东方大桥布置图(尺寸单位:m)

## 2　结构特点和施工环境

主拱拱圈共划分为7个节段,其中第三段和第五段各自划分成两个小段,其节段划分见表1。

1)结构特点

(1)主桥结构为三跨连续自锚中承式钢管混凝土拱桥,通过锚于飞燕端部的系杆,有飞燕传递水平力平衡主拱推力,使总体结构变为无推力结构。

表1

| 分段编号 | $Z_1$ | $Z_2$ | $Z_{3a}$ | $Z_{3b}$ | $Z_4$ | $Z_{5a}$ | $Z_{5b}$ | $Z_6$ | $Z_7$ |
|---|---|---|---|---|---|---|---|---|---|
| 曲线长度(m) | 18.441 | 21.353 | 8.52<br>8.42 | 10.85<br>10.55 | 17.327 | 10.85<br>10.55 | 8.52<br>8.42 | 21.353 | 18.441 |
| 重量(kg) | 24 676 | 28 439 | 11 258 | 14 526 | 22 798 | 14 526 | 11 258 | 28 439 | 24 676 |

(2)成拱过程是从梁体系转换成拱体系的过程，结构采用设计临时铰消除成拱以后拱的恒载弹性压缩和墩台变位引起的附加内力，进行应力调整后封铰，成为无铰拱，实施从静定结构到高次超静定结构的演变。

(3)拱脚横向间距为29.4m，跨中横向间距为13.917m，单侧主拱圈内倾14°。而形成空间曲线形式，增强了结构本身的稳定性和抗震性，也取得了良好的视觉效果。

2)施工环境及施工要求

大桥的施工环境及施工要求对施工方案的选择有着重大影响，现归纳如下：

(1)为陆上建桥，桥位场地平坦，无特殊障碍物。

(2)工期紧、要求高，施工方案应减少高空作业，力争在较短的时间内完成安装工程，并应保证施工安全。

(3)本桥跨度大，拱肋线型为空间曲线，拱肋安装线形控制精度要求较高，合龙要准确快速，应选择施工设备与设施少，施工周材省、容易控制拱轴线型的施工方法，以提高工程质量。

## 3 主拱拱圈结构安装方案设计

1)施工方案主要技术参数

主跨度：120m

主拱安装高度：35m(地面起)

分段组合：48.253m($Z_1+Z_2+Z_{3a}$)+39.157m($Z_{3b}+Z_4+Z_{3a}$)+48.253m($Z_{5b}+Z_6+Z_7$)

重量组合：150.46t(含风撑1、2)+155.54t(含风撑3、4)+150.46t(含风撑1、2)

转体角度：~36°

转体角速度：<0.005rad/min

拱脚吊点最大荷载：406.0kN；

拱内侧支点最大荷载：507.9kN

主要受力构件设计安全系数：$n=2\sim2.5$ 动力系数 $K=1.2$。

2)施工方案总体结构布置与设计

(1)施工方案总体结构布置(图2)

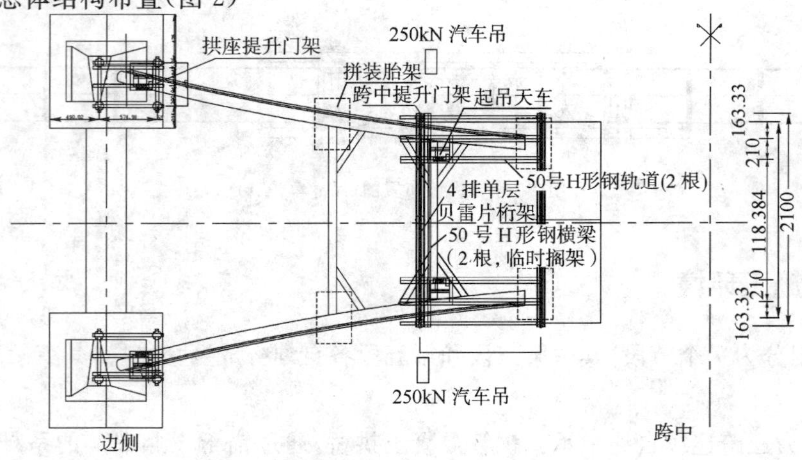


图2 施工总体结构平面布置图

(2)方案设计

主肋钢管拱安装采用在平地进行大节段拼装,同时安装跨中提升门架、拱座悬吊支架及提升设备。就绪后四点抬吊水平提升到转动支座位置,进行竖向转体至设计高度后,拱座处通过悬吊机构安装结构临时铰,需要时通过支点处的千斤顶调整拱肋线形,拱肋临时固定。两侧就位后,同时提升跨中合龙段拱肋,在适宜的合龙温度下,进行拱圈合龙。

(3)主要施工设施(见表 2)

表 2

| 序号 | 设施名称 | 规　格 | 单位 | 数量 | 备　注 |
|---|---|---|---|---|---|
| 1 | 慢速卷扬机 | 80kN | 台 | 8 | |
| 2 | 定、动滑轮组 | $H80\times7D$ | 件 | 各 8 | |
| 3 | 钢丝绳 | $\phi$28-6×37+1 | m | 3000 | |
| 4 | 移位器 | 300kN | 件 | 24 | |
| 5 | 千斤顶 | 1 500kN | 台 | 4 | |
| 6 | 钢管 | $\phi$920×8 | m | 300 | |
| 7 | H 形钢 | HN500×200×10×16 | m | 500 | |
| 8 | 贝雷桁架 | 3 000×1 500 | 片 | 96 | |

3)主要施工工序

(1)工厂加工后需要根据设计拱轴线要求进行预拼装,为了保证在预拼的过程中防止拱肋变形,需要设置多支点形式,使其在自重的情况下无过大影响预拼得变形,并在运输的过程中,注意对成品的保护。

(2)浇筑拱座时,精确预埋结构活动铰底座;在拱肋拼接点正投影下方搭建拼装胎架,同步安装跨中提升塔架、拱座悬吊支架及提升设备。

(3)在地面上进行大节段拱肋拼装、焊接,安装拱肋吊点的临时吊耳装置,并使拱座处结构铰的水平坐标大致满足设计坐标值,高度高于预埋钢板的高度,使拱肋转动时不与拱座冲突。

(4)大节段拱肋有跨中及拱座四个吊点同步使其基本受力,但未脱离支架,然后使拱座处的支架脱离,再跨中拱肋脱架,同步测量四吊点荷载及拱肋变形。

(5)中间吊点继续将拱肋向上提升,使拱肋绕拱脚转动铰向上转动,到设计高程停止提升,提升过程分阶段测量拱肋坐标及变形。

(6)通过拱座预埋件将拱脚临时锁定,然后进行拱肋轴销的安装,并严格控制其焊接变形,提高安装精度,通过四个吊点调准拱轴线性,将跨中端搁置在塔架临时调整支座上,解除吊点。

(7)与流程 3 相同,完成另一侧拱肋大节段拼装。

(8)按前述 3~5 流程基本步骤,安装另一侧拱肋。

(9)精确测量变肋两端的坐标,拼装中间合龙段,并将风撑临时固定在拱肋上,待吊装到位后进行调整焊接。

(10)在适宜的合龙温度下,进行拱圈合龙,拆除所有支撑设施,完成主拱拱圈的安装。

## 4　主拱拱圈结构安装施工设计计算

### 4.1　主拱拱圈结构静力计算

(1)计算模型

转体过程静力计算采用与结构设计相同的 MIDAS/SIVIL 软件进行空间有限元分析,计算对象为主拱圈(含风撑)安装节段的转动体系,计算中将主拱的拱圈、横撑、K 撑采用空间梁单元模拟,支架对主拱的支承作用采用只受压弹性连接模拟，整个计算模型共266个节点，307个梁单元，8个只受压弹性连接。整个计算模型如图3所示。

(2)计算工况

根据方案论证会专家们提出细化工况分析的要求，整个安装过程简单划分成五个工况。

第一工况：在支架上拼装转体拱圈(含Z1、Z2、风撑1、风撑2、肋间横梁)；

第二工况：竖转角0°，水平提升(脱架)；

第三工况：竖转角36°(到位)；

第四工况：拱圈下端的结构临时铰安装完成，拱圈上端搁放在临时支承横梁上，调整坐标；

第五工况：拆除拱圈上端的临时支承横梁，成为两铰拱状态。

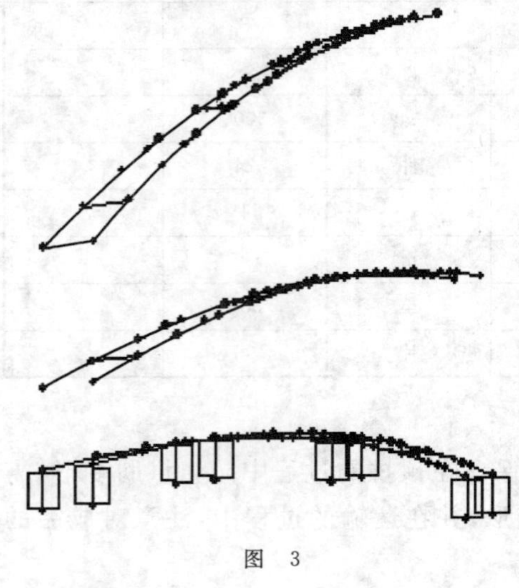

图 3

(3) 主要计算结果与分析

①转体过程应力分析

第一工况：支架上拼装拱圈时

支架对拱圈的支承点的支承反力分别为(从拱脚至跨内侧)：99.7136kN，397.653kN，383.806kN，8.871kN。最大拉应力位于肋间横梁的跨中部位23.9MPa。最大应力未超出Q345qc钢材的容许应力210MPa；

第二工况：竖转角0°，水平提升(脱架)后

拱脚吊点吊重272.9kN，跨中吊点吊重461kN。最大应力位于拱圈与风撑1相连接的部位41.14MPa，未超出Q345qc钢材的容许应力210MPa；最大变形27.11mm，在靠近第一个风撑4m处；

第三工况：竖转角36°(到位)时

拱脚吊点吊重280kN，跨中吊点吊重495.2kN。最大应力位于拱座与风撑1中间部位35MPa。应力未超出Q345qc钢材的容许应力210MPa；最大变形22.23mm，在离风撑6.72m处；

第四工况：拱圈下端的结构临时铰安装完成，拱圈上端搁放在临时支承横梁上，调整坐标

拱脚处结构临时铰的竖向支承反力－44.639kN，拱脚处的门架支撑力344.165 kN，跨中支点反力475.754kN。最大拉应力位于拱圈与风撑2相连接的部位14.1MPa。最大压应力未超出Q345qc钢材的容许应力210MPa；最大变形1.58mm，在靠近第一个风撑3.2m处；

第五工况：拆除拱圈上端的临时支承横梁，成为两铰拱状态

拱脚处结构临时铰的支承反力1148.7kN。最大压应力位于风撑2的跨中部位－19.4MPa，最大拉应力位于风撑3与K撑相连的部位12.2MPa。拱圈本身的最大压应力位于拱脚附近部位－18.7MPa。原设计支架法安装，支架拆除后的最终成拱状态下，最大压应力位于拱脚附近部位－19.3MPa。两者相比较，十分接近，达到了殊途同归的效果。

②转体过程竖向变形分析

转体安装并通过临时支撑调整应力、线形合龙后，最终的拱轴线线形与理论拱轴线线形十分接近。以理论拱轴线为基准，最终的拱轴线的最大向下位移点在拱顶与第一个风撑位置，数值最大的为－2.59mm；相比之下，按支架法安装，拆除支架后的最终拱轴线线形与理论拱轴线偏差更大，其最小向下位移点(无向上位移点)在拱顶，数值为－0.6mm，最大位移点在拱圈与风撑1相连的部位，数值为－4.9mm。

③起吊过程不同步起吊的应力、变形分析

对第四工序中的一个吊点处的节点强制向上移动20cm，以此摸拟不同步起吊。MIDAS/CIVIL程

序有限元分析结果表明：安装过程中当横向两个吊点不同步，高差达 20cm 时，两吊点受力变化，吊点不均衡吊重为：504.2－452.4＝51.8kN。此时产生不平衡力矩，拱圈结构最大压应力增加到－112.5MPa，与同步起吊状态中的最大压应力－111.3MPa相比，基本上没有什么变化；最大拉应力增加到108.7MPa，与同步起吊状态中的最大拉应力 98MPa 相比，也变化不大。风撑的焊缝只要满足原设计的等强度连接的性能，也是安全的。这些应力均未超出Q345qc钢材及其焊缝的容计应力 210MPa。

分析结果说明，在平面上，被起吊的拱圈结构是一个柔性结构，吊点的不同步提升对其结构内力、应力影响较小，这对于拱圈吊装来说是十分有利的，在吊装过程中通过高程测量和吊线法测量两侧的拱肋起吊高度和提升距离，控制两侧的起吊高度不超过 20cm，当超过 15cm 时即进行归零调整，两侧高差为零时再进行同步提升。

### 4.2 转体活动用吊耳设计

转体活动铰是转体施工体系中的关键结构，在方案设计过程中进行了综合比较，转体活动铰采用吊耳销轴与悬吊机构的组合结构形式，结构如图 4 所示。

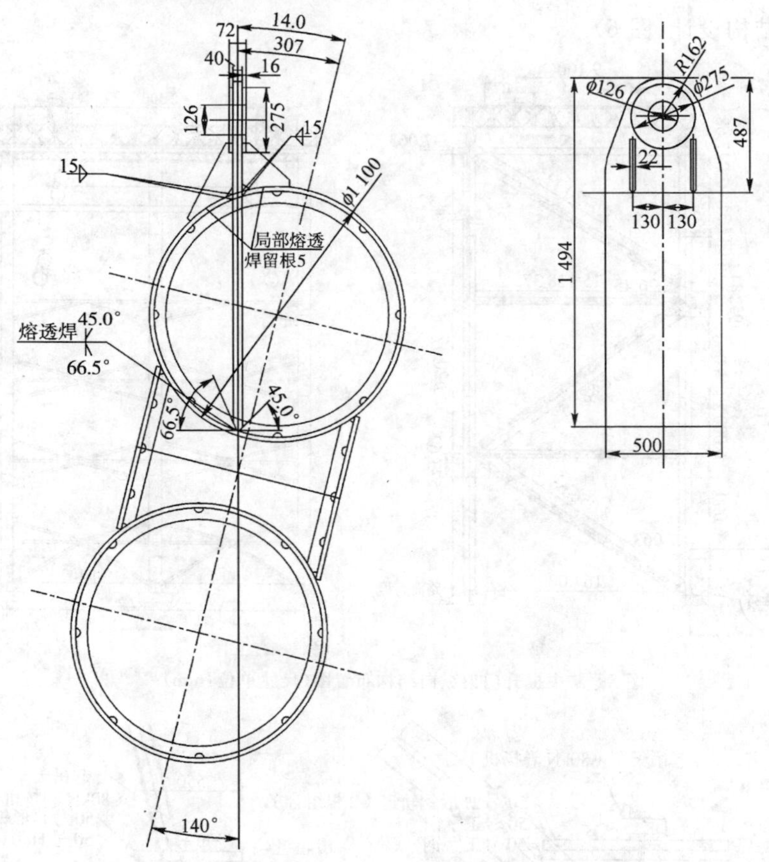


图 4　主拱提升吊耳结构详图（尺寸单位：mm）

它具有如下结构特点：

（1）由于转体施工铰中心偏离结构铰中心，上端转体到位尚需降低下端拱肋，将拱肋转移到位后安装结构临时铰，通过悬吊机构，与跨中吊点配合，实现拱肋的安装到位。

（2）在转动过程中不会发生卡轴的现象，以及转不动现象，使构件处于能够调节的悬浮状态。

（3）软吊点完全解决了两个转动轴的同心问题，使得横向间距 29.4m 的同轴转变为只有两点的虚轴转动轴。

简易销轴强度计算：

（4）计算荷载　在保持提升索铅垂状态下使拱肋绕拱脚虚拟转轴旋转，可视作两点抬吊，两点受力变化取决于其重心相对于两着力点的相对位置，经建模计算开始转体时，单侧拱脚反力为 273kN，跨中反力为 461kN；到位时拱脚反力为 280kN，跨中反力为 495kN。取最大荷载 495kN 作为计算荷载，设计荷载 $P=1.2\times495=594$kN(动力系数 $K=1.2$)；

(5)计算参数　简易销轴采用 Q235 圆钢，$D=96$mm，两点支承间距 $L=0.23$m；弯曲$[\sigma]=170$MPa；承压$[\sigma]=0.9f=190$MPa；抗剪$[\tau]=0.6[\sigma]=100$MPa。

(6)计算内力　$M=34.16$kN·m；$Q=594$kN

截面应力：$\sigma=M/W=34.16\times10^6/3.14\times96^3/32=0.38\text{MPa}<[\sigma]=170\text{MPa}$

$\tau_{max}=4Q/3A=4\times594\times10^3/3\times3.14\times96^2/4=6.8\text{MPa}<[\tau]=100\text{MPa}$

按第四强度理论计算转轴的相当应力：

$$\sigma=\sqrt{\sigma^2+3\tau^2}=11.78\text{MPa}<[\sigma]=170\text{MPa}$$

### 4.3　提升系统结构设计

(1)提升门架的结构简图(图 5)

(2)提升门架的结构设计(图 6)

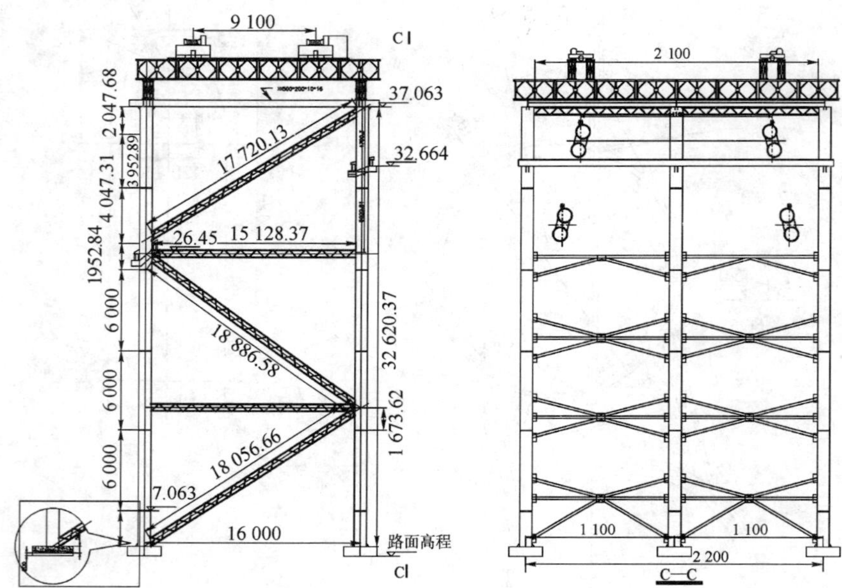


图 5　跨中提升门架纵向结构布置图(尺寸单位：mm)

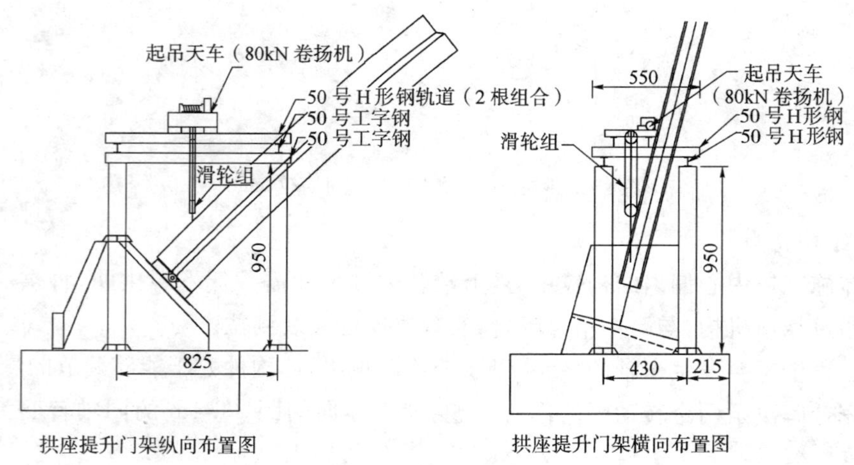


图 6　拱座提升门架结构布置图(尺寸单位：mm)

跨中门架为纵向 24m×横向 19.34m×高 35.65m 的两个分开钢框架，钢管立柱横桥向 3 排，顺桥向 2 列，每组共由 6 根 $\phi$920×8 螺旋焊缝钢管组成。钢管立柱均采用 250cm×250cm×70cmC30 钢筋混凝土独立基础，基础预埋钢板与钢管立柱焊接，钢管周边六等分布置 2cm 厚的三角加劲肋板。顺桥向 2 列柱间每 6m 高度设置一道 20 号槽钢水平支撑，上下构格间采用 20 号槽钢十字剪刀撑，增强钢管纵向稳定性，以抵抗起吊过程中可能产生的少量水平力；横桥向根据几次方案讨论后专家组的意见，可以设置横向剪刀撑以增加横向稳定性，来抵消施工、动荷载、风荷载以及偏心等对提升门架的影响，在横桥向设置联系后，势必在提升过程中需要撤销和加强的过程，即在拱肋起吊到某一横撑位置时撤销此联系，提升过这一横撑后再从新加上，连接固定。Φ920 钢管顶部用一根 500mm×200mm×10mm×16mH 形钢作纵梁连接，在纵梁上每个立柱位置布设一道由 4 榀密排的 321 贝雷桁架作横梁，贝雷桁架横梁上在顺桥向起吊天车轨道支点位置，铺设两层 20cm×25cm×100cm 的枕木作为天车支点，支座结构上放置如图所示起吊天车轨道，轨道上搁置 3 榀密排的 321 贝雷桁架作天车。两跨起吊天车横向间距 14.16m(约拱肋横向吊点距离)，起吊天车直接利用 321 贝雷作为支承轨道，轨道中心间距 113cm。

为实现保持提升索的铅垂状态，起吊天车采用自平衡设计，起吊天车的滑靴支承在四个 300kN 同步移位器上，沿两条[32 槽钢滑槽随转体位置移动。

为了减小门架的长度系数和加强门架的稳定性，在门架的顶部位置设置前后左右缆风绳，横桥向的缆风设置基础锚固点，顺桥向直接锚固在现有的结构物预埋件上。

拱座门架　4 个拱座均设置纵向 7.75m×横向 4.3m×高 9.5m 的独立钢架。

拱座提升门架立柱采用 $\phi$630×8 的螺旋焊缝钢管，钢管立柱通过预埋件焊接在主墩承台上或拱座上。钢柱顶面为 HN500mm×200mm×10mm×16mm 的 H 形钢横桥向连接，上面为 2HN500mm×200mm×10mm×16mm 的贝雷桁架顺桥向轨道，轨道中心间距 180cm，起吊天车布置结构同跨中门架。

## 5　主要工序项目施工方法

1)施工测量控制

(1)施工控制网构建

施工控制网的精度是决定观测精度的决定性因素。有必要依据有关的规范要求和结构允许的安装误差、变形大小，按精度匹配的原则拟定控制网的精度，以确保观测误差不至于掩盖结构的真实变形。据此，决定建立二等精度控制网。在原有控制网的基础上按二等精度施工网加密控制点，使之组成一个四边形二等三角网。

(2)观测标志的设置

观测标志的设置一方面要能满足观测精度的要求，另一方面要便于进行实时、快捷的观测，同时要能保证结构的顺利合龙。据此原则，设置测量控制点，控制点轴线采用工厂加工、预拼装拱肋时的上下弦杆径向线，测量控制点设在距拱肋两端 50cm 的 180°、0°径向线上(如图 7 所示)，节段拱肋在上下弦杆径向线上两端共设四个测量控制点(见图 7)，每个点上固定棱镜套安放棱镜，通过全站仪测量其水平角、竖直角及水平距离，进而计算得出各控制点的三维坐标调整拱肋。

(3)观测方案

拱轴线坐标值通常是拱肋轴线的理论坐标数值，施工时只能通过控制拱肋上下弦四点位置，才能保证拱轴线最终符合理论坐标数值。因此，我们需要的拱肋上(下)弦曲线一组集合坐标数，拱肋拱轴线为二次抛物线，可通过计算控制点的三维坐标或电脑 1∶1 实时放样，绘制出钢管拱上、下弦曲线，以取得钢管拱任意处的上、下弦坐标，并根据不同工况下的控制数据进行计算和校核。

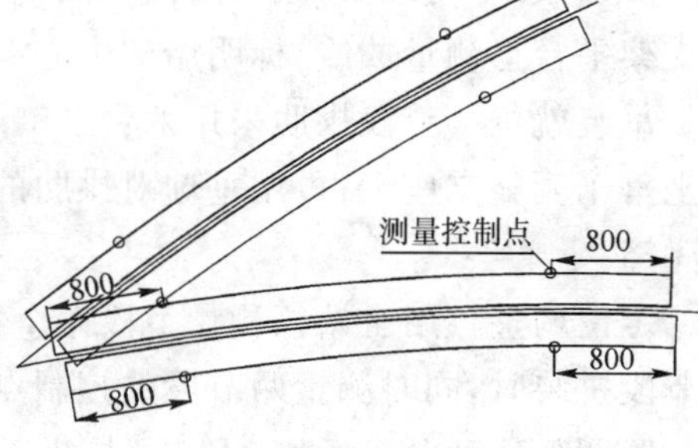


图 7　(尺寸单位：mm)

在变形观测中，测边前方交会比测角交会具有更高的精度。因此，采用全站仪进行双前测边前方交会，对观测数据进行多次平差，从而最大限度地排除各种随机因素产生的误差。通过全站仪快速测量接头棱镜的数据。掌握轴线及高程状况，对于拱脚部位可通过摆放棱镜测量的方法进行校准。

2)节段拼装

(1)拼装场地的处理

承台完成后，立即对施工场地进行清理整平，特别是承台部位的填土应及早进行，分层夯实。并用40cm厚5%灰土分两层压实养生，压实度达到90%，由路中心向边侧形成2%的坡度，保证排水顺畅。在接头拼装位置纵向3.5m、横向5m浇筑10cm厚的C20混凝土进行地面硬化处理。

(2)拼装胎架制作(图8)

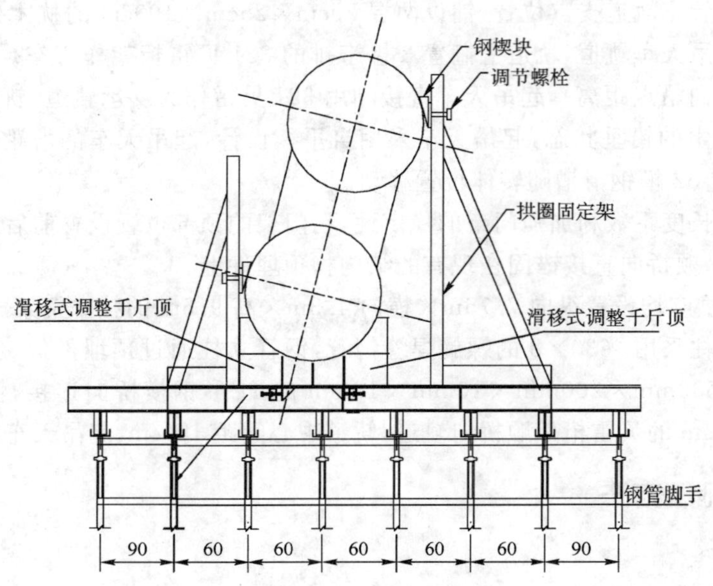


图8 拼装胎架结构布置图(尺寸单位:cm)

拼装胎架有支架、调整台座、施工平台结构组成。支架纵向3.0m×横向4.8m，高度按拼装拱高确定，支架承载力按节段最大重量285kN×1.4=400kN，单位承载能力400/3.0×4.8=35kN/m设计，采用受力性能较好的轮扣式支架搭设，纵、横间距为0.6m。

支架顶面设置施工平台和调整台座，微调装置均采用钢楔块螺栓结构及滑移式千斤顶，对拱肋进行上下、前后的调整。

(3)拱肋拼装工艺

拼装节段　两边侧拱肋各有三个节段组成为$Z_1+Z_2+Z_{3a}(Z_{5b}+Z_6+Z_7)$，大拱肋内的风撑全部拼装焊接完成。

测量放线　按照每段拱肋两端及上下弦四点的坐标及设计高程(包括预拱度)，用全站仪和水平仪在支架平台上测量放线，标明胎架中心线、上下定位基准线、辅助线等必要标记线。

吊装就位　节段拱肋采用两台25t汽车吊进行双抬吊，当拱肋提升到拼装胎架位置后，进行对线定位坐落于调整支座上，再用垂球对拱肋的位置、轴线进行检查、粗校正。拱肋段的吊装应平稳，防止过大的碰撞。

定位调整　用全站仪测量节段四个特征测量点的三维坐标调整拱肋，使其左右偏差不大于10mm。次节段拼装时，同时测量两节段的控制点位置，及时用M4240Cr螺杆粗定位，经反复测量，偏差通过微调装置调整达到要求后用M24螺栓进行精定位。拼装时应当严格对线安装，控制装配间隙，严格一步一矫原则。

接头焊接

拱肋线形调整完毕后，拱肋焊接时应将周围焊接 6～8 道，不满焊，焊接面积上下弦各不少于 10 000mm$^2$，然后去除临时件，进行周围满焊。

所有焊接工艺需进行焊接工艺评定。

临时连接件及匹配件与拱肋的解除采用焊缝气刨的方式进行。

3)边侧大节段转体施工

(1)拱肋提升转体施工准备

对所有吊装的绳索系统，各种绳索、索具、滑轮、卷扬机、电源及各个吊点等进行全面检查。

提升系统全部调试完成，必须进行试吊，以检验各吊装机械设施是否做到状态良好，运行正常安全可靠，一定要做到正式吊装时万无一失。

试吊以工地能实地的荷载物件进行逐级加载的方法，如从 20t、30t、40t、50t 至最大节段吊装重量要求和必要的储备安全系数的吊重能力。试吊后针对试吊中发现的问题逐项整改至符合有关规范安全吊装要求为度。

为保证各吊点、各线提升钢丝绳均匀受力，在每个吊点上设应变测试点，随时对受力情况进行应力应变分析，起吊前进行调试检查。

拆除一切与拱肋有牵连的障碍物，保证主拱肋的自由。

(2)提升脱架

同步启动四吊点卷扬机，缓慢收紧牵引钢丝绳，当四个吊点全部受力，尚未脱架时，通过各吊点的应力计检查其受力状态。无异常继续提升直至脱架停止，测取测点应力、应变值，观测标高及轴线位置，观察提升系统工作状况。

保持脱架状态停置至少 12h 以上，对整个系统重要部位、主拱钢管所有焊缝进行详细检查，有无异常，各方面检查均合格后，方可进行正式竖转。

(3)转铰就位、试转

主拱肋经停置检查一切正常后，拱肋继续提升到转铰中心位置，停止提升。

正式竖转前，首先要进行试竖转。试竖转时跨中二个吊点提升、放下重复 2、3 次，以检查起吊设施和竖转吊耳的性能及可靠性。

(4)正式转体(图 9)

试转一切正常，正式进行转体施工。转体过程分 1/2 转体高度及到位时二次进行观测测点应力、应变值，观测高程及轴线位置，观察提升系统工作状况。

图 9

转体过程注意起动、止动均速，尽量减少加速度。按正常要求转体角速度＜0.005rad/min 时，提升线速度相当于12m/h，转体过程控制在 8h 内完成。

考虑安装结构临时铰，转体高度可略高设计位置 5～10cm，以便拱肋的平移。

为避免拱肋产生过度扭曲变形同时使其在竖转到位达到设计坐标位置，竖转时必须保证两侧拱肋同步转动，保持拱肋的相对高差控制在 20cm 允许范围内。拱肋间相对高差过大时，应及时调整两吊点所对应提升的相对行程，使拱肋恢复正常。

(5)安装结构临时铰

张紧拱座吊点，拱脚处通过拱座上的预埋型钢并用千斤顶顶紧，防止拱肋前冲和侧移。

调整拱座处的卷扬机，使拱肋向下移动靠紧钢板，铰座销耳与拱座预埋板密贴，调整铰支点位置后，将铰座销耳焊连，完成临时铰的安装。

拱脚临时铰是拱肋线形控制的基础，必须按设计要求将结构临时铰安装完成。

(6)临时锁定

拱脚完成对位铰接后，跨中拱肋调位搁置在临时支座上。临时支座为50号H形钢(2根)组成的临时搁置横梁，在拱肋提升时，横梁位于后方，不影响拱肋提升，拱肋提升至设计位置后，将横梁用手拉葫芦向前水平牵引至前方钢管支撑的边侧牛腿上方并固定，在临时搁置横梁上安放有可微调装置的临时支座。

拱座上临时预埋(见图10)

(7)拱肋温度挠度变化观测

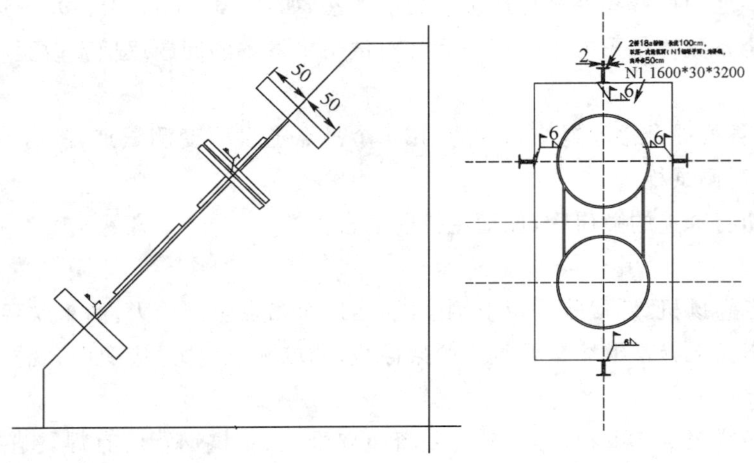


图10 (尺寸单位:cm)

由于钢材对温度变化比较敏感，至少连续两天从早上6时至晚上24时，每隔两小时观测各特征截面高程，并记录当时气温、拱肋体内温度，掌握拱肋温度挠度变化，为合龙作好准备。根据规范要求结合施工状态，初定合龙温度为20度，根据初步计算，每侧的拱肋及每道焊缝的位置，温度每变化10度，其焊缝长度只变化4.8mm，根据其进行余量切割，合龙的温度同切割时温度，仍有偏差可以通过焊缝来调整。

4)合龙段施工(图11)

(1)将中间合龙段提升到位，安装拱顶临时合拢螺杆(松动状态)及其端部压力传感器；

(2)测量两侧拱肋顶高程，推算出相应合龙温度的高程调整值，当实际合龙温度与设计合龙温度相差较大时，对两侧拱肋顶高程速度调整。

(3)在选定合龙时间(一天最低气温时刻，经事先实测确定)考虑实际合龙温度与设计合龙温差的影响(当温差小于±3℃或影响高程差小于±10mm时可不考虑)，将合龙段两边对称缓慢调升至设计合龙高程。

图 11

(4)旋转顶紧拱顶螺杆，根据压力传感器和监控监测的当前主拱结构内力及测量的特征截面标高情况反复调整主拱肋内力及线形，直至达到设计理想状态，固定螺杆，完成瞬时合龙。

(5)根据设计工艺焊接拱顶合龙段，完成主拱圈合龙。

## 6 结语

钢管混凝土拱桥拱肋的安装采用转体施工是目前一种常用而成熟的施工方法,《公路桥涵施工技术规范》(JTJ 041—2000)中也有介绍。国内许多拱桥采用的转体施工,特别在本省邳州运河特大桥是我国现有采用竖转施工最大跨径的提篮式钢管混凝土拱桥。本工程在陆地上施工,与其他同类形拱桥相比具有得天独厚的施工条件,本桥是从一端垂直提升使拱肋转体,而其他是斜拉扳起拱肋转体,垂直提升比斜拉扳起省力简单,且使用了门架式提升系统,落地施工,减少了大规模的支架施工,经济安全。

施工过程中要注意门架的安装顺序,提高门架安装过程中的安全性。

在拱肋提升过程中,由于要经常替换门架的斜撑系统,对斜撑系统的连接形式还需进一步的优化,达到替换斜撑系统时的简易及安全性。

通过本桥门架式提升提篮式钢管拱桥的工艺,为拱桥的安装开辟了一个新的方向,也获得了良好的效益,全桥已于 2005 年 11 月 30 日顺利合龙。

# 钢管拱肋微膨混凝土压注技术

葛绍群

(江阴大桥工程有限公司)

**摘　要**　结合全桥的施工组织和方案,以及设计图纸的要求,介绍了主拱肋混凝土的压注工艺和方法,包括配合比的设计以及机械设备的准备。

**关键词**　钢管拱　混凝土　压注　连续　截止阀

## 1　工程概况

丁堰大桥主拱拱肋采用哑铃形钢管混凝土结构,单肢拱肋为钢管直径1.1m、厚度20mm的钢管;哑铃形截面宽1.1m,高2.5m。钢管及腹腔内填充C50微膨胀混凝土。拱轴线线形采用二次抛物线,理论拱轴线拱脚水平距离为$L=120$m,矢高为32m,矢跨比为1∶3.75。拱肋微膨胀混凝土总方量为651$m^3$,主拱单肢拱肋的方量为118$m^3$,单个腹板混凝土方量为49.2$m^3$。丁堰大桥结构布置见图1。

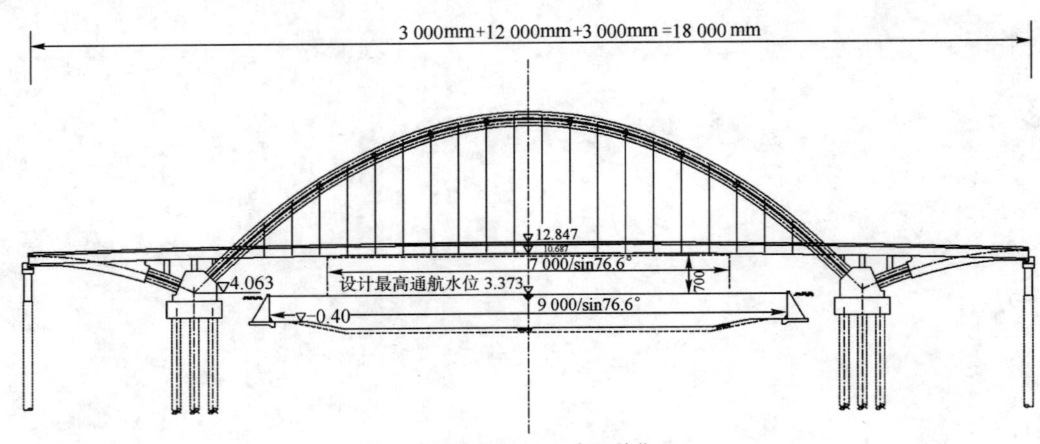


图1　(尺寸单位:mm,高程单位:m)

## 2　施工方案的设计

根据丁堰大桥的施工环境条件、地质特性,钢管混凝土浇筑主要工序设计了如下施工方案和施工顺序。

(1)根据钢管混凝土工艺要求,管内不得出现断缝、孔洞,不得出现混凝土与管壁分离现象;单管混凝土灌注必须连续浇注,且灌注完成时间不得超过首盘混凝土初凝时间;单根钢管的混凝土必须连续灌注,一气呵成。因此,钢管内混凝土采用C50高强、半流动、缓凝、微膨混凝土。

(2)管内混凝土采用泵送顶压施工,两侧配置两台泵机由两拱脚至拱顶对称均衡地一次压注完成。钢管拱肋预先设置进浆孔、排气孔、隔仓板,并配备混凝土截止阀、法兰盘等施工器具。

(3)采用水准仪、全站仪等测量仪器在施工过程中进行全程观测监控。

(4)断面混凝土浇注顺序:先浇注下弦,次上弦,再浇腹箱混凝土。三层混凝土按左右浇注顺序循行。钢管拱混凝土顶升施工根据单管、单层、对称、相向压注的方式,两侧穿插,一次性压注完成进行。浇注顺序见图2。

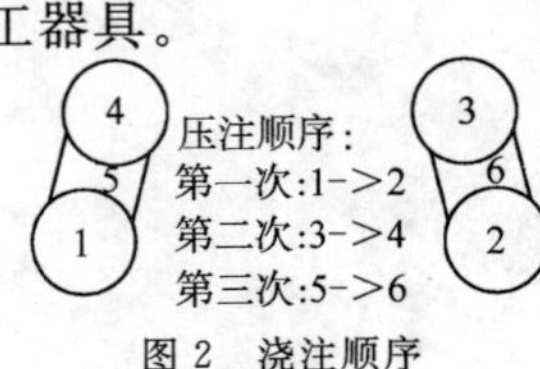


图2　浇注顺序

## 3 主要的机械设备

根据施工方案确定的主要施工用机械设备见表1所示。

表1

| 机械名称 | 规格型号 | 功率/容量/吨位 | 产地 | 数量 | 备注 |
|---|---|---|---|---|---|
| 汽车吊机 | NK-250 | 25t | 徐州 | 1 | |
| 塔吊 | QTZ-630 | 80t.m | 无锡 | 2 | |
| 混凝土搅拌站 | HBZ100 | $100m^3/h$ | 长沙 | 1 | |
| 混凝土搅拌站 | HBZ60 | $60m^3/h$ | 长沙 | 1 | |
| 混凝土输送泵 | HBT8012D | $80m^3/h$ | 张家港 | 2 | |
| 混凝土输送泵 | — | $80m^3/h$ | — | 1 | 租赁 |
| 混凝土输送车 | — | $6\sim8\ m^3$ | — | 5 | 租赁 |
| 装载机 | ZLM50 | $2.5m^3$ | 常州 | 1 | |
| 高压水泵 | GB-50 | 10kW | 本溪 | 2 | |
| 发电机组 | — | 100kW | — | 1 | 备用电源 |

## 4 主要工序施工方法

1)施工工艺流程(图3)

2)施工工序方法

第一阶段:现场准备阶段

①主拱拱肋安装成型,钢管拱肋验收合格后,根据图纸及施工要求焊接进料孔、排气孔等临时设施,并在1/2拱肋高处焊接备用压注口。(图4)

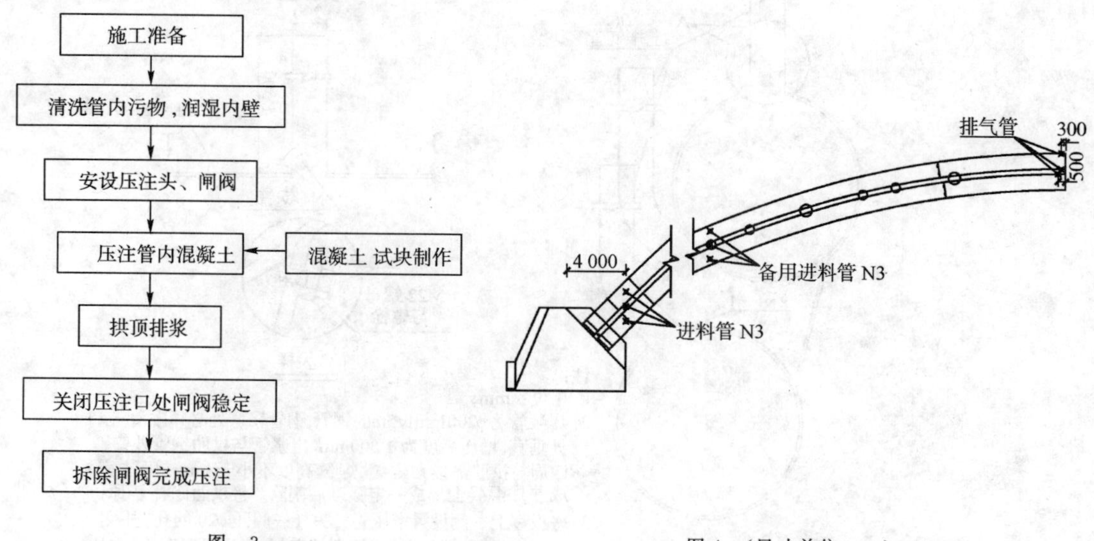


图 3

图4 (尺寸单位:mm)

②顶升施工设备检修到位:混凝土输送泵,混凝土拌和站等,检查钢管拱肋预先设置进浆孔、排气孔、隔仓板,并配备混凝土截止阀、法兰盘等施工器具。混凝土输送泵设备的定位考虑管道(泵管)及与法兰盘、截止阀的连接方便,并通过试运行。(图5、图6、图7)

③采用水准仪、全站仪等测量仪器，准备于施工过程中进行全程观测监控。

④钢管内混凝土采用C50高强、半流动、缓凝、微膨混凝土，具有低泡、大流动性、收缩补偿、延后初凝和早强的工程性能，满足钢管混凝土顶升的特殊要求。设计配合比已报现场监理工程师、业主认可。$W/B=0.31$，水泥：砂：碎石：粉煤灰：外加剂：水：＝387：695：1086：73：63：162。坍落度200mm，初凝时间19h，终凝时间22h10min，28天抗压强度65.7MPa。水泥、砂石等材料到场通过现场检验、试验，混凝土拌和站进行计量设备的常规检查合格，并对设计配合比的进行现场调整，确定施工配合比。

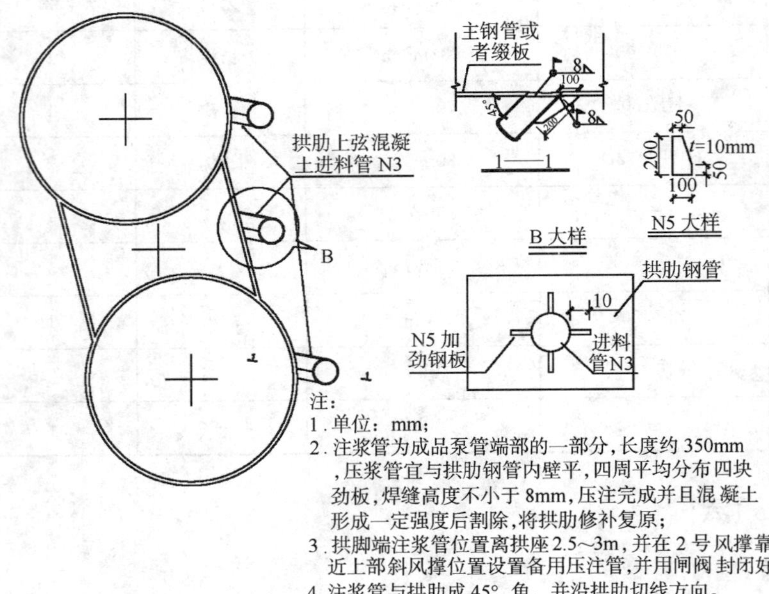


图 5

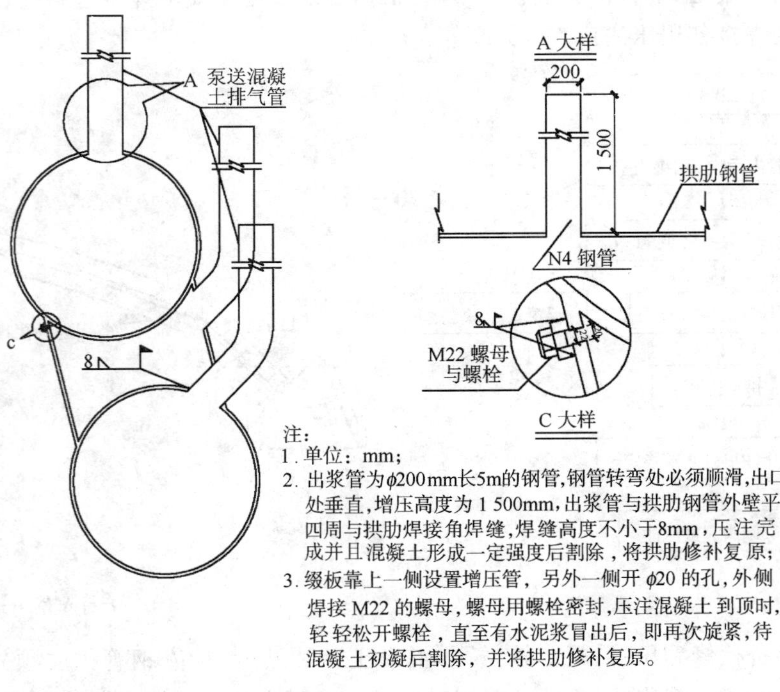


图6 拱肋排气孔构造示意

第二阶段:压注施工阶段(图 8)

①管内混凝土应采用泵送顶压施工,单肢拱肋由两拱脚至拱顶对称均衡地一次连续压注完成。第一次压注两个下弦管,第二次压注两个上弦管,最后压注两个腹箱。混凝土泵采用张家港华通建机 HBT8012D 型双列液压活塞式混凝土泵机,其最大理论垂直输送距离为 240m,符合输送泵的额定扬程应大于 1.5 倍灌注顶面高度。混凝土顶升施工时采用高压状态,理论混凝土最大输出压力为 12MPa,施工时输送泵压控制在 5～6 MPa,以免钢管被压裂。

②钢管混凝土压注前应清洗管内污物,湿润管道,压注首盘水泥净浆。续压混凝土,随时综合混凝土顶压情况、拱肋变形状况、入料情况分析,控制两拱脚混凝土泵送速度。泵送时,要求两拱脚混凝土泵送速度协调一致,尽量对称顶升,两侧顶升垂直高度不超过 2m。

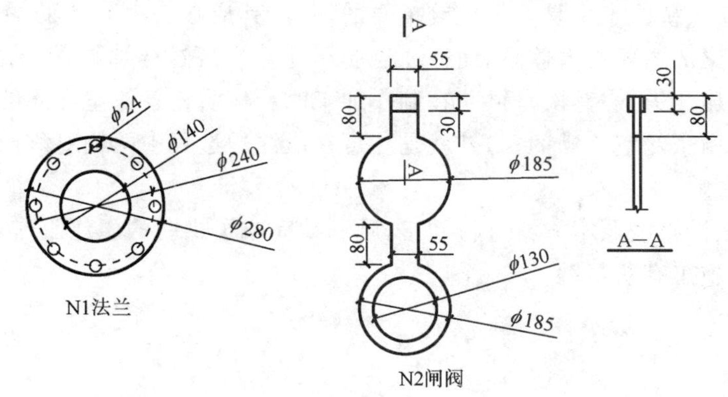


图 7 (尺寸单位:mm)

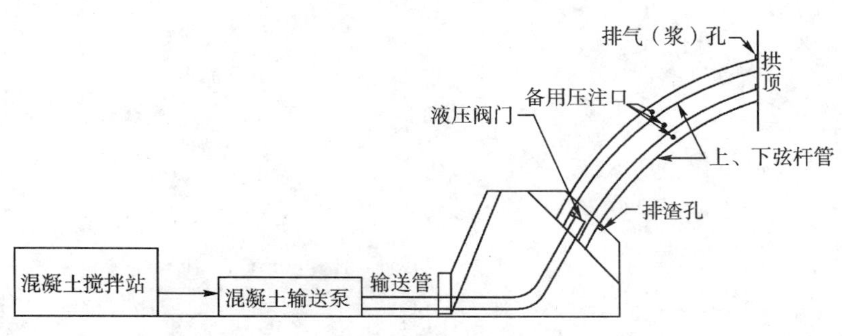


图 8 钢管混凝土压注施工示意图

③顶升工艺:在本桥拱脚位预留输送泵管导入孔(压注孔),混凝土通过输送泵从拱脚位导入孔导入,顶托并填充至管顶,完成混凝土压注过程。施工时,混凝土从两拱脚相向、均衡、对称、顶升灌注。两座混凝土拌和站承担拌和物拌和、泵送到压注的全部工作。压注孔和混凝土输送导管之间通过机械阀门连接。拱顶内搁板两侧预留排气孔。注入适量清水后再压注混凝土,清水需排泄干净,在拱脚位置设置排水孔。压注时直至钢管顶端排气孔排除合格的混凝土为止,完成后应关闭设于压注口的倒流截止阀。管内混凝土的压注应连续进行,不得中断。为保证混凝土的连续压注,需将拌制好的混凝土通过 5 台混凝土输送车先储存起来,当达到一定量时,即开始压注,同时搅拌站继续拌制混凝土,保障后续混凝土的供应;另外通过调节输送泵的压注速度,来保障混凝土的压注连续。

④混凝土施工过程中,严格对以下各方面进行测量控制:墩顶桥纵向位移、墩身沉降观测和拱肋偏位、变形控制:轴线横向偏位(全站仪检查)22mm;拱圈高程允许偏差(水准仪测量)32mm;对称点高差允许偏差 32mm。

第三阶段:压注完成阶段

①混凝土压注到拱顶,待流出原浆一定时间后,方可停止泵送,利用混凝土截止阀对导入孔封闭,完

成压注过程。此阶段，应避免单侧混凝土上升过快，引起弦管的纵向振动。混凝土现场养护试件强度达到 2.5MPa 后，方可拆除拱顶泄浆孔管和拱脚混凝土截止阀。由于混凝土凝结过程因素的不确定性，截止阀送出过程宜谨慎进行。

②管内混凝土的质量检测办法应以超声波检测为主，人工敲击为辅。混凝土强度符合设计要求，混凝土填充率>98%，拱顶、$L/4$ 位钻孔检查。

③压注不密实的修补和处理：由于施工的配合比与理论的配合比难免有所偏差，可能会在压注完成后，拱肋里在顶部位置会有一簿层孔隙，需要对其进行钻孔压注等强度水泥浆进行修补。

## 5 结语

拱肋压注混凝土在拱桥施工中是一个比较重要的环节，其成败关系到拱肋的施工质量和全桥的使用寿命，且其是整个桥梁的主要受力体系，而往往拱肋压注会出现这样那样的问题，最容易发生的就是腹腔鼓胀和爆舱，导致压注失败；其次是拱肋在制作加工时严格防止各舱室之间的隔断，不能互通，防止压注一个舱室时，发生两个舱室是满的；另外就是注意在压注的过程中两侧对称压注，一气呵成，整个工程连续完成。

本桥在施工过程中严格按照本方案进行施工，顺利地完成了拱肋的压注工作，达到了预期的施工效果，希望能对类似压注施工有所帮助。

# 常金大桥钢主塔施工技术

曹跃忠　葛书华　胡新龙

(江苏润通交通工程监理咨询有限公司)

**摘　要**　常金大桥为独塔无背索斜拉桥,主梁和主塔均为钢结构,钢主塔高76m,斜长91m,与水平面的夹角为57°,内倾2°,技术复杂,造型独特,施工难度较大。本文着重介绍钢主塔的施工技术,并研究钢结构在大跨径桥梁中的运用。

**关键词**　斜拉桥　斜塔　钢结构　施工技术　推广运用

## 1　工程概况

常金大桥位于省道340上,是连接常州市区和金坛的主要道路,主桥采用60m＋120m＋30m独塔双索面无背索斜拉桥,塔、梁、墩固接,斜拉桥主塔设于312国道侧,主跨120m,跨越运河,西侧边跨60m,跨越312国道,东侧边跨30m,跨越规划运北路,见图1。

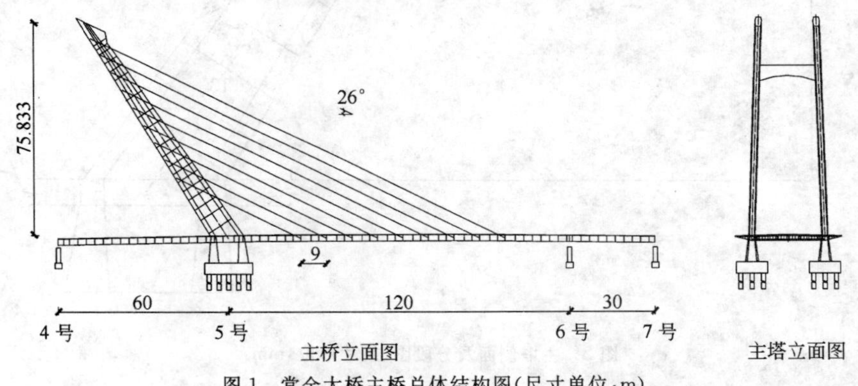


图1　常金大桥主桥总体结构图(尺寸单位:m)

### 1.1　主梁

主梁采用钢箱梁,钢箱梁顶板宽37.5m,底板宽25.85m,梁中心高2.2m,桥面横坡为2%双向坡,钢箱梁顺桥向节段划分为4m＋5×9m＋22m＋12×9m＋2m＋3×9m＋2m。

### 1.2　主塔

常金大桥主塔为两个八边形截面的薄壁空心钢主塔,主塔内灌注C30微膨胀混凝土作为配重以平衡主梁自重。主塔桥面以上的垂直高度为76m,与水平面的夹角为57°,并横桥向向内侧倾斜2°,主塔斜长91m,塔间设置1道永久性钢横梁和2道临时横梁。

主塔桥面以上根据设计共划分为15个节段,各节段重量见表1及图2。

主塔桥面以上各节段重量(t)　　表1

| 节段 | T1 | T2 | T3 | T4 | T5 | T6 | T7 | T8 | T9 | T10 | T11 | T12 | T13 | T14 | T15 |
|---|---|---|---|---|---|---|---|---|---|---|---|---|---|---|---|
| 重量 | 29.2 | 32.7 | 32.5 | 35.6 | 39.2 | 46.4 | 50.1 | 59.7 | 45.7 | 27.4 | 38.4 | 39.4 | 25.5 | 24.3 | 40.7 |

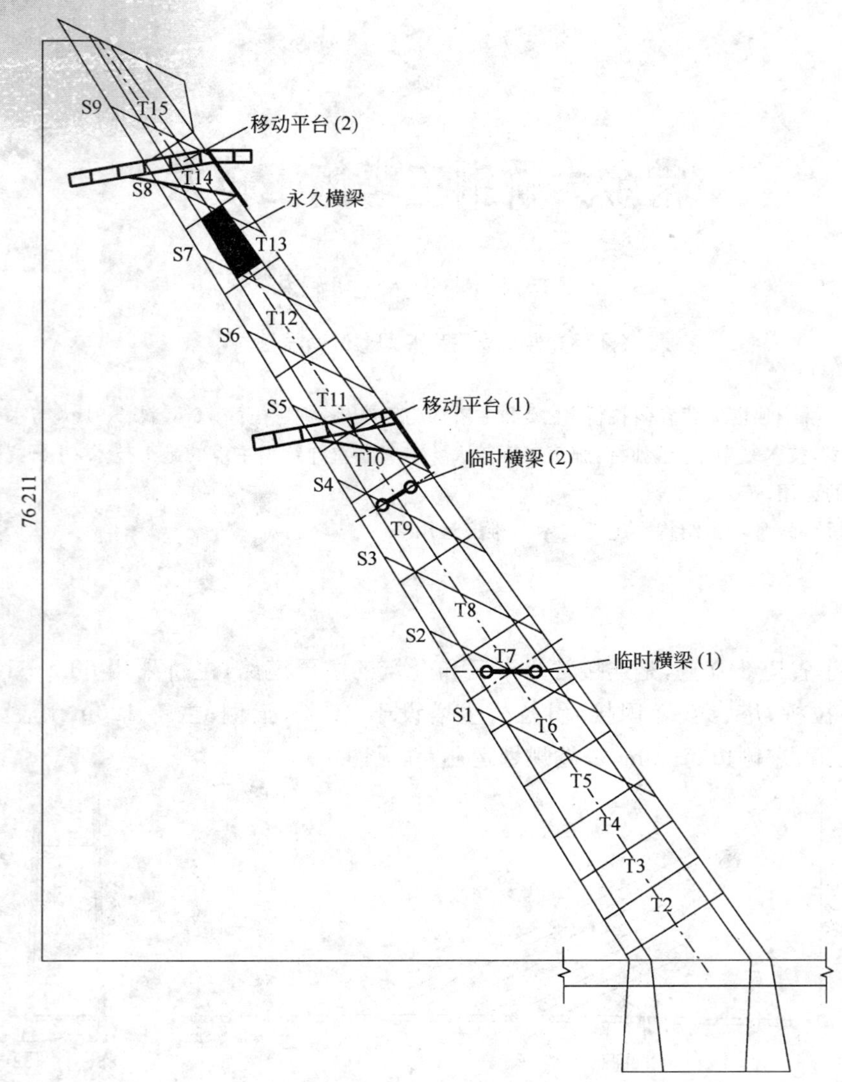


图 2　主塔侧面及分段图(尺寸单位:mm)

### 1.3　斜拉索

本桥采用双索面,每个索面采用 9 根索,全桥共 18 根索,每根索的类型为 43 束 15.2 钢绞线。斜拉索与水平面的夹角为 26°,斜拉索在主梁上锚固的标准间距为 9m,斜拉索在主塔上锚固的标准间距为 7.66m,斜拉索梁端锚固,塔端张拉。

### 1.4　塔墩

主塔墩为八边形截面的薄壁空心钢墩,内灌注微膨胀混凝土,承台顶截面为 14m×4.5m,侧面为 0.6m×2.5m,主梁顶板顶面相交处水平截面为 11.86m×2.25m,倒角为 0.3m×1.752(1.828)m。

## 2　主塔施工

经多次研究论证与方案比选,决定采用自升式重型塔吊(塔吊吊装能力 10 800kN·m)进行塔节段吊装,以解决主塔的高空吊装难题,同时采用附塔滑动式移动平台进行塔节段的安装、张拉、涂装等工作,主塔施工主要工况划分见表 2。

常金大桥主塔施工主要工况表

表 2

| 编　号 | 施工主要内容描述 | 编　号 | 施工主要内容描述 |
|---|---|---|---|
| 1 | 安装 T1 塔节段 | 28 | 安装临时横梁 2 |
| 2 | 安装 T2 塔节段 | 29 | 浇筑 T10～T11 塔节段混凝土($209m^3$) |
| 3 | 浇筑 T1、T2 塔节段混凝土 | 30 | 移动平台 2、1 |
| 4 | 安装 T3 塔节段 | 31 | 安装 T12 塔节段 |
| 5 | 安装 T4 塔节段 | 32 | 张拉 C5 号斜拉索 |
| 6 | 浇筑 T3、T4 塔节段混凝土 | 33 | 浇筑 T11～T12 塔节段混凝土($195m^3$) |
| 7 | 安装 T5 塔节段 | 34 | 移动平台 2、1 |
| 8 | 安装 T6 塔节段 | 35 | 安装 T13 塔节段 |
| 9 | 浇筑 T5、T6 塔节段混凝土 | 36 | 张拉 C6 号斜拉索(6 号墩顶加 150t 压重) |
| 10 | 安装平台 1 | 37 | 浇筑 T12～T13 塔节段混凝土($166m^3$) |
| 11 | 安装 T7 塔节段 | 38 | 移动平台 2、1 |
| 12 | 安装平台 2 | 39 | 安装 T14 塔节段 |
| 13 | 安装 T8 塔节段 | 40 | 安装永久横梁 |
| 14 | 安装临时横梁 1 | 41 | 张拉 C7 号斜拉索 |
| 15 | 张拉 C1 号斜拉索 | 42 | 浇筑 T14 塔节段混凝土($141m^3$) |
| 16 | 浇筑 T7 塔节段混凝土 | 43 | 移动平台 2、1(T14、T12) |
| 17 | 移动平台 2、1 | 44 | 张拉 C8 号斜拉索 |
| 18 | 安装 T9 塔节段 | 45 | 安装 T15 塔节段 |
| 19 | 张拉 C2 号斜拉索 | 46 | 浇筑 T15 塔节段混凝土($214m^3$) |
| 20 | 浇筑 T8 塔节段混凝土($255m^3$) | 47 | 张拉 C9 号斜拉索 |
| 21 | 移动平台 2、1 | 48 | 拆除临时横梁 1、临时横梁 2 |
| 22 | 安装 T10 塔节段 | 49 | 主塔涂装(面漆),与 51、52 同步 |
| 23 | 张拉 C3 号斜拉索 | 50 | 拆除主梁、主塔支架 |
| 24 | 浇筑 T9 塔节段混凝土($214m^3$) | 51 | 全桥索力调整 |
| 25 | 移动平台 2、1 | 52 | 桥面二期铺装 |
| 26 | 安装 T11 塔节段 | | |
| 27 | 张拉 C4 号斜拉索 | | |

### 2.1 塔吊

本桥采用 ZSL43186 塔机，由塔柱、回转支承、平衡臂、A 形塔架、吊臂等组成，塔柱共 8 节，高 48m，塔吊总高度 96m，桥面以上起吊高度 81m，吊装能力 10 800kN · m。

1)塔吊基础设计

根据现场地质情况及设计院提供的地基承载力，塔吊采用 C30 钢筋混凝土基础，尺寸为 9m×9m×2m，待混凝土达到 70％强度后，即可准备安装塔机。

2)塔吊的组装和拆除

(1)基础节施工

ZSL43186 塔机基础节长 4.15m，为了保证塔机安装垂直度≤2.5/1 000，在预埋基础节时，必须保证四个接头面板水平度误差小于 1/1 000。在预埋基础节时，为了确保基础节与混凝土基础连为整体，须在基础节四周增焊钢筋，焊缝强度不得低于钢筋强度，中间一排钢筋和基础节每个立柱中线对齐焊接。

用仪器测量基础节四个接头面水平度符合要求且混凝土达到70%强度后，安装塔机。

(2)安装方法

①安装吊机就位

由于ZSL43186塔机构件较重，而且安装高度也较高，故使用的安装吊机为150t的汽车吊。

②安装首节塔柱

吊装吊机就位后，即可安装塔柱。首节塔柱高12m，重量为18t，塔柱和基础节通过高强螺栓联结，螺栓必须使用液压扭力扳手，统一上紧。

③安装其余塔柱

第一节塔柱安装后，开始利用顶升设备安装其余6节塔柱，使塔柱高度达到48m，联结方式也是通过螺栓联结。

④安装回转支承

回转支承为ZSL43186塔机构件中最重的一件，其高度约为4m，重量达到28t。运输时回转上、下座是分开运输的，现场安装时可先将上、下座联结好后再安装，上、下座通过螺栓联结，螺栓较多必须用液压扭力扳手预紧，回转支承和塔柱也是通过螺栓联结。

⑤安装平衡臂

平衡臂长度9.4m，重14t。平衡臂和回转是通过销子联结的。平衡臂装好后，即可联结部分电路及油路。

⑥安装主吊卷扬和动臂卷扬

主吊卷扬靠近回转，卷扬通过销联结固定在平衡臂上。

⑦安装司机室

⑧安装A形塔

⑨形塔及其平台等附件在地面拼接好，再整体吊装

⑩安装吊臂

吊臂在地面拼接，并把保险绳、拉杆及滑轮附于其上，一并吊装。吊臂根部销子联结好后用保险绳将吊臂拉住，以便穿钢丝绳。

⑪接通电路及油路，穿绕钢丝绳

⑫安装配重块

⑬连接安全装置，整机调试、验收，交付使用

(3)塔吊的拆除

塔吊的拆除程序与安装相反。

拆除顺序：配重—吊臂—A形塔架—驾驶室—卷扬机—平衡臂—回转支撑—标准节。

(4)塔吊的试吊

塔吊安装完成后，经试吊并通过安检部门验收合格后投入使用。

### 2.2 主塔的吊装

主塔安装施工工艺：

主塔节段预拼检验合格—节段整体运输至桥位边—塔吊试吊装—正式吊装就位—测量控制（施工控制）—各接头位置对中—反复调整（不松钩）—临时连接—搭设工作平台—准确定位—全断面焊接。

(1)由于主塔塔身为双向倾斜，节段尺寸、自重较大，因此在吊装过程中必须注意塔身的稳定，保证平衡施工，严格按照设计、监控单位的指令进行塔、梁及索的安装和调整及塔内混凝土的浇筑工作。

(2)利用塔吊吊装各节段之前，节段需在工厂制作时做好测量标记，并按照设计焊接定位码板、临时联结件。初步落位后，与前一节段临时联结，搭建施工平台，在15～20℃温度区间，调整吊装节段高程、斜率及与前一节段间缝宽设计值，准确定位，进行全断面焊接。准确定位采用全站仪测量中心线

≤2mm，垂直不大于塔高的1/2 500(垂直度是指主塔设计轴线偏位)，高程≤2mm，根据设计要求灌注已安装塔柱钢箱内混凝土，待混凝土初凝后，张拉斜拉索，在施工过程中，保证主塔挂索前超前一个节段。

(3)主塔节段划分线垂直于塔身的中心轴线，塔身横断面呈八边形，塔身倾斜，由于节段自重和体积较大，在吊装过程中塔身必须呈现为倾斜状，其角度应尽量和安装塔身倾斜度相同，因此需按照设计要求将吊点焊接在塔身前侧，采用四吊点，并通过手拉葫芦和钢丝绳来调整倾斜度。

(4)为保证起吊后塔身的倾斜满足拼装要求，当塔身到位后，先将塔身底口对中并采用码板基本锁定，在锁定码板后，开始进行工作平台施工，然后采用塔吊调整塔身顶端的位置。

(5)根据吊装过程，施工难点在起吊过程中塔身必须控制稳定，不能转动，这是一难点，再一由于节段划分线不是水平线，在底口对接的过程中难以对准，起吊略微松点力则会出现塔身向后内侧滑移的现象，为解决此类现象现场采用如下措施来保证施工的安装和质量：

①在塔身焊接栓口，用大绳牵引，使得在吊装的过程中不出现转动的现象。

②在已经焊好的塔身顶口前内侧焊接三块定位钢板条，钢板条伸出塔身顶口10cm，塔身吊装到此处松力时就不会发生向后内侧滑移现象了，并在塔身两侧各焊接一块钢板，便于定位。

(6)横梁的安装

为了保证主塔的横向受力和线形，根据设计在两个主塔之间设置两道临时支承梁。利用塔吊吊装横梁并调整横梁到设计位置，与主塔横梁设计预埋件临时连接，在15～20℃温度区间，调整横梁高程、斜率及与主塔横梁预埋件间隙宽设计值，准确定位，进行全截面的焊接。为保证松钩的情况在不产生向下滑移的现象，吊装前在横梁与主塔塔身交接位置外侧，焊接定位钢板，以防止横梁由于自重产生的滑移。

**2.3 平台的搭设、节段安装工艺**

每个塔柱分T1—T15段进行逐段安装，两个塔柱交替进行。T1—T6段采用轮扣式满堂支架搭设工作平台进行安装、涂装及S1束的穿索等工作，T7—T15段及永久横梁采用附塔滑动式支架平台(图3)进行安装、张拉、涂装等工作。临时横梁采用单独的平台进行安装。

(1)T1—T6支架安装工艺

T1由制作厂运至现场卸车后，先进行爬梯的焊接，后利用塔机、绳索等起重工具起吊直接与塔基础对接安装，到位后进行焊接。最后进行T2节段安装支架平台的搭设。T2到场后重复T1的工作，后进行混凝土的浇筑。T3—T6安装与浇筑类同T2。但T6的准备工作需增加在其正背面焊接两条滑行路轨。

主塔T1—T6节段的安装操作平台采用轮扣式支架进行，围绕塔身周围三面搭设支架(塔身东面不搭)在支架中沿塔身三面铺设木板构成工作平台，每1.8m设置一层平台。支架搭设的最大高度达18.8m，故支架的稳定性必须采取有效的措施加以保证。

(2)T7—T15安装工艺

在T6段安装结束后，利用塔机将附塔滑动式支架安装至T6节段上(见图3滑动式支架)，支架具体位置以保证T6—T7间的下缘拼缝安装为准。

T7安装前准备工作同T6。工作人员利用滑动支架1号平台进行T7段的安装定位，在全面焊接时，滑动支架采用手拉葫芦逐步向上提升，以保证焊接时操作的方便和安全性。焊接验收完成后，浇筑5号、6号节段混凝土，利用支架平台穿S1索。

T8安装准备工作类同T7，但在之前将滑行支架1号平台下降并留出足够的空间在T7节段安装滑行支架2号平台。利用2号平台安装T8节段后，将同一塔柱上的两个滑移平台都向T8节段最顶处滑移锁定，再利用轮扣式支架平台安装T7节段的第一根临时横梁，浇筑7号、8号节段混凝土后，分别利用轮扣式支架和滑行支架1号平台进行S1、S2索的张拉。

T9安装类上。焊接浇筑完成后，利用滑行支架1号穿索、张拉S3索。

T10节段安装同上，浇筑混凝土后穿索张拉S4索。T12安装类上。浇筑12号节段完成后，张拉S6索。

T11安装类上。焊接完成后，将两滑行支架滑移至T11顶部，利用横梁自带平台安装第二根临时横梁。浇筑 11 号节段，张拉 S5 索。

T13、T14 安装类上。在 T13 节段安装结束后，直接安装 T14 节段结束后，将 2 号滑移平台停在 T14 上，1 号平台停在 T12 上，以 1 号平台进行永久横梁的安装，后浇筑 T13，平台 1 号张拉 S7 索；浇筑 T14，平台 2 号张拉 S8 索。T15 安装类上。浇筑后张拉 S9 索。

(3)附塔滑动式支架平台安装完成后应进行压载试验，承载能力满足要求方可投入使用。

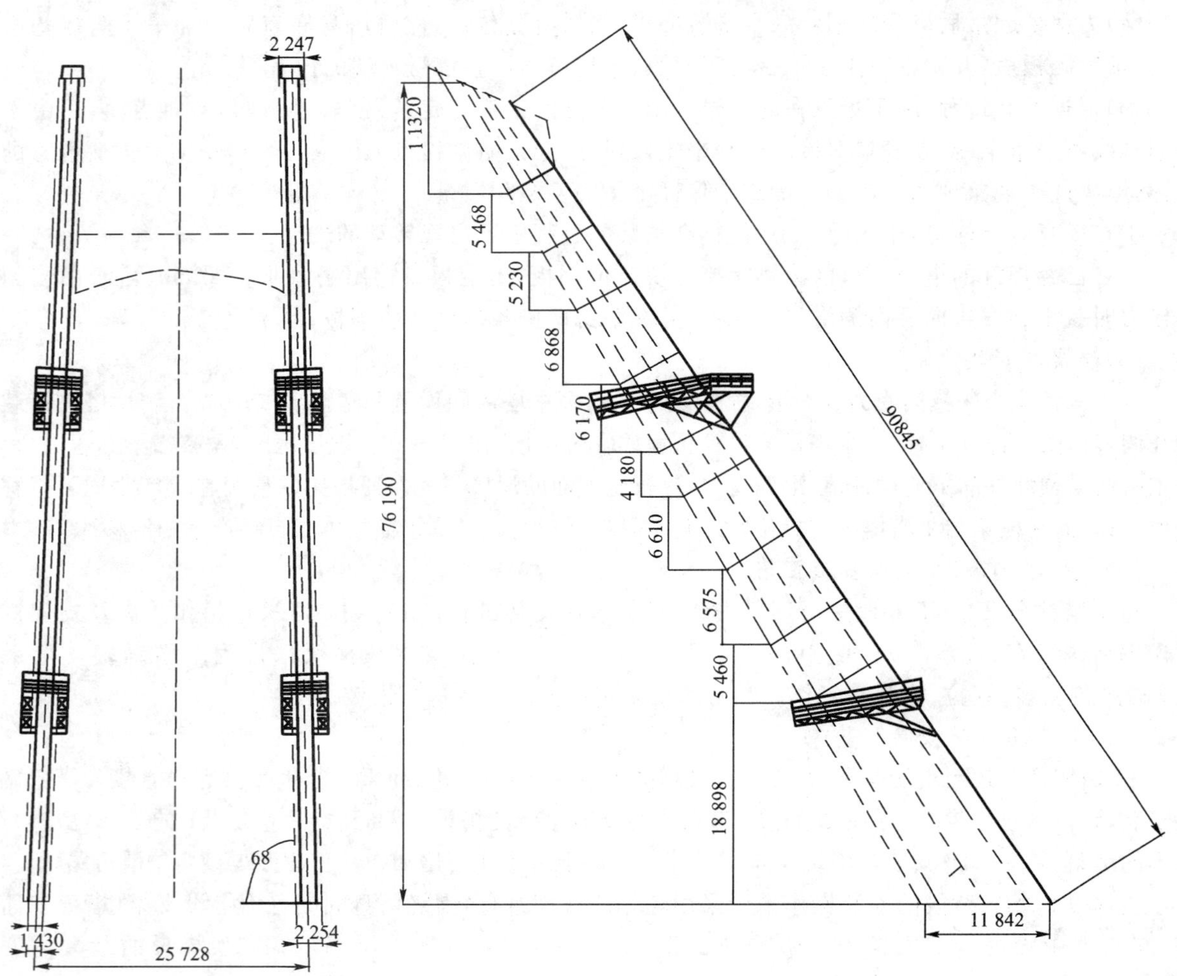


图 3　滑动式支架示意图(尺寸单位：mm)

### 2.4　主塔的焊接

由于主塔钢结构为全焊结构，结构焊缝较多，所发生的焊接变形和残余应力较大，制造过程中，在保证焊接质量的前提下，尽量采用焊接变形小和焊缝收缩小的焊接工艺。所有类型的焊缝在焊接前进行焊接工艺评定试验，编制完善的焊接工艺评审实验报告。

### 2.5　塔身混凝土灌注

主塔内灌 C30 微膨胀混凝土作为配重以平衡主梁自重、二期恒载和车辆荷载，塔内混凝土根据设计要求的浇筑高度进行施工。塔基与塔身节段 T1～T3 节段采用汽车泵直接进行浇筑，T4～T15 节段采用塔吊吊料斗进行混凝土浇筑。

### 2.6　测量控制与施工监控

(1)测量方法与控制

测站点采用强制对中方法设置，利用极坐标法放样塔柱节段，在放样之前结合施工场地条件，以桥梁施工控制网为依据，加密放样测站点，其加密观测方案采用边长交会、边角交会、边角网等形式，最后用严密平差软件进行平差。在选择测站点位置时，除了保证满足放样精度要求之外，还考虑通视条件、放样方便和数据准备时计算简单等因素。如个别情况下因脚手架等杆件影响通视时，可以在局部范围内进行偏距测量等方法，解决各点的通视问题。

(2)施工监控

常金线大桥主桥为主跨120m的无背索斜拉桥结构，由于是采用无背索结构，用倾斜的钢-混凝土主塔自重的竖向分力来平衡钢主梁，故技术较为复杂，施工精度要求较高，且受较多现场误差因素的影响，在施工过程中理论计算与实际结构之间始终存在不一致性，施工过程需要进行有效地控制或纠正其不一致性，即进需行施工监控。本桥施工监控采用了比较成熟的自适应控制方法，控制系统与被控制系统进行相互适应，消除不一致性，主要就是对施工中斜拉桥的索力和高程等实测数据进行系统主要特征参数的识别，然后在主塔悬臂施工过程中修改原来设计的"轨道"，通过在施工过程中对索力、结构应力和主梁高程、主塔塔柱位移采取多控手段，最后使得结构竣工后在一定的、允许的误差范围内达到设计目标。为了控制斜拉桥施工中的变形和内力，首先必须具有一套现场变形等的监测手段，常金线大桥为斜塔斜拉桥与一般斜拉桥有所不同，在施工阶段不仅要控制主梁梁体的内力与位移，而且要严格控制塔柱的内力及塔柱位移。施工现场主要进行了以下几项测试：

①每施工阶段主梁高程的测量；

②每施工阶段主梁、塔关键截面的应变-应力测试；

③主塔塔柱的位移；

④主梁轴线测量；

⑤每施工阶段全桥索力的测试；

⑥结构关键部位的温度和气温记录。

本项目通过施工—量测—判断—修正—预告—施工的循环过程，在每一工况测得以上基本项目量测，通过对这些数据进行综合分析和判断，以了解已存在的误差，并同时进行误差原因分析。在这一基础上，把产生误差的原因予以尽量消除，给出下一个工况的施工控制指令，在现场施工中形成了良性循环。

(3)结果(部分测试数据见表3、表4)：

**常金大桥结构实测与理论应力比较表**(MPa)　　表3

| 测试截面 | | | 截面纵向平均实测应力 | 截面纵向理论应力 | 截面纵向成桥恒载应力 |
|---|---|---|---|---|---|
| 工况 | | | C9张拉完成 | C9张拉完成 | 成桥理论 |
| 主梁 | 边跨跨中截面 | 上缘 | −13.0 | −27.8 | −56.5 |
| | | 下缘 | 30.3 | 37.5 | 76.5 |
| | 主跨侧塔根截面 | 上缘 | −23.3 | −45.5 | −13.5 |
| | | 下缘 | 8.9 | 16.8 | −55.9 |
| | C3号附近截面 | 上缘 | −9.2 | −13.3 | −32.1 |
| | | 下缘 | −32.4 | −33.3 | −14.3 |
| 主塔 | 南侧塔根附近截面 | 河侧 | 11.2 | 13.3 | −1.6 |
| | | 中心 | −11.7 | −12.2 | −13.9 |
| | | 岸侧 | −21.7 | −37.7 | −26.2 |
| | 北侧塔根附近截面 | 河侧 | 11.3 | 13.3 | −1.6 |
| | | 中心 | −8.7 | −12.2 | −13.9 |
| | | 岸侧 | −24.8 | −37.7 | −26.2 |

注：表中应力为钢结构表面应力，正值为受拉，负值为受压，材料允许值为210MPa。

常金大桥索力测试表 表 4

| 南塔斜拉索调整完成 | | | | 北塔斜拉索调整完成 | | | |
|---|---|---|---|---|---|---|---|
| 测试索号(北塔) | 测试索力(kN) | 误差(%) | 设计索力(kN) | 测试索号(南塔) | 测试索力(kN) | 误差(%) | 设计索力(kN) |
| CL9 号 | 2 640 | −2.4% | 2 700 | CL9 号 | 2 830 | 4.7% | 2 700 |
| CL8 号 | 2 360 | −1.9% | 2 400 | CL8 号 | 2 450 | 2.3% | 2 400 |
| CL7 号 | 2 240 | −3.3% | 2 320 | CL7 号 | 2 370 | 2.1% | 2 320 |
| CL6 号 | 2 130 | 1.4% | 2 100 | CL6 号 | 2 040 | −2.7% | 2 100 |
| CL5 号 | 2 110 | 1.0% | 2 090 | CL5 号 | 2 110 | 0.8% | 2 090 |
| CL4 号 | 2 040 | 0.7% | 2 020 | CL4 号 | 2 100 | 3.9% | 2 020 |
| CL3 号 | 2 180 | 5.0% | 2 080 | CL3 号 | 2 090 | 0.3% | 2 080 |
| CL2 号 | 2 200 | 4.2% | 2 110 | CL2 号 | 2 090 | −1.0% | 2 110 |
| CL1 号 | 2 230 | 3.7% | 2 150 | CL1 号 | 2 250 | 4.7% | 2 150 |

注:表中索力采用动测仪测试;斜拉索调整完成后的测试值。

①常金大桥施工全过程结构均处于安全、受控状态;

②斜拉索索力误差在设计允许误差范围内;

③施工主体完成时主塔及主梁坐标实测与理论值误差在设计允许误差范围内。

可知主桥的主梁、主塔应力实测值接近或小于监控理论值(主塔按钢-混凝土组合截面考虑),成桥监控内力符合设计要求。尤其是主塔截面实际工作状态为钢-混凝土组合截面,作为压重的混凝土与主塔钢结构形成钢-混凝土组合截面,实际应力远小于设计计算允许应力值,结构更多安全储备。

## 3 结语

(1)经多方论证,采用自升式重型塔吊(塔吊吊装能力 10 800kN · m),较好地解决了主塔的高空吊装难题,同时采用附塔滑动式移动平台进行塔节段的安装、张拉、涂装等工作,是本桥顺利施工的基础之一,为类似桥梁的施工积累了经验。

(2)主梁、主塔均采用钢结构,钢梁薄而轻,钢主梁重量仅为混凝土梁重量的 1/3,有效减轻了桥梁的自重,对于类似大跨径桥梁有很好的借鉴作用,采用钢结构形式的梁能有效提高桥梁跨径,并便于设计出造型独特的桥梁,对城市景观桥梁的设计可以借鉴。

(3)随着国内钢产量的稳步提高,和钢材质量的提升,并且钢结构采用工厂化制作,质量稳定可靠,安装快捷、便利,钢桥是今后我国桥梁建设的方向之一。

(4)本桥钢主塔内混凝土仅作为配重,未参与受力计算,经现场实测,钢主塔内实际应力远小于计算应力,因此,可以考虑混凝土参与受力进行优化设计,充分发挥钢混叠合的作用,减少钢材的用量,节省造价。

(5)采用钢结构也有一些不利因素,后期运营维护费用较高,如维护不及时,对工程质量有较大影响。

# 超长预应力束施工技术

蒋绪鹏　曹树强　刘百合　葛晓娇

（中铁十九局集团第二工程有限公司）

**摘　要**　邹区大桥为变截面钢—混组合梁结构，其中桥面板预应力钢绞线最长束达到253.84m。根据现场实际情况制订了“接力穿束、分段压浆”的施工工艺，成功地解决了超长预应力束的孔道预留、穿束、张拉和压浆等难题，并保证了施工质量。

**关键词**　超长预应力束　孔道预留　接力穿束　分段压浆

## 1　工程概况

邹区大桥工程是京杭运河常州市区段改线工程的一部分，是目前我国同种桥型跨度最大的一座钢—混组合桥梁。该桥主桥长252m，跨径组合为71m+110m+71m三跨变截面钢混组合梁，由预应力钢筋混凝土桥面板与钢梁组合而成，左右分幅，桥面总宽33.5m。

桥面板为C50无收缩钢筋混凝土结构，桥面板体内设纵向预应力束，全桥单幅分11个节段进行混凝土浇筑和预应力施工，桥面板预应力钢绞线最长束为253.84m。纵向预应力束采用9$\Phi^j$15.24规格的钢绞线束，悬臂部分局部采用5$\Phi^j$15.24规格的钢绞线束以方便在桥面板中锚固。张拉时锚下控制应力采用$\sigma_k = 0.75F_{pk} = 1\,395$MPa。预应力管道均采用镀锌钢波纹管成形。

## 2　超长预应力束的施工难点

(1)邹区大桥桥面板分段浇筑、分批张拉，预应力孔道长。要求镀锌钢波纹管孔道的预留和接长必须定位准确，且无封堵。

(2)设计为后穿束法预应力施工，超长预应力束的穿束、压浆等均需制定一套操作简便，并且切实可行的施工方案。

(3)桥面板体内钢束密集，尤其是①、②、③段预应力孔道众多，对孔道预留位置的精度要求高。图1为桥面板预应力孔道示意图。

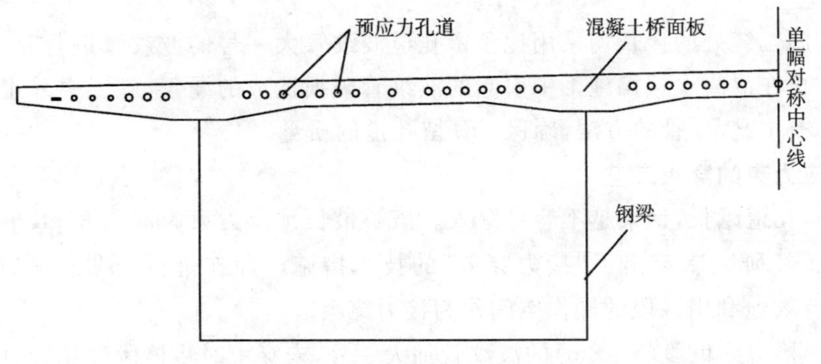


图1　桥面板预应力孔道示意图

## 3 超长预应力束施工工艺

### 3.1 工艺概述

邹区大桥全长252m，单幅分11个节段进行混凝土浇筑，并分4批次进行预应力施工，图2为桥面板混凝土浇筑分段及张拉压浆施工节段示意图。根据该桥设计特点，在预应力施工中采用了限位钢筋控制孔道间距、“接力穿束、分段压浆”的施工工艺，成功地解决了超长预应力束的孔道预留、穿束、张拉和压浆等难题，并保证了施工质量。

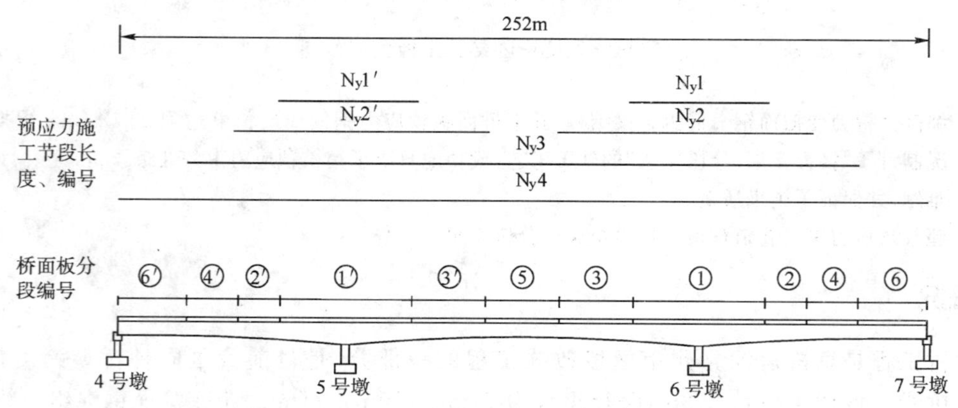


图2 桥面板混凝土浇筑分段及张拉压浆施工节段示意图

### 3.2 预应力孔道安装工艺

(1)波纹管检查

为避免在混凝土浇筑过程中出现管道漏浆现象，应对波纹管进行严格检查。严禁使用表面有孔洞、刚度不足的波纹管，波纹管咬口紧密、无脱开，并在使用前采用灌水的方法对波纹管的密封性进行抽验。

(2)管道定位

预应力孔道定位必须牢固、准确，镀锌钢波纹管孔道预留和接长必须平顺无封堵。如果孔道定位不当，将加大张拉时的孔道摩阻，并且将影响后续的穿束和张拉应力的保证。

一般情况，波纹管的定位采用“井”字架，定位间距按照直线不大于1m，曲线部位不大于0.5m控制。

针对①、②、③段预应力孔道众多、钢束密集(①段钢束中心间距仅为20cm)的具体情况，为避免发生压浆时“串管”现象，孔道间采用了限位钢筋，并将限位钢筋与桥面板钢筋点焊，保证相邻管道分离和定位的精确。

(3)防堵漏措施

波纹管接头和施工缝处的接长均采用比预留孔道波纹管大一号的波纹管进行套接的方法，并用胶带缠紧粘牢。为防止在混凝土振捣施工中引起的波纹管破损造成的漏浆，施工中采用了在波纹管内穿小于波纹管内径10mm PVC管的方法，确保了预留孔道的质量。

### 3.3 超长预应力束的穿束工艺

后穿束施工中，孔道越长，钢束越不容易穿入。该桥最长预应力束为253.84m，根据该桥桥面板浇注顺序的具体情况，经研究制定出了“接力穿束”的技术措施。即在进行5号段桥面板施工时，便将$N_y3$、$N_y4$束穿入，有效地利用该段的操作空间作为接力穿束段。

具体做法是：将接力穿束段(5～8m)的波纹管加大一号，未穿束时将该段波纹管直接套接在原波纹管上，穿束时施工人员分成两组，其中第一组先在一端穿束，当穿至跨中5号段时，由另一组和第一组共同继续向前穿束。穿束结束后将接力穿束段的波纹管恢复原位并将接头用胶带缠紧包好。

### 3.4 超长预应力束的张拉工艺

根据设计要求，施工段混凝土强度达到设计强度100%且混凝土养护时间不少于10天，方可进行该梁段预应力钢束张拉。全桥预应力钢束均采用两端张拉，根据分段混凝土浇筑顺序，依次张拉$N_y1$($N_y1'$)、$N_y2$($N_y2'$)、$N_y3$、$N_y4$束，见图2。

张拉时严格按照张拉施工工艺进行操作，对引伸量和张拉力进行双控，张拉时实际伸长值与理论伸长值之差控制在±6%以内。并在横桥向上对称张拉，最大不平衡束不超过1束。预应力张拉用的千斤顶、油泵压力表按照规定配套标定使用，超过使用期限后重新配套标定。张拉时要认真做好张拉记录。

该桥预应力钢绞线最长束为253.84m，其理论伸长值为164.6cm，平均单端伸长值为82.3cm。采用YCL250型千斤顶进行张拉时，其油缸最大行程为20cm，因此，对该束张拉需分多次进行，张拉程序为：第一次 $0 \longrightarrow 10\%\sigma_K \longrightarrow 20\%\sigma_K$，第二次 $20\%\sigma_K \longrightarrow 40\%\sigma_K$，第三次 $40\%\sigma_K \longrightarrow 60\%\sigma_K$，第四次 $60\%\sigma_K \longrightarrow 80\%\sigma_K$，第五次 $80\%\sigma_K \longrightarrow 100\%\sigma_K$。

在张拉倒顶时的应力控制，以及伸长值的量测要准确，避免读数误差和量测误差。另外，由于钢绞线为单根人工穿入，钢绞线在孔道内曲直不均，在预应力张拉施工前应先用20t千斤顶单根张拉至控制应力的5%，然后再按照正常的张拉程序进行张拉，由此可避免预应力张拉后的钢绞线受力不均。

### 3.5 超长预应力束的压浆工艺

张拉完成后要尽早压浆，压浆选用PO.52.5水泥，水灰比控制在0.4～0.45之间，稠度控制在16～18s。

针对该桥两端低中间高(最高点与最低点高差2.6m)、管道长的特点，如采用普通的单端压浆方法压浆不易饱满。另外，镀锌钢波纹管的采用限制了“真空压浆”方案的实施。为此，我们采用了“分段压浆”的方案。即在N3和N4钢束的中间部位(最高处)设置出浆管和预留孔，出浆孔采用在波纹管上开孔、用10 mm PVC管直接固定的方式。压浆时，在管道中部用砂浆堵实，从桥面板低侧端分别向中间部位压浆，从而将200余米长束化为100余米短束，实现分段压浆的目的。并使压浆施工始终由低处向高处进行，从而保证了压浆的饱满。

## 4 结语

邹区大桥施工过程中，针对性的对该桥施工存在的超长预应力束施工问题进行了剖析和解决，所采用的施工工艺经实践证明是操作简便、切实可行的，为该桥的预应力施工提供了有力的技术保证，同时也为进一步对钢混组合梁超长预应力施工技术的研究提供了经验数据。

# 大跨度钢一混组合梁的测量与监控

陈运来　曹树强　葛晓娇

（中铁十九局二公司）

**摘　要**　钢一混组合桥梁的线形控制是施工过程中的一个技术难点，如何做好施工中的测量与监测控制，使桥梁建成时能最大可能地接近设计状态，就成为控制过程中的一个关键，现就施工中的测量与监控问题作简要的讨论。

**关键词**　跨度　组合梁　测量　监控

## 1　工程简介

邹区大桥是常州京杭运河312国道改线工程中的一座钢混组合桥梁。其主桥全长252m，为71m＋110m＋71m三段组成，为全国跨度最大的钢一混组合结构梁，梁高最低为2.6m，最高为5.2m，按二次抛物线设计。

## 2　测量监控的目的

通过在施工过程中对桥梁结构进行实时监测，并根据监测结果对设计的施工过程进行相应的调整，使桥梁建成时最大可能地接近设计状态，即达到设计所希望的几何线形。

## 3　测量控制的方法

施工测量的控制是一个预告一量测一识别一修正一预告的循环过程。主要是一个自适应的控制的思路，其基本原理是当结构测量到的状态与模型计算结果不相符时，通过将误差输入到参数辨识算法中调节计算模型的参数，使模型的输出结果与实际测量到的结果一致，得到了修正的计算模型参数后重新计算各施工阶段的理想状态，这样经过几个工况的反复辩识后，计算模型就基本上与实际结构相一致了，在此基础上可以对施工状态进行更好的控制，由于经过自适应过程，计算程序已经与实际施工过程比较吻合，因而可以达到线形控制的目的。图1为施工控制的框图。

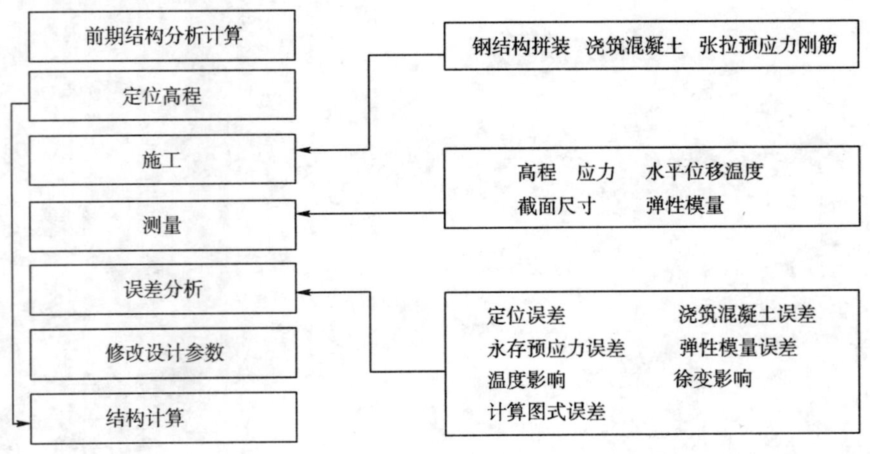


图1　施工控制框图

## 4 调整控制手段

在组合梁的施工过程中，首先应注意钢箱拼装高程误差，其次应注意桥面混凝土截面尺寸误差和预应力张拉及施工测量时的温度影响，此几项为组合梁桥施工误差产生的主要原因。此外，由于该组合梁桥采用满堂支架拼装施工，它不可以通过调整立模高程来调整主梁的线形，因此基本上只能事先设置合理，准确的预拱度来保证最终的成桥线形和设计线形相一致。

## 5 施工测量控制的测点布置及其目的和方法

根据本桥的受力特点和施工控制的主要目的，测点的布置，见图2、图3。

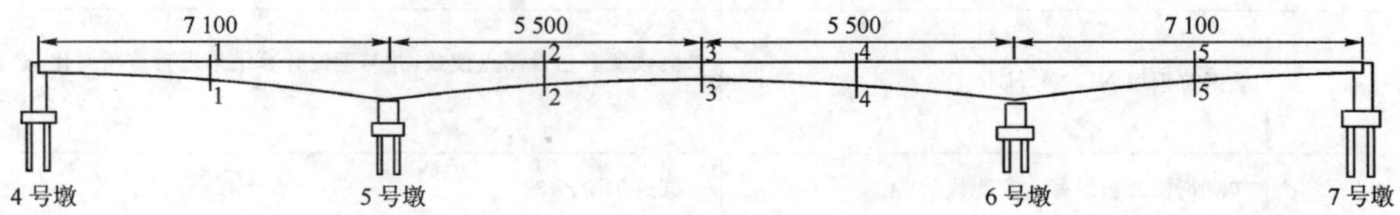


图2 主桥高程测点纵截面位置示意图(尺寸单位:mm)

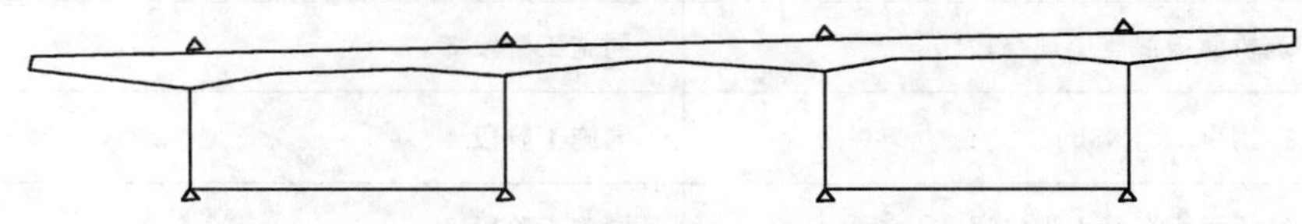

图3 横截面高程测点布置示意图

### 5.1 高程测点

目的:测试各施工工况中主梁各控制点竖向位移值。

方法:高程线形测量采用精密水准仪直接水准测量法，测出已施工各节段的控制水准点高程，为消除日照温差引起的梁体的不规则变化，测量选择在温度变化小的时间段进行。基础沉降测点布置见图4。

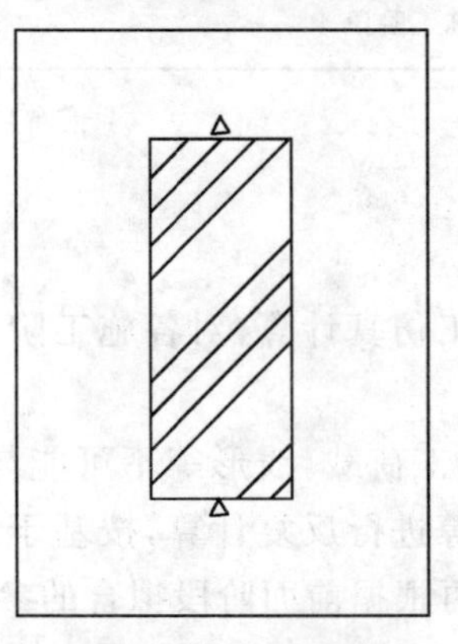

5号墩，6号墩基础沉降测点

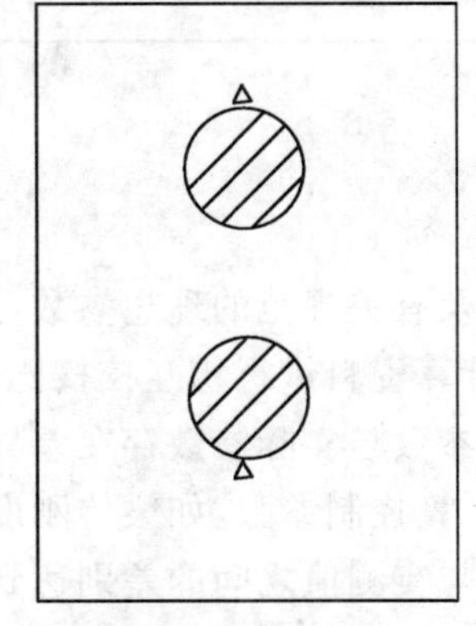

4号墩，7号墩基础沉降测点

图 4

### 5.2 基础沉降观测点

目的:测试各施工工况中承台基础的累计沉降值和不均匀沉降值。

方法:采用高精度电子水准议，在各测点放置标尺，观测各沉降点的高程变化。

## 6 测量控制流程

根据本桥的特点及设计的施工加载程序，施工测量控制的流程按工况进行，如表1所列。

施 工 工 况 表1

| 施工阶段号 | 施 工 工 况 | 监 控 内 容 |
| --- | --- | --- |
| 1 | 搭设施工支架,并进行重量预压 | 基础沉降测点布设 |
| 2 | 钢梁拼装完成,落下临时支墩千斤顶,用垫块在临时支墩顶顶紧梁底 | 在落临时支墩并用垫块顶紧梁底前,完成钢梁上所有测点的布设,读取初读数,基础沉降观测 |
| 3 | 浇筑桥面板混凝土现浇段① | 测读所有已设测点读数,并与理论计算结果进行分析对比,必要时预警 |
| 4 | 张拉钢束 N1,Na,N1b | 测读所有已设测点读数,并与理论计算结果进行分析对比,必要时预警 |
| 5 | 浇筑桥面板混凝土现浇段②③ | 同施工阶段 3 |
| 6 | 张拉钢束 N2,N2a,N2b | 同施工阶段 4 |
| 7 | 浇筑桥面板混凝土现浇段④⑤ | 同施工阶段 3 |
| 8 | 张拉钢束 N3,N3b | 同施工阶段 4 |
| 9 | 浇筑桥面板混凝土现浇段⑥ | 同施工阶段 3 |
| 10 | 张拉钢束 N4 | 同施工阶段 4 |
| 11 | 浇筑剪力钉处桥面板混凝土 | 同施工阶段 4 |
| 12 | 拆除施工支架 | 同施工阶段 4 |
| 13 | 桥面系及附属工程施工 | 同施工阶段 4 |

## 7 施工监控内容

### 7.1 计算内容

(1)根据设计资料及有关规范的理想参数,进行施工仿真计算,对各施工阶段桥的变位及设计线形等进行计算并与设计计算资料进行相互校核比较。

(2)由于理论设计参数与实际参数存在差异以及施工荷载,线形等不可能与理论计算完全一致,必须根据实际线形修改计算控制参数,如梁体刚度、梁重等进行反复计算,按基于最优估计理论拟合桥梁控制参数值,使计算值与实测值之间的差别达到最小,再根据前面阶段拟合的参数值扩实测线形计算下一阶段的线形调整值。

### 7.2 精度

按交通部《公路工程质量检验评定标准》(JTJ 071—98)、《公路桥涵施工技术规范》(JTJ 041—2000)要求,在施工中制定了如下的误差控制水平。

(1)测量控制

①梁顶高程至梁底高程引测测量误差控制在±3mm 以内。

②其余时刻高程测量误差控制在±1mm 以内。

(2)误差控制

①梁段控制测点高程与控制小组预告高程之差超过±6mm,且不大于悬臂长度的 1/3 000 时,需经

控制小组研究调整方案后确定下一步的调整措施。

②成桥后，控制测点高程与设计值之差控制在±2cm。

**7.3 误差分析**

(1)梁段自重误差对结构位移的影响。

(2)主梁刚度误差对结构位移的影响。

(3)混凝土收缩徐变对结构位移的影响。

(4)施工荷载变动对结构位移的影响。

(5)温度的影响。

(6)有效预应力误差的影响。

## 8 结语

本文详细介绍了京杭运河常州市区段改线工程邹区大桥的测量与监控的方法和过程，并已经在实践中证明其是合理的，科学的，对研究同等类型的桥梁的测量与监控具有重要的借鉴作用。

# 丁堰大桥预制箱梁安装控制

陈晓明[1]　周健伟[2]

（1.江阴大桥工程有限公司；2.常州交通监理咨询有限公司）

**摘　要**　本文以京杭运河市区段南移改线工程 JHCZQ-11 标丁堰大桥的施工为载体，主要介绍引桥箱梁安装方案及施工技术。

**关键词**　丁堰大桥　箱梁　安装　导梁

## 1　概况

京杭运河市区段南移改线工程 JHCZQ-11 标丁堰大桥位于常州市梅港木材厂附近，主桥为提篮式钢管拱桥结构，引桥箱梁（0 号墩～4 号墩、7 号墩～11 号墩）采用装配式部分预应力混凝土连续箱梁，跨径为 30m，梁高 1.6m，顶板厚 18cm，腹板厚 18cm。主梁间距为 328.3cm，两片主梁间采用厚 18cm 的横向湿接缝连接。

## 2　方案的确定

箱梁安装用得比较多的一个方案是用箱梁预制场龙门将箱梁移至跨桥龙门下。用预制场龙门移梁，跨桥龙门将箱梁提至引桥上，然后用导梁逐孔安装。该方案各龙门和导梁分工明确，工人易操作。但由于该桥桥面距地面高度较高，这就使得两个庞大跨桥龙门有失稳的可能，且占用两侧辅道，影响车辆正常通行，必须进行改进。通过研究，采取增加临时墩的方法可以取消跨桥龙门，减少了不安全的环节。因此安装方案确定为，预制场龙门将箱梁移至靠近主桥的移梁线路上，通过移梁跑车运输到待安装桥垮位置，通过设置在盖梁上的单导梁和其他小机具将箱梁提上桥面，然后按一定顺序用导梁逐跨逐孔安装就位。

## 3　箱梁安装

（1）运梁跑车的设计

运梁跑车的额定运载能力，按预应力混凝土箱梁的最大理论重量 88t 确定。本运梁车在考虑轴线布置时，并考虑与临时墩相适应的车宽问题，以便于运梁车给临时墩喂梁时穿过临时墩支腿。本车设计 2 轴线，每轴线两对轮组、四个轮胎。

$$\text{单胎平均压重 } P=(\text{运梁车自重}+\text{混凝土箱梁重})\div\text{轴线数}\div 8$$
$$=(5\text{t}+88\text{t})\div 2\div 8=5.8\text{t/胎，轴重 } 8P=8\times 5.8\text{t}=46.4\text{t}$$

轮胎规格：根据单胎平均压重 $P$、运梁车运输速度要求以及控制的轮胎接地比压值等，经轮胎生产厂家确认，选择轮胎规格为，轮胎直径 1 200mm，轮胎宽度 530mm，即通常所称的大轮胎方案。

接地比压：根据轮胎生产厂家提供的技术参数，单胎荷载为 58kN（5.8t）时，轮胎接地面积约为 1 425cm$^2$，则轮胎接地比压 ＝ 单胎荷载÷轮胎接地面积＝58 000kN÷1 425cm$^2$＝410kPa＜600kPa。

车架结构形式采用型钢框架结构，框架分两层，下层与车架轮组车轴的连接采用螺栓连接方式，为便于运梁时转弯，上下两层框架结合面附两块铁板，销轴连接，转弯时自由转动。运输由卷扬机牵引，四周专人监护，以策安全。

(2)临时墩的设计

临时墩由贝雷片、工字钢、轨道等组成，每个墩由每层三片贝雷片组成高12m的支柱，主要承受主梁压力。各项强度满足要求，在拼装时注意截面面积足够大，不要失稳即可。

(3)导梁的设计

导梁方案是采用贝雷片、加强杆、电动平车、轨道、卷扬机、滑车组、钢丝绳等组拼而成。导梁的主体结构主横梁采用装配式公路钢桥加强的六排单层结构形式，使用导梁需满足箱梁起吊横移，此时导梁为受力最不利状态，其吊点基本固定，故只需验算导梁主横梁跨中的最大弯矩、支点反力及刚度即可。

导梁主横梁的计算跨径为30.75m，30m组合箱梁起吊吊点之间的距离按28m计算。较重的边梁 $G_1=35.41\times2.5=88.5t$，321贝雷每片重量270kg，主横梁贝雷桁架片 $G_2=11\times6\times270kg=17.82t$，封头、销子等其他设备 $G_3=2t$，卷扬机及底座、滑车组、电动葫芦等其他设备 $G_4=8t$。设箱梁靠近两端1m处为吊点位置。所采用321贝雷容计弯矩为788.2kN·m，容计剪力为245.2kN。

较重段边跨箱梁起吊、移运时，考虑起吊时受冲击影响(冲击系数 $\psi=1.3$)，吊点位置处向下集中荷载 $F_1=\psi\times(G_1+G_4)/2=1.3\times(88.5+8)/2=62.73tf=627.3kN$

均布荷载 $F=(G_2+G_3)/30.75=(17.82+2)/30.75=0.645tf/m=6.45kN/m$

考虑行走时横梁受冲击影响(冲击系数 $\psi=1.3$)，$F_1=\psi\times F=1.3\times6.45=8.39kN/m$

结构简图见图1。

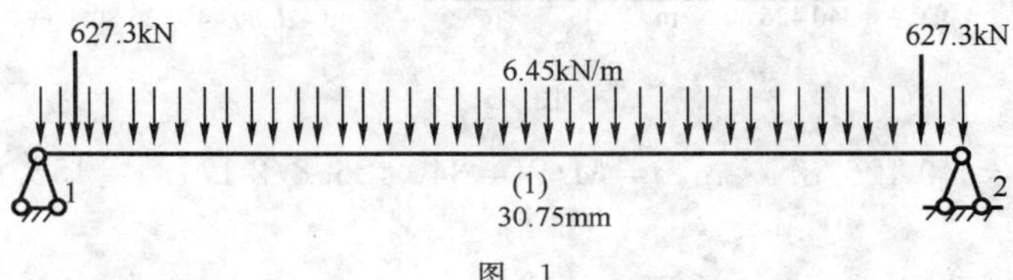


图 1

计算结果：

弯矩图如图2所示。

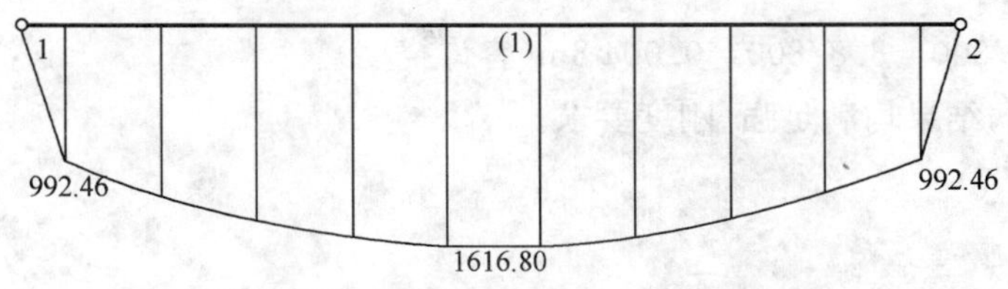


图2 (单位:kN·m)

则导梁最大弯矩位于主横梁跨中，即 $M=1\ 616.8kN\cdot m<6\times788.2/1.5=3\ 152.8kN\cdot m$(6排321贝雷容许弯矩)。

剪力图如图3所示。

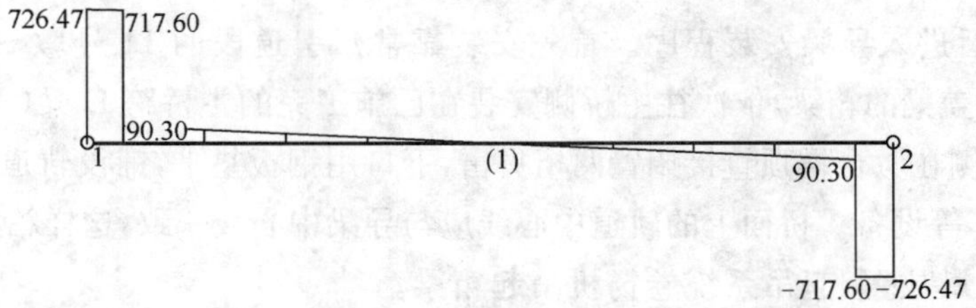


图3 (单位:kN)

则导梁最大剪力 $Q=726.47kN<6\times245.2/1.5=817.3kN$(6排321贝雷容许剪力)

刚度验算：主横梁跨中处挠度最大 $l=30.75m$　$a=30.775m$　$b=2.775$　$E=210\ 000MPa$　$I=581\ 695cm^4$

$$f_{\max}=0.021\text{m}$$
$$<l/800=30.75/800=0.0384\text{m}(容许挠度)$$

经对导梁主横梁体系构件计算，结果均满足强、刚度要求。

导梁起吊、移运箱梁时，要通过临时墩与盖梁之间的轨道，两侧轨分别由工字钢和贝雷桁片组成。计算强度较小的工字钢是否满足要求：

$F=G_1+G_2+G_3+G_4$，考虑行走时横梁受冲击影响（冲击系数 $\psi=1.3$），$F_1=\psi\times F=378\ 000\text{kN}$

结构简图：(图 4)

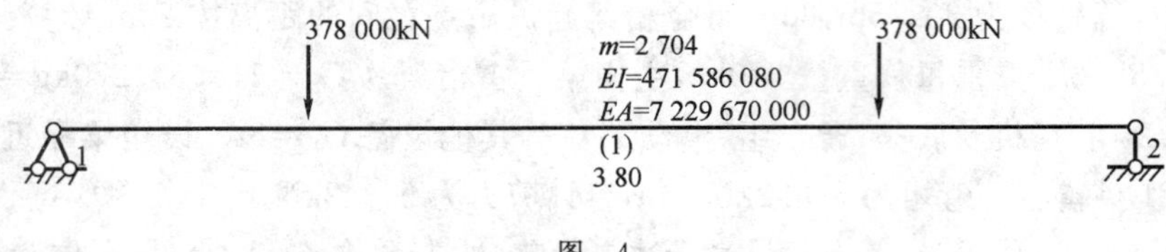


图　4

计算结果：弯矩图(见图 5)

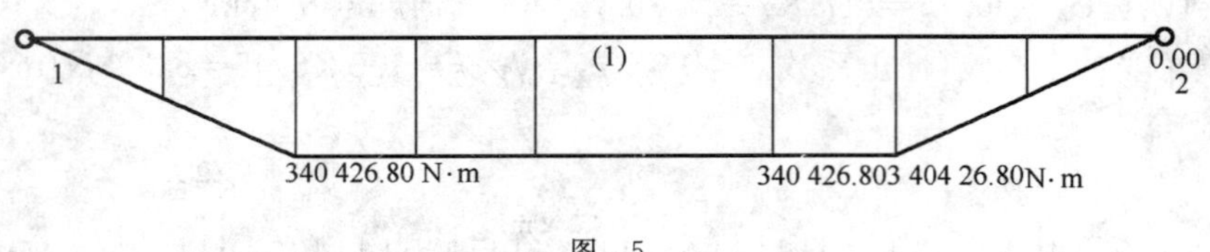


图　5

计算得最大弯矩 $M=340\ 426.8\text{N}\cdot\text{m}$，$\sigma=M/W=340\ 426.8/2\ 171.4=156.8\text{MPa}<[\sigma]=170\text{MPa}$

挠度：(见图 6)

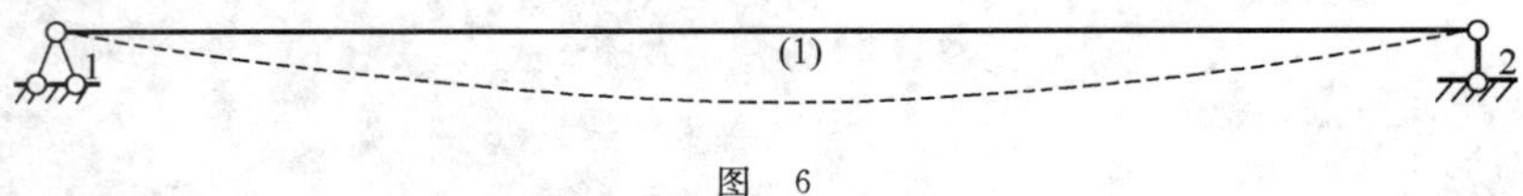


图　6

$f_{\max}=0.0021\text{m}<l/800=3.8/800=0.004\ 8\text{m}$(容许挠度)

经对导梁轨道计算，结果均满足强、刚度要求。

(4)安装施工图(图 7)

(5)箱梁安装

①由于预制场设在主桥 4 号墩柱～5 号墩右承台之间北侧，运梁跑车在北侧临时便道运输箱梁，箱梁安装设施均设置在引桥北侧，两侧跨段安装顺序为先安装靠桥台段边跨梁，后安装中跨梁。跨中安装顺序为先安装南侧边梁，次安装中梁后北侧边梁。

②箱梁预制完成后，用预制场龙门起吊箱梁出坑至纵向顺桥轴线方向轨道的运梁跑车上，用装载车牵引至安装孔。

③搭设临时墩，然后进入导梁安装程序。首先安装靠常州引道段的 11 号墩～10 号盖梁边跨梁，然后安装 10 号盖梁～9 号盖梁的箱梁，依次往主桥侧安装在已施工完的主桥跨 D 梁（安装中跨梁时，采用已安装的箱梁）上面，另一侧在墩台帽顶直接搁置两桁贝雷，下口用钢板垫平，铺设轨道，架设导梁，安装横移系统、起吊系统以及行车等设备。桥面上的轨道中心线应与导梁中心线一致，这样箱梁方可进入导梁内。

④导梁横移至临时墩位置，起吊系统卷扬机吊起箱梁。

⑤由桥跨两侧地面的卷扬机通过电动平车牵引导梁移动箱梁。将要安装的箱梁移出临时墩，待箱梁到达桥孔位置时，首先落梁，使梁底略高于支座垫石，接着横移箱梁就位落梁。应反复调整，使箱梁就位准确，精度应符合技术规范的要求，并安装好临时支座和永久性支座。

⑥箱梁准确就位时，即松去起吊装置，横移导梁，使导梁中心对准轨道中心，等待安装下一根箱梁。

3 000
1.导梁
3 600
引桥箱梁
两吊点距离2 800
4.卷扬机
引桥箱梁
盖梁
3.轨道梁（工字钢）
2.轨道梁（贝雷）
340
5.临时墩
导梁安装箱梁示意图（平面）（单位：cm）
1.导梁
4.卷扬机
6.电动平车
B大样
3 075
引桥箱梁
引桥箱梁
2 800
盖梁
3.轨道梁（工字钢）
2.轨道梁（贝雷）
墩柱
3 000
导梁安装箱梁示意图（顺桥向）（单位：cm）
导梁
双拼20号工字钢
调节钢柱
电动平车
重轨(38kg/m)
双拼40号工字钢（轨道梁）
小枕木
引桥箱梁
盖梁
A大样（单位：cm）
1-1
导梁
双拼20号工字钢
电动平车
重轨(38kg/m)
小枕木
150
引桥箱梁
3cm小木板
盖梁
B大样（单位：cm）
2-2

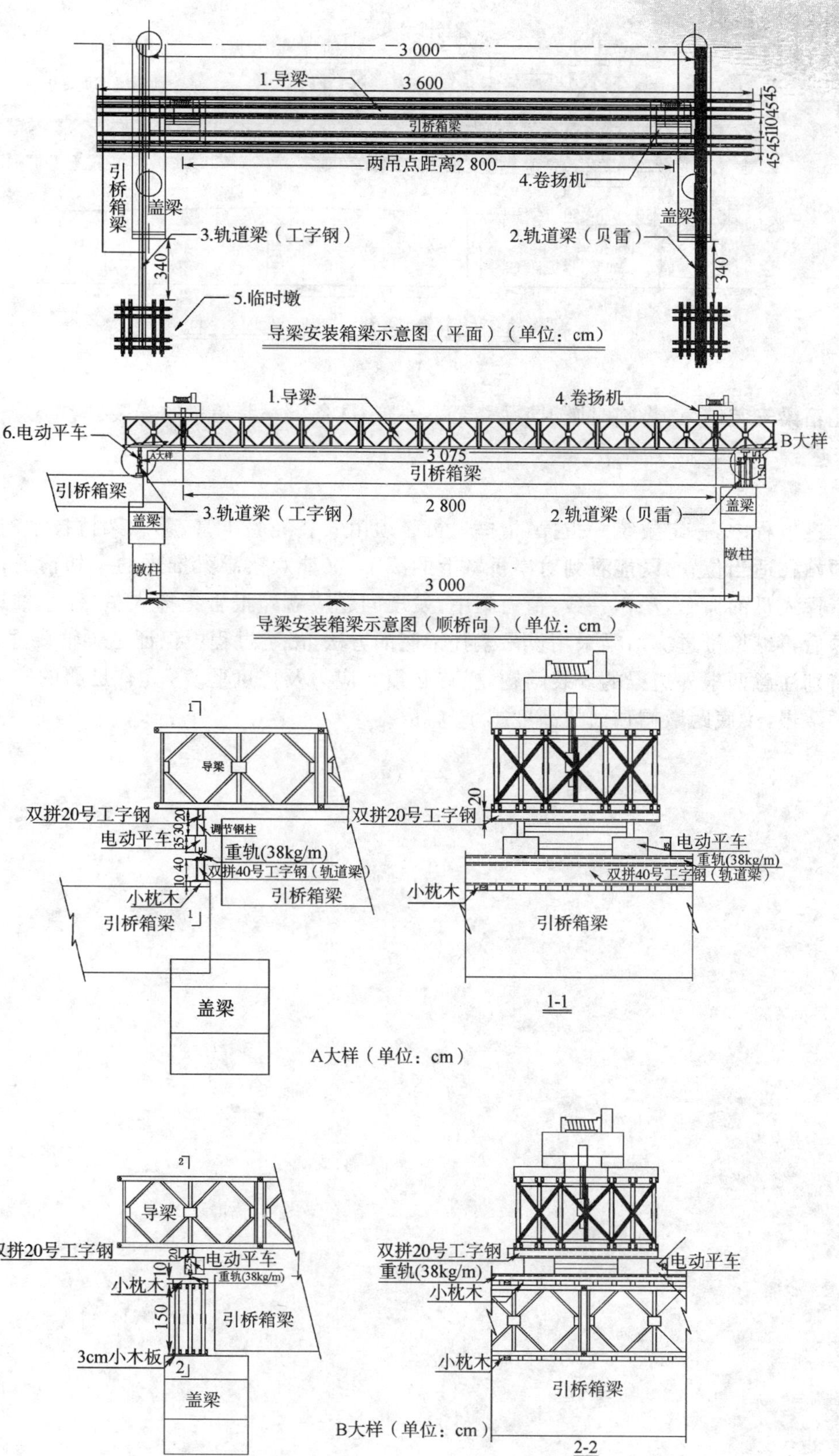

图 7

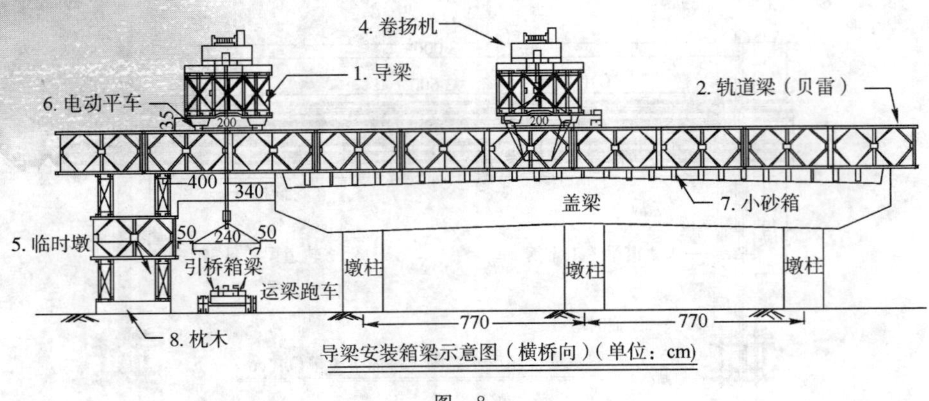


图 8

⑦一孔箱梁安装结束，将临时墩、导梁移至下一跨，准备下一跨箱梁的安装。

## 4 结语

导梁推进过程中，一定要统一指挥，指挥人员必须由安装经验丰富、熟悉架桥技术的人员担任。指挥人员必须站在适当位置，既能看到对岸桥墩上的滚轴，又能观察导梁推进的一切情况；所有工作人员必须服从指挥人员的命令，动作一致，精力集中，发现问题应立即报告指挥人员，停止推进，待查明原因并解决问题后再继续推进。吊梁采用设吊索托梁底的方法，吊装过程中保证主梁轴线垂直，防止倾斜。

必须特别注意两根外边梁的安装问题，横移必须经应力及挠度验算，具有足够的安全系数，横移箱梁速度必须缓慢，梁底距墩帽顶面的高度越小越好。

# 钢—混组合梁桥面板施工技术

蒋绪鹏　曹树强　刘百合　葛晓娇
（中铁十九局集团第二工程有限公司）

**摘　要**　钢—混组合梁是由钢结构通过剪力钉与混凝土桥面板共同作用所形成的组合结构。在邹区大桥的施工过程中，成功解决了剪力钉群预留孔洞、超长预应力束的孔道预留、张拉和压浆等难题，保证了施工质量，并形成了一整套适用性较强的施工工艺。

**关键词**　组合梁　桥面板　超长预应力束　无收缩混凝土

## 1　钢—混组合梁的发展概述

钢—混结合梁结构出现于20世纪20年代的日本，20世纪80年代前后，美国、日本和欧洲等国家，开始对预应力钢—混组合梁结构进行大量的研究。

在我国，目前对钢—混组合梁的应用与研究也逐渐在增多，由于预应力钢—混组合梁桥具有桥面板跨越能力大、施工速度快等优点，不仅适用于普通工字形截面组合梁桥，而且能够适用于腹板间距较大的箱形截面组合梁桥。这种结构形式的应用，可以克服预应力混凝土自重大的缺点，适用于跨江跨海的超长大型桥梁工程，是一种经济、美观、快速、安全和耐用的桥梁结构体系，将是今后我国桥梁的发展方向。

## 2　工程概况

邹区大桥工程是京杭运河常州市区段改线工程的一部分，是目前我国同种桥型跨度最大的一座钢—混组合桥梁。该桥主桥长252m，跨径组合为71m+110m+71m三跨变截面钢—混组合梁，由预应力钢筋混凝土桥面板与钢梁组合而成，左右分幅，桥面总宽33.5m。

其中钢梁跨中高度为2.6m，墩顶高5.2m，梁高按照二次抛物线变化，钢梁结构为变高度U形断面，采用双箱单室结构，单个钢箱宽度为4.25m，钢箱间净间距4.22m。桥面板为C50无收缩钢筋混凝土结构，单幅顶板宽16.74m，桥面板厚度为18～40cm，悬臂长2m。桥面板体内设纵向预应力束，预应力管道均采用镀锌钢波纹管成形。钢梁与混凝土桥面板之间通过在钢梁上翼缘板长度方向上，每间隔1m设置20根为一组的剪力钉群，使钢梁与混凝土桥面板形成整体。

## 3　桥面板施工要点、难点

(1)根据设计要求，在桥面板施工时，架设钢梁用的临时支墩不允许拆除。因此，桥面板模板支架一部分作用于钢梁上，另一部分作用于地基上，易产生不均匀沉降和模板错台，所以模板支架的预压、支架沉降的控制显得尤为重要。图1为模板支架设计图。

(2)邹区大桥的桥面板施工，单幅分11个节段进行混凝土浇筑和预应力施工，镀锌钢波纹管孔道预留和接长必须无封堵和平顺，否则将影响后续的穿束和张拉应力的保证。

(3)钢箱梁桥面板预应力钢绞线最长束达到253.84m，存在穿束、压浆等施工困难。

(4)钢梁上翼缘板长度方向上，每间隔1m设置20根为一组的剪力钉群设计，要求剪力钉群预留孔的填充与桥面板混凝土分期施工。但是由于预留孔处的钢筋和剪力钉密集交错，给在桥面板施工阶段的孔洞预留增加了难度。

## 4 桥面板施工工艺流程

图 2 为桥面板施工工艺流程图。

## 5 施工方法

### 5.1 支架及模板

地面采用 10cm 厚 C15 混凝土硬化后，利用 WDJ 碗扣式多功能脚手架，搭设形成 120cm（纵）×90cm（横）×120cm（竖）立体网格结构支架（具体结构见图 1 模板支架设计图）。支架搭设完成后，进行加载预压，以累计三天总沉降量不大于 3mm 为合格，卸载并铺设模板。

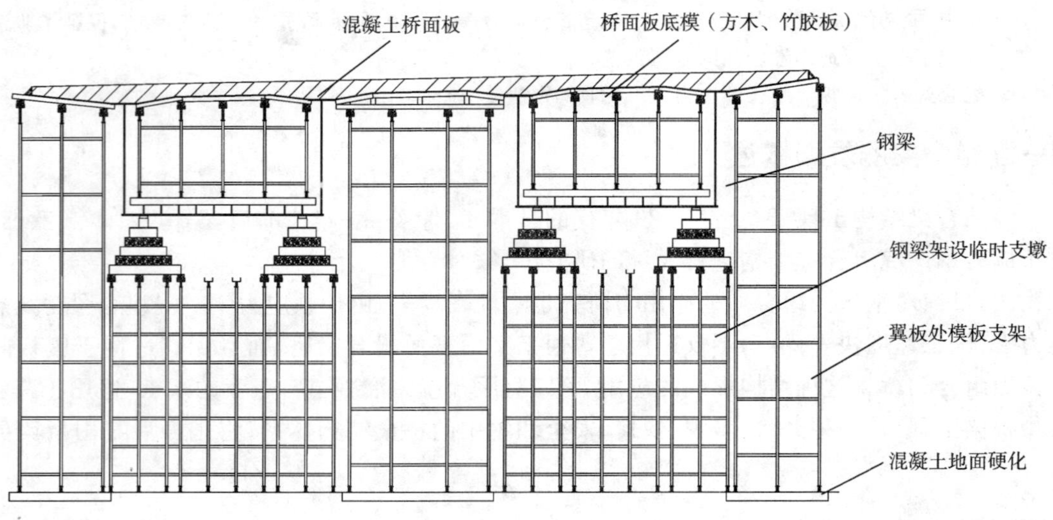


图 1　模板支架设计图

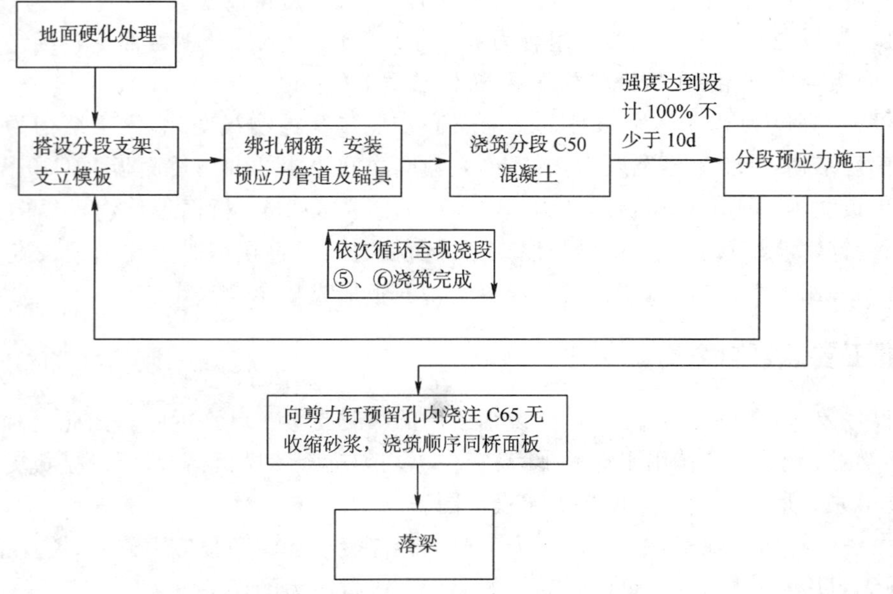


图 2　桥面板施工工艺流程图

支架顶部设有可调节顶托，顶托上采用 15cm×15cm 方木作为模板的主楞木，横桥向的次楞木采用 10cm×10cm 方木，为方便支架及模板支立，中翼板处外模次楞采用排架形式。面板全部采用

2.44m×1.22m×0.015m高强覆膜竹胶板。

为保证支架稳定性，利用钢管及扣件将其和临时支墩、钢梁联结：支架与临时支墩相接处，纵、横向各设2道联结，支架顶部顺桥向每隔3.6m设一道支撑，竖向视钢梁高度设2～3道支撑，支撑采用钢管通过扣件固定在支架上，端部设可调顶托顶紧钢梁使支架稳定，钢梁底部非临时支墩部位每隔5～6m穿设6m钢管，两端用扣件固定在两侧支架上。

### 5.2 钢筋及预应力孔道安装

支架及模板施工完成后，按设计绑扎钢筋、安装预应力孔道及张拉端锚具，并注意预埋钢筋等预埋件的安装。钢筋绑扎时，要严格按设计间距绑扎，由于预留孔处的钢筋和剪力钉之间间距较小，桥面板内纵横向钢筋接头要调整使之不设在剪力钉预留孔内，如确实不能避开，采用机械连接方式。

波纹管定位采用“井”字架，定位间距按照直线不大于1m，曲线部位不大于0.5m控制。由于全桥单幅分11个节段进行混凝土浇筑和预应力施工，镀锌钢波纹管孔道预留和接长必须平顺无封堵，否则将影响后续的穿束和张拉应力的保证。尤其是①、②、③段预应力孔道众多，为此，施工中采用了内穿小于波纹管内径5mm的PVC管、施工缝处波纹管的连接采用套接的方法，确保了预留孔道的质量。

### 5.3 混凝土浇筑及养生

桥面板混凝土为C50无收缩混凝土，所采用的配合比为：

水泥：UEA膨胀剂：砂：碎石：水：JM-VIII高效减水剂=489：59：637：1040：177：7.34

根据试验结果和现场应用情况，该配合比的限制膨胀率、限制干缩率均能满足要求。

C50无收缩混凝土拌和时，原材料的计量均应采用电子计量，其中膨胀剂的掺入量根据试验严格控制。

桥面板的分段浇筑顺序为①(①′)⟶②③(②′③′)⟶④(④′)⟶⑤⟶⑥(⑥′)图3为桥面板混凝土浇筑分段及张拉压浆施工节段示意图。单幅全桥共分11个施工段。单段桥面板混凝土按照由一端向另一端的顺序进行浇筑，横桥向则从两侧向中间浇筑，即先浇筑翼板再浇筑其他部位，振捣采用插入式振捣器，按梅花型布点插捣。

桥面混凝土浇筑完成后收光抹面并按要求横桥向拉毛处理，并采用无纺土工布覆盖养护，养护时间不少于7d，注意始终保持洒水和土工布的湿润，确保无收缩混凝土的性能。

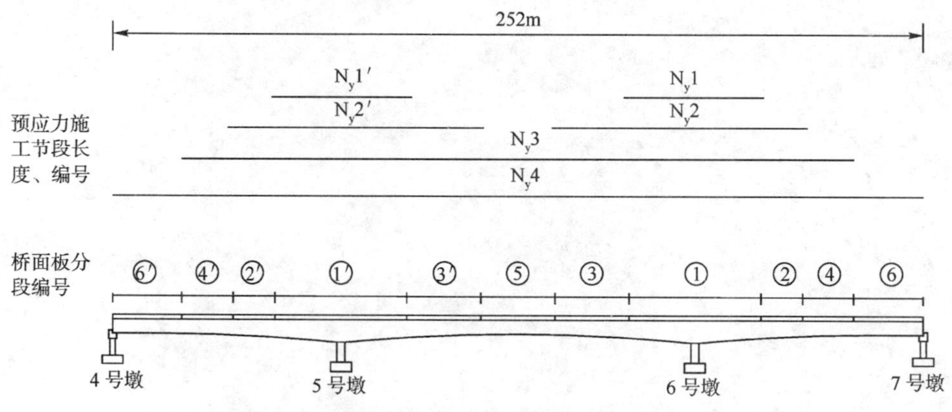


图3 桥面板混凝土浇筑分段及张拉压浆施工节段示意图

### 5.4 剪力钉群预留孔洞的施工

钢梁上翼缘板长度方向上，设置了20根为一组的剪力钉群，群间距为1m。根据设计要求，浇筑桥面板现浇段混凝土时，剪力钉群处需预留尺寸为43cm×42cm的孔洞，待桥面板张拉压浆结束之后，用C65无收缩高强砂浆填充预留孔洞。为使孔洞成形准确，孔洞模板采用1.5cm竹胶板制作，模板要坚固耐用、能够周转使用和易于拆装。模板以竖向板为主，采用抽插方式即可安拆，模板安装后与钢筋间的缝隙采用地板革和胶带纸密封，防止混凝土浇筑时水泥浆进入预留孔洞。

预留孔模板在混凝土初凝后立即拆除。

### 5.5 预应力施工

根据设计要求，梁段混凝土强度达到设计强度100%且混凝土养护时间不少于10天，方可进行该梁段预应力钢束张拉。全桥预应力钢束均采用两端张拉，根据分段混凝土浇筑顺序，依次张拉 $N_y1$ ($N_y1'$)、$N_y2$($N_y2'$)、$N_y3$、$N_y4$ 束，图3为桥面板混凝土浇筑分段及张拉压浆施工节段示意图。

张拉时严格按照张拉施工工艺进行操作，对引伸量和张拉力进行双控，并在横桥向上对称张拉，张拉时实际伸长值与理论伸长值控制在±6%以内。预应力张拉用的千斤顶、油泵压力表按照规定配套标定使用，超过使用期限后重新配套标定。张拉时要认真做好张拉记录。

张拉完成后要尽早压浆，压浆选用C42.5水泥，水灰比控制在0.4～0.45之间，稠度控制在16s～18s。

针对本桥253.84m预应力超长束张拉、压浆的具体情况，经研究制定出了“接力穿束，分段压浆”的技术措施。即在进行5号段桥面板混凝土浇筑前，便将 $N_y3$、$N_y4$ 束穿入，有效地利用该段的操作空间作为接力穿束点。并在N3和N4钢束的中间部位（最高处）设置出浆管和预留孔，压浆时，在管道中部用砂浆堵实，从桥面板低侧端分别向中间部位压浆，从而将200余米长束化为100余米短束，实现分段压浆的目的。由此避免了钢束较长，穿束的阻力大和保证了压浆施工始终由低处向高处进行，从而保证了压浆的饱满。

## 6 结语

钢混组合梁公路桥相对于混凝土结构桥梁具有自重轻、施工周期短，桥型美观的特点，是我国今后将大力发展的桥梁形式，具有广阔的发展空间。邹区大桥施工过程中，针对性的对钢—混组合梁桥面板施工存在的问题进行了剖析和解决，所总结的成功经验和施工工艺，具有较强的可借鉴性，为钢—混组合梁桥面板施工的进一步研究奠定了基础。

# 大跨度钢桁架拱桥的施工监控技术

徐贤明[1]　张　明[1]　承　宇[2]　张宇峰[2]

（1.常州市京杭运河和 312 国道南移改建工程建设指挥部；2.江苏省交通科学研究院）

**摘　要**　本文以京杭运河常州市区段改线工程新龙大桥的建设为例，介绍了该桥在施工工程中的监控技术，同时结合设计要求、结构形式以及施工工艺等，总结了施工监控的部分成果，为今后类似桥梁的施工监控提供了有益借鉴。

**关键词**　大跨度桥梁　钢桁架拱桥　施工监控

## 1　引言

大跨度桥梁的施工是一个复杂的过程，以钢桁架拱桥支架施工技术为例，整个施工过程需经历系杆、横梁拼装，主桁拱架拼装、合龙，吊杆安装，主桥落架以及桥面铺装等多个施工过程。在这些过程中，结构的应力和变形随时处于动态变化中，并且，由于现场施工现状与设计假定总存在一定的差异，因此必须在施工过程中采集必要的数据，通过计算，调整杆件的拼装位置，使成桥后的主拱架拱轴线和设计拱轴线尽量吻合。同时在施工过程中监测危险杆件的应力状况，并且做到一旦应力、变形超限时进行紧急报警，避免杆件出现开裂甚至失稳而导致重大的工程事故。

在近年来的桥梁建设中，人们已越来越认识到施工监控技术在桥梁施工过程中的重要地位与作用。为了保证桥梁施工安全与成桥内力和线形符合设计要求，施工控制已成为施工技术的重要组成部分，并始终贯穿于桥梁施工中。

## 2　工程概况

新龙大桥主桥为 30.7m+100m+30.7m 三跨中承式连续钢桁拱桥，桥梁全长为 161.12m，两边跨为平弦桁梁，中跨为刚性拱柔性梁钢桁架拱桥，边跨主桁高 9.5m，桁宽 25m，节间长 5m，中间支点处设加劲弦，加劲腿高 6m，中间支点处桁高 17.2m，跨中拱肋桁高 3m，拱顶至桥面高度 20m，矢高 27.5m，矢跨比 3.64。拱肋与系杆之间采用吊杆连接。

### 2.1　杆件拼装

搭设满堂碗口式脚手架作为钢桁拱桥的拼装支架，待系杆、横梁以及下平联拼装完成后，再搭设钢桁拱肋支架，拼装钢桁拱肋、上下弦平联及门架。拼装采用跨桥位龙门吊，龙门吊采用贝雷梁拼装，跨度 34m，高 36m，吊装能力为 25t。

### 2.2　结构合龙

根据安装进度及设计要求，拱肋合龙位置拟在桁架跨中节段，分拱肋下弦和上弦两个阶段合龙。合龙温度要求在 20℃左右。

### 2.3　主桥落架

先拆除边跨、拱肋上弦非承重支架，再从从中间向两边对称拆除拱肋承重支架，同时从交接墩向主墩对称拆除边跨桥面系支架，最后从跨中向主墩对称拆除中跨桥面系支架。

## 3　监控技术

尽管本桥采用满堂支架法施工，但考虑到施工过程中局部杆件的应力交替、结构合龙以及落架过程中受力体系转换以及附属设施(如龙门吊)等的安全,有必要进行施工过程的有效监控。

利用现场测试及计算数据进行分析处理,并与设计进行比较和误差分析,以确定和指导下一个阶段的施工参数,同时预报施工中可能出现的不利状况及明确措施,达到施工预警。最终通过监测与控制的有机结合,掌握大跨度钢桁架拱桥支架法施工过程中结构的受力变化情况,特别是在结构拼装、结构合龙以及落架等体系转换阶段结构的受力变化,并进一步调整、控制桥梁的内力和线形,尽可能使桥跨结构的内力和线形接近或达到设计预期值,确保桥梁的施工安全和结构的正常运营。

### 3.1 监控流程

结合设计图纸和施工方案建立监控理论计算模型,一方面验证施工过程的安全性,另一方面确定监控测试截面和测试参数,同时制定相应的监控方案和实施细则。

施工过程中结合现场施工进度和监控方案布置相应的测点,并通过对监测数据的采集,并进行误差分析后,不断修正设计参数和理论计算模型,使结构在安装过程中监控参数实测与设计值之差不断缩小,变化趋势不断吻合,实现对施工过程的有效控制,进而预测下阶段的施工状况,达到施工控制的目的。

### 3.2 监控内容与方法

根据施工监测的目的,并结合该桥的结构特征以及考虑施工过程的理论分析,确定施工监控的内容和方法。

#### 3.2.1 变形监测

主要是对结构拼装过程中,构件的安装位置以及结构的整体变形进行监测,重点对承台沉降、主拱上、下弦线形以及系杆的高程进行监测。

(1)承台沉降监测

监测内容:测试各工况承台基础的累计沉降值和不均匀沉降值。

测试方法:采用高精度电子水准仪,按二等水准施测纲要进行闭合水准测量,观测各沉降观测点的高程变化。

(2)拱轴线监测

监测内容:测试各施工工况拱轴线横向偏位值及高程值。

测试方法:在两岸设置固定观测站,用全站仪按4测回观测法观测拱肋各控制测点的三维坐标值,根据三维坐标值得变化推算各测点的纵、横向偏位和高程变化。

(3)系杆高程监测

监测内容:测试各施工工况系杆高程变化。

测试方法:采用精密水准仪进行测量,测点布置于系杆箱形截面的上缘。为消除日照温差引起的系梁不规则变化,线形测量选择在温度变化小、气候稳定的时间段进行,并尽可能缩短测量工作持续的时间。

变形测点布置如图1所示。

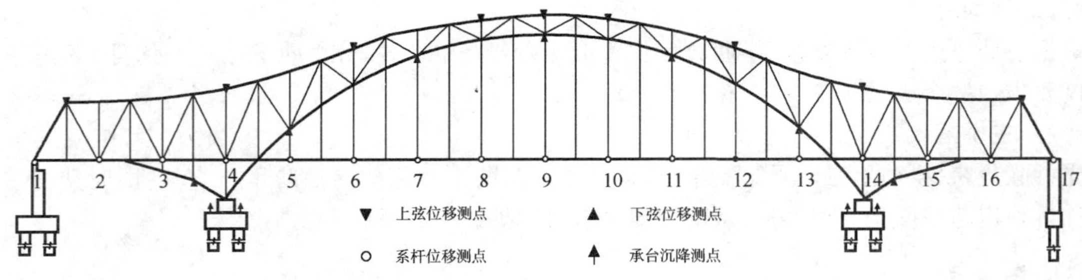


图1 结构变形测点布置

3.2.2　应力监测

结合考虑施工过程的计算结果，选择杆件应力较大或容易失稳的构件进行应力测试，并重点考虑合龙和落架过程中的结构应力变化以及结构的整体稳定性。

(1)拱架内力监测

监测内容：测试各施工工况拱架控制杆件的应力值，判断应力是否超限或杆件存在失稳的危险，如发现杆件工作在危险状态立刻报警。

测试方法：在各控制截面外缘粘贴振弦式钢板应变计，直接测量杆件的应变状况，由于钢杆件在线弹性阶段的本构关系为线性，因此根据材料弹模即可准确求得杆件应力。

(2)系杆内力监测

监测内容：测试、判断各施工工况系杆控制截面的应力值。

测试方法：同拱架内力监测。

(3)吊杆内力监测

监测内容：测试、判断各施工过程吊杆控制截面的应力值。

测试方法：同拱架内力监测。

(4)横梁内力监测

监测内容：测试、判断各施工过程横梁控制截面的应力值。

测试方法：同拱架内力监测。

应力测点布置如图 2 所示。

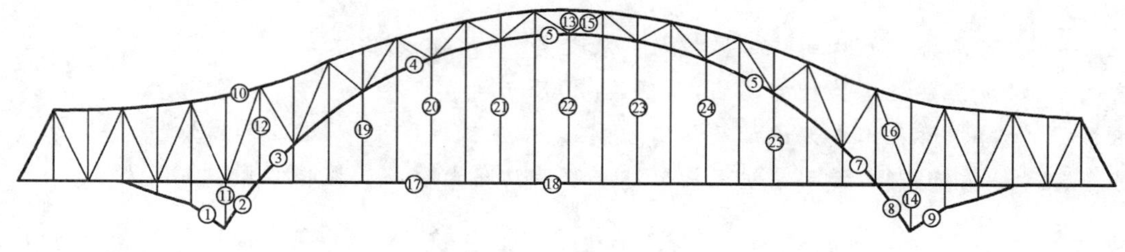

图 2　结构应力测点布置

3.2.3　温度监测

监测内容：测试拱肋弦杆和系杆控制截面在结构施工过程中温度变化引起结构应力和变形的变化规律，并重点对主拱合龙温度进行预测和监控。

测试方法：通过粘贴在构件表面的带温度传感功能的应变计进行测试，同时记录每天环境的温度变化情况。

3.2.4　临时设施监测

施工过程中的临时设施监测主要对拱架拼装支架和拱肋吊装过程中的龙门吊进行监测。

(1)拼装支架监测

监测内容：主要对其进行整体变形和沉降进行监测。

测试方法：通过粘贴在支架侧面的位移测点进行测试。

(2)龙门吊监测

监测内容：对施工过程中龙门吊的监测(根据现场情况和施工单位提供的龙门吊拼装图)选取龙门吊根部的杆件进行应力监测和沉降监测，防止龙门吊整体失稳。

测试方法：通过粘贴在龙门吊杆件表面的应变计以及滑轨侧面的位移测点进行测试。

**3.3　监控工况**

根据设计图纸以及施工方案确定施工监测工况，并重点进行施工初始状态数据的采集以及结构合龙和落架等体系转换过程中结构监控参数变化的监测与控制。

具体监控工况主要有以下项目。

(1)支架预压阶段:支架的变形及沉降监测。

(2)杆件安装阶段:安装过程中杆件应力及安装位置的监测。

(3)拱肋合龙阶段:合龙过程中合龙温度、杆件应力、拱轴线变形的监测与控制。

(4)吊杆安装阶段:安装过程中的吊杆内力、系梁变形监测与控制,特别是结合设计要求进行四根后装杆件的安装应力监测与控制。

(5)主桥落架阶段:落架过程中结构应力、整体变形、支座沉降等监测。

(6)桥面板安装和桥面铺装阶段:结构应力和整体变形的监测。

## 4 监控成果

在建设、设计、施工、监理和监控单位的共同配合和协作下,新龙大桥顺利实现了合龙通车,施工监控有以下主要成果。

(1)主桥施工全过程均处于安全、受控状态。

(2)主桥杆件基本实现一次拼装到位,全桥栓孔重合率达100%。

(3)结构成桥线形符合设计要求,拱肋实测标高与理论值误差在设计允许误差范围之内。

(4)成桥状态结构应力实测值接近或小于监控理论值,成桥内力符合设计要求,结构存在一定的安全储备。

**参考文献**

[1] 马土岩等.大跨度桥梁结构的施工监控与发展趋势.中州建设.2005.7.

[2] 李宏亮.大跨度桥梁施工监控综述.山西建筑.2005.6.

[3] 张玉娥等.大跨拱桥施工支架设计及施工控制.石家庄铁道学院学报. 2006.2.

[4] 江苏省交通科学研究院.常州京杭运河改建工程长江路大桥施工监控方案.2006.3.

# 钟楼大桥斜拉索施工方法

张　明[1]　徐贤明[1]　王进军[2]

（1.常州市航道管理处；2.中交递二航务工程局第三工程公司）

**摘　要**　介绍了钢绞线斜拉索的施工方法，该桥分两次张拉，从两端向中间挂索，有别于一般的斜拉桥。

**关键词**　斜拉索　张拉　挂索　张拉力　调索

## 1　工程概况

京杭运河常州市区段改线工程钟楼大桥是混凝土双向六车道，跨度为108.25m+46m+34m，桥宽40m的斜拉索桥。该桥采用满堂支架现浇施工方法施工。该桥为独塔双索面预应力混凝土斜拉桥，桥面以上主塔高约55.2m，斜拉索的张拉端设在塔上，固定端设在梁下，全桥设32对共64根斜拉索。

(1)该桥斜拉索拟采用OVM250平行钢绞线斜拉索体系，采用6种类型的拉索，与索号对应规格见表1。

表1

| 索　号 | 规　格 | 索　号 | 规　格 |
|---|---|---|---|
| B1、Z1 | OVM250-34 | B5～B9、Z5～Z9 | OVM250-55 |
| B2、Z2 | OVM250-37 | B10～B14、Z10～Z14 | OVM250-61 |
| B3～B4、Z3～Z4 | OVM250-43 | B15～B16、Z15～Z16 | OVM250-73 |

索体为带黑色PE护套的环氧涂层高强低松弛钢绞线，强度等级为1 860MPa，弹性模量为$1.95\times10^5$MPa。拉索采用四层防护：第一层为钢绞线外喷涂环氧涂层；第二层为无黏结筋专用油脂；第三层为热挤单层HDPE；第四层为整体索外包HDPE护套。斜拉索经下料后单根安装、张拉、锚固，然后将中间段紧缩成紧密排列的正六边形，再进行整体张拉和设置总体防护套，并在锚内注浆或注油防护，即成本桥斜拉索结构。

(2)本工程按斜拉索桥的施工技术标准进行施工控制，工作内容包括：平行钢绞线斜拉索体系制作，PE护套焊接、吊装、斜拉索挂索、张拉、锚固、调索，防水罩安装，两端锚具内注浆或注油、保护罩内注油防腐等。

本工程工期较长、属技术复杂工程。

## 2　斜拉索安装方法

### 2.1　下料

(1)下料场地

根据施工现场实际情况及索长，如无法在工地现场下料，可考虑在钢绞线生产车间内进行下料施工。下料时要求丈量准确，尽量减少下料误差，同时要有必要的保护措施，严防PE护套受损。

(2)下料长度计算

①下料长度公式

$$L = L_0 + A_1 + A_2 + L_1 + L_2 + L_3$$

式中：$L_0$——张拉端、固定端锚垫板之间距离；

$L_1$——固定端预留长度；

$L_2$——张拉工作长度；

$L_3$——挂索工作长度。

$A_1$——固定端锚具厚度；

$A_2$——张拉端锚具厚度。

由于挂索张拉要求，张拉端、固定端PE护套必须根据计算长度剥除；

②剥除长度公式

固定端：
$$L_{固} = L_4 + A_1 + 50\text{mm}$$

式中：$L_4$——固定端预留长度；

$A_1$——固定端锚具厚度。

张拉端：
$$L_{张} = A_2 + L_2 + L_3 + \Delta L + 50\text{mm}$$

式中：$A_2$——张拉端锚具厚度(根据调整长度决定)；

$\Delta L$——单根张拉伸长量。

(3)下料过程

①下料施工选在车间内进行，下料时应注意：

a.如果发现钢绞线PE护套有破损处，应及时进行修补，若破损严重，则应弃用此段钢绞线；

b.下料时，随时对钢绞线长度进行复查，保证下料长度准确无误。

②张拉端、固定端PE护套剥除：剥除时应注意不得误伤钢绞线；

③PE剥除后，打散钢绞线用专用清洗济清洗两端油脂，清洗时注意保护环氧涂层，清洗后将钢绞线复原，对端头进行处理，供挂索时牵引用。

④钢绞线成盘

由于工厂到工地需要长距离运输，所以下好料的钢绞线必须卷成盘，成盘时必须考虑以下因素：

a.索盘重量；

b.施工工作面：斜拉索安装时，同时开展工作面分河跨、岸跨以及东边、西边等，不能使某个工作面有等料停工现象发生；

c.挂索工艺：挂索时使用卷扬机循环牵引系统，直接从盘上抽出挂索；

d.料盘存放点：来料后，用塔吊吊至0号段梁面，因先穿固定端，牵引端是固定端，亦即成盘时先卷张拉端；

e.料盘与索号对应：成盘后，用标签在料盘明显处注明索号、长度、根数。

**2.2 施工平台**

由于本桥斜拉索根数多，同时索塔为混凝土结构，必须专门设计加工整套适合于现场的塔内、塔外平台及梁下平台。

(1)塔外平台

采用悬挂升降式平台，用钢丝绳沿索塔作定位滑道，并用螺栓或钢丝绳固定在塔柱或塔顶钢之架上。

(2)塔内平台

考虑设计可升降的移动平台，由于工作长度，以及塔柱的具体结构，方能满足上述工作要求。

(3)梁下平台

因挂索工作在梁下进行，挂索时可直接利用满堂架作平台，但在以后的注浆注油等工作时，需采用可沿梁平移的悬挂式平台。

(4)塔顶钢支架

塔顶钢支架作为塔外平台的主要受力构件，是由三根横梁、六根立柱以及斜撑组成的门架式结构，设计荷载 50kN。

上述塔内及塔外移动式平台均需设置保险装置。

**2.3 挂索准备**

(1)挂索时，直接将成盘的钢绞线按挂索具体要求从盘上抽出向两端牵引，需加工一套放线机构。

(2)循环牵引动力系统安装(图 1)。

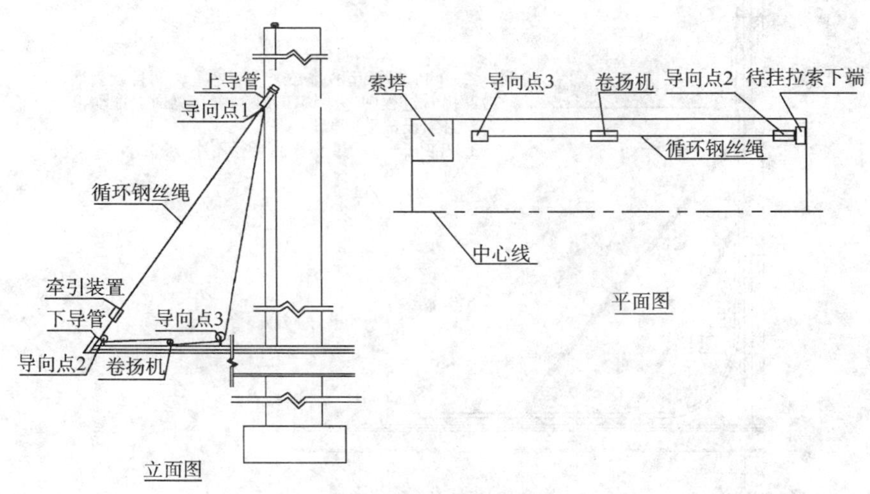


图 1 循环系统示意图

在上下预埋管口临时焊接导向，将牵引钢丝绳依次穿过上端导向、HDPE 外护管、下端导向、卷扬机，形成循环牵引动力系统。

循环系统安装步骤如下：设置导向，并将卷扬机移动到位——从塔外将循环钢丝绳穿过 HDPE 护管放到桥面——桥面人员将它与牵引器连接——另一端通过塔外导向后，沿索塔向放到桥面——在桥面将它通过桥面导向后，引入卷扬机——从卷扬机引出循环钢丝绳，通过挂索点导向后与专用牵引器另一端连接——在桥面导向处用 2t 葫芦对循环钢丝绳进行预紧——操作卷扬机进行试循环——没有问题，循环装置安装完成。

**2.4 斜拉索上、下端锚具安装**

(1)上、下端锚具安装前必须做好以下工作：

①将锚具检查清洗后重新组装。

②检查锚孔、密封板孔位是否对齐，孔位不得有错位现象，用钢绞线试穿。

③清理锚孔内杂物(如机加工碎屑)，在安装、运输过程保持锚孔清洁无污。

④经检查孔位一一对应后，把密封板与延长筒，延长筒与支承筒点焊固定，以防施工过程中松动错位，而留下施工隐患。

⑤张拉端锚固位置调整，要求有效可调长度全落在螺母底面下(具体长度根据调索要求确定)。

⑥安装前，先清理锚垫板、预埋管内杂物，下端注意清理排水槽。

⑦如有未被使用的锚孔，应作相应封堵，以防注浆时泄露。

(2)固定端锚具安装

固定端锚固点设在塔内锚垫板顶面，用塔吊将锚具组装件吊到相应锚固点处直接放入即可，并用手拉葫芦调整到位，防止支承筒螺牙碰伤。

(3)锚具安装技术要求

①张拉端和固定端锚孔按每排孔水平排列，两端锚孔相互对应，不得有错位现象；

②锚具中心线与锚垫板中心线保持一致，两者偏差不得超过 5mm。

**2.5 HDPE 圆管安装**(见图 2)

(1)在有条件的场地上，按设计要求的长度将 HDPE 护管焊接好，运输至塔下栈道上，以备起吊。摆放时用支架或枕木将护管架立，防止 HDPE 管损伤。

(2)在护管内穿入一根已计算好长度的钢绞线，同时在 HDPE 护管两端安装抱箍。

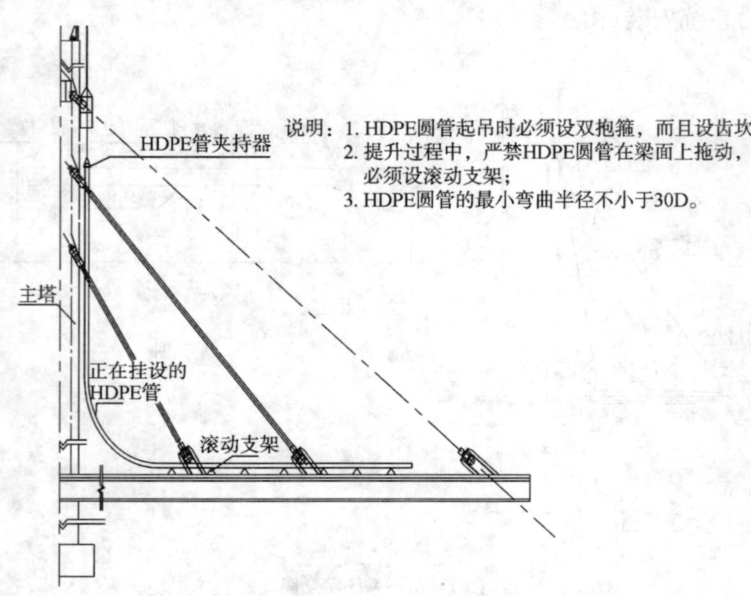


图 2　HDPE 护管安装示意图

(3)利用塔吊等起吊设备将钢绞线(钢绞线吊点前预留一定长度，用以穿入塔上锚具)和圆管一起吊起，到达预定高度后将钢绞线穿入塔上锚具并固定，利用千斤绳和葫芦将护管吊挂在塔外管口相应位置。

(4)护管下端牵引至下端预埋管口，先将钢绞线穿入下端锚具并固定。

(5)通过张拉钢绞线使外护管挺直抬起达到设计的角度，以方便下一步挂索工作的进行。

(6)HDPE 圆管焊接吊装过程中应注意以下要求：

①严格按 HDPE 焊机操作规程焊接，应作好详细的施工记录，保证焊接质量。

②在 HDPE 圆管搬运及吊装过程中，应防止 HDPE 护管刮伤、碰伤，如损伤严重应及时修复。

③严禁 HDPE 外护管弯折直径小于 30D。

④HDPE 外护管计算长度，应考虑上下管口挂索操作空间及整体防护时热胀冷缩的影响长度。

**2.6 挂索过程**

(1)钢绞线运输到施工现场后，将索盘吊装于放线架上，因挂索时从 PE 管下端向上牵引，将放线方向朝向梁端预埋管处，放线架与预埋管之间应设铺垫及导向，以防钢绞线 PE 损伤。

(2)将盘好的钢绞线放盘打开张拉端与循环钢丝绳上的专用牵引装置连接，启动循环系统将钢绞线顺着 HDPE 护管牵引至上端管口；然后将钢绞线和从锚具孔穿过的牵引索连接，解除循环系统上的牵引装置，通过塔柱内的葫芦等工具将钢绞线拉出锚板孔，塔内作业人员相应辅助直到满足单根张拉所需的工作长度，安装临时夹片，拆除穿束器，准备牵引下一根钢绞线。

(3)将已牵引出的钢绞线从盘上全部放出，与穿过下端锚具的牵引索连接，用人工穿过锚孔，安装夹片，打紧并顶压。

(4)单根挂索时,注意 PE 护套的保护、严防打绞、旋转,扭曲现象发生。

(5)利用循环牵引钢丝绳可同步一次牵引两根钢绞线。

(6)穿索顺序

本桥斜拉索采用的锚具型号较多,共分六种。钢绞线挂索示意见图 3;穿索时按先上游,后下游,先上排孔,后下排孔的顺序进行;各号索均按河岸跨四个工作面同时进行。

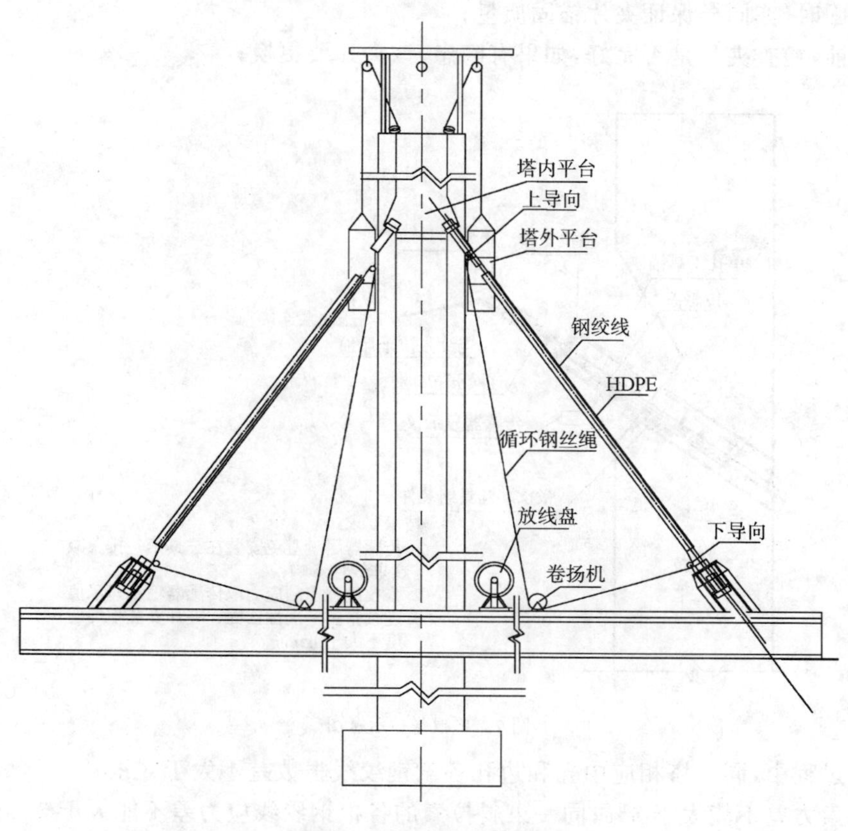


图 3 钢绞线挂索示意图

## 2.7 单根张拉

(1)单根张拉工艺

每束斜拉索中的钢绞线逐根穿挂后,随即用 YDCS160-150 型千斤顶进行单根张拉(单根张拉工艺见图 4)。

(2)单根张拉力的确定

单根钢绞线索力均匀性(索力离散性)控制是平行钢绞线拉索制作安装的关键,本工程采用等张拉力法控制,将压力传感器安装在张拉端第 1 根钢绞线上,以后每根钢绞线的张拉力按压力传感器变化情况进行控制。

单根压力传感器的安装顺序:传感器支座→传感体→单孔工具锚→工具夹片,其中传感体通过导线与显示仪相连,压力变化值从显示仪中读取。当挂索完成后拆去传感器。

(3)单根张拉过程(图 4)

①张拉端钢绞线装上临时夹片锚固后,安装好 YDCS160-150 千斤顶,并在钢绞线相应部位作好测量基点。

②通知固定端,并开始张拉加载至单根绞线控制应力的 15%时,测初始伸长值。

③用压力表控制最后一级张拉力,若一个行程未满足要求时,通过连续张拉装置反复张拉,直到张拉到动态控制应力值。

④第1根安装压力传感器，按控制应力的100％进行控制，并记录此时传感器显示值。

⑤第2根及以后各根根据传感器变化值进行控制。

⑥最后一根张拉完成后，拆除第1根钢绞线上传感器，并按当时变化值进行补张拉锚固。

(4)技术要求

①张拉时过程中，应保证固定端锚固质量；

②张拉端锚固时，亦同样保证夹片锚固质量；

③夹片安装前，检查夹片是否完好，如果有隐患，该夹片要更换；

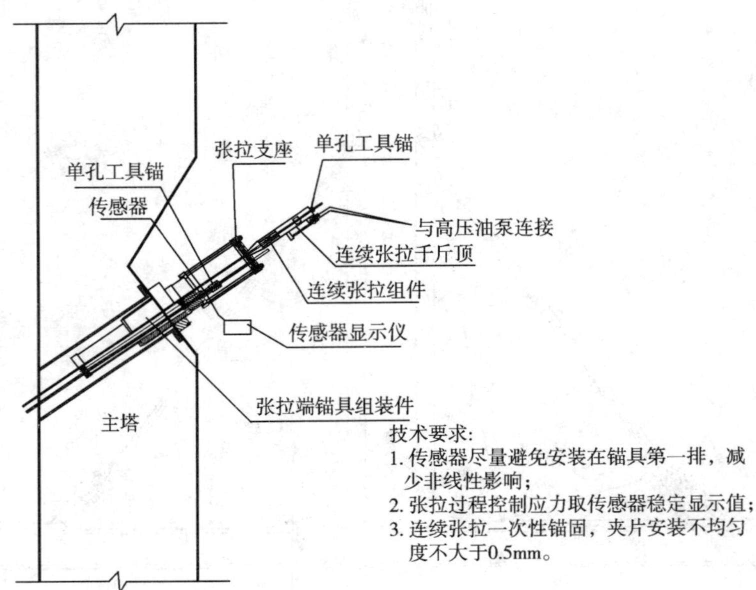


图4　单根张拉示意图

④单根张拉过程中，同一塔相应中孔和边孔各索钢绞线根数差不大于3根；

⑤每号索总索力差不能大于3％；同一束斜拉索的各根钢绞线应力差不能大于3％；

注意：将PE圆管挺直需两根钢绞线，且需较大的张拉力，因此实际上在第3根钢绞线上安装传感器，用以指导后续钢绞线的张拉，最后一根钢绞线张拉完成后，再按传感器显示补拉第1、2根钢绞线。

**2.8　防松及减振措施安装**

(1)单根钢绞线顶压：利用张拉顶压支座作反力架，用专用顶压器对钢绞线进行逐根顶压，每次最大顶压力为40kN，以总应力不超过钢绞线破断力的0.45控制。

(2)防松装置安装：安装夹片防松装置，用专用扳手将各空心螺栓旋紧，以随时保持对夹片的压紧力。

(3)索箍、减振器安装：

①利用专用紧索器按正六边形截面将整束紧固成形，对于断面不是正好六边形的索，需填充1m长的钢绞线作假索以使其形成正六边形截面。

②索箍和减振器按设计位置进行安装，拧紧索箍紧固螺栓，减振装置不作最后固定，待整体张拉、全桥调索结束后再进行。

**2.9　整体张拉**

(1)张拉机具

本桥斜拉索工程锚具类型较多，根据索力及施工要求选择适当机具。

(2)整体张拉工艺

整体张拉时，必须根据索号选择千斤顶，并配套张拉连接套、张拉杆和张拉撑脚(安装工艺图见图5)。

整体张拉时，旋紧转换装置千斤顶张拉螺母后，即可进行整体张拉，严密监控桥面高程，当高程达到设计要求，即旋紧垫板上的锁紧螺母固定。

(3)张拉力

根据设计院或监控单位通知整索设计吨位进行张拉控制；分级、同步、对称张拉到设计吨位，为了克服回缩、张拉机具变形等因素，张拉时超张拉为控制吨位加1%。同一号索，江跨、岸跨及同一跨上、下游各索要求做到同步对称，相互呼应，级差经换算成力后误差控制在指令索力5%以内。

整体张拉到控制应力后，及时旋紧工作螺母锚固。

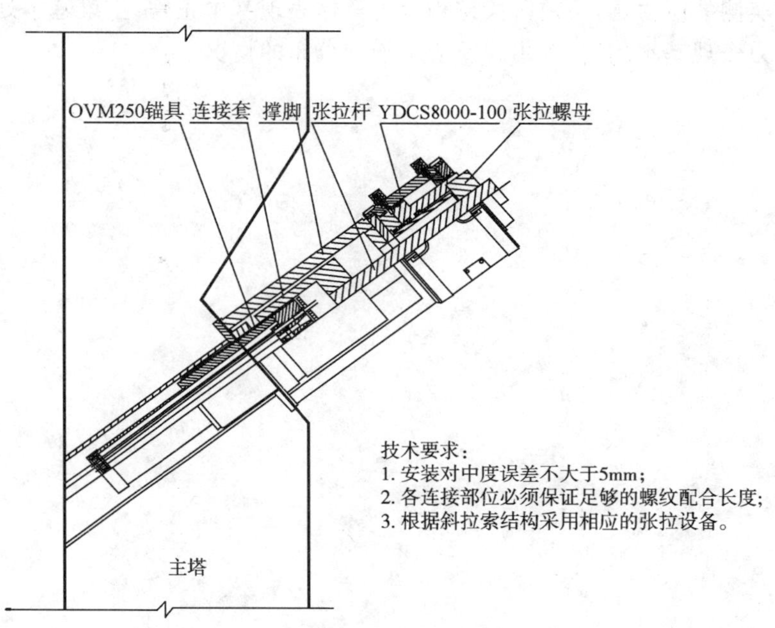


图5 整体张拉(调索)示意图

(4)调索

在梁段拼装过程中或成桥后，如需调整桥面高程，则需进行整体调索，调索工艺与整体张拉工艺一致，索力误差控制在2%以内。在所有拉索安装完成且全桥调索结束后，将减振器上的所有螺栓拧紧，并将其固定至预埋管上。

## 3 斜拉索防护

斜拉索是斜拉桥的生命线，斜拉索寿命按30年设计，索体、锚头防腐需高度重视，按国家有关标准和OVM250平行钢绞线拉索体系技术标准进行。

### 3.1 索体防腐

索体材料采用带PE环氧涂层钢绞线，PE层与钢绞线间涂专用油脂，如在下料、挂索等过程中发现PE有破损处，立即用焊枪修补，谨防钢绞线锈蚀。

索体外用HDPE圆管防护，成桥调索结束，并将减振器固定后，固定已预先套在管外的防水罩，与两端预埋管联接，可有效防止水份进入PE管内，并隔绝了紫外线照射，进而起到保护索体的作用。

### 3.2 锚头端面、夹片、外露钢绞线的防腐

①一方面为了整体防腐，一方面为了方便螺母旋动，在锚具安装时预先在支承筒外螺牙上涂上防腐油脂。

②整体张拉后，支承筒外露部分、锚板、夹片等都涂上防腐油脂，而且支承筒外露部分锚板用封箱带缠绕密封。

③调索结束后，锚具外安装保护罩，内注油对裸露钢绞线、夹片、锚板等进行防护。

④上、下锚箱内必须预设防水、防潮措施，下端锚垫板应设有排水槽。

## 4 施工效果

从现场实测的索力状况看，结构索力的变化与理论计算基本吻合，但整体略有偏小。另外现场实测上下游索力表现均匀，结构施工的对称性较好。

从主梁、主塔实测的应力看，目前阶段结构内力整体表现基本正常；主梁基本处于全截面受压状态；上、下塔柱截面应力表现基本均匀，未出现受力不均匀分布的情况。

# 钟楼大桥液压爬模系统施工方法

王建秋[1]　王进军[2]　徐贤明[1]

(1.常州市航道管理处;2.中交二航局第三工程有限公司)

**摘　要**　主塔液压爬模系统适用于索桥,施工方便快捷,安全性能好,在京杭运河改线工程钟楼大桥中使用情况良好。

**关键词**　液压　爬模　安装　系统

钟楼大桥主桥为一独塔双索面斜拉桥,主桥全长188m,其中主跨108m、边跨80m、桥面宽40m。设机动车道和人行道,主塔高65m,下塔柱为实心段,上塔柱为薄壁空心结构,均采用C50混凝土,每边有16对斜拉索,塔端斜拉索锚固区设预应力。在高程+54.286处设一上横梁,梁高4m,为三箱空心结构。为了快速安全的完成主塔施工,我们采用了液压爬模系统进行施工。

## 1　doka模板的加工、安装、拆除和保养

(1)模板结构

塔柱内、外模主要由面板、竖肋及横肋组成。

外模面板主要采用DOKA木面板,内模面板主要采用WISA板,在塔柱内腔的顶部、底部、横梁处的变截面段及所有角模则采用钢模,所有人孔模板采用竹胶模,DOKA木面板由多层板经过特殊胶合而成,具有板面平整、坚硬及防水等性能,其板厚均为21mm,内、外模使用的板面均为15层板结构,表面经过了高压合成树脂处理,比较光滑。木面板实物见图1。

竖肋主要采用DOKA木工字梁,与钢面板配套使用的横肋则为型钢,DOKA木工字梁经过了脱水、固化处理,能耐高温、抗腐蚀。根据工程实际情况,木工字梁选用了H20型,其几何特性及允许内力分别为:高$H=200$mm,$E_I=450$kN·m$^2$,允许剪力$Q=11$kN,允许弯矩$M=5.0$kN·m。DOKA木工字梁实物见图2。

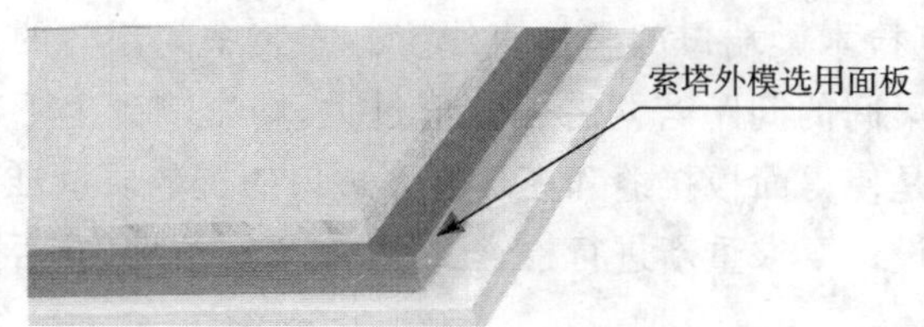


图1　DOKA木面板

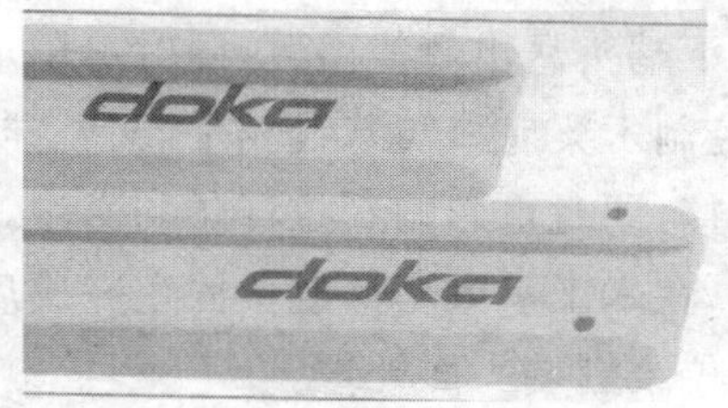


图2　DOKA木工字梁

液压自爬模模板系统外模横肋采用2[14a钢围檩;内模系统横肋采用2[14a钢围檩。

塔柱DOKA面板与木工字梁、造型木之间通过木螺丝固定,钢围檩与木工字梁之间通过螺栓连接固定。

内、外模板标准高度为4.2m,正常使用高度为4.0m,其中下部0.10m压在已浇混凝土面上,以利于上下节段混凝土的衔接,上部0.10m高出新浇混凝土顶面以上,用来防止混凝土浆液溢出而污染已浇混凝土塔柱的外表面。

根据塔柱的结构外型情况及方便操作，内、外模分块进行加工、安装，索塔塔柱模板结构示意，见图 3。

(2)模板加工

①工作平台搭设

模板组拼工作平台由 H60 及 I25 组拼固定而成，上铺 5cm 厚木板，木板表面涂刷清漆防水。

工作平台要求表面平整，结构牢固，稳定性好，其顶面相对高程控制在 1mm 内。

②背楞组拼

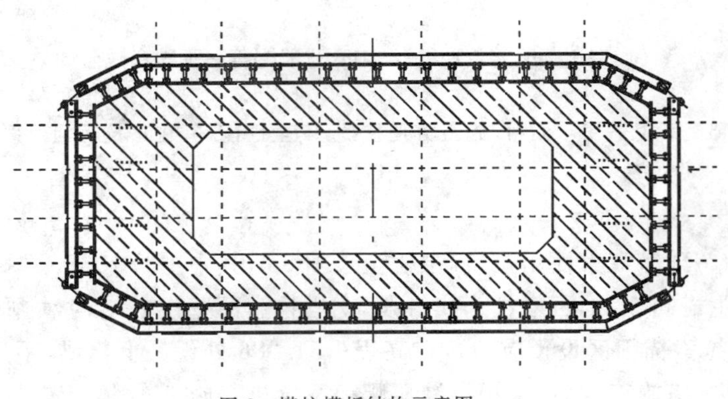

图 3　塔柱模板结构示意图

工作平台上铺设每套水平背楞，用直尺定出每道设计位置，铺设并定位好五套(一节中每块模板设五道水平背楞)背楞后，测定上下两道背楞的相对对角线，并检查背楞直线度及拉线检查背楞的整体平面情况，不能满足要求则必须调整上下道背楞位置及加垫块处理等措施直至整体背楞的相对对角线偏差满足指标控制要求。

③木工字梁组拼

根据设计要求将角铁预先固定在部分木工字梁上。用一根木梁制成角铁固定模具进行各木梁角铁设定，其顶面位置比木梁顶面低 2mm，居于接缝两侧加密固定角铁。

先选直线度在 2mm 以内和长度满足设计值要求的两根木工字梁安放在单块模板长边两侧，与水平背楞相竖直，用直尺定出每根木工字梁端头悬出上下水平背楞的长度，检测该两根木工字梁的间距及相对对角线；然后用连接爪将该两根木梁固定在水平背楞上，形成模板组装框架。但在固定完成后，必须重新进行对角线和间距数值的复核。

在已固定好的两根木梁底端口拉一根木工细线，由其控制其他即将安放在背楞上的木梁，使得全部的木梁上下端头悬出数值一致，同时再用水平直尺复检木梁端口的整体直线度。安装中间部分的木梁时，即要控制木梁底口与基线相平，又要准确控制木梁间的间距若两者偏差值过大，则影响到上下节连接板的连接，同时也影响到拉杆顺利通过，更重要的是使得面板接缝和模板上下边口的拼装质量难于控制。因此，在木工字梁全部放位固定完成后，还需按设计要求重新进行检查，确保木梁定位准确，否则重新调整定位或刨端头面处理。

④面板组拼

根据本模板断面设计结果，每套模板面板均按长边与木工字梁垂直方向铺设，短边的接缝均控制在木工字梁竖直顶面上，两侧面板边口也定在木工字梁竖直顶面上，增加面板刚度，减少接缝漏浆。

采取先定底部的中间面板，再向两侧和顶上拼装上其他面板。面板间用优质玻璃胶封缝处理，打胶饱满，防漏浆有效。

整面面板组拼并固定(固定面板时面板上边需压重，以免松脱顶起)到木工字梁完成后，根据设计断面尺寸拉线定位模板两侧边口位置，割除多出面板，检查模板的整体高度(一般按正偏差布设)弹线刨除高出部分。

检查木盒(即装饰槽)断面尺寸,完好程度,作好木盒组拼前准备工作。从拼装好的模板板面竖直中心线按设计定出木盒的位置,同时在板面上弹线标出木盒安装轮廓线,由此控制木盒位置。

制木盒下边口安装精度。与面板相接处和木盒间的接缝处均用玻璃胶封边保护,木盒的水平方向接缝需与面板的水平接缝相一致,相对位置偏差小于 2mm。

相配套的上下节模板需保证木工字梁位置相对齐;上下节面板的竖缝也需控制对齐;相同一侧或同一端的模板断面尺寸上下节需对应一致,否则上下节面板相接时易造成错台。

模板加工完成后,在面板侧用原子灰把平头螺栓凹槽补平,保证模板平整度。

⑤吊钩及连接板设置

每块大模板设置四个吊钩装置,位置按设计要求安装,每个吊钩装置用 M20×80mm 螺栓加夹板与木工字梁端头预留孔相对应连接固定。

连接板需按设计数量和位置安装,用 M20×80mm 螺栓与木工字梁端头预留孔相对应连接固定。

⑥拉杆孔设置

垂直钻出拉杆孔,平面位置偏差控制在 2mm 以内,成孔的直径控制在 0～2mm。

⑦防水处理

模板组拼完成后,对手工刨过的或用锯片割除留下的板面边口,及拉杆孔眼内侧等均及时刷上防水油漆或清漆处理,防止面板边口渗进过量水分发生变形和涨板等现象。

模板组拼见示意图 4。

第一步 按设计位置安放钢围檩

第二步 按设计位置安放木工字梁

第三步 安装面板限位装置

第四步 按设计安放木面板

第五步 固定面板、钻拉杆孔

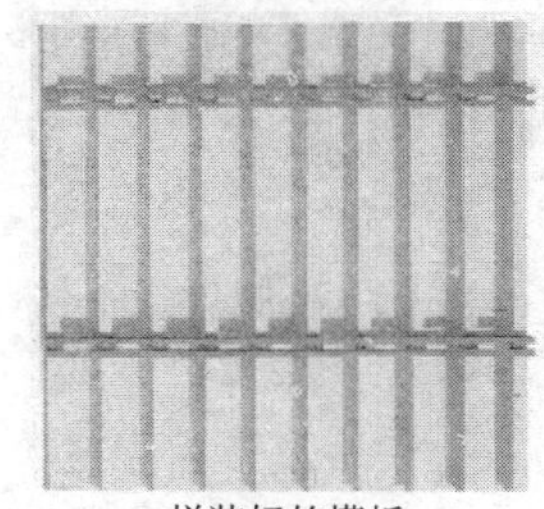

拼装好的模板

图 4 塔柱模板组拼工序图

(3)模板安装及拆除

①脱模剂的选择及施工要求

a. 脱模剂优先选择 DOKA 模板专用脱模剂,并根据试验段试验结果选择上海华登脱模剂作为备用施工脱模剂。

b. 在模板安装前,在模板板面均匀喷涂脱模剂,脱模剂喷涂厚度 0.5mm。

②标准段模板安装

a. 当钢筋绑扎完毕后，由测量人员在劲性骨架水平定位角钢上放出塔柱内外轮廓线。

b. 利用塔吊或内爬架上的悬吊及螺旋调节系统合龙内模。

c. 利用外爬架上的悬吊及螺旋调节系统合龙外模。

d. 安装对拉螺杆，检查内、外模板，拧紧对拉螺杆。

③标准段模板拆除

a. 模板在混凝土强度能保证其表面及棱角不致因拆模而受损坏时方可拆除，侧模板拆除时，混凝土的抗压强度不得低于 2.5MPa。

b. 模板的拆除按先支后拆、后支先拆的顺序进行，面模板则利用精轧螺纹钢筋牵引脱离混凝土。

c. 离开混凝土的模板表面按要求及时进行处理。

(4)模板系统维护、保养

①模板面板在存储时，要避免暴晒雨淋。

②切割和钻孔后用含丙烯酸成分的防水油漆封边两次。

③模板加工完或施工完一个节段后，及时清理模板表面。清洁时可以使用水或相同的脱模剂来清洗，混凝土的黏结块使用木铲清除。

④模板清理完毕后发现模板表面有损伤时，须立即用腻子对破损处进行修补。

⑤吊运模板时严禁碰坏模板，特别是模板板面。

## 2　爬架的安装

(1)爬架组装前的准备工作

①爬架各分段构件在工厂加工并现场进行试拼；工程、质检、安全部门按设计要求对焊缝、外形尺寸、配件等逐一进行检查验收，合格后方可使用。

②模板：按大模板制作要求进行加工验收，复核螺栓孔位置是否准确，吊点是否符合要求。特别检查各部分连接是否符合要求。

③检查提升设备，节点板拼接螺栓等配件是否配齐，混凝土墙体上的预留孔位置是否与爬架孔位一致。

(2)爬架附墙埋件的施工

在起始段混凝土中埋设挂架（利用外爬架作为施工挂架）施工装置中的附墙装置。

爬架通过红头螺栓将爬架悬挂件与附墙预埋件连接实现附墙，附墙预埋件为锥型螺母及精轧螺纹钢，红头螺栓及附墙预埋件形式见图 5。

为确保锥型螺母定位准确，测量就位的锥型螺母采用专用工具固定在模板上。

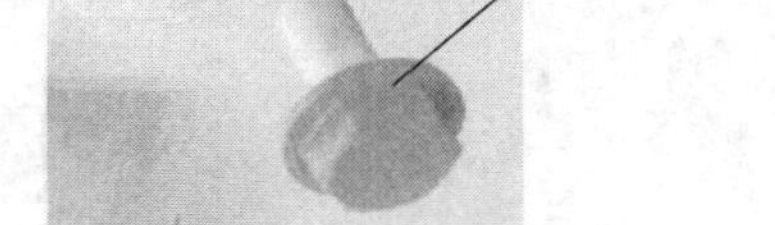

图 5　爬架附墙预埋件形式

(3)爬架的组装与安装（图 6）

①架体运至现场后，组织专门组装班组，并由技术和安全部门进行技术、安全交底。

②安装爬升模板前，应检查工程结构上预埋螺栓的孔径和位置是否正确，如有偏差，必须纠正后方可安装爬升模板。

③由于塔吊的起重能力有限，爬架应分段进行组装，主要分为附墙段和工作段两部分。根据爬架结构进行分块，并按图编号。在承台边将承力架段组合成一组组爬升架，仔细检查两个承力架段中间隔尺寸的正确性。爬架孔与孔之间的尺寸误差应满足要求，并检查组合架的稳定性和牢固性。

④首先吊装导轨至安装层墙体上，并用专用螺栓固定于墙体上，然后吊运附墙段至导轨上安装。

⑤吊装采用四点吊，靠近墙体后根据倾斜方向临时固定壁体一端的螺栓，再移位固定另一端的螺栓，最后同时拧紧。

⑥附墙架就位固定后，然后起吊工作架至附墙段上部，交叉固定上下拼接点与斜节点，螺栓必须全部拧紧，不得漏拧和少拧。

⑦调整和固定上下架体的脚手架连杆，安装完毕后的爬架的误差不得超过规定要求。

⑧安装过程由专人负责，必须经工程、质检和安全部门验收合格后才能正式使用。

⑨组装完成后，铺置海底笼，外周边兜底封闭布设安全网。

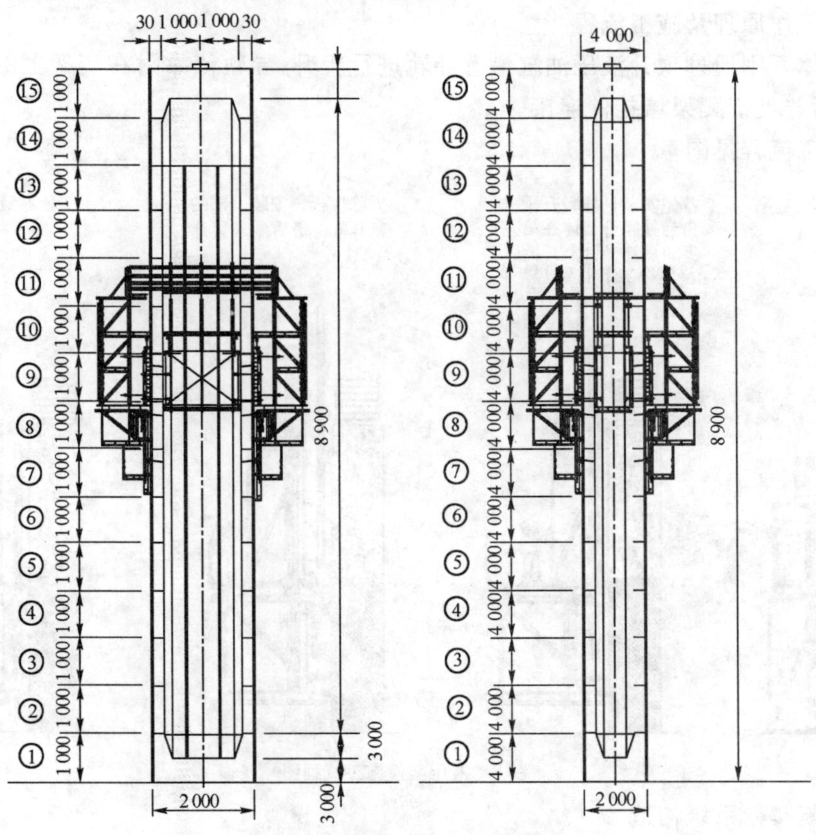


图 6 墩身液压爬模施工示意图（单位：mm）

## 3 液压爬模系统原理

(1)DOKA 液压爬模系统简介

①系统特点

a. 模板面板及爬架平台能适用于不同形状的塔柱和倾斜度，当索塔截面形状改变时，只需对模板面板及平台做少量调整即可。

b. 木模板体系自重小，采用车间组拼、现场安装，利用爬架上设置的模板悬挂及纵、横向调节系统进行模板的闭合、调位及脱模，操作十分便捷、效率高。

c. 爬架采用液压油缸顶升，自动化程度高，安全性能高，并能加快工程进度，确保整个大桥工期。

d. 模板使用优质进口木面板，能有效减少混凝土表面缺陷，获得较好的混凝土外观效果。

②性能参数

爬升体系技术参数

自升装置额定提升荷载：　　≥100kN；

最大施工节段高：　　4m；

自升速度：　　　　　　　　　≥0.2m/min；

最大爬升倾斜角：　　　　　　±15°；

工作平台数(不含电梯平台)：　5层

工作状态最大抗风能力：　　　20m/s；

非工作状态最大抗风能力：　　69m/s；

动力装置：　　　　　　　　　液压驱动。

供电制式：　　　　　　　　　三相交流380V/220V　50Hz

③液压爬模工作原理及施工流程

爬架与模板体系则通过顶升液压油缸沿着导轨进行爬升，导轨依靠附在爬架上的液压油缸来进行提升，导轨到位后与上部爬架悬挂件连接。

液压爬模施工流程见图7。

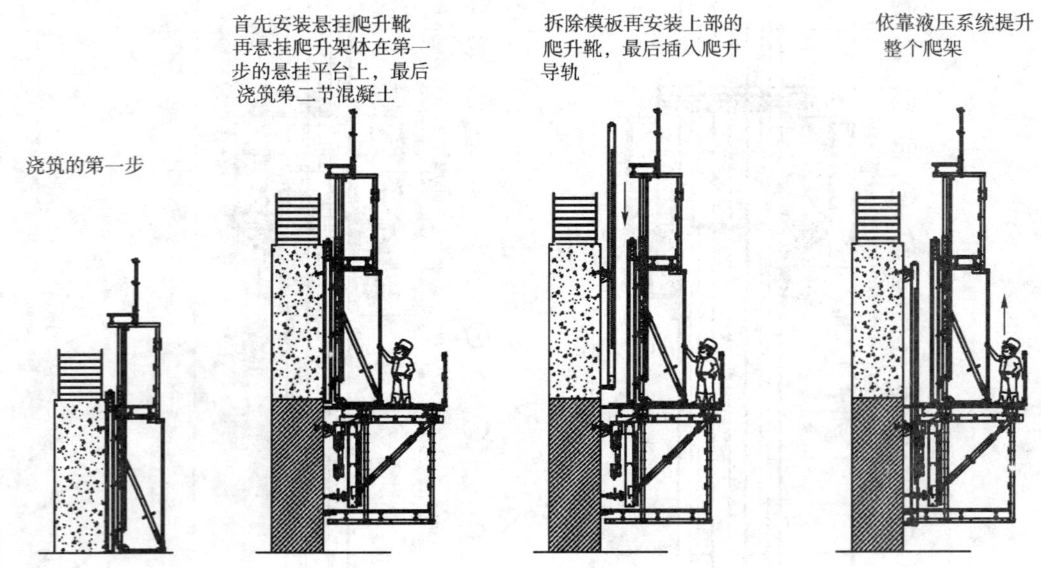


图7　液压爬模施工流程图

④液压自爬模爬架系统构造

塔柱施工爬架为多层金属主构架、木质平台结构，既可用于提升模板、支模及脱模，又是施工操作平台。

a.爬架主要构成

DOKA自动液压外爬架主要由工作平台、液压爬升装置及锚固悬挂件组成，其中：工作平台包括3个上部操作平台、1个主工作平台、2个下部作业平台，平台间净高2.1m，主操作平台宽3.1m；液压爬升装置包括爬升导轨、液压顶升设备及其他配套设施，单个塔肢共配有4根爬升导轨、4套液压顶升设备，即在塔肢顺桥向两侧各布置2套、在塔肢横桥向两侧各不布置，4套液压顶升设备共用一个控制柜，通过操作电子控制板来实现导轨及架体的正常爬升；锚固悬挂件包括预埋件、悬挂螺栓及悬挂鞋，预埋件由锥形螺母及精轧螺纹钢组成，悬挂螺栓为10.9级Φ30mm高强螺栓，导轨固定时，每根上有两套锚固悬挂件工作，导轨爬升时，每根由三套锚固悬挂件交替进行。

塔柱DOKA液压爬架结构见图8。

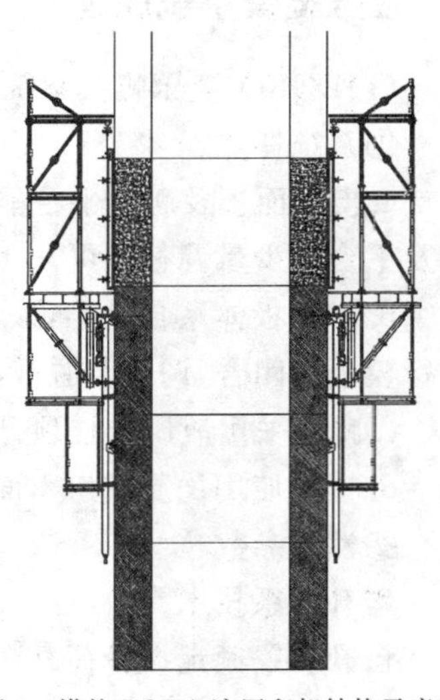

图8　塔柱DOKA液压爬架结构示意图

b.模板

DOKA 液压自爬模系统外模主要构件由 DOKA 公司提供，全部采用大块木模板。

c. 外爬架系统组拼、使用

外爬架均采取在后场按平台为单元进行制作，运到前场进行组拼、挂设，主平台及下挂平台（外爬架电梯入口平台除外）先在承台上拼成整体，然后由塔吊整体起吊挂设在锚固件上，上部操作平台在主平台上分别接高，当工作平台全部安装就位后，吊装模板，当外爬模系统的主要工作平台及模板就位后，安装爬升导轨及配套的液压爬升装置，并利用手拉葫芦吊装电梯入口平台。

外爬架及模板从塔柱第 4 节段安装开始，使用至塔柱封顶结束。

外爬架爬升分导轨爬升及架体爬升，其爬升同步性均较好，当有个别部位不很到位时，局部微调即可。当新浇节段混凝土的强度到达液压爬模爬升要求强度时，即可爬升导轨及爬架，当导轨或爬架爬升到位后，及时插上悬挂销及安全销，关闭油缸进油阀门及控制柜，切断电源；内部爬架爬升时，人工统一步调拉动葫芦，时刻观察爬架同步性，检查爬架突出部位与塔柱内腔壁之间的间隙情况，爬升到位后，及时将其悬挂在墙体锚固件上。内外爬架使用期间，必须按要求挂设安全绳。

图 9 为外爬架附墙概念图。

(2)液压爬模系统的施工要点

液压爬模系统的现场安装及调试应严格按照设计图进行。

①爬升装置拼装

a 预拼装

a-1 将爬头与承重架用销轴可靠连接；

a-2 将下支撑与承重架用 4 套螺栓可靠连接；

a-3 将步进装置上爬箱与爬头用销轴可靠连接；

a-4 将步进装置上爬箱与液压缸可靠连接；

a-5 将锚板固定在预埋锚锥位置；

a-6 将锚靴挂在锚板上，并用限位销限位；

b 将预拼装好的部件挂到锚靴上

b-1 将承重销轴插入锚靴固定孔中；

b-2 将预拼装好的部件挂在承重销轴上；

b-3 插入安全销轴，锁定爬头位置。

c 轨道安装

c-1 在下一节段安装锚板锚靴；

c-2 调节下支撑，调整步进装置上下爬箱横向位置；

c-3 拼装好轨道撑脚；

c-4 在轨道上插入楔形板，吊起轨道；

c-5 穿过下一节段锚靴；

c-6 轨道穿过爬头及上爬箱；

c-7 轨道穿过下爬箱；

c-8 下放轨道至楔形块卡在下一节段锚靴上；

c-9 将下爬箱与油缸用销轴可靠连接；

c-10 安装步进装置摆杆、弹簧复位器等；

c-11 将轨道撑脚用销子可靠连接在爬升轨道上；

c-12 旋转轨道撑脚，使其支撑在混凝土面上。

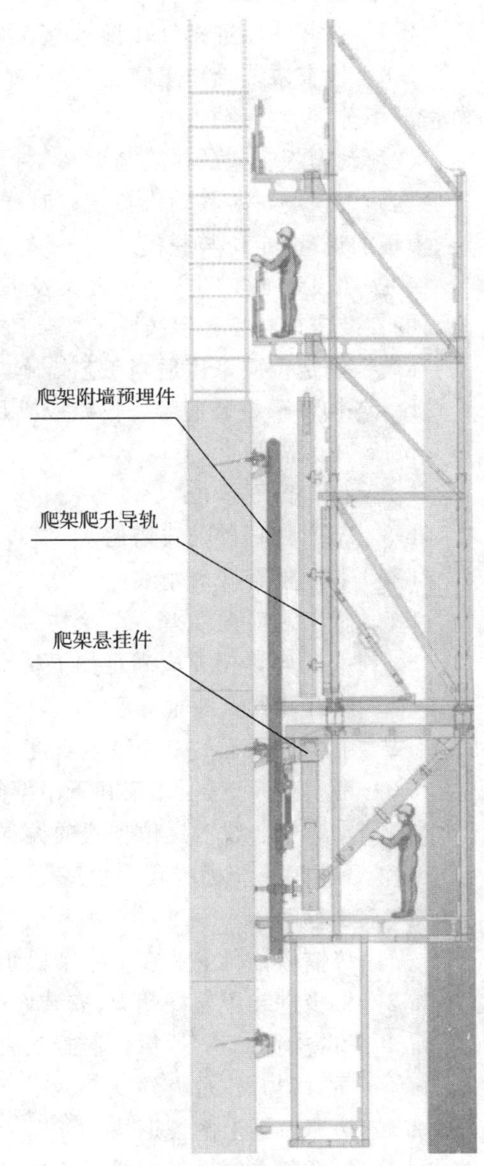

图 9 外爬架附墙概念图

②液压系统安装与调试

a 安装步骤

a-1 将液压系统各组件分别依照技术文件图样的要求安装在爬架上；

a-2 连接液压管路系统；

a-3 连接电控系统；

a-4 起动液压系统，检验其功能及密闭性能；

a-5 系统调试；

a-6 系统减压、管路拆除；

b 系统调试

b-1 按照液压系统说明书，加入液压油至油箱液位计上限；

b-2 系统通电，检查控制柜信号灯指示正常；

b-3 启动液压泵电机，观察液压动力站压力、油温信号指示是否正常。当油温低于25℃时，应让液压泵在液压缸不工作的状况下运行约15min，直至油温升至25℃。液压泵稳定运行后压力表指示应稳定在20MPa；

b-4 打开液压缸上所有双向球阀，关闭流量控制阀。再半开流量控制阀，用螺旋锁保护；

b-5 打开液压缸排气孔排尽所有液压缸内空气；

b-6 检查系统管路正确连接，检查所有液压缸同步运动，检查螺旋接合点紧密，在缩回和伸长液压缸情况下分别有压维持20s。

③移动模板支架的拼装与调整

在施工现场拼装移动模板支架时严格按设计图要求进行拼装，主要拼装程序包括：预拼装、整体拼装、模板的调整、定位与脱模。

④按照设计施工图拼装上爬架及下吊架，并按施工工艺图逐步进行系统的总体拼装。

⑤安装定位精度控制要求

a 锚锥定位应采用适当工艺措施，保证其平面定位误差小于10mm。

b 各构件预拼装的容许偏差应满足如下精度控制要求：

b-1 单元总长 ±3mm

b-2 接口截面错位 ±2mm

b-3 节点处杆件轴线错位 ±2mm

b-4 各层框架两对角线差 ±1mm

b-5 框架总对角线差 ±2mm

c 拼装的容许偏差应满足如下精度控制要求：

c-1 爬升装置安装垂直度 ±2mm

c-2 上爬架和下吊架安装垂直度 ±5mm

c-3 两爬升装置、上爬架和下吊架间间距 ±5mm

c-4 支座中心线对定位轴线的偏移 ±3mm

⑥液压爬模系统标准爬升程序

a 爬升轨道

a-1 将锚板锚靴安装在下一节段预定位置上；确保限位销固定住锚靴。

a-2 将步进装置摆杆朝上，安装好弹簧复位器。打开液压系统双向球阀。

a-3 检查确保下支撑撑住混凝土表面。

a-4 同时爬升轨道大约0.5m(3～4步)。

a-5 抽掉轨道上的楔形块。

a-6 爬升所有轨道至距锚靴下边缘10cm左右。

a-7 关闭所有液压缸双向球阀。

a-8 分别打开液压缸双向球阀，逐根爬升轨道。

a-9 将每根轨道分别对准爬靴，爬升轨道至楔形块插孔在爬靴顶上约5cm。

a-10 插入楔形块。

a-11 将步进装置上爬箱的摆杆打向下边(即爬升爬架时的位置)。

a-12 伸长液压缸，可能出现如下两种情况：

轨道随液压缸的伸长而下移，应待轨道下落到位(楔形块卡在爬靴顶)且液压缸伸长至合适位置后，将步进装置下爬箱的摆杆打向下边(即爬升爬架时的位置)。

轨道随液压缸的伸长不能下移，应待液压缸伸长至合适位置后将步进装置下爬箱的摆杆打向下边(即爬升爬架时的位置)，然后缩回液压缸至步进装置下爬箱的卡块卡进轨道开槽孔，再伸长液压缸待动轨道下落到位(楔形块卡在爬靴顶)。

a-13 缩回液压缸。

a-14 关闭液压缸双向球阀。

a-15 拆除已空出来的锚板锚靴。

a-16 将轨道撑脚撑在混凝土面上。

a-17 重复a-8～a-16步，使所有轨道挂在爬靴上及撑在混凝土面上。

b 爬升爬架

b-1 放松下支撑，使之距混凝土面12cm左右。

b-2 检查并确保所有步进装置摆杆朝下。

b-3 打开所有液压缸双向球阀。

b-4 抽掉锚靴安全销轴。

b-5 同时爬升爬架。

应注意：

I 应设监控人员站在合适位置，注意报告一切不同步的现象(不均匀及不规则)。

II 爬升两三步以后抽掉锚靴承重销轴。

III 进一步爬升时，检查一致性，使爬升一致。

IV 爬升爬架超过锚靴承重销轴孔。

V 插入锚靴承重销轴并锁定。

VI 爬架回落到锚靴承重销轴上。

b-6 插入锚靴安全销轴并锁定。

b-7 使下支撑撑住混凝土面。

b-8 缩回所有活塞连杆。

b-9 关闭所有双向球阀。

b-10 切断液压动力站电源。

⑦液压爬模系统操作规程

a 导轨爬升

a-1 导轨爬升前应做好以下工作

I 安装上部爬升锚板和爬靴并及时检查其实际位置与理论位置是否一致，不符合要求的应进行相应的调整。爬升悬挂件安装好后，应派专人检查其连接高强螺栓是否完全到位。

II 用棉纱清洁导轨，并在导轨表面涂上润滑油。

III 改变上下爬箱中复位机构摆杆的状态，使其一致向上。

IV 导轨爬升时，液压装置应由专人操作，现场施工负责人必须到场。

V 与实验室联系确认混凝土强度是否已达到爬架爬升要去强度。

a-2 确认爬升准备工作完全符合要求后，打开液压油缸的进油阀门、启动液压控制柜，拆除导轨顶部楔形插销，开始导轨的爬升。

a-3 导轨爬升时，外爬架 0 号平台及 1 号平台上个配 3 人和一台对讲机，并选用专用频道，以保证通讯畅通。

a-4 轨道每爬升一格时应通过对讲机联络，并确认上下爬箱是否都到位，到位后才可开始下一格爬升。

a-5 导轨爬升过程中要保证保险钢丝绳不得影响导轨的爬升。

a-6 导轨爬升至接近上部悬挂靴的高度时暂停，复核导轨与爬靴上导轨槽口的位置是否一致，若不一致，调节下方的支撑脚，使导轨能够顺利地通过悬挂靴的导轨槽口。

a-7 导轨爬升到位后，应从右往左插上导轨顶部楔形插销，以确保插销锁定装置到位。下降导轨使顶部楔形插销与爬靴完全接触。

a-8 关闭油缸进油阀门、关闭控制柜、切断电源，完成导轨的爬升。

a-9 拆除下层爬架悬挂件，取出混凝土内的预埋锚锥，及时修补螺栓孔，以便进行爬架的爬升。

a-10 发现导轨爬升不同步及其他异常情况时应停下来研究处理。

b 爬架爬升

b-1 爬架爬升前应做好以下准备工作：

I 应清除爬架上不必要的荷载(如钢筋头、氧气乙炔空瓶等)。

II 抬起爬升导轨底部支撑脚，并旋转伸长使其垂直顶紧塔身混凝土面。

III 将承重架下支撑的支撑脚完全缩回。

IV 改变上下爬箱中复位机构摆杆的状态，使其一致向下。

V 检查爬架长边与短边的连接(如电线)等是否已解除及安全保护绳是否已套牢。

VI 检查塔吊至爬架主电缆的悬挂长度，保证爬架爬升时电缆有足够的长度。

VII 爬架爬升时，液压装置应由专人操作，现场施工负责人必须到场。

VIII 检查上节段混凝土修补是否已符合要求。

b-2 经确认爬架爬升准备工作已完全符合要求后，打开液压油缸的进油阀门、启动液压控制柜，拔去安全插销，开始导轨的爬升。

b-3 爬升时，外爬架 0 号平台各配 3 人和一台对讲机，并选用专用频道，以保证通讯畅通。1 号平台两端各安排 1 人观察。

b-4 爬架架体荷载通过导轨来传递后，拔去承重销。

b-5 在轨道上每爬升一格需通过对讲机联络，让爬架爬升操作者确认上下爬箱是否都完全到位，到位后才可开始下一格爬升。

b-6 当爬架爬升到位后，应及时插上承重销及安全插销。

b-7 关闭油缸进油阀门、关闭控制柜、切断电源，完成爬架的爬升工作。

b-8 旋上支撑脚至混凝土面，调节支撑架使竖向支架与混凝土面平行。

b-9 当爬架爬升不同步及其他异常情况时，应停下来研究处理。

b-10 爬架爬升到位后，检查所有平台的滚轮是否顶紧混凝土面。

## 4 总结

目前钟楼大桥主塔已经全部施工完毕，内外质量均优良，无任何安全事故，实践证明该施工方法为比较成熟的施工方法，可在今后的施工中广泛应用。

# 膺架法安装钢桁架拱桥关键施工技术

吴曙光[1]　王建秋[2]　马彬友[1]

（1. 中铁四局集团二公司；2. 常州市航道管理处）

**摘　要**　本文通过常州新龙大桥的实际施工情况，介绍了膺架法安装中承式三跨连续钢桁架拱桥的施工技术，为同类桥梁的施工提供了借鉴。

**关键词**　膺架　拼装　钢桁架拱桥

## 1　工程概况

新龙大桥是江苏省常州市京杭运河改线工程上的一座重要桥梁。桥梁全长667m，其中主桥设计为三跨30.7m＋100m＋30.7m中承式连续钢桁架拱桥（图1、图2），两侧边跨为平弦桁梁，中跨为刚性拱柔性梁的钢桁拱。桥面宽36m，桁宽25m，节间长度5m，最大起重量17.5t，全桥钢结构重1 930t。

图1

边跨主桁采用有竖杆的三角形桁架，主桁桁高9.5m；中间支点处设加劲弦，加劲腿高6m，加劲弦与钢桁拱拱肋下弦连为一体；中跨拱肋采用变高度"N"形桁架，中间支点处桁高17.2m，跨中拱肋桁高3m，拱顶至桥面高度20m，矢高27.5m，矢跨比3.64；拱肋桁架上下弦拱轴线分别采用不同的圆曲线，上弦拱轴线与边跨平弦采用圆曲线相接，两拱脚之间设钢系杆，以承受拱肋产生的巨大水平推力。拱肋与系杆之间采用焊接的"H"形钢吊杆连接，边跨平弦部分不设置预拱度，跨中最大预拱度182mm，按直线型设置；桁梁采用拼装式节点，M24高强度螺栓栓接。

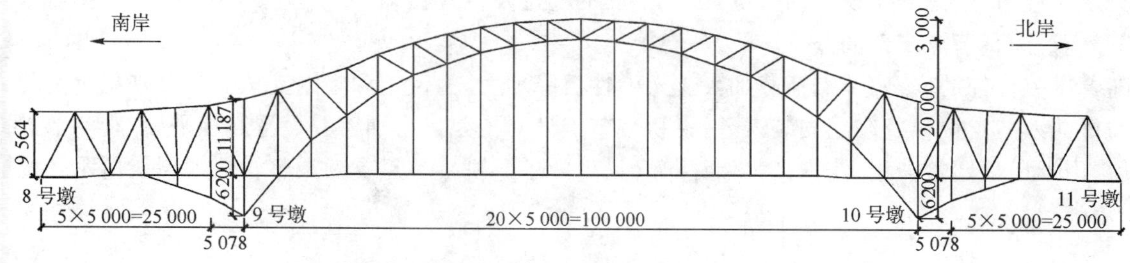


图2　钢桁架拱桥示意图（单位：mm）

本桥属先建桥后开河陆地施工，钢桁架构件采用工厂加工制作、现场逐段拼装、跨中合龙，现就桁架拱膺架、拼装、合龙及高强度栓螺施拧等工艺、关键技术及施工方法做简要介绍。

## 2　膺架体系

膺架采用碗扣式脚手架，分别在主桁两侧系杆底纵桥向设置系杆及拱肋承重支架，横梁底部设置纵桥向及横向联结系，形成结构稳定、受力均匀的支承体系。桥面系系杆拼接节点设置千斤顶起顶平台、拱肋支架顶部设置可调顶托，便于调整拼装误差、保持系杆预拱度。

### 2.1 桥面系支架

桥面系支架纵桥向共设置3道，通过横桥向12道联结系构成全桥钢桁梁承重体系。两侧系杆各设置7排支架，排距为2×60cm+90cm+2×60cm，其中在系杆拼接节点加密为30cm×30cm；沿横梁下平联中线设置5排纵向联结系，排距均为60cm×60cm；横桥向每间隔15m设置5排横向联结系，排距均为120cm×120cm；支架横杆间距均为120cm。桥面系支架设计如图3所示。

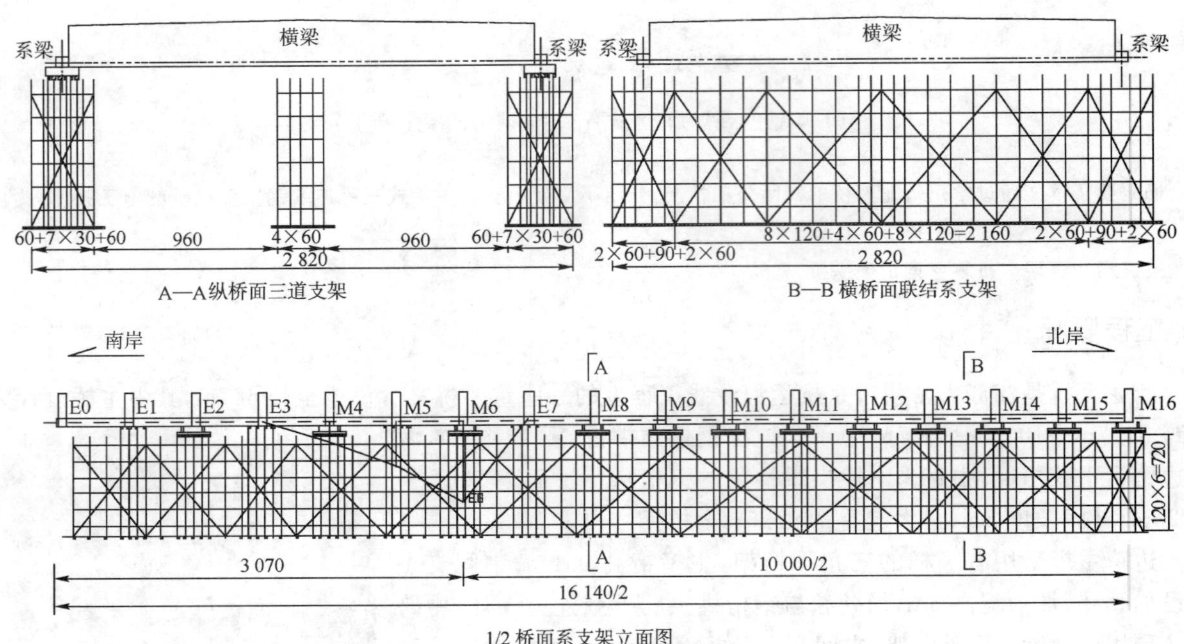


图3 桥面系支架设计图(尺寸单位:cm)

### 2.2 拱肋支架

拱肋弦杆支架搭设在桥面系支架上，支架排距同桥面系下层支架。顶部设置可调顶托及横向方木，承受拱肋荷载及用于微调拱肋高程；桥面系其他部位支架向上延伸作为联结系及操作平台；弦杆支架顶部设置预抬高量，以补偿基础沉降及支架变形。拱肋支架间设置水平支撑，以平衡拱肋合龙前主桁产生的较大水平推力，这是支架设计的关键，以保拱肋的稳定及位置正确。

### 2.3 桥面系节点支架调整

随着拼装杆件的增多，节点荷载加大支架弹性沉降增大，为便于调整因支架变形及基础沉降等因素引起的桥面系节点位移及修正安装误差，在拼装节点处对支架进行加密并设置起顶平台，观测节点高程变化后，用千斤顶调整高程，使其高程始终符合设计要求。拼接节点支架调整构造如图4所示。

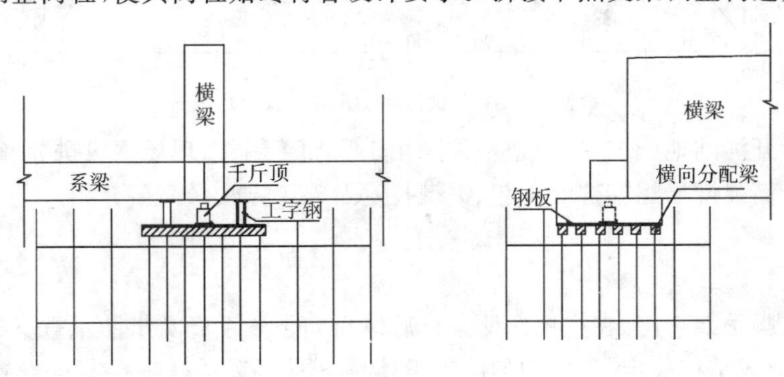


图4 桥面系拼装节点支架调整图

### 2.4 膺架计算

膺架体系除考虑压杆稳定计算外，还应对风荷载进行组合检算，确保支架横向稳定，本桥支架风荷载考虑 $700N/m^2$。

### 2.5 支架预压

为准确测定支架在荷载作用下的变形量，同时也为了验证支架的强度、刚度和稳定性，对系杆节点支架进行等载预压。在主桁系杆两侧各选5个节点支架进行预压，堆载重量按系杆、拱肋及施工荷载的总和。等载预压状况下，支架最大压缩量24mm，平均沉降量22.5mm，卸载后弹性变形平均值2.5mm，非弹性变形20mm。

## 3 桁架拱安装

桁架拱安装遵循先桥面系后拱肋，先边跨后中跨，先主桁后连接系的顺序，主要施工步骤如图5所示。

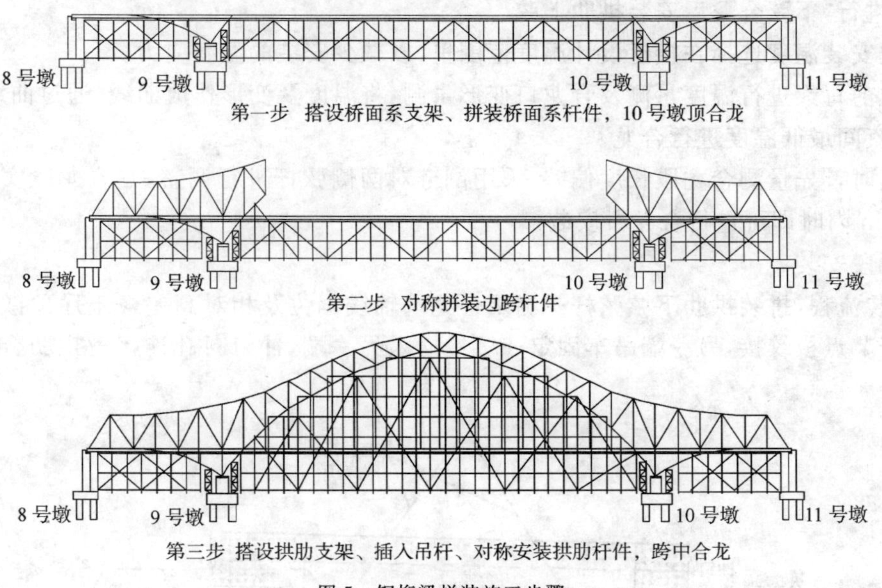


图5 钢桁梁拼装施工步骤

### 3.1 杆件预拼

杆件预拼在预设的平台上进行，按照单元组拼图将节点板用冲钉栓合，并在基本杆件上标出钉栓长度区域线，螺栓长度、数量、拼装方向、重量和重心位置，经检查合格后进行安装。杆件预拼是将节点板等部件在预拼场栓合在主杆件上，与主杆件一同吊装到位，其预拼质量关系桁梁整体拼装精度及效率，同时预拼装时亦能检查栓孔重合误差及结构尺寸。预拼时板层密贴应满足0.3mm插片插入板层缝隙深度不大于20mm。支承节点磨光顶紧范围内接触面缝隙不大于0.2mm；栓孔重合率应达到工厂试拼质量要求。

### 3.2 杆件吊装

杆件在预拼场预拼经检查合格后，由平板车运输至龙门吊吊具范围内，由龙门吊吊装至设计位置，安装端采用 $\phi$24mm 冲钉及M24普通螺栓固定，调整高程、轴线后逐节推进，形成稳定空间结构。

### 3.3 加劲弦安装

加劲弦是全桥安装的控制性部分，其轴线、夹角决定着全桥拼装的精度及质量。加劲弦安装的关键是控制支座高程及轴线，支座轴线或相对高程误差大易造成杆件扭曲及桥面系合龙时 $z$、$y$ 方向较大偏差，增加合龙段安装难度。加劲弦节点坐标采用地面投影放样，坐标平差后再对称安装杆件，节点高程采用视线法精密测量，以高差控制为主，同时严格控制箱梁弦杆平面的扭转度，使各节点轴线及高程均位于同一面内。

### 3.4 钢桁拱肋安装

拱肋采用对称拼装、节段推进、跨中合龙。桥面系合龙后搭设拱肋拼装支架，安装拱肋弦杆，调整轴线及高程后安装平联支撑，形成稳定空间结构。拱肋支架顶部设置可调顶托及横向分配梁，用于支承桁拱及上部荷载，拼装过程中采用三角高程及弦矢法严格控制节点空间坐标。

### 3.5 吊杆安装

拱肋弦杆安装前先将吊杆插入系杆拼装节点板，用冲钉栓接，上部用支架固定。拱肋弦杆合龙后解除下部冲钉及支架约束，顶端与拱肋弦杆栓接，使吊杆处于吊垂状态，确保吊杆在安装过程中不承受压应力，较好地解决了拱肋合龙后吊杆安装难就位的技术难题。

## 4 拱肋合龙施工

**4.1** 桁梁拱肋合龙施工，根据设计及合龙施工正处高温季节的条件，采用先合龙拱肋下弦后合龙上弦两个阶段进行，下弦合龙后安装拱肋上弦。

**4.2** 合龙安装温度选择在接近设计温度范围里，以减少安装的温度应力。

**4.3** 合龙前每天进行温度量测及合龙口变形量测，将温度及变形作成曲线，通过曲线分析，选择接近设计温度的夜间最低温度进行合龙。

**4.4** 合龙时首先量测合龙段长度偏差，采用倒链对两侧弦杆进行调整，当合龙段实测长度与理论长度差在±5mm 内时即可进行合龙段安装。

**4.5** 合龙段安装

合龙段安装流程：拼装拱肋下弦弦杆→测量合龙端轴线偏位及相对高差→千斤顶微调→吊装合龙段，一端与弦杆节点板绞接，另一端吊车固定→缓慢插入另一端，冲钉对孔连接→拱肋合龙。安装流程如图 6 所示。

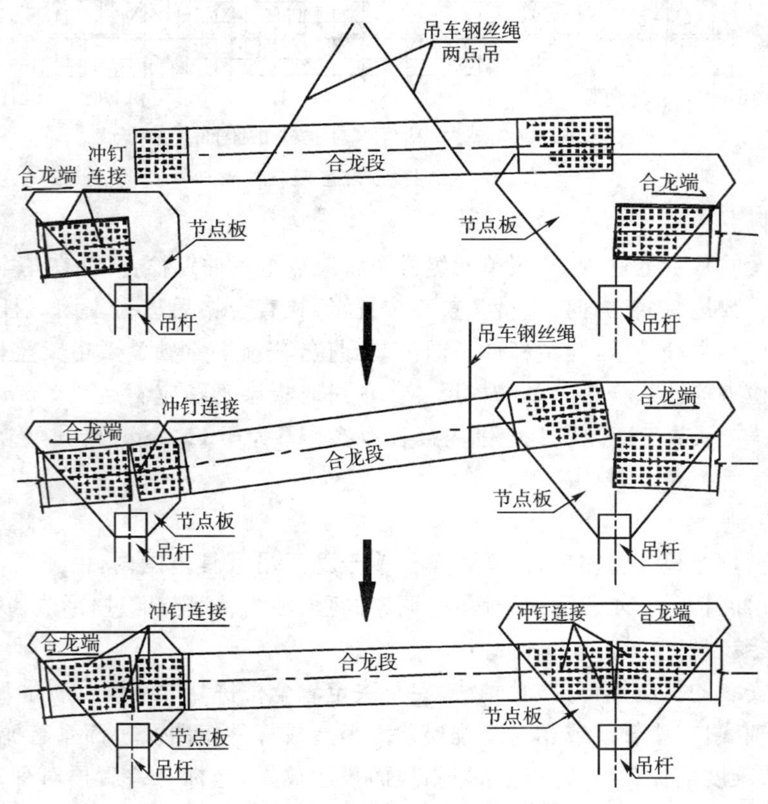


图 6 拱肋合龙流程图

**4.6** 拱肋弦杆合龙后，横联杆件应在弦杆次应力释放后进行安装。

**4.7** 拱肋合龙后固结活动支座，解除其临时约束，恢复滑移功能，以释放温度效应的影响。

## 5 高栓施拧工艺

**5.1** 摩擦面抗滑移系数检验试板应采用与桁梁构件同一材质、同一摩擦面处理工艺，同批制造、使用同一性能等级的高强度螺栓连接副，并在相同条件下运送，摩擦系数应满足设计要求。

**5.2** 高强度螺栓应能自由穿过，当板上孔位不正有少量位移时可用绞刀修正或扩孔，为防止钢屑落入板层缝中，绞孔前应将该孔四周用普通螺栓拧紧。

**5.3** 高强度螺栓采用扭矩法施拧，分初拧、复拧、终拧三步完成，终拧扭矩采用进场后复验扭矩系数确定，并根据现场实际温度进行修正；高强度螺栓群应由节点中心向外呈辐射状扩展栓合，初拧终拧后分别用不同颜色油漆标记，防止漏拧。

**5.4** 加强施拧板手上班前及下班后的扭矩标定工作，以使扭矩值稳定准确。

**5.5** 终拧检查采用螺母松扣法，检查合格的节点板周围若有缝隙应采用抗老化性能较好的腻子封堵严密，并在螺栓、螺母垫圈的外露部分涂上油漆，防止暴露生锈。

## 6 膺架拆除

膺架拆除按照先拱肋后桥面系，从跨中向支点进行，落架过程中随时监测杆件应力及变形，防止结构失稳，同时严密控制吊杆应力变化幅度。

## 7 结语

该桥于2006年2月30日开始拼装，2006年8月7日合龙，拱肋下弦合龙段横向偏位8mm，纵向距离+16mm，两端高差3mm，合龙段无后钻孔及扩孔，栓孔重合率达100%。全桥线形优美、环境和谐，成为常州市一道靓丽的风景。

2006年12月江苏省交通建设质量检测公司对该桥进行静动载试验，各项指标均符合设计要求。

# 系杆拱大桥主桥V形墩施工技术

张 迪 张 林

（中铁二十局集团第一工程有限公司）

**摘 要** 运河南移改建常州阳湖大桥主桥跨越京杭运河，为跨径108m的V形墩单肋系杆拱桥，两个主墩采用V形墩，墩身体积庞大，结构复杂，结合工程实例，介绍大型V形墩施工技术。

**关键词** 运河桥 V形墩 施工

## 1 工程概况

京杭运河常州市区段改线工程是江苏省、常州市共建的重点交通基础设施项目，运河改线全长26.1km，拟建跨运河11座景观桥梁，常州阳湖大桥属于其中的一座，桥轴线与新建运河呈98.065°夹角，考虑景观及航道影响，主桥采用主跨为108m V形墩单肋系杆拱一跨跨越运河。

阳湖大桥主桥V形墩高10m，截面为2×16m矩形，墩身内部夹角为76.8°。单个墩身C50混凝土986$m^3$，墩身钢筋185t，12-$\phi$15.24预应力钢绞线28束，$\phi$32精扎螺纹钢265根。V形墩宽度与边跨箱梁梁底板宽度相同，同为16m。

本桥V形墩施工主要难度有以下几点：

(1)V形墩体积庞大，尤其是墩身侧壁混凝土厚2m，混凝土侧压力比较大，同时支架要承受对应上部边跨箱梁及预埋拱脚荷载，对支架要求比较高。

(2)V形墩内部结构复杂，钢筋、预应力管道交错，钢筋、预应力管道定位及模板支立困难。

(3)V形墩内部结构复杂，混凝土浇注困难；V形墩为高强度等级混凝土，墩身底部体积大，混凝土水化热处理困难。

## 2 施工方案比选

根据以往施工方案，V形墩支架搭设采用钢管支架或采用型钢加工定型支架。阳湖大桥V形墩结构受力复杂，混凝土侧压力大，同时考虑到V形墩顶部边跨施工时的不对称荷载，采用钢管支架难以达到受力要求，并且预压困难；如果采用型钢加工定型支架，可以满足受力要求，但是要增加投入，且定型支架加工时间长，组装、拆卸困难，同时根据工期要求，主桥两侧V形墩基本上要同时施工，需要加工两套支架，施工投入更大。

考虑到V形墩施工难度，阳湖大桥主桥V形墩采用“贝雷梁、钢支墩组拼支架法”施工；墩身底部和上部圆弧部分采用定型钢模板，中间直线段采用涂塑板；混凝土分两次浇筑，并在墩身底部设两层冷却管解决混凝土水化热问题。

## 3 V形墩支架设计及施工

支架设计考虑了墩身混凝土的自重、上部箱梁混凝土重量及预埋拱脚重量，模板及支架自重，倾倒混凝土时产生的冲击荷载，振捣混凝土时的荷载，施工人员和机具行走运输、材料堆放等荷载，重点考虑了支架的侧压力、总体稳定和沉降。

经过综合考虑，本桥V形墩支架采用“贝雷梁、钢支墩组拼支架法”施工，采用钢支敦支撑，贝雷梁作为支架，具体施工情况如下。

### 3.1 支架基础

利用主墩承台顶预埋[22 槽钢与斜贝雷梁铰接，并在两侧设 C20 混凝土条形基础作为竖向、斜向钢支敦支撑基础，基础面积为 18m×1.7m，高 0.8m，为防止基础向外滑移，每侧对应斜支撑设 6 道钢丝绳通过承台顶预埋的拉环在条形基础后部施加预应力锚固。

### 3.2 钢支墩支撑

利用竖向、斜向钢支墩分别支撑水平、斜贝雷梁，钢支墩顶部设砂箱，砂箱顶部横向设两根 I20 工字钢，确保支架横向整体性，斜支撑安装时首先在支架底部搭设临时钢管支架，便于就位，施工时利用汽车吊进行吊装，并及时与预埋件焊接。每节钢支墩长度为 0.5m、1.0m 两种，调节段单独加工。

### 3.3 贝雷梁支架

V 形墩每侧设置 6 组贝雷梁，每组为单层双排，斜向为 3 片，水平为 2 片，水平贝雷梁和斜向贝雷梁在地面上分别用支撑架连接，在钢支墩及预埋件检查合格后，利用汽车吊首先安装斜向贝雷梁，在单侧斜向贝雷梁全部就位后，安装上部水平贝雷梁，斜向贝雷梁底部与承台上的预埋槽钢利用贝雷梁销子进行铰接，上部底端用销子与水平贝雷梁铰接。

### 3.4 水平拉杆

为控制混凝土侧压力，在支架搭设完成，并且模板安装后对应贝雷梁支架，在 V 形墩内部设五组(每组 6 根)直径为 $\phi$32 精轧螺纹钢作为水平拉杆，重点解决 V 形墩向外的张力，采用混凝土对称浇筑，抵消两侧对称侧压力。

### 3.5 支架搭设示意图

图 1 为 V 形墩支架搭设示意图。

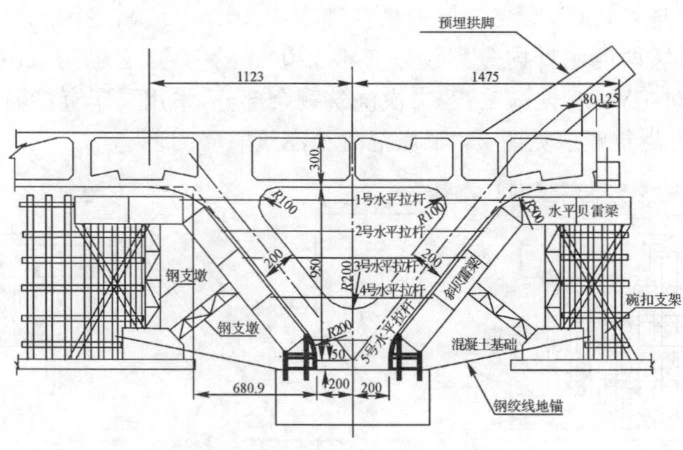


图 1 V 形墩搭设布置示意图(尺寸单位:mm)

## 4 V 形墩模板设计及施工

### 4.1 模板设计

模板采用钢模板与涂塑板组合使用，墩身圆弧部分(并加 10cm 直线段)及下部墩座采用定型钢模板，其余中间直线部分采用涂塑板(竹胶板)。根据混凝土浇筑的方案，模板分两次安装。在外侧支架搭设完成，并调整到位后，开始安装 V 形墩模板，具体如下。

### 4.2 立外模后背槽钢

在外侧斜贝雷梁、水平贝雷梁搭设完成，并精确就位后，开始立外模后背[22 槽钢，并固定在斜贝雷梁上，防止滑移，每根槽钢长 9m，水平 2 根对接，墩身侧面各伸出 1m，作为侧面的固定连接。

### 4.3 立外模

在外模后背槽钢固定后，立所有外模，模板采用汽车吊安装，安装后再对局部不符合要求的地方进行细部调整，尤其注意钢木结合面的处理，确保拼缝严密，模板平整，混凝土浇筑时不错台。

**4.4 立内模**

根据施工方案，V形墩混凝土分二次浇筑，为便于施工，内模也分二次安装，外模支立结束后，开始绑扎第一次浇筑混凝土钢筋，安装锚具、波纹管及精扎螺纹钢等，然后立第一次浇筑混凝土部分内模，安装拉锚钢筋及底部两组水平拉杆，浇筑第一次混凝土；同理，安装第二次内模。

在固定模板的过程中，要特别注意内模上浮现象的发生，防止内模上浮的措施为：在浇筑承台时预埋 $\phi$20 钢筋，将内低弧模板拉住，确保浇筑过程中内模不上浮。

## 5 钢筋及预应力施工

根据混凝土浇筑方案，为施工方便，计划V形墩钢筋安装分二个阶段，具体为：在V形墩外模安装结束，并调整好之后，开始现场钢筋绑扎工作，具体施工时首先将第一次浇筑部分钢筋绑扎结束，V形墩身高度方向主筋全部绑扎好(该主筋数量大，如果只绑扎第一次浇筑混凝土部分，则第二次安装时焊接量太大)，然后定位锚具、筋波纹管及精扎螺纹钢，然后立内模浇筑第一次混凝土；在第一次混凝土凝固后及时进行凿毛，然后绑扎墩身剩余部分钢筋及预应力定位，最终在完成整个墩身施工后再进行预应力张拉。

由于内部预应力管道复杂，施工时注意上层钢筋绑扎和预应力定位之间安装顺序。

在第一次浇筑混凝土部分钢筋绑扎结束后，在底部墩座部分设两层冷却管，在混凝土浇筑后及时通水，以降低混凝土的水化热，最后通过压浆封堵管道。

## 6 混凝土浇筑

混凝土浇筑分两次进行，第一次浇筑至内模圆弧以上10cm处，高度为4.21m，由于混凝土内侧主筋比较密，采用在V形墩两侧斜臂内分别设置7根 $\phi$30cm的PVC管输送混凝土，并捆绑在底层主筋上，用汽车泵直接泵送进PVC管内施工；第二次浇筑剩余部分，采用泵车直接输送到混凝土作业面上施工。具体V形墩混凝土浇筑顺序见图2V形墩混凝土浇筑顺序图。

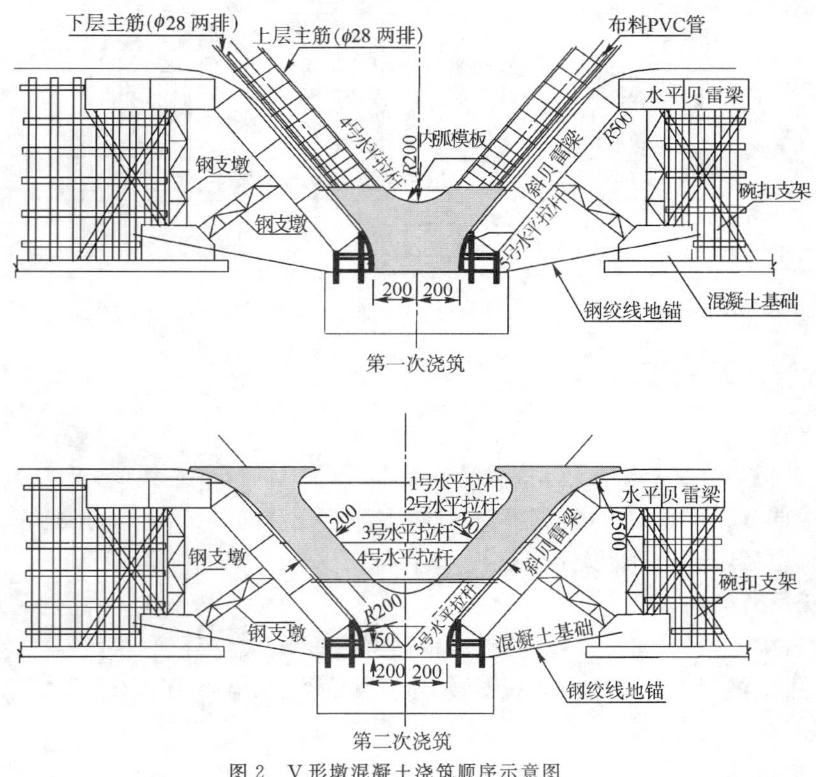


图2 V形墩混凝土浇筑顺序示意图

混凝土由罐车运至现场，采用两台汽车泵车由V形墩两侧、并从一端向另一端对称分层连续浇筑。

为便于第一次浇筑混凝土施工人员操作，上部第二次浇筑部分支撑钢筋只绑扎一半，操作人员只负责横向2m范围的混凝土振捣，注意防止底部圆弧部分漏振。在第一次混凝土浇筑完成后及时进行凿毛，然后绑扎下一次浇筑部分钢筋，立内模，对称浇筑第二次混凝土。

## 7 V形墩施工观测

在V形墩临时混凝土基础、模板外侧斜贝雷梁、内侧水平拉杆上设观测点，在混凝土浇筑过程中及浇筑后8小时内，用全站仪进行高程及位移观测。

根据现场设点观测，在没有对支架进行预压的情况下，施工中各点平均沉降5mm，中间位置最高点为8mm，水平位移基本没有。

## 8 V形墩施工图片（图3）

图3 V形墩施工图片

## 9 V形墩施工相关检算

### 9.1 荷载计算

9.1.1 V形墩混凝土重量

1/2V形墩混凝土数量493$m^3$，按照综合荷载考虑，混凝土重量按2.7$t/m^3$计算，则混凝土重量为：$G=493\times2.7=1\,331t$。

9.1.2 V形墩混凝土支撑构件受力分析

V形墩混凝土重量由水平拉杆、斜支墩，以及承台或已浇筑的墩座混凝土承担，计算时全部荷载由30根水平拉杆、12个斜支墩，承台顶部由于采用预埋件控制模板外移，相当于一排水平拉杆，因此按6个斜支撑点进行力分配：

$N=1\,331/(30+12+6)=27.73t$/根，即每根水平拉杆、斜支墩及承台预埋件受力分别为25.60t。

### 9.2 斜托架基础抗滑稳定计算

V形墩受力情况如图4。

9.2.1 竖向力（如图4）

$P_1=6N\cdot\sin51.5°=6\times27.73\times\sin51.5°=130.21t=1\,302.1kN$；

$P_2=1.7\times1.5\times17\times3.5=1\,517kN$（式中3.5为混凝土及钢支墩、上部其他荷载折算重度）。

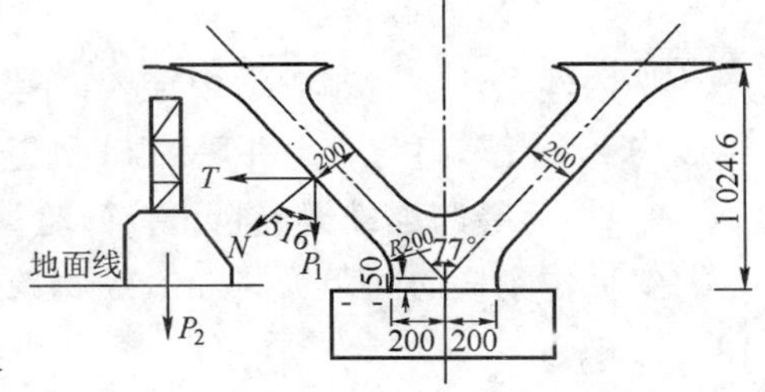


图4 V形墩受力示意图（尺寸单位：cm）

水平力：$T=6N\cos 51.5°=6\times 27.73\times \cos 51.5°=103.57\text{t}=1\,035.7\text{kN}$。

9.2.2 抗滑稳定性检算

基底摩擦系数 $\mu$：取 $\mu=0.3$(黏性土,硬塑)。

(1)稳定检算

$K_c=\mu(P_1+P_2)/T=0.3\times(1\,302.1+1\,517)/1\,035.7=0.82<1.3$，不满足要求，因此需要采取锚碇措施。

(2)锚碇检算

①锚碇交 $\alpha$

$$\tan\alpha=1.5/7.066=0.212$$

$$\alpha=11.96°$$

②竖直力

$$N_1=T_1\sin 11.96°=1\,536\times\sin 11.96°=318.3\text{kN}$$

③水平力

$$N=T_1\cos 11.96°=1\,536\times\cos 11.96°=1\,502.65\text{kN}$$

④锚碇自重

$$P=26\times 10.4\times 3.5\times 2.6\times 10=24\,606.4\text{kN}$$

⑤重力式锚碇

$K_H=(24\,606.4-318.3)\times 0.3/1\,502.65=4.8>1.3$，符合要求。

式中：$K_H$——抗滑稳定系数；

$P$——锚碇自重；

$V_T$——拉索拉力 $T$ 的竖直分力，$V_T=T_1\sin\alpha$；

$f$——锚碇与基底的摩擦系数；

$H_T$——拉索拉力的水平分力，$H_T=T_1\sin\alpha$。

**9.3 锚碇拉索选择**

9.3.1 每个斜支墩受力为 27.73tf＝277.3kN

9.3.2 拉索采用 2 根 6×37-$\phi$17.5-1 700-特-右交 GB 1102—74 钢丝绳

断面积 $A=2\times 111.53=223.06\text{mm}^2$

每延米重量 $q=1.048\text{kg/m}$

单根索的破断拉力 $T=189.500\times 0.82=155.39\text{kN}$

其中 0.82 为钢丝绳破断拉力换算系数

弹性模量 $E=7\,560\text{t/cm}^2=75\,600\text{kN/cm}^2$

9.3.3 钢丝绳破断拉力总和 $T=2\times 155.39=310.78\text{kN}>277.3\text{kN}$，满足要求。

9.3.4 拉索调整

将钢丝绳从临时基础墩中穿入，并将钢丝绳一端用卡环固定在锚环上(锚环采用双 $\phi$32 圆钢)，然后用 3 门 20t 滑车组与 2 个并联的 5t 倒链进行收紧调整，滑轮组钢丝绳选用 6×37-$\phi$15-170 钢丝绳。

**9.4 两等跨连续梁(斜贝雷梁)验算**

斜贝雷梁横向间距为 3.3m，纵每跨长度为 12/2＝6m，每道斜托梁每延米荷载：$q=1\,331/12/6=18.5\text{t/m}$。

双排单层贝雷梁$[M]=1\,576.4\text{kN}\cdot\text{m}$；$W_X=7\,157.1\text{cm}^3$、$I_X=500\,994.4\text{cm}^4$。

9.4.1 强度检算

两等跨连续梁：$M_{max}=0.07ql^2=0.07\times185\times6^2=466.2\text{kN}\cdot\text{m}<[M]$，符合要求。

9.4.2 挠度检算

$W_{max}=0.521\times ql^4/(100EI)=0.521\times185\times6^4\times10^3/(100\times210\times10^9\times500\,994.4\times10^{-8})\times10^3=1.2\text{mm}<[6/1\,000]=6\text{mm}$，符合要求。

**9.5 V 形墩外侧模板侧压力验算**

9.5.1 验算数据

V 形墩高度为 10m

混凝土浇筑速度为 1m/h

混凝土入模温度 $r=20℃$

外加剂修正系数 $K=1.2$

9.5.2 验算侧压力

$$V/T=1/20=0.05>0.035$$

$$h=1.53+(3.8\times1/2)=1.72$$

$$P_m=K_rh=1.2\times26\times1.72=53.66\text{kPa}$$

式中：$P_m$——新浇筑混凝土对模板的最大侧压力(kPa)；

$h$——有效压头高度(m)，$h=1.53+(3.8\times V)/T$；

$V$——混凝土的浇筑速度(m/h)；

$T$——混凝土入模的温度(℃)；

$r$——混凝土重度；

$K$——外加剂影响修正系数，掺缓凝剂作用的外加剂时取 $K=1.2$。

**9.6 水平拉杆计算**

V 形墩混凝土对模板的侧压力为 53.7kPa，横向拉杆间距为 1m，纵向拉杆间距为 2m，由此来选用拉杆直径。

9.6.1 模板拉杆承受拉力

$$P=F\cdot A$$

式中：$P$——模板拉杆承受的拉力；

$F$——混凝土的侧压力($\text{N/m}^2$)；

$A$——模板拉杆分担的受荷面积($\text{m}^2$)，其值为 $A=a\cdot b$；

$a$——模板拉杆横向间距；

$b$——模板拉杆的纵向间距(m)。

$$P=53\,700\times2\times1=107\,400\text{N}\times2=214\,800\text{N}$$

9.6.2 水平拉杆直径选择

选用 $\phi25$ 精扎螺纹钢

抗拉强度设计值为 650MPa

$$[\sigma]=x(d/2)^2\times\pi=650\times(25/2)^2\times3.14$$

$$=319\,068\text{N}$$

式中：$[\sigma]$——换算容许拉应力(N)；

$x$——抗拉强度设计值(MPa)；

$d$——精扎螺纹钢直径(mm)。

根据上述计算，水平拉杆受力为277.3kN，因此选用 $\phi$25 精扎螺纹钢符合要求。为确保安全，利用既有材料，所有水平拉杆全部采用 $\phi$32 精扎螺纹钢。

## 10 结语

本桥大型V形墩施工，采用贝雷梁、钢支墩等既有材料施工方案，不但解决了受力的难题，而且缩短施工周期，节约投资，为类似工程施工提供了很好的借鉴。

**参考文献**

[1] 中华人民共和国交通部. JTJ 014—2000 公路桥涵施工技术规范实施手册. 北京：人民交通出版社，2000.

[2] 路桥施工计算手册，北京：人民交通出版社.

[3] 公路桥涵设计手册，北京：人民交通出版社，1997.

# 浅述拱肋混凝土的顶升施工

张　平　张　明

（中铁二十四局路桥公司）

**摘　要**　结合常州青洋大桥钢管混凝土顶升施工实例，介绍大跨径拱桥钢管拱肋混凝土顶升施工工艺及相关的安全质量保证措施，为类似工程的施工提供一种安全可靠、经济实用的参考方案。

**关键词**　钢管拱肋　钢管混凝土　顶升　灌注

## 1　工程概况

青洋大桥主桥跨度 120m，桥面宽度 38.5m。桥面为预应力钢筋混凝土结构，整个桥面荷载通过 34 根拉杆作用在钢管拱肋之上。

本桥钢管拱肋为倒三角形桁架形式，两根上弦杆为 $\phi$800×30 钢管，下弦杆为一 $\phi$1 200×30 的钢管，上下弦杆通过 $\phi$300×14 的钢管腹杆及吊杆锚箱作为平撑进行连接，拱肋顶面宽度为 3.3m，高度 3.5m。钢管采用 Q345C 高强度结构钢，内填 C50 微膨胀混凝土，上弦和下弦共计混凝土 174.86$m^3$。

## 2　施工方案

### 2.1　方案选择

根据青洋大桥的施工环境及条件，钢管混凝土采用顶升灌注的施工方案，具体如下：

(1)泵的设置：根据现场实际及安全技术要求，施工将泵安置在已浇筑好的桥面上。

(2)材料选用：根据钢管混凝土的设计要求，管内不得出现断缝、孔洞，不得出现混凝土与管壁脱离等现象，这就要求单管混凝土灌注必须连续浇筑，且灌注完成时间不得超过首盘混凝土初凝时间。因此，钢管内的混凝土采用 C50 高强、半流动、缓凝、微膨胀混凝土。

(3)顶升顺序：第一次顶升 1 号弦杆，两端各配置一台泵机(另外两台备用)，由两拱脚至拱顶对称均衡地一次顶升完成；第二次在顶升完 1 号弦杆后紧接着顶升 2 号弦杆，同样对称均衡地一次顶升完成。1 号、2 号弦杆管内混凝土达到 80%的强度时才顶升 3 号钢管。钢管拱肋预先设置进浆孔、排气孔，并配备混凝土截止阀、法兰盘等施工器具。压注顺序见图 1。

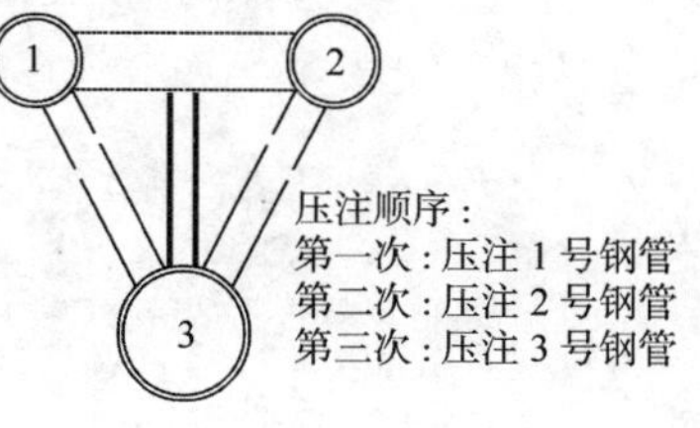


图　1

### 2.2　顶升各阶段的施工

#### 2.2.1　顶升混凝土前的准备工作

1)准备工作

顶升施工前需做许多准备工作，如开孔、混凝土试配、顶升设备的选型等。

(1)排渣孔、注浆孔和排气孔的设置

排渣孔、注浆孔和排气孔的设置必须合理，以期满足施工需求和质量要求。本拱桥的排渣孔、注浆孔和排气孔具体设置如下：

排渣孔：设置在钢管拱肋与两端拱脚交接面底部，在混凝土顶升前修补复原。

排气孔：在拱顶部位设置，全桥共6根，每根弦杆布置两根。上弦杆排气管长2.0m，内径为20cm；下弦管排气管长2.0m，内径为20cm；上下弦杆排气孔孔口直接竖直向上焊接，排气孔的设置避开300mm腹杆与拱肋钢管的相接部分布置。该排气管可作为混凝土的反压管。

注浆孔：上下弦管的注浆孔设在两端拱脚处的拱肋水平侧面，注浆孔离拱脚混凝土前端面1.85m。孔径为12.5cm，焊接管长度为50cm，斜度按照30°进行控制。注浆管与拱肋钢管内壁平，四周平均分布四块加劲板，顶升完成并待拱肋中混凝土达到一定的强度后，将拱肋修补复原。另外在1/2的拱肋高处焊接相同的备用注浆口。

注浆孔和排气孔的设置见图2、图3、图4。

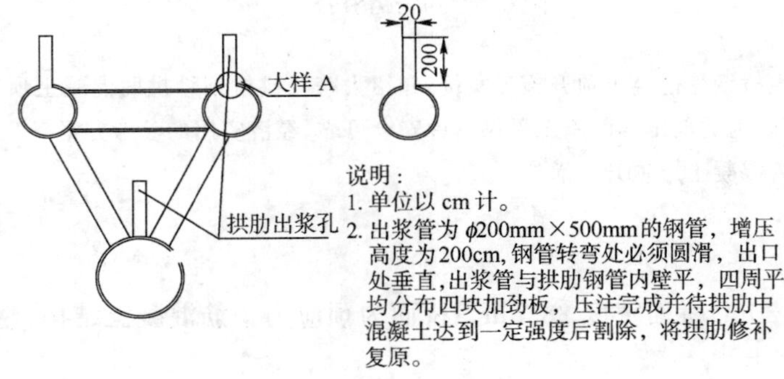


图2 拱肋排气管布置图

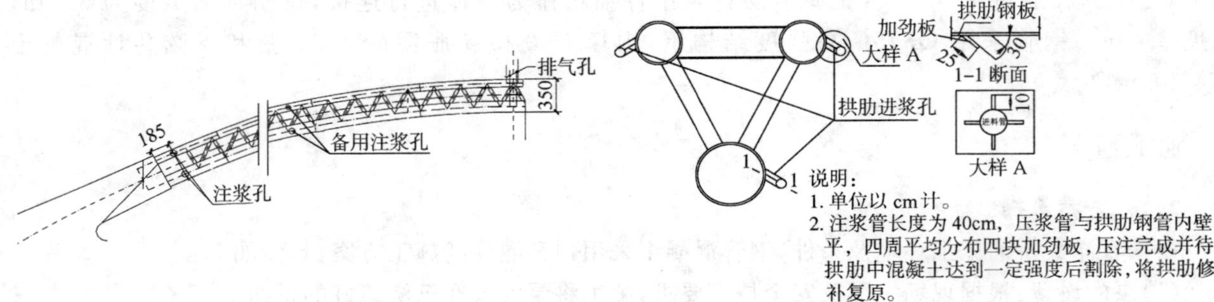


图3 拱肋注浆管布置图

图4 注浆口的设置形式

(2)工作平台及脚手架搭建：顺钢管拱肋搭设脚手架通道，利用拱肋吊装、焊接时的支架，防止拱肋混凝土灌注加荷过程中钢拱产生不利的变形，另外在拱顶设辅助工作平台，采用木盒收集排气孔喷出的砂浆及混凝土，以防污染钢管的表面。同时在钢管冒浆处的四周用彩条布或塑料薄膜进行包裹。

(3)微膨胀混凝土的试配和供应保证措施，联系有资质的试验单位试配微膨胀混凝土的配合比，保证混凝土的供应和方量。

(4)顶升施工设备检修到位:检查钢管拱肋预先设置的注浆孔、排气孔等。混凝土高压水平泵的选用、布置、管路及阀门的连接。为防堵管等特殊情况,每端个备用一台(包括相应的附属设施)。

(5)采用水准仪、全站仪等测量设备,准备用于施工过程中的全程观测监控。

2)输送泵的选型

泵送顶升混凝土的关键是混凝土泵车提供的最大泵送顶升压力能够使钢管内的混凝土达到钢管的顶端,因而泵车的性能、混凝土的特性与顶升的高度是决定施工机具选型的主要条件。根据本工程的钢管拱肋跨度、顶升混凝土方量、顶升高度及输送泵的主要技术参数,选定的输送泵型号为"SANY HBT80C"型拖式混凝土输送泵,泵机具有恒功率控制功能。

选定输送泵时应符合以下要求:

①性能要求可靠,以保证连续浇注,且必须有一台同类型的输送泵备用;

②输送泵的额定扬程要求大于1.5倍的浇注顶面高度;

③输送泵的输出压力不能太大,以免钢管被压破。

④在全桥施工中,要求管路的直径相同,采用125A管。输送管的壁厚保证不小于2.5mm,并配有管卡。

3)混凝土的配合比设计

C50微膨胀混凝土配合比委托有资质的材料试验中心做试验,设计混凝土收缩率为0%,且混凝土配料的强度比设计提高15%,水灰比小于0.45,坍落度23±3cm。同时结合在以往工程中的施工经验进行试配,确保工程质量。

重新进行试配并经验证后的配比见表1。

表1

| 水灰比 | 每 $m^3$ 混凝土各材料用量($kg/m^3$) | | | | | | 坍落度 cm |
|---|---|---|---|---|---|---|---|
| | 水 | 水泥 | 砂 | 碎石 | 粉煤灰 | 外加剂 | |
| 0.43 | 206 | 480 | 594 | 1 055 | 40 | 45.2 | 23±3 |
| | | 京阳 P.II52.5 | 长江、中砂 | 溧阳 5～16、5～20 | 夏港、I级 | 南京JM-III | |

注:(1)外加剂采用南京JM-III微膨胀剂,减水率为19%,内掺8%;

(2)粉煤灰采用外掺法,主要用来改善混凝土和易性;

(3)碎石采用溧阳5～16mm、5～20mm,两种连续级配;

(4)按以上配合比制作出的试块28d抗压强度为121%,满足设计要求。

2.2.2 顶升施工阶段

对于注浆孔以下部分(也就是拱脚端面至顶升孔位置),根据管径与长度计算出所需混凝土的体积,首灌就以此数量为准,顶升完成后,待混凝土自落密实,采用铁锤进行敲击检查,确认密实后继续对注浆口以上部分进行混凝土的连续顶升。

(1)顶升顺序:混凝土分三次浇注,第一、二次分别浇注上弦两根钢管内混凝土,到达设计强度80%后,第三次顶升浇筑下弦杆混凝土。

(2)顶升工艺:在本桥两端拱脚位设置注浆孔,混凝土通过输送泵从注浆孔导入、顶升并填充至管顶,完成整个顶升过程。

①先注入适量的清水后再顶升混凝土,清水通过在拱脚底端设置的排渣排泄干净。

②施工时混凝土从拱脚相向、均衡、对称顶升浇注。以单根钢管中混凝土的体积、每车混凝土的多少,待单根钢管混凝土全部到达工地后才进行顶升。顶升前,每车的坍落度,由拌站人员先检查,到达现场后再检验,以确保混凝土的坍落度在验证合格后的范围内(25±3cm),方可泵送。

③现场试验人员记录每车混凝土的到场时间、泵送的起止时间和坍落度；两端2台泵的泵出量要求一致，并保证两侧混凝土面高差在1m以内。

④注浆孔和混凝土输送导管之间通过机械阀门连接。顶升时，待钢管拱顶端的排气孔内冒出混凝土后，两端应暂停5min左右，然后继续顶升，直至拱顶排出合格的混凝土为止，当顶升完成后及时关闭设于注浆口的倒流截止阀(见图5)。

⑤管内混凝土的顶升必须连续进行，不得中断。为保证混凝土的连续顶升，事先请搅拌站到现场察看工地、计算到工地的时间、顶升高度、方式等，一切妥当后发料。待拌制好的单管混凝土量全部到达工地后，即开始顶升，同时通知拌站继续拌制混凝土，保证后续混凝土的连续供应；另外可通过调节输送泵的顶升速度，来保障混凝土的连续供应。混凝土顶升压注示意图见图6。

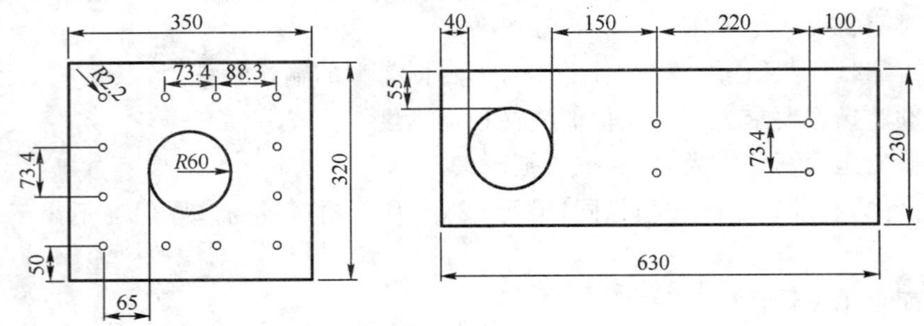


图5 注浆口倒流截止阀示意图(尺寸单位：mm)

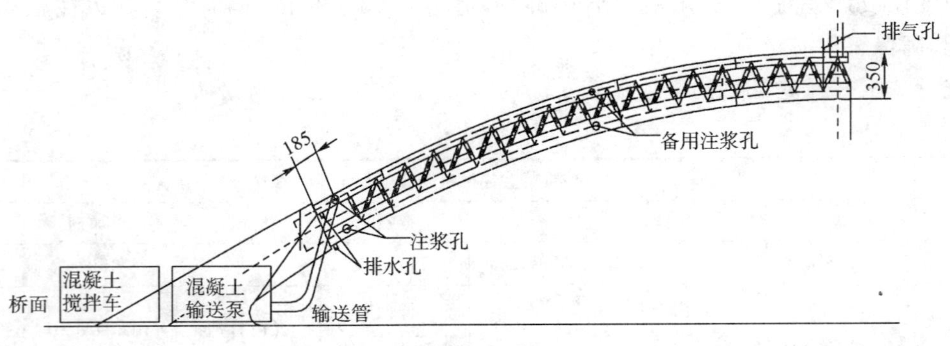


图6 混凝土顶升压注示意图(尺寸单位：mm)

⑥混凝土输送车出浆速度与泵送速度要一致，避免无混凝土空泵送。

(3)在混凝土浇注施工过程中，按照设计要求严格对以下各方面进行测量控制：轴线偏位(全站仪检测)50mm，拱圈高程允许偏差(水准仪检测)±31mm，对称点相对高差31mm。

2.2.3 顶升完成后的检查

(1)混凝土顶升至管顶，待流出合格混凝土一定的时间后，方可停止顶升，利用截止阀对注浆口进行封闭，完成顶升的全过程。

在此阶段，应避免单侧混凝土上升过快，引起腹杆和上弦平杆的纵向振动。混凝土现场养护试件强度达到2.5MPa后，拆除拱顶排气孔和两端拱脚注浆孔的截流阀。由于混凝土凝结过程因素的不确定，截流阀送出过程必须谨慎进行。

(2)钢管内混凝土密实度的检测：钢管内混凝土密实度的检测以超声波检测为主，人工敲击的方法(全管检查)为辅。检测部位：拱脚、1/8跨、1/4跨、3/8跨、跨中、5/8跨、3/4跨、7/8跨等9处。

(3)钢管内混凝土不密实的修补：如发现有不密实的部位用电钻在钢管拱肋上钻孔压注等强度的水泥浆进行补强。

(4)顶升完成后需对整个拱肋的轴线与各点高程进行测量。

## 3 安全与质量保证措施

(1)泵送顶升混凝土所用原材料各项技术指标必须符合国家标准规定。

(2)为确保拱肋混凝土灌注密实，在拱肋安装时必须将拱圈内的铁锈、油污、焊渣等杂物清理干净，而后在混凝土灌注前对管内进行冲洗，拱脚底部设置排污孔，以便污物和水的排放。

(3)采用混凝土输送泵将混凝土从底向高处顶升，由于混凝土顶升高度较高，在拱肋 1/2 高度对称设置两个备用孔，预防出现泵送顶力不足等意外情况发生时应急使用。施工中对泵送速度随时进行调整，尽量对称顶升，特别是接近拱顶时，应避免上升过快而越过拱顶。

(4)为保证均衡上升，用敲击法判断灌注高度，两端对称顶升高差不宜大于 1m。顶升至拱顶附近时，为防止顶部空鼓，两台泵车应同步顶压或停止，当混凝土从排气管口冒出后，应及时停止顶升，停顿 5～10min 进行排气，反复 2 到 3 次，以保证灌注质量。

(5)灌注混凝土时应随时对拱肋的高程和轴线偏差进行观测，灌注前首先在桥面上放出两条宽2～3m 的拱肋投影线，用全站仪进行左右偏位观测，发现拱肋单侧偏移过大，应调整浇注速度。竖向位移的观测可在吊杆自上而下用 $\phi$16 钢筋离桥面 1m 高悬空挂置，拱肋混凝土每顶升 3m，测量一次，下沉或上升过大应停止，调整浇注顺序。

## 4 施工体会

本工程顶升完成后，主要有如下几点施工体会：

(1)根据施工现场的实际情况与设计的施工方法步骤，严格控制步骤和工艺。

(2)对原材料的配比事先进行设计，严格满足规范与设计要求。在施工过程中，严格控制原材料的级配、水灰比、膨胀率以及混凝土的强度等各项指标。

(3)根据现场顶升高程、顶升方量等方面的实际情况，合理选择输送泵。

(4)钢管拱肋混凝土的顶升施工受到多种因素的影响，除了要对工艺、混凝土、输送泵等严格控制外，还应对施工进行严密组织，严格管理，以提高混凝土的施工质量。

通过对对原材料的严格控制、对施工工艺的认真研究、施工时的精心组织、方案确定后的一气呵成的顶升施工，效果十分理想，在顶升完成后钢管内部混凝土密实、无空洞脱壳现象，轴线与高程均控制在设计范围内。为今后有类似结构的钢管拱顶升提供一些可以参考、借鉴的施工方法。

# 连续箱梁悬灌改为长节段支架现浇施工技术

刘　峰

（中铁西局 JHCZQ—10 标项目部）

**摘　要**　本文介绍了连续箱梁悬灌施工改为长节段支架现浇施工技术、线形和挠度控制措施，以供在同类工程中借鉴。

**关键词**　大节段现浇箱梁　支架　合龙段　预应力　施工

## 1　工程概况

天宁大桥是京杭运河常州市区段改线工程中的一座重要桥梁，位于常州市东侧，是连接常州东部地区与市区的主干道，桥梁全长 624m。主桥为避让运河驳岸采用左幅 74m＋120m＋70m，右幅 70m＋120m＋74m 错墩布置的三跨预应力混凝土变截面连续箱梁，主跨跨越改线后的运河，边跨跨越运河河畔规划河滨道路。桥梁按上下行分离式两幅桥设计，间距 1m。主桥采用单箱双室直腹板结构，三向预应力体系，混凝土强度等级为 C60，横断面设计见图 1。

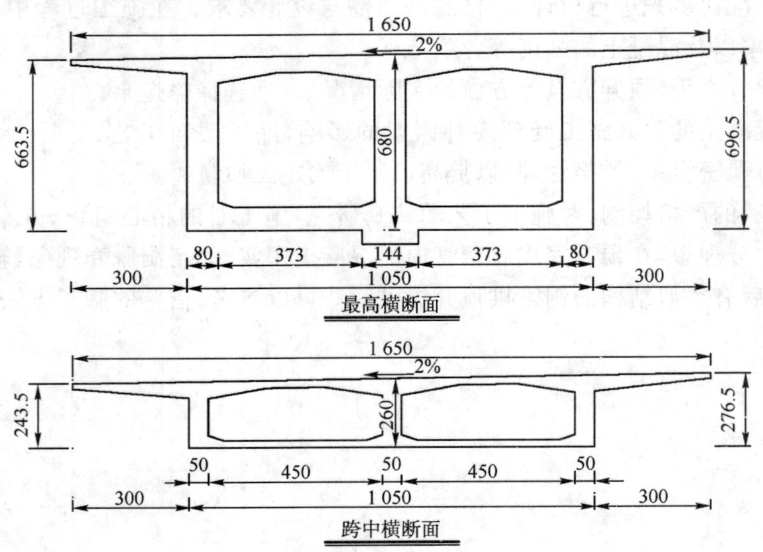


图 1　主桥箱梁横断面（尺寸单位：cm）

主桥箱梁顶板宽 16.5m，底板宽 10.5m，翼板宽 3m。箱梁高度跨中为 2.6m，至距主礅 1.5m 处按圆曲线变化至 6.8m。箱梁在横桥向底板保持水平，顶板设 2％的单向横坡，通过腹板高度来设置。

## 2　主桥变截面连续箱梁总体施工方案

京杭运河常州段改线工程采用先造桥后挖河的方式，天宁大桥桥址位于老 312 国道。主桥初始设计为挂篮悬浇，后为了加快施工进度，根据现场条件将主桥变更为支架法长节段现浇。变更后，0 号块长 18m，0 号块两侧各有 4 个现浇长节段，梁段长度分别为 13m、12m、12m、13m，中跨及边跨各设长 2m 的合龙段。

主桥以连续墩(7 号、8 号墩)为中心,向两侧对称、平衡进行施工作业。现浇支架搭设及拆除施工流程为:

连续墩梁固结,搭设 0 号段支架并预压,分 2 次现浇 0 号段,张拉 0 号段钢束→搭设 1 号段支架,现浇 1 号段,张拉本节段钢束,拆除 1 号段支架→搭设 2 号段支架,现浇 2 号段,张拉本节段钢束,拆除 2 号段支架→搭设 3 号段支架,现浇 3 号段,张拉本节段钢束,拆除 3 号段支架→搭设 4 号段支架,现浇 4 号段,张拉本节段钢束,拆除 4 号段支架→搭设边跨现浇段支架,现浇边跨现浇段(本段可提前进行)→搭设边跨合龙段支架,分别现浇边跨合龙段,张拉边跨顶、底板钢束→拆除边跨现浇段及合龙段支架,解除墩顶临时固结,安装中跨合龙段吊模,现浇中跨合龙段,张拉中跨底板钢束及合龙段钢束→拆除所有支架,成桥。大节段现浇连续梁施工工艺流程见图 2。

主桥箱梁 0 号块～4 号块、边跨现浇段及边跨合龙段采用满堂支架现浇,中跨合龙段采用吊模浇筑。除 0 号块采用二次浇筑,其余块段均采用一次浇筑。各对称块段混凝土的浇注平衡、对称进行。先边跨合龙,再中跨合龙。在中跨合龙后桥梁由 T 形静定悬臂状态变为超静定状态,实现了体系转换。主桥箱梁施工流程见图 3。

## 3 长节段现浇箱梁主要施工技术

### 3.1 0 号块墩顶固结

本桥的墩梁固结形式采用的是钢管柱和墩顶安设临时支座组成,结合近几年的连续桥梁施工,对常用的几种墩梁固结结构形式予以归纳。墩梁固结的结构形式通常有以下四种组合:

(1)墩顶预埋钢筋和硫磺砂浆临时固结垫块(安放电热丝)组合成墩梁固结。

(2)墩顶预埋钢筋和砂筒组合成墩梁固结。

(3)钢管柱和墩顶安设临时支座组成墩梁固结。

(4)竖向预应力钢筋与钢管组合成墩梁固结。经实践得出此种结构形式的墩梁固结有以下优缺点。优点:

(a)适用于较长的 0 号块,此时可以简化 0 号块的支架搭设;(b)采用直径为 $\phi$48cm 的钢管对受力的检算明确,同时钢管桩抵抗部分不平衡弯矩的计算简便;(c)确保支座不受水平力。缺点:

(a)钢管混凝土柱上口与梁体接触面呈倾斜状,两者之间在承受施工荷载时有微小的滑移;(b)由于该桥有 2 个主墩与承台成斜交,这样对于钢管桩的位置布设及基础处理存在一定难度。

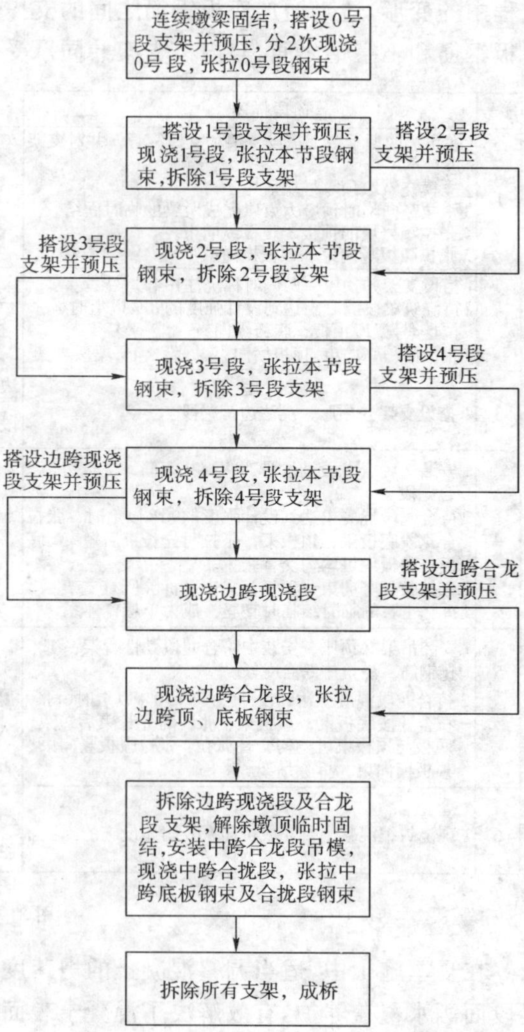

连续墩梁固结，搭设0号段支架并预压，分2次现浇0号段，张拉0号段钢束

搭设1号段支架并预压，现浇1号段，张拉本节段钢束，拆除1号段支架

搭设2号段支架并预压

现浇2号段，张拉本节段钢束，拆除2号段支架

搭设3号段支架并预压

现浇3号段，张拉本节段钢束，拆除3号段支架

搭设4号段支架并预压

现浇4号段，张拉本节段钢束，拆除4号段支架

搭设边跨现浇段支架并预压

现浇边跨现浇段

搭设边跨合龙段支架并预压

现浇边跨合龙段，张拉边跨顶、底板钢束

拆除边跨现浇段及合龙段支架，解除墩顶临时固结，安装中跨合龙段吊模，现浇中跨合拢段，张拉中跨底板钢束及合拢段钢束

拆除所有支架，成桥

图 2 大节段现浇连续梁施工工艺流程图

### 3.2 0 号块支架现浇施工

0 号块长 18m,中心梁高 6.8m,底板厚 0.9m,腹板厚 0.8m,横隔板厚 3m,顶板中部厚 0.28m,采用支架现浇施工。由于 0 号块位置管道密集,预埋件及预留孔多,结构和受力情况复杂,高度高,自重大,同时施工面狭窄,混凝土不易振捣施工,为确保安全和施工质量,分两次浇筑完成。第一次浇注高度高出腹板 2cm,第二次浇注至桥面高程。具体采取以下措施:(1)按照底板→腹板→横隔板→顶板→翼板的顺序浇筑,分层厚度控制在 30～40cm。(2)控制两次

混凝土施工的时间间隔，同时调整好混凝土的水灰比以减少两次浇筑混凝土的收缩徐变差值；(3)将第一次施工的混凝土面凿毛，确保全断面凿毛及凿毛深度，保证两次混凝土间的衔接。(4)在0号块中隔板设置两道冷却管，防止高强度等级、大体积混凝土出现温度裂缝。(5)在0号块中隔板加厚处设置加密钢筋网，防止在隔板位置出现裂缝。

右幅两个0号块施工处于冬季，混凝土浇筑后采用一层彩条布和一层土工布形成挡风的保温层，在夜间气温较低或气温骤降时箱室内用炉子烧水养护。

### 3.3 1号～4号块及边跨现浇段支架现浇施工

1号～4号块及边跨现浇段全部采用一次浇筑工艺，由于块段高度较高，尤其是1号块，块段中心梁高达5.825m，模板支撑体系是关键。外模采用加工的大块钢模，10号槽钢做背带，5mm厚的钢板做面板，采用侧包底的方式。内模采用12号工字钢做纵梁，支架底托坐在其顶面。为减小内模支架在浇筑过程中的变形，适当增加底板钢筋之间的支撑钢筋，同时将用小钢板作为支撑面的支撑钢筋加密焊接在底板钢筋和工字钢之间，与内模支架共同承受顶板的重量。

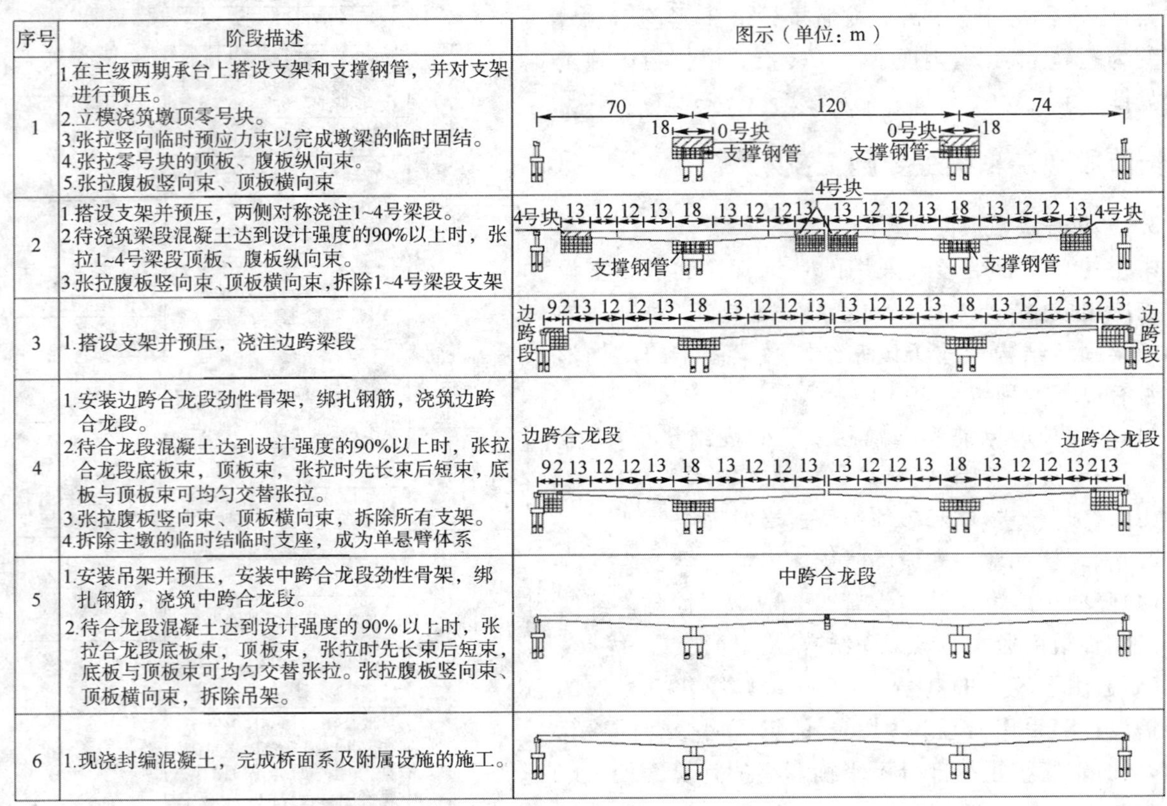

| 序号 | 阶段描述 | 图示（单位：m） |
|---|---|---|
| 1 | 1.在主级两期承台上搭设支架和支撑钢管，并对支架进行预压。<br>2.立模浇筑墩顶零号块。<br>3.张拉竖向临时预应力束以完成墩梁的临时固结。<br>4.张拉零号块的顶板、腹板纵向束。<br>5.张拉腹板竖向束、顶板横向束 | 70 120 74 18 0号块 0号块 18 支撑钢管 支撑钢管 |
| 2 | 1.搭设支架并预压，两侧对称浇注1~4号梁段。<br>2.待浇筑梁段混凝土达到设计强度的90%以上时，张拉1~4号梁段顶板、腹板纵向束。<br>3.张拉腹板竖向束、顶板横向束，拆除1~4号梁段支架 | 4号块 13 12 12 13 18 13 12 12 13 4号块 13 12 12 13 18 13 12 12 13 4号块 支撑钢管 支撑钢管 |
| 3 | 1.搭设支架并预压，浇注边跨梁段 | 边跨段 9 2 13 12 12 13 18 13 12 12 13 13 12 12 13 18 13 12 12 13 2 13 边跨段 |
| 4 | 1.安装边跨合龙段劲性骨架，绑扎钢筋，浇筑边跨合龙段。<br>2.待合龙段混凝土达到设计强度的90%以上时，张拉合龙段底板束，顶板束，张拉时先长束后短束，底板与顶板束可均匀交替张拉。<br>3.张拉腹板竖向束、顶板横向束，拆除所有支架。<br>4.拆除主墩的临时结临时支座，成为单悬臂体系 | 边跨合龙段 边跨合龙段 9 2 13 12 12 13 18 13 12 12 13 13 12 12 13 18 13 12 12 13 2 13 |
| 5 | 1.安装吊架并预压，安装中跨合龙段劲性骨架，绑扎钢筋，浇筑中跨合龙段。<br>2.待合龙段混凝土达到设计强度的90%以上时，张拉合龙段底板束，顶板束，张拉时先长束后短束，底板与顶板束可均匀交替张拉。张拉腹板竖向束、顶板横向束，拆除吊架。 | 中跨合龙段 |
| 6 | 1.现浇封编混凝土，完成桥面系及附属设施的施工。 | |

图3 主桥箱梁施工流程图

在夏季施工中，适当调整混凝土的坍落度、水灰比，尽量避开高温时段施工，浇筑后及时用土工布全梁段面洒水覆盖养护，有效解决了混凝土表面易产生收缩裂缝的问题。

### 3.4 预应力施工

本桥因采用长节段施工，同原来的挂篮悬浇短节段相比，纵向预应力在腹板的锚固断面减少很多，为增加锚固断面，设计单位在腹板内侧箱室内设计齿块和在箱梁底板设计槽口以增加锚固断面，每一节段混凝土浇筑完成后，达到设计张拉强度后，即进行预应力张拉，张拉顺序为纵向→横向→竖向；下弯索张拉顺序遵循先长束后短束、先两边后中间、对称的原则进行张拉作业。

3.4.1 波纹管的定位及预应力筋的穿束

严格按施工图纸提供的坐标定位波纹管，按照曲线段50cm间距、直线段100cm间距布置波纹管定位钢筋，防止波纹管偏移，各波纹管接头保证接头长度。浇注混凝土之前在管道中穿入比管道直径小2cm的塑料内衬管。对于长度≤50m的管道采用人工穿束，长度>50m的若人工不好穿，则用卷扬机及转向滑轮缓慢将钢束穿入管道。

3.4.2 预应力筋的张拉与压浆

张拉前，首先根据试验测得的钢绞线弹性模量修正设计伸长值。张拉时严格按照图纸设计要求顺序对称进行。压浆采用活塞式压浆泵进行，压力范围0.5～1MPa，持压时间不少于2min。浇筑混凝土时在管道的高侧埋设排气孔，若管道较长，则可埋设多个排气孔，保证孔道内排气畅通，从而保证管道内水泥浆的密实度。

**3.5 合龙段施工**

合龙段作为梁体浇筑的最后一个块件，是连续梁施工的关键。它包含了线形控制、应力控制、体系转换、合龙精度等一系列施工重点和难点，因此合龙段的施工方案十分重要。按设计图纸要求，合龙段采用先边跨、后中跨的合龙顺序。边跨合龙段张拉合龙束后，拆除0号块的临时固结，完成结构的体系转换，最后进行中跨合龙段的施工。

3.5.1 合龙段支架及模板施工

边跨合龙段直接采用支架现浇。中跨合龙段采用精轧螺纹钢做吊点，型钢做横梁及分配梁，上铺竹胶板和方木，形成合龙段施工吊架。

3.5.2 合龙段临时锁定

合龙口采用体外劲性骨架方式锁定，每个劲性骨架由双榀40号工字钢与两箱梁端预埋钢板焊接而成，每个合龙口上下共设置8道劲性骨架。锁定前，对箱梁悬臂端进行48h观测，以便选择在气温较低、温度变化较稳定时进行合龙段劲性骨架的锁定，焊接要求在环境温度上升前完成，为缩短锁定时的焊接时间，劲性骨架安装后预先焊好一端，锁定时安排4台焊机同时对称焊接另一端。合龙段吊架见图4。

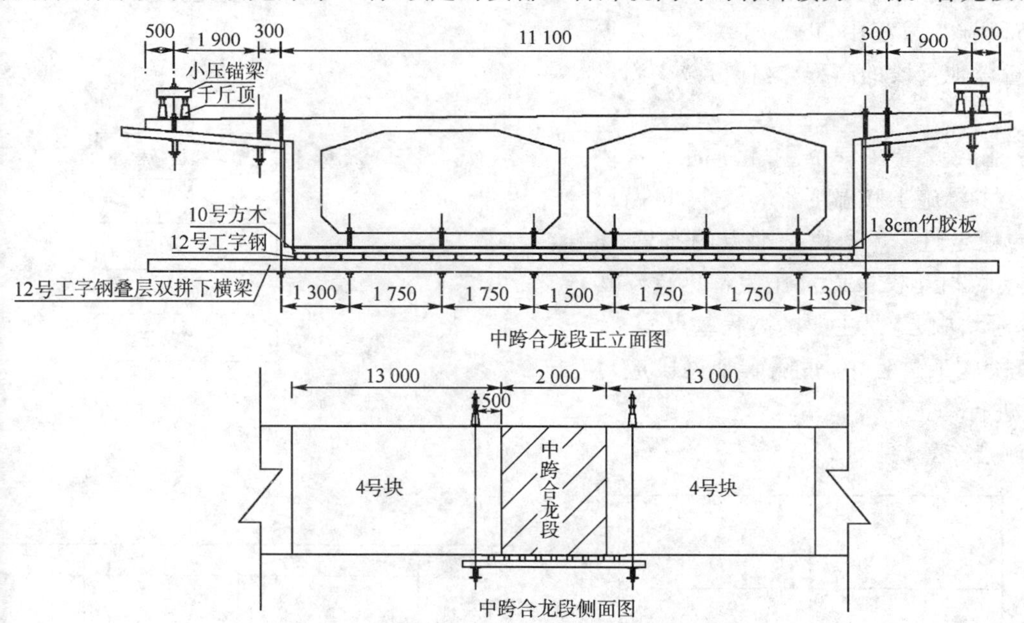


图4 天宁大桥中跨合龙段吊架图(尺寸单位:mm)

3.5.3 合龙段混凝土施工

合龙段混凝土的影响因素较多，而且复杂。在混凝土强度增长的过程中，将承受来自于纵向已浇筑梁段的拉、压作用，应尽可能缩短合龙段施工周期。在合龙段的混凝土中加入早强剂和微膨胀剂，使混凝土尽早达到设计强度，及时张拉合龙段预应力束，以防混凝土出现裂缝。同时，为了保证合龙段施工时混凝土始终处以稳定状态，在浇筑之前合龙段两侧采用砂袋压重，并依桥面中线对称加载至合龙段混凝土的重量，在浇筑混凝土的过程中，分级等量卸载。合龙段浇筑选择一天中气温最低、温度变化最小的时间，这样可保证新浇注的混凝土处于气温上升的环境中，在受压状态下凝固。

**3.6 箱梁线形控制**

本桥箱梁线形的控制是一个难点，影响箱梁线形因素有支架的弹性变形、节段张拉引起的挠度及新浇混凝土自重引起的挠度。为达到施工控制的最终目标，建立了一套完善的监控系统、信息传递与运行机制，以保证施工与控制之间形成良性循环，见图5。

现场采集的各项施工控制数据按照施工控制理论进行分析处理，对施工过程中的施工误差进行分析评价，并根据实际情况给出施工预拱度，从而确定下一节段的模板高程。

3.6.1 支架变形控制

将原地面硬化处理，支架搭到设计高度后，首先进行100%～120%荷载预压，并进行过程观测，根据观测数据计算支架弹性变形量。

3.6.2 箱梁线性控制

箱梁线形控制包括高程控制、中线控制和横向变形控制。高程测量是重点，每个工况都将引起主梁高程的变化，这种挠度变形是否与理论计算值相吻合，是桥梁施工控制的主要内容之一。箱梁三向预应力张拉、温度、风等因素可能引起主梁在横桥向产生位移，导致平面合龙困难，因此主梁中线控制也是桥梁施工控制的内容之一。

(1)0号块高程基点布置(见图6)

在桥梁节段施工过程中，以0号块高程基点为参考点，测量其他梁段的高程，这样可减少测量时间。

主梁高程基点设置在每个主墩顶的0号块上，此处高程受主梁施工和温度影响较小，可以保证控制基点的稳定性。0号块基准点的布置13个，以便基准点间相互校核以及作为备用点。其中0点位于0号块中心，是主要的高程基点。

在桥梁节段施工过程中，每隔1个梁段应对0号高程基点进行修正。

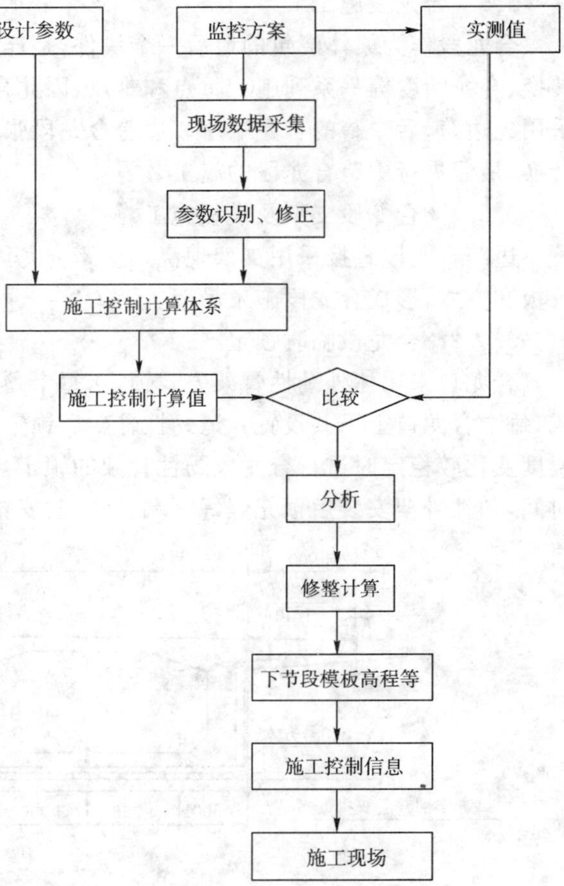

设计参数
监控方案
实测值
现场数据采集
参数识别、修正
施工控制计算体系
施工控制计算值
比较
分析
修整计算
下节段模板高程等
施工控制信息
施工现场

图5 施工控制系统流程

(2)梁段测点布置(见图7)

岸侧
11.0
2.8
4
3
2
1
8
7
6
5
0
12
11
10
9
13.6
20.0

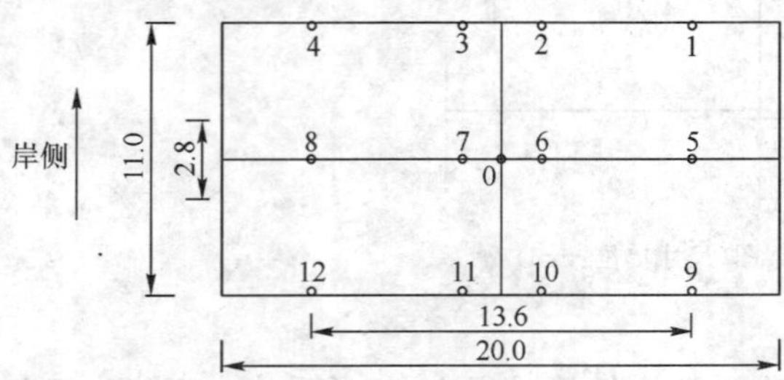

图6 0号块高程基点布置(尺寸单位:m)

3
2
1
6.0
6.0

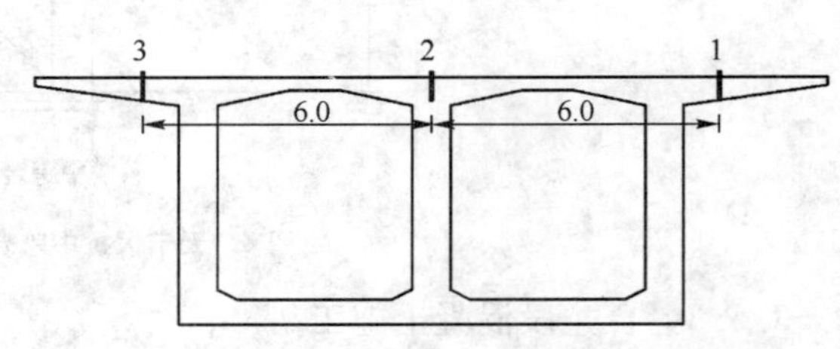

图7 主梁高程测点布置(尺寸单位:m)

梁段高程测点布置在箱梁顶板和底板上。

在每一个梁段顶板距离前端临空面约5cm处布设3个控制点，一个位于主梁中线，另外两个位于外侧腹板承托处。这样可以观测箱梁横向变形以及是否发生扭转变形，并且可以相互验证测量成果的可靠性和精度。

图中测点编号顺序为从路线中心线内侧向外侧编号。

根据现场情况，测点横向间距可适当调整，以不妨碍预应力管道布置、桥面设备运输为原则，但横桥向需对称布置，以简化数据处理。

底板上的测点设在现浇段底板外模前端处，主要用于底模定位。

(3)测量仪器及精度

利用精密水准仪(DS2)和水准尺，采用水准测量的方法测量箱梁高程。

为了能控制到主梁较小的挠度变形，并使外业观测的工作量适中，采用国家三等、四等水准测量的精度要求和观测方法施测，能测量到变形±1mm 的挠度值。以 0 号块上的水准基点为起闭点的闭合水准路线进行水准测量。

(4)测量的频度

在箱梁施工的每个标准节段内，对主梁高程观测 3 个测次：

(a)模板定位后，绑扎钢筋、浇筑混凝土前；(b)绑扎钢筋、浇筑混凝土、养生后，张拉预应力前；(c)张拉预应力、压浆、落架后。

随着箱梁逐节段地施工，测点不断增多。如果每阶段都测量现浇段和已浇段所有测点，势必工作量太大而影响施工进度。可以(a)、(b)测次只观测现浇段，(c)测次观测现浇段和已浇段。观测已浇段的目的是看每施工一个主梁节段后实测线形与理论线形是否吻合。根据多座桥梁施工控制实践表明，这种方法使得测量与分析效率最高。对边跨合龙、支座转换、中跨合龙、桥面铺装等关键工序前后，对全桥高程进行通测。

(5)测量的时机

考虑到混凝土变形的迟滞性和水化热的影响，观测时间应尽量推后，使变形充分发生。混凝土浇筑完成 2 小时后、预应力张拉完成 8 小时后再进行测量。

为减小非线性温度场的影响，尤其对于模板定位、张拉预应力前后等重要工况，应在日落后、日出前完成观测，并使观测时间相对固定。

3.6.3　梁体挠度控制

梁体在张拉及浇筑混凝土时。受张拉力、混凝土自重、日照、温度变化等因素影响而产生竖向挠度，混凝土自身的收缩徐变也会使悬臂端发生变化。因此须对施工节段进行挠度观测控制，以便在施工时及时调整有关高程参数，确定下节段合适的模板高程。

3.6.4　施工过程监控

针对本桥跨度大，施工工艺新的特点，对施工全过程进行监控量测，全面掌握施工过程中的支架变形规律、结构内力和变形，以达到保证施工安全、合理安排工序、优化结构，加快施工进度的目的。主要的控制项目、方法和频率见表 1。

**监控量测项目、方法及测量频率表**　　表 1

| 序　号 | 控 制 项 目 | 测 试 方 法 | 测 试 仪 表 | 频　率 |
|---|---|---|---|---|
| 1 | 箱梁横向位移 | 现场观测 | 莱卡 TPS800 全站仪 | 浇筑、张拉前后 |
| 2 | 箱梁竖向位移 | 水准测量 | 水准仪、塔尺 | 浇筑、张拉前后 |
| 3 | 应力应变 | 埋设传感器，现场采集数据 | 传感器、数据采集仪 | 浇筑、张拉前后 |

通过合理的质量控制和全过程的监控量测，加快了施工进度，同时通过施工→测试→修正→预测→施工的循环过程，保证了线形与设计相吻合。

## 4 几点体会

(1)支架基底处理及变形控制、施工预拱度的合理设置是大跨度变截面连续箱梁长节段支架现浇施工时保证线形的前提条件。

(2)在复杂的三向预应力施工过程中,对设计参数的修正、识别是非常必要的。管道的准确定位是梁体合理受力的前提。

(3)由于箱梁由挂篮悬浇的短阶段变更为支架现浇的长节段,原有的腹板张拉锚固断面减少,设计单位将张拉锚固断面放在底板开槽进行张拉,增加了施工难度和作业时间,同时对后期的槽口封锚作业施工增加了难度;1 号块和 2 号块的底板开槽张拉施工时间分别为 8 天和 10 天,若将张拉断面放在腹板边齿块张拉,可以大大降低施工难度和施工时间,对施工的安全、进度和经济效益要提高很多。

(4)监控量测是长节段支架现浇施工的重要组成部分,施工过程中必须坚持以监控量测为手段来指导施工。

# 钢管拱公路桥制作与检验探讨

邵联银　冯田香

（江苏育通交通工程咨询监理有限责任公司）

**摘　要**　作者通过青洋大桥钢结构制作实践，较详细地阐述了钢管拱制作工艺要求。

**关键词**　钢管拱　数控切割　煨弯　大坡口埋弧焊　拼装

京杭运河常州市区段改线工程JHCZQ-9标青洋大桥为钢管拱肋结构式公路桥，于2006年2月至9月在宜兴沪宁钢机有限公司进行工厂制作。我们对该桥钢结构的加工制作进行了全过程监理。由于该桥拱肋钢管直径较大，分别为$\phi$1 200mm与$\phi$800mm、壁厚均为30mm，总跨径120m，弯制难度大，要求曲线拱值精度高，为同类型钢管拱桥之少见，也是我们多年公路工程监理以来涉足的新领域，有必要在本文中加以总结。现主要就该桥钢管拱的工厂制作与检验要求进行论述。

## 1　工程概况

京杭运河常州市区段改线工程JHCZQ-9标青洋大桥采用连续拱梁组合体系，主桥跨径组合为50m＋120m＋50m，主要受力构件由纵梁、拱肋、吊杆及拱脚构成。结构形式为下承式，纵梁采用预应力混凝土多边形组合箱梁，拱肋纵梁采用单榀钢管混凝土桁架结构，拱肋横断面为倒三角形桁架结构，上弦为两根$\phi$800mm×30mm钢管，下弦为一根$\phi$1 200mm×30mm钢管，两侧及顶面以一定间距设置$\phi$300mm×14mm钢管的腹杆、平杆，三向杆件构成空间桁架形式。拱肋顶面宽度为3.30m，高为3.50m，主桥拱肋轴线采用二次抛物线形，跨径120.00m，理论矢高20.00m，腹杆采用结构用无缝钢管，吊杆采用高强钢丝成品吊杆及吊杆专用锚具(OVMDSK型，下端)和冷铸锚(上端)锚固，全桥共计吊杆34根，拱脚为纵梁和拱肋连接部位，采用分叉式钢筋混凝土结构。全桥总重320t，采用Q345C高强度结构钢。

## 2　加工制作

### 2.1　施工前准备

(1)钢管拱肋的制造、加工、焊接、组拼等在满足设备使用性能上，按照有关规范及标准制订施工组织设计，以此作为指导生产的依据。

(2)每批钢板均须有出厂证明书，提供化学成分、机械性能、公差。经验收后，对钢板进行表面防锈处理，其进厂的原材料须复验合格。

(3)按铁路钢桥制造规范进行焊接工艺评定试验，并制订各种加工制作工艺文件。

### 2.2　放样、号料

(1)放样和号料应严格按施工图和工艺要求进行，应预留制作和安装时焊接收缩余量及切割、刨边和铣平余量。

(2)样板、生产草图应标明产品名称、件号、数量、材料牌号及厚度，样板制作的允许偏差应符合《公路桥涵施工技术规范》(JTJ 041—2000)第17.2.1条规定。

(3)号料前必须检查钢板牌号，确认无误后方可下料。号料所划的切割线必须准确、清晰，号料尺寸允许偏差为±1.0mm。

(4)结构零件尺寸超过板材尺寸,应先拼板后下料。

(5)发现钢料不平直、有锈、油漆等污物,影响号料及切割时,应矫正清理后再号料。

**2.3 切割**

(1)不允许进行剪切,只能进行气割。

(2)气割前应将钢板表面切割区域的铁锈、污物清除干净、切割后应将熔渣、氧化皮清除干净。

(3)零件切割质量要求应符合设计与规范要求。

(4)对用气割开坡口的钢板坡口表面,应用砂轮机修磨。

**2.4 矫正、弯曲和边缘加工**

(1)碳素结构钢和低合金钢在加热条件矫正时,加热温度不超过900℃,低合金结构在加热矫正后应缓慢地自然冷却。

(2)零件矫正允许偏差应符合《公路桥涵施工技术规范》(JTJ 041—2000)第17.2.2条的规定。

(3)边缘刨(铣)加工的范围及允许偏差符合《公路桥涵施工技术规范》(JTJ 041—2000)第17.2.3条的规定。

**2.5 钢管成型**

(1)钢管卷制成型。卷钢管前应根据要求将板端开好坡口,焊接坡口应符合《钢管混凝土结构设计与施工规程》(CECS28:90)第7.1.2条的要求。卷成壳体校正后焊接成筒体。卷板过程中应注意保持断面与管轴线垂直。

(2)对圆筒经卷圆后,为保证产品质量,应对圆筒的直度、椭圆度和管端状态进行检查,应设计有关的规定。

**2.6 拱肋节段组装**

(1)拱肋的分段划分可根据实际板料规格、加工工艺、构件翻身与运输方式等因素综合考虑,原则上各段段口应避开吊杆孔位置且最小长度不得小于1m。

(2)拱肋组装平台应设置顶棚,以免太阳直接照射及雨水侵袭。平台由坚实平整的水泥混凝土板组成,放样时,按设计拱轴线在平台上精确放出吊杆位置。

(3)放样温度为20℃±5℃如拼接时温度不能控制在此温度范围时,应修正放样轴线。

(4)钢客对接缝相互错位,相邻节段对接焊缝必须错位200mm以上。

(5)钢管纵缝节段间应相互错位,错位尺寸不小于1/8$D$($D$——钢管直径)。

(6)拱肋为桁架式结构,其组装允许偏差应符合设计规定。

**2.7 拱肋节段预拼装**

(1)工厂预拼装由拱顶节段向拱脚逐节拼装,可采用法兰板或其他方法临时拼接,管拱轴向长度误差累计到拱脚节段连结处,并切割多余量,保证拱肋轴线组拼精度,工程预拼装应符合表1要求。

**预拼装要求** 表1

| 名称 | 检验项目 | 检验方法 | 允许偏差(mm) |
|---|---|---|---|
| 预拼装 | 内弧偏离设计弧线 | 吊线锤、直尺 | 8 |
| | 旁弯① | 水准仪 | 3+0.1Lm,且任意20m测长内<6 |
| | 接口错边量$b$ | 焊缝量规 | $b$<1.0 |
| | 吊杆间距 | 钢卷尺 | ±5 |

续上表

| 名　称 | 检 验 项 目 | 检 验 方 法 | 允许偏差(mm) |
|---|---|---|---|
| 预拼装 | 长度 | 钢卷尺 | ±10 |
| | 轴线横向位移 | 经纬仪 | ±10 |
| | 拱肋高程(拱顶、拱脚) | 水准仪 | +10,−0 |
| | 拱肋高程(接头差) | 水准仪 | +15,−0 |

(2)工厂预拼装拱肋在拼装台上完成组拼,经质量检验合格后,撤除工地接头处的临时接头,移出限位基线平台。

## 3 焊接

### 3.1 焊接要求

(1)焊丝应在使用前拆开包装,以正在使用的焊丝,应在停机前及时用布盖好,以防尘土从而影响焊接性能。

(2)焊接材料为易潮湿物质,加工厂应制定严格的保存、领用、烘干、存放制度,以确保焊接质量;一般焊条、焊剂在使用前应按产品说明规定的烘焙温度和时间进行烘焙,然后存放在恒温箱中,施焊时焊条应放在焊条保温筒中,随用随取,防止受潮。

(3)风速大于 10m/s,无挡风装置或下雨时无防雨措施,或环境温度在 0℃以下,无预防措施均不准施焊。

(4)为确保焊接质量,焊工必须进行严格培训和考核,并持证上岗,经监理认可后方可进行工程焊接,焊工考核和工艺评定应按国家现行的《钢制压力容器焊接工艺评定》的规定进行。

(5)焊缝坡口型式,根据本桥各节点所处位置和制造厂的设备性能,手工电弧焊焊接头的基本型式与尺寸,参照 GB 985—80,埋弧焊焊接接头的基本型式与尺寸,参照 GB 986—80,焊接坡口应符合《铁路钢桥制造规范》TB 10212—98 规定。

(6)施工单位应对焊缝比较集中,刚性较强的节点编制焊接程序,将内应力降到最低限度。

(7)施焊前,焊工应复查构件接头质量和焊区的处理情况,当不符合要求时,应经修整校合后方可施焊。

(8)施焊时,焊工应遵守焊接工艺,不得自由施工及焊道外的母材上引弧。

(9)构架与板缝相交时,应先焊枝缝后焊构架角焊缝。

(10)焊接应采用双数焊工从中间逐渐向外,左右对称进行,以保证构件自由收缩。

(11)多道多层焊应连续施工,每层焊道焊毕后应及时清理检查,清除缺陷后再焊。

(12)多层焊起落点相互错开,角焊缝转角处要连续绕角施焊。

(13)埋弧自动焊对所有对接焊缝的两端设置引弧和熄弧板,引弧板的坡口型式、材料与工件相同。焊后切除并修磨平整。

(14)埋弧自动焊,要求在施焊中不应断弧,如发生断弧应按照规定将停弧处刨成 1∶5 的坡度后,再继续搭建接 50mm 进行施焊,焊接应搭接圆滑一致。

(15)环境温度不低于 0℃时,预热、后热温度应根据工艺试验确定。

(16)焊缝出现裂纹时,焊工不得擅自处理,应查明原因,订出修补工艺并由监理工程师认可后方可处理。

(17)焊缝同一部位返修不宜超过二次,超过二次时,应按返修规定报批后进行。

### 3.2 焊接检查

(1)所有焊缝均不得咬边。

(2)焊缝外观检查及焊缝尺寸应符合(TB 10212—98)的规定。

(3)各焊缝质量标准按《公路桥涵施工技术规范》(JTJ 041—2000)第 17.2.7 条规定,所有拼接焊缝、钢管的纵向焊缝、钢管的对接焊缝、拱脚连接构造焊缝和吊杆锚箱焊缝均为Ⅰ级焊缝,拱肋内纵横向加劲肋构造焊缝均为Ⅱ级焊缝。

(4)焊缝的无损检测应符合(JTJ 041—2000)的规定。

## 4 钢管拱肋涂装

### 4.1 除锈

涂装前钢拱肋外表面的氧化皮、锈蚀、油脂、污垢以及焊渣等必须清除干净,表面处理的质量应按国家级标准,涂装钢材表面粗糙度应控制在 60～75μm 范围内,除锈等级 Sa2.5 级,采用喷丸除锈,露出金属本色。

### 4.2 涂装

(1)涂装前应检查所有油漆的品种、型号、规格是否符合施工技术条件的规定,质量不合格或变质的油漆不能使用。钢拱肋表面油漆在工厂采用三层涂料,合计干膜厚度约 180μm。

(2)工厂内油漆工艺

第一层:702 环氧富锌底漆(双组分),油漆厚度 40μm,油漆颜色为灰色,理论涂漆量 170g/$m^2$ 一道。

第二层:702 环氧富锌底漆(双组分),油漆厚度 40μm,油漆颜色为灰色,理论涂漆量 170g/$m^2$ 一道。

第三层:842 环氧云铁中间漆(双组分),油漆厚度 100μm,油漆颜色为银灰色,理论涂漆量 240g/$m^2$ 一道。

(3)工地油漆工艺(另定)。(略)

(4)同产品油漆两涂表示两个方向的油漆,涂漆十字相交。

(5)在运输和安装过程中损伤的漆膜按规定的方法进行修补。

(6)油漆施工时环境控制

温度:油漆时钢板温度控制在 10～40℃。

湿度:相对湿度<85%。

露点控制:钢板温度必须高于露点温度 3℃以上。

**参考文献**

[1] 京杭运河常州市区改线工程青洋大桥设计施工图.

[2] 京杭运河常州市区改线工程青洋大桥施工方案.

[3] 中华人民共和国行业标准.TB 1021—98 铁路钢桥制造规范.北京:中国铁道出版社,1998.

[4] 中华人民共和国行业标准.JTJ 041—2000 公路桥涵施工技术规范.北京:人民交通出版社,2000.

[5] 东港大桥质量检验评定标准(业主发布).

# 京杭运河常州市区段改线工程青洋大桥钢管拱肋大坡口悬空埋弧焊工艺

冯田香　程明月

（江苏育通交通工程咨询监理有限责任公司）

**摘　要**　作者通过对常州市青洋大桥钢管拱制作的实践，对钢管拱大坡口悬空埋弧焊工艺施工要点进行了较详细的论述。

**关键词**　钢管拱　大坡口悬空埋弧焊

## 1　工程概况

京杭运河常州市区段改线工程 JHCZQ—9 标青洋大桥采用下承式连续拱梁组合系，主桥跨径组合为 50m＋120m＋50m，主要受力构件由纵梁、拱肋、吊杆及拱脚构成。纵梁采用预应力混凝土多边形组合箱梁，拱肋纵梁采用单榀钢管混凝土桁架结构，拱肋横断面为倒三角形桁架结构，上弦为两根 $\phi$800mm×30mm 钢管，下弦为一根 $\phi$1 200mm×30mm 钢管，两侧及顶面以一定间距设置 $\phi$300mm×14mm 钢管的腹杆、平杆、三向杆件构成空间桁架形式。拱肋顶面宽度为 3.30m，高 3.50m，主桥拱肋轴线采用二次抛物线形，跨径 120.00m，理论矢高 20.00m，腹杆采用结构用无缝钢管，吊杆采用高强钢丝成品吊杆及吊杆专用锚具（OVMDSK 型、下端）和冷铸锚（上端）锚固，全桥共计吊杆 34 根，拱脚为纵梁和拱肋连接部位，采用分叉式钢筋混凝土结构。

## 2　钢管拱肋大坡口悬空埋弧焊工艺

本桥重要组成部分为钢管拱肋，其材质采用 Q345C 高强度结构钢，为满足设计与规范要求，我们在制作过程中采用了大坡口悬空埋弧焊工艺，确保了主桥工程质量。

### 2.1　焊接材料

（1）本工程焊接材料与母材相匹配，有产品质量保证书、合格证并经复验合格，焊丝（或焊条）H10Mn2，焊剂 HJ331，其检验项目、检验方法及验收标准符合国家标准。

（2）焊接后熔敷金属的屈服强度、极限强度、延伸率及冲击韧性不低于母材的各项机械性能。

### 2.2　焊接条件

（1）按《铁路钢桥制造规范》（TB 10212—98）的要求进行焊接工艺评定试验并有明确的焊接工艺规程与焊缝质量的检验规程。

（2）参加本工程的焊接人员有经考试合格取得焊工资质证书及合格证在有效期内。

（3）焊接设备：自动直流焊机、（直流反接、单弧），有产品合格证、技术性能指标完好。

（4）焊前须对施焊人员进行技术交底和培训。

（5）焊材的烘焙和储存

焊接材料在使用前应按焊材说明书规定的温度和时间进行烘焙和储存，如焊剂 HJ331、熔炼型，烘焙温度 300℃～350℃，2 小时；在使用前保温 100℃～150℃。

（6）工厂制作焊接参数

焊接参数见表1。

工厂制作焊接参数　　表1

| 焊接位置 | 焊接方式 | 焊接电流(A) | 焊接电压(U) | 焊接速度 cm/min |
|---|---|---|---|---|
| 平焊 | 单层单道焊多层 | 550～660 | 35～50 | 30～35 |
| 角焊 | 单道焊角焊缝 | 550～660 | 30～35 | 35～50 |

焊接方法:埋弧自动焊。

焊材牌号:H10Mn2、HJ331。

(7)焊缝形式

所有钢板的拼装对接焊缝,钢管的纵向焊缝,钢管的对接焊缝,全桥焊缝及吊杆锚箱为I级焊缝,拱肋内纵横向加劲肋构件焊缝为II级焊缝。

(8)焊缝要求

①焊缝的无损检测应符合设计规范要求;

②焊缝外观要求:

a. 一级焊缝不得存在未焊满、根部收缩、咬边和接头不良等缺陷。

b. 一级焊缝和二级焊缝不得存在表面气孔、夹渣、裂纹和电弧擦伤等缺陷。

c. 焊缝金属表面应焊波均匀。

(9)焊缝坡口

本工程所用焊缝坡口见图1、图2所示。

纵缝埋弧焊对接坡口

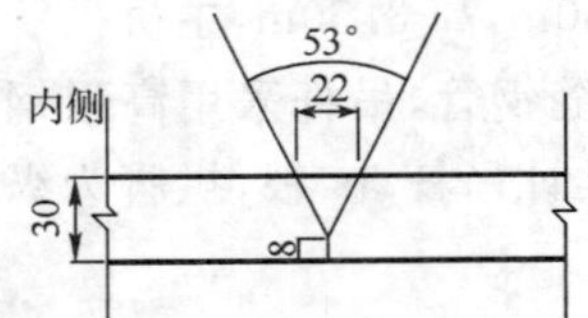


环缝埋弧焊对接坡口

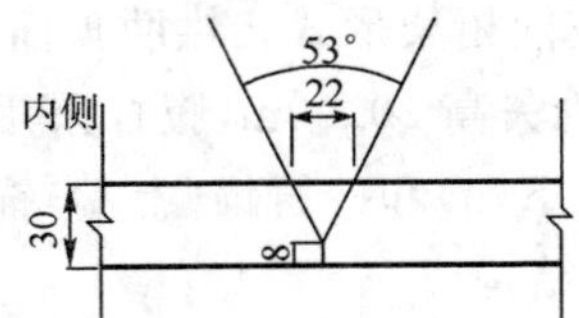


图1 (尺寸单位:mm)

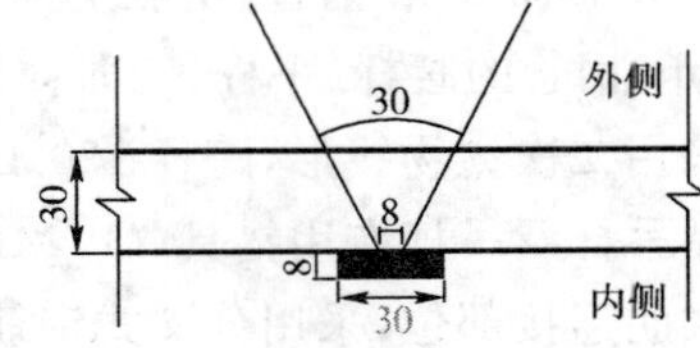


图2 (尺寸单位:mm)

①卷制钢管对接接长的纵环缝(ϕ1 200mm×30mm 钢管)

②ϕ1 200mm×30mm 卷制钢管和 ϕ800mm×30mm 外购直缝钢管的分段对接环缝。

外购的直径 ϕ800mm×30mm 钢管接长的对接环缝。

**2.3　焊接工艺要点**

(1)接头组对及焊前准备

组对前,机加工坡口,要求坡口、钝边平整洁净;焊前将坡口两侧各30mm范围内钢表面锈蚀打磨处理直到露出金属光泽,将坡口内水分、油污、杂质等清理干净。

接头组对应保证错边量尽可能小,最大不超过1mm,间隙小于0.5mm,以保证接头中心母材金属厚度与间隙均匀性。

(2)施焊

选用经350℃、2小时烘干的E5015焊条进行打底焊,从埋弧焊施焊第一层背面进行点固和打底焊,打底焊金属厚度视间隙大小而定。

采用埋弧焊时焊丝伸出长度25～30mm,要始终保持焊丝与接头中心垂直。

焊接时焊接电流在防止焊穿的情况下尽可能大,以保证熔深,从而排除未焊透和气孔等缺陷;其他道次焊接采用中等电流多层(道次)焊接;其参数选择应注意焊接电流(I)、电压(U)和速度(V)相匹配。

(3)试验及应用结果分析

经埋弧焊试验及产品焊接，对不同的板厚的强度、弯曲试验结果表明：H10Mn2/HJ331 所焊接头拉伸强度合格，高于 Q345C 母材要求的最低拉强度；钢管拱纵缝一次合格率 99%；环缝一次合格率 95%；接头弯曲试验($a=180°$, $D=4t$)试样合格；合格焊缝均为一级片，且多层焊接弯曲试样侧面焊缝层次清晰，中间有细晶层，金相试验结果合格。

## 3 结语

本桥钢管拱制作实践证明大坡口双面悬空埋弧焊工艺的可行性以及确保主桥焊接工程质量的重要工艺之一。并已逐渐被人们认识和在较广范围内得到推广应用。大坡口悬空埋弧焊工艺关键在正面第一层及背面第一层焊接电流的选择适当与接头组对必须良好，使电弧能自由扩散、熔池尺寸增大，在同样熔化速度下，使焊接层厚度降低，有利于熔渣和气体上浮，减少层间夹渣，降低焊缝余高，改善焊缝外观戍型，有利于提高接头质量和性能，减少清根，从而改善劳动条件，降低劳动强度。

**参考文献**

[1] 京杭运河常州市区段改线工程青洋大桥设计施工图.
[2] 京杭运河常州市区段改线工程青洋大桥施工方案.
[3] 中华人民共和国行业标准. TB 10212—98 铁路钢桥制造规范. 北京：中国铁道出版社，1998.
[4] 中华人民共和国行业标准. JTJ 041—2000 公路桥涵施工技术规范. 北京：人民交通出版社，2000.
[5] 青洋大桥质量检验评定标准(业主发布).

# 混凝土外观质量工艺控制

许可化　刘冰洁

（江苏育通交通工程咨询监理有限责任公司）

**摘　要**　论文从现代文明对钢筋混凝土结构物外观与耐久性的要求和钢筋混凝土结构物外观通病，论述了混凝土外观质量与内在质量的关系，提出了混凝土外观质量的基本概念和工艺控制措施。

**关键词**　混凝土　外观　质量　工艺控制

## 1　引言

随着经济的发展、科技水平的提高，现代文明要求桥梁作为交通设施不仅要有良好的使用动能与耐久性，还要和谐地融入自然景观中，尤其规模较大的桥梁作为自然景观的一部分给人们以良好的视觉感受。

现代桥梁多为钢筋混凝土结构，混凝土的外观质量往往也是内在质量的反映。如冷缝的存在说明混凝土的段与段、层与层没有自然融合，影响混凝土的整体性；混凝土表面的鱼鳞斑，反映混凝土在浇筑过程中有离析。集料相对聚集，粗细集料、胶结材料分层，集料聚集层中胶结材料缺失，混凝土内孔隙增加，集料间胶结薄弱，因此混凝土强度降低。混凝土表面裂缝虽然形成的原因有干缩及温度场影响等因素造成的，但都对混凝土的强度和耐久性造成不良影响，所以对混凝土的外观质量的要求不仅仅是为了满足良好的视觉感受，同时也是内在质量的要求。

## 2　混凝土外观质量

混凝土的外观质量就是对混凝土构造物的线、面、形的评价，评价的标准是混凝土外形轮廓分明，线形顺适、流畅，表面平整、光洁，色泽自然、均匀、和谐，它给人们以朴素、自然、美观的视觉感受。远观是线形和色泽，线形可分为局部线形和整体线形，规范和设计图都有明确的误差要求。线形的偏差往往影响外力的传递和内力的分配，在自然状态下良好的线形其内力应该是零状态。从京杭运河常州市区段改线工程钟楼大桥的线形控制可以看出桥梁线形的重要性。该桥主桥为独塔双索面混凝土斜拉桥，塔高 65m，主梁为单箱双室边箱梁结构，主跨为 108m×80m 预应力混凝土连续梁，全支架现浇，主要特点是塔梁同时施工，最后挂索张位，梁在支架上 180 天以上线形控制是个难点。施工方案讨论时，大家一致意见，对地基的处理提出了严格要求，同时采取超载预压，在线形与索力对应问题上，专家建议索力要服从线形，其目的使结构整体内力近似零状态。

近观混凝土结构的外在质量，如鱼鳞斑、水波纹、蜂窝、麻面、气泡、裂缝、冷缝、集料及钢筋显形等，不仅视觉感受差，同时影响混凝土强度，耐久性与安全，所以必须从施工的各个环节进行工艺控制。

## 3　混凝土结构外观质量施工工艺控制

### 3.1　模板制作安装质量控制

混凝土结构施工能否达到局部、整体美观的要求，模板制作与安装的质量是关键因素之一。结构线形与表面光洁度、平整度、色差都有关，主要解决五个问题：

①满足强度与刚度的要求；②安装要牢固稳定；③模板面板大面要平整、光洁；④拼接边要平顺密

贴；⑤脱模剂要清洁。模板的强度一般都能满足要求但刚度往往因背带与托架结构不合理，造成混凝土浇筑过程中模板局部鼓涨，一般情况下模板的强度与刚度是通过设计合理的背带与托架来实现的，大型模板要进行强度与刚度验算，满足强度及刚度的优质大平面组合钢模板表面经打毛、抛光、竹胶板作面板可以达到混凝土表面平整光洁的效果。牢固的支撑、严密的拼缝、准确的尺寸、清洁的脱模剂可以实现结构混凝土轮廓清晰、线形顺适的效果，色泽及裂缝、冷缝、鳞斑等与混凝土浇筑工艺及养护有关。

西林大桥主桥现浇主梁的线形控制，从以下四个环节进行：

①地基处理清表以后用5%石灰处理40cm，分层碾压，压实度不小于90，其上浇铺10cm水泥混凝土，横梁下地基上加一层钢筋网片，浇铺20cm混凝土，地基沉降计算0.65mm。②支架超载预压通过计算支架用$\phi$80mm钢管步距60cm，管口为14号槽钢，其上为8cm×14cm方木，间距40cm，达到强度与稳定性要求，超载系数1.2，面板为15mm竹胶板。压载7天弹性变形与非弹性量平均0.7mm，与底模预留抛高7mm。③分段浇筑0号块两侧分别分三段共7段，这样根据监控结果可以调整下一段的箱梁的线形，合理的分段浇筑是保证箱梁线形的关键环节。④挂索后索力调整的原则，线形与索力对应，索力服从线形的需求。

### 3.2 混凝土浇筑工艺

对于混凝土的外观质量模板制作、安装、支架固定质量是前提，混凝土浇筑是关键，也最不易控制的施工环节，影响混凝土浇筑的因素很多。

1)混凝土配合比

(1)配合比应该同时满足强度与和易性要求，良好的和易性是灰浆饱满、黏稠。有利于混凝土的振捣密实，而且混凝土外表面自然光洁，在一定的配合比条件下，粗细集料的级配、含砂率、水灰比、混凝土的拌和运输都影响混凝土的和易性，连续级配较单级配和间断级配和易性好，充分的砂率、稳定的水灰比、充分的拌和时间、良好的运输条件(车辆、道路、距离)有利于混凝土保持良好的和易性，水灰比变大混凝土混合料易析、拌和时间不足混凝土易泌水、运输条件差混凝土混合料易离析、含砂率变低混凝土混合料流动性变差且易离析。

(2)配合比的改变不但混凝土的强度在变化，混凝土混合料的和易性也在变化，混凝土外观、自然色泽、光洁度也随之改变，所以一但配合比确定以后，投料要准确，水灰比要稳定、拌和时间要保证，要根据运输距离和道路条件选用运输车辆。

(3)配合比中的水泥品质、水泥用量也影响混凝土的外观、混凝土的色泽与水泥品种有关，一个厂家一个批号的水泥浇筑的混凝土外观色泽基本一致，水泥的安定性有问题，混凝土外表往往产生裂纹，富水泥混凝土流动性较好，但易发生收缩和温度裂纹，强度等级高的混凝土配合比中一般都掺一定量的粉煤灰替代水泥，防止混凝土的收缩裂缝和温度场的影响而产生混凝土表面裂缝。

2)混凝土浇筑与振捣

混凝土浇筑是混凝土施工最重要的环节，混凝土的分段、分层与振捣是关键，特别强调浇铺与振捣并重，浇铺无序与振捣无方都会在混凝土表面留下明显痕踪，要把握浇与振的火候，振捣时机要根据浇铺的状况进行，什么状况可以振，什么状况下不能振，振多长时间、遍数都取决浇铺状况而定，既不能早振也不能迟振，欠振与过振。

(1)分层与分段、限时接茬

混凝土浇筑无论采用水平分层或者斜向分层都必需分层布料与振捣，限时接茬。分层松铺厚度一般不超过40cm，当混凝土初凝时间小于水平分层时间时，混凝土浇筑就得进行分段，分段长度由混凝土初凝时间而确定，即段与段接茬需在混凝土初凝前进行，否则就会出现冷缝，所以在混凝土浇筑前要根据混凝土混合料单位时间供应量、构件结构情况，混凝土初凝时间、劳力组合等确定分段长度和浇筑方向、浇筑顺序，错过适时接茬时间混凝土表面的冷缝是不可避免的。

(2)布料与振捣

不论是水平分层还是斜向分层，布料要求混凝土入仓要连续均匀有序防止局部堆积，这里说明每一层的布料起点与终点是不能颠倒的，斜向分层起点向前推进，终点也随着向前推进，水平分层的起点始终是起点，终点始终是终点，根据分段长度一次均匀连续布料至分层厚度，如果局部堆积不进行人工匀料，而振捣棒赶料势必造成局部灰浆不匀，灰浆流向低处，堆积处缺浆，非堆积处灰浆过剩，混凝土的色泽主要取决于水泥的颜色，灰浆多色泽深，灰浆少色泽浅。在工程实践中，柱状构件混凝土顶部色重，就是仓内混凝土经振捣灰浆逐步上浮聚积至顶部而造成的，所以布料均匀连续是色泽一致的前提，由于条件限制不能一次均匀布料时应该用人工匀料，杜绝用振动赶料，在均匀连续适时布料的基础上，同时要防止因下料落差大造成混凝土离析，规范规定，落差超过 2m 时，下料就应当采用滑槽或串筒下料等措施，混凝土离析了轻则在混凝土的表面出现麻面、鱼鳞纹，重者出现蜂窝、集料显形或露骨现象。

混凝土浇筑要遵循布料在前振捣在后，杜绝边下料边震捣，振点要距布料点 1.5～2m，把握振捣时机与振捣方法。所谓振捣时机是指早振与迟振，当本层混凝土布料厚度未铺足，本层浇铺不到位、模板间全范围内未布满，即横向不到边、纵向不连贯，就急于振捣谓之早振。对本层混凝土浇铺段前 1～2m 范围内的混凝土要待下段混凝土浇铺衔接时才能振捣，否则也谓之早振。无论采取斜向分层或者水平分层推进的浇铺方法作业时，始终保持浇铺与振捣前后相差一定距离。若浇筑长度为 $X$m，那么振捣长度应为 $X-(150\sim200)$cm，前端的 1.5～2m 范围要待下一段混凝土浇铺衔接时才能施振，早振的后果易造成灰浆分布不均匀，灰浆低处浸溢，致混凝土表面色泽差异，严重的集料与灰浆分离。

所谓迟振混凝土分段分层浇铺时，下层混凝土或段与段衔接部分混凝土已过初凝期，其后果混凝土表面轻者出现胎记，重者为冷缝，层与层，段与段形成界面线，造成迟振的主要原因是分层、分段不合理与混凝土混合料供应量不协调，或者是机械等故障等原因造成，混凝土浇铺停工待料所致，所以在混凝土浇铺作业前要根据气候、结构类型、混凝土混合料单位时间供量，运输条件等因素拟定与其相应的分层、分段方案。

混凝土浇铺过程中还有欠、漏、过振现象，欠振与漏振在混凝土表面表现是相似的胎记水波纹、气泡，只是轻重程度差别，都是人为的因素造成的，规范都有明确的要求，如振动棒梅花式施振，点距不超过振动 1.5 倍，振动至混凝土表面泛浆，不冒泡，不下沉等。过振后果是混合料粗细集料、灰浆分层、离析、致使混凝土表面出现鱼鳞纹，重者蜂窝、露骨；欠振与过振是两个完全不同的概念，火候怎么掌握，不同坍落度的混合料施振时间长短是不一样的，构件不同的结构形式、钢筋疏密差别，施振时间长短也是不一样的，同一个构件混合料相同的坍落度但施振操作方法的不同结果也是不一样的，但是施振的原则：快插慢拔，梅花式布点，点距不超过振动半径的 1.5 倍，振至混凝土表面泛浆，不冒泡、不下沉，振棒与混凝土平面的夹角不小于 45°，是不能随意改变的，在快插慢拔的同时，还要勤插勤拔，这点很重要，这不仅有利于混凝土混合料的匀密，更有利于气泡的排出，混凝土表面达到光洁，工程实践中，虽然达到一泛二不，但混凝土表面气泡仍然很多，原因就是振捣时没有勤插勤拔，一般情况每个插点都要重复下插上提 3～5 次，每次振捣 3～5 秒钟，这是因为混凝土混合料中的气体随振捣逐渐上浮排出，灰浆逐渐匀布或者说振捣棒下插上提不仅是混凝土匀密的过程，也是其内部气体、水排出与灰浆匀布的过程，一次振捣时间过长，易造成混凝土混合料离析，粗集料下沉，砂浆上浮，混凝土表面色泽差异，即粗、细集料、灰浆层面可见鱼鳞纹，严重的就称之为过振。

## 4　混凝土的养护

混凝土表面的裂缝是常见的外观缺陷，裂缝多由冷缩、干缩形成的，所以混凝土构件拆模后都要进行保温、保湿养护，养护的方法根据结构形式、气候，环境等因素采取喷洒养护剂，蒸汽养护、暖棚养护、洒水覆盖养护，延迟拆模等方法。总的要达到保温、保湿的效果，否则混凝土构件表面产生裂缝是不可避免的，至于养护期长短要根据环境的温度与湿度、水泥品种而定，一般情况下 7d 左右，特别是拆模后的前 3d 尤为关键。

## 5 结语

混凝土造物的外观质量控制是一个复杂的过程，尤其是混凝土的浇筑过程是最难掌握的过程，也是对外观质量影响最大的工艺过程，在施工实践中对结构混凝土外观质量的工艺控制要领可概括为 12 个不变供借鉴：

(1)模板制作安装(含脱模剂)严控标准不变。

(2)混凝土原材料规格品种质地不变。

(3)混凝土配合比稳定不变。

(4)混凝土搅拌时间不变。

(5)混凝土坍落度指标保持不变。

(6)混凝土拌和合物运输条件不变。

(7)混凝土浇铺分层厚度不变。

(8)混凝土浇铺不到位不急于振捣的法则不变。

(9)混凝土浇铺顺序，快插慢提，勤插勤提的振捣方法不变。

(10)混凝土分层、分段接茬的间隙时间不变。

(11)混凝土养护方法、养护时间不变。

(12)混凝土拆模时间控制基本不变。

**参考文献**

[1] 中华人民共和国交通部. JTJ 041—2000 公路桥涵施工技术规范. 北京：人民交通出版社，2000.
[2] 钟楼大桥专家组审查会议纪要.

# 京杭运河常州市区段改线工程钟楼大桥主塔控制测量

贯　义

（江苏育通交通工程咨询监理有限责任公司）

**摘　要**　通过对塔柱模板制作安装的控制及导线点的布设，从而有效控制塔柱垂直度满足规范及设计要求。

**关键词**　导线　控制　模板　施工测量

## 1　工程概况

JHCZQ—3 标钟楼大桥为独塔双索面斜拉桥，主桥长 188m，主跨 108m，边跨 80m，桥面宽 40m，主塔高 65m，下塔柱为实心段，上塔柱薄壁空心结构，在高程等 54.286 处设上横梁，梁高 4m，为三箱空心结构，主桥标准段主梁为预应力混凝土边箱梁结构，每个边箱梁为单箱双空结构，梁高 2.5m，边箱梁底板宽 7m，厚 40cm，顶板厚 30cm，主桥主梁与主塔连接采用固结形式。其中主塔垂直度要求也为整个施工中的重点之一。

## 2　施工现场导线点布设与测量

在施工前，对施工现场进行实地踏勘，了解导线点标石的保存情况和点与点之间通视情况，按照《公路桥涵施工技术规范》及设计提供导线坐标点进行了认真复核，复测平面、水准控制网。根据施工精度要求，为更好控制桥梁线型，对原设计导线点，重新进行加密，对加密导线点采用一级导线观测及三等水准测量，观测结果也满足一级导线三等水准测量技术要求（表 1）。

**一级导线点技术规范要求**　　表 1

| 测角中误差 | 测　回　数 | 方位角闭合差 |
|---|---|---|
| ±5 | 2 | $\pm 10\sqrt{n}$ |

注：$n$ 为测站数。

为确保施工安全与质量，对平面控制网 6 个月进行一次复测，观测结果必须满足一级导线点技术规范要求。

## 3　关键工艺控制措施

主塔垂直控制关键在于模板制作与模板安装时的垂直度及平面位置控制。

模板制作控制要求：

模板主要由面板、竖肋及横肋组成。模板之间通过螺栓连接固定，模板标准高度 4.2m，正常使用高度为 4m，下部 0.1m 压在已经浇筑的混凝土上，上部 0.1m 用来防止混凝土浆溢出污染塔柱表面。根据塔柱外型结构及操作方便，模板分块进行加工、安装。

1）模板的加工

（1）模板组拼工作平台

工作平台要求表面平整，结构牢固，稳定性好，其顶面相对高程控制在 1mm 内。

（2）背楞组拼

工作平台上铺设每套水平背楞，用直尺定出每道设计位置，铺设并定位好五套（一节中每块模板设五道水平背楞）背楞后，测定上下两道背楞的相对对角线，并检查背楞直线度及拉线检查背楞的整体平面情况，不能满足要求则必须调整上下道背楞位置及加垫块处理等措施直至整体背楞的相对角线偏差满足指标控制要求。

(3)工字梁组拼

根据设计要求将角铁预先固定在部分木工字梁上。用一根木梁制成角铁固定模具进行各木梁角铁设定，其顶面位置比木梁顶面低 2mm，居于接缝两侧加密固定角铁。先选直线度在 2mm 以内和长度满足设计值要求的两根木工字梁安放在单块模板长边两侧，与水平背楞相竖直，用直尺定出每根木工字梁端头悬出上下水平背楞的长度，检测该两根木工字梁的间距及相对对角线。然后用连接爪将该两根木梁固定在水平背楞上，形成模板组装框架。但在固定完成后，必须重新进行对角线和间距数值的复核。在已固定好的两根木梁底端口拉一根木工细线，由其控制其他即将安放在背楞上的木梁，使得全部的木梁上下端头悬出数值一致，同时再用水平直尺复检木梁端口的整体直线度。安装中间部分的木梁时，即要控制木梁底口与基线相平，又要准确控制木梁间的间距若两者偏差值过大，则影响到上下节连接板的连接，同时也影响到拉杆顺利通过，更重要的是使得面板接缝和模板上下边口的拼装质量难以控制。因此，在木工字梁全部入位固定完成后，还需按设计要求重新进行检查，确保木梁定位准确，否则重新调整定位或刨端头面处理。

(4)面板组拼

根据本模板断面设计结果，每套模板面板均按长边与木工字梁垂直方向铺设，短边的接缝均控制在木工字梁竖直顶面上，两侧面板边口也定在木工字梁竖直顶面上，增加面板刚度。整面面板组拼并固定（固定面板时面板上边需压重，以免松脱顶起）到木工字梁完成后，根据设计断面尺寸拉线定位模板两侧边口位置，割除多出面板，检查模板的整体高度（一般按正偏差布设）弹线刨除高出部分。相配套的上下节模板需保证木工字梁位置相对齐；上下节面板的竖缝也需控制对齐；相同一侧或同一端的模板断面尺寸上下节需对应一致，否则上下节面板相接时易造成错台，影响整体垂直度。模板加工完成后，在面板侧用原子灰把平头螺栓凹槽补平，保证模板平整度。

2)模板安装

在塔柱钢筋绑扎完毕后，由测量人员检核定位角钢上塔柱断面角点，检核完毕，用水泥浆带作为模板底口限位，上口以角钢典型点作为控制点，安装模板，利用塔吊或内爬架上的悬吊及螺旋调节系统合龙内模，再利用外爬架上的悬吊及螺旋调节系统合龙外模。模板制作及安装标准见表 2。

**模板制作及安装标准** 表 2

| 项　目 | 允许偏差(mm) | 项　目 | 允许偏差(mm) |
|---|---|---|---|
| 模板长度和宽度 | ±5 | 模板高程 | ±10 |
| 模板相邻两板表面高差 | 3 | 模板内部尺寸 | ±2 |
| 模板表面最大局部不平 | 1 | 轴线偏差 | 10 |
| 拼合板中板间的缝隙宽度 | 2 | 模板表面平整 | 5 |

## 4 施工测量控制

1)施工测量控制主要技术要求

(1)塔柱倾斜度误差大于塔高的 1/3 000，且不大于 30mm。

(2)塔柱轴线误差±10mm，断面尺寸偏差±20mm。

2)施工测量准备

根据施工设计图纸先计算出塔柱截面轴线点、角点、三维坐标，根据计算成果由承包商与监理组双方测量人员同时分别对各角点、平面位置进行观测，对照观测结果调整模板，在施工过程中调整模板尽量小于规范设计要求。

3)施工测量的控制

为保证主塔倾斜度偏差不大于1/3 000的设计要求同时尽量做到施工便利，经过精度分析，我们采取了极坐标直接放样方案，通过在工地建立高等级精密三角网，建立了强制对中测站，采用高精度全站仪直接放样，为确保施工精度，观测数据控制为零误差。

因在观测中，影响观测量精度的因素很多，如仪器对中误差，照准误差及外界环境条件的影响等。这些因素均影响到观测精度，要完全避免这些影响是不可能的，但选择有利观测时间和避开不利条件，如采取在同等气候环境下，固定观测人员观测，并且将点选于远离公路的民房顶，将这些外界条件的影响降低到最小程度。

4)施工观测

首先根据塔柱设计坐标和尺寸等要素计算相应高程处塔柱设计截面轴线点、角点坐标，采用全站仪放样塔柱截面轴线点及各角点，因塔柱模板为定型模板，故只需定位模板角点就能实现塔柱的精确定位；若实测塔柱模板角点与设计坐标不相符，则重新定位模板，直至调整到设计位置，对于不能直接测定的角点，可根据已测定的点于不能直接测定点的相对几何关系，用边长交会法检查定位。在施工过程中，继续对各角点进行观测，发现因混凝土浇筑而发生大的偏移时，则用千斤顶对模板角点进行前后推拉，左右挤顶作为调整手段准确定位模板，从而使整体控制效果达到要求。

## 5 结语

通过现场对模板制作及安装过程中的控制，对控制数据的计算及反复校对，对每一节模板施工前后过程中认真观测，主塔垂直度满足设计及规范要求。

**参考文献**

[1] 中华人民共和国标准.JTJ 041—2000 公路桥涵施工技术规范.北京：人民交通出版社，2000.

# 软土地基施工与处理

## ——软土地基湿喷桩加固工程施工监理

周　敏

(常州市交通建设监理咨询有限公司)

**摘　要**　根据京杭运河常州市区段改线工程中软基处理的工程实例,介绍水泥湿喷桩加固软土地基的施工特点,论工程施工监理的作法和体会。

**关键词**　湿喷桩　软土地基　加固　施工监理

## 1　工程概况

目前由于种种原因,干喷机仍是主要的喷射作业设备。但是随着人们环保意识的增强以及对喷射混凝土质量要求的提高,已有越来越多的湿式混凝土喷射机进入使用。在一些国际招标的大型水利工程中,如二滩水电站,黄河小浪底工程,三峡工程等,均是采用湿式混凝土喷射机朵作业。国内目前使用的各种湿式混凝土喷身机多是从国外引进的设备。近几年来。国内一些单位也开始开发研制出几种湿式混凝土喷射机,但生产规模尚有待于扩大。

京杭运河常州市区段改线工程西起德胜河口,东至戚墅堰常州市卓远饲料厂,全长25.764km。航道设计等级为三级,永久性水工建筑物按三级航道标准建设,现阶段航道底宽及水深按四级标准实施,航道口宽90m,底宽45m,设计水深2.5m,最小弯曲半径480m。

## 2　湿喷桩加固原理

湿喷桩加固软土地基实际上就是水泥加固土的过程,即采用机械深层搅拌软土与水泥浆进而发生的一系列物理化学反应形成复合地基的过程。

粉喷桩的成桩原理:将水泥粉混合于压缩空气气流中,后者从钻孔底喷入有一定含水率的软土中。搅拌用特制的钻头,此钻头首先将孔中土扰动,当含粉气流到达后又将土粉搅拌均匀,并将土粉混合体压实,这样形成的柱体即粉喷桩。这是一种粉与土进行搅拌的软基加固方法,利用水泥的吸水和与土粒发生水解、水化反应并进行阳离子交换等物理化学反应、形成强度和刚度较桩周土高出若干倍的水泥土桩,从而使地基土工程性质得到局部改善,并与桩间土构成复合地基。

在对换(填)土方案、桩基方案及复合地基方案进行全面比较后,最后确定采用水泥湿喷桩方案作为软基处理方案。

### 1.1　水泥的水解和水化反应

湿喷桩施工是首先将水泥拌和成水泥浆,水泥中各种钙质矿物和水完成部分水解和水化反应后,再和软土中的水继续进行水解和水化反应,生成钙质化合物,这是形成复合地基强度的主导因素。

### 1.2　黏土颗粒与水泥水化物的作用

当水泥中的各种水化物生成后,一部分自身继续硬化,形成水泥骨架;另一部分则与其周围具有一定活性的黏土颗粒发生反应。

1.2.1 离子交换和团粒化作用

黏土中的化合物表面带有各种离子，它们和水泥水化生成的钙离子进行当量吸附交换，从而提高土体强度；又由于软土本身具有胶凝性，再和水泥水化作用形成的凝胶粒子结合起来，形成水泥土坚固联结的团粒结构，使水泥土的强度大大提高。

1.2.2 凝硬反应

随水泥水化作用生成的钙离子超出交换所用的数量时，这部分钙离子就与组成黏土的化合物反应，生成许多不溶于水的结晶化合物并逐渐硬化，同样大大的增强了水泥土的强度和水稳性。

从上述水泥加固土的原理可以看出，使水泥土保持足够的强度，一要有相应数量的水泥，二是必须使水泥与土充分接触，即用机械充分拌和水泥和土。这为湿喷桩施工指明了控制要点。

## 3 施工前各项准备工作的监理

### 3.1 原材料质量监控

(1)水泥采用 P.O 32.5 强度等级的普遍硅酸盐或硅酸盐袋水泥，严禁采用散装水泥，其各项技术指标必须满足国家技术标准。

(2)各施工段落水泥堆放必须入库，入库前供货单必须有供应商、项目经理部材料员、机主及监理组四家共同签字方可生效，该供货单必须附在《水泥用量台账》后，水泥库数量应满足至少三天用量，且库存量不得少于 80t，水泥堆放应整齐，底下应垫空，四周应有排水沟，确保水泥在施工期间不受潮，已受潮的水泥应清除出场。入库水泥要立即通知试验人员抽检试验，使用的水泥必须是试验合格的水泥。

(3)各标段所用水泥必须由项目部统一采购，每个项目部必须根据各自标段湿喷桩的工程数量具体确定供应厂家，同一施工段落应采用同一品牌的水泥，水泥厂家确定后应报监理组备案，并经监理组抽检合格的水泥才能用于湿喷桩施工，水泥供应单位应按要求提供质保单。

### 3.2 室内试验的监理

认真审查施工单位所报的配合比，确定湿喷桩每延米水泥用量，同时监理组和项目部试验室共同做好不同水泥不同水灰比与水泥浆比重的关系曲线，并将结果报指挥部。在试验过程中监理人员应进行全过程旁站监理，使得试验操作及测试等关键环节能得到有效的监控，保证试验结果准确可靠。

### 3.3 现场平整和碾压检查

湿喷桩施工场地，首先应予以清理、整平，整平后地面坡度不得大于 2%，整平高程应符合设计要求；路基两侧必须开挖排水沟，保证湿喷桩施工期间施工现场不被雨水、农田水浸泡；在开挖表土后应彻底清除地表、地下的石块、树根等一切障碍物，并用轻型压路机进行碾压稳定后，测量地面高程报监理组各标段现场监理验收。对于原有的地下暗渠应予重新开挖用素土回填，对于河塘地段可在清淤后在河塘底填筑 30～50cm 素土(压实度不小于 85%)，在整平河塘底后，湿喷桩钻机进场。

### 3.4 机械设备的检查

认真检查每台湿喷桩机组的主要技术性能(包括喷钻机的加固深度、成桩直径、钻机钻速、提升速度等，湿喷桩水泥浆的压力泵的压力和泵送能力)，确保所用的湿喷桩机型能满足该施工段的施工要求。机械尽量采用粉喷桩改装机型，其钻头最下面两个片间距应不小于 5cm，叶片角度不大于 20°，如采用其他钻机，其下面叶片数量不得少于 4 片，每个叶片的间距采用不等距，且下面的间距应小于上面叶片的间距，同时为了保证叶片的粉碎效果，叶片上应焊接一定数量的钢筋。每台湿喷桩机必须配备能够自动记录、打印处理深度、每 0.1～0.25m 水泥浆用量、复搅深度、水泥浆比重的电脑监测记录装置(其应能打印每根桩施工中钻头每次下钻深度及提升高度的全过程记录和水泥浆段浆量和水泥浆比重)。监测装置必须安装密度仪，密度仪坏了，立即停工，无密度仪不允许开工。监测装置以及电流表、压力表必须经有资质部门重新计量、标定，以保证仪器、仪表的准确，监理组对标定后的合格证书进行审查，其复印件贴在已标定的仪器或仪表上。

管道质量应满足管内压力要求，管道接头不得多于 2 个，且管长不大于 60m。

施工水泥浆存放池必须采用金属制容器，其容积必须大于该段落最长桩用浆量。

### 3.5 测量放样监理

及时对施工单位绘制的每个施工段落的桩位平面布置图进行审核，施工前每个段落放完全部桩位后必须经监理组复测，并用小木桩或竹片定位，且应做好醒目标记，便于施工中寻找，严禁边施工边放样，确保施工放样正确。

## 4 施工工艺

### 4.1 定位

将钻机移到指定桩位，对中调平钻机工作台，然后再钻机的两垂直方向框架上系两个吊锤，吊锤要系在框架中间，根据吊锤的偏摆来控制钻机的垂直度。

### 4.2 浆液配制

根据设计配合比，进行配料，水泥浆配制须在金属容器内。配料时，压迫用密度仪检测水泥浆的比重。

### 4.3 钻进喷浆、复搅提升

水泥浆按设计配制好后，开动浆棒，将经过过滤的水泥浆送至搅拌机钻头处，从钻头喷出均匀的浆液后，开始下钻，要控制下钻速度。注意电流表的变化情况。在钻进过程中，要保持持续喷浆。钻到设计高程后，停止喷浆。开始提升钻头，提升至原地面后，再进行复搅。

### 4.4 资料打印

成桩后，必须在移动钻机前打印施工过程资料和成桩资料，严禁移机后补打资料。成桩资料打印必须经旁站监理监督并签字确认。

## 5 施工控制要点

施工中要控制桩的垂直度，钻机钻进、提升速度、总的喷浆量、水泥浆的比重。

(1)桩的垂直度控制，回定位方法。

(2)钻机下钻、提升速度的控制，利用钻机的挡位进行控制。

(3)总的喷浆量控制，根据设计桩长和各种参数，计算出水泥浆的用量，确定容器体积，进行配料。

(4)水泥浆的密度控制，根据水泥浆的配比、水灰比，确定水泥和水的用量。搅拌成浆后，用密度仪进行检测，不得小于设计要求。

(5)对输浆管经常检查，不得泄漏和堵塞，管道长度不得大于 60m。定期检查钻头，保持钻头直径误差在(－1cm～＋3cm)之间。

(6)合理安排桩位施工顺序，先施工一个区域四周的桩，形成一个封闭的区域，再逐渐往中心施工，有利于整体的成桩质量和软基处理效果。

## 6 施工过程现场监理

湿喷桩施工我监理组实行全过程、全方位、全天候的旁站，并要求施工单位配两名现场管理人员，对湿喷桩的施工质量进行有效地监控。

### 6.1 现场工艺性试验桩的监督

通过工艺性试验桩(不少于 6 根)确定以下技术参数：钻进速度、提升速度、水泥用量(总量和单位用量)、喷浆次数、湿喷桩的水灰比、复搅速度、复搅次数、走浆时间(灰浆自泵出至到达浆喷口的时间)、来浆时间(浆液从喷浆口喷出时间)、停浆时间、总喷浆时间(停浆时间与来浆时间的时间差)等。试桩时项目部技术负责人、分包单位负责人、监理组道路专业工程师在场，对试桩参数进行确认，并填写好试桩报告。工艺性试桩结束后，待成型检测合格后按“首件工程认可制”的要求进行认可，首件认可后方允许全面开工。

**6.2 施工桩位检查**

按设计桩位平面布置图进行放样，桩位偏差不得超过100mm。桥头、结构物基础段落湿喷桩应优先安排施工。

**6.3 钻机搅拌、喷浆的旁站**

湿喷桩施工应采用下钻喷浆，下沉钻头钻进时，严格控制速度，并尽量一次喷足浆量，若喷浆不足时要求同时打开发送器前面的控制阀，按需补充量向被搅动的疏松土体喷射水泥浆进行二次喷浆。复搅次数一般不得少于两次（如能确保湿喷桩搅拌均匀、成桩良好，可以采用一次复搅），要求提升20mm搅拌轴钻动不少于一圈。必须严格控制下钻、提升速度，第一次下钻时速度不得大于0.8m/min，提升时，提升速度不得大于0.8m/min，复搅时下钻速度不得大于1.5m/min，提升速度不得大于0.8m/min，且每延米施工时间不得小于4.5min。当钻头下钻到设计高程时，发送器停止向孔内喷水泥浆。钻头提升至地面顶。在此过程中监理组随时检查喷浆的连续性和每延米用量、水泥浆比重、处理桩长、复搅速度、复搅深度、钻机下钻、提升速度，其中为了确保湿喷桩的质量，控制钻进速度，每台钻机每天完成的工作量严禁超过300延米，具体最大数量可根据每台钻机确定的施工参数和工艺计算确定。

**6.4 水泥的检查**

水泥必须放在水泥库中，每一台钻机需建立一个水泥库，每个水泥库均要建立水泥用量台账，每天要根据完成桩的数量和每天用的水泥量进行比较，单桩水泥用量误差不得大于1%。

**6.5 水泥浆质量的检查**

制浆时，水泥浆拌和时间在5～10min，制备好的水泥浆不得离析、沉淀，每个存浆池必须配备专门的搅拌机具进行搅拌，以防水泥浆离析、沉淀，水泥浆存放时间不得大于2个小时，存放时间超过2小时的水泥浆应予废弃。已制好的水泥浆在倒入存浆池时，应加筛过滤，以免浆内结块。泵送浆液时，管路应保持潮湿，以利输浆。

**6.6 钻头直径检查**

每班测量钻头直径一次，做好监理记录。对于粉喷桩改装机型钻头取直径为48～49cm，其他类型钻头不得小于50cm。

**6.7 施工故障处理**

(1)对损坏的设备或不正确的仪器、仪表等应及时给予更换，易损零件要求有一定的库存。

(2)发现喷浆管堵塞不喷浆时，应立即停止施工，标明钻杆所处的深度，查明原因，迅速排除故障，重新喷浆，在接头处重叠应不少于1m；如间隔时间超过12小时，该根未完桩应作报废处理，重新进行打设，新桩与报废桩外边缘的距离不能大于设计桩距的15%，并及时做好记录。

(3)如因地质条件发生变化，桩长达不到设计桩长，应及时分析原因，向监理组进行汇报，经指挥部确认，调整桩长；如碰到硬土夹层，钻进喷浆较困难时，可关闭送浆阀，在下钻穿透该硬土层后，下钻到设计高程，改为提升喷浆，喷浆时上下与已喷浆段搭接，搭接长度不小于50cm。

**6.8 工后检测**

(1)湿喷桩成桩7天后，必须将桩头上部按规定要求清除露出桩型，对桩体成型情况、搅拌均匀程度、桩径、桩距等指标按有关要求和频率进行检查。

(2)湿喷桩成型28天后，将按照抽检频率对湿喷桩进行全过程钻芯取样，检查其成型情况，并在桩顶下50～100cm范围内、桩中部及桩底上面50～100cm钻取芯样，做无侧限抗压强度试验。

**6.9 文明施工检查**

每台钻机醒目处须按规定的要求挂施工牌，牌上应标明水泥浆的比重、水灰比、钻机下钻、提升速度等施工参数。为了便于控制钻机钻进深度，在钻架的塔架上每50cm用明显颜色标注一下。

## 7 结语

正是由于施工前对水泥加固软土的原理进行分析，对湿喷桩实施细则进行学习，针对施工控制要点落实到过程控制中，同时又加强了对原材料的控制和现场的管理，再有监理的严格检查、监督工作。在施工结束7天后用轻便触探器进行桩身质量检查，同时量成桩的桩径、桩距，合格率100%，成桩28天后经钻孔取芯、标准贯入检查，优良率达到95%以上，达到了预定的目标，得到了业主的好评和认可。

衷心感谢常州交通工程监理咨询有限公司常州运河改线工程航道项目监理组给予的相关监理实践。

**参考文献**

[1] 卞守中.深层水泥搅拌法质量管理.杭州:深层搅拌法设计施工经验交流会论文集.
[2] 牛志荣.复合地基处理及其工程实例.北京:中国建材工业出版社,2000.
[3] 地基处理手册编委会.地基处理手册.北京:中国建筑工业出版社.

# 龙城大桥钢箱梁安装施工工艺

王宗仁[1]　谯兰志[1]　蔡润波[2]　赖宏扬[1]

(1.路桥华南工程有限公司;2.武昌造船厂)

**摘　要**　龙城大桥主桥主梁为钢—混凝土叠合梁结构。主梁的钢结构为开口钢箱梁,主梁的混凝土结构为预制桥面板通过湿接缝连接成整体。其安装工艺采用2台150t履带吊车进行安装,钢箱梁支撑结构采用大钢管,考虑到地基沉降等相关问题。

**关键词**　龙城大桥　钢箱梁　安装　工艺

## 1　工程概况

龙城大桥跨径组合为3×30m+3×30m+(72.0+114.0+30)m+3×30m+(26+36+26)m+3×30m,桥梁全长665.06m。主桥采用拱门独塔三跨自锚式悬索斜拉协作体系,主跨采用自锚式悬索结构,主缆锚固于次跨纵梁端部,另一端经次塔散成7束锚固与主塔,成空间缆索体系,主塔为钢结构拱门组合塔;副跨采用斜拉结构,主梁为钢混凝土组合梁体系结构。跨径组合72.2m+113.8m+30m,主桥宽40m,引桥采用26~36m跨径的混凝土连续结构,具体结构图如图1所示。

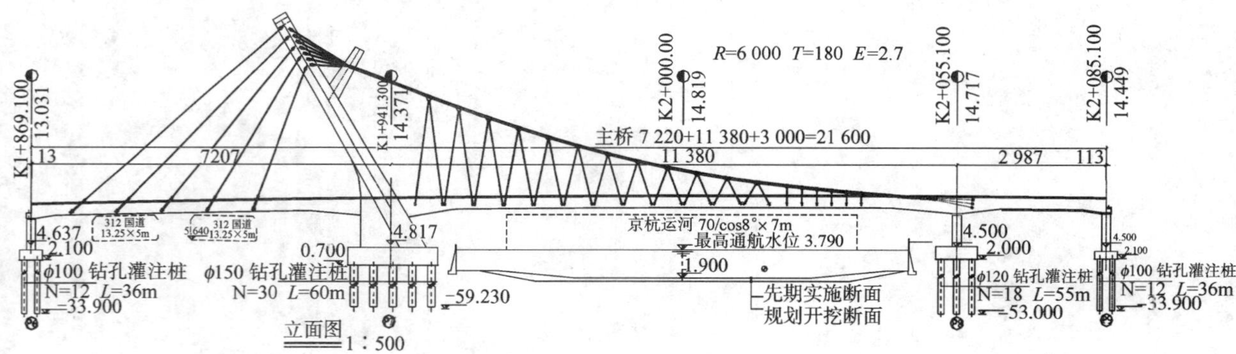


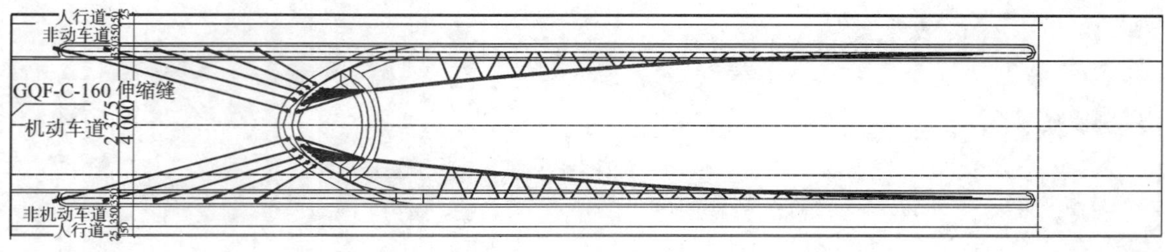


图1　龙城大桥主桥结构布置图(尺寸单位:mm,高程单位:m)

钢—混凝土叠合梁

①范围:主跨87m,分15个节段,梁段划分详见图2所示;②结构:梁格受力体系;③钢纵梁:全焊结构,由底板和5道腹板组成"槽形"截面,如图3所示;④钢横梁/横隔板:焊接工字形截面;⑤桥面板:钢筋混凝土(局部有纵向和横向预应力);⑥剪力键:焊钉,设于纵梁顶板和横梁顶板;⑦加劲:U肋和

扁钢。

常州龙城大桥在主跨 87m 范围内为钢—混凝土叠合梁，共分成 15 个节段。节段总重量为 1 349.6t。然后调整对位，逐个接头焊接，最后形成桥梁。钢箱梁的类型及数量如表 1 所示。

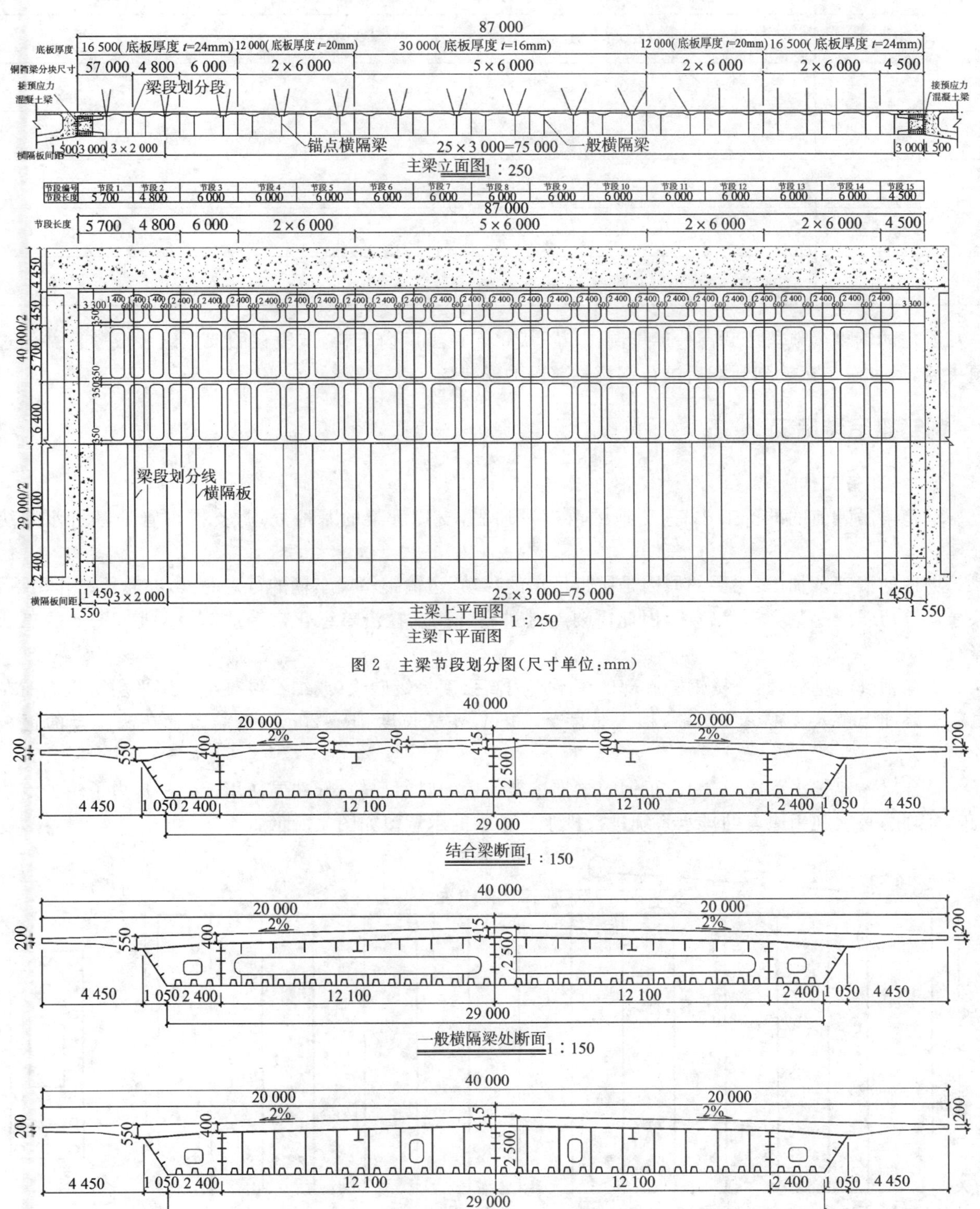


图 2　主梁节段划分图(尺寸单位：mm)



图 3　主梁横断面结构示意图(尺寸单位：mm)

**钢箱梁类型一览表** 表 1

| 序　号 | 尺　寸（m） | 重　量（t） | 数　量（个） |
|---|---|---|---|
| 1 | 2.085×31.8×5.9 | 129 | 1 |
| 2 | 2.085×31.8×4.7 | 113 | 1 |
| 3 | 2.085×31.8×5.2 | 76 | 1 |
| 4 | 2.085×31.8×6.2 | 75 | 5 |
| 5 | 2.085×31.8×6.2 | 80 | 4 |
| 6 | 2.085×31.8×6.2 | 90 | 3 |

所用的钢箱梁节段由武昌造船厂制作，梁、板单元在工厂内下料，节段在胎架上组装成整体并经过预拼后，通过汽车运输到现场后进行钢箱梁节段的安装。

## 2　钢箱梁吊装施工

### 2.1　准备工作

钢箱梁吊装前的准备工作有：场地的清理及加固，支撑管架的基地处理，支撑钢管地基排水系统处理。

场地的清理及加固：主要的原因是履带吊车的移动、运输钢箱梁车辆的行走时候，在轮压的作用下，原绿化等薄弱的地基会产生破坏，因此需要对其进行加固。在沿着绿化带等加铺一层厚 30cm 的二灰碎石。

支撑钢管地基处理：支撑钢管底部的调平层用高强度等级砂浆（或细石混凝土），调平层浇筑之前在混凝土路面上植入 6 根 $\phi$12 钢筋，植入长度为 10cm，外露长度 15～20cm，钢筋布置在法兰盘的钢板外侧。

叠合梁场地排水系统设置：由于钢箱梁支撑架使用的时间比较长（共要使用 7 个月），为了减少地基沉降，因此，必须利用原有的排水系统进行排水。排水的示意图如图 4 所示。

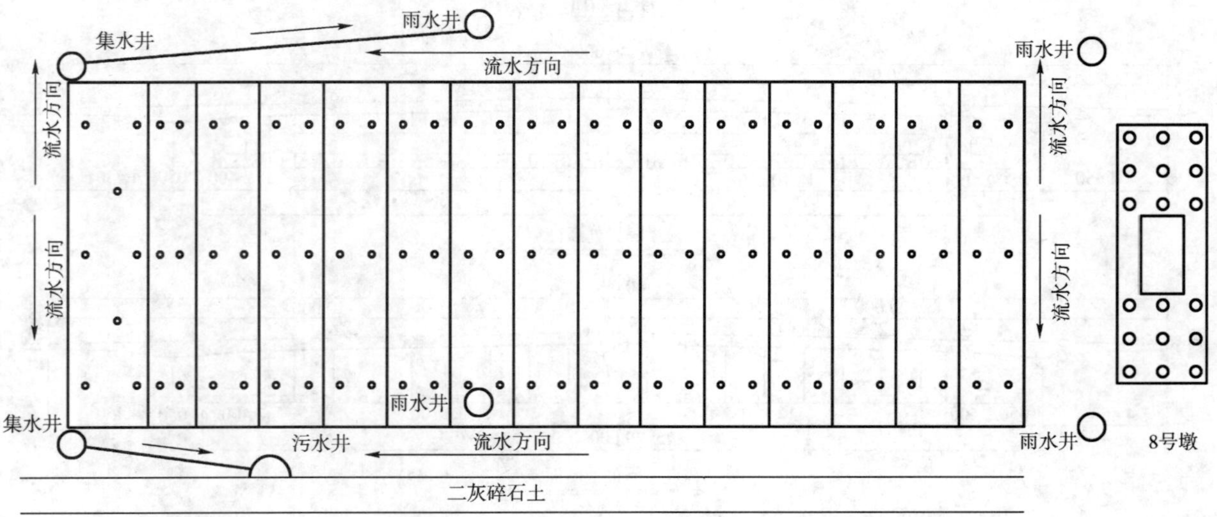


图 4　支撑钢管场地排水系统示意图

### 2.2 钢箱梁安装施工步骤图(图 5~图 8)

叠合梁安装从 1、15 号梁段,定位固定后进行混凝土连接段的施工。整个叠合梁以 2、14 号梁段作为合龙段,其他梁段安装顺序先从 3~12 号进行安装。整个叠合梁安装的步骤为:安装 15 号梁、1 号梁——浇筑连接段混凝土——安装 2 号~12 号梁段,并进行焊接,但 2 号梁段与 3 号梁段的焊缝不焊接——搁置 13、14 号梁段——安装 13 号梁段,并与 12 号梁段焊接——安装 14 号梁段,焊接固定——焊接 2 号梁段与 3 号梁之间的焊缝。

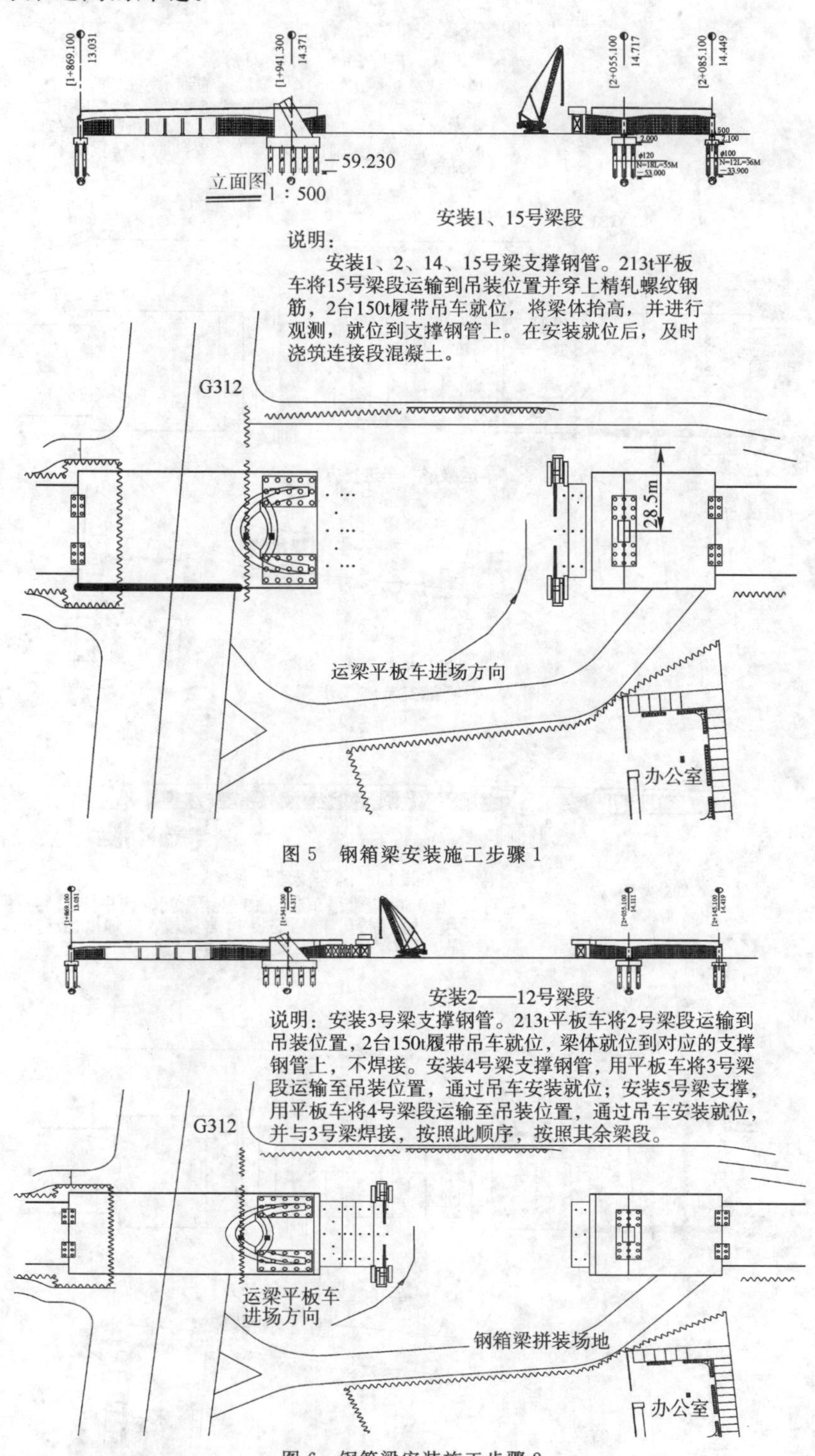


图 5 钢箱梁安装施工步骤 1

图 6 钢箱梁安装施工步骤 2

在安装 14 号梁段前，用全站仪对 13、15 号梁段间的空间尺寸进行测量，再根据测量尺寸对 14 号梁段进行安装尺寸的修正，最后进行 14 号梁段的吊装、焊接。

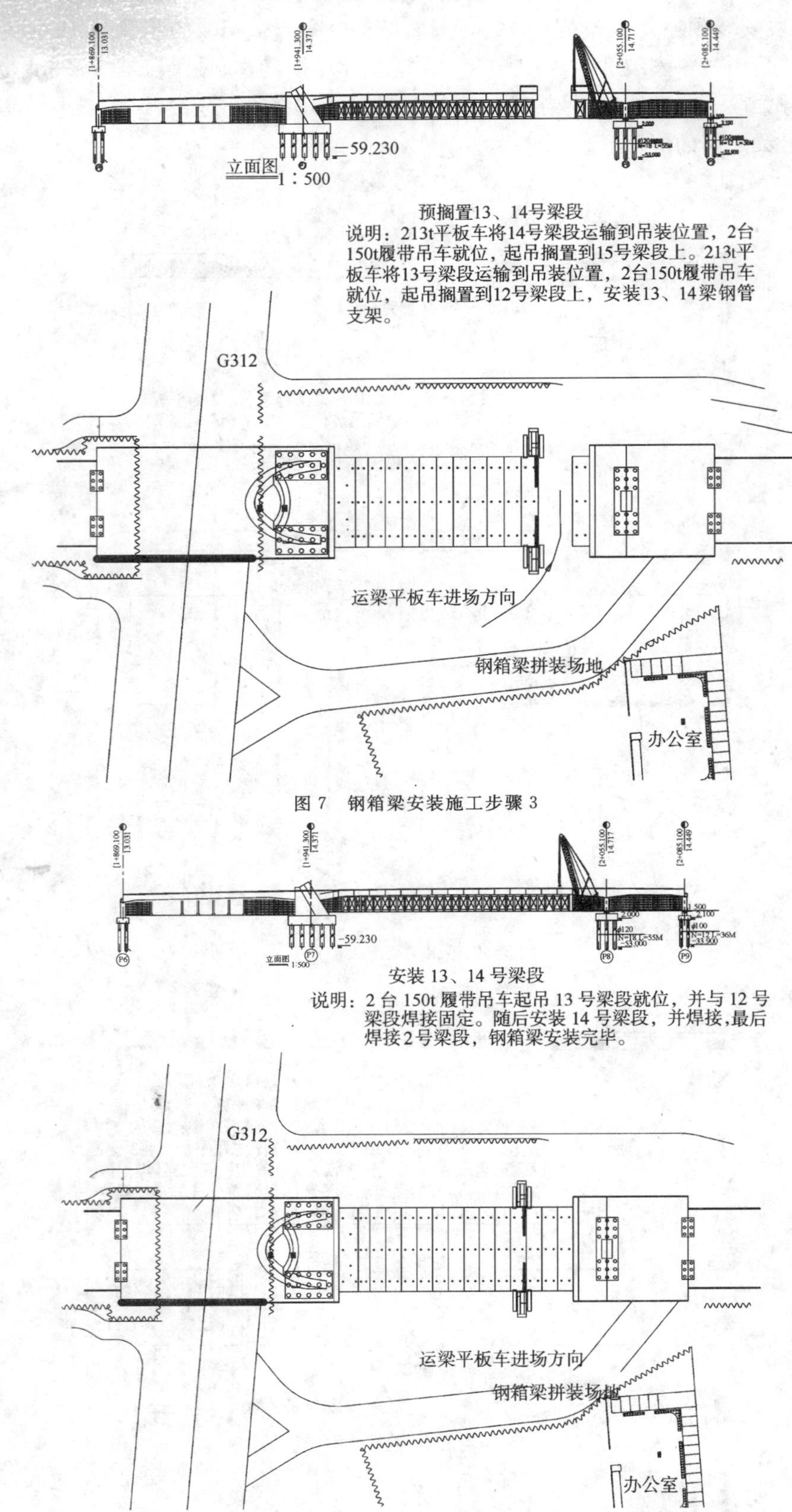


图 7　钢箱梁安装施工步骤 3



图 8　钢箱梁安装施工步骤 4

### 2.3 安装设备的选型

选用150t履带吊车作为安装设备：吊车主臂长度为27m，工作幅度为8m时的工况，额定起重量为93.8t，详见吊车性能表。吊车臂杆转动点距离转盘中心140cm，距离履带底部240cm，吊车的结构尺寸详见吊车尺寸图。

吊车负重＝(129/2＋1.92)×1.1/0.8＝89.6t＜93.8t，(满足吊装要求)。

其中1.1为动载系数，1.92t为吊钩重量，0.8为两车抬吊系数。吊车的结构示意图9所示。

### 2.4 地基沉降试验

为了测试龙城大桥钢箱梁区域内，路基承载力及沉降情况，我部在2007年1月份下旬做了地基承载力试验。支撑钢管的内径为519mm，法兰盘的外径为667mm。作支撑荷载的时候，直接将法兰盘搁置在地面上，分别由3根支撑钢管组成的框架，后在框架上继续加载。加载得出的相关数据详见表2。

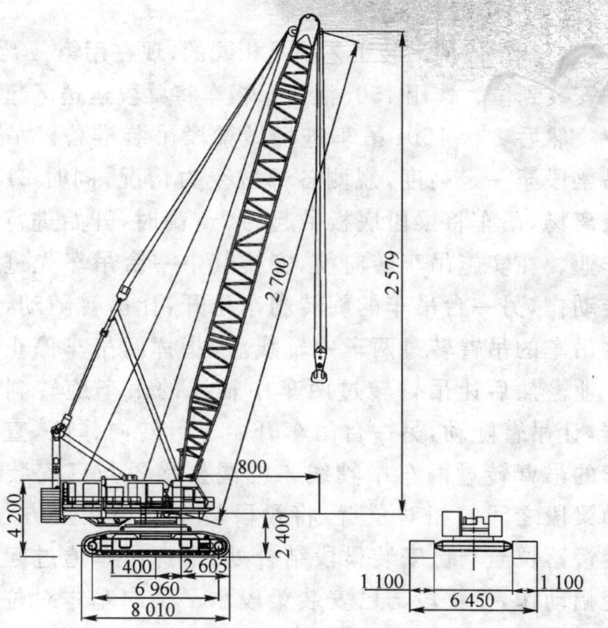


图9 150t履带吊车尺寸图(尺寸单位:mm)

**支撑钢管试验观测表** 表2

| 支撑钢管试验观测表 | | | | | | |
|---|---|---|---|---|---|---|
| 观测点 | 观测日期<br>年—月—日 | 预压工况 | 高程<br>(m) | 沉降量<br>(mm) | 累积沉降量<br>(mm) | 备　注 |
| 非机动车道<br>观测点1 | 2007—2—5 | 预压前 | 5.746 | 0 | 0 | |
| | 2007—2—5 | 20t | 5.743 | 3 | 3 | |
| | 2007—2—6 | 120t | 5.732 | 11 | 14 | |
| 非机动车道<br>观测点2 | 2007—2—5 | 预压前 | 5.765 | 0 | 0 | 在得出观测数据4个小时后破坏 |
| | 2007—2—5 | 20t | 5.765 | 0 | 0 | |
| | 2007—2—6 | 120t | 5.731 | 34 | 34 | |
| 主线机动车<br>道观测点3 | 2007—2—6 | 预压前 | 5.948 | 0 | 0 | |
| | 2007—2—6 | 20t | 5.948 | 0 | 0 | |
| | 2007—2—6 | 100t | 5.946 | 2 | 2 | |
| | 2007—2—7 | 120t | 5.946 | 0 | 2 | |
| | 2007—2—9 | 161t | 5.942 | 4 | 6 | |
| | 2007—2—9 | 161t | 5.942 | 0 | 6 | |
| | 2007—2—10 | 161t | 5.942 | 0 | 6 | |
| 主线机动车<br>道观测点4 | 2007—2—6 | 预压前 | 5.974 | 0 | 0 | |
| | 2007—2—6 | 20t | 5.974 | 0 | 0 | |
| | 2007—2—6 | 100t | 5.972 | 2 | 2 | |
| | 2007—2—7 | 120t | 5.97 | 2 | 4 | |
| | 2007—2—9 | 161t | 5.969 | 1 | 5 | |
| | 2007—2—9 | 161t | 5.968 | 1 | 6 | |
| | 2007—2—10 | 161t | 5.968 | 0 | 6 | |

### 2.5 梁段吊装操作步骤

各个梁段的吊装工艺都是相同的,现在用第一梁段吊装步骤进行阐述:第一梁段吊装时,其支撑预先安装到位。选用150t液压平板车将梁段运送至起吊位置,如图10所示。

然后2台150t吊车进场做梁段吊装准备。吊车起吊梁段至一定高度,观测各部位受力情况,同时213t平板离场,吊车将梁段底板吊起约7m高时,开始进行转向作业。在实施吊车转向前,安排其中一台吊车先进行旋转动作,另一台吊车的旋转刹车松开,让吊臂随动,当一台吊车的吊臂转过两车中轴线后,指挥两吊车停止转向作业。然后让吊臂转过两车中轴线的吊车旋转刹车松开,让吊臂随动,另一台吊车开始进行转向作业,直至吊车的吊臂转过两车中轴线。再调整梁段与已安装到位的梁段之间的相对位置,将梁段转至支撑正上方位置,缓慢落位至与已安装梁段结合处,指挥吊车通过起钩和变幅动作,使梁段与已安装梁段水平轴向基本对位。在全站仪的监测下,通过调整预设在梁段下方钢管支撑上端的千斤顶,使梁段的底板高程基本到位。再使用手拉葫芦将梁段拉到安装位置。

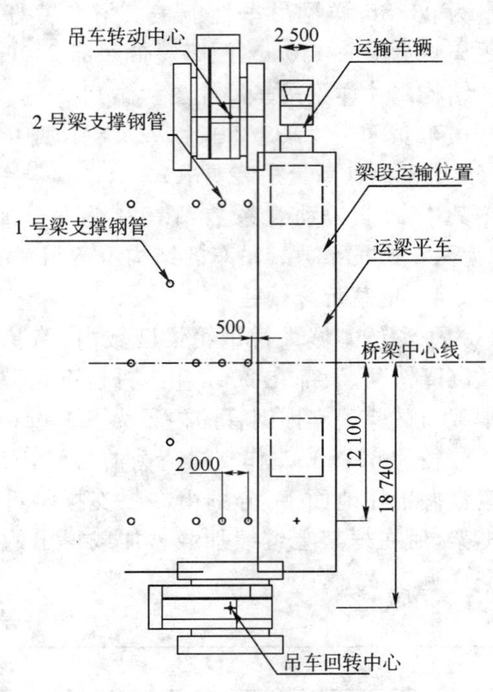


图10 第1号梁段吊车停位示意图(尺寸单位:mm)

再将梁段提升至支撑正上方位置,缓慢落位至与混凝土梁段结合处,指挥吊车通过起钩和变幅,使梁段与混凝土水平轴向基本对位。在全站仪的监测下,通过调整预设在钢管支撑上端的千斤顶使梁段的底板标高基本到位。再使用手拉葫芦将梁段与混凝土拉到安装位置。

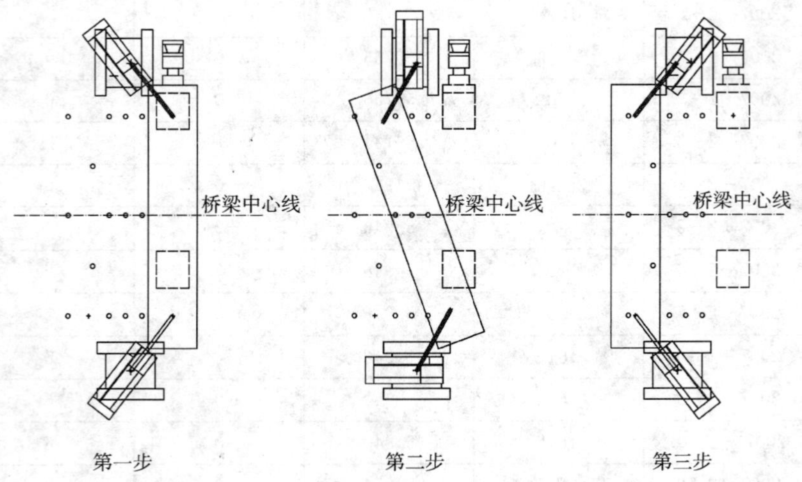


图11 第1号梁段吊装分步示意图

## 3 结语

龙城大桥钢箱梁安装已经完成,通过实践,利用“先造桥、后挖河”的特点,采用两台150t履带吊车安装钢箱梁是可行的。在交通方便,施工周期短、施工场地开阔的同类项目环境下可采取此施工工艺,具有一定的经济效益。

# 龙城大桥拱门独塔竖转施工技术

刘 波[1] 薛平权[2]

(1.路桥华南工程有限公司;2.常州市航道管理处)

**摘 要** 本文主要是以常州龙城大桥为工程依托,对空间拱门塔的竖转相关施工技术进行阐述,总结出施工过程的相关经验技术,为以后同类型以及结构类似的桥梁施工提供技术支撑。

**关键词** 拱门塔 竖转 施工技术 工艺流程

## 1 工程概况

### 1.1 工程简介

本工程主要为龙城大桥及两岸接线,龙城大桥跨径组合为3×30m+3×30m+(72.0+114.0+30)m+3×30m+(26+36+26)m+3×30m,桥梁全长665.06m。主桥采用拱门独塔三跨自锚式悬索斜拉协作体系,主跨采用自锚式悬索结构,主缆锚固于次跨纵梁端部,另一端经次塔散成7束锚固与主塔,成空间缆索体系,主塔为钢-混凝土组合拱门塔;副跨采用斜拉结构,主梁为钢混凝土组合梁体系结构。跨径组合72.2m+113.8m+30m,主桥宽40m,引桥采用26~36m跨径的混凝土连续结构。

索塔的结构:①尺寸:倾斜30°,高37m,跨径26.5m;②线形:存在很大的横向弯矩,横断面线形为近似悬链线;③结构:A、B段钢箱混凝土结构与C节段的钢箱结构;④钢结构:全焊结构;⑤次塔柱:造型需要,不参加结构受力。

索塔塔柱节段的划分:A段80.5t(左、右各1)共161t;B段74.5t(左、右各1)共152t;C段129t(左、右各1)共256t,次塔24t(左、右各1)共48t,索塔自重共计575吨。

### 1.2 竖转工艺概述

索塔竖转采用"扳起法施工"。索塔竖转利用的锚点为主桥2号块段处主缆锚固点进行锚固。竖转塔架用的"三角架"(也即竖转塔架)都布置在索塔上,竖转塔架的拉杆主用利用主缆MC7锚孔。后锚点与竖转塔架主要利用8束钢绞线进行连接。主塔竖转示意见图1。

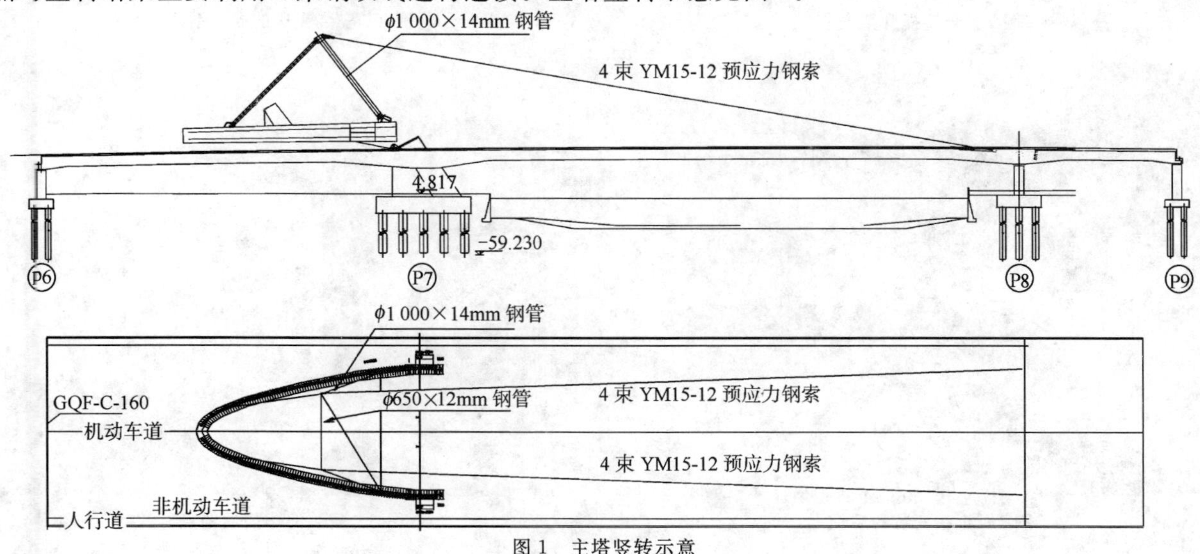


图1 主塔竖转示意

## 2 竖转工艺流程

### 2.1 竖转主要技术参数

(1)竖向竖转角度:60°。

(2)竖向竖转总重量:575t。

(3)竖转立柱高度:23m。

(4)竖转铰直径:300mm。

(5)转动体结构几何尺寸:

①竖转铰至主塔前端总长 39.6822m;

②宽度 26.5m。

(6)竖提转体速度控制:4~5m/h。

(7)竖提转体风速控制:不大于 5 级风(即风速不得大于 10.7m/s)。

### 2.2 主要施工设施结构构造

2.2.1 竖转施工体系主要结构构造

竖转体系主要由竖转立柱、平联、同步竖转张拉千斤顶、索塔竖转铰轴、竖转索等组成。竖转立柱采用钢管柱,每个竖转立柱采用 1 根 $\phi$1 000mm×14mm 钢管,钢管对接采用焊接连接,立柱平联由 $\phi$650mm×12mm 钢管连接成整体。竖转立柱与索塔预埋件采用焊接方式进行连接。竖转体系安装见图 2~图 5。

图 2 竖转提升架安装

图 3 安装完毕的提升系统

图 4 正在安装的后锚点

图 5 安装完毕的后锚点

索塔竖转共用8台200t的千斤顶。布置在P8号墩附近,P8号墩东西两侧各布置4台,有2台千斤顶布置在为了尽量减少锚管处的集中应力,同时充分考虑到塔架处钢绞线连接点为万向铰(2束钢绞线同时布置在一个万向铰点)。有2台千斤顶布置入梁锚箱处,通过一个锚固横梁将千斤顶的力分配到入梁锚箱两侧的混凝土上面。有2台千斤顶通过锚固横梁锚固在主缆索股套管上,此锚固横梁通过2束VLM15-12的钢绞线锚固在主缆索股套管上,在竖转之前要张拉150t的力。

2.2.2 液压同步竖转设备

采用国内先进、可靠性高的计算机控制液压同步竖转系统的全套设备,包括竖转油缸、液压泵站和计算机控制系统三部分组成。

竖转过程中,在索塔竖转吊点处安装一台长距离传感器测量各索塔的竖转高度,并根据竖转角度适时采用全站仪对索塔高程进行测量,控制竖转构件的空中姿态,保证索塔结构安全。

在每一个竖转压力系统布置一个压力传感器,通过压力传感器,中央控制单元可以实时采集各个竖转油缸的载荷,从而可以知道各个竖转油缸的载荷分配,中央控制柜可以根据理想的载荷分配比例进行实时调整,实现每个竖转油缸竖转力一致。

在每台千斤顶的下端安装安全锚,以保证施工过程中发生千斤顶故障时将钢绞线临时锚住,以便维修或更换千斤顶。

全桥竖转油缸采用8台200t油缸。

200t千斤顶及提升系统泵站见图6及图7。

图6 同步提升200t千斤顶

图7 提升系统泵站

## 2.3 竖转主要机械、设备(见表1)

龙城大桥竖转施工机械、设备一览表 表1

| 序号 | 名称 | 型号规格 | 流量或额定载荷 | 单位 | 数量 |
|---|---|---|---|---|---|
| 1 | 液压泵站 | TX-40-P | 40L/min | 台 | 2 |
| 2 | 竖转油缸 | TX-200-J | 200t | 台 | 8 |
| 3 | 计算机控制柜 | | | 台 | 1 |
| 4 | 长距离传感器 | | | 台 | 2 |
| 5 | 压力传感器 | | | 只 | 4 |
| 6 | 油缸智能传感器 | | | 只 | 8 |
| 7 | 油缸锚具传感器 | | | 套 | 8 |
| 8 | 电缆线 | | | m | 若干 |
| 9 | 油管 | | | m | 若干 |
| 10 | 履带起重机 | | 150t | 台 | 2 |

续上表

| 序　　号 | 名　　称 | 型号规格 | 流量或额定载荷 | 单　　位 | 数　　量 |
|---|---|---|---|---|---|
| 11 | 汽车起重机 | QY16 | 16t | 台 | 1 |
| 12 | 汽车起重机 | | 50t | 台 | 1 |
| 12 | 全站仪 | Leica | | 台 | 1 |
| 13 | 全站仪 | TOPCON | | 台 | 1 |

## 2.4 索塔竖转施工

### 2.4.1 索塔施工工艺流程

竖向提升法主要利用钢管支架作为竖转支架，竖转油缸安装在8号墩后面锚箱内面。

采用竖向提升法安装索塔塔柱，具体操作过程如下：在P6—P7号墩上，相对应索塔平面位置设置胎架及滑道；在安装索塔节段的同时，安装竖转塔架；安装竖转提升设备及提升索等设备；开始竖转；竖转就位，焊接。具体操作步骤如下：

施工步骤1：安装索塔预埋件及竖转铰，安装索塔拼装胎架及滑道，安装索塔胎架及滑道之前，先用150t起重机车将一台16t汽车起重机吊装到桥面上，利用16t汽车起重机安装索塔胎架及滑道。（图8）

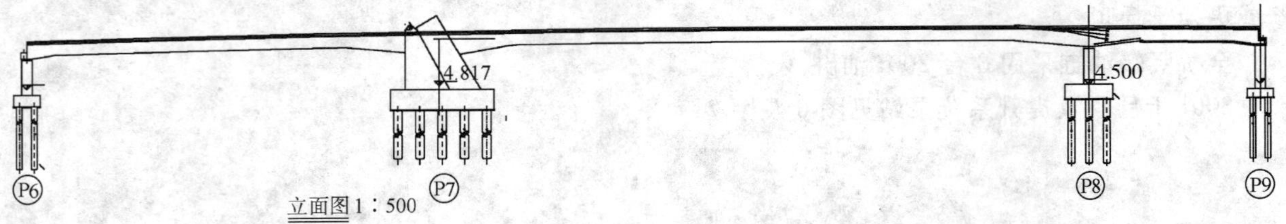


图　8

施工步骤2：安装索塔节段及立柱，用2台150t吊车将索塔节段吊到桥面的滑道上，然后通过滑道将移动到拼装位置；利用16t汽车起重机将竖转立柱的铰座吊装就位，后焊接固定；安装立柱及平联支架，利用16t汽车起重机安装立柱及平联；然后通过150t汽起重机将16t汽车起重机转移到2号块段上，同时安装2号块段处的锚梁(图9)。

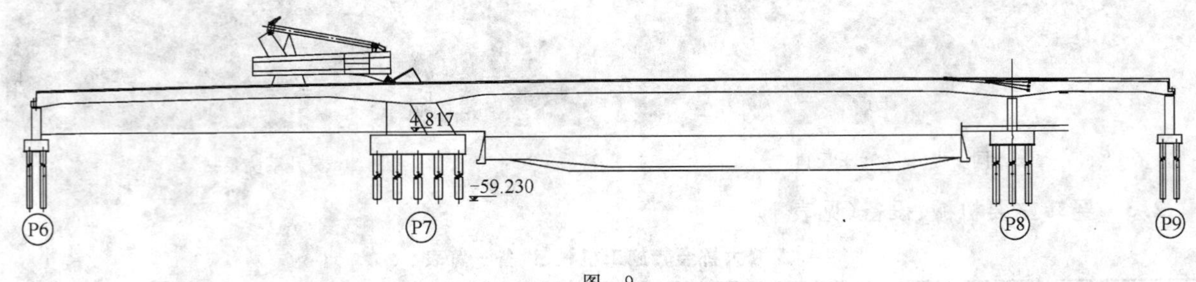


图　9

施工步骤3：利用150t起重机将一台50t的汽车起重机装到桥面上，在索塔C节段安装就位后，安装拉杆铰座，通过锚杆将拉杆铰座和MC7锚箱相连，然后将拉杆与立柱相连，此部分的构件通过50t汽车起重机车进行安装；同时将钢绞线下料，安装2号块锚梁处的千斤顶。（图10）

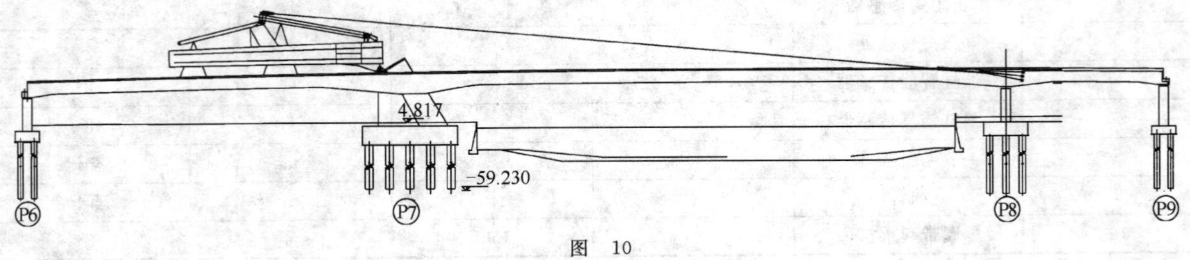


图　10

施工步骤 4:安装竖转塔上的锚固装置,将已经挤压 P 锚的钢绞线穿入锚环,后通过平穿的方式传入竖转千斤顶,后用 2t 葫芦对钢绞线进行调顺,利用千斤顶缓慢提升竖转塔架,50t 汽车起重机在协助拉杆就位,穿上销子;同时焊接定位模板。(图 11)

施工步骤 5:做好相关准备工作,按照分级进行试竖转,分级情况为 20%、40%、60%、70%、80%、90%、95%、100%分级加载;在加载至 40%时候进行全面的检查,并做好记录。当索塔离开胎架 10cm,试竖转工作结束,将索塔停止 12 小时以上。(图 12)

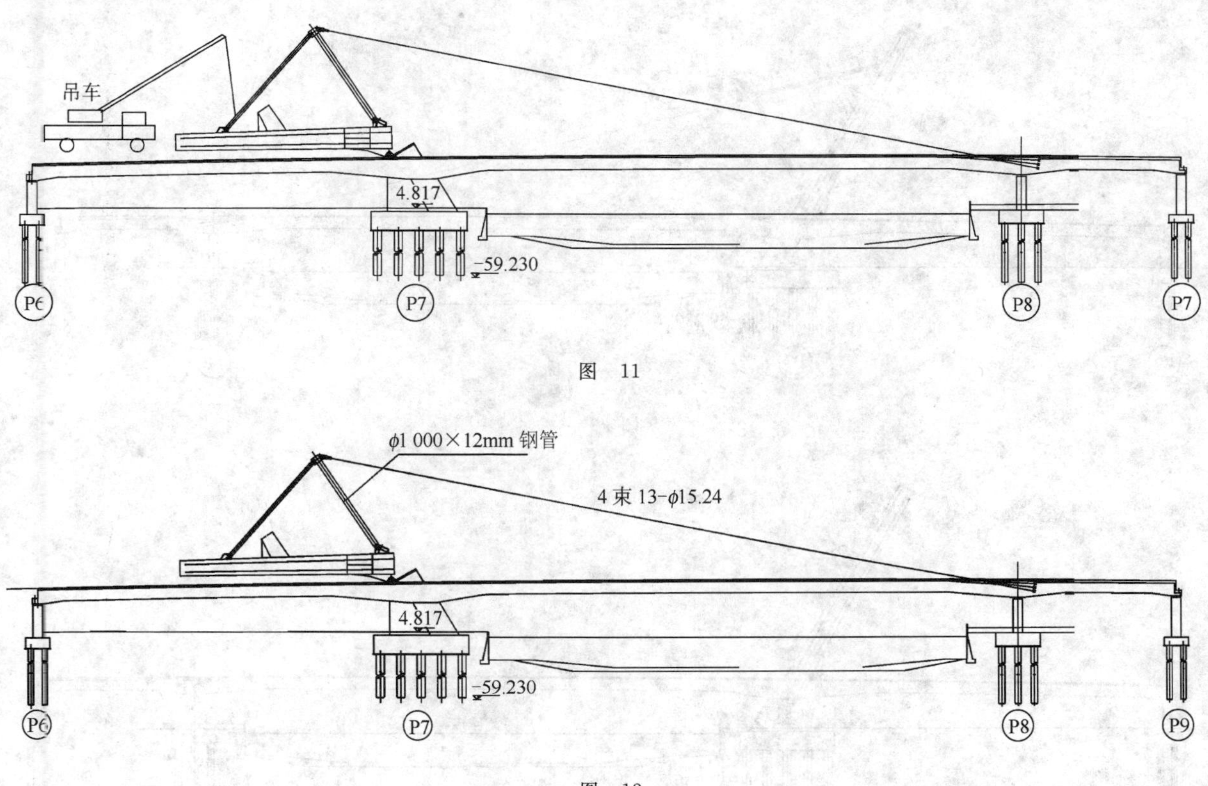


图 11

图 12

施工步骤 6:正式竖转。在正式竖转之前,对索塔进行重测量,利用该数据作为正式竖转的数据,检查竖转的相关设备及通信信号,正式竖转。竖转结束位置应稍微低于理论高程,就位时再作进一步的精确调整。(图 13)

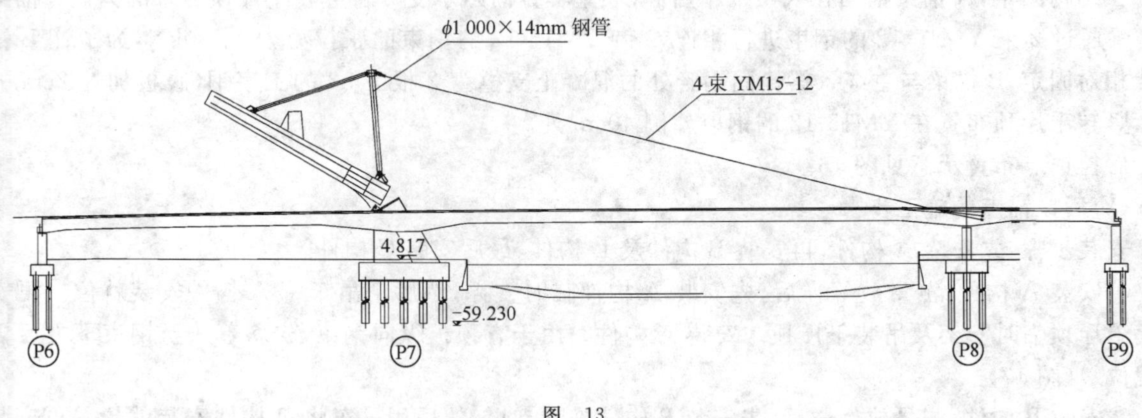


图 13

施工步骤 7:索塔竖转就位,对 A 段和预埋段进行焊接。(图 14)

施工步骤 8:焊接检测合格后拆除竖转体系。(图 15)

2.4.2 后拉锚点安装步骤

(1)后拉锚点的作用

①安装竖转千斤顶：在8号墩主缆附近的槽口内事先设置好锚梁，调整好锚梁的角度，安装好竖转千斤顶。

②竖转索索初张拉：钢绞线初张拉，测量组及监控组对结构初始状态进行观测。

③竖转提升：均匀的竖转钢塔。

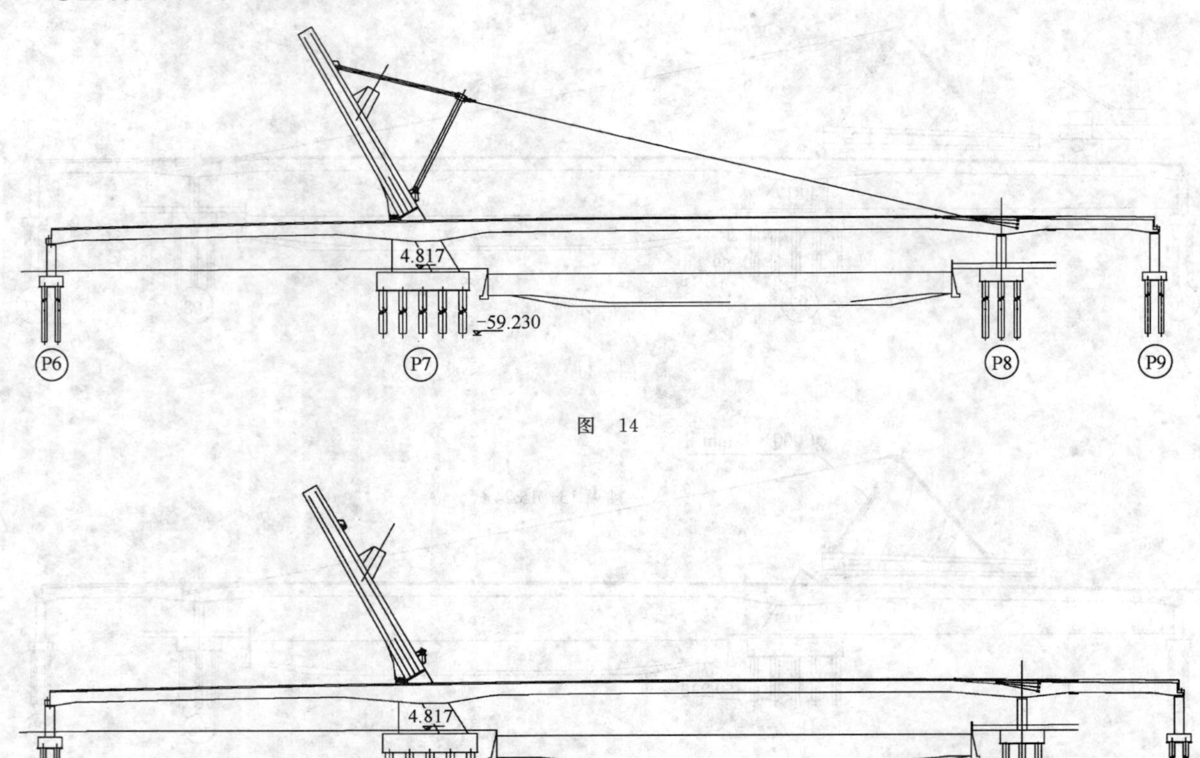


图 14

图 15

在结构图中，A锚梁锚固在入梁锚箱后面(大里程方向)，承受2台竖转千斤顶传来的力。B锚梁和C锚梁通过2束YM15-12的钢束进行相连，2束YM15-12的钢束的张拉力为1 500kN，为了让B锚梁位置相对固定，B锚梁与主缆入梁锚固钢管处的混凝土支撑为2根工32的工字钢(腹板加焊2cm的钢板)，竖转千斤顶布置在YM15-12的钢束外侧40cm处。

后拉锚点布置示意见图16。

(2)后拉锚点的施工步骤

安装步骤：先安装A构件，再安装B构件及D构件，最后安装C构件。

①安装A构件：测量放好样后，先安装A构件临时支撑，然后用吊车将A构件安装就位。再安装连续千斤顶临时支架及吊装千斤顶。安装A构件时由于有顶板纵向钢束，先斜着放至钢束下方后再平移就位。(图17)

②安装B构件：测量放好样后，先安装B构件临时支撑，然后用吊车将B构件安装就位。再安装D构件把B、D构件连成整体。最后安装连续千斤顶临时支架及吊装千斤顶。(图18)

③安装C构件：测量放好样后，先安装C构件临时支撑，然后将C构件安装就位。C构件吊装时，从顶板施工人洞竖向吊装至箱室内，然后放平通过安装平台在及锚管另一侧设置牵引系统安装至设计

位置固定好。(见图 19)

2.4.3 索塔竖转实施

(1)索塔竖转前的准备工作

①安装竖转千斤顶:在 8 号墩主缆附近的槽口内事先设置好锚梁,调整好锚梁的角度,安装好竖转千斤顶。

②竖转索索初张拉:钢绞线束下料制作,下料制作要求详见后续技术要求,牵引竖转到位、分束、安装锚具后,在竖转索张拉端张拉钢绞线,每根钢绞线初张拉分别按 20kN 和 40kN 控制。

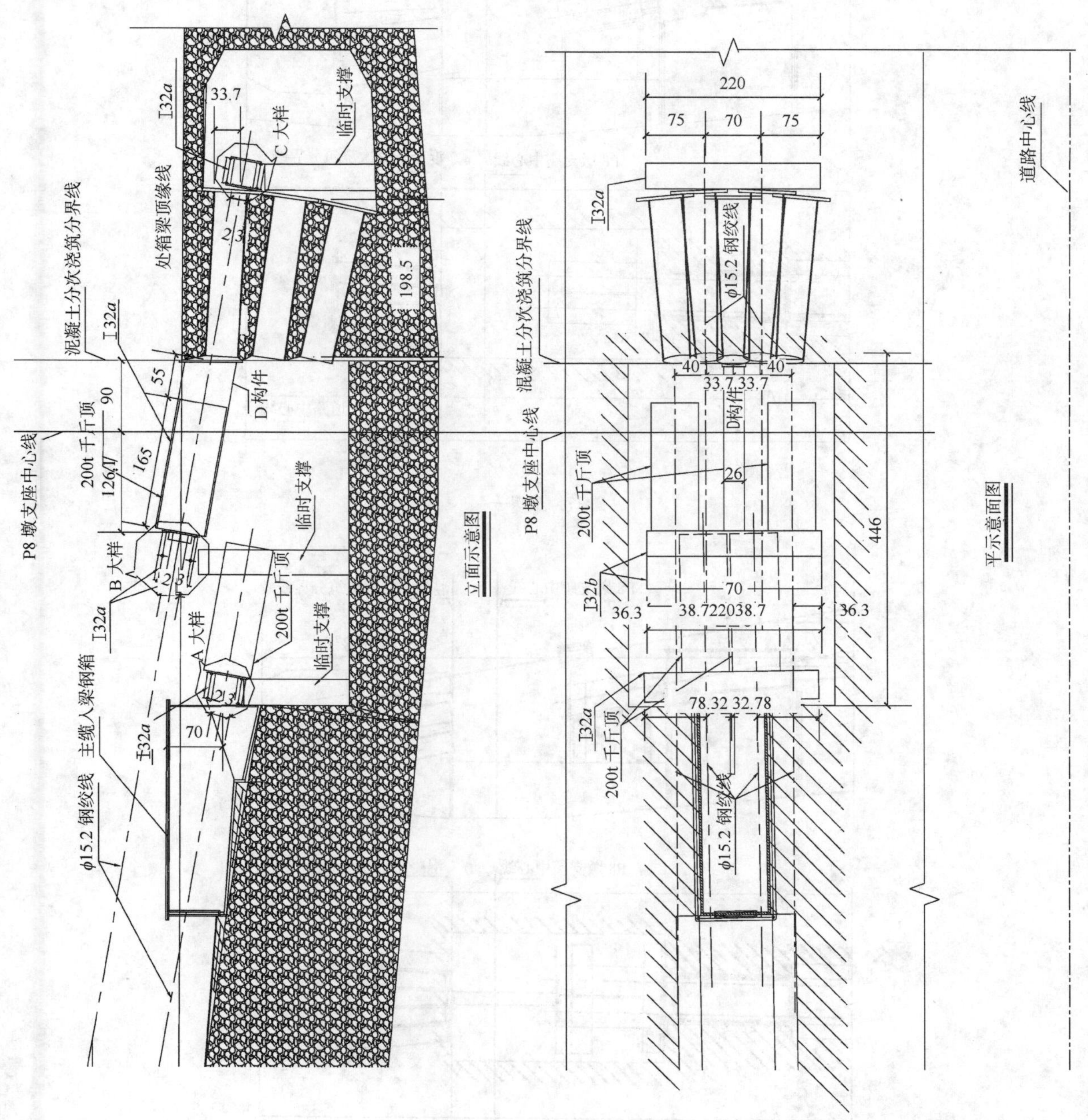


图 16 后拉锚点布置示意图(尺寸单位:mm)

③结构初始状态观测:测量组对索塔实际轴线位置、竖转塔、拱座各特征观测点的实际平面位置及高程进行观测记录。

④通信设备调试:保证指令及信号传递清晰、顺畅。

⑤焊接预埋段上的限位块。

⑥资料处理试运作：技术组模拟资料汇集并输入电脑，检验程序数据及处理图表。成果打印等是否准确有效。

(2)索塔竖转前检查

①索塔竖转前质量检查验收

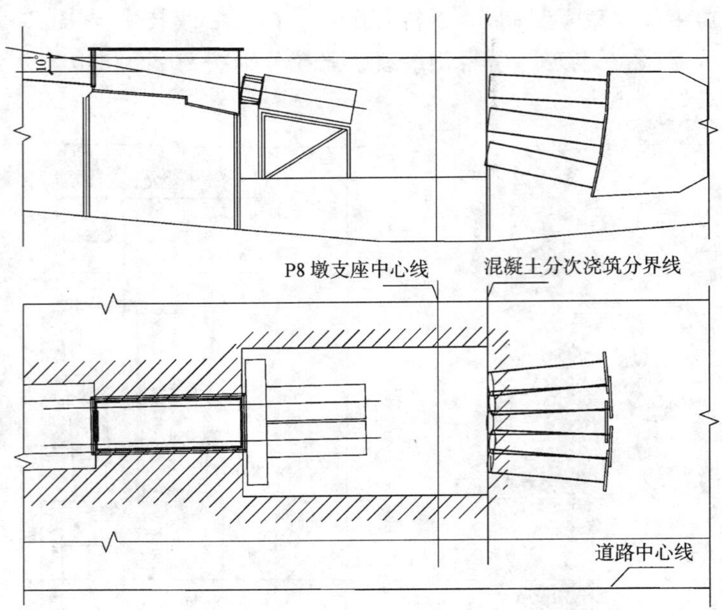


图 17　步骤一

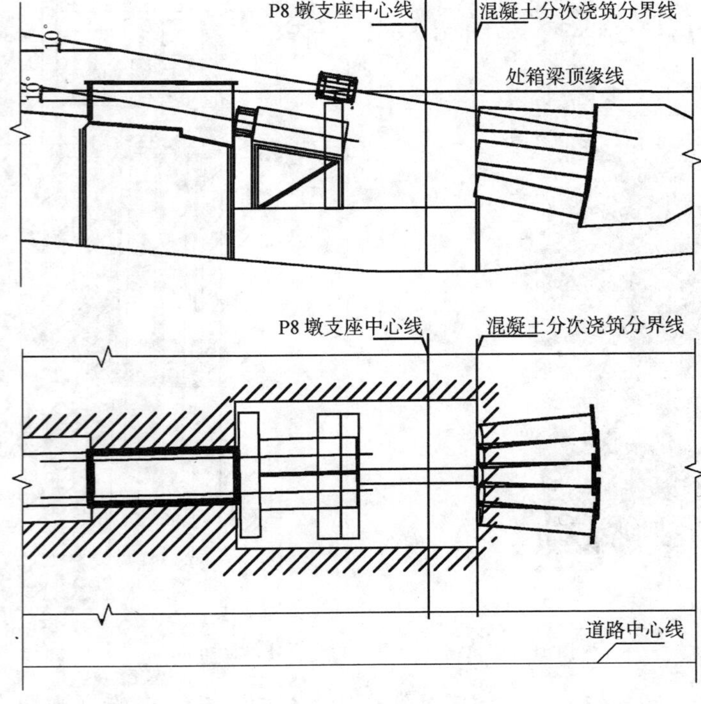


图 18　步骤二

a. 索塔结构的拼装几何线形(轴线、高程、垂直度、对角线差)检查验收。

b. 索塔节段接头焊缝质量检查验收。

c. 索塔涂装防腐质量检查验收。

d. 索塔确已去除与提升工程无关的一切荷载、提升空间无干扰物。

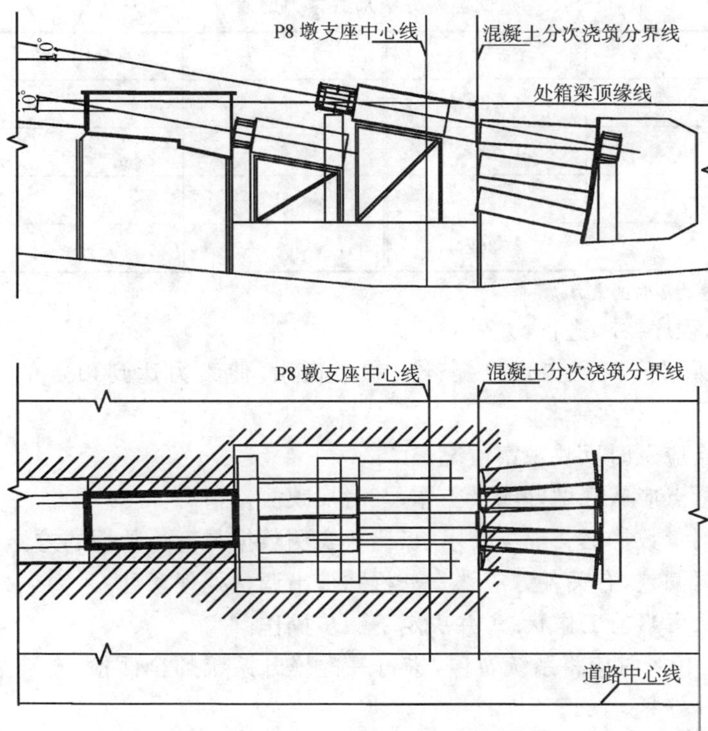


图 19 步骤三

②竖转设施检查验收

a. 竖转塔结构质量检查验收

ⓐ竖转塔立柱钢管平面位置、法兰螺栓联接紧固等进行质量检查验收。

ⓑ竖转塔平联安装位置、螺栓联接等质量检查验收。

ⓒ索塔处提升索上锚固点、后锚梁安装几何尺寸、焊接质量检查验收。

b. 提升索钢铰线、锚具检查验收(外观、产品出厂合格证、抽样试验等)。

c. 提升设备检查,包括提升油缸、液压泵站及控制系统试运行。

d. 提升索锚点安装检查。

e. 竖转铰镗孔及安装检查,竖转铰间加强型钢安装检查。

③竖转前其他需要准备的工作及临时设施的检查(包括指挥室搭设及其办公用品配备)。

(3)确定竖转日期

①竖提前收集气温资料,做好气象预测,根据工程进度、天气条件、工地准备情况,确定提升日期。

气象资料收集主要有以下内容:

a. 竖转前一周的昼夜气温温差变化情况,并与气象预报比较。

b. 气象台准确预报转体目标日期前后 2 天的天气。

c. 气象台对目标日期当天可能突发性天气提前 1 天进行预测预报。

②竖直提升时的天气要求:3~5 天内不下雨,风力不大于 5 级。

(4)索塔转体脱架(试转)

为了观察和检验整个提升结构、竖转系统和组织机构的工作状态及协调统一性,各准备工作完成并经过检查符合要求后在正式竖转前,按下列程序进行试竖转:

①按下列比例进行分级加载(见表2)。

试竖转分级加载索力值表　　表2

| 次　序 | 百分比(%) | 备　注 | 次　序 | 百分比(%) | 备　注 |
|---|---|---|---|---|---|
| 1 | 20 | 68.4kN | 5 | 90 | 3078kN |
| 2 | 40 | 1268kN | 6 | 95 | 3429kN |
| 3 | 60 | 2052kN | 7 | 100 | 3420kN |
| 4 | 80 | 2736kN | | | |

说明:表中提升索力为索塔位移为零时的索力。

每次加载须按下列程序要求进行,并做好记录:

——操作:按上表所列分级同步张拉提升索和平衡索,使索力达到预定值,每级加载持荷20～30min。

——观察:各观察点应及时反映观察情况。

——测量:各个测量点应认真做好测量工作,及时反映测量情况。

——校核:观察及测量数据汇交现场技术组,比较实测数据与理论数据的差异。

——分析:若有数据偏差,有关各方应认真分析并提出调整处理意见。

——决策:总指挥认可当前工作状态,并决定下一步操作。

②当提升索力加至40%时应将系统暂停,进行一次提升系统的全面检查,看竖转塔立柱钢管法兰螺栓是否有松动,并将其拧紧。

③按照前述程序继续分级加载,直至索塔全部脱离支架即可。保持脱架状态停置12h以上,观察组对立柱、竖转铰、提升索锚点等各重点部位进行详细检查。竖转操作组对千斤顶及夹片有无滑移情况进行观察。

④及时召开会议总结试竖转中各组织机构的协调性和工作状态,对存在的问题和不足提出改进意见,确保正式竖转的顺利进行。

(5)正式转体

正式竖转按下列程序进行:

①测量组在正式竖转前再次测取索塔脱架状态下的有关数据,并与试转时(或经调整后)测取的有关数据进行比较,如发生较大变化,则应根据设计指导值作相应调整。

②竖提转体过程中,注意保持所有竖转索受力的均匀性及相对应高程的控制,即实行索力和高程双控。

③正式竖提转体到位控制在8h内完成,注意启动、止动均速,尽量减小加速度(在$0.005m/s^2$以内)。

④竖转到位后,对A段和连接缝进行焊接,待检测合格后,才能解除竖转体系。

## 3　转体过程的监控(见图20、图21)

### 3.1　提升系统实时监控

(1)各吊点提升负载的监控

通过安装在各提升油缸上的压力传感器,将各点油压信号传输至主控计算机上,通过油压监控该点的负载是否在允许的范围内。

(2)结构空中姿态的监控

通过安装在各点的长行程传感器,测量各点的高度与距离,监控各提升点的高差。

(3)提升设备工作状态的监控

监控各种传感器的读数与状态(包含压力、长行程传感器读数、行程传感器读数、锚具状态等),读取压力表读数等,分析提升设备工作是否正常。

图 20 转体过程中

图 21 转体到位焊接完毕(同时拆除竖转提升架)

### 3.2 提升过程测量监控

(1)转体测量控制点位布置及测量状态

对现有导线控制网进行加密,在南引桥第一联箱梁顶(N01)、主桥 0 号段箱梁顶(Z00)和北引桥第四联引桥箱梁顶(B04),各精确放样出一个测量控制点,这三个点都位于桥轴线上,并且等分,相邻点间的距离都为 250m。其中 Z00 点为主塔塔顶中心的投影点,利用四等水准测量方法把标高引到 Z00 点上。将加密后的导线点进行闭合导线网的平差,平差后,再对已拼装完毕的索塔线形进行一次细致的测量.确定转体控制和调整的依据。加密点如图 22。

图 22

①测量仪器的布设

通过一部高精度的 LeicaTC 系列的全站仪,一台高精度的索佳全站仪,在索塔南北方向的 N01,B04 上架设仪器,使两台仪器对索塔进行补充覆盖观测。

②测量点的布设与方法

在索塔塔顶轴线某个截面的南北方向上固定好与对应仪器专用的反射片,计算出各个反射片中心(和主塔中心一条线)竖转到位的设计坐标和高程。竖转前项目测量组仪器架于 N01 点上,后视架于 Z00 点上,后视方向角设置为 00-00-00,然后把物镜瞄准索塔上的反射片中心线,记下初始读盘度数(理论上应该也为 00-00-00)。同理,武船方在 B04 上架设仪器,初始准备工作和上述一样。竖转过程中,时时观测反射片并且看好读盘读书的变化,读盘读书的变化反映了索塔轴线的横向位移,当读盘有较大变化时,用仪器目镜对准反射片中心测出仪器到反射片的水平距离 $S$,记下水平读数 A,这时轴线偏移距离 $L=S\tan A$。例如:当读盘读数增大到 10″时,及时测出距离 $S=180\text{m}$,这时 $L=180\sin 00°00'10''=0.0083\text{m}$。另一台仪器也及时测量并且计算偏位作为复核的依据。

(2)观测精度要求和技术参数

整个索塔在竖转前、脱架后、竖转到位时要进行全过程跟踪测量,以确保测量数据的及时性、真实性,能够客观地反映索塔在竖转过程中提升轨迹。在竖转过程和竖转到位时观测点的变化值和绝对坐标值,数据采取双人双复核制,所有的测量数据都要准确、无误、及时地上报技术组。

①索塔竖转测量精度

坐标测量:平面坐标:±5mm　　高程:±5mm;

②预埋段位移与沉降的最大允许偏差

坐标测量:平面坐标:±3mm　　高程:±3mm。

## 4 总结及应用

采用卧拼后竖转的工艺,保证了空间拱门塔的安装精度及外观质量,同时也缩短了施工时间,增加了施工的安全程度。

通过竖转工艺的施工,总结了相关方面的施工技术,主要为:

(1)竖转体系的结构验算及力学研究;

(2)拱型门塔竖转塔架的安装与精度控制;

(3)竖转系统的总体布置及现场人员的配置及组织;

(4)转体过程如何监控的问题;

(5)解决三维空间门式桥塔的接头连接的问题;

(6)研究索塔竖转相关工艺控制的问题。

龙城大桥的空间拱门塔,是国内目前桥梁结构体系创新的代表,竖转工艺在此桥上的顺利实施,以及相关施工工艺经验的积累,将为今后的同类型桥梁或类似桥梁提供借鉴。

# 龙城大桥主缆架设调整施工要点

薛平权[1]　王宗仁[2]　谯兰志[2]

(1.常州市航道管理处;2.路桥华南工程有限公司)

**摘　要**　龙城大桥主桥为拱门独塔三跨自锚式悬索斜拉组合体系桥梁,主跨采用悬索结构,主缆锚固于次跨纵梁端部,另一端经次塔散成 7 束锚固与主塔,成空间缆索体系,主塔为钢结构拱门组合塔;副跨采用斜拉结构,主梁为钢混凝土组合梁体系结构。跨径组合 72.2m+113.8m+30m,主桥宽 40m。主缆由 7 根索股组成,每根索股由 397 丝 $\phi$7mm 钢丝组成,钢丝强度为 1 670MPa。

**关键词**　龙城大桥　主缆架设　调整

## 1　工程概况

龙城大桥跨径组合为 3×30m+3×30m+(72.0+114.0+30)m+3×30m+(26+36+26)m+3×30m,桥梁全长 665.06m。主桥采用拱门独塔三跨自锚式悬索斜拉协作体系,主跨采用悬索结构,主缆锚固于次跨纵梁端部,另一端经次塔散成 7 束锚固与主塔,成空间缆索体系,主塔为钢结构拱门组合塔;副跨采用斜拉结构,主梁为钢混凝土组合梁体系结构。跨径组合 72.2m+113.8m+30m,主桥宽 40m,引桥采用 26~36m 跨径的混凝土连续结构,具体结构图如图 1 所示。

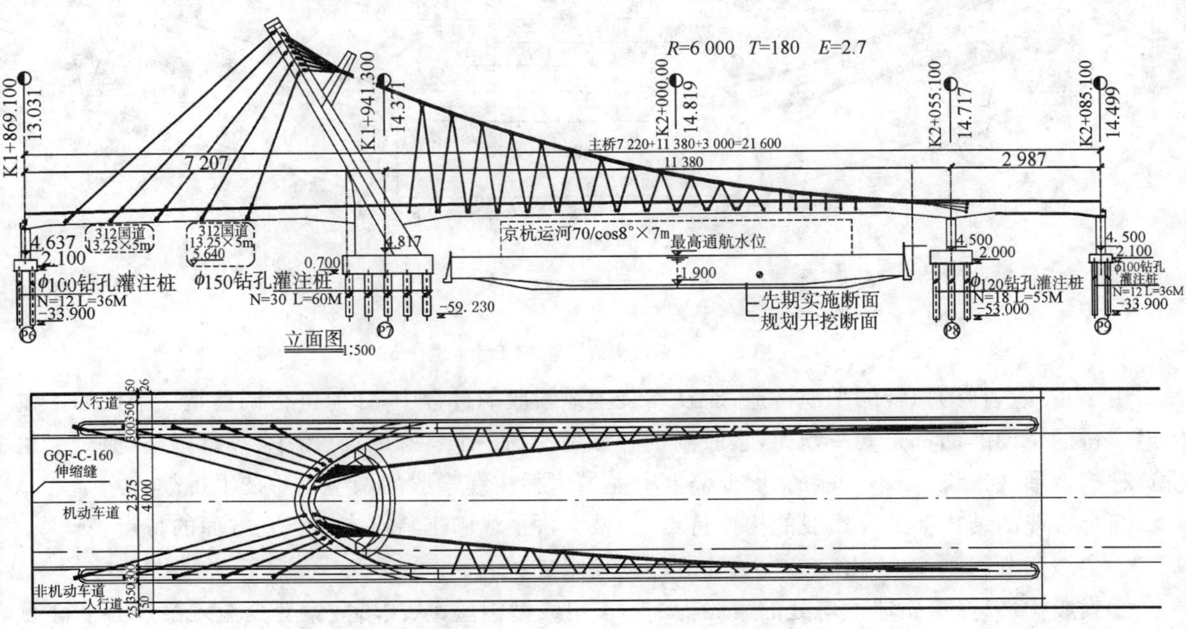


图 1　龙城大桥主桥结构布置图(尺寸单位:mm,高程单位: m)

(1)现浇预应力混凝土梁

①范围:两个边跨和主跨负弯矩区;②结构:梁格受力体系;③断面:单箱 4 室闭合箱梁。

(2)钢—混凝土叠合梁

①范围:主跨 87m,分 15 个节段;②结构:梁格受力体系;③钢纵梁:全焊结构,由底板和 5 道腹板组

成“槽形”截面；④钢横梁/横隔板：焊接工字形截面；⑤桥面板：钢筋混凝土（局部有纵向和横向预应力）；⑥剪力键：焊钉，设于纵梁顶板和横梁顶板；⑦加劲：U肋和扁钢。

（3）索塔

①尺寸：倾斜30°，高37m，跨径26.5m；②线形：存在很大的横向弯矩，横断面线形为近似悬链线；③结构：方钢管混凝土结构与钢结构；④钢结构：全焊结构；⑤次塔柱：造型需要，不参加结构受力。

（4）缆索

①斜拉索、吊杆、主缆均采用高强度平行钢丝，冷铸锚锚固；②斜拉索：5对，规格253$\phi$7mm；③斜吊杆：24对，规格73$\phi$7mm；④主缆：每根由7根索股组成，索股规格397$\phi$7mm；⑤刚性吊杆：6对，40CrNiMoA合金钢，规格$d=113$mm。

## 2 主缆索股施工特点

龙城大桥主缆索股构造，有一定的特殊性，在次塔散索套处为2°～4°的扭绞钢丝，扭绞钢丝部位还加上一段缠包带，其余部分为平行钢丝，具体详见图2主缆索股构造示意图。大桥主缆由7根分缆组成，在各个断面主缆的横断面也不一致，从塔至入梁段索股之间的角度扭转了30°；具体详见图3主缆断面示意图。

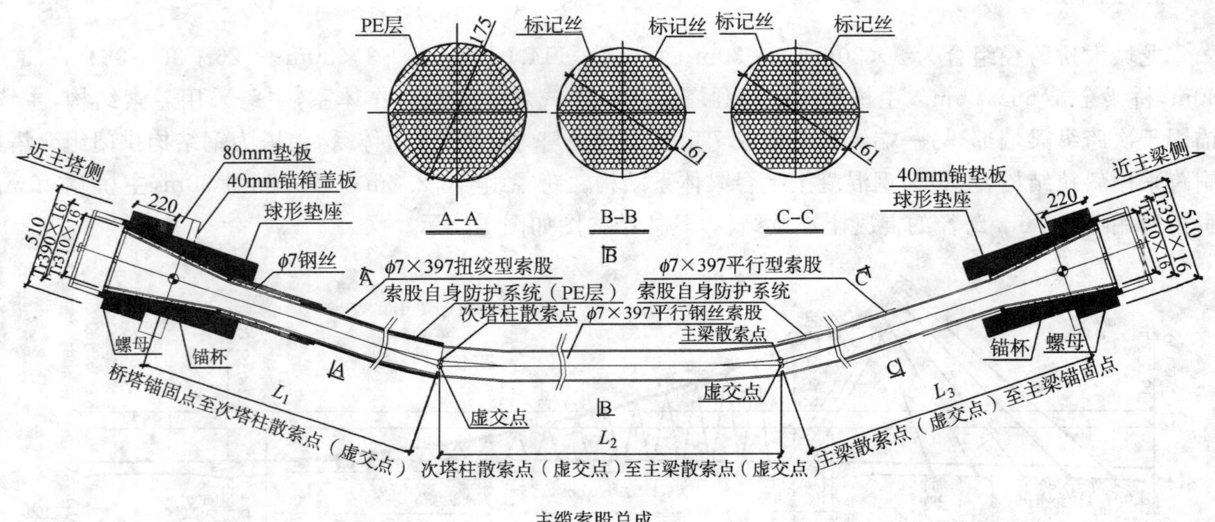


图2 主缆索股构造示意图（尺寸单位：mm）

由于主缆这样的扭转的主缆构造，对在安装主缆索股的过程中，如何进行调整是一个挑战。在一般的悬索桥的主缆断面都是同一断面，索股调整时都是找到一个特殊断面（跨中）进行调整，但对于龙城大桥这种构造形式来说，是不可能的，因此需要对龙城大桥主缆索股的调整作一技术挑战。

综合主缆的结构形式及索股的构造特点，龙城大桥主缆施工特点有以下几方面的特点：

①主缆索股的刚度大，由397丝$\phi$7mm的钢丝组成；

②索股构造特殊：索股次塔处的索股为2°～4°扭绞型钢丝，从次塔散索套处至入梁段为平行钢丝；

③主缆排列特殊：从入梁段的散索套处至次塔处散索套处，整个主缆设计扭转的30°。

## 3 主缆索股安装调整

### 3.1 主缆索股安装调整施工步骤

龙城大桥主缆索股具有斜拉索、PPWS预制平行索股的特点，先在工厂内加工，然后运输到工地进行安装。主缆索股在安装之前必须搭设支架对次塔散索套进行定位。因此，主缆索股安装调整的施工步骤：

施工步骤1：安装次塔散索套支架、调试放索设备；

施工步骤2：安装次塔下半部分散索套，检测后永久定位；

施工步骤3：将从工厂运输过了的主缆索股进行展开，放索；

施工步骤4：对索股进行预拉200kN力后，对主缆索股进行整形，每8m用六边形铁箍进行固定，使索股保持着六边形形状；

施工步骤5：采用80t吊车进行安装主缆索股，先对主塔处索股进行入锚，后再入锚入梁段；

施工步骤6：基准索股调整，对基准索股连续观测3天；

施工步骤7：重复施工步骤3～5进行一般索股架设及调整；

施工步骤8：主缆紧缆。

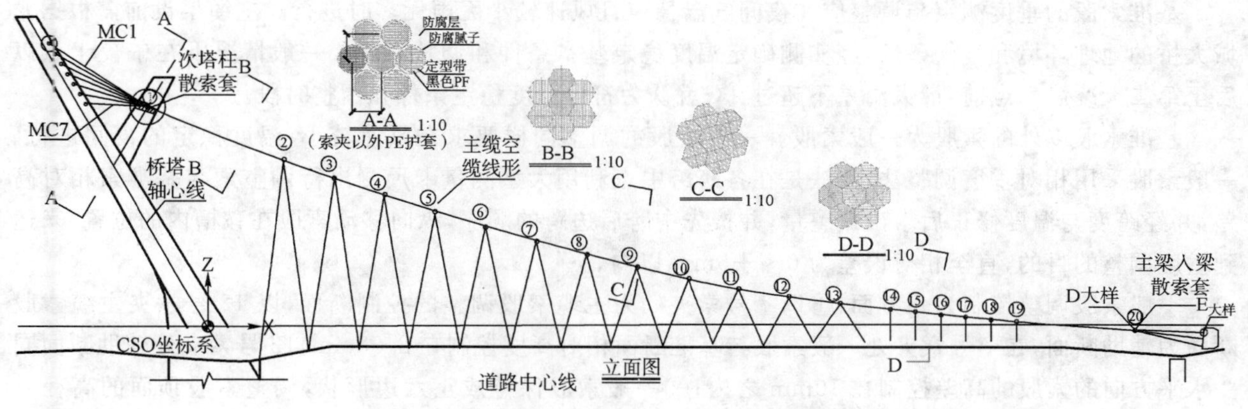


图3 龙城大桥主缆断面示意图

## 3.2 主缆索股安装(图4)

主缆索股的安装施工，主要采用的设备是用吊车进行安装，吊车布置在索塔附近。吊车起吊点离索塔侧索股锚头10m的位置，最大起吊高度为30m，索股脱离地面的距离最大为30m。

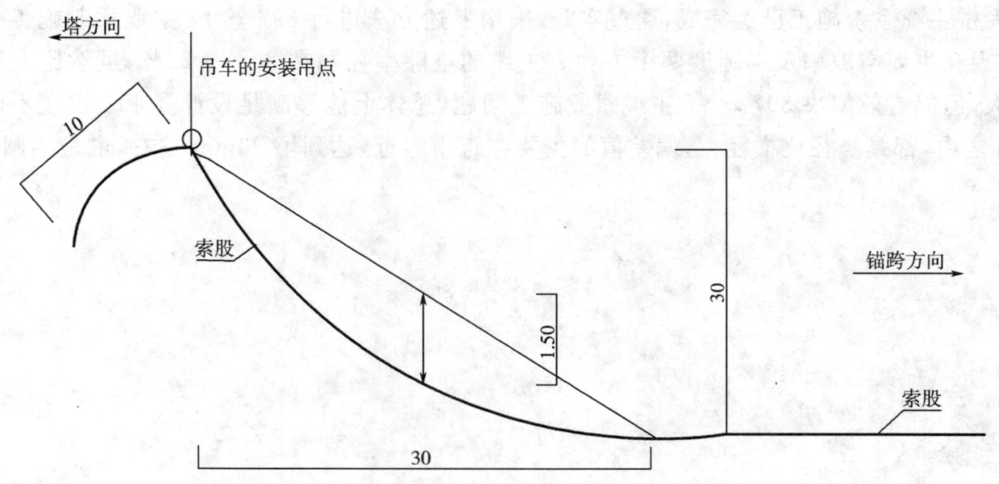


图4 索股安装状态计算模式(尺寸单位：m)

通过计算：索股安装吊点处的受力为75kN控制，安装最大的作业半径为7.5m。根据上述条件对吊车进行选型，并采用一台5t卷扬机辅助控制索股产生的水平拉力。索股安装施工步骤：

(1)在主缆索股主塔侧冷铸锚上安装牵引吊环，在主梁侧冷铸锚上安装牵引用的 $\phi$15.24—7 钢绞线，用来牵引锚头入梁及调整索股高程。

(2)先用 80t 吊车、5t 卷扬机及 3 个 5t 倒链葫芦(索塔内锚箱附近)，将主缆索股锚头进入塔内锚箱处，将锚头拧至设计位置。

(3)将索股进入次塔散索套并进行定位。

(4)对入梁处锚头进行保护，安装入梁处千斤顶的撑脚及千斤顶。

(5)将入梁处冷铸锚上钢绞线传入千斤顶，安装锚环等，启动千斤顶将主缆索股逐步入锚，期间用 25t 吊车协助配合。

### 3.3 主缆索股调整要点

本桥主缆索股调整也分成基准索股调整和一般索股调整。基准索股垂度调整方法是采用绝对高程法进行，利用在跨中悬挂反光棱镜测出基准索股跨中点实际高程，并与理论高程进行比较，计算出索股需移动调整长度，同时进行跨度与温度修正，来进行垂度调整。

基准索股的垂度测定与调整应在夜间气温稳定且风速较小无雨无雾时进行。主缆架设前需根据龙城大桥的地理环境和气候条件，经实测确定温度稳定基本条件和调整时段。一般情况下在午夜十点以后至第二天凌晨六点前，最大温差不超过 2℃就认为符合温度稳定条件和调整时段。

基准索股以外的索股为一般索股。一般索股的调整同样要求在风速较小、温度稳定的夜间进行。一般索股采用相对垂度调整法，方法是在各跨跨中点利用大型测量卡尺测出待调整索与基准索相对高差，并经跨度与温度修正后求出调整量，并按先中跨后边跨的顺序，纵向移动索股在鞍槽内的位置，来达到垂度调整的目的，直至相对误差为 0～+5mm 以内。

一般索股调整控制为几方面：①以 7 号索夹处为主缆索股调整的控制断面，以 12 号索夹主缆索股断面为辅助断面，在 7 号索夹处一般索股与基准断面相对高度控制在 2～5mm，12 号索夹处辅助断面同一水平方向的索股的高差控制在 10mm 之内；②一般索股保持成正六边形状，调整索股顶面的高程＝要调整索股顶面至基准索股底面的理论高程＋2～5mm；③一般索股变成竖向的椭圆形状，索股调整高程＝要调整索股中心点至基准索股底面的理论高度＋调整索股竖向高度/2；④主缆顶面一般索股高程至基准索股底面高程要比理论值大 5mm～20mm 之间，这样才能有效控制主缆的不圆度。

## 4 结语

龙城大桥主缆系统施工已经完成，通过实践，采用上述方法进行 397 丝 $\phi$7 主缆索股施工是很有效的，主要体现在主缆空隙率及不圆度两个方面。主缆的空隙率控制在 20%～22%，虽然比一般悬索桥的空隙率大，但能有效解决 397 丝 $\phi$7 主缆索股施工问题，总体上能够满足设计要求。主缆不圆度主要控制在 5%之内，都是竖径比横径大，偏差值的主要在跨中附近，达到了 20mm 左右，也是不圆度在 5%左右。

# 龙城大桥竖转测量控制体系

陈照亮

（路桥华南工程有限公司）

**摘　要**　本文结合龙城大桥竖转施工实例，介绍了竖转测量控制体系。

**关键词**　拱门独塔自锚式悬索-斜拉协作体系　拱门塔竖转　测量控制

## 1　工程概况

龙城大桥全长 665.06m，其中主桥长 216m，主桥跨径组合 72.2m＋113.8m＋30m。主桥采用拱门独塔三跨自锚式悬索斜拉协作体系，主跨采用悬索结构，主缆锚固于次跨纵梁端部，另一端经次塔散成 7 束锚固与主塔，成空间缆索体系，主塔为钢结构拱门组合塔；副跨采用斜拉结构，主梁为钢混凝土组合梁体系结构。（图 1）

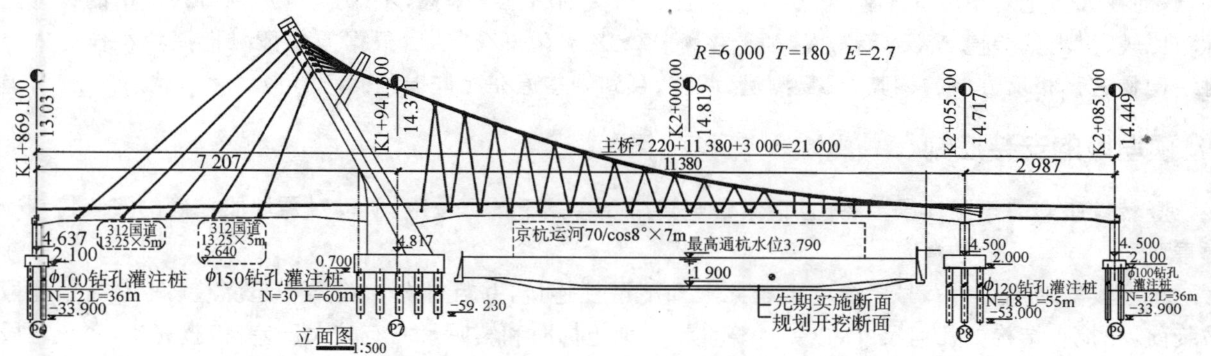


图 1　（尺寸单位：mm，高程单位：m）

龙城大桥设计新颖、施工难度大，是常州市的标志性工程，而且它的建成还将会为以后同类型桥梁设计、施工奠定坚实的基础。龙城大桥采用卧拼竖转提升的施工工艺，其竖转重量达 550t，保证转体质量体系非常重要。

龙城大桥桥塔由钢索塔和预埋段组成，大桥竖转施工体系由拼装支架、转体活动铰、液压提升设备、索塔、扣索、锚点和拱肋反力架组成。

## 2　测量方法

本工程所有结构物平面测量放样均采用边角测量方法（极坐标法），结构物调整均采用坐标测量法。

### 2.1　极坐标法

将全站仪架设于一个施工控制点上，后视另一通视的施工控制点，配置后视方位角 $A_0$、测站坐标。

全站仪设站完成后，根据放样前计算好的施工部位的设计坐标 $X$、$Y$、$Z$ 或设计点位到测站的距离 $S$ 和方位角 $A$，对设计点位进行平面放样，其中：

$$S=\sqrt{(X-X_0)^2+(Y-Y_0)^2}$$
$$A=\tan^{-1}(Y-Y_0)/(X-X_0)$$

$$S_0 = \sqrt{(X' - X_0)^2 + (Y' - Y_0)^2}$$
$$A_0 = \tan^{-1}(Y' - Y_0)/(X' - X_0)$$

示意如图 2。

图中测站点和后视点均为由首级点引测得到的加密控制点，$X'Y'Z'$ 表示后视点的坐标，$X_0Y_0Z_0$ 表示测站点的坐标，$XYZ$ 表示施工部位的设计坐标。$S_0$、$A_0$ 表示测站点到后视点的后视距离和后视方位角，$S$、$A$ 表示由测站点坐标和施工部位设计点位坐标计算出的距离和方位角。极坐标法放样方便、快捷并且可以很容易检查放样数据的误差大小。

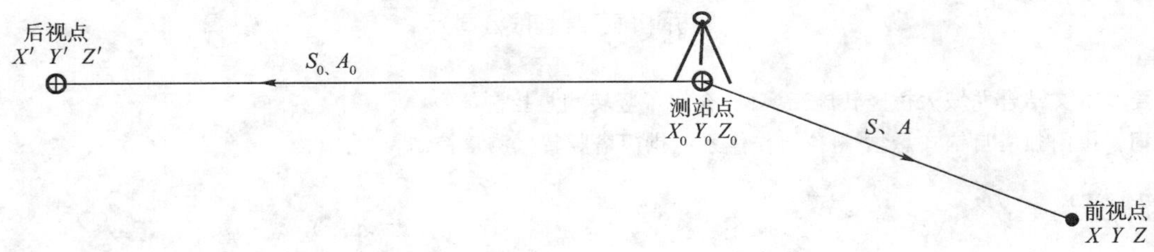


图 2

**2.2 坐标测量**

首先计算出结构物特征控制点的平面坐标($X,Y,Z$)，在结构物的实体上描绘出需要调整的特征控制点，前视人员把对中杆立于控制点上，直接测量出实测的三维坐标($X_1,Y_1,Z_1$)，再与计算出的设计坐标相比较，得出偏差值 $\Delta X=X_1-X$，$\Delta Y=Y_1-Y$，$\Delta Z=Z_1-Z$。然后根据差值情况指挥相关作业人员对结构物进行相反方向的调整，反复测量、调整，直到偏差值在允许误差内。

## 3 预埋段的安装控制

竖转铰座安装于预埋段上，并且钢索塔竖转后要合龙于预埋段上，所以对预埋段精确的安装控制非常重要。

预埋段安装于主桥 0 号段混凝土箱梁上和下塔柱连接，并且部分和箱梁一起浇筑(图 3)。预埋段吊装前，先检查结构的几何尺寸，以免计算设计三维坐标时和实际尺寸有较大误差；检查完毕，在预埋段正面和背面的底端画出几何中线。预埋段以工钢和槽钢作为支撑平台，平台高程控制时略低于预埋段底面的设计高程，为以后预埋段安装控制时可以灵活调整预埋段的顶面高程。平台安装好后放样出预埋段底面的四个角点和南北方向的两个轴线点(距离大于预埋段的轴线距离)，用墨斗弹出直线。预埋段吊装时，先把底面已画好的几何中线点对着放样于平台上的轴线进行对中安装，经过反复的纵向(轴向)调整，直到预埋段底面四个角点吻合于平台上的四个放样点。最后用坐标测量法测量预埋段顶面的

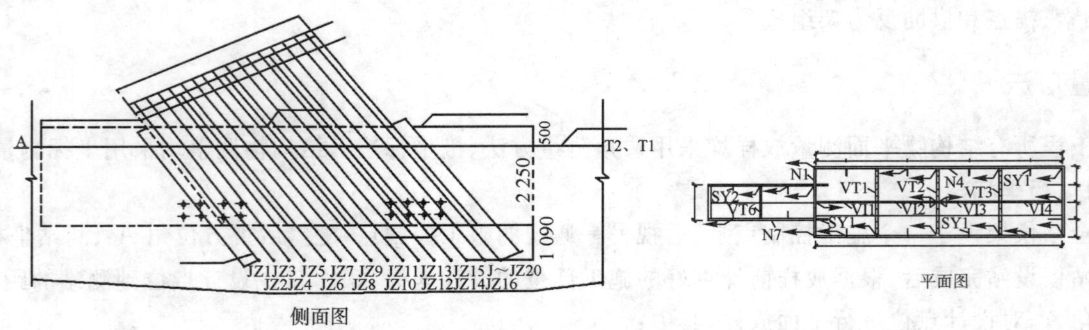


图 3

两个轴线点作为复核条件。注意事项：由于预埋段的重要性，所以在主桥混凝土浇筑过程中和浇筑后要多次进行沉降和水平位移的观测，以便分析偏差值，为以后钢索塔卧拼安装有科学的数据依据。

## 4 钢索塔的卧拼控制测量

### 4.1 组成形式

钢索塔由 A、B、C 节段组成，其中 C 段又分为 $C_1$、$C_2$ 两个小节段，见图 4。桥塔轴线平面内，桥塔轴线由直线段和曲线段组成。由 1～97 号节点沿塔轴线长度方向每 500mm 设一法线方向平面分割轴线，平面的法线方向与轴线方向一致。桥塔平面内，塔柱宽度沿轴线方向保持 2 200mm 不变。塔柱厚度沿桥塔中心线方向线性变化，塔柱顶面宽度 2 997mm，坐标原点处（塔中心线入梁点处）塔柱宽度为4 214mm。

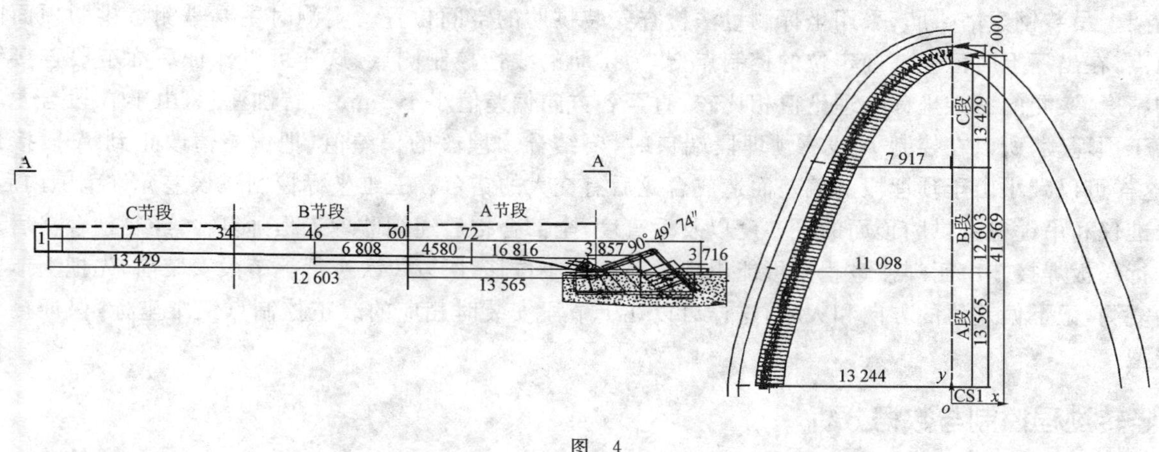


图 4

### 4.2 控制网的布设及坐标转换

经过对索塔拼装周边地形的详细勘查，并结合拱肋转体的具体程序，特制订以下测量加密控制点方案：

对现有导线控制网进行加密，在南引桥第一联箱梁顶（N01-1）、（N01-2），主桥 0 号段箱梁顶（Z00）和主桥 2 号段箱梁顶上（Z22），精确放样出测量控制点，这四个点都位于桥轴线上。其中 Z00 点为主塔塔顶中心的投影点，利用四等水准测量方法把高程引到 Z00 点上，将加密后的导线点和首级控制点进行闭合导线网的平差，加密点如图 5。

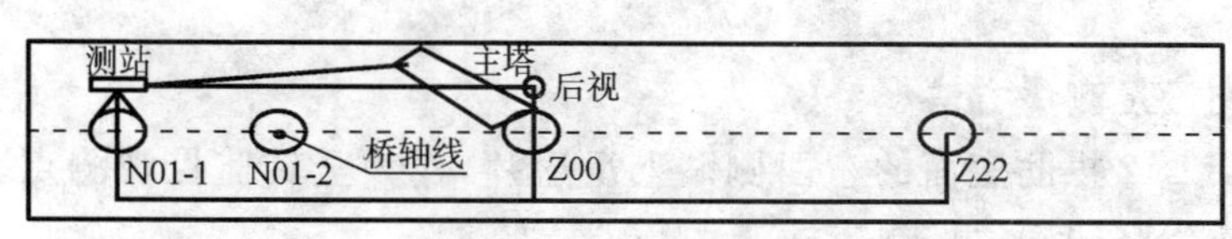


图 5

龙城大桥施工测量控制坐标采用国家坐标系，其坐标轴不与主桥桥轴线一致，为了简化计算，施工方便，增强现场实施可操作性，对原有控制网进行坐标转换，以塔中心线入梁点处为坐标原点，桥轴线方向（武进→常州）为 $X$ 轴正向，前进右侧为 $Y$ 轴正向，施工定位便以新坐标系进行计算、控制。

坐标换算采用以下公式：

$$x = (X - X_0)\cos\alpha + (Y - Y_0)\sin\alpha$$

$$y = -(X - X_0)\sin\alpha + (Y - Y_0)\cos\alpha$$

式中：$x$、$y$——新的坐标系坐标（CSO 坐标系）；

$X_0$、$Y_0$——塔中心线入梁点处国家坐标；

$$\alpha = 353°39'25'';$$

$X$、$Y$——换算点的国家坐标。

### 4.3 卧拼控制测量

龙城大桥钢索塔为拱形结构，拼装前，先根据卧拼状态下的设计图纸按 1∶1 放样于桥面上，作业对可根据放样的投影线安装胎架以及高程控制调整。

在钢索塔各节段进场时，严格复核厂家提供的尺寸大小，拱轴线偏差大小，了解预留量数据，然后进行现场实地测量。实测主要有节段长度、上下面的宽度、高度。各测量数据与理论设计值应相比较，得出加工误差值方向和大小，并记好数据。

根据既定设计钢索塔各节段的空间三维坐标值，以及竖转角度(60°)，计算出在卧拼状态下的拱肋各节段的三维坐标值，以及桥面上胎架置放拱肋底座的三维坐标。根据计算出的坐标，用全站仪把拱肋底面边线以及接口线放样于胎架上。用水准仪控制安装时的高程值，控制误差≤2mm。在已经定好位的胎架上吊装钢索塔拱肋，采用坐标测量法检查安装拱肋的空间位置。实测时主要是测量拱肋顶面四个角点，在出厂上时已经精确定位的控制点，作为拱肋的线性控制测点，这样可以保证后面节段连接线性的精度，实测的三维坐标与理论值相比较，直至各方向偏差值小于 3mm。特别注意，由于 A 段合龙后连接于预埋段，所以在控制 A 段靠预埋段端口时，要结合预埋段的偏差值，把偏差值改正到 A 段接口处，这样可以减小由于预埋段的偏差而造成合龙后有交大的错台。三维坐标控制在误差允许范围内后，用水准仪和吊锤检查拱肋顶面的平整度以及垂直度，全部合格后通知监理工程师复检，经复检合格后及时进行码板焊接。由于焊接过程中可能出现拱肋的微小位移，所以每次进行下节段安装前，先把上节段拱肋复测，记下偏差值的方向和大小，这样可以在下节段安装时相应的改正控制点三维坐标，保证接口的线型。

## 5 竖转过程控制与数据分析

### 5.1 准备工作

竖转前一周，根据不同的温度，对拱肋进行全面的连续测量，分析出不同温度下温差对拱肋线形的影响值，技术组可根据有利的温度选择竖转的时间。

根据本主塔结构特点，由于转体角度为 60 度，人员上塔跟踪测量时有很大的安全隐患，为了能够有效、及时的得出竖转各工况下拱肋转体数据，从安全角度来分析，利用 LeicaTC 1202 的反射片功能，可以免去人员上塔时的不安全性。反射片相当于一个小棱镜，平面结构尺寸为 2cm×2cm，可以黏贴到结构物上，用起来非常灵活和方便。由于它没有所谓的棱镜高，不受风力大小影响，所以对点精度稍微比使用对中杆高。

### 5.2 测量点的布设及测量方法

在拱顶轴线、$L/4$、$L/2$ 拱肋底面的东西侧贴上反射片，作为竖转监控观测点。计算出他们在各个工况下的三维坐标，作为竖转到位控制依据。

竖转前测量仪器架于 N01-1 点上，后视架于 Z00 点上，后视方向角设置为 00-00-00，然后把物镜瞄拱顶轴线上的反射片中心线，记下初始度盘度数(理论上应该也为 00-00-00)。竖转过程中，时时观测反射片并且看好度盘读书的变化，度盘读书的变化反映了索塔轴线的横向位移，当读盘有较大变化时，用仪器目镜对准反射片中心测出仪器到反射片的水平距离 $S$，记下水平读数 $A$，这时轴线偏移距离 $L=S\sin A$。例如：当读盘读数增大到 10″时，及时测出距离 $S=180\text{m}$，这时 $L=180\sin 00°00'10''=0.0083\text{m}$。

为了能够科学地分析出钢塔是否同步进行竖提，保证钢塔的安全性，在测量索塔横向位移的同时，应及时对拱肋 $L/4$、$L/2$ 的反射片进行测量，通过测量结构分析拱肋是否同步提升、是否有扭转的趋势，及时把各工况的测量结果上报技术组以保证拱肋竖转的顺利进行。

### 5.3 索塔的测量状态

为保证索塔能够安全竖转，本次竖转分为试竖转和正式竖转，试竖转作为正式竖转的试验阶段，在没出现技术问题的前提下可进行正式竖转。

索塔的试竖转脱架分为几个工况：(1)初始状态(提升竖转前24h内)；(2)提升索力达到设计索力的40%；(3)提升索力达到设计索力的80%；(4)拱肋全部脱架。

索塔正式竖转分为几个工况：(1)正式竖转前初始状态0°；(2)索塔竖转3°；(3)索塔竖转7°；(4)索塔竖转10；(5)索塔竖转20°；(6)索塔竖转30°；(7)索塔竖转60°(竖转到位)。

正常竖转过程中，根据竖转分级要求对拱肋前端观测点位进行测量，并以塔顶到位情况确定索塔最终竖转位置。竖转过程中，使用坐标测量索塔最前端轴线点位，确定索塔横向偏移最大值。

### 5.4 主塔预埋段的观测

主塔在竖转过程中，预埋段会受到一个向北的水平推力和竖向压力。为了能够全面的了解、分析竖转的情况，确保竖转能够安全、科学、顺利地进行，必须要对预埋段进行同步观测，主要为水平位移和沉降观测，观测点布置如图6。

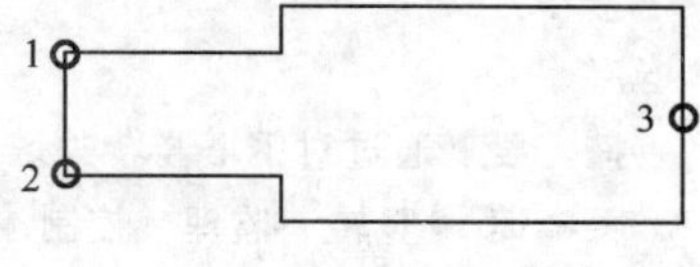

图 6

## 6 观测精度要求和技术参数

整个索塔在竖转前、脱架后、竖转到位时，要进行全过程跟踪测量，以确保测量数据的及时性、真实性，能够客观地反映索塔在竖转过程中提升轨迹。在竖转过程和竖转到位时观测点的变化值和绝对坐标值，数据采取双人双复核制，所有的测量数据都要准确、无误、及时地上报技术组。

(1)索塔竖转测量精度

坐标测量：平面坐标：±5mm　　高程：±5mm。

(2)预埋段位移与沉降的最大允许偏差

坐标测量：平面坐标：±3mm　　高程：±3mm

(3)竖向提升的技术参数

a.竖向提升角度：60°。

b.竖向提升总重量：550t。

c.提升立柱高度：23m。

d.竖转铰直径：300mm。

e.转动体结构几何尺寸：

竖转铰至主塔前端总长39.6822m。

宽度26.5m。

f.竖提转体速度控制：4～5m/h。

g.竖提转体风速控制：不大于5级风(即风速不得大于10.7m/s)。

## 7 相关准备

### 7.1 资料的熟悉和技术交底

转体施工观测负责人及测量技术员，必须认真阅读相关设计文件、图纸、施工方案及转体实施细则，了解观测的目的和具体要求，并在转体前对全体测量人员进行细致的技术交底，使每个人清楚自己的岗位职责和工作内容，增强测量人员的责任心，保证测量数据的有效性。

### 7.2 测量仪器的配备及相互校正

项目部测控组使用一台高精度的LeicaTC1202全站仪和一台Leica NA2自动安平水准仪，安装队测量组使用一台索佳全站仪对转体施工监测。两台都在鉴定合格的有效期内使用，所以无需再进行鉴定，通过在测量导线控制网和定点定位测量，以一台仪器为标准，校核另外一台仪器，消除仪器的$i$角差和测距中误差。保证了快速准确的完成转体过程中的所有测控工作。

# 钢塔竖转的监理控制

虞国俊[1]　杨秋浩[2]

（1.常州市航道管理处；2.苏州路达监理公司）

**摘　要**　通过对钢塔竖转关键点的监理控制，确保钢塔竖转安全、精确就位。达到监理预期目标。

**关键词**　竖转　监理　控制

## 1　工程概况

龙城大桥跨径组合为3×30m+3×30m+(72.0+114.0+30)m+3×30m+(26+36+26)m+3×30m，桥梁全长665.06m。主桥采用拱门独塔三跨自锚式悬索斜拉协作体系，主跨采用悬索结构，主缆锚固于次跨纵梁端部，另一端经次塔散成7束锚固与主塔，成空间缆索体系，主塔为钢结构拱门组合塔；副跨采用斜拉结构，主梁为钢混凝土组合梁体系结构。

索塔的结构：①尺寸：倾斜60°，高37m，跨径26.5m；②线形：存在很大的横向弯矩，横断面线形为近似悬链线；③结构：方钢管混凝土结构与钢结构；④钢结构：全焊结构；⑤次塔柱：造型需要，不参加结构受力。

索塔塔柱节段的划分：A段80.5t(左、右各1)共161t；B段74.5t(左、右各1)共152t；C段129t(左、右各1)共256t，次塔24t(左、右各1)共48t。

索塔竖转利用的锚点为主桥2号块段处主缆锚固点进行锚固。竖转塔架用的"三角架"(也即竖转塔架)都布置在索塔上，竖转塔架的拉杆主要利用主缆MC7锚孔。后锚点与竖转塔架主要利用8束钢绞线进行连接，见图1。

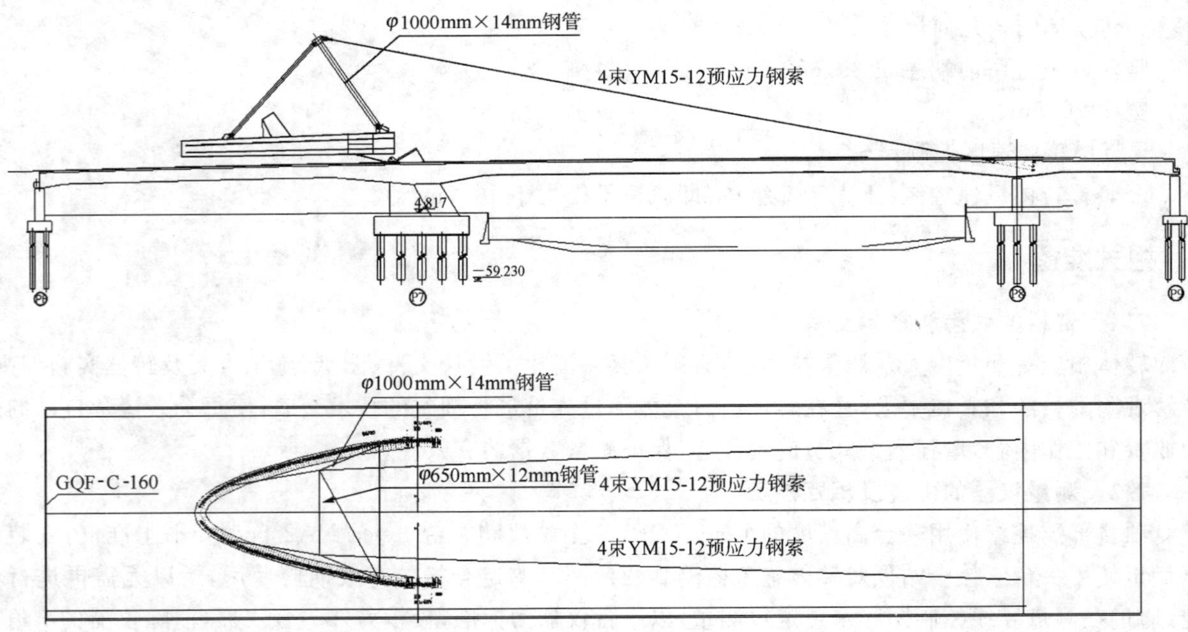


图　1

## 2 施工准备阶段监理

如何监理好竖转施工是摆在监理面前首要问题。经过监理组专业工程师讨论，就竖转的工艺进行了深入调查研究。决定采用重点控制，点面结合的监理方法严抓关键工序，从而确保竖转的顺利实施。体现监理工作效能。

在施工准备阶段，严格复合结构安全的技术参数，分阶段检查系统的各子系统的安全控制状态。严抓施工方质量保证体系的完善。强化监理组质量保证体系。为成功竖转提供坚强后盾。

### 2.1 充分考虑影响因素，复核结构安全状态

竖转主要技术参数的选用：竖向竖转角度：60°；竖向竖转总重量：575t；竖转立柱高度：23m；竖转铰直径：300mm；竖转铰至主塔前端总长 39.6822m；宽度 26.5m；竖提转体速度控制：4～5m/h。荷载工况：竖向荷载为主塔自重、三角支架自重、缆风的竖向分力；水平荷载考虑风荷载，方向为平行于桥梁和垂直桥梁两个方向；风荷载取常州地区 50 年一遇风荷载，风压为 0.4kN/m$^2$；风荷载方向为平行于桥梁和垂直桥梁两个方向；自重分项系数 1.20，风荷载分项系数为 1.4。荷载组合：工况 1：1.20dead＋deadsuo＋1.4＊xw；工况 2：1.20dead＋deadsuo＋1.4yw；（其中参数说明：dead-自重；yw-y 向风荷载；xw-x 向风荷载；deadsuo-索力；$x$ 向－与桥平行方向；$y$ 向－与桥垂直平行方向；$z$ 向－竖向）结构计算体系如图 2.分三个状态进行复核。

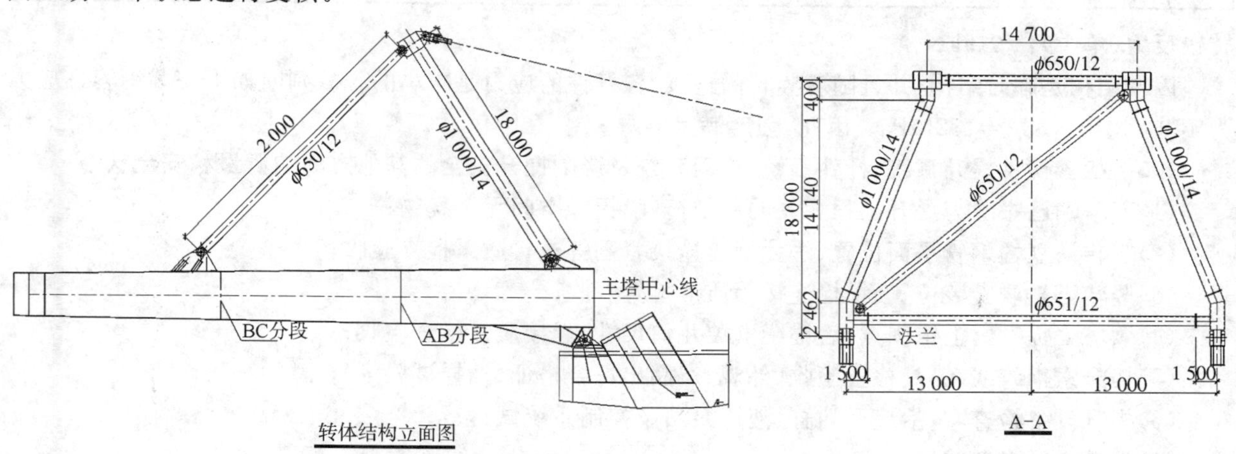


图 2 （尺寸单位：mm）

所有的构件经过详细周密的考虑，同意施工单位提供的构件类型，见表 1。

表 1

| 构件名称 | 拉　杆 | 压　杆 | 拉　索 | 上横杆 | 下横杆 | 斜　杆 |
|---|---|---|---|---|---|---|
| 截　面 | 2ϕ650/12 | ϕ1 000/14 | 48ϕ15.24 | ϕ650/12 | ϕ650/12 | ϕ650/12 |
| 材　料 | Q235B | Q235B | 钢绞线 | Q235B | Q235B | Q235B |

通过建摸计算。塔重量按三段分配原则；分三个状态：0°、30°、60°；复核结果如表 2～表 5。

**0°计算结果**

表 2

| 构件名称 | 拉　杆 | 压　杆 | 拉　索 | 上横杆 | 下横杆 | 斜　杆 |
|---|---|---|---|---|---|---|
| 截　面 | 2ϕ650/12 | ϕ1 000/14 | 48ϕ15.24 | ϕ650/12 | ϕ650/12 | ϕ650/12 |
| 轴力(kN) | 4 191 | −5 021 | 4 868 | −980 | 272 | 205 |
| 弯矩(kN·m) | 105 | 116 |  | 157 | 207 | 256 |
| 应力(MPa) | 99.5 | 143 |  | 115 | 65 | 72 |

转铰反力(单个):6 698kN。

**30°计算结果** 表 3

| 构件名称 | 拉杆 | 压杆 | 拉索 | 上横杆 | 下横杆 | 斜杆 |
|---|---|---|---|---|---|---|
| 截面 | 2ϕ650/12 | ϕ1 000/14 | 48ϕ15.24 | ϕ650/12 | ϕ650/12 | ϕ650/12 |
| 轴力(kN) | 3377 | −2348 | 3111 | −674 | 225 | 209 |
| 弯矩(kN·m) | 136 | 19 | | 157 | 207 | 237 |
| 应力(MPa) | 87 | 62 | | 91 | 64 | 68 |

转铰反力(单个):5 433kN。

**60°计算结果** 表 4

| 构件名称 | 拉杆 | 压杆 | 拉索 | 上横杆 | 下横杆 | 斜杆 |
|---|---|---|---|---|---|---|
| 截面 | 2ϕ650/12 | ϕ1 000/14 | 48ϕ15.24 | ϕ650/12 | ϕ650/12 | ϕ650/12 |
| 轴力(kN) | 1 873 | −548 | 1 685 | −333 | 92 | 202 |
| 弯矩(kN·m) | 144 | 121 | | 157 | 207 | 259 |
| 应力(MPa) | 57 | 24 | | 65 | 64 | 73 |

转铰反力(单个):4 619kN。

因本结构是临时结构,并且随着竖转的进展,各杆件的应力是减小的。故判断如下:A3 钢容许应力为 140.0MPa×1.3=182MPa。因此,强度满足要求。

**2.2 检查确认提升系统、杆件系统、锚固系统及影响提升安全的其他方面的质量和安全状态**

(1)索塔确已去除与提升工程无关的一切荷载、提升空间无干扰物;

(2)竖转塔立柱钢管平面位置、法兰螺栓连接紧固等进行质量检查验收;

(3)竖转塔平联安装位置、螺栓连接等质量检查验收;

(4)索塔处提升索上锚固点、后锚梁安装几何尺寸、焊接质量检查验收;

(5)提升索钢绞线、锚具检查验收(外观、产品出厂合格证、抽样试验等);

(6)提升设备检查,包括提升油缸、液压泵站及控制系统试运行;

(7)提升索锚点安装检查;

(8)竖转铰镗孔及安装检查,竖转铰间加强型钢安装检查。

**2.3 严格制订竖转的测量方案,做到索力和高程双控**

1)转体测量控制点位布置及测量状态

对现有导线控制网进行加密,在南引桥第一联箱梁顶(N01)、主桥 0 号段箱梁顶(Z00)和北引桥第四联引桥箱梁顶(B04),各精确放样出一个测量控制点。这三个点都位于桥轴线上,并且等分,相邻点间的距离都为 250m。其中 Z00 点为主塔塔顶中心的投影点,利用四等水准测量方法把高程引到 Z00 点上。将加密后的导线点进行闭合导线网的平差,平差后,再对已拼装完毕的索塔线形进行一次细致的测量,确定转体控制和调整的依据。加密点如图 3。

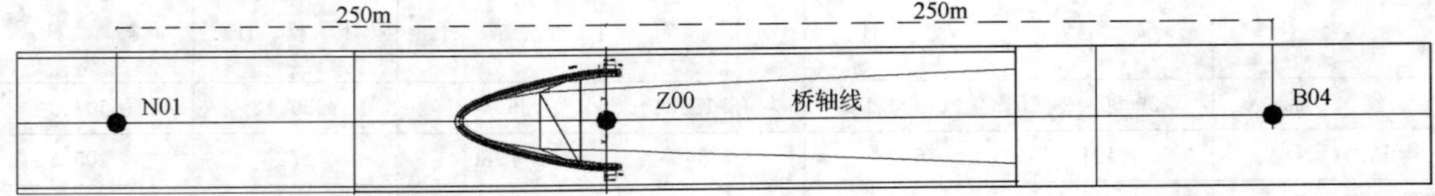


图 3

(1)测量仪器的布设

通过我部提供一部高精度的 LeicaTC 系列的全站仪，由施工方提供一台高精度的索佳全站仪，在索塔南北方向的 N01，B04 上架设仪器，使两台仪器对索塔进行补充覆盖观测。

(2)测量点的布设与方法

在索塔塔顶轴线某个截面的南北方向上固定好与对应仪器专用的反射片，计算出各个反射片中心(和主塔中心一条线)竖转到位的设计坐标和高程。竖转前项目测量组仪器架于 N01 点上，后视架于 Z0C 点上，后视方向角设置为 00-00-00；然后把物镜瞄准索塔上的反射片中心线，记下初始读盘度数(理论上应该也为 00-00-00)。同理，施工方在 B04 上架设仪器，初始准备工作和上述一样。竖转过程中，时时观测反射片并且看好读盘读数的变化，读盘读数的变化反映了索塔轴线的横向位移，当读盘有较大变化时，用仪器目镜对准反射片中心测出仪器到反射片的水平距离 $S$，记下水平读数 $A$，这时轴线偏移距离 $L=S\times\tan A$。例如：当读盘读数增大到 10″时，及时测出距离 $S=180$m，这时 $L=180\times\sin 00°00'10''=0.0083$m。另一台仪器也及时测量并且计算偏位作为复核的依据。

2)观测精度要求和技术参数

整个索塔在竖转前、脱架后、竖转到位时，要进行全过程跟踪测量，以确保测量数据的及时性、真实性，能够客观地反映索塔在竖转过程中提升轨迹。在竖转过程和竖转到位时观测点的变化值和绝对坐标值，数据采取双人双复核制，所有的测量数据都要准确、无误、及时地上报技术组。

(1)索塔竖转测量精度

坐标测量：平面坐标：±5mm　高程：±5mm；

(2)预埋段位移与沉降的最大允许偏差

坐标测量：平面坐标：±3mm　高程：±3mm。

**2.4　检查确认施工方质量保证体系的健全情况**

检查时应突出技术交底的进行。重点检查以下几个方面。

(1)施工准备工作有没有漏项及准备不充分的地方；

(2)人员组织是否到位，责任是否落实，组织系统是否安全可靠；

(3)各种安全措施的制订情况，主要检查以下几个方面：吊装作业安全措施；支架、脚手架施工中的安全措施；高空作业安全措施；竖转塔设施保障措施；竖转设备保障措施；竖转应急措施等。

(4)竖提前收集气温资料，做好气象预测，根据工程进度、天气条件、工地准备情况，确定提升日期。

**2.5　组织相关监理人员熟悉竖转方案，按专业进行分工，做到全方位监控**

## 3　竖转施工阶段监理

监督时严格按程序进行操作，实时掌握数据，过程检查各系统的安全状态

3.1　索塔开始竖转是系统最危险状态，故本阶段监理也是要求最严格的，要求必须进行分级加载，监理务必按表 5 严格控制。

**试竖转分级加载索力值表**　　表 5

| 次　序 | 百分比(%) | 备　注 |
|---|---|---|
| 1 | 20 | 68.4kN |
| 2 | 40 | 1 268kN |
| 3 | 60 | 2 052kN |
| 4 | 80 | 2 736kN |
| 5 | 90 | 3 078kN |
| 6 | 95 | 3 249kN |
| 7 | 100 | 3 420kN |

注：表中提升索力为索塔位移为零时的索力。

同时要求做好以下相关现场监理工作：

(1)每级加载持荷20～30min，各观察点监理应及时反映观察情况；各个测量点应认真做好测量工作，及时反映测量情况；观察及测量数据汇及时反馈，比较实测数据与理论数据的差异；若有数据偏差，汇同有关各方应认真分析并提出调整处理建议。

(2)当提升索力加至40%时，应将系统暂停，进行一次提升系统的全面检查，看竖转塔立柱钢管法兰螺栓是否有松动，及其他锚固体系和杆件体系的安全情况，发现问题及时解决；

(3)按照前述程序继续分级加载，直至索塔全部脱离支架即可。保持脱架状态停置8h以上，观察组对立柱、竖转铰、提升索锚点等各重点部位进行详细检查；竖转操作组对千斤顶及夹片有无滑移情况进行观察；

(4) 及时召开会议总结试竖转中各组织机构的协调性和工作状态，对存在的问题和不足提出改进意见，确保竖转的顺利进行。

3.2　测量组在正式竖转前再次测取索塔脱架状态下的有关数据，并与脱架时(或经调整后)测取的有关数据进行比较，要求施工单位根据设计指导值作相应调整。按调整数据进行后阶段的提升工作。并及时掌握提升过程中各力的变化。监控各系统的稳定性。并在提升30°时暂停检查各系统的安全状态。做到如下原则：保持所有竖转索受力的均匀性及相对应标高的控制，即实行索力和高程双控。

3.3　正式竖提转体到位控制在8h内完成，注意启动、制动均速，尽量减小加速度(在$0.005m/s^2$以内)，并注意风力的变化，及时采取应对措施，确保竖转的成功。

## 4　确保最终合龙状态的精度，必须采取如下监理措施

(1)在合龙前必需按规定焊接限位装置，确保竖转就位精度；

(2)在接近合龙时，放慢提升速度，同时测量人员对合龙数据进行校核，反馈给现场指挥人员，进行必要的修正和调整；

(3)合龙检测达到精度后，检查锁定装置的安全可靠性，确保合龙口精确固定，提升装置锁定可靠。

(4)整理相关资料，监理合龙口焊接质量，待检测合格后，解除竖转体系。

## 5　龙城大桥主塔竖转监理的几点体会

(1)严格审查技术方案的可行性，各技术数据的可靠性，是确保施工质量的关键；

(2)严格的过程控制和严密的分级加载方案是确保成功的要素；

(3)过程测量控制并及时反馈修正技术参数是工程实施成功的保证；

(4)合龙口的测量控制是确保合龙质量的必要措施。

(5)参见各方的信息沟通是强有力的组织保证。

# 天宁大桥大节段施工监理控制

杨秋浩　杨旭光

（苏州路达监理公司）

**摘　要**　根据天宁大桥主桥大节段施工的特点，从施工准备阶段、施工阶段和工程验收阶段三方面，详细阐述了天宁大桥主桥大节段施工监理的特点及过程，质量达到预期的质量控制目标。

**关键词**　大节段　监理　控制

天宁大桥桥梁工程分东引桥、运河主桥、西引桥。包括桥台侧墙在内，全桥总长624.36m，桥梁起点桩号K1＋688.82m，终点桩号K2＋313.18m。主桥位于直线段上，部分引桥位于R＝1 999.5m曲线上，曲线上桥梁不设超高，桥梁最高通航水位3.4m，斜桥正做。全桥跨径组合为：(30×3)m＋(30×3)m－(74＋120＋70)m＋(30×3)m＋(30×3)m＝624m。其中主桥采用全预应力混凝土连续梁，跨径布置为左侧(74＋120＋70)m，右侧(70＋120＋74)m，主桥中心在规划运河河道中心线上，桥梁竖曲线顶点设置在运河中心线，两侧对称设置3.5%纵坡，竖曲线半径5 000m；东引桥及西引桥均采用30×6m预应力混凝土连续箱梁，三孔一联，单侧2联，共4联。结合监理实践，谈一些对天宁大桥上部结构大节段施工质量监理的体会和看法。

## 1　监理要点

根据“施工前、施工中、施工后”三个阶段的划分，工程质量监理的全过程控制可分为以下三个步骤：

### 1.1　前期工作阶段

前期工作阶段在监理工作中，事前控制是最有效的手段。大节段工序的不可逆转性决定了其前期监理工作的必要性。

(1)编制监理细则：根据工程验收规范和实际要求，编制针对大节段施工特点的监理工作的流程、监理工作的控制要点及目标值、监理工作的方法及措施四项内容。

(2)体系审查：开工前，审查施工单位现场项目管理机构的质量管理体系、技术管理体系、质量保证体系和安全保证体系，审查承建单位的资格、技术与管理水平、以往的施工业绩、特殊工种人员上岗证书等。并且按名单落实到人，对于不符合条件清除出场。

(3)审查施工组织设计：重点审核施工方案、施工工艺和施工方法，基本要求是：

1)符合现场实际情况，场地布置合理，施工部署可行；

2)技术先进，设备配套合理，施工方法得当，能确保工程质量和施工安全；

3)施工组织严密，工期能满足合同要求。

尤其是关键工序的工程质量控制及保证措施。

(4)图纸会审及设计交底：图纸会审主要设计交底主要是设计人员讲明设计意图和施工技术要点、监理人员明确质量控制标准、对施工单位进行施工图答疑等。根据图纸和设计交底会精神为降低0号块横隔板混凝土水化热，增加冷却管进行降温。

(5)审查进场原材料：审核钢材、水泥等的出场日期、力学及化学性能、出厂合格证、复检报告等。

(6)对轴线偏位情况及高程进行复核。

### 1.2 施工阶段

施工阶段监理是保证整个施工质量的关键。施工阶段的监理要点如下：

(1)原材料抽检：主要检查钢筋、水泥、石子、砂等主要原材料的质量。如水泥要进行标准稠度、凝结时间、抗压和抗折强度试验；钢筋要进行拉力、冷弯等实验；砂石要检测其级配、含泥量等。监理人员必须及时督促施工单位做好现场取样，预留试块，并做好旁 站监理记录和监理日记，保存旁站监理原始资料。

(2)钢筋制作的监理控制

1)钢筋的截断及弯曲工作均应在工地工场内进行。

2)钢筋应按图纸所示的形状进行弯曲。

3)主钢筋的弯曲及标准弯钩应按图纸及的规定执行。

4)箍筋的端部应按图纸规定设弯钩。

5)钢筋的纵向焊接，应采用闪光对焊。当缺乏闪光对焊条件时，可采用电弧焊(帮条焊、搭接焊)。钢筋焊接接头应符合《钢筋焊接及验收规程》的有关规定。

6)在不利于焊接的气候条件，施焊场地应采取适当的措施。

7)钢筋与钢板连接，应按电弧焊的规定焊接。

8)当采用闪光对焊焊接热轧钢筋时：

①为了保证对焊质量，钢筋的焊接端应在垂直于钢筋的轴线方向切平，两焊接端面应彼此平行。焊渣必须清除。②在构件任一有钢筋焊接接头的区段内，闪光对焊接头的钢筋面积，在受拉区不应超过钢筋总面积的50%。上述区段长度不小于 $35d$($d$ 为钢筋直径)且不小于500mm。同一根钢筋在上述区段内不得有两个接头。③如钢筋级别、牌号和直径有变动，或焊工有变换，应对建立的焊接参数进行校核，其方法是取两根钢筋试样进行90°冷弯试验。90°冷弯围绕一固定的梢进行，I级钢筋冷弯直径为2倍钢筋直径，II、III级钢筋为4倍钢筋直径。当钢筋直径大于25mm时，冷弯直径增加一个钢筋直径。焊接点应位于弯曲的中点，弯曲内侧因焊接而增厚部分应削去。如果弯曲外侧的横向裂缝宽度不超过0.15mm，则该焊接参数可予批准。

9)所有钢筋应准确安设，当浇混凝土时，用支承将钢筋牢固地固定。钢筋应可靠地系紧在一起，不允许在浇混凝土时安设或插入钢筋。

10)桥面板钢筋的所有交叉点均应绑扎，以避免在浇混凝土时钢筋移位。但两个方向的钢筋中距均小于300mm时，则可隔一个交叉点进行绑扎。

11)钢筋的垫块间距在纵横向均不得大于1.2m。桥面板混凝土的钢筋安设按照图纸所示，在竖向不应有大于±5mm的偏差。

12)任何构件内的钢筋，在浇筑混凝土以前，须经监理工程师检查认可。否则，浇筑的混凝土将不予验收。

(3)预应力筋张拉的监理控制

1)承包人在张拉开始前，应向监理工程师提交详细说明、图纸、张拉应力和延伸量的静力计算，请求审核。

2)承包人应选派富有经验的技术人员指导预应力张拉作业。所有操作预应力设备的人员，应通过设备使用的正式训练。拥有上岗证。

3)所有设备应每间隔两个月至少进行一次检查和保养。

4)预应力张拉中，如果发生下列任何一种情况，张拉设备应重新进行校验：

①张拉过程，预应力钢丝经常出现断丝时；②千斤顶漏油严重时；③油压表指针不回零时；④调换千斤顶油压表时。

(4)施工要求

1)除非另有书面允许，张拉工作应在监理工程师在场时进行。

2)张拉预应力钢材时的温度不宜低于－15℃。

3)张拉即将开始前，所有的预应力钢材在张拉点之间应能自由滑动，同时构件可以自由地适应施加预应力时产生的水平和垂直移动。

4)张拉时混凝土强度不应低于图纸规定。

5)预应力筋的张拉顺序应符合图纸规定。

6)预应力张拉应从两端同时进行。

7)当仅从一端张拉时，应精确量测另一端的回缩量，并从千斤顶量测的伸长值中适当给予扣除。

8)预应力钢材的断丝、滑丝、不得超过规定，如超过限制数，应进行更换。

9)当计算延伸量时，应根据试样或试验证书确定弹性模量。

10)在张拉完成以后，测得的延伸量与计算延伸量之差应在±6%以内，否则，监理工程师可指示采取以下的若干步骤或全部步骤：

①重新校准设备。②对预应力材料作弹性模量检验。③放松预应力钢材重新张拉。④预应力钢材用滑润剂以减少摩擦损失。仅水溶性油剂可用于管道系统，且在灌浆前清洗掉。

11)预应力钢材在监理工程师认可后才可载割露头。梁端锚口应按图纸所示用水泥砂浆封闭。

(5)每次预应力张拉要记录及报告

1)每个测力计、压力表、油泵及千斤顶的鉴定号。

2)在张拉完成时的最后拉力及测得的延伸量。

3)千斤顶放松以后的回缩量。

4)在张拉中间阶段测量的延伸量及相应的拉力。

(6)压浆的监理控制

1)水泥浆应由精确称量的不低于425号硅酸盐水泥或普通硅酸盐水泥和水组成。水灰比一般在0.4～0.45之间，所用水泥龄期不超过一个月。

2)水泥浆的泌水率最大不应超过4%，拌和后3h泌水率宜控制在2%，24h后泌水应全部被浆吸收。

3)水泥浆的拌和应首先将水加于拌和机内，再放入水泥。经充分拌和以后，再加入掺加料。掺加料内的水分应计入水灰比内。拌和应至少2min，直至达到均匀的稠度为止。任何一次投配以满足一小时的使用即可。稠度宜控制在14～18s之间。

4)压浆前，应将锚具周围的钢丝间隙和孔洞填封，以防冒浆。

5)在压浆前，用吹入无油分的压缩空气清洗管道。接着用含有0.01kg/L生石灰或氢氧化钙的清水冲洗管道，直到将松散颗粒除去及清水排出为止。再以无油的压缩空气吹干管道。

6)压浆时，每一工作班应留取不少于3组试样(每组为3个70mm×70mm×70mm立方体试件)，标准养生28d，检查其抗压强度作为水泥浆质量的评定依据。

7)当气温或构件温度低于5℃时，不得进行压浆。水泥浆温度不得超过32℃。

8)管道压浆应尽可能在预应力钢筋张拉完成和监理工程师同意压浆后立即进行，必须在监理工程师在场，才允许进行管道压浆。压浆时，对曲线孔道和竖向孔道应由最低点的压浆孔压入，并且使水泥浆由最高点的排气孔流出，直到流出的稠度达到注入的稠度。管道应充满水泥浆。简支梁的管道压浆，应自梁一端注入，而在另一端流出，流出的稠度须达到规定的稠度。

9)水泥浆自调制至压入孔道的延续时间，一般不宜超过30～45min，水泥浆在使用前和压注过程中应经常搅动。

10)出气孔应在水泥浆的流动方向一个接一个地封闭，注入管在压力下封闭直至水泥浆凝固。压满浆的管道应进行保护，使在一天内不受振动，管道内水泥浆在注入后48h内，结构混凝土温度不得低于

5℃,否则应采取保温措施。当白天气温高于 35℃时,压浆宜在夜间进行。在压浆后两天,应检查注入端及出气孔的水泥浆密实情况,需要时进行处理。

11)承包人应具有完备的压浆记录,包括每个管道的压浆日期、水灰比及掺加料、压浆压力、试块强度、障碍事故细节及需要补做的工作。

(7)大节段混凝土浇筑的监理控制

①承包人应向监理工程师送交拟采用的浇筑方法的详细内容和说明,包括静力计算和图纸,得到监理工程师的批准后,方可开始施工。

②支架应稳定,支架强度、刚度等的要求应符合规范的规定。支架搭设后,应对支架进行预压。

③支架的弹性、非弹性变形及基础的允许下沉量应满足施工后梁体设计高程的要求。

④浇筑梁体混凝土时,一般宜按梁的全部横断面斜向分段、水平分层地连续浇筑。每层浇筑厚度无论用插入式还是附着式振捣器振捣,都不宜超过 300mm。

1)振捣应在浇筑点和新浇筑混凝土面上进行,振捣器插入混凝土或拔出时速度要慢,以免产生空洞。

2)振捣器要垂直地插入混凝土内,并要插至前一层混凝土,以保证新浇混凝土与先浇混凝土结合良好。

3)插入式振捣器移动间距不得超过有效振动半径的 1.5 倍。表面振捣器移位间距,应使振动器平板能覆盖已振实部分 100mm 左右。

4)当使用插入式振捣器时,应尽可能地避免与钢筋和预埋构件相接触。

5)模板角落以及振捣器不能达到的地方,辅以插针振捣,以保证混凝土密实及其表面平滑。

6)不能在模板内利用振捣器使混凝土长距离流动或运送混凝土,以致引起离析。

7)混凝土振捣密实的标志是混凝土停止下沉、不冒气泡、泛浆、表面平坦。

8)混凝土捣实后 1.5～24h 之内,不得受到振动。

⑤箱梁体不能一次浇筑完成,而需要分层浇筑时,底板可一次浇筑完成,腹板可分层浇筑,分层间隔时间宜控制在混凝土初凝前且使层与层覆盖住。

⑥整体浇筑时应采取措施,防止梁体不均匀下沉产生裂缝,若支架下沉可能造成梁体混凝土产生裂缝时,应分段浇筑。

### 1.3 工程验收阶段

在工程验收阶段,监理人员的工作主要是质量评价。

## 2 结语

质量监理主要依靠事前控制和事中控制,事后的检测和补救措施很难达到设计要求。因此,监理人员必须全面详细地熟悉整个施工工艺流程,事先提出质量控制和检验标准,监督施工单位严格遵守和执行,从而达到预期的质量控制目标。以上就是通过天宁大桥质量监理的一点体会。

# 附：

## 京杭运河常州市区段改线工程桥梁名称对照表

| 项目<br>序号 | 标　段　号 | 原设计阶段桥名 | 曾　用　名 | 现　桥　名 |
|---|---|---|---|---|
| 1 | 桥梁一标<br>(JHCZQ-1) | 312 国道西大桥 | 邹区大桥<br>天目大桥 | 平陵大桥 |
| 2 | 桥梁二标<br>(JHCZQ-2) | 常金线大桥 | 东岱大桥 | 常金大桥 |
| 3 | 桥梁三标<br>(JHCZQ-3) | 龙江路大桥 | 西林大桥 | 钟楼大桥 |
| 4 | 桥梁四标<br>(JHCZQ-4) | 湖滨路大桥 | 吴家大桥 | 湖滨大桥 |
| 5 | 桥梁五标<br>(JHCZQ-5) | 长江路大桥 | 淹城大桥 | 新龙大桥 |
| 6 | 桥梁六标<br>(JHCZQ-6) | 兰陵路大桥 | 阳湖大桥 | 武进大桥 |
| 7 | 桥梁七标<br>(JHCZQ-7) | 清凉路大桥 | 清凉路大桥 | 龙城大桥 |
| 8 | 桥梁八标<br>(JHCZQ-8) | 丽华南路大桥 | 丽华大桥 | 阳湖大桥 |
| 9 | 桥梁九标<br>(JHCZQ-9) | 青洋路大桥 | 东港大桥 | 青洋大桥 |
| 10 | 桥梁十标<br>(JHCZQ-10) | 312 国道东大桥 | 雕庄大桥 | 天宁大桥 |
| 11 | 桥梁十一标<br>(JHCZQ-11) | 采菱路大桥 | 丁堰大桥 | 东方大桥 |